Collection
Le Patrimoine
des Institutions Économiques

FLOHIC
— EDITIONS —

Le Patrimoine
de La Poste

FLOHIC
— EDITIONS —

Dans la même collection :

Les départements
    Le Patrimoine du Val-de-Marne
    Le Patrimoine des Hauts-de-Seine
    Le Patrimoine de la Seine-Saint-Denis
    Le Patrimoine du Morbihan
    Le Patrimoine de la Seine-Maritime

Les institutions politiques
    Le Patrimoine de l'Assemblée nationale
    Le Patrimoine du Sénat
    Le Patrimoine du Congrès du Parlement

Les institutions économiques
    Le Patrimoine de la manufacture de Sèvres
    Le Patrimoine de la RATP
    Le Patrimoine de La Poste

Dans la collection Patrimoine :
    Points de Repère pour comprendre le patrimoine

COLLECTION DIRIGÉE PAR
Jean-Luc Flohic

RESPONSABLES ÉDITORIALES
Clotilde Brégeau
Laurence Jankowski de Niewmierzycki

COORDINATION RÉDACTIONNELLE
Valérie Parent

ASSISTANTE ÉDITORIALE
Anne-Élisabeth Revel-Mouroz

RÉDACTION
Paul Charbon
Patrick Marchand
Pascal Rabier
Benoit Oger

René Abelanet, Michel Coste, Pierre Demangeon, Jean Duran, Harry Franz,
Claude Gay, Gilles Heuré, Thomas Lardeur, Pierre Larue, Yves Lecouturier,
Éric Pagliano, Bertrand Sinais, Isabelle Vazquez-Rayssac, Serge Zeyons

COLLABORATION RÉDACTIONNELLE
Patrick Ajalbert, Xavier Basty, Jean-Luc Dauphin, Jean Faou, Alain Gasperini,
Henri Gibassier, Jean-Pierre Guéno, Michel Haering, Sylvette et Jacques-Alfred Jauffret,
Bénédicte Leclerc, Marie-Héllène Le Gal-Bruckert, Gaëlle Legal, Régine Le Gal,
Muriel Le Roux, Jeanne Leroy, Albert Lorentz, Marcel Ludwiczak,
Michel Meslaine, Alain de Mézerac, Michel Paret, Jacqueline Roecker,
Pierre Saby, Jean Sénéchal, Jean-Luc Trassaert, Jean-Pierre Volatron, Jacques Warschnitter

ASSISTANTE DE RÉALISATION
Karine Boulanger

PHOTOGRAPHIE
Yves Berrier, François Doury, Bruno Gosse, Béatrice Heyligers,
Guillaume Maucuit-Lecomte, Pierrick Le Bourdiec, Serge Rivoallon

MAQUETTE
AC Graphic, Frédéric Célestin, Myriam Debard
Élisabeth Fally, Juliette Nicolini, Éric Pachiaudi

Copyright FLOHIC ÉDITIONS
ISSN : 1275-1030
ISBN : 2-84234-008-6

PRÉFACE

Par André Darrigrand

Mille et un ouvrages ont évoqué l'histoire singulière de La Poste depuis sa création sous Louis XI. Peu ont eu pour dessein de montrer cette très ancienne institution et très jeune entreprise à travers la diversité et la richesse de son patrimoine. Pourtant, rares sont les activités humaines qui peuvent présenter autant de références. Peut-on imaginer une ville sans l'enseigne de La Poste ? Elle la marque par son architecture comme elle a structuré l'espace par ses relais et ses routes.

Aujourd'hui encore, après avoir longtemps contribué à l'organisation administrative, voire au rattachement de nouvelles provinces, elle maintient des liens entre les territoires et, comme c'est sa vocation profonde, entre les hommes. Nulle autre entreprise n'a de la sorte fait autant corps avec la nation française. À ce titre, elle appartient, elle-même, au patrimoine des Français. Ce qui détermine, chez elle, un style qui lui est propre, même si elle est aussi pleinement immergée dans l'économie et désormais dans la concurrence.

Le développement de ses activités a parfois pris des allures d'épopées modernes. On songe ainsi à ces grands moments de l'Aéropostale avec l'ouverture de la ligne aérienne sur l'Atlantique Sud et le franchissement des Andes. Ces exploits illustrent l'extrême complexité du métier de postier et ses mérites. Toute l'histoire de La Poste est adaptation permanente et intégration des techniques les plus modernes pour faire face, sans ruptures, aux défis de la géographie, du relief, des intempéries... Son patrimoine témoigne de ces transformations consécutives à l'évolution des transports ou des nouvelles techniques de communication.

L'histoire de La Poste est aussi celle d'une institution qui a toujours su évoluer avec la société française et répondre à la demande sociale. Ceci est manifeste avec la création, dès le XIXe siècle, des services financiers postaux et notamment le lancement de l'épargne populaire. À côté des produits très compétitifs actuels, figurent dans son patrimoine des pièces insolites telles que des timbres monnaie ou des timbres d'épargne, qui témoignent que La Poste a toujours su marier ses deux grands métiers au profit de tous, partout.

Aujourd'hui, face à des marchés en proie à de véritables ruptures technologiques, réglementaires et commerciales, elle adopte de nouveaux processus industriels, de nouvelles organisations, de nouvelles gammes de services adaptées à ses clients dans toute leur diversité. Elle n'oublie toutefois jamais le rôle particulier qui lui est dévolu d'assurer un service public essentiel en France et demain un véritable service universel au niveau européen.

SOMMAIRE

DU CRI À L'ÉCRIT 10

DES MESSAGERS À LA POSTE AUX CHEVAUX 12

NAISSANCE DE LA POSTE AUX LETTRES 30

LES POSTES SOUS LE RÉGIME DES FERMES 44
    La poste aux lettres 45
    La petite poste 54
    La poste aux chevaux 58
    Les messageries 61

Les relais de poste 63

Bureaux de poste et patrimoine architectural 86

DE LA FERME GÉNÉRALE DES POSTES À LA CRÉATION
DU MINISTÈRE DES POSTES ET DES TÉLÉGRAPHES 92
    La poste aux chevaux 93
    Courriers et malles-poste 106
    Les messageries 117
    Les estafettes 126
    La poste aux lettres 128
    – Les facteurs de ville 154
    – Les facteurs ruraux 160
    – Les services financiers 164
    Le télégraphe Chappe 166
    Les services ambulants 168
    La poste maritime 172
    Les transports postaux pendant la guerre de 1870-1871 174

DE LA POSTE AUX PTT : 1878-1918 182

1878-1898 : – La réunion des P et T 183
              – Les facteurs ruraux 184
              – Les facteurs de ville 185
              – Le nouvel hôtel des postes de Paris 188
              – Le courrier 193
1898-1905 : – Mougeot et la mécanisation 195
              – La carte postale 197
              – Les facteurs ruraux 200
              – Les facteurs de ville 204
              – Les courriers d'entreprise 210
              – Les bureaux 213
              – Le courrier 218
1905-1918 : – Le personnel des bureaux 220
              – Simyan sous-secrétaire d'État des P et T 223
              – L'École nationale supérieure des postes,
                 télégraphes et téléphones 224
              – Les grèves de 1909 229
              – Le courrier 232
Les services financiers 233
La poste maritime 240
Les services ambulants 242
L'architecture postale 249
Les services du Trésor et Postes et la guerre de 1914-1918 257

L'AVIATION POSTALE 264

LA POSTE D'OUTRE-MER 272

DES ANNÉES FOLLES À LA FIN DE LA SECONDE GUERRE MONDIALE
1918-1945 280
    Le budget annexe 281
    Les facteurs ruraux 281
    Les facteurs de ville 286
    Le courrier 293
    Les attaques contre le monopole 300
    Les bureaux 301
    Les courriers d'entreprise 308
    Le service pneumatique 311
    Les services financiers 313
    Georges Mandel : TSF et télévision 316
    La poste maritime 318
    Le service des ambulants 318
    L'architecture postale 321
    La guerre de 1939-1945 335

LA FABRICATION DU TIMBRE-POSTE 342

LA POSTE ET LES TRENTE GLORIEUSES : 1945-1970 352
    Les lendemains de la Libération : 1945-1950 353
    – Les facteurs ruraux 354
    – Les facteurs de ville 355
    – Les bureaux 358
    – Le courrier 359
    La poste des années 1950 et la motorisation rurale 361
    – Les facteurs de ville 364
    – Les bureaux 365
    – Le courrier 369
    – La poste aux armées 370
    – Les moyens de transport 371
    La poste des années 1960 et la mécanisation du tri 372
    – Les facteurs ruraux 373
    – Les facteurs de ville 375
    – Les bureaux 376
    La poste financière 383
    – Les mandats 383
    – Les comptes de chèques postaux 384
    – La Caisse nationale d'épargne 387
    La poste maritime 391
    Les bureaux-gares, centres de tri et services ambulants . . 392
    L'architecture postale 402

LES TIMBRES-POSTE 406

LA POSTE CONTEMPORAINE 446

LES MUSÉES DE LA POSTE 462

BIBLIOGRAPHIE 475

REMERCIEMENTS 476

AUTEURS 477

Du cri à l'écrit

Le premier moyen utilisé par l'homme pour communiquer à distance a sans doute été la parole, le cri lorsque cette distance augmentait.

Le son, articulé ou non, est resté jusqu'à des temps très proches impossible à conserver et à transporter. Aussi fallut-il avoir recours à des « signes », tels que les pictogrammes ou les éléments d'un alphabet, comme intermédiaires. Peints ou gravés sur la pierre, inscrits sur des tablettes d'argile cuites ou sur la surface de métaux malléables, ces signes seront enfin reproduits sur papyrus, parchemin ou papier. Ces pictogrammes ou ces lettres permettent la conservation du message, et donc sa communication à distance.

Cette communication nécessite un porteur : l'homme en est un, mais ses performances sont limitées sur de longs trajets (4 à 6 kilomètres à l'heure).

Un cheval avec son cavalier peut, sur un terrain peu vallonné, soutenir le trot pendant environ 45 kilomètres, soit maintenir une vitesse de l'ordre de 6 kilomètres à l'heure. On voit donc qu'un cheval au trot ne va ni plus vite ni plus loin qu'un homme dans une journée. Par contre, un cheval au galop peut atteindre 36 kilomètres à l'heure, mais sur une courte distance (10/15 kilomètres).

Si l'on veut utiliser le cheval comme un vecteur rapide, il faut donc prévoir le long de la route à parcourir des relais où attendent des montures reposées susceptibles de remplacer celle qui vient d'arriver. L'historien grec Xénophon décrit ce système dont il attribue l'iniative à Cyrus, roi de Perse (IVe siècle avant Jésus-Christ) :

« Cyrus ayant étudié la distance que peut couvrir par jour un cheval, il crée des relais respectant la distance, y établit des chevaux avec des gens pour les soigner, à chaque relais il installe un homme préparé à recueillir et à faire suivre les lettres apportées, à recevoir les cavaliers et les chevaux harassés, et à en mettre en route de frais.

Souvent la nuit n'arrête pas le message et au courrier de jour succède le courrier de nuit. Leur vitesse est telle que l'on dit qu'ils devançaient le vol des oiseaux. S'il y a de l'exagération dans cette parole, on peut du moins affirmer qu'il n'est pas au pouvoir de l'homme de voyager plus rapidement sur terre. »

Pour le seul service de l'État, l'empereur Auguste ins-

Gobelet trouvé lors des fouilles de Vicarello (Italie), avec indication des stations d'un itinéraire et des distances en milles

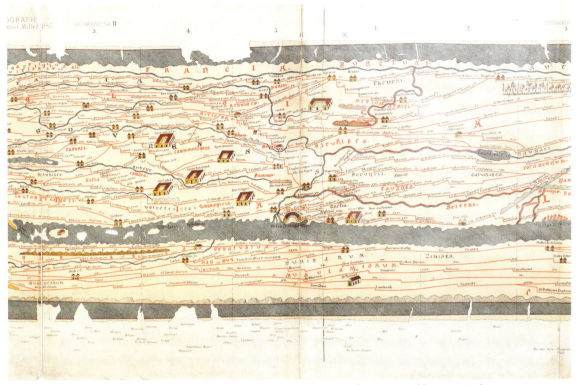

Extrait de la table de Peutinger représentant les routes de *cursus publicus* en Gaule

talle – au début de notre ère – un réseau analogue sur les principales voies utilisées par les armées romaines. Ce *cursus publicus* utilise tous les 12 kilomètres environ des relais (*mutationes* : lieux où l'on change de cheval), et tous les 50 kilomètres des gîtes d'étapes ou *mansiones*.

Les courriers qui transportent les dépêches officielles portent le nom de *tabellarii*, car les messages sont inscrits sur des tablettes de bois recouvertes de cire et assemblées deux à deux par des liens en cuir. Ces messagers utilisent pour se déplacer soit une simple monture, soit un *cislum*, charrette légère à deux roues.

Les routes ainsi équipées de relais étaient jalonnées de bornes milliaires (le mille romain valant 1 480 mètres). Les différents lieux d'étape étaient connus grâce à des listes dont on a retrouvé, par exemple, des traces sur quatre gobelets en argent exhumés à Vicarello. Ces gobelets portent gravé le nom des stations entre Cadix et Aquae Apollinares (au nord de Rome). Par la suite, des cartes, encore très rudimentaires, apparaissent, comme les célèbres tables de Peutinger, qui porteront le nom de leur possesseur au temps de la Renaissance. Ces cartes, au dessin très fantaisiste, nous montrent entre autres le nom et l'emplacement des relais implantés en Gaule, à l'époque du Bas-Empire.

Borne milliaire provenant de la Via Domitia et portant le nom de l'empereur Constantin

Des messagers à la poste aux chevaux

Après la chute de l'Empire romain d'Occident en 453, les nouveaux pouvoirs essaient de maintenir l'organisation de relais pour un transport rapide de l'information. Mais peu à peu, avec la multiplication des États, et la désorganisation économique engendrée par les invasions, les échanges se font sur de plus courtes distances et leur flux s'amoindrit. Le réseau de routes créé par les Romains disparaît. Chaque roi, évêque, seigneur se voit donc dans l'obligation d'organiser des services de messagers. Compte tenu de leur coût, ces messagers, le plus souvent à pied, restent au service exclusif des puissants. En 1380, Charles VI, roi de France, emploie huit messagers à pied auxquels il donne dix-huit deniers par jour. Mais le roi, à côté de ces messagers-valets, possède un corps de chevaucheurs mi-messagers, mi-ambassadeurs, placés sous les ordres du grand écuyer de France. En 1346, ils touchent six sols par jour, sont nourris lorsqu'ils sont présents à la cour et reçoivent des indemnités de vêtements ainsi que le remboursement de leurs frais de voyages. Peu à peu cependant, à côté des chevaucheurs royaux, se développent, à partir du XVe siècle, des corps de messagers réservés à une clientèle précise (universités, communautés religieuses, corps municipaux, corps des marchands...). Les simples particuliers ne peuvent avoir recours à ces services dont le prix reste élevé et s'adressent aux voyageurs qu'ils rencontrent pour leur confier missives et paquets : c'est ce que l'on appelle « la poste des occasions ». Qu'ils soient effectués par les chevaucheurs royaux ou d'occasionnels porteurs, ces transports sont lourds et lents. Aussi Louis XI va-t-il ressusciter, à l'extrême fin du XVe siècle, le système de relais qu'avaient connu les Romains. Il met progressivement en place, le long de certaines routes, des stations où ses chevaucheurs tiennent « poste assise », ceux-ci ne parcourent plus que la distance entre leur propre relais et celui le plus proche, éloigné au maximum d'une trentaine de kilomètres (les fameuses sept lieues que le conte du *Petit Poucet* a fixées dans notre mémoire). Avec un tel système, une distance de l'ordre de quatre cents kilomètres qui demandait treize jours de marche à un piéton est parcourue en trois jours environ. Une abondante iconographie nous permet d'affirmer que le nombre de messagers parcourant les routes du Moyen Âge était important. Longtemps après leur disparition, leur silhouette a encore hanté l'imagination populaire. Il suffit pour s'en convaincre de feuilleter les vieux exemplaires des almanachs du *Messager boiteux*, largement diffusés dans le sillon rhénan. Pourquoi dans cette imagerie naïve, le messager est-il représenté avec une jambe de bois ? C'est sans doute qu'il personnifie le Temps qui nous apporte son lot de bonnes et de mauvaises nouvelles.

GALOPIN
XIIe siècle
Fresque
Château de Gargilesse, Indre

À la suite de travaux de restauration dans la crypte de l'ancien château fort de Gargilesse, il est apparu que sous des fresques du XVe siècle subsistaient des peintures murales plus anciennes, dont certaines remontent au XIIe siècle. Une scène représente les trois Rois mages remettant leurs offrandes à l'enfant Jésus assis sur les genoux de sa mère. L'artiste avait imaginé que les illustres visiteurs étaient venus à cheval. Dans la partie inférieure de la fresque, il a représenté trois montures en attente, dont les brides sont tenues par un homme en tunique, assis sur une borne. À côté du personnage, le nom Galopin suivi de deux points le désigne. Certains veulent voir dans ce Galopin un messager. Le dictionnaire étymologique de Bloch et Wartburg fait le rapprochement avec galoper et précise qu'au XIIIe siècle il était porté comme nom propre par des messagers. Deux hypothèses peuvent être envisagées, soit Galopin n'est qu'un simple valet d'écurie qui porte ce nom, ou bien l'auteur de la fresque a employé cette dénomination comme un terme générique et évoque alors les messagers-chevaucheurs au service des rois. La baguette que le personnage tient dressée dans sa main gauche pourrait alors être l'insigne emblématique de sa fonction.

MESSAGER À PIED REMETTANT UN MESSAGE
XIIIe siècle
Miniature
Bibliothèque nationale, Paris

Le messager à pied, même envoyé par un personnage de haut rang, reste un subalterne. Lorsqu'il remet son message au destinataire, il est tête découverte et plie un genou. Il transporte sa ou ses lettres à l'intérieur d'une boîte métallique fermant à clé. Dans son adaptation de *La Guerre de Troyes*, Konrad de Würzbourg (mort en 1287) parle d'un messager avec « boîte pendant à sa ceinture et contenant lettres et nouvelles ». Sur la miniature reproduite, la boîte affecte la forme d'un écusson. Certaines sont de vrais bijoux. En 1352, le roi Jean le Bon commande une boîte pour Raoulet Le Singeter, messager du Dauphin. Il règle 75 livres et 15 sols à l'orfèvre, Jehan le Brailler, pour une ceinture et la boîte correspondante, « la dite boîte était émaillée aux dites armes [du Dauphin], c'est à savoir les deux quartiers de Normandie à fleurs de lys enlevées et le champ d'émail, et la bordure levée du haut des fleurs de lys et dans les deux autres quartiers avait deux dauphins émaillés et enlevés et le champ dessous doré et diapré de feuillages enlevés ». Ces boîtes, en dehors de leur rôle pratique, constituent une sorte de pièce de légitimation et de protection pour ceux qui la portent.

MESSAGER À PIED AVEC PIQUE
Fin du XIVᵉ siècle
Miniature
Bibliothèque nationale, Paris

Même attitude du messager devant le roi (reconnaissable à sa couronne et à son sceptre) : chapeau levé et genou fléchi. De la main gauche, il tend une sorte de poche en tissu (contenant le message ?). À sa ceinture, la boîte cette fois est de forme ronde. Il porte une pique qui est un attribut très fréquent des messagers à pied. Elle leur sert pour se défendre contre les bêtes sauvages, les brigands ou les gens de guerre. Il ne faut pas oublier non plus que les chemins sont coupés de ruisseaux ou de rivières qu'il faut passer à gué. La pique sert alors, en prenant appui sur le fond, d'aide pour le franchissement de l'obstacle.

MESSAGER ROYAL AVEC PIQUE
Fin du XIVᵉ siècle
Dessin préparatoire pour une enluminure
Bibliothèque municipale, Arras

Ce dessin sur parchemin est extrait d'un commentaire de la Bible écrit par le franciscain Nicolas de Lyre. Si la plupart des textes et dessins de ce manuscrit sont achevés, ces enluminures sont le plus souvent restées à l'état d'ébauches, le temps ayant sans doute manqué pour leur mise en peinture. La planche reproduite ici détaille un verset du Livre de Josué : « Lorsque tous les rois des Armorites qui habitaient la région à l'occident du Jourdain et tous les rois des Cananéens qui étaient dans la région de la mer apprirent que Yahvé avait mis à sec

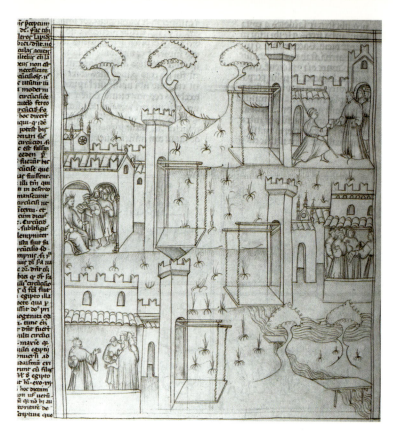

les eaux du Jourdain devant les Israélites, jusqu'à ce qu'ils en soient passés, le cœur leur manqua et l'approche des Israélites leur coupa le souffle. » L'auteur du dessin imagine donc un messager à pied de son époque avec sa pique, qui apporte la nouvelle. En haut à droite, après avoir franchi le pont-levis, il remet son message au roi debout à l'entrée de son château. Dans la seconde scène, à gauche, le roi, assis, écoute la lecture de la lettre. Il ne sait donc pas lire puisqu'il a besoin de l'assistance d'un clerc. Troisième scène à droite, le roi a repris le message en main et le commente à ses conseillers. En fin, en bas à gauche, le roi, mains ouvertes, appelle la protection du ciel, devant un auditoire désemparé. Avec ironie, le bas gauche de la page représente l'eau des fossés du château qui, se séparant en deux bras, évoque le miraculeux et malencontreux passage du Jourdain par les Israélites.

SCRIBE AU TRAVAIL À LA COUR D'UN ROI
Début du XVᵉ siècle
Miniature
Bibliothèque municipale, Toulouse

Les missives que transportent les messagers ne sont pas écrites par leur signataire. Si le roi ne sait pas lire, il ne sait pas écrire non plus et a recours à un scribe qui travaille à ses côtés. Sur cette miniature, il rédige un message sur une bande de parchemin posée sur ses genoux avec un calame, roseau taillé en pointe. Sur la table, à côté de ce qui est peut-être une sacoche de messager dont le rabat est fermé par un lien, figure un étui portable contenant encrier et réserve à calames.

BOÎTE DE MESSAGER ARMORIÉE
Fin du XIVe siècle
Cuivre rouge
Musée de Cluny, Paris

Cette boîte est ornée à l'avant d'armes en émail. À l'arrière sont fixés deux coulants de métal par lesquels passe la ceinture du messager. Ces coulants sont montés sur un couvercle amovible, retenu d'un côté par une charnière et de l'autre par une sorte de loquet. Les missives prennent place à l'intérieur. Cette boîte remplit donc bien la double fonction de contenir le ou les messages et, par les armes dont elle est gravée, de justifier l'identité du porteur.

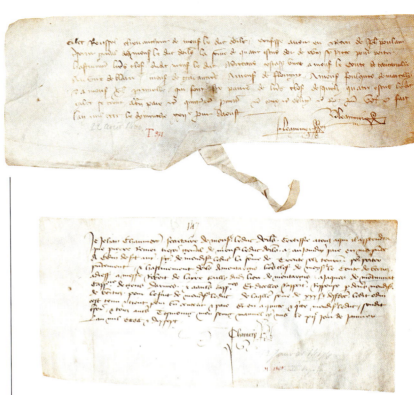

REÇUS DE CHEVAUCHEURS
XVe siècle
Parchemin
Musée d'Histoire des PTT d'Alsace, Riquewihr

Le premier reçu concerne Gilet Roussel, chevaucheur de Louis Ier, frère du roi de France et duc d'Orléans, qui succombera en 1407, assassiné par les partisans de Jean Sans Peur. Gilet Roussel devait porter à six destinataires différents « hastivement lettres closes » pour la somme de quatre écus d'or de 18 sols, à lui payés le 22 août 1400. Le second reçu concerne Odin de Saint-Avy, sergent attaché à la maison d'Orléans, mais cette fois il agit pour Charles (1391-1465), fils du précédent. Odin de Saint-Avy avait reçu 30 sols tournois pour avoir transporté d'Orléans à Montargis des lettres envoyées par le comte de Vertu à deux personnalités de cette ville et « d'icelles rapporter réponse par devers mon dit sieur le duc ». « Pour le fait » veut dire « pour le service », car Charles d'Orléans est alors retenu prisonnier en Angleterre, et ne reviendra en France qu'en 1445.

ENGAGEMENT D'UN CHEVAUCHEUR
1411
Parchemin scellé à la cire rouge
Musée de la Poste, Amboise

Le chevalier Copin de la Viesville est embauché pour un salaire fixe de 600 livres parisis par an, plus 600 francs par chevauchée faite hors de Paris, par le roi Charles VI durant la période de guerre. Il s'agit de la lutte qui oppose les Armagnacs, parti du duc Charles d'Orléans, à la faction des Bourguignons. Le conflit ne prend fin qu'en 1439 par le traité d'Arras. On ne sait si Copin de la Viesville assura jusqu'à cette date « les besognes dudit Seigneur le Roi ».

Des messagers à la poste aux chevaux

BOÎTE DE MESSAGER DU DUC DE BOURGOGNE JEAN SANS PEUR
Vers 1400
Métal émaillé
Musée de Cluny, Paris

MESSAGER ATTAQUÉ À L'ÉPÉE
XVe siècle
Gravure sur bois
Bibliothèque universitaire, Strasbourg

Durant le XVe siècle, les attributs des messagers se modifient. La boîte perd sa fonction et devient une simple plaque cousue sur le côté gauche du pourpoint, ou suspendue au cou. C'est le cas sur cette gravure qui représente un messager en fâcheuse posture devant un roi. Ce dernier le désigne du doigt à des spadassins qui le menacent d'une épée.

La boîte est ornée d'un écusson divisé en quatre parties (anciennes et nouvelles armes de Bourgogne). Au centre, un écusson plus petit est aux armes de Flandre symbolisées par un lion. Peu avant son assassinat le 14 septembre 1419, au pont de Montereau, Jean Sans Peur avait à son service douze chevaucheurs. Olivier de la Marche, dans son livre *État du duc de Bourgogne*, nous précise la place de ces chevaucheurs dans la maison du duc : « Sous l'écuyer sont messagers et chevaucheurs et leur donne le Prince la retenue [acte de nomination] et l'écuyer leur mect leur boîte armoyée. » Le petit-fils de Jean Sans Peur, Charles le Téméraire, maintient les effectifs de ses services de messagerie au même niveau, mais Olivier de la Marche dans ses *Mémoires* précise qu'il avait réduit le nombre de chevaux à quatre, car les chevaucheurs ne sortaient pas tous en même temps. Ces chevaucheurs reçoivent par sortie « quatre livres par jour et non plus ».

MESSAGER REMETTANT UNE MISSIVE À UN ROI
Début du XVe siècle
Enluminure
Bibliothèque municipale, Bordeaux

Cette miniature illustrait une édition de Tite-Live ; on peut reconnaître un messager remettant au roi la lettre qui lui est destinée.

SACOCHE DE MESSAGER
Milieu du XVe siècle
Cuir repoussé et peint
Musée de la Poste, Paris

On a surtout retenu de la vie de René duc d'Anjou, de Barr et de Lorraine, ses séjours en Provence, dont il était comte, et où il est resté très populaire en souvenir de son gouvernement pacifique et de son goût pour les arts. Il devait devenir roi en 1435, après avoir hérité du royaume de Naples, mais ne put le conquérir sur Alphonse V d'Aragon. Comme duc ou comme roi, il s'était doté d'un corps de chevaucheurs dont cette sacoche est un vestige. Opportunément, puisqu'il était confié à un cavalier, le haut de ce portefeuille en cuir ouvragé présente la peinture d'un cheval blanc, non sellé et retenu par un licou.

GRAND SEIGNEUR REMETTANT DES LETTRES À SES MESSAGERS À PIED
Milieu du XVe siècle
Miniature
Bibliothèque de l'Arsenal, Paris

Cette scène est particulièrement intéressante, puisqu'elle décrit avec précision le départ du courrier d'un grand seigneur du XVe siècle. À sa gauche, le secrétaire écrit avec son calame sur un parchemin qu'il maintient sur ses genoux. Il vient de terminer deux autres lettres. Son maître en confie déjà une à un messager qui la reçoit un genou en terre. Ce messager n'est plus armé de la pique classique, mais d'un poignard attaché à sa ceinture.

Le deuxième messager, un peu en arrière, s'approche pour recevoir la seconde lettre que le seigneur prend sur la table de sa main droite. Il est possible que le troisième personnage de droite soit encore un messager qui attend la lettre que termine le secrétaire. Sur le bureau, à côté de l'encrier et de l'étui à calames, est posé le canif qui permet d'aiguiser les pointes de roseau.

MESSAGER ANNONÇANT LA GUERRE
1500
Gravure sur bois
Bibliothèque universitaire, Strasbourg

Cette gravure illustrant un roman à la mode au début du XVIe siècle montre un messager à pied qui, curieusement, au lieu de porter sa lettre dans sa sacoche, la brandit au bout d'un bâton fendu. La nouvelle qu'il apporte aux personnages de haut rang placés dans l'embrasure de la porte de leur château est une déclaration de guerre. Et la coutume était, dans ce cas, d'exhiber la lettre correspondante de cette manière afin de prévenir les populations rencontrées que des événements graves se préparaient.

HOMME ÉCRIVANT UNE LETTRE
XVI siècle
Miniature
Bibliothèque nationale, Paris

Ces deux miniatures montrent bien un changement d'époque. Les messagers ne seront plus exclusivement au service des grands de cette terre, mais aussi à celui de simples particuliers, aisés certes, qui savent maintenant s'exprimer par écrit.

FEMME ÉCRIVANT UNE LETTRE
XVI siècle
Miniature
Bibliothèque nationale, Paris

TIMBRE MESSAGER ROYAL
1962
Tirage offset
Collection des Amis de l'histoire des PTT d'Alsace

Ce timbre est inspiré d'une enluminure ornant une édition des *Héroïdes* d'Ovide par « Octovien de Saint-Gelais à présent évêque d'Angoulême ». Ce livre, destiné au roi Louis XII, a été enluminé entre 1496 et 1502. L'artiste graveur a légèrement modifié l'original. Sur le timbre, le messager est tourné vers la droite, alors que sur l'original il fait face au destinataire qui est à sa droite. D'autre part, il tient dans sa main gauche une missive, alors que sur la miniature la lettre est déjà remise et le messager attend la réponse. Sur l'épaule, il porte une sacoche sans doute en cuir et tient dans sa main gauche une pique ornée d'une oriflamme.

MOINES TRANSPORTANT DU COURRIER POUR LE PAPE
Vers 1460
Miniature
Collection des Amis de l'histoire des PTT d'Alsace

Le rôle international, politique et religieux de la papauté oblige cette dernière à entretenir de multiples liaisons en Europe et avec les pays lointains. La scène qu'évoque cette miniature est celle d'un moine, frère Asselin, remettant des lettres du pape Innocent à des « Tartares ». Comme souvent dans ce genre de représentation, deux scènes distantes aussi bien dans l'espace que dans le temps sont juxtaposées. À gauche, frère Asselin est agenouillé devant le souverain pontife coiffé de la tiare et reçoit le message à porter. À droite, après bien des mois et un long chemin parcouru, frère Asselin remet ce même message à un Tartare barbu. Dans le fond, sous une tente de drap rouge, trône un roi. Si la scène se passe en 1404, le pape peut être Innocent VII et le roi tartare Timour Lang (Tamerlan). On comprendrait alors la mission de frère Asselin, qui apporterait au musulman fanatique et cruel qu'était Timour Lang la parole de la chrétienté inquiète de ses conquêtes en Anatolie, depuis la défaite de Bayézied à Ancyre (Ankara).

ROULEAU ANNONÇANT LA MORT DE L'ABBÉ VITAL
1122
Réplique d'un parchemin
Musée de la Poste, Paris

Le développement des grands ordres religieux entraîne entre les abbayes mères et les établissements qui en dépendent des échanges de correspondance pour diffuser avis, instructions nouvelles et rapports. Des frères lais ou de simples paysans attachés à l'abbaye se voient confier la tâche de transporter ces messages. Plus particulièrement lorsqu'un membre éminent d'une abbaye décède, les communautés sœurs sont avisées au moyen d'une sorte de faire-part, invitant ainsi ces dernières à prier pour le défunt. La feuille de parchemin initiale, portée de couvents en couvents, s'allonge à chaque visite d'un accusé de réception que l'on cousait à la suite par de fines bandes, également de parchemin, glissées dans des incisions faites au bord du dernier document recueilli. Pour en faciliter le transport, cette feuille dont la longueur augmente à chaque étape, est enroulée autour d'un axe en bois, protégé aux deux extrémités par des joues, d'où le nom de *rotulus* donné à de tels messages. Le rouleau de saint Vital informe les couvents de son ordre du décès de cet abbé survenu le 16 septembre 1122. Le porteur reviendra avec un document mesurant plus de 8,50 mètres de long (car ce qu'il en reste est incomplet), ce qui représente une correspondance de l'ordre de 20 mètres, les accusés de réception étant écrits recto verso, soit en vers, soit en prose. Parmi les réponses rapportées figure un poème attribué à Héloïse qu'elle aurait rédigé au passage du porteur, dans son abbaye d'Argenteuil.

ÉCHANGES ÉPISTOLAIRES ENTRE COUVENTS
Fin du XIVe siècle
Miniature
Bibliothèque de l'Arsenal, Paris

Des religieux, reconnaissables à leur chapelet pendu à la ceinture ou à leur robe avec capuce, sont assis devant deux édifices religieux. La construction au fond à gauche semble être une simple maison, peut-être une allusion aux domaines ecclésiastiques ruraux. Ces grandes entreprises agricoles étaient partagées entre un certain nombre de manses, c'est-à-dire de petits territoires pouvant être cultivés par une seule famille. Un inventaire de l'abbaye de Staffelsee en Bavière précise les redevances que doivent verser les titulaires des dix-neuf manses : « ... dont chacun rend, tous les ans, un porcelet, cinq poulets, dix œufs, nourrit quatre pourceaux du maître, laboure une demi-charretée, travaille trois jours par semaine, fait le service de message, livre un cheval de marche... » Ainsi le courrier que nous voyons rédigé sous nos yeux pourra-t-il être expédié et la réponse ramenée par ces messagers-paysans.

Des messagers à la poste aux chevaux

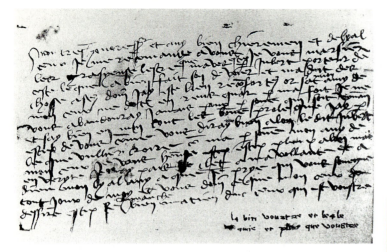

MESSAGER CONFIDENT D'UNE CHANOINESSE
1470
Parchemin
Archives d'Innsbruck, Autriche

En 1470, Pierre de Hagenbach, bailli de Ferrette et Landgrave de Haute-Alsace pour le compte du duc de Bourgogne, fait la connaissance d'une chanoinesse du célèbre couvent de femmes de haut rang, situé à Remiremont. Celle que le bailli désigne comme sa « très honorée dame, madame la boursière en la noble église de Remiremont » ne serait autre que Marguerite, fille de Louis de Masevaux et de Guillemette de Montreux, selon les dernières hypothèses des médiévistes. La missive qu'envoie Marguerite « à notre très honoré seigneur, monseigneur le baillif de Fareth » est une lettre d'amour. Marguerite a fait rédiger sa lettre par une tierce personne, pourtant elle sait écrire, la dernière phrase qui forme comme une signature étant de sa main. Mais sa graphie est un peu hésitante, et elle a fait une rature. Le rôle du messager Imbert est bien décrit : non seulement il apporte la missive du bailli, mais il a dit à Marguerite « beaucoup de choses dont j'ai été bien réconfortée », et inversement il est chargé de compléter la lettre qu'on vient de lui remettre par des commentaires « que vous voudrez croire comme ma personne ». Ainsi, un messager de cette époque ne se sert du document écrit qu'il transporte que comme accréditif, l'essentiel de l'information étant constitué par un message oral.

RELIGIEUX À SON ÉCRITOIRE
1489
Gravure sur bois
Bibliothèque universitaire, Strasbourg

Ce frontispice d'une édition de *La Cité de Dieu* de Saint-Augustin, imprimée à Bâle à la fin du XVe siècle, représente saint Augustin en ecclésiastique érudit de son époque. Il est assis sur un banc de bois au dos sculpté, devant son écritoire. Des cornes contenant calames et encre sont fixées au bord de ce dernier. En dessous, une armoire ouverte laisse apercevoir des livres reliés et une réserve d'encre dans une bouteille à long col.

MESSAGER D'UNIVERSITÉ
1476-1483
Dessin enluminé
Bibliothèque de la Sorbonne, Paris

La plus ancienne université française est créée à Paris au milieu du XIIIe siècle. Elle compte quatre facultés. Les étudiants sont regroupés par origine géographique : ce sont les « nations ».
Le document représente Jean de Fuella, procureur (administrateur choisi parmi les professeurs attachés à une faculté) nouvellement élu pour la nation de Picardie. En bas, le personnage portant un parchemin scellé est un messager. Il est chargé de « porter et rapporter lettres, argent, équipages et bagages des maîtres et escoliers » qui sont souvent fort éloignés de leur province ou pays d'origine. Toutes les universités françaises seront dotées d'un corps de messagers. En 1383, une ordonnance de Charles VI stipule que chaque diocèse du royaume ou des pays étrangers concernés sera desservi par un messager de toutes les universités françaises.
Ces messagers, dont les services sont bien organisés, vont peu à peu se mettre à la disposition de tous. Ce sera la première « poste » dans le sens moderne du terme, c'est-à-dire un organisme capable de transporter, selon des tarifs connus, avec une périodicité fixe et des délais rapides, lettres, paquets et même voyageurs.

MESSAGER MUNICIPAL DE LA CROIX DE TORADA
1450
Croix de chemin
Ille-sur-Têt, Pyrénées-Orientales

Pierre Torada, qui habite Ille-sur-Têt au milieu du XVe siècle, donne à la municipalité une maison qui lui appartient à Perpignan. Elle doit être vendue après sa mort, et l'argent ainsi obtenu servir à l'érection d'une croix, près d'une porte de la ville. Au-dessus de la colonne supportant la croix, et en dessous de celle-ci, une sorte de chapiteau porte quatre sculptures en semi-relief. Un de ces reliefs figure sur un écusson un messager à pied

habillé de la classique tunique serrée à la taille par une ceinture, à laquelle est suspendue une sorte de bourse, peut-être une boîte érodée par les ans. Sa tête est protégée par une capuche qui lui entoure étroitement le visage. Il est chaussé de souliers montants. Sa sacoche est suspendue dans son dos. Il porte dans la main droite la lance dont sont équipés tous les messagers de cette époque. La canne qu'il tient fermement dans la main gauche est un attribut plus rare et s'explique peut-être par les accidents de chemin entre Ille et Perpignan.

MESSAGER À PIED APPORTANT UNE MISSIVE À DES ÉTUDIANTS
1618
Gravure sur cuivre
Bibliothèque universitaire, Strasbourg

Il est demandé aux messagers d'universités de porter comme marque de leur charge les armes de leur université, attachées à leur pourpoint, ainsi qu'une sacoche où leur courrier prend place. Ils sont payés pour chaque course. Le montant est souvent fixé par un contrat devant notaire. De plus, ils bénéficient à titre personnel de multiples exemptions d'impôts (taille, droit d'octroi, etc.) Les universités utilisent les revenus que leur procurent ces services pour payer leurs professeurs. Si bien qu'en 1719, lorsque le Régent décide de rattacher les messageries de l'université de Paris à la poste, il doit lui payer une forte indemnité pour compenser cette perte de recettes.

CHEVAUCHEURS MUNICIPAUX DE BARCELONE
XVe siècle
Réplique d'une sculpture sur bois
Musée de la Poste en Roussillon, Amélie-les-Bains-Palalda

Les corps de messagers municipaux se constituent au fur et à mesure que les villes devenues puissantes obtiennent leur indépendance administrative. Les municipalités ont alors besoin d'agents de liaisons qu'elles recrutent selon des règles précises que nous ont conservées les archives. Ils doivent prêter le serment d'accomplir leur travail avec rapidité et discrétion, éviter la boisson et les jeux de hasard. C'est pourquoi ils sont désignés sous le nom de « messagers jurés ». Ils sont rémunérés à la course et, comme ils ne sont pas toujours sur les chemins, ils exercent un autre métier. Cependant, personnages officiels, ils tiennent à montrer leur rang. Ainsi à Barcelone, au XVe siècle, les chevaucheurs possèdent un banc d'œuvre à la chapelle Saint-Marcus. Il est orné d'une sculpture représentant un cavalier entouré de feuillages décoratifs. Ce cavalier a embouché un cor pour annoncer son passage.

COFFRET DE MESSAGER
XVᵉ siècle
Bois revêtu de cuir
Musée de Boulogne-sur-Mer

À partir du milieu du XVᵉ siècle, l'obligation de transporter des fonds apparaît dans les attributions des messagers municipaux qui doivent jurer de restituer sans retard l'argent dont ils ont été chargés. Vers 1500, la ville de Sélestat, inscrit dans son règlement : « Au cas où les messagers sont chargés d'aller chercher de l'argent ou d'en porter à quelqu'un, ils doivent s'en acquitter honnêtement, n'en rien prélever, n'en rien garder, mais le porter sans délai à celui auquel l'argent appartient. Il est interdit de garder l'argent la nuit, à moins que l'heure tardive ne permette plus d'attendre le propriétaire : dans ce cas, il faudra porter l'argent sans délai le matin de bonne heure. » Les coffrets de bois bardés se multiplient alors. Celui reproduit est protégé par trois lames de fer fixées sur le couvercle. Le revêtement de cuir, richement travaillé, permet de lire la devise « Bien va sy dure », laissant entendre qu'à cette époque le métier de transporteur de fonds n'est pas exempt de tous dangers.

COFFRET DE MESSAGER
XVᵉ siècle
Bois sculpté
Musée de Boulogne-sur-Mer

La sacoche devenant insuffisante, les messagers utilisent des coffrets plus spacieux pour y placer les objets. Le devant de cette boîte est orné de deux oiseaux sculptés, enfermés chacun dans un cercle entouré de feuillage. Le couvercle est maintenu par une solide serrure à moraillon. On distingue bien cette pièce de fer munie sur sa face interne d'un anneau qui entre dans la serrure et se trouve ainsi retenu par le pêne. La sécurité offerte par le coffret est cependant relative, aussi les messagers pensent l'améliorer, en conservant dans un compartiment secret une image de préservation, sur laquelle figure le plus souvent saint Christophe portant l'enfant Jésus sur ses épaules.

ITINÉRAIRES DES MESSAGERS DE STRASBOURG
1506-1543
Carte
Musée d'Histoire des PTT d'Alsace, Riquewihr

Il est aisé de reconstituer les itinéraires suivis par les messagers de Strasbourg dans la première moitié du XVᵉ siècle. En effet, à cette époque, le chancelier de la ville n'est autre que le célèbre poète Sébastien Brant. Ses fonctions l'obligent à organiser et à surveiller le service des messagers. Il rédige à leur intention un guide des principales routes qu'ils peuvent être amenés à suivre, en quittant Strasbourg et en y revenant. Trente-trois parcours sont ainsi décrits. Les liaisons les plus nombreuses sont transversales. Elles mènent à Vienne, capitale de l'archiduché d'Autriche, ou à Prague, capitale du royaume de Bohême. Vers l'est, elles se dirigent vers les Flandres, en passant par le Palatinat, ou vers Le Havre en passant par Paris, plus au sud, vers Lyon par la Franche-Comté, qui est alors pays d'Empire. Dans la direction du nord et du sud, les routes sont moins nombreuses : quelques ports de la Baltique, la Suisse, et bien entendu Bologne et Venise. Ces listes ont permis d'établir cette carte qui ne rend cependant pas compte de l'importance relative des liaisons. Certaines, comme celles avec la Pologne, ne devaient être qu'occasionnelles.

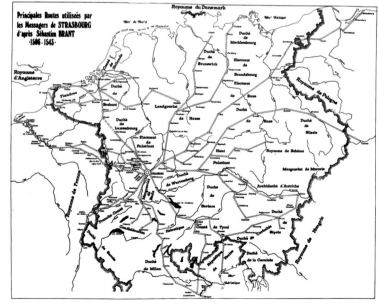

MESSAGERS À UNE SESSION DU TRIBUNAL DE STRASBOURG
Vers 1530
Gravure sur bois
Collection des Amis de l'histoire des PTT d'Alsace

Sur cette gravure figurent trois messagers à pied munis de leur pique et de leur boîte en forme d'écusson fixée sur la poitrine. L'un est armé d'un long sabre. Ils portent chacun une lettre avec sceau pendant. En 1568, un nouveau règlement strasbourgeois concernant les messagers précise : « Chaque messager obligé de porter les décisions au tribunal doit préalablement demander l'autorisation, comme il est d'usage dans notre district. » Le pouvoir municipal se méfiait-il des juges locaux, pour exiger que les courses provoquées par eux soient subordonnées à son assentiment ?

MESSAGER MUNICIPAL DE MULHOUSE
1597
Miniature
Musée historique de Mulhouse

Cette miniature est extraite de la *Chronique suisse*, manuscrit d'André Ryff. À la fin du XVIe siècle, Mulhouse n'est encore qu'une petite bourgade, alliée aux cantons suisses. Elle possède un messager richement vêtu avec un pourpoint rouge et blanc aux couleurs de la ville. Sur le côté gauche de sa poitrine, sa boîte qui n'est plus qu'un insigne décoratif. Compte tenu de la faible importance politique de Mulhouse, son messager doit subir bien des brimades de voisins peu scrupuleux. Ainsi en 1649, les Autrichiens volent le courrier du messager mulhousien, se saisissent de la boîte en argent et le retiennent prisonnier. Il ne sera libéré que contre une rançon de 2 florins.

BOÎTE DE MESSAGER MUNICIPAL
1615
Argent et émail
Trésor de la ville de Ribeauvillé, Haut-Rhin

Cette boîte, qui ne s'ouvre pas, n'est plus que le signe distinctif qui officialise la mission du messager. Cette transformation des boîtes est soulignée, dès le XVe siècle, dans les nouveaux règlements : « Tout le temps, en ville aussi bien qu'ailleurs, [les messagers] doivent porter les boîtes suspendues devant eux (…). Ils peuvent également porter des lettres pour les bourgeois avec la boîte si une personnalité compétente le leur permet. Sans cette autorisation, ils ne doivent porter ces lettres qu'en enlevant leur boîte et en la laissant à la maison. »
La boîte de messager de Ribeauvillé porte sur sa partie avant renflée un écusson sur lequel apparaît la main bénisseuse de l'évêque de Bâle, suzerain de la ville. Elle est retenue par trois courtes chaînettes rattachées à un bouton, au centre duquel sont gravées les armes des comtes de Ribeaupierre. De nos jours, lorsque l'appariteur municipal endosse sa tenue de cérémonie bleu et blanc aux couleurs de la ville, il accroche, sur le côté gauche de sa cape, la boîte, retirée exceptionnellement du Trésor municipal.

COFFRET DE MESSAGER
Fin du XVIᵉ siècle
Musée de la Poste, Paris

COFFRET DE MESSAGER
XVIᵉ siècle
Musée d'Histoire des PTT d'Alsace, Riquewihr

Les transports d'espèces rendent la mission des messagers périlleuse et les attaques crapuleuses se multiplient. Un exemple entre bien d'autres. En août 1556, la municipalité de Berne prévient celle de Colmar que l'on vient de découvrir un de ses messagers assassiné dans une forêt. Les autorités suisses ont pu récupérer l'équipement du messager : boîte, sac et pique. Mais les grosses sommes d'argent que le messager transportait sur lui ont disparu. Les coffrets sont à présent en fer forgé et souvent équipés de serrure à secret. Sur la boîte conservée par le musée de Riquewihr, il faut non seulement tourner la clé pour dégager le moraillon, mais appuyer sur un bouton secret dissimulé dans une ferrure. Ces coffrets relativement lourds sont portés par une courroie en cuir qui passe dans les anneaux latéraux prévus à cet effet. Lorsqu'ils sont employés par un cavalier, la paroi du fond est doublée par une peau rembourrée de crin afin de ne pas blesser le cheval.

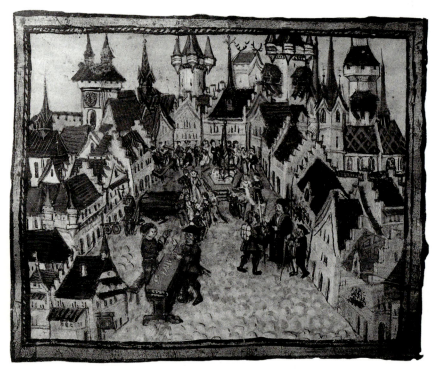

MARCHÉ D'UNE VILLE RHÉNANE
1513
Miniature
Musée national suisse, Zurich

Cette miniature extraite de la *Chronique de Lucerne*, de Diebold Schilling, restitue l'atmosphère d'une place de ville, un jour de marché. À gauche se trouve un changeur derrière une table. L'argent pour les transactions commerciales est de moins en moins transporté en espèces et l'usage de la lettre de change devient courant. Ce sont des messagers payés par les marchands qui les transportent concurremment avec leur courrier. Ces messagers transmettent aussi les nouvelles économiques à leur employeur.

MARCHAND TENANT UNE LETTRE
1532. Holbein le Jeune
Huile sur toile
Staatliche Museen, Berlin

Ce portrait de Georges Gisze par Holbein le Jeune (1497-1541) représente un marchand devant son écritoire munie des accessoires pour écrire et cacheter une lettre. L'œuvre confirme l'existence d'un monde de courtiers, d'agents de banque, d'exportateurs et de spéculateurs qui se constitue au XVIe siècle, après les Grandes Découvertes. Pour maintenir leur autorité sur les marchés européens, il leur faut être renseignés sur la situation des mouvements de marchandises et la fluctuation de la valeur des monnaies.

FRANÇOIS RABELAIS
1950. Gravure de Decaris
Musée de la Poste, Paris

Il est intéressant de reconstituer l'acheminement d'une lettre dans la première moitié du XVIe siècle. Nous pouvons suivre le transport d'une des missives de François Rabelais pendant l'hiver 1536, entre Rome où il réside et l'abbaye de Maillezais en Vendée où habite son protecteur l'évêque Geoffroy d'Estissac. François Rabelais a recours tout d'abord à la poste des occasions et confie sa lettre à « un gentilhomme, serviteur de M. de Montreuil, nommé Trémelière, qui revient de Naples où il a acheté des chevaux pour son maître et qui s'en retourne à Lyon le retrouver avec diligence ». À Lyon, Trémelière doit remettre la lettre à un libraire du nom de Michel Parmentier. Les libraires servent souvent de centre de dépôt et de transit pour la correspondance des érudits de l'époque. Entre Lyon et la Vendée, la lettre est prise en charge par un messager professionnel et Rabelais joint à son envoi de quoi acquitter le prix du transport. En principe le libraire ne se fait pas payer. Mais Rabelais précise à son correspondant : « Pour ma part, j'entretiens le zèle de Parmentier par l'envoi de nouveautés en provenance de Rome, ou à sa femme, afin qu'il prenne bien soin de chercher un marchand ou messagers de Poitiers qui vous apportent les paquets que je vous envoie. » Il recommande à son protecteur d'écrire « aussi un mot à Parmentier et [de mettre] dans [sa] lettre un écu qui lui soit destiné… ». Ainsi, une lettre de Vendée à Rome met 18 jours pour arriver à destination et ce délai peut être doublé si l'occasion d'un voyageur ne se présente pas au bon moment.

LE QUART LIVRE
1548. François Rabelais
Édition princeps du Quart Livre
Bibliothèque nationale, Paris

Rabelais décrit dans les aventures du géant Pantagruel, fils de Gargantua, la manière dont ils correspondent entre eux. Pantagruel étant parti en voyage autour du monde aborde à « l'isle Medamothi ». Là, un vaisseau léger de son père le rejoint : « À son bord était Malicorne, écuyer tranchant de Gargantua, envoyé spécialement pour connaître l'état de santé de son fils, le beau Pantagruel, et lui porter des lettres faisant foi de sa mission. » Gargantua en terminant sa lettre ajoute : « Ledict porteur te dira plus amplement toutes nouvelles de cette cour. » En conséquence, « après lecture des lettres susdites Pantagruel entame une conversation avec l'écuyer Malicorne qui dure si longtemps que Panurge [compagnon de voyage de Pantagruel], l'interrompant, lui dit (…) "N'est-ce pas assez parlé sans boire ?" Pantagruel rédige ses réponses à son père et, pour récompenser le messager, lui remet « une grosse chaîne d'or, pesant huit cents écus ». Cadeau « énorme » de géant, tout comme les 500 écus soleil que reçoivent chacun des matelots du navire qui a amené Malicorne. On peut juger de la largesse de Pantagruel en sachant qu'un chevaucheur royal touche à la même époque, pour aller de Paris à Rome et retour (soit plus de 2 000 kilomètres), 120 écus soleil.

ÉRASME À SON ÉCRITOIRE
1522
Gravure sur bois
Bibliothèque universitaire, Strasbourg

Les érudits de la Renaissance, mais aussi les adeptes des nouvelles idées issues de la réforme luthérienne, ont besoin d'échanger leurs points de vue avec régularité. Érasme (v. 1467-1536) est représenté durant la période où il écrit son *Essai sur le libre arbitre*, qui l'oppose à Luther. Ces polémiques entraînent un intense mouvement de correspondances et, les sujets traités pouvant être considérés comme subversifs par les autorités en place, il est préférable de ne pas avoir recours aux messagers officiels. Aussi la poste des occasions trouve-t-elle là de nouveaux adeptes. Les lettres sont confiées à des voituriers, à des bateliers, ou encore à des marchands. Ceux de Saint-Gall, en Suisse, se font même une spécialité de porter

les missives, en allant aux marchés de Leipzig, de Paris, de Lyon, ou à ceux d'Italie et d'Espagne. En Suisse, les protestants confient leurs lettres au libraire zurichois Froschauer lorsqu'il va, au printemps et en automne, à la foire de Francfort. Ce dernier possède une filiale dans cette ville qui se charge des lettres pour le nord de l'Allemagne et des Pays-Bas. Les délais sont aléatoires et, en 1543, une lettre de Lyon pour Paris met 15 jours, alors que, en 1538, une autre lettre entre Genève et Paris transite pendant 39 jours.

LOUIS XI
XVIIIᵉ siècle
Gravure
Musée de la Poste, Paris

Le règne de Louis XI est marqué par les désordres engendrés par la guerre

de Cent Ans. Le souverain s'applique à augmenter les possessions royales et son rôle est important dans la mise en place d'un système rapide de transport de l'information à grande distance pour lui permettre de mener à bien ses entreprises. Son corps de chevaucheurs, en partie sédentarisés le long de routes privilégiées, est à l'origine de la création des relais de la poste aux chevaux. La première trace de cette nouvelle organisation date de 1479, soit trois ans avant la mort du souverain. Le développement réel de la poste aux chevaux doit davantage à ses successeurs Charles VIII, Louis XII et François Iᵉʳ.

CARTE
1973. Reconstitution
Musée de la Poste, Paris

Louis XI séjournant le plus souvent à Plessis-lès-Tours, les itinéraires se concentrent sur ce point. Les cartouches expliquent les raisons de l'établissement des routes, dont l'existence est le plus souvent éphémère. On constate qu'une des plaques tournantes de ces liaisons est constituée par la ville de Lyon. Ceci s'explique par des raisons géographiques, mais aussi politiques, car les consuls de cette ville sont très favora-

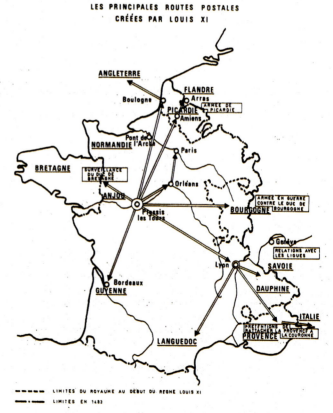

blement disposés à l'égard du roi de France. Aussi, lorsque Louis XI cherche à rattacher la Provence à sa couronne, il fait établir une route à partir de Lyon vers cette province, en juin 1481. Le roi prévient le sénéchal de Lyon qu'« il met postes de sept lieues en sept lieues pour savoir et avoir incontinent des nouvelles ». Jehan Billard, chevaucheur de l'écurie du roi, est envoyé à Lyon pour « avoir charge d'estre poste en ceste ville ». À son arrivée, il demande aux consuls d'être logé près de la porte du Bourgneuf, car il lui faut pouvoir partir de nuit, si nécessaire. D'autre part, il souhaite échanger son cheval contre un autre, capable d'aller à « plus grand train, afin de faire plus prompte diligence ». Le relais de Lyon est bientôt doté d'un deuxième homme, Hymbert de Varey, « qui a charge de l'expédition desdites postes en ceste ville ». Ce qui prouve que le service s'étoffe, mais pour des raisons bien précises, en effet, le roi désire maintenant « scavoir et avoir nouvelles de plusieurs pays comme de Provence, Savoye et Dauphiné ».

CHEVAUCHEUR
1520. Hans Schäufflein
Épreuve d'après gravure
Service historique de l'Armée de terre, Vincennes
Le rôle d'un chevaucheur tenant une « poste assise » consiste à gérer un relais comportant un certain nombre de chevaux et à assurer la liaison entre son relais et le relais le plus proche, en amont et en aval, distant d'une trentaine de kilomètres. On peut se faire une idée de l'aspect d'un tel chevaucheur grâce à la gravure allemande que nous reproduisons. On distingue, sur la croupe du cheval, la sacoche en cuir dans laquelle il a placé les objets à transporter. Par contre, il est peu probable qu'il ait été équipé d'une corne, car cet instrument ne sera que rarement utilisé en France. Le traitement de ces chevaucheurs varie entre 13 livres 15 sols et 16 livres tournois par mois. De plus, ils peuvent prétendre à des frais de déplacement dits « de guides » lors de leurs voyages de nuit. Ces frais sont à la charge des villes où ils résident. Ainsi le chevaucheur lyonnais, Pierre Jourdein, touche des consuls 10 livres en janvier 1482 « pour toute récompense desdits guides et autres frais par lui faits ».
Très tôt, ces chevaucheurs vont changer d'appellation et devenir des « maîtres de postes ». On relève déjà cette dénomination en 1520 pour désigner Philippe de Fesques de Boulogne-sur-Mer, qui transporte des dépêches royales jusqu'à Londres.

JEAN ANTOINE LOMBARD
XVIe siècle. Anonyme
Pastel
Bibliothèque nationale, Paris
Le premier relais de la poste aux chevaux de Paris est installé au faubourg Saint-Germain, près de l'une des portes de la ville, à l'angle de la rue d'Enfer et de la rue des Francs-Bourgeois. En 1537, il est occupé par Étienne Loiseau, qui le vend en 1552 à Jean Antoine Lombard – dit Brusquet – successeur de Triboulet comme bouffon auprès de François Ier. La faveur royale en fait le titulaire de la poste de Paris. Il y commande trente postillons qui s'occupent de la centaine de chevaux dont le relais est doté. Un nouveau personnage apparaît : le postillon. Ce valet d'écurie va se substituer au maître de poste pour la conduite des chevaux, et c'est lui qui dorénavant accompagne voyageurs et voitures jusqu'au prochain relais. Il ramène également au relais dont il dépend ses chevaux, haut-le-pied. Brusquet, dont la fille a épousé un huguenot, est soupçonné d'intercepter ou de retarder les dépêches royales défavorables aux protestants. En 1562, sa poste est saccagée et il est obligé de s'enfuir. Un peu avant de mourir en 1568, il envoie à Charles IX un « Avertissement au roi de France touchant les troubles qui sont de présent en France pour le fait de la religion », en faisant précéder sa signature des qualificatifs suivants : « Votre ancien bouffon, gravelleur, pierreux, borgne, bossu et manchot, bany de sa poste, sacagé en sa maison… ».

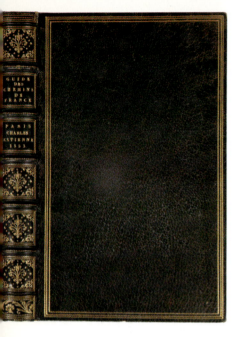

LA GUIDE DES CHEMINS DE FRANCE
1553
Troisième édition
Musée de la Poste, Amboise

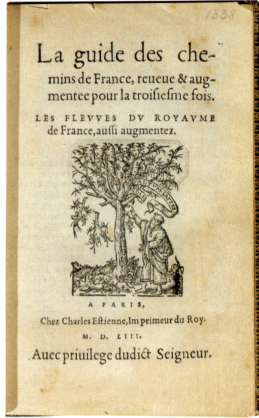

LA GUIDE DES CHEMINS DE FRANCE
1553
Troisième édition
Musée de la Poste, Amboise
Il s'agit du premier guide itinéraire français rédigé par Charles Étienne, dont la première édition date de 1552. On y trouve la description de routes et des détails sur les pays traversés. Pour certaines localités, l'existence d'une poste aux chevaux est indiquée, mais les renseignements qu'Étienne fournit à ce sujet restent lacunaires. Pour se faire une idée de l'évolution des routes postales, il faut dépouiller, par exemple, le *Catalogue des Actes* de François Ier dans lequel les paiements des chevaucheurs permettent de déterminer les routes desservies. Les routes postales partent de Paris et de Lyon. De Paris on trouve : au nord, Paris-Calais et Paris-Bruxelles, à l'est, Paris-Strasbourg par Troyes et Dijon, au sud-ouest, Paris-Bayonne par Orléans, enfin, Paris-Agen par Limoges. Une transversale rejoint Bayonne par Agen et Carcassonne. Lyon, comme déjà sous Louis XI, constitue un nœud routier important : Lyon-Paris par Nevers et par la route de Bourgogne, raccordée à la route de Strasbourg à partir de Dijon ; à l'est, Lyon-Berne par Genève et l'Italie du Nord par Turin ; au sud, Lyon-Marseille par Avignon. Soulignons l'importance des lignes qui permettent déjà un trafic international, comme Paris-Lyon-Turin. Nous savons qu'il y avait dix-huit postes de Lyon à Suze et cinq postes de Suze à Turin. Entre 1530 et 1540, François Ier utilise cette ligne pour rester en communication avec les princes italiens et ses partisans des villes de Lombardie.

COFFRET DE MESSAGER
Fin du XVIe siècle
Musée de la Poste, Paris

RELAIS DE LA POSTE AUX CHEVAUX
Fin du XVIe siècle
Gravure sur cuivre
Musée de la Poste, Amboise

Sur cette scène de rue, dessinée par Tamburini et gravée par Curri, est représentée une place de la ville italienne de Bologne, alors annexée par les États pontificaux. Au premier plan à gauche, le bâtiment du relais postal se présente avec son enseigne, un croissant de lune et un cor. Un courrier arrive au galop. Le sac contenant les lettres est fixé à l'arrière de sa selle. Le relais fournit également des chevaux frais aux voyageurs. Aussi voit-on l'arrière d'une voiture dont un charron vérifie une roue pendant que les passagers se reposent à l'intérieur de l'hostellerie.

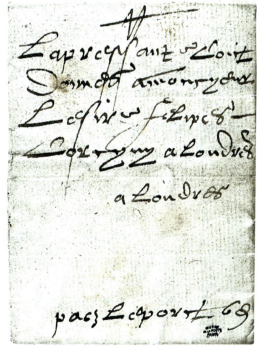

CORRESPONDANCE COMMERCIALE
1579. Lettre de Pierre Gaffre pour Filippo Corsini à Londres
(9,5 × 7 cm)
Musée de la Poste, Paris

Cette longue lettre adressée à Filippo Corsini (1538-1601), le plus grand importateur de marchandises d'Angleterre, fixe le quota des prix pour les marchandises importées de Sardaigne et de Lyon. L'auteur se plaint de l'avarice des marchands de la Hanse et des tarifs douaniers. La lettre porte la mention manuscrite : « Paez le port 6d » de la main de l'expéditeur. On profite des occasions pour confier sa correspondance à des messagers. Le montant du port est alors débattu entre les parties et inscrit sur la lettre afin que le destinataire soit informé du prix qu'il devra payer à réception, précaution utile pour limiter les abus de la part du transporteur.

Des messagers à la poste aux chevaux

Naissance de la poste aux lettres

Au cours du XVIIe siècle, les maîtres de poste, qui sont en même temps des loueurs de chevaux et des acheminteurs de lettres, voient leur rôle réduit à celui de fournisseurs de chevaux.

En effet la poste aux lettres, en tant qu'organisation autonome, apparaît avec le début du siècle et va, sous l'impulsion de ceux qui en tirent bénéfice, monopoliser le transport des missives. Bien sûr, la lutte va être dure avec les organismes structurés comme les messagers d'universités, ou les autres corps de messagerie mais ceux-ci ne pourront se maintenir.

Des institutions anciennes comme les messagers royaux, créés par Henri III pour le transport des pièces de procédure entre les tribunaux, disparaissent aussi au profit des nouveaux services de la poste aux lettres.

Les rois, voyant la véritable manne que représentent les revenus de cette poste, commencent à en retirer le bénéfice aux contrôleurs généraux, auxquels ils les avaient d'abord abandonnés. Puis, selon les coutumes de l'époque, ce nouvel empire financier est découpé et vendu à des « officiers » que l'on pressure à plaisir.

La coordination de ces maîtres des courriers qui non seulement achètent leur charge, mais s'engagent à mettre en place des bureaux pour l'accueil du public, gérés par des commis rémunérés par leurs soins, est confiée à un général puis à un surintendant général des Postes.

Un de ceux-ci, Pierre d'Almeras, met en vigueur pour la première fois un tarif unifié que devront appliquer tous les commis.

Un autre surintendant, Jérosme de Nouveau, laisse pour sa part le souvenir d'un âpre lutteur qui, par des procédés parfois discutables, cherche à affaiblir les messageries en place et à établir peu à peu le monopole de la poste aux lettres pour le transport du courrier sur certaines routes.

Enfin, avec l'arrivée de Louvois à la Surintendance générale, les profits étant décidément trop élevés pour être ainsi laissés entre les mains d'« affairistes » sans envergure, le roi vend la poste à un groupe financier : la ferme générale, qui va assurer au budget des rentrées d'argent fixes selon les termes de baux successifs, le premier datant de 1672.

Tombée entre les mains d'hommes uniquement guidés par le profit, la poste aurait pu voir la qualité de son organisation décliner. Fort opportunément, Louvois impose aux fermiers une surveillance technique stricte, et les services de la Surintendance, au lieu de s'effacer, vont tenir part égale avec les hommes de finance.

La poste aux chevaux fait aussi l'objet de toute la sollicitude de Louvois. Il crée de nouvelles routes postales, recherchant activement des titulaires pour les relais ainsi ouverts, ou concluant avec les postes étrangères des accords pour le transport sur leur territoire du courrier entrant et sortant.

Enfin une nouveauté apparaît : la distribution du courrier de la ville pour la ville. En effet, ce service n'est pas assuré par la poste aux lettres. En 1653, Renouard de Villayer essaie ainsi d'organiser une « petite poste » à Paris, ce sera un échec.

SUPPRESSION DES RELAIS DE LOUAGE DE CHEVAUX
3 août 1602
Musée de la Poste, Paris

En créant la poste aux chevaux, l'État institue un service officiel et protégé pour la location de chevaux allant au galop ou « allant en poste ». Reste la location à la journée des chevaux utilisés au pas et au trot « pour servir et voyager, porter malles, hardes et toutes sortes de bagages, comme aussi pour servir le long des rivières au tirage des voitures par eau et culture des terres ». Il était tentant de compléter la mainmise de l'État sur ce secteur des transports, en instituant de nouveaux relais pratiquant la location de ce type de chevaux. C'est Henri IV qui crée en 1597 ce nouveau réseau de loueurs de chevaux « en demi-poste ». À Paris, seize relais sont mis en service, avec un bureau central établi « devant la boucherie du Marché Neuf, à la Corne du Cerf ». Les résultats de cette opération se révèlent mauvais. L'édit du 3 août 1602, en détaille les raisons : « ... les événements nous ont assez fait connaître par les désordres qui s'en sont suivis, tant à la ruine de nos postes, qui demeuraient à cette occasion desmontées [c'est-à-dire sans chevaux], le port de nos despêches et paquets de lettres retardé, et qui pis est la connaissance de ce qui allait et venait par notre royaume, de la part des étrangers, nous a esté par ce moyen du tout osté : car, au lieu de prendre la voye ordinaire de nos postes où rien ne peut passer qui ne vienne à notre connaissance, (...) ils se sont servis desdits chevaux de relais pour le passage de leurs courriers... ». En conséquence, le roi décide la fusion de ces relais inopportuns avec ceux de la poste aux chevaux. À partir de cette date, les maîtres de poste vont donc louer deux sortes de chevaux, monopolisant ainsi ce secteur. Cette contrainte étant très grande, elle fera l'objet d'une multitude de fraudes et, à partir de 1691, la location des chevaux en demi-poste sera à nouveau rendue libre.

CARTE DES ROUTES DE POSTE
1632. Éditeur : Nicolas Sanson
Impression sur papier
Musée de la Poste, Paris

La première carte des routes de poste française, « chez A. Berey, Proche des Augustins » à Paris, date de 1626. Elle possède une très belle décoration composée d'un cadre où figurent des sites de douze villes de France, plus la reproduction d'un coche, c'est-à-dire d'une voiture de transport public de voyageurs. Le véhicule à quatre roues est tiré par quatre chevaux conduits par un postillon, fouet en main. La carte ici reproduite date de 1632. L'éditeur Nicolas Sanson explique la raison qui l'a poussé à la faire exécuter : « L'estat de toutes les Postes qui traversent la France m'estant tombé depuis peu entre les mains, je priay le Sr N. Sanson d'Abbeville de me le dresser en une carte géographique... » Le décor de la carte est constitué par trois cartouches. Sur celui placé en haut et à droite figurent les armes du roi de France. De plus, le graveur a dessiné trois vaisseaux voguant sur l'océan. De nouvelles éditions paraîtront en 1676 et 1690.

Naissance de la poste aux lettres

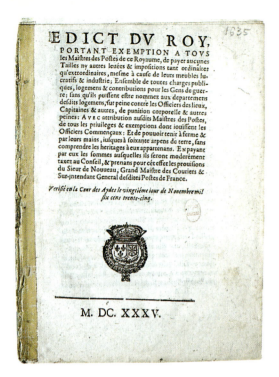

EXEMPTIONS ACCORDÉES AUX MAÎTRES DE POSTE
20 novembre 1635
Musée de la Poste, Paris

Pendant toute la première moitié du XVIIe siècle, les routes de poste se développent d'une manière sensible, comme en rend compte la carte de Nicolas Sanson. Aussi est-il intéressant – pour permettre le recrutement de nouveaux maîtres de poste et maintenir ceux déjà existants – de réaffirmer les avantages financiers qui rendent la profession attrayante : l'exemption de certaines taxes dues à l'État ou aux collectivités locales. Ces exemptions portent sur « toutes tailles (...) et toutes autres, tant ordinaires qu'extraordinaires, qui seront par nous imposées sur nos sujets ». Ils sont de même exemptés du logement des gens de guerre, des réquisitions de toutes espèces, et autorisés à cultiver jusqu'à 60 arpents [soit 25 hectares] de terre de labour, sans impôt. Les maîtres de poste doivent cependant, « attendu la nécessité des (...) affaires présentes, qui requiert secours », « payer les sommes auxquelles ils seront, pour ce, modérément taxés ». À côté de cette mesure conjoncturelle, la seule obligation permanente qui leur soit imposée est constituée par la fourniture gratuite de quatre chevaux « toutes les semaines » pour les transports de la poste aux lettres, ce qui explique qu'ils doivent posséder le nombre de chevaux nécessaire « tant pour tenir leurs postes en estat, que pour les conduites et transports des ordinaires [c'est-à-dire des envois postaux réguliers] ».

ÉCURIE D'UN RELAIS DE POSTE
Vers 1650. Wouwermens
Huile sur toile
Collection particulière

Cette œuvre du peintre Wouwermens (1619-1668) donne une excellente idée de ce que pouvait être un relais, vers le milieu du XVIIe siècle. Un hangar formant écurie abrite six chevaux, ce qui fait de ce relais une poste d'importance moyenne. À droite, un puits équipé d'une margelle partiellement en bois, avec corde et poulie pour remonter les seaux. Insistons sur le fait que tous les relais possèdent dans leur cour, ou à proximité, un point d'eau pour abreuver les chevaux (puits, ruisseau, étang, etc.). Au fond, la mangeoire retient le foin qu'un palefrenier fait glisser du grenier, avec une fourche. Un autre valet d'écurie, coiffé d'un bonnet rouge, desselle un cheval. À droite, le départ du courrier chaussé de grandes bottes à cuissardes et tenant en main une légère badine. Le postillon, qui doit l'accompagner jusqu'au prochain relais pour récupérer son cheval, se prépare à le suivre (personnage central). Les trois hommes, à l'entrée du hangar, sont des mendiants, figures typiques des relais, qui attendent les voyageurs pour leur réclamer une aumône.

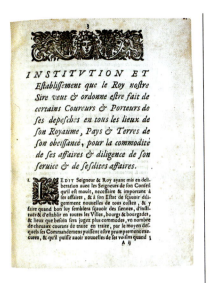

L'ÉDIT DE LUXIES
1660
Musée de la Poste, Paris

Jusqu'en 1937, cet édit fixait la date de la création de la poste aux chevaux par Louis XI au 19 juin 1464. Or ce texte est un faux. À vrai dire, il est étonnant de voir décrit en vingt-huit articles une parfaite organisation de la poste aux chevaux, quelque quinze ans avant que l'on puisse en relever dans les archives les premiers balbutiements. C'est donc un philologue de l'université de Strasbourg, Gaston Zeller, qui en a démontré, en 1937, l'inauthenticité, de nombreux termes employés pour sa rédaction n'étant pas usités au XVe siècle. L'historien Eugène Vaillé recherca alors la date à partir de laquelle ce faux avait pu être introduit. D'après lui, il fut « publié pour la première fois en 1660, dans un recueil documentaire sur la Poste paru à Paris chez Nicolas Bessin, et dont une modification dans la pagination semble avoir été occasionnée par l'insertion en cours de tirage de ce nouveau texte. » Pourquoi ce faux fut-il rédigé ? Sans doute pour prouver, bien *a posteriori* que le surintendant général des Postes – qui était alors Jérosme de Nouveau – possédait la qualité de commensal de la maison du roi, ce qui le mettait à l'abri d'une accusation en matière de taxes indûment perçues. Mais comme tous les documents controversés, celui-ci a la vie dure et, quelque soixante ans après, l'édit de Luxies est encore très souvent cité comme l'acte fondateur de la poste aux chevaux en France.

DÉCLARATION ROYALE ET ARRÊT DE SON CONSEIL
14 mai 1668
Musée de la Poste, Paris

L'exemption totale de la taille accordée aux maîtres de poste par l'édit de 1635 entraîne des abus. Rappelons que la taille est alors un impôt réparti entre tous les habitants d'une paroisse, et dont le montant est proportionnel au revenu de chacun. Alors il s'est « rencontré que le meilleur habitant [c'est-à-dire le plus riche] d'une paroisse, voyant qu'il pouvait jouir d'une exemption entière de la taille, se faisait pourvoir d'une charge de maîtres des postes pour peu de chose. Et ainsi toute la taille estait portée par les misérables, qui enfin demeuraient insolvables au préjudice de nos deniers... » Dorénavant, les maîtres de poste devront donc subir le sort commun, mais à titre exceptionnel une somme de 30 livres sera défalquée du montant normalement calculé. Cette mesure restrictive n'est pas maintenue et, le 19 janvier 1669, une ordonnance remet en vigueur le système antérieur : les collecteurs d'impôts doivent même restituer l'argent qu'ils avaient reçu.

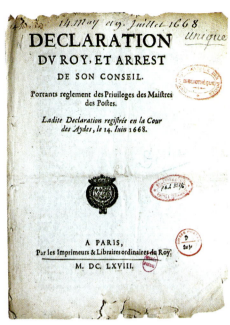

COURRIER DE FLANDRES
XVIIe siècle. Graveur : Le Bas
Musée de la Poste, Paris

Au XVIIe siècle, les villes encore protégées par d'épaisses fortifications constituent des obstacles à la circulation des courriers et des postillons... À la nuit venue, les portes sont fermées et les courriers ne peuvent atteindre la poste, lorsqu'elle est intra-muros. Afin de faciliter l'entrée des villes aux courriers portant la malle, une ordonnance du roi de 1668 prescrit aux échevins de faire ouvrir les portes, la nuit, dès leur arrivée.

CARTE DES ROUTES DE POSTE
1688
Impression sur papier
Musée de la Poste, Paris

Cette carte qui comporte des annotations manuscrites est une mise à jour de celle gravée par Melchior Tavernier en 1632. Apparaissent de nouvelles lignes correspondant en particulier aux provinces récemment conquises par Louis XIV : Flandres, Alsace, Franche-Comté. On y constate aussi un début de désenclavement de la Bretagne (par le nord, ainsi qu'une liaison avec Rennes). Au sud, prolongation de la route partant d'Avignon vers l'est, qui atteint maintenant l'Italie. Apparaissent également des échelles de grandeurs qui n'existaient pas sur les éditions précédentes. Cette carte, qui ne comporte aucun décor, doit constituer le « brouillon » de l'édition qui paraîtra l'année suivante, avec les ornements traditionnels.

CHAISE DE POSTE
Vers 1720
Gravure sur cuivre
Musée des PTT suisses, Berne

Les chaises de poste, malgré leur nom, n'ont à vrai dire rien à voir avec la poste aux chevaux. Ce sont des véhicules légers à quatre ou deux roues, pouvant recevoir deux voyageurs. Elles sont le plus souvent la propriété de ceux qui les utilisent. Certains maîtres de poste en possèdent qu'ils louent à leur clientèle, mais ils ne doivent les atteler qu'en poste, c'est-à-dire avec des chevaux allant au galop. Sinon ils empiètent sur les prérogatives de la ferme des messageries, coches et carrosses. Cette gravure, un peu tardive, confirme la conduite au pas par un cocher de la chaise de poste représentée. Le 2 mai 1699, le maître de poste d'Écouen loue quatre chevaux pour atteler deux chaises de poste avec à leur bord deux voyageurs chacune et conduites par deux postillons. Mais les chevaux loués ne vont qu'en « demi-poste », le prix de location était évidemment moins élevé. Un constat ayant été établi, les deux chaises de poste sont confisquées et vendues au profit du fermier des messageries lésé.

BREVET DE MAÎTRE DE POSTE
20 avril 1669
Parchemin et cachet de cire
Musée d'Histoire des PTT d'Aquitaine, Saint-Macaire

La fin de la gestion du surintendant général des postes et relais, Jérosme de Nouveau, est marquée par une dégradation du service de la poste aux chevaux. En effet, les courriers de la poste aux lettres crèvent les chevaux des relais, sans que les maîtres de poste soient indemnisés. Les gages qui doivent être versés à ces derniers ne le sont qu'irrégulièrement, et au prix de difficultés sans nombre. Enfin, les privilèges fiscaux dont ils jouissaient, comme nous l'avons vu, sont trop souvent remis en cause, et les procès qui s'en suivent ne pouvaient qu'être ruineux pour les intéressés. Un arrêté de septembre 1662 essaie de mettre un terme à cette situation. Mais il faudra attendre l'arrivée de Louvois à la Surintendance, pour qu'une remise en ordre énergique soit entreprise. Les droits et les devoirs des maîtres de poste sont résumés, en particulier sur les brevets qui sont délivrés à chaque titulaire de relais. Ainsi nous pouvons lire sur celui du maître de poste de Brusson, délivré le 20 avril 1669, qu'il peut jouir des « privilèges et exemptions » analogues à ceux des « officiers commensaux de la maison du Roy ». Mais en contrepartie il doit fournir les chevaux nécessaires « jour et nuit pour porter les courriers ordinaires avec leurs malles et despêches sans aucun retardement, ny exiger aucune chose d'eux... ».

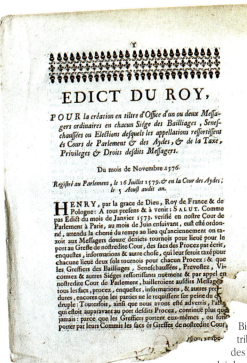

ÉDIT ROYAL
Novembre 1576
Musée de la Poste, Paris

Il faut tout d'abord préciser que la dénomination « messagers royaux » ne désigne pas des messagers du roi, mais une catégorie spéciale de messagers qui est chargée de transporter les pièces de procédure entre le greffe du tribunal où l'affaire était jugée, et le Parlement devant lequel le jugement pouvait passer en appel. Une taxe avait été fixée en 1573 à 2 sols tournois par lieue parcourue, pour le transport des « sacs des procès par écrit, enquêtes, informations et autres » émanant « des greffiers des bailliages, sénéchaussées, prévôts, vicomtés et autres sièges ressortissant au parlement de Paris ». Bien entendu, les greffiers font fi de cette organisation et portent eux-mêmes leurs sacs de procédure pour éviter de payer la taxe. Afin de couper court à ces manœuvres, l'édit de novembre 1576 étend le monopole d'État au transport des pièces de procédure. Il est donc créé dans chaque siège de « bailliage, sénéchaussées ou d'élection » ressortissant d'un Parlement un ou deux messagers ordinaires (dits royaux) pour ce transport. Mais comme à cette époque, la poste aux lettres n'existe pas encore, voilà ce que l'on peut lire dans l'édit : « ...lesquels messagers seront tenus toutes les semaines de l'année à partir à jour certain de la ville où il sera établi le siège auquel ils seront messagers, pour porter [outre les pièces judiciaires] les lettres missives et autres papiers, marchandises, or et argent et toutes autres choses qui leur seront ou auront été délivrez par autres personnes, pour porter en nos villes où est establies nos dites cours [c'est-à-dire Parlements]... ». Bien que limité entre sièges de tribunaux et Parlement, le rôle des messagers royaux préfigure celui des courriers de la poste aux lettres qui seront institués quelque vingt-cinq ans plus tard. C'est pourquoi certains historiens suggèrent de rechercher dans cette organisation, la première apparition du monopole postal.

ÉTUDE D'UN PROCUREUR AVEC SES SACS DE PROCÉDURE
Vers 1650
Gravure sur cuivre (25 × 33 cm)
Bibliothèque nationale, Paris

La chicane est universelle au XVIIe siècle, et le graveur Abraham Bosse se devait de faire figurer dans sa suite des *Métiers* l'étude d'un procureur, que nous pourrions désigner du terme plus moderne d'avoué. La foule des plaideurs en puissance s'y presse, belles dames et paysans. Ils n'oublient pas d'apporter avec eux des dons en nature, que l'on voit étalés sur le plancher, au premier plan. De multiples sacs enfermant les pièces des procès futurs et passés sont accrochés aux murs. C'est le transport de ces sacs qui est confié aux messagers royaux à partir de 1576, au grand dam des messagers de l'université qui en avaient le monopole depuis 1420. Mais faisant contre mauvaise fortune bon cœur, l'université de Paris devait dire que la création des messagers royaux n'avait fait qu'adjoindre à leurs propres messagers « des compagnons sans toucher à leurs fonctions ordinaires, lesquelles même il autorise et confirme en attribuant à ces nouveaux, créés tels, les mêmes droits, privilèges, franchises et libertés, dont jouissent les messagers de l'université de Paris ».

> **EDICT DV ROY,**
> Du mois de Decembre 1643.
>
> Portant Creation de deux Messagers Royaux en toutes les Villes & Bourgs de ce Royaume, où il n'y en a point eû d'establi, aux mesmes droicts & fonctions que les autres Messagers ; Et Creation des Offices de Controlleurs, Peseurs, Taxeurs des Ports de Lettres & Paquets en tous les Bureaux des Postes & Messageries ; Avec attribution en heredité du quart en-sus.
>
> Leu & publié en l'Audience de la Chancellerie de France, & registré és Registres d'icelle le 8. Ianvier 1644.

RELANCE POUR LE RECRUTEMENT DES MESSAGERS ROYAUX
Décembre 1643
Musée de la Poste, Paris

Les tarifs pour les transports de poste assurés par les messagers royaux sont ainsi fixés en 1576 : 10 deniers tournois pour une lettre missive avec transport de la réponse et 20 deniers tournois pour un paquet de missives « ou autres plus gros pesant une once ». Pour les transports de marchandises, or et argent, les prix sont établis de gré à gré, « attendu que nul ne sera tenu, ni sujet à bailler, à voiturer et conduire aux dits messagers, si bon lui semble ». Donc les messagers royaux n'ont de monopole que pour les sacs de procédure et les lettres. Peut-être ces mesures restrictives empêchèrent-elles le développement de l'institution. L'édit de décembre 1643 est donc une relance. Ce n'est plus un ou deux messagers royaux qui sont prévus sur certaines routes bien précises, mais deux « en toutes les villes et bourgs de ce royaume ». De nouveaux avantages leur seront accordés : ils peuvent louer des chevaux, à mener au pas et au trot, et transporter des voyageurs ainsi que des colis d'un poids inférieur à 30 livres. Mais finalement, les services postaux qu'ils rendent ne peuvent pas être comparés à ceux proposés par la poste aux lettres elle-même, puisqu'ils ne se déplacent qu'à faible allure. La ferme générale des Postes, à partir de 1676, procède au rachat de ces offices, opération rondement menée, puisque deux ans après, les messagers royaux, tout en maintenant leur activité dans le transport des personnes et des paquets, n'ont plus l'attribution postale.

RÈGLEMENT DE LA POSTE AUX LETTRES
16 octobre 1627
Musée de la Poste, Paris

La poste aux lettres se dégage de l'organisation de la poste aux chevaux à partir de 1603, année à partir de laquelle le contrôleur général, Fouquet de La Varanne, obtient « de pouvoir et de commettre aux charges des courriers », ce qui revient à dire, que les anciens chevaucheurs assignés à des « postes assises » sont des maîtres de poste, dont la fonction est seulement de louer des chevaux. Le transport des messages royaux, et plus généralement du public, passe entre les mains d'une nouvelle catégorie de personnel, « les courriers ». Les revenus de cette poste reviennent à Fouquet de La Varanne, qui en assume les frais de gestion. En 1615, il cède sa charge à Pierre d'Almeras. Ce document fixe les tarifs des objets transportés, ce qui suppose la mise en place de bureaux avec des commis chargés de la réception et de la distribution des lettres. Ce sont ces commis qui doivent faire payer les taxes à l'arrivée et rien de plus « à peine de concussion ». Elles sont calculées selon le poids et la distance parcourue. Le tarif de d'Almeras prévoit quatre destinations à partir de Paris, vers Bordeaux, Lyon, Toulouse et Dijon. Une lettre simple pour Dijon, par exemple, coûte 2 sols. De plus ce règlement interdit la prise en charge par la poste des matières d'or ou d'argent et des objets précieux, ce seront donc les messageries qui continueront d'assurer ce transport. Cependant l'expédition à découvert de sommes ne dépassant pas les 100 livres est acceptée. Le règlement laisse d'ailleurs toute latitude pour le paiement d'un tel service aux commis qui ne sont tenus qu'à convenir « d'un prix raisonnable pour le port [de ces sommes], à proportion de la distance des lieux ».

LES MAÎTRES DES COURRIERS
Mai 1630
Musée de la Poste, Paris

Pour implanter les nouveaux bureaux, recruter les commis correspondants, assurer la gestion de ces établissements, l'édit de 1630 confirme la création de maîtres des courriers. Il s'agit de charges vendues à leur titulaire. Ceux-ci ont en principe comme compétence géographique la surface d'une généralité. Le maître des courriers de la capitale gère exceptionnellement les bureaux des généralités de Paris, d'Orléans, de Soissons. Ces nouveaux venus sont autorisés à recevoir, envoyer et distribuer les dépêches du roi et celles des particuliers. Ils rétribuent les commis des bureaux de leur circonscription, de même que les courriers qui joignent leurs bureaux à Paris deux fois par semaine. En conséquence, ils touchent les taxes à percevoir sur les lettres et les allocations que certaines provinces paient pour l'entretien des courriers qui les desservent. Le bénéfice des exemptions fiscales dont jouissent les maîtres de poste leur est également accordé.

LETTRE
1636
Papier manuscrit avec cachet de cire
Musée de la Poste, Nantes

Cette lettre de 1636 montre l'aspect extérieur des missives de l'époque. L'emploi de l'enveloppe est encore inconnu. La confidentialité est alors obtenue par un pliage et un sceau de cire, frappé du cachet personnel de l'expéditeur. La partie opposée au cachet, que l'on appelle le « dessus », reçoit l'adresse. Elle est composée d'un appel (à Monsieur ou à Madame), suivi du nom du destinataire, précédé à nouveau de l'indication (Monsieur X ou Madame X) suivi du lieu de destination. Comme les rues ne sont pas numérotées, des indications complémentaires donnent quelques précisions : « Près de la maison à l'écu d'argent », etc. Lorsque la localité destinataire n'a pas de bureau, il est prudent d'ajouter au nom de celle-ci la mention du bureau dont elle dépend. Ainsi Mme de Sévigné, lorsqu'elle correspond avec son ami Guitaut, précise : « À Monsieur le comte de Guitaut, chevalier de l'Ordre du Roi, à Époisses, à Semur-en-Auxois. » Les lettres sont écrites avec une plume d'oie que l'on retaille selon l'usage, et l'encre est séchée avec une poudre spéciale contenue dans un petit flacon au couvercle percé de trous qui fait souvent partie d'un ensemble à écrire, avec l'encrier.

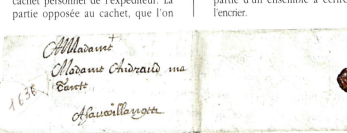

COURRIER À CHEVAL DE LA POSTE AUX LETTRES
1648
Gravure sur cuivre
Musée des PTT, Berne

Le Conrier François apportant toutes sortes de Nouuelles.

Le courrier, nouvelle silhouette du paysage postal, est représenté ici avec un large chapeau à plumes et des bottes molles. Il tient de sa main droite un fouet à double lanières. À l'avant de sa selle apparaît un étui allongé qui doit contenir une arme. L'auteur de cette gravure d'origine étrangère (sans quoi la légende ne préciserait pas « courier françois ») commet l'erreur de doter son personnage d'un cornet de poste, dont la France ignore pratiquement l'usage. Pour bien faire comprendre qu'un cavalier qui utilise un cheval de poste n'est jamais seul, le graveur a fait figurer, au deuxième plan, le binôme postillon-courrier. Ce métier étant particulièrement dur, la santé des titulaires est souvent mise à mal. Aussi en 1640, un médecin, François Ronchin, publie un opuscule intitulé *Traité des maladies et accidents qui arrivent à ceux qui courent la poste et le moyen pour conserver les courriers et pour les guérir*. Ce médecin qui apparemment n'avait pas d'imagination – ou beaucoup d'humour – prescrit pour remédier à « la lassitude du corps avec douleur », d'abord des « remolitifs, mais surtout... le repos », car, concluait-il, « le lit et le repos sont deux grands remèdes ».

PREMIER BUREAU DE POSTE DE PARIS
1652. Gomboust
Plan de Paris
Bibliothèque historique de la ville de Paris

Cette « Grande Poste » comme la qualifie Gomboust sur son plan de Paris datant du milieu du XVIIe siècle, est située rue Saint-Jacques depuis 1572. À cette date, il ne s'agit bien entendu que d'un relais. Pierre d'Almeras, général des Postes, reprend le bail en 1621, et entreprend d'installer, à côté du relais, un bureau de la poste aux lettres. L'ensemble comporte plusieurs corps de logis, dont un sur la rue, avec cour et porte cochère. À l'arrière, d'autres bâtiments donnent sur une grande cour. À noter qu'à partir de 1630, le général des Postes, Nicolas de Moy, y habite, ce qui entraîne la construction d'écuries et de bureaux supplémentaires. En 1653, le bureau central de la poste aux lettres ainsi que le relais de Paris sont transférés dans de nouveaux locaux compris entre les rues actuelles de Bethisy et de la Limace. Ces deux rues étaient reliées entre elles par trois autres rues parallèles : rue des Déchargeurs, rue des Bourdonnais (où se trouvait le bureau de la poste aux lettres) et rue Tirechappe (où était implanté le relais de la poste aux chevaux).

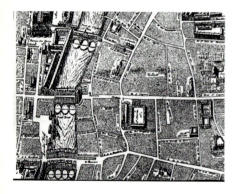

HOMME ÉCRIVANT UNE LETTRE
Vers 1650. Gabriel Metsu
Peinture sur toile
Reproduction
Musée de la Poste, Paris

Ce tableau du peintre hollandais Gabriel Metsu (1625-1667) montre un client potentiel de la poste aux lettres. Devant une fenêtre largement ouverte, un jeune homme habillé de noir écrit une lettre sur une table recouverte d'un riche tapis. Il tient en main sa plume d'oie et le nécessaire à écrire en étain est placé devant lui. Pour transporter le courrier ainsi produit, une politique systématique de création de routes postales va doter la France d'un réseau centralisé sur Paris. Ce réseau n'est pas homogène : il est plus dense au nord-est et à l'est qu'au sud ou à l'ouest. Deux causes à cela : les nouvelles lignes sont mises en service là où il y a du trafic (c'est-à-dire dans les zones peuplées et économiquement actives). D'autre part, les extensions du royaume, sous Louis XIV, se font à l'est (Franche-Comté, Alsace) et le roi doit pouvoir être renseigné rapidement sur l'état d'esprit des populations de ces provinces nouvellement conquises. Il existe aussi des routes – dites de traverse – qui n'aboutissent pas à Paris. Ainsi certaines rayonnent autour d'Amiens ou de Nancy.

JÉROSME DE NOUVEAU, SURINTENDANT GÉNÉRAL DES POSTES
Vers 1660
Lavis
Bibliothèque nationale, Paris

Jérosme de Nouveau, succédant à son père Arnould, est surintendant général des postes à partir de 1639. Son attitude politique est ondoyante, au milieu des troubles qui caractérisent cette époque. D'abord du côté des frondeurs, il se rallie à Mazarin pour finir à la solde du surintendant des Finances Fouquet, à qui il n'hésite pas à communiquer des lettres qu'il a fait ouvrir à son attention. Très vaniteux, il dissipe une fortune immense pour s'introduire dans les milieux de la Cour et réussit à obtenir le titre envié de trésorier de l'ordre du Saint-Esprit. Pendant la durée de sa surintendance, de Nouveau mène une lutte active contre les messageries pour en restreindre les droits. Toute une campagne de rachats des offices des messagers royaux et la signature, par des hommes de paille, de baux avec les universités lui permettent de mettre la main sur des routes où la poste aux lettres se trouve alors en position de monopole. Jérosme de Nouveau ne dut finalement qu'à sa mort, survenue en 1665, de n'être pas poursuivi pour certaines de ses manœuvres, frisant l'indélicatesse.

LOUVOIS, SURINTENDANT GÉNÉRAL DES POSTES
Milieu du XVIIe siècle
Peinture sur toile
Musée des Beaux-Arts, Reims

À partir de 1661, Louvois (1639-1691), tout en exerçant les fonctions de ministre de la Guerre, commence à surveiller le service des postes mal gérés par Jérosme de Nouveau. Il prendra sa suite en 1668, trois ans après la mort de ce dernier. Dès 1662, il inspire un édit qui supprime les maîtres des courriers. Comme l'État est incapable de racheter tous ces offices, il est décidé que pendant une période de douze ans, les maîtres des courriers continueront leurs fonctions, encaissant aussi les revenus de la poste aux lettres, sauf à verser, en commun, au Trésor une somme annuelle de 100 000 livres. Les bénéfices supplémentaires ainsi accordés devaient rembourser le prix des offices supprimés. Louvois va confier cet empire postal reconquis à une puissance financière d'envergure : le groupe Pajot-Rouillé. L'avantage de cette mutation consiste dans la signature d'un bail unique avec la ferme générale ainsi constituée. L'inconvénient est d'accorder à un seul groupe le pactole de la Poste, éliminant ainsi toute émulation due à la concurrence. Louvois, très conscient des intérêts de l'État et désireux d'éviter tout danger de dérive, développe en conséquence les services de la Surintendance. Il conserve aussi l'initiative de l'établissement des tarifs, garde la signature des traités internationaux et maintient une étroite surveillance sur la gestion de la ferme.

ARRÊT DE LA COUR DU PARLEMENT
18 mai 1668
Musée de la Poste, Paris

Une « maladie contagieuse », dont la nature n'est pas précisée, sévit à Amiens au printemps de 1661. Le parlement de Paris intervient pour qu'hommes et marchandises en provenance de cette ville soient soumis à quarantaine, à l'exception des « laines, estoupes, cotons, fourrures et étoffes de laine de quelque nature qu'elles soient, dont le commerce demeure entièrement interdit ». En ce qui concerne le courrier, « ... toutes lettres venant de ladite ville d'Amiens seront passées par le feu, avant que d'estre distribuées ». Plaisante purification, car on ne voit pas très bien comment on peut « passer par le feu » des documents en papier sans les faire brûler. Ce genre d'interdit semble surtout avoir pour but de dégager certains administrateurs de leurs responsabilités, plutôt qu'être destiné à obtenir des résultats concrets.

Mme DE SÉVIGNÉ
Fin du XVIIe siècle
Musée de Versailles

« Nous ne pouvons nous lasser d'admirer la diligence et la fidélité de la Poste » écrit Mme de Sévigné, le 20 octobre 1675, à sa fille, Mme de Grignan. La Poste reconnaissante lui a consacré deux timbres, un en 1950 et un autre en 1996. Lorsque Mme de Sévigné écrit la phrase citée plus haut, elle réside dans son château des Rochers situé en Bretagne. Sa fille Françoise habite en Provence, où elle est allée rejoindre son mari. Les échanges épistolaires remplacent donc l'agrément d'une présence, mais avec un certain décalage, dans l'espace et dans le temps. Mme de Sévigné s'en accommode cependant, puisqu'elle ajoute toujours dans la même lettre : « Enfin je reçois le 18 [octobre] la lettre du jour. C'est le neuvième jour ; c'est tout ce qui peut se souhaiter. » Nous pouvons apprécier la vitesse réelle de la transmission d'une lettre dans la deuxième moitié du XVIIe siècle en étudiant le trajet : Aix-en-Provence (où habite Françoise de Grignan) et Vitré (bureau de la poste aux lettres qui dessert les Rochers). La lettre doit parcourir environ 245 lieues, soit 1 100 kilomètres (en passant par Paris). Les courriers qui la prendront en charge passent par cent sept relais (d'après la carte de Sanson de 1676), et parcourent la distance complète en 42 heures environ, soit à une vitesse de 26 kilomètres à l'heure, et couvrent une distance de 138 kilomètres par jour. À rapprocher de la performance d'une voiture tirée par un cheval, non relayé, qui ne se déplace péniblement qu'à 4 kilomètres à l'heure, et ne dépasse pas 40 kilomètres dans une journée.

LETTRE DE Mme DE SÉVIGNÉ
21 octobre 1667
Château de Grignan

Mme de Sévigné est très sensible au développement de la poste aux lettres. Elle n'hésite pas à confier à sa fille (16 octobre 1675) : « Je vous dis que nous sommes ingrats envers les postillons et même envers monsieur de Louvois qui les établit partout avec tant de soin. » À ceci près qu'il s'agit de courriers et non de postillons, la remarque de Mme de Sévigné est justifiée. Elle décrit ainsi un de ces courriers, qu'elle a rencontré dans le bureau de Laval, au cours d'un de ses voyages : « J'arrêtai à la poste où je devais recevoir votre paquet. Pendant que je discourais à la poste, je vois arriver prestement cet honnête homme, cet homme si obligeant, crotté jusqu'au cul, qui m'apportait votre lettre; je pensais l'embrasser... » Elle n'a pas la même réaction devant les facteurs. Bien que la règle soit que la poste ne distribue pas les lettres à domicile, il semble qu'à Paris, il existe un service de facteurs. Il s'agissait sans doute d'un sous-fermier qui avait réussi à s'imposer dans le circuit postal pour en tirer un profit supplémentaire. Mme de Sévigné, qui envoie ses domestiques chercher son courrier directement au bureau de la rue des Bourdonnais, se heurte à ces intermédiaires fâcheux. Le 25 mai 1674, elle écrit à propos de lettres que son laquais n'a pu obtenir au guichet, à l'arrivée du courrier, la veille : « ...Elles sont par la ville. Je les attends à tous moments avant que de faire [ma réponse]. » Rien n'arrivant, Mme de Sévigné passe elle-même à la poste, « mais je n'en suis pas mieux, ma lettre est entre les mains de ces maudits facteurs, c'est-à-dire la mer à boire ».

MENTION MANUSCRITE DE LA TAXE DE PORT
1618
Lettre de Paris pour Toulouse taxée 2 sols
(8 × 11 cm)
Musée de la Poste, Paris

Cette lettre précoce porte la mention manuscrite de la taxe à payer : « deux sols ». Les tarifs postaux, qui fixent la taxe des correspondances, sont basés sur la distance entre Paris et certaines villes de province (1627) puis entre Paris et des zones géographiques (1644). Le port, qui est porté à la plume, est débattu entre l'expéditeur et le porteur bien au-delà des années 1650. Vers cette époque les directeurs des postes apposent la taxe sur les lettres qui leur sont confiées.

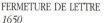

FERMETURE DE LETTRE
1650
Lettre de Paris (4,5 × 11,2 cm pliée)
Musée de la Poste, Paris

Cette lettre avec cachets de cire et fil de soie floche vert au recto et au verso est 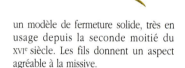 un modèle de fermeture solide, très en usage depuis la seconde moitié du XVIe siècle. Les fils donnent un aspect agréable à la missive.

PREMIÈRES MARQUES OFFICIELLES
XVIIe siècle
Collection particulière

À l'origine, les premières lettres voyagent sans aucune mention. Les premières marques « officielles » sur les plis, c'est-à-dire celles appliquées par les employés et non par les expéditeurs eux-mêmes, apparaissent au début du XVIIe siècle. L'indication portée alors sur les plis concerne le tarif appliqué à toute lettre confiée à la ferme des Postes après la première tarification officielle de 1627. Néanmoins, l'inscription à la plume sur chaque envoi des tarifs ne sera rendu obligatoire que par une instruction de 1676.

MENTION MANUSCRITE DU BUREAU DE POSTE DE DÉPART
1688
Lettre de Châtellerault pour Saint-Maixent
(6 × 12 cm)
Musée de la Poste, Paris

Le tarif du port des lettres de 1676 est basé sur la distance de ville à ville. Manuscrite, la mention de la ville d'origine, nécessaire pour le calcul de la taxe, est rendue obligatoire en 1687 par Louvois, surintendant général des Postes. Cette lettre de Châtellerault de 1688 avec une mention manuscrite d'origine est une des premières connues. Taxée à 2 sols, elle est payée par le destinataire.

NOUVEAUX TARIFS POSTAUX
11 avril 1676
Musée de la Poste, Paris

Le bail de 1672 qui avait affermé les ressources de la poste à un groupe financier présente la particularité d'avoir été signé par un prête-nom. En effet, à cette époque la notion de personne morale n'a pas encore vu le jour, et le groupe preneur n'a donc pas d'existence juridique. Ce premier bail, établi pour une durée de quatre ans, est renouvelé en 1676 pour une durée de six ans, cette fois. Il est toujours signé par un obscur tabellion, maître Lazare Patin, homme de paille obligé de la ferme. Comme le montant annuel de ce nouveau bail a été porté à 1 220 000 livres par an, contre 925 000 livres pour l'ancien, le plus expédient a été d'aménager les tarifs en conséquence, c'est-à-dire de procéder à leur augmentation. C'est ce que le règlement pris le même jour que la signature du bail établit. Les taxes, comme précédemment, sont calculées au poids et à la distance. Ainsi, une lettre simple entre Paris et Lyon coûte 4 sols. Ce tarif subsistera jusqu'en 1703.

MENTION DE DÉPART
Fin du XVIIe siècle
Collection particulière

Dans la dernière décennie du XVIIe siècle apparaissent de temps en temps sur les envois de simples mentions manuscrites, appliquées à la plume d'oie. La plus ancienne lettre connue marquée au départ de la capitale du Roussillon date de 1693 et porte la mention « de Perpignan ». L'apposition du nom du bureau de départ sur les plis à partir de la fin du XVIIe siècle permet à l'arrivée de l'envoi de contrôler le tarif appliqué au destinataire. Il faut dire qu'à l'époque les lettres voyageaient en port dû. Cette solution présentait aux yeux de tous la garantie que le service soit rendu et de plus, le bon usage, contrairement à nos mœurs actuelles, exigeait qu'on laissât payer son correspondant.

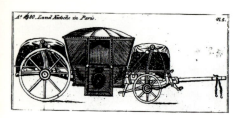

MESSAGERIES DE TRANSPORT DE PERSONNES
1680
Gravure sur cuivre
Collection des Amis de l'histoire des PTT d'Alsace

Un coche est une voiture de transport en commun susceptible de transporter une douzaine de voyageurs dans un vaisseau souvent tressé en osier. Cette caisse est suspendue par des chaînes à des montants en bois, appelés quenouilles. À l'avant et à l'arrière, de grandes panières, bourrées de foin, reçoivent bagages et paquets. Cette lourde machine est attelée de quatre à six chevaux, conduits par deux postillons. Bien entendu, ces véhicules marchent à petite journée (sans relayer), et n'abattent guère plus de 40 kilomètres par jour. Sur la route Paris-Lyon, par le Bourbonnais, qui est une des routes la plus fréquentée du royaume, se monte un service de voitures dont l'allure est forcée. Il s'agit des premières diligences exploitées par un tonnelier d'Auxerre, M. Nigot, qui en est l'inventeur.

ARRÊT DU CONSEIL DU ROI
18 juin 1681
Musée de la Poste, Paris

En 1681, nous sommes à la veille de la signature d'un troisième bail, au bénéfice de la ferme générale. Maître Lazare Patin réclame des garanties en vue de ce renouvellement, car les messagers royaux et ceux des universités, malgré tous les efforts des fermiers, continuent à proposer leurs services. Il est demandé au roi d'interdire le transport de lettres à toutes les professions qui possèdent des voitures et se déplacent régulièrement. S'ils n'obéissent pas à cette défense, leurs titulaires seront condamnés à 300 livres d'amendes et au cas où « les dits messagers ou voituriers ou leurs dits valets ou préposés, (...) contreviendront au présent arrêté, [et se trouvaient] insolvables (...) soient condamnés au fouet et à la fleur de lys ». Entendez par « fleur de lys », celle appliquée au fer rouge, sur l'épaule d'un condamné. Le bail fut signé en 1682, non par Lazare Patin qui avait disparu, mais par un certain Jean Coulombier.

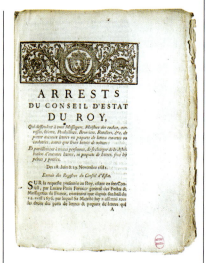

COURRIER DE LA POSTE AUX LETTRES
1693
Cartouche d'une carte
Musée de la Poste, Paris

Cette scène qui représente le couple courrier-postillon, est agrémentée par la présence d'un troisième cavalier. Peut-être celui-ci porte-t-il une malle supplémentaire rendue nécessaire par l'augmentation du trafic. Louvois s'efforce pendant toute sa surintendance d'organiser et de surveiller ce corps plutôt indépendant. Une ordonnance de 1677 fixe, par exemple, leurs heures de départ à partir de Paris, au nombre de trois par jour : 14 heures, 22 heures et minuit. Pour le premier départ, les commis devaient lever la boîte de leur bureau à midi, constituer des liasses – que l'on appelait alors des « melons » –, les remettre au courrier, « le temps y étant, de faire monter à cheval ledit courrier devant 2 heures, sans qu'ils [les commis] puissent (...) mettre dans lesdits melons aucune lettre arrivant à la Poste après la susdite heure de midi. » Louvois a bien compris qu'un des atouts de la poste doit être sa ponctualité. Le cartouche d'où est extraite cette illustration figure sur une carte éditée par Jaillot, dont nous rencontrerons à nouveau le nom au moment de l'apparition des livres de poste. La carte elle-même a été établie par « le sieur Sanson, géographe ordinaire du Roi », qui est peut-être un des fils de l'éditeur de la carte de 1632.

RENOUARD DE VILLAYER
9 décembre 1671
Quittance à signature autographe
Collection des Amis de l'histoire des PTT d'Alsace

Renouard de Villayer (1603-1691), maître des requêtes, constate en 1656 qu'il serait peut-être possible de créer pour Paris un service chargé de recueillir et de distribuer les lettres à l'intérieur de la capitale. Car une lettre postée dans une ville et destinée à cette même ville n'est pas distribuée par la poste aux lettres. Villayer tente donc l'expérience et pour encaisser les taxes correspondantes, crée un billet de port payé, que certains considèrent comme l'ancêtre du timbre-poste. Il n'existe malheureusement plus un seul exemplaire de ces « billets ». Alexis Belloc, dans son livre *Les Postes françaises* de 1886, en donne une reproduction schématique d'après une lettre adressée par Pelisson à Mᵉˡˡᵉ de Scudéry. Pelisson indique qu'il en a acheté « une douzaine pour cinq sous » et qu'il fallait, après y avoir inscrit la date, l' « entortiller (...) autour de celui que vous écriviez à votre ami et de les faire jeter ensemble dans la boeste ». Sur ces billets figurait l'avertissement suivant : « Outre ce billet de poste payé que l'on mettra sur cette lettre pour la faire partir, celui qui escrira aura soing, s'il veut avoir responce, d'envoyer un autre billet de port payé, enfermé dans sa lettre. »

INSTRUCTION POUR LA PETITE POSTE DE VILLAYER
8 août 1653
Reproduction
Musée de la Poste, Paris

Avant d'analyser cette instruction, signalons que les exemplaires que l'on trouve encore chez les marchands de papiers anciens sont le plus souvent la reproduction en fac-similé, qui fut exécutée en 1873 grâce à un procédé spécial, chez C. Meyrueis. Villayer prévoit un bureau central « qui sera au Palais [de Justice] ». Ce bureau vend des billets « un sol marqué et non plus ». Grâce à ce billet joint à la missive, celle-ci est portée intra-muros et la réponse rapportée, si elle est également accompagnée du fameux billet. Villayer va contre les habitudes de l'époque en faisant payer l'expéditeur, alors que la grande poste ne réclame la taxe qu'au destinataire. Mais, dit Villayer dans son instruction, il peut être utile pour l'expéditeur de payer le port, lorsqu'il sait d'avance que le destinataire ne voudra ou ne pourra le régler. Et il cite l'exemple d'un bourgeois écrivant à des artisans « pour savoir des nouvelles de leur besogne ». Au départ ce courrier est collecté dans des boîtes, vidées trois fois par jour « à six heures du matin, à onze et à trois [heures de l'après-midi] ». Il y a des boîtes au Palais : « L'une de ces boëtes est dans la grande salle, les autres dans la cour ». Villayer indique que pour les faubourgs, il n'y aura pas de distribution à domicile, mais dépôt dans une boîte commune « pour ceux qui logent auxdits faubourgs ». Les lettres de départ pourront y être déposées. Enfin Villayer pense à ceux qui habitent « à leur maison de campagne proche de Paris ». Il suffit qu'ils fassent provision de billets de port payé et confient leurs missives ainsi « affranchies » à un ami se rendant à Paris, qui les mettra « dans la première boëte qu'il rencontrera ». Cette expérience audacieuse se solda par un échec.

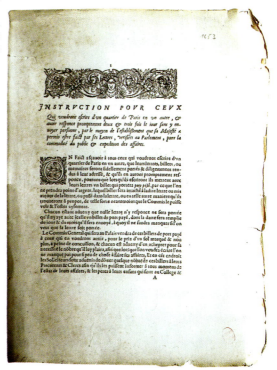

Naissance de la poste aux lettres

Les postes sous le régime des fermes

Au XVIIe siècle, le transport de la correspondance relève du domaine royal. Les universités, les messagers royaux, les concessionnaires de messagerie, tous ont obtenu, en leur temps, leur droit d'exploitation de l'autorité monarchique. Ces « propriétaires » n'exercent pas par eux-mêmes mais font exploiter leur domaine par des fermiers. Aussi le territoire est-il partagé en autant d'exploitants qui, à titre d'officiers (les maîtres des courriers) ou à titre de locataires (les sous-fermiers), perçoivent le revenu des lettres pour leur propre compte. Cette organisation régionale des postes, qui juxtapose des sphères d'activité, sera remise en cause par la création, en 1672, de la ferme générale des Postes. Désormais, le pouvoir est concentré dans les mains de financiers qui, moyennant le prix d'un bail, exploiteront les postes à leur profit. Dans cette manœuvre, le roi ne se dépouille pas de ses droits. Il ne fait qu'opérer un transfert de charges. On sent encore le poids des anciennes structures jusque dans les années 1720, les fermiers généraux donnant en sous-bail telle ou telle autre partie du territoire. Les plus grandes messageries (messageries de l'Université, messageries royales) rachetées par la ferme générale des Postes, sont confinées au transport des voyageurs et des marchandises dont le poids est inférieur à 50 livres (25 kilos). Le commerce des lettres leur est interdit. Au-delà de 50 livres, le transport des marchandises revient de droit aux rouliers. L'agrégation des messageries au domaine postal n'implique pas cependant une exploitation en faire-valoir direct. Les fermiers généraux des postes afferment à leur tour les messageries à des entrepreneurs de voitures publiques qui paieront, comme il se doit, un loyer à leurs bailleurs. Un premier pas vers l'indépendance des messageries sera accompli en 1776, quand une ferme des messageries distincte de celle des Postes sera créée. Il faudra attendre 1794 pour que le transport public soit libéralisé.

Si aucune statistique ne permet aujourd'hui d'évaluer la croissance du trafic des lettres au XVIIIe siècle, certains indices nous renseignent sur le développement des postes à cette époque. Et d'abord les réseaux : de 800 relais de poste au début du règne de Louis XV, la France postale passe à quelque 1 500 relais à la Révolution. Les bureaux de poste, quant à eux, suivront la même évolution. On compte environ 900 bureaux de poste vers 1700 et près de 1 500 aux alentours de 1800. D'autres chiffres permettent de mesurer ce développement relativement faible des postes au XVIIIe siècle. La plupart des bureaux de poste ne sont gérés que par un seul individu, le directeur lui-même. Celui-ci fait rarement appel à un facteur. Bordeaux n'est servi que par 6 facteurs en 1768, Lyon par 8 facteurs en 1772, Strasbourg par 3 facteurs en 1789. Quand le XIXe siècle s'ouvre, seulement 600 facteurs (300 à Paris, autant dans les départements) distribuent le courrier à domicile et uniquement à l'adresse des citadins. La vitesse d'acheminement reste limitée à celle du cheval au galop, soit 10 kilomètres à l'heure. La périodicité des échanges épistolaires est rarement journalière : le départ des courriers, tant ceux de la poste aux lettres que ceux des entreprises, ne s'effectue, en moyenne, que deux à trois fois par semaine. Le service public postal, non négligeable, avait donc encore des progrès à accomplir. Plus important est sans doute l'enrichissement des fermiers généraux qui regimbent à chaque augmentation du bail mais qui finissent toujours par payer.

La période se clôt avec la Révolution qui, après quelques dérapages, verra le début du transport des voyageurs en malles-poste, la multiplication des courriers, la consécration du principe du secret de la correspondance et surtout la mise en régie des postes. L'État recouvre ses droits. Le service public, à la faveur de l'alphabétisation et de la révolution industrielle, va connaître, au siècle suivant, de nouveaux développements.

La poste aux lettres

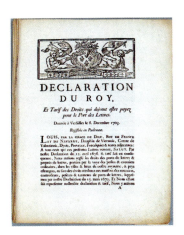

TARIF DU PORT DES LETTRES
8 décembre 1703
Musée de la Poste, Paris

Afin de remédier aux inégalités de taxe qui se sont introduites dans le précédent tarif du port des lettres édicté en 1676 et d'augmenter le revenu de la ferme des postes dans le dessein de financer la guerre de Succession d'Espagne, un nouveau tarif voit le jour en 1703. Les « paquets de lettres » sont payés suivant le poids des villes où les bureaux de poste sont établis et les distances comptées en lieues de poste (environ 4 kilomètres). Il y est fait défense aux directeurs des bureaux de poste d'exiger un prix supérieur au tarif fixé. Une lettre simple pour Lyon est payée 6 sols, 10 sols pour Perpignan, 7 sols pour Bordeaux, 10 sols pour Strasbourg. Ce tarif prévoit également le prix des lettres pour les pays étrangers. Ainsi, on règle 8 sols pour une lettre de Lyon à Rome, 10 sols de Paris à Londres, 12 sols de Paris à Madrid, 16 sols de Cadix à Rennes.

ORIGINE DES POSTES CHEZ LES ANCIENS
1708. Lequien de la Neufville
Musée de la Poste, Paris

Ce livre, dédicacé au marquis de Torcy, surintendant général des postes, est l'œuvre de Lequien de la Neufville, directeur des postes à Bordeaux et également l'auteur d'une histoire du Portugal, éditée en 1700. Précédé d'une longue dissertation sur l'histoire des postes des Mèdes à Charlemagne, il se présente comme une collection de textes de toute nature, arrêts, ordonnances, édits, lettres

patentes, etc. du faux édit de Luxies de 1464 à l'ordonnance du roi de 1708 portant défense aux maîtres de poste de donner des chevaux pour courir la poste en berline. Cet ouvrage est le premier livre connu sur l'histoire des postes françaises. Il sera l'objet d'une édition augmentée en 1730.

ORIGINE DES POSTES CHEZ LES MODERNES
1708. Lequien de la Neufville
Musée de la Poste, Paris

PLI EN PORT PAYÉ
Début du XVIIIe siècle
Lettre d'Elne pour Perpignan
Collection particulière

Dès le XVIIIe siècle, d'autres mentions commencent à apparaître sur les envois, et notamment celles qui indiquent que la lettre a bien été affranchie. Cette indication se remarque par les lettres PP, « port payé ». La lettre se trouve aussi fréquemment barrée, et le prix du port figure au dos. Il est à noter que les lettres adressées à cette époque aux services officiels se devaient d'être dès l'envoi affranchies, sans quoi elles étaient systématiquement refusées. Il faut dire que les services officiels, sans budgets prévus à cet effet, ne peuvent se permettre de payer les lettres qu'ils reçoivent.

ÉDIT DU ROI
Septembre 1715
Musée de la Poste, Paris

L'office de surintendant général des postes est supprimé en 1692, peu après le décès de son dernier titulaire, le marquis de Louvois, qui l'a exercé avec beaucoup d'ordre et de discipline. Désormais, la charge est attribuée sur commission simple : le titulaire est révocable à souhait. Mais le roi, constatant que les sujets revêtus d'une simple commission n'ont pas l'autorité nécessaire pour administrer leur domaine, décide de créer de nouveau une charge de surintendant général des postes. Celui-ci a autorité sur les maîtres de poste, les

directeurs des bureaux de poste, leurs commis et courriers de malle. Il a également le pouvoir d'établir des maîtres de poste et de les destituer. Le surintendant bénéficie d'un logement à la suite de la Cour, de 40 000 livres de gages auxquelles s'ajoutent le plat ordinaire (10 000 livres) et une gratification de 1 000 livres par mois. Cet acte crée également deux offices d'intendants généraux des postes placés auprès du surintendant et aussi huit contrôleurs provinciaux pour inspecter les relais de poste dans les départements.

LETTRES PATENTES
14 avril 1719
Musée de la Poste, Paris

Depuis le XIIIe siècle, les messageries de l'Université dominent le commerce des lettres et celui des voyageurs. En 1719, devant l'offensive des fermiers généraux des Postes, l'Université cède ses droits d'exploitation moyennant une rétribution fixée à un vingt-huitième du prix du

bail des postes. En échange, les professeurs s'engagent à instruire gratuitement la jeunesse dans tous les collèges. Cet acte met fin à un droit pluriséculaire des universités sur le transport des lettres et marque une étape décisive dans l'affirmation du privilège des fermiers.

EXTRAIT DES REGISTRES DU CONSEIL D'ÉTAT DU ROI
1er juillet 1719
Manuscrit sur vélin
Musée d'Histoire des PTT d'Alsace Riquewihr

Le revenu des courriers n'est pas réduit au salaire qu'ils perçoivent de l'Administration. Outre la fraude chronique à laquelle il se livre (transport d'espèces banni par l'Administration, fraude de tabac, etc.), le courrier fait ses choux gras du transport des comestibles et des menues commissions pour son propre compte. L'Administration tolère cependant ces pratiques illicites pour des raisons techniques et budgétaires. En effet, le voyage de retour dans le sens province-Paris étant plus allégé, le courrier est autorisé à se charger de marchandises afin de lester les voitures et préserver les malles des accidents auxquels elles sont exposées dans les descentes. D'autre part, l'Administration, avare de ses deniers, trouve dans cette liberté accordée aux courriers le moyen de refuser les augmentations de salaire qu'ils réclament. Ainsi, les courriers parviennent à doubler ou tripler leur revenu par leur commerce personnel. Cependant le transport des marchandises par les courriers rencontre ses limites. Leur poids, en sus des dépêches, ne doit pas dépasser 50 kilos. Certaines denrées, comme le poisson de mer, le fromage et les truffes et généralement tous les produits « qui seraient de nature à incommoder les voyageurs ou à nuire à la conservation du matériel de l'Administration » sont prohibés. Cet acte fait état de l'arrestation du courrier de Metz à Nancy, porteur de deux sacs d'espèces qu'il avait placés dans la malle.

CARTE DES ROUTES DE POSTE
1728. Nicolas de Fer
Musée de la Poste, Paris

Le cartouche de cette carte des routes de poste montre deux courriers ou postillons dont l'un tire une charrette où est posée la malle. C'est la seule représentation connue de la brouette utilisée par les courriers. Rien ne la distingue d'une charrette ordinaire. Jusqu'en 1790, ces véhicules à l'aspect rustique sont achetés et entretenus par les courriers eux-mêmes. Ces derniers reçoivent une indemnité de l'Administration pour les frais y afférents.

CHARRETTE DITE BROUETTE
XVIIIe siècle
Maquette
Musée de la Poste, Paris

Cette maquette a été créée à partir du cartouche de la carte des postes réalisée par le géographe Nicolas de Fer en 1728. Elle est l'unique représentation connue à ce jour. En 1787, la ferme des postes propose un nouveau modèle, dont on ignore l'aspect. Pour inciter les courriers à en faire rapidement l'acquisition, l'Administration offre une gratification de 300 livres à ceux qui s'en pourvoient avant le 1er janvier 1788 et seulement 100 livres pour les courriers qui en auront fait les frais au 1er juillet 1788. En créant ce nouveau modèle, l'administration des Postes manifeste la volonté de réduire le trafic de marchandises auquel se livraient les courriers et qui portait préjudice aux fermiers des messageries. Aussi les courriers qui, au 1er octobre 1788, ne s'étaient pas pourvus du modèle prescrit ou qui se procuraient un modèle plus grand, étaient-ils sanctionnés de la mise à pied. Les coffres posés sur la brouette et qui contenaient les dépêches étaient à la charge d'un entrepreneur qui devait les fournir et les entretenir moyennant 200 livres par an et par unité. Toute cette organisation qui fait appel à des prestataires extérieurs sera remise en cause en 1790.

ARRÊT DU CONSEIL D'ÉTAT DU ROI
30 mai 1730
Musée de la Poste, Paris

Le privilège des postes est concédé aux fermiers généraux des postes depuis 1672. Mais nombreux sont ceux qui s'ingèrent dans leurs affaires et font, en fraude, le commerce des lettres. Des particuliers, sous prétexte de rendre service au public, reçoivent dans leurs maisons des lettres en assurant à ceux qui les leur remettent qu'elles seront remises au bureau de poste, opération qui n'allait jamais à son terme final. Soupçonnant la fraude, les fermiers des Postes obtiennent du roi un arrêt affirmant leur droit exclusif. L'acte énonce les contrevenants potentiels : messagers, propriétaires, fermiers, loueurs et conducteurs de carrosses, coches, carrioles et charrettes, muletiers, rouliers, voituriers, poulaillers, beurriers, coquetiers, mariniers, marchands, colporteurs, etc.

MARQUE D'ORIGINE
1730
Lettre de Perpignan pour Toulouse
Collection particulière

Avec l'augmentation progressive des échanges et la nécessité de rendre les opérations plus rapides et efficaces, le nom du bureau d'origine n'est plus manuscrit mais imprimé au moyen d'un tampon gravé d'abord conçu en bois. L'usure trop rapide de ce matériau amène les responsables des postes à créer un tampon en fonte ou en acier, qui présente en outre l'avantage d'être facilement coulé. Ces premiers cachets équipent dans un premier temps les grands bureaux, tandis que les petits continuent à marquer à la main. La provenance de ce pli de 1730, « de Perpignan », est indiquée au tampon en bois.

COURRIER
1736. Charles Parrocel
Eau-forte
Musée de la Poste, Paris
Extraite du livre de La Guérinière *L'École de cavalerie*, paru en deux volumes en 1736, cette gravure montre un courrier chevauchant une bête qui « aubine », allure défectueuse qui semble caractériser les chevaux utilisés à la course de poste. Dans cette attitude, le cheval galope avec les pattes de devant et trotte avec les pattes de derrière. Parrocel, fils d'un peintre de renom, jouissait lui-même d'une grande notoriété par sa connaissance du cheval qu'il avait acquise dans la cavalerie. Charles-Nicolas Cochin aura ces mots à son endroit : « Sa manière de dessiner les chevaux est la plus grande, la plus savante et la plus spirituelle qu'on eut encore connue. »

COURRIER
1769. Gravure de David d'après un dessin d'Harguiniez
Musée d'Histoire des PTT d'Alsace, Riquewihr

Extraite de l'*Encyclopédie* de Diderot et de d'Alembert, cette gravure montre un courrier allant l'amble ou l'aubin. C'est l'allure tenue par les chevaux de poste qui ne vont pas véritablement au galop mais adoptent un pas intermédiaire entre le trot et le galop.

MÉDAILLE DE COURRIER
1786
Bronze
Musée d'Histoire des PTT d'Alsace, Riquewihr
Seul élément distinctif du courrier avant que l'administration des Postes ne le dote d'un uniforme en 1822, la médaille des courriers montre à l'avers les armes royales au milieu d'un décor de feuillage et au revers la mention « administration des Postes aux lettres ». Suspendue à un chaînon, cette médaille doit être portée de façon visible. Elle a pour but de placer les courriers « sous la sauvegarde et la protection du public ».

En cas de retraite ou de décès du titulaire, cette médaille est confiée au remplaçant. Selon l'Instruction générale de 1808, les courriers d'entreprise et les piétons peuvent se contenter d'un écusson en drap bleu avec les mots « Poste aux lettres » brodés au milieu.

AFFICHE ANNONÇANT L'ORDRE DES COURRIERS
1753
Musée de la Poste, Paris
Cet ordre des courriers indique les jours et les heures de départ des courriers de Paris pour différentes villes de province. On y apprend notamment que le courrier de Lyon part tous les jours de Paris à minuit excepté le samedi. Les douze boîtes aux lettres de la capitale, placées chez des commerçants, sont levées trois fois par jour.

TIMBRE D'ORIGINE
1745
Musée de la Poste, Paris

Dès mars 1695 apparaît sur les plis le nom de la ville d'origine grâce à un « timbre imprimé », qui sera rendu obligatoire aux frais des directeurs de bureaux en 1749. Timbrer les lettres signifie donc apposer le timbre d'origine sur les lettres du bureau de départ. D'abord confectionnés en bois, les timbres d'origine seront en acier ou en fonte à partir de 1792.

POSTE ROYALE
XIXe siècle
Lithographie d'après G. Nash
Musée de la Poste, Paris

L'administration des Postes se trouve confrontée à des correspondances, qui faute d'informations suffisantes, ne peuvent être distribuées. Leur nombre ne cessant de croître en même temps que le trafic progresse, elle décide dans un règlement du 20 décembre 1748 de prescrire l'envoi de toutes ces correspondances non distribuées à l'Hôtel des Postes de Paris. C'est ainsi qu'est créé le « service des rebuts ». Pour autant, le sacro-saint respect du secret de la correspondance empêche l'Administration d'ouvrir les lettres pour pouvoir identifier le destinataire et l'expéditeur en vue de lui faire suivre. Ces missives sont alors gardées dans l'attente d'une réclamation puis détruites.

En vue de pouvoir réexpédier le courrier mal adressé, une ordonnance du 12 janvier 1771 donne enfin l'autorisation d'ouvrir les plis fermés afin d'identifier l'expéditeur, voire le destinataire. Il faut toutefois attendre un arrêté des consuls Bonaparte, Cambacérès et Lebrun du 7 nivôse an X (28 décembre 1801) pour que soit déterminée précisément l'époque d'ouverture des lettres et paquets à partir de leur dépôt aux rebuts, le délai de garde, et enfin l'époque du « brûlement » à partir de la date d'ouverture. Cet arrêté est complété par l'ordonnance du 20 janvier 1819. Elle permet de procéder à des recherches pour retrouver les expéditeurs, limite la durée de garde et prépare la vente des objets non restitués au profit de la collectivité.

REGISTRE DE COMPTE DE LA FERME DES POSTES
1745
Musée de la Poste, Paris

Les fermiers des Postes ont laissé peu de trace de leurs comptes, discrétion « légitime » car il s'agit de céder au roi les profits que les exploitants tirent de leur domaine. Une tradition rapporte que ces comptes étaient brûlés chaque année dès leur liquidation. Aujourd'hui il n'existe guère de documents susceptibles de nous révéler le produit des postes et encore moins de nous renseigner sur l'importance du trafic. Le revenu des fermiers est cependant considérable. À chaque augmentation du prix du bail, les fermiers regimbent mais finissent toujours par se soumettre. Le Trésor peut compter sur le soutien financier des fermiers, car de nombreuses pensions dues à des particuliers ainsi que des rentes sont assignées sur le revenu des postes.

LETTRE CIRCULAIRE
31 mai 1738
Musée de la Poste, Paris

Depuis 1672, les postes sont exploitées par les Pajot et les Rouillé, puissantes familles de financiers qui tirent un grand profit du domaine postal. Le roi résilie leur bail le 20 mai 1738. Évincés par un coup de force, ils doivent céder la place aux familles Grimod et Thiroux, qui prennent leurs premières dispositions. Dans cette lettre, les fermiers des Postes invitent les directeurs à tenir leurs registres de recette « avec la plus grande netteté ». Pas de bouleversement donc mais un contrôle plus étroit des directeurs, les fermiers étant tenus de rendre eux-mêmes des comptes à l'Administration royale, ce qui laisse supposer l'entière indépendance dont jouissaient auparavant leurs prédécesseurs.

Les postes sous le régime des fermes

DICTIONNAIRE DES POSTES
1754. Guyot
Musée de la Poste, Paris

Ce dictionnaire des postes est la première liste des bureaux de poste imprimée à l'attention du public. Les directeurs doivent l'acquérir à leurs frais. Conçu par l'employé des postes Guyot, ce livre a pour but de permettre à toute personne d'adresser sa lettre avec exactitude et ainsi de remédier à l'énorme quantité de lettres mises au rebut tous les ans en raison d'une mauvaise suscription. À cette époque, la France compte environ un millier de bureaux de poste.

TIMBRE D'ORIGINE EN PORT PAYÉ
1756
(6,5 × 9,5 cm)
Musée de la Poste, Paris

Certaines lettres sont expédiées en port payé (port payé par l'expéditeur), dans ce cas la taxe est inscrite au verso. Les expéditeurs sont rares à acquitter le prix du port au moment du dépôt de la correspondance, obligatoirement effectué au bureau de poste, et à affranchir ainsi le destinataire de ce débours. D'où le terme actuel d'affranchissement. Certains timbres d'origine en port payé sont ornés, comme celui de Troyes, d'une fleur de lys.

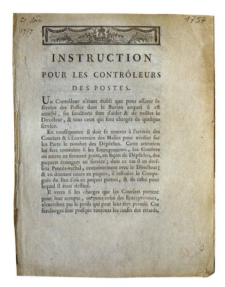

INSTRUCTION POUR LES CONTRÔLEURS DES POSTES
1757
Musée de la Poste, Paris

Les bureaux de poste sous l'Ancien Régime sont divisés en deux classes : les directions simples et les directions composées. La direction simple n'est gérée que par un seul individu qui est également le directeur. Le bureau dont il a la charge n'est pas suffisamment important pour qu'on lui adjoigne du personnel. Dans la direction composée, le directeur est aidé d'un contrôleur et de commis. Le contrôleur est le surveillant du service. Il se trouve à l'arrivée et à l'ouverture des malles pour vérifier sur les parts le nombre des dépêches, contrôler la vitesse d'acheminement du courrier, vérifier si les lettres sont taxées conformément au tarif. Le contrôleur attaché au bureau de poste n'est pas subordonné au directeur. S'il doit l'assister dans la direction du bureau, il est surtout l'œil de l'administration centrale qui le place auprès de lui pour surveiller sa gestion.

CARTOUCHE
1758
Musée de la Poste, Paris

Le cartouche de la carte des routes de poste de Robert dessiné par Groux représente un postillon accompagné d'un cheval dit « mallier », porteur de la malle, c'est-à-dire du sac de dépêches. Ce service confié à un postillon n'est pas rare en France sur les routes secondaires, car toutes les dépêches ne sont pas transportées par des courriers. L'acheminement de la malle de relais en relais par les postillons est appelé service « en estafette ». Mais l'administration des Postes marque parfois sa méfiance à l'égard des postillons qui se rendent coupables de négligence et, plus grave encore, de vol.

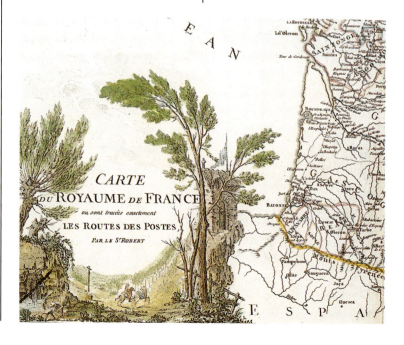

MARQUE D'ORIGINE
1763
Lettre de Perpignan pour Marseille
Collection particulière

Vers 1760, l'administration des Postes décide de faire retirer sur l'ensemble du territoire la particule « de » sur les cachets. En effet, cette précision n'a plus de raison d'être dans la mesure où tout le monde sait désormais qu'il s'agit du lieu de départ. On peut aussi noter qu'aucune date n'indique encore le départ et l'arrivée du courrier. L'Administration, durant tout l'Ancien Régime, se limite à contrôler les tarifs et empêche tout contrôle de « célérité ».

maîtres de poste ni même aux postillons de la poste aux chevaux susceptibles d'exécuter le service. Elle fait aussi appel à des entrepreneurs particuliers qui, moyennant finance, assurent l'acheminement des dépêches. Dans cette soumission, Pierre Brémont s'engage à porter et rapporter les dépêches de Chagny à Couches et de Couches à Montcenis (Saône-et-Loire), deux fois par semaine. Cette soumission acceptée doit aboutir à la signature d'un contrat.

PIERRE FRANÇOIS BILLARD
XVIIIe siècle
Musée de la Poste, Paris

Engagé par les fermiers des Postes en 1757 pour occuper les fonctions de caissier général, Pierre François Billard a toute la confiance des administrateurs. L'homme jouit d'une grande réputation de piété et manifeste une dévotion exemplaire. La surprise est générale quand on découvre les malversations et escroqueries auxquelles il s'est livré pendant les treize années de sa gestion. Derrière un Billard dévôt se cache un Billard homme d'affaires engageant des capitaux dans de multiples entreprises. La faillite de l'une d'elles a fait découvrir le pot-aux-roses en 1769. Billard couvrait ses banqueroutes en puisant abondamment dans la caisse des postes. Protégé par Mme Du Barry, le prévaricateur est frappé d'une peine légère : condamnation au carcan en place de grève et bannissement du royaume à perpétuité. L'amende de 200 livres dont il doit s'acquitter paraît bien légère au regard des sommes qu'il a détourné : 5 millions de livres.

SOUMISSION POUR UN TRANSPORT DE DÉPÊCHES
11 mars 1768
Musée de la Poste, Paris

L'administration des Postes ne confie pas tout le transport des dépêches à ses courriers qui utilisent les chevaux des

Les postes sous le régime des fermes

Antilles est lancé en 1763, mais il restera sans suite. Cependant, pour les relations avec cette région d'Amérique centrale, Loliot, bourgeois bordelais, se fait attribuer à Bordeaux et à Nantes un monopole postal qui sera contesté par les chambres de commerce. Parallèlement, à la suite de la guerre d'Indépendance qui crée pour un temps des liens économiques et politiques entre les deux continents, le roi organise un service régulier de paquebots entre la France et les États-Unis d'Amérique, qui fonctionnera de 1784 à 1788.

ARRÊT DU CONSEIL D'ÉTAT DU ROI
RÉSILIANT LE BAIL DES POSTES
17 août 1777
Musée de la Poste, Paris

L'Administration royale, constatant les profits considérables des fermiers des postes, décide en 1777 d'exploiter les postes pour son propre compte. La manœuvre a pour but de connaître exactement les revenus que le roi peut attendre de ce domaine. La certitude des recettes procurées par l'échange des correspondances ne nécessitait pas la précaution d'un bail, attendu que « les motifs de s'écrire et de se communiquer qui peuvent varier dans le cours d'une année sont les mêmes dans un espace de temps donné. » La régie, qui prend effet à partir du 1er janvier 1778, est confiée à six administrateurs.

ORDONNANCE DE LOUIS XVI
RELATIVE AUX SERVICES
DE PAQUEBOTS
4 juillet 1780
Musée de la Poste, Paris

Au XVIIIe siècle, les voyages outre-mer des navires à voile sont soumis à un certain nombre d'aléas d'origine climatique ou humaine qui empêchent la régularité des liaisons. Un premier essai de service régulier avec les

COURRIER FRANÇAIS
XVIIIe siècle. T. Scratchley, d'après Henri William Bunbury
Gravure
Musée de la Poste, Paris

Ce cavalier n'est pas un courrier, comme le caricaturiste anglais semble le croire. Il s'agit d'un postillon reconnaissable à ses lourdes bottes. Mais il fait ici métier de courrier, ainsi que le révèle la malle placée sur le devant. La situation doit se rencontrer souvent dans l'ancienne France car, à défaut de courriers, très peu nombreux au XVIIIe siècle, l'administration des Postes fait transporter la malle aux lettres par les postillons de la poste aux chevaux. Cette technique d'acheminement est appelée « service en estafette ». La malle est alors transportée de relais en relais. Mais les fermiers des postes marquent, à bon droit, une certaine méfiance vis-à-vis du système, les postillons étant particulièrement négligents dans l'exécution de ce service.

LETTRE À LA CHEVALIÈRE D'ÉON
1783
Musée de la Poste, Paris
La lettre adressée à Mlle la chevalière d'Éon, à son hôtel de Tonnerre, est une lettre de remerciements concernant des victuailles offertes par elle. Le chevalier d'Éon (1728-1810) doit sa célébrité au doute qu'il a entretenu sur son sexe. À partir de 1777, il reçoit l'ordre de ne plus quitter les habits féminins bien qu'il soit très probablement un homme.

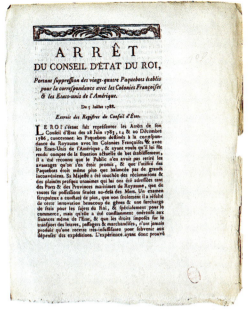

SUPPRESSION DES PAQUEBOTS VERS L'AMÉRIQUE
1788
Musée de la Poste, Paris
Dans les années 1780, les relations économiques entre la France et l'Amérique s'estompent. Face au manque de rentabilité et de régularité des bateaux, Louis XVI décide de supprimer les liaisons transatlantiques.

UN BUREAU DE POSTE SOUS LOUIS XV
1889. Adhémar Kermabon
Musée de la Poste, Paris
Le réseau des bureaux de poste est encore peu étoffé sous l'Ancien Régime. Il existe 770 établissements de poste en 1703 et environ 1 300 en 1791. Sollicitée vivement par les négociants, l'Administration n'établit les nouveaux bureaux de poste qu'avec parcimonie. En effet, si les perspectives de profit sont peu engageantes, l'Administration sursoit à la création de l'établissement. Le bureau de poste doit avant tout être rentable et dégager des bénéfices. L'établissement doit, si possible, être au centre de la ville « pour la commodité des citoyens » et sur la route des courriers afin que ceux-ci ne se dispensent de porter eux-mêmes les dépêches au bureau.

Les postes sous le régime des fermes

La petite poste

PETIT DÉCROTTEUR AMBULANT
*De Germay, d'après une gravure
d'Augustin de Saint-Aubin
Dessin à la plume
Musée d'Histoire des PTT d'Alsace,
Riquewihr*

L'organisation d'un service de collecte et de distribution des lettres facilitant l'échange des correspondances entre les Parisiens n'est pas jugé utile par la ferme des postes qui n'entrevoit là aucune source de profit. Les Parisiens eux-mêmes n'en n'ont pas exprimé le plus vif désir. En effet, rien n'est plus facile que de faire porter sa lettre d'un quartier à l'autre de la ville par un domestique ou par un petit Savoyard. Les Londoniens, quant à eux, utilisent depuis 1680, les services d'une petite poste. L'initiative en revient à un négociant nommé Dockwra qui en fait l'établissement à ses frais sans appui de son gouvernement. Il y a six bureaux principaux dans Londres et plus de cent facteurs, qui de six heures du matin à neuf heures du soir, effectuent quatre tournées par jour. De l'aveu des Anglais et des étrangers qui voyagent à Londres, la petite poste est « un des établissements les plus commodes qu'il y ait en Angleterre ».

**FACTEUR DE LA PETITE POSTE
DE PARIS SOUS LOUIS XV**
*1889. Adhémar Kermabon
Aquarelle
Musée de la Poste, Paris*

Adhémar Kermabon est employé des postes. Il réalise pour l'Exposition universelle de 1889 à Paris une série d'aquarelles représentant les uniformes des différents employés des postes et leur évolution. Pour exécuter celle-ci, Kermabon s'est inspiré des gravures sur bois de l'époque et des descriptions données par les règlements. Cet uniforme n'est point la propriété de son porteur. En effet, le facteur doit le restituer à l'administration des Postes dès lors qu'il cesse définitivement son activité. Les vieux habits servent aux remplaçants.

**DÉCLARATION DU ROI INSTITUANT
LA PETITE POSTE À PARIS**
*8 juillet 1759
Musée de la Poste, Paris*

Ainsi que l'almanach royal de 1756 l'annonce, « les lettres qui seront jetées dans les boîtes de Paris pour Paris ne seront point portées à leurs adresses ; elles seront mises au rebut... ». La ferme des Postes n'a pas jugé utile de faciliter l'échange de la correspondance des Parisiens entre eux, estimant le faible profit qu'elle pouvait en tirer. Diverses expériences sans lendemain ont été tentées pour établir une poste urbaine à Paris. En 1759, à l'initiative de Piarron de Chamousset, un nouveau projet voit le jour. Ce philanthrope obtient de Louis XV les lettres patentes l'autorisant à installer « une poste particulière dans l'intérieur de notre bonne ville de Paris ». Un privilège d'exploitation lui est accordé pour trente ans. L'organisation et la dépense sont à la charge du titulaire.

de la petite poste, le claquoir, encore appelé « ténèbre » est agité pour avertir les éventuels correspondants du passage de l'officiant postal. À Paris, en 1760, il y a trois distributions par jour. À Marseille, on compte jusqu'à sept levées et distributions par jour, de 7 heures du matin à 19 heures. Partout, la claquette est d'usage mais, à Lyon, les facteurs ne l'utilisent guère à la première tournée « pour ne point interrompre inutilement les dames qui sont encore dans les bras du sommeil. »

UN BUREAU DE POSTE SOUS LOUIS XV
XIXᵉ siècle
Dessin d'Eustache Lorsay
d'après une estampe de l'époque
Musée de la Poste, Paris

Le bureau de poste sous l'Ancien Régime est d'abord le domicile de celui qui le dirige. Aussi n'est-il presque jamais représenté. A fortiori le mobilier échappe à l'œil de l'illustrateur. L'auteur de cette gravure nous laisse cependant l'aspect d'une table de tri autour de laquelle les facteurs s'affairent, aspect confirmé par l'auteur de l'almanach de la poste de Paris (1762) : « la première opération sera de recevoir sur une table divisée en autant de cases qu'il y aura de bureaux de distribution, toutes les lettres qui auront été collectées par les facteurs dans leurs tournées ou apportées par eux des boëtes de leur quartier pour en faire la répartition aux bureaux représentés dans les cases. » On remarquera sacoches et claquette traînant négligemment sur le sol.

MALLE DE FACTEUR DE PETITE POSTE
Fin XVIIIᵉ siècle
Musée de la Poste, Paris

CLAQUOIR DE PETITE POSTE
XVIIIᵉ siècle
Bois et fer
Musée de la Poste, Paris
Instrument emblématique du facteur

Les postes sous le régime des fermes

LE COURRIER FIDÈLE
XVIIIe siècle
Musée de la Poste, Paris

Sur cette gravure, le facteur de la petite poste est muni d'une crécelle. Fut-elle longtemps en usage ? Lamartine, dans son roman *Raphaël* (1849), l'évoque : « ...Une bonne heure de toutes ces heures, c'était celle où j'entendais de ma chambre la crécelle et la voix du facteur qui distribuait les lettres aux portes du quartier. »

PENSION ACCORDÉE À PIARRON DE CHAMOUSSET
XVIIIe siècle
Musée de la Poste, Paris

Claude Humbert Piarron de Chamousset (1717-1773), l'inventeur de la petite poste, est connu pour sa philanthropie. Ce maître de la Chambre des comptes de Paris employa sa fortune à soulager les malades et à fonder des hôpitaux. En 1761, il est nommé intendant général des hôpitaux sédentaires des armées du roi. Sa vie durant, il élabore un grand nombre de projets sur les sujets les plus divers, des enfants mis en nourrice au tabac râpé en passant par le commerce des grains. Sa grande idée reste la création d'une maison d'association.

ALMANACH DE LA POSTE DE PARIS
1762
Musée de la Poste, Paris

Cet almanach édité deux ans après la mise en place de la petite poste de Paris contient le plan de Paris divisé par quartiers, les arrondissements des bureaux, les noms des villages où s'étend la banlieue, les rues avec leurs quartiers et une carte géographique des quartiers de Paris. La capitale est partagée en neuf quartiers dans lesquels se trouve un bureau de distribution. Le travail des facteurs dans les bureaux commence à 5 heures du matin. Sur le modèle parisien, les grandes villes de province se dotent à leur tour d'un service postal intra-urbain. C'est le cas de Bordeaux (1766), de Nantes (1777), de Rouen et de Nancy (1778), de Lyon (1779), de Strasbourg (1780), de Marseille (1781), de Lille (1784). En 1780, les petites postes sont réunies administrativement à la grande poste. Quant à leur gestion, celle-ci fait l'objet d'un bail généralement attribué aux titulaires des anciens privilèges.

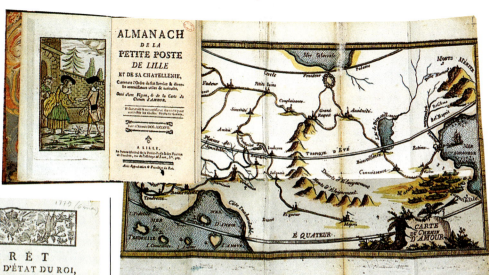

ARRÊT DU CONSEIL D'ÉTAT DU ROI CRÉANT LA PETITE POSTE DE NANCY
6 mars 1779
Musée de la Poste, Paris

À l'instar de la petite poste de Paris, une poste urbaine voit le jour à Nancy en 1779. Le privilège de cet établissement est accordé pour 30 ans à Pierre Thomas de Lannoy sous réserve qu'il fournisse un dixième du produit net de ses recettes au receveur général des écoles vétérinaires. Quand les petites postes sont réunies à la grande poste en 1780, la petite poste de Nancy présente un compte déficitaire contrairement aux espérances de son initiateur. On procède alors à sa liquidation.

ALMANACH DE LA PETITE POSTE DE LILLE
1787
Musée de la Poste, Paris

Ce petit ouvrage contient le calendrier de l'année 1787, le règlement de la petite poste de Lille, la liste des bourgs et des villages desservis par ses facteurs. Dans la seconde partie de l'almanach, on trouve quelques considérations sur l'anatomie de l'homme et surtout un itinéraire géographique qui conduit à l'amour : chemin géographique d'amour. Les noms de lieux correspondent à des valeurs sentimentales ou à des qualités morales telles que l'amitié, l'estime ou la rigueur. Le service de la petite poste de Lille est établi en 1781 et l'exploitation donnée à bail à Joseph Paris, chevalier de Lespinard, pour une durée de cinq années. Le territoire postal est divisé en cinq départements et parcouru toutes les deux heures par autant de facteurs. Vêtus d'une livrée rouge sur laquelle sont brodées les armes de la ville, les facteurs lillois effectuent sept levées et distributions par jour en hiver et huit en été. Outre les lettres qu'ils collectent, les facteurs de la petite poste peuvent se charger de commissions pour les clients moyennant une taxe modique, à condition toutefois de ne pas retarder la marche du service. Les communautés religieuses, les gens d'affaires ou tout autre corps ont la possibilité de s'abonner à l'année sous réserve de faire une déclaration exacte de leurs correspondances.

MARQUE POSTALE DE LA PETITE POSTE DE BORDEAUX
18 mars 1804
Musée de la Poste, Paris

La petite poste de Bordeaux est créée par lettres patentes du 29 mars 1766. Le privilège en est accordé à Jean Pierre Loliot, « administrateur général des postes maritimes de France et des postes aux lettres des Isles sous le Vent de l'Amérique ». Fils du maître de poste d'Évreux, Loliot est l'aîné de douze enfants. La première année d'exercice de la petite poste est déficitaire mais, dès les années suivantes, Loliot dégage des excédents. Quand les petites postes sont réunies en droit à la grande poste en 1780, Loliot devient sous-fermier de la petite poste de Bordeaux à l'instar de ses confrères des autres petites postes de France. Moyennant le versement d'un prix de bail de 1 800 francs par an, il peut continuer l'exploitation à son profit. À cette époque, Jean-Pierre Loliot cautionne le bail de la petite poste de Nantes (créée en 1777). L'adjudicataire est Jacques Ambroise Charlhiez, premier commis des postes maritimes. On peut légitimement penser que ce dernier avait servi de prête-nom à Loliot, la pratique de l'homme de paille étant courante à l'époque. C'est donc sur une vaste entreprise que règne Loliot quand il meurt en 1787 à Paris.

Les postes sous le régime des fermes

La poste aux chevaux

LISTE GÉNÉRALE DES POSTES DE FRANCE
1708. Éditeur : Jaillot
Musée de la Poste, Paris

La première liste des postes à l'usage du public paraît dans l'almanach royal de 1707. Une édition séparée en est faite en 1708. Dressée sur ordre du marquis de Torcy, surintendant général des postes de 1699 à 1721, cette liste est la première d'une longue lignée de listes ou d'états qui feront l'objet d'une édition annuelle jusqu'en 1859. Brochés ou reliés, ces livres de poste contiennent tous les relais de poste classés par route et la distance qui les sépare, exprimée en poste. La mesure d'une poste correspond à 2 lieues, soit 8 kilomètres. Fixant le tarif à payer par poste, le livre de poste évite d'éventuels conflits entre le maître de poste et le voyageur pour le prix de location du cheval. Le privilège d'édition est attribué à la famille Jaillot jusqu'en 1779, date à laquelle le privilège est réuni à l'administration des Postes. Le produit de la vente devait alimenter une caisse destinée à servir des pensions aux postillons âgés ou infirmes.

CARTE DES ROUTES DE POSTE
1748. Bernard Antoine Jaillot
Musée de la Poste, Paris

Sur cette carte apparaissent des courriers qui, se saisissant de la malle, s'apprêtent à partir en course. Le courrier porte une arme défensive, ainsi que l'y oblige la réglementation « tant pour sa sûreté personnelle que pour celle des dépêches qui lui seront confiées ». Son rôle est de porter les dépêches d'un bout à l'autre de la ligne, de jour comme de nuit. Pour cela, il utilise les chevaux des relais de poste.

LIVRE DE POSTE
1740
Musée de la Poste, Paris

Ce livre de poste ne retiendrait pas l'attention si ce n'était qu'il trace pour la première fois des itinéraires bretons. L'installation de relais de poste en Bretagne est décidée en 1738. Depuis le XVIIe siècle, la monarchie tente de les établir en cette province qui, jalouse de son autonomie et de ses prérogatives, demeure invariablement rebelle à tout établissement postal. Les parlements protégeaient leurs messagers et faisaient pièce à toute volonté royale par l'intermédiaire des juges. Finalement, le roi aura raison de la résistance bretonne. Brest est désormais relié à Rennes par Saint-Brieuc. Lorient est en contact avec Rennes par Vannes.

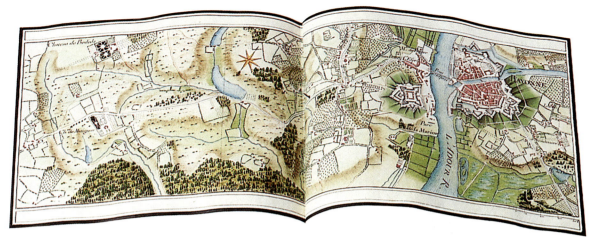

PLAN DE LA GRANDE ROUTE DE PARIS EN ESPAGNE
1756
Musée de la Poste, Paris

Ce livre entièrement fait à la plume et aquarellé est l'œuvre d'un auteur anonyme. Les cartes qu'il contient montrent en cent quarante feuillets la route de Paris à la frontière espagnole. L'auteur abandonne la route de poste à Croutelle à quelques kilomètres au sud de Poitiers et trace un itinéraire qui passe par Saint-Jean d'Angély, Saintes, Blaye, Bordeaux, Mont-de-Marsan. On retrouve la route de poste plus au sud à Saint-Vincent et on la suit jusqu'à Saint-Jean-de-Luz. Dans cet ouvrage, le géographe porte l'étendue du bâti, l'espace boisé, les rivières, hameaux et lieux-dits qui bordent la route. Il distingue les chemins pavés des chemins de gravelage et indique les lieux remarquables que l'on peut apercevoir de la route.

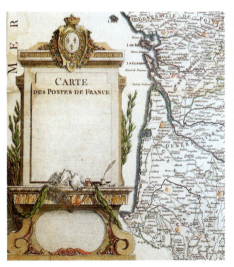

CARTE DES POSTES
1771. Jaillot
Musée de la Poste, Paris

Cette carte des routes de poste a été réalisée par Jaillot, géographe ordinaire du roi, « propriétaire » du privilège d'édition du livre de poste. Le cartouche, dont les espaces vides devaient porter la dédicace, en rassemblant les attributs de l'épistolier et des figures symboliques, traduit tout un univers mental de la correspondance. La plume fichée dans l'encrier, un sceau à cacheter symbolisent l'acte d'écriture. Des pigeons porteurs de lettres, qui semblent roucouler, évoquent la correspondance dictée par l'amour, message bien réducteur qui ignore la correspondance d'affaires. Un cadenas et une clé symbolisent à la fois la sécurité de l'acheminement et la confidentialité des échanges épistolaires.

CARTE ANNEXÉE À LA LISTE GÉNÉRALE DES POSTES
1772
Musée de la Poste, Paris

C'est dans ce livre de poste qu'apparaît pour la première fois une carte détaillée des postes, de grand format (42 × 46 cm), gravée par Bourgoin. À partir de cette date, le livre de poste est imprimé et non plus gravé. Le livre fait état de 412 routes et le nombre de pages est augmenté de près du double par rapport à l'année précédente marquant ainsi une étape importante dans l'évolution du réseau des routes de poste. Celui-ci fait apparaître un déséquilibre entre un Nord au maillage bien étoffé et un Sud peu innervé.

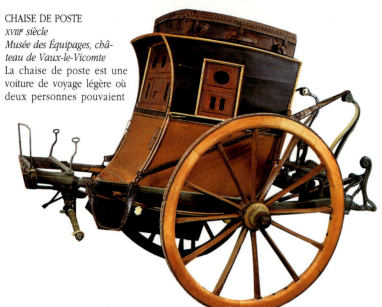

CHAISE DE POSTE
XVIIIe siècle
Musée des Équipages, château de Vaux-le-Vicomte

La chaise de poste est une voiture de voyage légère où deux personnes pouvaient prendre place. Elle apparaît vers 1664 et son usage se répand rapidement dans tout le royaume. Utilisant les relais de poste, les voyageurs en chaise ruinaient les chevaux. Ce mode de voyager devient très préjudiciable au service du roi. En conséquence, Louvois prend un arrêt en 1680 qui interdit de courir la poste à deux personnes et dans une même chaise, sous peine de confiscation de la voiture et de trois cents livres d'amende. Cette mesure fut rapportée car on ne pouvait se priver d'un tel moyen de transport. Sébastien Mercier dans son *Tableau de Paris* (1781-1790) l'apprécie en ces termes : « La plus heureuse des inventions est la chaise de poste. Je n'ai jamais pu envier aux riches que ce seul avantage... La chaise de poste s'arrête à volonté et franchit rapidement ce qui ne mérite pas d'être vu. » Ce véhicule sera encore le véhicule privilégié des classes supérieures de la société ainsi que le remarque le maître de poste de Saint-Denis en 1790 : « les officiers et les négociants ne voyagent guère qu'en chaise ou en cabriolet. »

ORDONNANCE DU ROI CONCERNANT L'UNIFORME DES MAÎTRES DE POSTE
17 août 1786
Musée de la Poste, Paris

Le service de la poste aux chevaux comprend les maîtres de poste, les postillons qui sont à leur service et les visiteurs qui effectuent des tournées de contrôle dans les départements afin de vérifier la bonne tenue des relais. Cet acte fixe l'uniforme qu'ils doivent porter. Celui des maîtres de poste se compose d'un surtout à la française, sorte de grand manteau de couleur bleu de roi avec collet écarlate rabattu et arrondi. Les parements sont bleus comme le surtout qui est doublé de laine de couleur écarlate. Un bordé d'argent orne le collet et les parements. Les maîtres de poste portent une veste de drap écarlate et une culotte de la même couleur. Les boutons sont aux armes du roi.

PORTEFEUILLE DE MAÎTRE DE POSTE
1788
Musée de la Poste des Pays de Loire, Nantes

Les maîtres de poste font partie de cette aristocratie rurale qui a connu une grande ascension sociale au cours du XVIIIe siècle. Ils tiendront une grande place dans la vie locale comme maires de leur commune au XIXe siècle. Afin d'affirmer le rang qu'ils tiennent dans la société, ils n'hésitent pas à personnaliser les objets qui leur appartiennent. Pistolets, argenterie, portefeuilles en cuir. En 1795, Nangis, relais de Seine-et-Marne situé sur la route de Troyes, ne compte que vingt chevaux. Son titulaire, Lestumier, obtient le brevet de maître de poste vers 1747. La veuve Lestumier lui succède dans la charge comme il est de tradition dans les Postes.

COR DE POSTILLON
XVIIIe-XIXe siècle
Cuivre
Musée de la Poste, Amboise

D'après Brantôme, écrivain du XVIe siècle, le postillon utilise un cor nommé huchet pour annoncer son arrivée au relais et prévenir le maître de poste qu'il doit se préparer « à accoutrer les chevaux ». Furetière, dans sa définition du postillon (*Dictionnaire universel*, 1690), évoque son cornet qui « donne avis de son arrivée ». Le cor est-il toujours d'usage au XVIIIe siècle ? L'écrivain allemand J.-N. Campe, dans son *Voyage à Brunswick* (1789), remarque que le postillon français ne porte pas de cornet, observation qui concorde avec la réalité iconographique. Les représentations du XVIIIe siècle ne montrent pas de postillons usant de cet instrument.

Les messageries

VOYAGE EN LITIÈRE
XVIIᵉ-XVIIIᵉ siècle
Musée de la Poste, Paris

Le privilège exclusif du droit d'exploitation des litières appartient au comte d'Armagnac depuis 1662. En 1738, ce droit d'exploitation est réuni au domaine royal. Désormais, c'est le fermier des Postes qui en aura la charge dans tout le royaume excepté pour les provinces de Bretagne et de Languedoc, en vertu du respect des arrangements passés par l'ancien propriétaire des litières. Ces véhicules étaient fort en usage dans la province de Languedoc, mais ils connurent une certaine désaffection dans les années 1730, quand les chemins viabilisés et agrandis virent se multiplier les chaises et voitures roulantes. Toutefois, il existait encore en 1777 un bureau général des litières rue d'Enfer, près de la place Saint-Michel.

DILIGENCE PARIS-LYON
1770
Dessinateur : Lucotte, graveur : Benard
Musée de la Poste, Paris

Cette voiture peut contenir huit personnes tant sur les sièges des fonds que sur les sièges des côtés qui se lèvent à l'endroit des portières. Par rapport aux anciens coches montés sur des soupentes, cette diligence a l'avantage d'être bien plus confortable. L'almanach royal de 1777 est éloquent à cet égard : « Les diligences sont suspendues sur des ressorts qui les rendent aussi douces que les chaises de poste et les berlines, ainsi qu'en conviennent ceux qui les ont éprouvées. » Par ce moyen de transport, il faut 5 jours en été et 6 jours en hiver pour toucher Lyon. Le coche ou le carrosse met deux fois plus de temps. Les voyageurs quittent la voiture à Chalon-sur-Saône et empruntent le coche d'eau pour descendre jusqu'à Lyon. Le prix du voyage était hors de portée des bourses modestes : 100 livres, soit l'équivalent de quatre mois de travail d'un manouvrier.

DILIGENCE PARIS-LYON
Maquette
Musée de la Poste, Paris

Au XVIIᵉ siècle, le terme de diligence qualifie une « activité qui nous fait porter avec promptitude à exécuter notre devoir ou nos desseins ». Furetière, dans son *Dictionnaire universel* (1690), y ajoute une autre définition : « On appelle diligence certaines commodités de bateaux ou de carrosses bien attelés qui vont en quelques lieux de grand trafic en moins de temps que les autres ». Tout au long du XVIIIᵉ siècle, de nombreux projets voient le jour pour l'établissement de nouvelles lignes de diligences. Le pouvoir royal s'y refuse toujours afin de préserver les intérêts des maîtres de poste qui n'auraient pas manqué de se plaindre de cette concurrence. Au XVIIIᵉ siècle, une diligence part quotidiennement de l'hôtel de Sens, puis, à partir de 1743, de l'hôtel de la Vieuville, quai des Célestins à Paris. Arrivés à Chalon-sur-Saône, les voyageurs descendent pour emprunter la diligence d'eau. La correspondance à Chalon est vécue comme un grand soulagement, après 4 jours d'un voyage pénible. Mais il faut encore 14 heures pour atteindre Lyon. Le départ de chaque étape est fixé très tôt, à 2 ou 3 heures du matin. Un hiver rigoureux interdit la descente par les eaux du fleuve pris par les glaces. La diligence prend alors la route du Bourbonnais.

ARRÊT DU CONSEIL D'ÉTAT DU ROI
7 août 1775
Musée de la Poste, Paris

Jusqu'en 1775, seules les villes de Lyon et de Lille sont servies en diligence. Le mot « diligence » désigne alors un service exécuté avec rapidité au moyen de relais de chevaux. Les autres messageries, c'est-à-dire les services de transport de voyageurs, utilisent des véhicules de tout type attelés de chevaux qui effectuent tout le parcours. Les messageries ne fonctionnent qu'entre « deux soleils » et ne peuvent aller au train de la poste, c'est-à-dire au galop. Telle est la règle qui régit les droits des uns et des autres. Par conséquent, le trajet journalier d'un

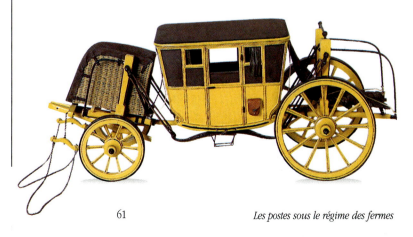

Les postes sous le régime des fermes

coche, d'un carrosse ou d'une charrette ne dépasse pas 50 kilomètres. En 1775, Turgot a l'idée de multiplier les services de diligence sur les grandes routes de France en faisant atteler aux voitures les chevaux des maîtres de poste. Pour mener à bien sa réforme, il sépare les messageries de la ferme des Postes et les réunit au domaine royal. Ainsi naît un service généralisé de transport en diligence. Turgot, tombé en disgrâce un an après, ne voit pas sa réforme remise en question. Les maîtres de poste vont pour de longues années encore concourir au service des diligences.

ORDONNANCE DU ROI CONTRE LES ENTREPRISES DE LOUEURS DE CHEVAUX
1779
Musée de la Poste, Paris

Les maîtres de poste ont seuls le droit de louer des chevaux pour aller en poste, c'est-à-dire au galop. Les entrepreneurs de messagerie qui transportent les voyageurs et les marchandises ne peuvent faire rouler leurs voitures que de jour et au pas ou au trot. Il reste donc pour le loueur de chevaux un espace d'activité très étroit. Son droit au transport public commence là où finissent ceux des maîtres de poste et des messagers : le galop lui est interdit, les routes que les messagers exploitent sont exclues de sa zone d'activité.

CARTE DES DILIGENCES ET DES MESSAGERIES ROYALES
1789
Musée de la Poste, Paris

Cette carte, annexée à l'état général du service des messageries royales édité en 1789, est l'une des rares cartes connues montrant le réseau des voitures publiques. Le nord de la France affiche là encore sa supériorité par rapport au sud dont le réseau est très lacunaire. À cette époque, les voitures de messagerie ne présentent aucune uniformité. Les entrepreneurs utilisent des véhicules de toute nature : fourgons, berlines, charrettes, guimbardes, coches, carrosses, chaise et mêmes dos d'ânes et de mulets... sans grand souci du confort du voyageur.

HÔTEL DES MESSAGERIES ET DU ROULAGE
Fin du XVIIIᵉ siècle
Musée de la Poste, Paris

L'ex-hôtel Séguier qui est représenté sur la gravure accueille les bureaux de la ferme générale jusqu'à la Révolution. Il abrite, depuis, le bureau des Messageries. Avant que ne se multiplient les entreprises de voitures publiques à la faveur de la libéralisation des transports, les principales villes du royaume sont desservies à partir de l'hôtel des Messageries, rue Notre-Dame-des-Victoires. La banlieue parisienne est accessible aux voyageurs qui se rendent au quai d'Orsay où est installée l'entreprise des voitures de la Cour.

ORDONNANCE VISANT À PROTÉGER LES CHAMPS-ÉLYSÉES
17 octobre 1777
Musée de la Poste, Paris

Les charrettes chargées de denrées pour la consommation des Parisiens, les grosses voitures publiques telles que les coches, les diligences et les guimbardes ainsi que les voitures des blanchisseurs entrent en très grand nombre par le pont de Neuilly et dégradent les Champs-Élysées que l'on destine à la promenade publique. Craignant l'abandon prochain de cette avenue, les grands voyers de la généralité de Paris prennent une ordonnance visant à interdire l'accès de Paris aux gros véhicules par la grille du cours et enjoignent aux rouliers de prendre l'ancienne chaussée allant de Neuilly à la barrière du Roule encore pavée.

TURGOTINE
1775
Reconstitution
Musée de la Diligence, Riquewihr

Les relais de poste

C'est sous le règne de Louis XI que sont institués les premiers relais, distants de 7 lieues, là où les besoins du roi l'imposent. Ils ne disposent que d'un petit nombre de chevaux, quelquefois un seul, et l'on ne parle pas encore de la Poste aux lettres. L'implantation d'un relais de poste est directement lié à l'existence d'une route postale. Leur nombre va donc croître en fonction de l'évolution du réseau, et ils vont se rapprocher les uns des autres. En 1584, il n'existe que 252 relais sur 14 routes postales ; en 1636, 600 relais équipent 27 routes, dont 11 passent par Paris. Ils sont 1426 en 1789 et atteindront le nombre de 2057 en 1850, début de leur déclin. La distance qui les sépare varie de 1 à 2 postes (1 poste = 2 lieues de poste = 3898 mètres × 4 = 15,50 kilomètres).

ENSEIGNE DE LA POSTE ROYALE DE CHANTILLY
XVIIIe siècle. Anonyme
Fer et peinture à l'huile
Musée de l'Île-de-France, Sceaux

Un relais de poste est avant tout une ferme qui repose sur son écurie, plus ou moins importante suivant la route sur laquelle il est implanté et la fréquentation qui en découle. Il ne faut pas le confondre avec le relais de messagerie qui n'a pas de rapport avec la poste et son service. Le style du bâtiment est caractéristique de sa région, de la richesse de son propriétaire et de son époque de construction plus que de l'institution qu'il représente. Il est impossible de définir un modèle, même si l'on y retrouve toujours des éléments identiques : l'abreuvoir, les greniers de stockage pour le foin et l'avoine, les annexes pour la domesticité et les postillons, et l'habitation du maître qui peut servir d'hôtel ou d'auberge. Chaque relais devait afficher sa raison sociale : « Poste royale (ou de la République) » à l'entrée, et la lumière devait y briller toutes les nuits.

ENSEIGNE DE LA POSTE ROYALE DE CHANTILLY
XVIIIe siècle. Anonyme
Fer et peinture à l'huile
Musée de l'Île-de-France, Sceaux

LA MALLE AU RELAIS
Vers 1818. Gravure d'après Jean-Antoine Duclaux
Musée de la Poste, Paris

L'existence d'un relais de poste dans un village peut en assurer la prospérité. De nombreuses corporations bénéficient de son activité : outre les postillons qui sont généralement issus du cru, les palefreniers, les bourreliers, les selliers, « les artistes vétérinaires » ou les maréchaux-ferrands, de nombreuses auberges s'ouvrent là où sont implantés les relais. Dans son autobiographie, *Mémoires d'un bourgeois de Saint-Bris*, Jules Guenier (1844-1935) raconte : « Mon père continuait la tradition familiale depuis 1742 en exerçant la charge de maître de poste (...). Ses écuries contenaient quatre-vingts chevaux affectés aux relais ordinaires de Saint-Bris, Vermenton ou d'autres destinations. Cette cavalerie exigeait de fréquents achats et c'est à Chartres que se rendait mon père pour remplir les vides que la maladie ou les accidents faisaient (...). Une quinzaine de postillons (...) jetaient une note animée dans le mouvement général. Mais ce qui l'augmentait davantage, c'était l'affluence des rouliers venant de tous les points du parcours avec des files de chevaux transitant les marchandises allant du nord au midi et inversement. Ainsi les auberges étaient-elles nombreuses et florissantes. La profession était lucrative et bien des petites fortunes s'édifiaient... »

BREVET DE MAÎTRE DE POSTE
2 mars 1817
Collection particulière

Si les premiers maîtres de poste sont d'anciens chevaucheurs du roi sédentarisés, leurs successeurs doivent acheter leur charge. Ces charges ne sont pas cessibles, ni transmissibles à prix d'argent, mais l'on trouve souvent des dynasties de maîtres de poste et des mariages entre les familles. Pour assurer le service public, ils perçoivent des gages modestes : 180 livres par an pour deux courriers par semaine au début du XVIIe siècle, en regard de quoi les avantages sont plus que substantiels et rendent le métier attractif. Ils sont exempts de taille jusqu'à 100 arpents de terre ou seulement 50 s'ils tiennent auberge, ils sont exempts du dixième et bénéficient d'autres avantages locaux, comme la franchise des marchandises ou des gratifications locales. Louvois les exemptera définitivement de toutes tailles, toutes charges publiques, séquestres, saisies, logement et fourniture des gens de guerre, ils conservent le droit de vendre du vin et des vivres sans être inquiétés par les corporations d'hôteliers et de cabaretiers. Leur fils aîné et leurs postillons ne peuvent pas être soumis au tirage au sort pour la guerre. Ils tirent également des bénéfices importants de la location de leurs chevaux aux riches voyageurs. Après l'abolition des privilèges, des maîtres de poste démissionnent ou menacent de le faire, ils estiment que leurs devoirs l'emportent sur leurs droits.

BREVET DE MAÎTRESSE DE POSTE
1827
Musée de la Poste, Amboise

Au plan local, les maîtres de poste sont mieux considérés que les directeurs de la poste aux lettres, malgré la faiblesse de leurs gages. Ils occupent une charge avec les privilèges qui s'y attachent, ils tiennent un rang élevé dans la bourgeoisie. En plus de leur fonction, ils sont le plus souvent aubergistes ou laboureurs. Ils sont propriétaires de leur relais et de leurs chevaux et doivent normalement résider sur place. Ils ont un rôle de police : (Extrait du règlement.) « Les maîtres de poste ne peuvent fournir des chevaux à aucun voyageur,

ÉCURIE
XVIIIe siècle
Relais de La Chaleur, Côte-d'Or
Route de Paris à Dijon

au point de départ, si ce voyageur ne justifie d'un passeport délivré conformément aux lois et règlements de police. » Parmi eux, de nombreuses femmes ont exercé cette fonction soit parce qu'elles étaient veuve d'un maître de poste, soit qu'elles en assuraient la charge à la place de leur fils mineur, soit qu'elles en était descendante directe.

Seuls les chevaux de poste peuvent aller au galop et bénéficient de la priorité sur les autres usagers de la route. La cavalerie des relais a souvent fait l'objet de critiques dans les textes anciens quant à son état physique... Le bidet breton, un cheval de selle, est destiné aux postillons et aux voyageurs qui courent la poste sans voiture. Les chevaux amenés à tirer les malles-poste sont parfois qualifiés de « belles postières pommelées », sans indication de race, mais l'on peut penser à des comtois. Des chevaux de labour figurent également dans les inventaires après décès, mais, s'ils côtoient les précédents, ils ne sont pas destinés au service de la poste.

MAITRE DE POSTE DEVANT LES LOCOMOTIVES
XIXe siècle. Clément Pruche
Musée de la Poste, Paris

L'arrivée du chemin de fer va sonner le glas des relais de poste, chaque nouvelle ligne supprime le service de la malle-poste, la dépêche étant alors acheminée par le fer. Bien qu'officiellement supprimés le 4 mars 1873, les relais ferment les uns après les autres, abandonnés par leurs titulaires souvent ruinés. Au-delà des maîtres de poste et des postillons, c'est l'économie de certains villages qui va être totalement bouleversée. Particulièrement lorsque l'itinéraire d'une route de poste est modifié. Certains maîtres de poste se reconvertir en créant des services de messagerie complémentaires du rail, d'autres vont travailler au chemin de fer, ou s'engager dans l'aventure coloniale.

RELAIS DE POSTE
1654
Porte de Reims
Launois-sur-Vence, Ardennes

Aménagé en 1654, le relais de poste aux chevaux de Launoy situé sur la route de Paris à Mézières possède, au XVIIe siècle, une position stratégique. Au creux de la vallée de la Vence, il se situe à la croisée de grands itinéraires : Amsterdam-Marseille et Paris-Sedan (cité importante à l'époque pour ses fabriques de drap). Les convois qui empruntent ces voies sont contraints de s'arrêter à Launoy tant la route est fatigante pour les montures. Deux grands portes cochères, suffisamment hautes pour laisser passer les diligences, se situent au nord et au sud pour accueillir les voitures arrivant de Reims et de Charleville-Mézières.

RELAIS DE POSTE
1654
Porte de Charleville
Launois-sur-Vence

L'édifice est en forme de quadrilatère, couvert de l'ardoise ardennaise de Fumay, d'un gris bleuté. Le premier bâtiment, situé en façade, est la demeure du maître de poste. Au rez-de-chaussée, se trouvent des tables d'hôte, à l'étage, des chambres pour les voyageurs. Le relais, ouvert nuit et jour, nécessite une surveillance. La porte de Charleville est surmontée d'une pièce carrée où loge le gardien. Une coursière est aménagée dans les combles pour lui permettre de passer d'une porte à l'autre, surveillant ainsi l'intérieur et l'extérieur du bâtiment.

HANGAR À DILIGENCE
1654
Relais de Launois-sur-Vence

Perpendiculairement à la demeure en façade, deux très longs bâtiments sont réservés aux chevaux et aux attelages. L'un d'eux, appelé « halle aux diligences », accueille les montures fatiguées et sert d'atelier de réparation pour les attelages.

Les relais de poste

ÉCURIES DE REPOS
1654
Vue extérieure
Relais de Launois-sur-Vence
En face, l'autre bâtiment héberge les chevaux ainsi que le fournil, la bergerie, typique de la région, dans sa composition de pierre, d'ardoise et de torchis, et les greniers à foin et à blé.

PRESSOIR
1654
Relais de Launois-sur-Vence
La cidrerie, conservée en l'état, possède une cave gothique à température idéale et constante, où l'on entrepose alors les tonneaux des boissons indispensables aux voyageurs fatigués.

ÉCURIES
1654
Relais de Launois-sur-Vence
À leur arrivée, les chevaux sont conduits à l'abreuvoir qui se trouvaient au centre du relais. Chaque cheval dispose de 48 heures de repos avant de reprendre la route.

ENSEIGNE
XXe siècle
Fer forgé
Relais de Launois-sur-Vence
Cette enseigne signale aux arrivants que l'établissement est placé sous l'autorité du roi, par le blason royal qui l'orne. De plus le fait qu'il fonctionne de jour comme de nuit est signalé par les écussons représentant la lune et le soleil. L'ouverture, en 1846, d'une nouvelle route nationale, à huit kilomètres, ainsi que le développement du chemin de fer, compromettent la prospérité du relais. Le bâtiment est racheté en 1979 aux héritiers des Potier par une association locale qui le fait restaurer et y multiplie depuis les animations artistiques et touristiques. Ce bâtiment, unique en France par la conservation complète de tous les éléments caractéristiques, est classé à l'inventaire supplémentaire des monuments historiques, le 1er janvier 1994.

LA POSTE ROYALE
Fin du XVIIe siècle
Vermenton, Yonne

Construite à la fin du XVIIe siècle, en bordure de ce qui est de nos jours la nationale 6, à mi-chemin entre Auxerre et Avallon, cette maison porte en façade une ardoise gravée de lettres d'or : *La Poste Royalle*. Beaucoup d'archives ayant été détruites, son histoire n'est vraiment connue qu'à partir de 1760, date à laquelle elle va commencer à abriter toute une dynastie de maîtres de poste, les Quatrevaux. La maison est alors importante, puisqu'elle possède jusqu'à trente chevaux en permanence. Le dernier des maîtres de poste, Auguste François Rousselet, membre du conseil général, prend la suite des Quatrevaux de 1830 à 1865. Cette maison abrite alors diverses professions (notaire, banque, etc.) et, depuis 1976, un commerce d'antiquités. Mme de Sévigné, Voltaire, le comte de Provence, Joseph Fouché, et Napoléon à son retour de l'île d'Elbe, se sont arrêtés à Vermenton et ont peut-être logé dans ce relais.

RELAIS DE LA CHALEUR
1742
Sombernon, Côte-d'Or

Le département de la Côte-d'Or était le lieu de passage des chaînes de forçats, qui deux fois par an se rendaient aux galères. À partir de 1742, les chaînes passent par la nouvelle route royale n° 88, d'Auxerre à Dijon, qui correspond avec Vitteaux et Pont-de-Pany. Ce trajet va contribuer à l'essor du village de La Chaleur. Il est ce que l'on nomme alors une « route à grand courrier » où les rouliers et les voituriers sont tenus de céder le pavé et faire place aux diligences, malles-postes, berlines, etc. Un relais de poste aux chevaux y est alors ouvert avec des logements pour les postillons, des chambres pour les clients, des écuries, des greniers à fourrage, une maréchalerie, etc. Le relais comporte ainsi un grand bâtiment rectangulaire en pierre, parallèle à la route et un peu en retrait, encadré de deux corps avancés rectangulaires en pierre, perpendiculaires à la route.

LA FORGE
XVIIIe siècle
Relais de La Chaleur

Dans ce bâtiment, appelé la forge, dit-on, le maréchal-ferrant forgeait les fers des chevaux, mais aussi ceux des forçats et chauffait la marque à imprimer sur leurs épaules, car ce pays était la première halte en quittant les prisons de Dijon. De là viendrait le nom de La Chaleur.

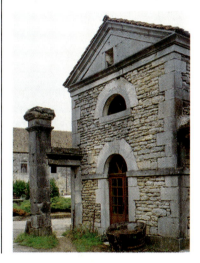

Les relais de poste

AILE
XVIIIe siècle
Relais de La Chaleur

Ce grand bâtiment est composé d'une sorte de couloir dont la toiture est soutenue par des colonnes doriques de pierre. À ses extrémités sont disposés deux petits corps de bâtiments avec des frontons triangulaires d'époque Restauration. Cet abri servait de refuge aux galériens de passage. C'est à ces colonnes qu'ils étaient enchaînés pendant leur bref séjour à La Chaleur, les forçats étant alors hébergés par le maître de poste aubergiste François Rameau.

TOMBE DE FRANÇOIS RAMEAU
1781
Sombernon

Au cimetière qui surplombe La Chaleur, sur la route de Vieil Moulin, se trouve la tombe de François Rameau (1713-1781), maître de poste de La Chaleur, décédé le 27 novembre 1781 à l'âge de soixante-huit ans.

FAÇADE (détail)
1588
Relais de La Chaleur, Sombernon

Cette porte, datée de 1588, constitue la partie la plus ancienne du bâtiment. François Rameau s'engage en février 1777 à faire exécuter, aux frais de la province, un grand abreuvoir, de 95 pieds sur 36, actuellement disparu. Son fils exerce toujours en 1786, il possède alors quinze chevaux.

RELAIS DE POSTE
1742
Benfeld, Bas-Rhin
Route de Lyon à Strasbourg

Benfeld constitue une étape importante sur l'ancienne route reliant Strasbourg à Lyon. Au début du XVIII siècle, le premier relais de Benfeld se trouve à côté de l'auberge *La Pomme d'or*, dite à l'époque *Zur Mücke*. En 1742, un nouveau relais, plus grand, est construit sur la propriété de Pierre Andlauer, à l'extérieur des fortifications de la ville.

PORTAIL
1742
Relais de Benfeld

Le côté situé rue de Strasbourg est simplement fermé par un haut mur qui comporte un portail en fer forgé daté de 1742.

PORTE COCHÈRE
XVIIIᵉ siècle
Relais de Benfeld

L'entrée est marquée par une énorme porte cochère, nécessaire autrefois au passage des diligences. Une autre porte de même type lui fait face de l'autre côté de la propriété. La vaste cour est entourée de plusieurs bâtiments disposés en U.

ÉCURIE
1742
Relais de Benfeld

Le bâtiment sur la gauche sert alors d'écurie ouverte par douze petites fenêtres. Seul le rez-de-chaussée existe à l'origine, l'autre étage étant construit en 1904. De l'autre côté de la cour se dresse le bâtiment d'habitation du maître des postes aux chevaux. Si l'on en croit la date figurant avec un cor de postillon sur le mur, le relais est remanié en 1784. À cette époque, le relais abrite également l'auberge de la poste dite *Au Canon*. L'enseigne, désormais placée quelques rues plus loin, y est apposée de 1800 à 1843 environ. Le roi de France Charles X s'arrête dans le relais de Benfeld, lors de sa visite en Alsace en 1829.

Les relais de poste

ENSEIGNE
1800
Relais de Benfeld

CADRAN SOLAIRE DU RELAIS DE TRIEL
Vers 1720
Pierre
Musée de la Poste, Amboise

POCHOIR D'IGNACE NICOLAS WALTER, MAÎTRE DE POSTE À FRISENHEIM
1781
Musée d'Histoire des PTT d'Alsace, Riquewihr

SAC D'IGNACE NICOLAS WALTER, MAÎTRE DE POSTE À FRISENHEIM
1781
Musée d'Histoire des PTT d'Alsace, Riquewihr

RELAIS DE POSTE DE BENFELD
Maquette
Musée d'Histoire des PTT d'Alsace, Riquewihr

Le relais de poste comporte également un atelier de forgeron, de charron et de sellier, nécessaire aux réparations des diligences à l'étape. Le relais conserve cet aspect pendant près d'un siècle, jusqu'à la mise en service de la ligne de chemin de fer Strasbourg-Mulhouse, construite entre 1835 et 1841, qui entraîne son déclin et la fermeture de l'auberge. Le nom et l'enseigne de cette dernière sont réutilisés pour une nouvelle auberge *Au Canon*, située au lieu dit *Zoll*, entre 1843 et 1890. Définitivement inutile après 1849, le relais est transformé en exploitation agricole. Le dernier maître de poste aux chevaux est Joseph Stackler. En 1881, on y installe un centre de fermentation et de vente de tabacs en gros. Vers 1890, Constant Andlauer père y établit une épicerie en gros et détail. La propriété devient un relais-restaurant, puis un garage.

ENSEIGNE DU RELAIS DE POSTE DES BÉZARDS
XVIIIe siècle
Fer et bronze
Musée postal d'Auvergne, Saint-Flour

Jehan Panys, membre de l'importante famille des Panys, qui tient, de 1588 à 1670, le relais de poste aux chevaux de Montargis, établit son relais en 1657 à l'angle sud-ouest de la route Paris-Lyon et de la route de Châtillon-sur-Loing-les-Choux. Jusqu'en 1782, les maîtres de poste successifs (Louis Gemois, son fils Louis le Jeune, Jean Breton, Sieur Mouton, François Pasteau) y accueillent coches, carosses ou diligences et assurent le renouvellement de chevaux frais. Une modeste auberge s'installe vers 1860 dans ces bâtiments durant quelques années, puis une ferme occupant le long bâtiment central parallèle à la route Paris-Lyon et deux ailes perpendiculaires plus courtes. En 1945, cette ferme devient une hôtellerie. Au cours des démolitions est découverte une remarquable plaque en fonte du relais de poste, fixée actuellement sur la façade de l'aile droite des bâtiments. Le relais de Bézards disparaît en 1781. Il s'intercalait jusqu'alors entre La Bussière et Nogent-sur-Nernisson.

ARBRE GÉNÉALOGIQUE
XXe siècle
Collection particulière

C'est vers 1778-1779 qu'apparaît à Montlandon la famille Lemarié. Estienne-Charles (1755-1798), descendant du régisseur du duc de Richelieu, est nommé maître de poste à Montlandon en 1780. Sous la Révolution, il devient électeur pour la nomination des membres de l'Assemblée constituante pour le district de cette région du Perche. La mauvaise récolte de 1788 l'incite à vendre une partie de ses chevaux ou à obtenir une avance de 50 000 livres auprès de la commission des postes. Quelle que soit l'action entreprise, le relais est bien implanté à Montlandon à son décès le 14 brumaire an VII (4 novembre 1798). Sa femme devient temporairement « maîtresse des postes » jusqu'à la majorité de son fils.

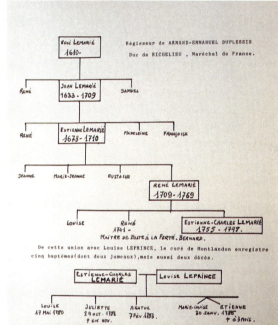

LETTRE DE CRÉATION DU RELAIS DE MONTLANDON
22 novembre 1776
Collection particulière

Le relais de Montlandon est situé sur la route de poste de Paris à Nantes. Vers 1770, afin de raccourcir la route, il est décidé de construire une nouvelle voie entre Courville et Nogent-le-Rotrou, qui passerait par Montlandon, l'actuelle nationale 23. C'est à cette occasion qu'est décidée, en 1776, la construction du relais de Montlandon.

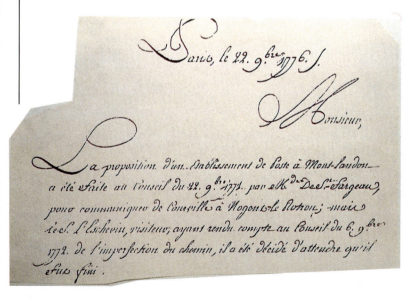

Les relais de poste

LETTRE ROYALE
26 septembre 1845
Collection particulière

Étienne-Sébastien Lemarié a trois enfants dont Étienne-Julien, né en 1823. Celui-ci n'a que vingt-deux ans lorsque survient le décès de son père en 1845. Sa mère assurera la responsabilité du relais jusqu'à sa majorité. « Le 26 septembre 1845, au nom du roi, le ministre des Finances, sur la présentation du directeur général de l'administration des Postes, et d'après le compte rendu des facultés et de l'aptitude de Mme Veuve Lemarié, née Lejeune (Marie-Denise-Julienne) la commet pour remplir la place de maîtresse de la poste aux chevaux de Montlandon. » Ce fils aîné Estienne-Julien est vraisemblablement nommé vers les années 1848-1850. Il est le dernier maître de poste de Montlandon, et meurt en 1881.

ARRÊTÉ ROYAL
2 novembre 1816
Collection particulière

En 1816, Louis XVIII est revenu au pouvoir. Le fils aîné d'Étienne-Charles Lemarié, Étienne-Sébastien devient, à vingt-six ans, maître de poste de Montlandon, par arrêté royal. Il est « reconnu pour sa fidélité et son affection au service du roy » selon la formule consacrée. Jouissant d'une grande notoriété dans la commune, il deviendra membre du conseil municipal, puis, en 1831, capitaine de la garde nationale.

COUR
XVIIIe siècle
Relais de Montlandon

On observe le large passage pour les voitures hippomobiles, de la grande cour vers les remises. En face, à droite, se trouvent les petites portes des soues à cochons.

FAÇADE SUR RUE
1776
Relais de Montlandon

La façade du bâtiment de l'ancien relais a peu changé. Seule la toiture a été modifiée par l'aménagement de chiens-assis. Le relais se présente comme un grand rectangle, en bordure de route, comprenant cinq corps de bâtiment : la maison du maître de poste, une grange, abritant un four à pain, les écuries, pouvant contenir une quarantaine de chevaux, une remise et un bâtiment de service, servant probablement à loger les postillons.

ENSEIGNE
XVIIIe siècle
Montlandon

Sur la maison faisant face au relais, on distingue encore une enseigne à moitié effacée : *Au Postillon français*.

PASSAGE VERS LES REMISES
XVIIIe siècle
Relais de Montlandon

À gauche sont visibles les portes des écuries, surmontées des grands greniers à foin. À droite, le petit bâtiment était un passage vers les pièces d'eau, situées au fond du jardin. Au centre de la cour, à l'emplacement des arbres, existait un puits aujourd'hui disparu.

Les relais de poste

RELAIS DE MONTLANDON DANS LE VILLAGE
Carte postale
Début du XXᵉ siècle
Collection particulière

En 1835 s'engage un débat sur l'opportunité de la construction d'une ligne de chemin de fer sur la région ouest. La ligne de Paris au Mans sera ouverte entre 1852 et 1854, mais ne passe pas par Montlandon. De ce fait, le relais, situé sur la gauche au fond, connaît encore une grande activité jusqu'en 1852. La poste aux chevaux donnait une certaine importance au bourg de Montlandon, alors très animé. Il existait au moins trois auberges, où on logeait « à pied et à cheval », une gendarmerie et de nombreux cabarets. L'apogée du relais se situe de 1838 à 1845. Le relais de Montlandon, comme beaucoup d'autres en France a dû cesser de fonctionner vers les années 1870-1875.

MAISON DES SEPT-TÊTES
Vers 1720
Villeneuve-sur-Yonne, Yonne

Cet ancien relais de poste royale est édifié à la fin du premier quart du XVIIIᵉ siècle. Au rez-de-chaussée, un large portail en anse de panier livre accès aux écuries et à la cour. Cette disposition est encore respectée aujourd'hui, des garages ayant remplacé les écuries. La façade est axée et rythmée sur trois registres par des pilastres engagés d'ordre toscan. La travée axiale, aux ouvertures en plein cintre, est coiffée d'un important fronton triangulaire aux rampants accusés.

NEPTUNE ET CÉRÈS
Vers 1720
Façade
Maison des Sept-Têtes

Sept têtes sculptées de divinités mythologiques ornent les clés des ouvertures : Pluton, au-dessus du portail, Neptune, Flore, Mercure, Cérès et Bacchus, de gauche à droite aux cintres des baies de l'étage noble, Jupiter enfin, barbu et couronné, au-dessus de l'ouverture centrale du premier étage.

MERCURE ET PLUTON
Vers 1720
Façade
Maison des Sept-Têtes

On a souvent voulu voir dans le choix des divinités retenues pour orner le premier étage un véritable « raccourci » de l'activité économique locale : les produits des champs (Cérès et Flore) et du vignoble (Bacchus), le commerce (Mercure) et l'activité fluviale (Neptune).

BALCON
Vers 1720
Fer forgé
Maison des Sept-Têtes

Les balcons de fer forgé, découpés en forme d'arbalète reposant sur une saillie moulurée, sont caractéristiques du style Régence.

REGISTRE D'ORDRE
1838
Collection particulière

À l'origine, le relais est installé dans une auberge, au sein du village, mais la desserte en est malaisée dans les rues étroites. La construction d'un nouveau relais est envisagée sur la grand-route. Le projet est en fait beaucoup plus ambitieux grâce à l'intervention du marquis Marc-René d'Argenson et de son intendant Jean-Baptiste Régnier. D'Argenson, marquis de Voyer (1722-1782) est le fils de Marc-Pierre, lieutenant général des armées du roi pour la Saintonge et l'Aunis et directeur des haras. Le relais des Ormes n'était probablement qu'une annexe aux haras que les deux hommes ont fait construire. Les bâtiments sont édifiés vers 1760. Les architectes sont peut-être Wailly ou Lenot, qui, à cette époque, travaillent à Tours et au château des Ormes. Ce registre décrit l'état du relais : nombre de chevaux, nombre d'employés. Il présente également les réclamations des clients.

TRAITÉ POUR LA CONDUITE DES DILIGENCES
24 mars 1832
Collection particulière

Situé aux confins de la Touraine et du haut Poitou, entre Tours et Poitiers, le bourg des Ormes entre dans l'histoire de la poste aux chevaux en 1752. La route de Paris vers Bordeaux et l'Espagne a été mise en poste, c'est-à-dire pourvue de relais dès la fin du XVe siècle ; mais jusqu'alors elle passe du nord au sud par Blois, Montrichard, Loches, La Haye (l'actuelle ville de Descartes). Au milieu du XVIIIe siècle, face au développement économique de la région, cette voie s'avère insuffisante. Un nouvel itinéraire est tracé entre Amboise et Châtellerault, desservant Tours et passant par Les Ormes. À cette époque, Marc-Pierre de Paulmy de Voyer, comte d'Argenson (1696-1764), est grand maître et surintendant des Postes ; il acquiert la baronnie des Ormes en 1729 et y possède un château. Son influence est prépondérante dans cette entreprise qui aboutira à l'actuelle nationale 10.

Les relais de poste

RELAIS DE POSTE DES ORMES
Vue aérienne
Les Ormes-sur-Vienne, Vienne

Le plan consiste en un quadrilatère de 70 mètres de côté environ. Par une imposante porte cochère, on accède à une cour entourée de bâtiments ; au milieu, un grand bassin, aujourd'hui comblé, destiné à abreuver et à baigner les chevaux. Au fond de la cour, la grande écurie est flanquée de chaque côté d'une plus petite, à gauche et à droite, les habitations, l'hôtellerie ; côté grand-route, d'autres écuries, les ateliers du maréchal, du sellier, du carrossier.

Cette disposition des lieux est tout à fait celle d'un relais mais les dimensions importantes de l'édifice prouvent qu'il est surtout destiné à l'élevage des chevaux ; les circonstances en ont décidé autrement dès 1783.

FAÇADE
Vers 1760
Côté rue
Relais des Ormes-sur-Vienne

La façade de l'édifice comporte deux corps de bâtiments encadrant un imposant portail. L'inscription « Poste aux chevaux » a été récemment replacée. C'est la craie de tuffeau de Touraine qui a été utilisée pour la construction et l'ardoise pour les toitures percées de lucarnes. Cette même architecture avec les arcatures percées d'œils-de-bœuf se retrouve sur l'ensemble des bâtiments.

PORTAIL
Vers 1760
Relais des Ormes-sur-Vienne
Le grand portail, en plein cintre avec pilastres plats, donne sur un porche dont l'extrémité est fermée par un portail de même facture que celui de la façade, qui ouvre sur la cour.

AILE NORD
XVIIIe-XIXe siècle
Relais des Ormes-sur-Vienne
L'aile sud et l'aile nord du quadrilatère sont plus spécialement à usage d'habitation. L'aile sud loge successivement une brigade de gendarmerie, le bureau de poste aux lettres, une école au XIXe siècle. Ces bâtiments comportent un étage. L'aile nord a servi également au logement de certains membres du personnel du château des Argenson, pour le maître de poste. Il existait aussi un simple tournebride (auberge voisine d'un château) pour les domestiques, devenu l'auberge du Faisan, enfin l'hôtel de la Poste à partir de 1811, à l'usage des voyageurs.

COUR DU BASSIN ET GRANDE ÉCURIE
Vers 1760
Relais des Ormes-sur-Vienne
Au centre de la cour, le grand bassin aujourd'hui comblé était alimenté par un puits muni d'une pompe. Au fond sont disposées la grande écurie et les deux plus petites, chacune surmontée d'un grenier à usage de fenil. On retrouve le portail en plein cintre et les arcatures percées d'œils-de-bœuf. Aux dires des contemporains, les haras pouvaient abriter cent chevaux, mais le relais aux heures de prospérité n'a jamais eu plus d'une quarantaine de montures.

GRANDE ÉCURIE
Vers 1760
Vue intérieure
Relais des Ormes-sur-Vienne
La grande écurie présente un plafond de bois lambrissé en voûte plate percé d'un oculus destiné à faire descendre le foin du grenier situé au-dessus.

Les relais de poste

SALLE DES POSTILLONS
XVIIIᵉ-XIXᵉ siècle
Relais des Ormes-sur-Vienne

Cette pièce jouxte les écuries donnant sur la façade. Elle est supposée être celle où se reposaient les postillons, en attendant la prise de service et possède un curieux lavabo destiné sans doute à rafraîchir les jambes endolories ou même les postérieurs malmenés par les courses à cheval. Depuis 1851, la voie ferrée Paris-Bordeaux passe derrière cette grande écurie, morcelant la propriété, comme pour narguer la poste aux chevaux dont elle entraînera la disparition.

RELAIS DE POSTE
1775
Issenheim, Haut-Rhin

La maison est construite en 1775 par le maître de poste Thiébaut Zimmermann, installé à Issenheim depuis 1769. En 1794, onze domestiques s'occupent des différents services dépendant de la maison de poste. Zimmermann dispose de vingt-quatre chevaux employés aux diligences et à la malle-poste. Sous la Révolution, l'une des premières réformes en matière postale est la suppression des exemptions d'impôts et de charges publiques dont bénéficient les maîtres de poste. En 1799, les postillons d'Issenheim sont réquisitionnés par l'armée. Après plusieurs mois d'opposition et de résistance aux autorités du Directoire, Thiébaut Zimmermann démissionne de sa charge de maître de poste en juillet 1799.

PIERRE TOMBALE
1836
Issenheim

François Antoine Hiltenbrand, nouveau maître de poste d'Issenheim, successeur de Thiébaut Zimmermann, installe le relais à son domicile au centre du bourg. Sa tombe existe encore, au cimetière d'Issenheim.

RELAIS DE POSTE
1737
Issenheim

La construction de cet autre relais de poste date de 1737. Le premier propriétaire est Philippe Wilhelm, procureur fiscal de la seigneurie d'Issenheim. Le 15 octobre 1749, à la suite de la démission du maître de poste de Rouffach, le relais est supprimé dans cette ville et transféré à Issenheim. François Antoine Erhard, gendre de Philippe Wilhelm est le premier maître de poste de ce gros bourg. Soutenu par le sieur Mouillesaux, contrôleur provincial des postes, Erhard tente de faire transférer à Issenheim le bureau de la poste aux lettres de Rouffach dont le service est alors très négligé. Il est vrai que les plaintes affluent de toutes parts.

RELAIS DE POSTE
1737
Issenheim
Depuis 1987, l'ancien relais de poste, aujourd'hui propriété communale, abrite le bureau de poste de la localité.

PORTE
1737
Relais de poste d'Issenheim
Il est possible de lire la date de 1737, correspondant à la construction du bâtiment, depuis fortement rénové.

RELAIS DE POSTE
Début du XVIIIe siècle
Fontenay-sur-Loing, Loiret

Le bourg de Fontenay-sur-Loing, tout au long des XVIIIe et XIXe siècles, n'a vécu que par sa poste aux chevaux. L'ancienne route des postes, qui passe sur le plateau par La Chapelle-la-Reine et Château-Landon pour relier Paris à Montargis, est progressivement abandonnée au profit de la nouvelle route royale, devenue depuis la nationale 7, joignant Nemours à Montargis. En 1698, Jean Ramon « chevaucheur tenant la poste de Préfontaines », achète aux Desprez, seigneurs de La Chapelle, le domaine de Grand'Maison à Fontenay, comprenant un corps de logis, datant probablement de la fin du XVe siècle, et plusieurs dépendances. Il y installe définitivement la poste aux chevaux en 1700. Son gendre, Nicolas Petit (1700-1776), fils du maître de poste de Montargis, lui fait suite en 1728 et dirige l'ensemble de la poste (à laquelle il adjoint de vastes terres à fourrage pour les chevaux), de l'hôtel de l'Écu et de l'auberge. Lui succèdent comme maîtres de poste à Fontenay : Luc Petit (1728-1776), Jean-Baptiste Firmin (1755-1802) qui est le premier maire de Fontenay, en 1790, Jean-François Théodore (1786-1856), sixième maire de Fontenay. Ce dernier, alors âgé de dix-neuf ans à peine, a l'honneur d'accueillir le pape Pie VII, le 25 novembre 1804, dans sa propre chambre, alors que le Saint-Père se rend à Fontainebleau, pour sacrer l'Empereur.

Les relais de poste

VUE DE LA COUR
Début du XVIIIᵉ siècle
Relais de Fontenay-sur-Loing

ANCIENNES ÉCURIES
Début du XVIIIᵉ siècle
Relais de Fontenay-sur-Loing

Autour de la poste, qui entretient une écurie de cent chevaux percherons (tous de robe grise), est disposée une maréchalerie importante. On mesure encore l'importance de la poste aux chevaux de Fontenay, quand on considère que Fontenay entretient une brigade de gendarmerie, qui ne sera supprimée qu'en 1900. Au XVIIIᵉ siècle, le courrier passe à toute heure, même la nuit, et est emporté à dos d'homme depuis la voiture postale jusqu'à la poste aux lettres de Ferrières. La brigade veille à sa sécurité, alors que la population de la commune, de 328 habitants en 1790, passe à 626 en 1846.

AUGES
Début du XVIIIᵉ siècle
Relais de Fontenay-sur-Loing

Après la mort du dernier maître de poste de Fontenay en juillet 1856, sa maison et l'hôtel sont transformés en

maisons bourgeoises. Du fait de ces changements, on ne retrouve que partiellement la grande écurie qui ouvrait sur la route. De nombreuses auges en pierre subsistent, témoignant de ces deux cent cinquante ans d'activité postale à Fontenay. Elles sont taillées dans un grès du pays et présentent la particularité d'être façonnées de manière à s'imbriquer les unes dans les autres par un système de tenons et mortaises. Elles forment ainsi un ensemble très lourd qui ne risquait pas d'être déplacé par les chevaux.

RELAIS DE POSTE AUX CHEVAUX
Entrée principale
XVIIe-XVIIIe siècle
Mezidon-Canon, Calvados

Au milieu du XVIIIe siècle, pour aller de Paris à Falaise en quittant la route royale Paris-Cherbourg à Moult, un chemin de traverse conduit les voyageurs à Langannerie où des voitures de poste les amènent à Falaise. L'avocat Élie de Beaumont, devenu seigneur de Canon après un procès fameux, prend l'initiative, en 1771, d'un projet qui aura d'heureuses conséquences pour la contrée. Pour abréger ce parcours de 3 lieues, Élie de Beaumont propose d'établir un trajet de Croissanville à Falaise passant par Bissière, Canon, Ernes et Épaney, et de transformer sa ferme du Haut-Bois, à Canon, en un relais de poste. Dans ce but, il utilise ses nombreuses relations à la Cour en sa qualité d'avocat général du comte de Provence et obtient l'appui de l'intendant général des postes et relais de France, Rigoley de Juvigny.

COUR INTÉRIEURE
XVIIe-XVIIIe siècle
Relais de Canon

Malgré des contradicteurs acharnés, tel l'intendant d'Alençon Julien, Élie de Beaumont est soutenu par les gentilshommes du voisinage et obtient gain de cause pour la poste et la remise en état du chemin, prévu grâce à l'aide d'un atelier de charité. Le châtelain de Canon dépense 25 000 livres pour transformer l'habitation réduite de la ferme en une grande auberge et aménager des écuries situées au fond de la cour, surélevées d'un étage comme l'habitation elle-même. Ces écuries peuvent alors accueillir plus d'une douzaine de chevaux. Sur la gauche, les étables, plus anciennes, datent du XVIIe siècle et sont surmontées d'un grenier.

PORTE D'ÉCURIE
XVIIIe siècle
Cour intérieure
Relais de Canon

Il s'agit de l'une des portes à deux vantaux de la grande écurie. L'avoine et l'orge étaient entassées dans le grenier au-dessus.

AILE DE L'AUBERGE
Cour intérieure
XVIIIe siècle
Relais de Canon

Pendant la foire de Guibray à Falaise, en septembre, passent par là plus de quatre mille charrettes. À gauche de l'auberge, les piliers imposants soutiennent les arcades en plein cintre des deux charreteries (terme employé au XVIIIe siècle pour désigner les locaux abritant les charrettes). À droite, le petit escalier mène à la chambre du palefrenier qui donne à côté des chevaux. Le premier maître de poste, le fermier Jean-Marc Chauvel, ne peut supporter le poids de l'organisation et de l'entretien d'un tel relais, qui le ruine au bout de trois ans. Ainsi fait-on maigre chair dans son auberge. Une lettre de Mme de Beaumont adressée à son mari en 1775 en fait foi.

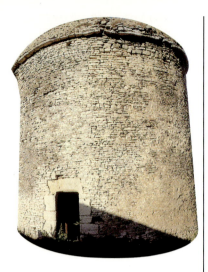

PIGEONNIER
XVIIIᵉ siècle
Relais de Canon

Un riche cultivateur de Coupesarte prend la succession de Chauvel en 1775. Lui succèdent jusqu'en 1832 les membres de la famille Heuzey. En 1832, une route plus courte est établie de Lisieux à Falaise par Saint-Pierre-sur-Dives, entraînant la fermeture du relais de Canon.

TOUR DE GUET
XVIIᵉ siècle
Relais de Canon

La ferme du Haut-Bois, avant son acquisition par Élie de Beaumont, s'appelait, selon les archives du XVIIᵉ siècle, le fief *Au François*. Cette belle tour de guet, située à l'arrière de l'auberge, permettait, de la petite chambre tout en haut, de surveiller toute la plaine à l'ouest.

RELAIS DE POSTE AUX CHEVAUX
XVIIᵉ-XVIIIᵉ siècle
Willgottheim, Bas-Rhin

En 1681, la ville libre de Strasbourg est rattachée à la couronne de France ; sans tarder, Louvois, ministre de Louis XIV, met en place l'organisation postale française, en fixant les grandes routes postales jalonnées de relais. Tel est le cas de Willgottheim, une localité située à mi-chemin entre Strasbourg et Saverne, sur la route de Paris. Le nouveau relais est mentionné, sous son appellation alsacienne de Villeden, sur la carte des routes de poste gravée par Sanson en 1693. Le premier brevet de maître de poste est décerné à Nicolas Ott, aubergiste au *Pied de bœuf*. La maison du relais existe encore dans le haut village.

DESSUS-DE-PORTE
XVIIᵉ-XVIIIᵉ siècle
Relais de Willgottheim

Au-dessus de la porte d'entrée, un motif sculpté, récemment rénové, représente un postillon sonnant du cor, autrefois surmonté d'une couronne et de fleurs de lys, disparues sous le pic révolutionnaire de 1789. Les annales du relais rapportent le récit d'une visite royale. Le 15 août 1725, Marie Leszczynska, fille du roi de Pologne en exil en Alsace, devient reine de France en épousant, en la cathédrale de Strasbourg, le roi Louis XV. Le 17 août, la jeune reine accompagnée d'un cortège de princes et de nobles chevaliers arrive « pour la dînée » et le repos de la nuit au relais de Willgottheim. Elle se montre généreuse et « jette de l'argent à pleines mains aux pauvres paysans de ce village ».

PIERRE TOMBALE
1741
Cimetière
Willgottheim

Après la mort prématurée de Nicolas Ott, la charge de maître de poste est confiée à Michel Lorentz, nouveau prévôt de la communauté villageoise, qui transfère le relais dans sa ferme située dans la rue du Puits ; la proximité d'un point d'eau est appréciable quand il s'agit d'entretenir un cheptel de vingt-quatre chevaux. Lorsque Michel Lorentz disparaît en 1741, à l'âge de quarante-huit ans, sa veuve lui dédie une pierre tombale qui est conservée au cimetière de Willgottheim.

BAS-RELIEF
1768
Relais de Willgottheim

La dynastie des maîtres de poste se perpétue alors à travers la descendance féminine. Marie-Anne Lorentz épouse Jacques Lienhardt ; en 1768, ce couple fait construire un nouveau relais qui

conserve une belle sculpture ornée du cor de poste et d'un fouet, avec les initiales des bâtisseurs. Ce corps de ferme tout neuf va servir de cadre à un accueil princier. Le 8 mai 1770 y fait étape Marie-Antoinette, en route pour épouser le futur Louis XVI. Par la suite la veuve Lienhardt se remarie avec Jacques Scherbeck et c'est leur fils, Joseph Scherbeck, qui sera le dernier maître de poste de Willgottheim. En effet, à défaut de suppression officielle, on peut faire coïncider la fin du relais avec l'inauguration, en 1852, de la nouvelle ligne de chemin de fer Paris-Strasbourg.

FAÇADE (détail)
1716
Cour intérieure
Château de Pont-Royal
Bouches-du-Rhône

Son entrée initiale est encore visible. Elle se situe sous l'inscription « Poste aux Chevaux » toujours présente sur la façade et qui signale alors l'entrée des écuries du relais.

RELAIS DE POSTE
1716
Château de Pont-Royal
Bouches-du-Rhône

Le relais de Pont-Royal, situé sur le grand axe postal Paris-Antibes, à mi-chemin d'Avignon et d'Aix-en-Provence, en bordure de la nationale 7, connaît une grande activité de 1740 à 1890. Cet important relais est au XVIIIe siècle la propriété de d'Étienne Ricard, maître de poste mais aussi maire et premier consul.

Les relais de poste

COUR INTÉRIEURE
XVIIIe siècle
Château de Pont-Royal
Le relais de poste est composé principalement d'un corps de logis central, la maison de maître donnant sur un parc avec fontaine et bassin, édifié sur trois niveaux avec cinq fenêtres à la suite sur chaque niveau. La façade de la maison est remodelée au XVIIIe siècle à la manière d'une bastide aixoise. On compte également une auberge-hôtel avec sa cuisine d'époque ornée d'une grande cheminée provençale et une plaque en fonte datée de 1716, repère de date de construction. Les écuries du relais sont conservées en l'état avec leurs auges et leurs voûtes en pierre de pays et râteliers en bois avec le foin. Les colliers et les harnais des chevaux sont aussi conservés. Il existe également à l'époque la maison du vieux four qui abrite le boulanger, la forge avec ses outils, l'atelier du bourrelier et la cave à vins, car, déjà à l'époque, le vin servi aux voyageurs est celui produit par la propriété. Cette cave immense, avec des voûtes en anse de panier, abrite des foudres de 200 hectolitres.

FONTAINE DE PONT-ROYAL
1817
Gravure
Collection particulière
Une gravure réalisée par un voyageur anglais, datée du 30 mai 1817, décrit assez bien la vie au relais à l'époque, avec les chevaux et les villageois qui viennent s'y rafraîchir. La croix indique un oratoire situé dans le parc. La couleuvre et le paon sont des animaux qui vivaient alors dans le parc.

FONTAINE
1716
Château de Pont-Royal

La fontaine est contemporaine de la construction des premiers bâtiments aux environs de 1716. Le sieur Étienne Ricard a droit, après bien des péripéties, au huitième de l'eau de source qui alimente Mallemort pour « ses peines, soins et avances ».

ENSEIGNE DU RELAIS DE POSTE DE MARCKOLSHEIM
1780
Musée de la Poste, Paris

Créé à la fin du XVIIe siècle, le relais de Marckolsheim est situé sur la route de Bâle à Strasbourg. L'enseigne du relais datée de 1780 montre deux cavaliers et une couronne venue masquer les fleurs de lys sous la Révolution.

ENSEIGNE DU RELAIS DE POSTE D'ISSENHEIM
1775
Métal
Musée d'Histoire des PTT d'Alsace
Riquewihr

Témoin de l'art populaire alsacien, cette enseigne montre courrier et postillon chevauchant l'un derrière l'autre. Le soleil et la lune placés sur des pièces de métal dans la partie supérieure de l'enseigne rappellent que le courrier voyageait nuit et jour, ainsi que la célérité du service l'exigeait. La course nocturne n'était guère admise pour les autres transporteurs.

CLÉ DE VOÛTE DU PORTAIL DU RELAIS DE COLMAR
1778
Musée d'Histoire des PTT d'Alsace
Riquewihr

Sur ces pierres se découvrent la date de construction du relais ainsi que les écussons accolés du maître de poste et de sa femme. L'inscription « La poste sauvegarde du roi » qui encadre les armes royales, elles-mêmes placées au-dessus d'un cor stylisé, rappelle la protection que le roi accorde à l'établissement de la poste aux chevaux et son autorité en ce domaine. Ainsi que l'affirme Charles Le Bret dans son livre *De la souveraineté du roi* (1632), il « n'appartient qu'au roi d'instituer des postes et des courriers publics... »

Les relais de poste

Bureaux de poste et patrimoine architectural

Les bureaux de poste sont présents dans le paysage architectural sous deux aspects : le bâtiment locatif et la construction domaniale. Cette dernière s'impose dès la création, en 1901, du service des bâtiments dont le but est de multiplier l'édification de bureaux spécifiquement postaux, stratégiquement repérables. Mais jusqu'au début du XXe siècle, la quasi-totalité des locaux est constituée par des immeubles pris à bail par l'Administration elle-même ou par les receveurs. Le choix des bâtiments est caractéristique des goûts éclectiques du XIXe siècle mais répond à un critère commun : privilégier l'image de la poste par l'histoire et l'ancienneté du lieu, la beauté de son matériau, son caractère régionaliste, en résumé, mettre en valeur l'identité postale par le patrimoine architectural dont voici quelques exemples.

ENTRÉE PRINCIPALE
1785
Hôtel des Postes
Abbeville

L'entrée principale de la poste d'Abbeville est surmontée d'un linteau classique et encadrée de colonnes doriques.

HÔTEL DES POSTES DE RENNES
1887-1930. Architectes : Jean-Baptiste Martonot et Emmanuel Le Roy
Place de la République
Rennes, Ille-et-Vilaine

Le bâtiment rennais, connu sous le nom de palais du Commerce, abrite aujourd'hui les services de la délégation Ouest de la Poste, un groupement postal et le bureau de poste de Rennes-République ainsi qu'un café et une agence de France Télécom. L'édifice est construit en deux temps. L'aile ouest est réalisée par l'architecte Jean-Baptiste Martonot, architecte de la ville de Rennes. La première pierre est posée le 26 février 1887 ; le bâtiment achevé en 1889. En 1911, le feu ravage l'édifice. Restauré, il est également agrandi dans les années trente par l'architecte Eugène Le Roy, qui ajoute l'aile est et le pavillon central surmonté d'un dôme dans le style beaux-arts, respectant en cela le style initial de l'aile ouest.

HÔTEL DES POSTES D'ABBEVILLE
1785
23, place Clemenceau
Abbeville, Somme

L'hôtel des postes d'Abbeville est installé dans une résidence classique du XVIIIe siècle, connue sous le nom d'hôtel de Buigny. Le premier niveau est mis en valeur par de hautes fenêtres. Celles de l'avant-corps sont surmontées d'un fronton triangulaire que l'on retrouve de part et d'autre de l'avant-corps sur les fenêtres centrales. Au deuxième étage, une série de fenêtres à volets en bois anime le haut du bâtiment. Le toit est percé de quatre petites lucarnes dirigées vers le ciel, ornées de petits carreaux et surmontées chacune de bulbes.

BUREAU DE POSTE DE LOCRONAN
XIXᵉ siècle
Place de la Mairie
Locronan, Finistère

Le bureau de poste de Locronan, petit village qui a su conserver son cachet médiéval, est installé dans un bâtiment tout près de l'église. Construit en granit et recouvert d'une toiture en ardoises, le bâtiment est loué par la Poste depuis 1934.

BUREAU DE POSTE DE MORTEMART
1888
Place Royale
Mortemart, Haute-Vienne

Le bureau de poste de Mortemart occupe une grande maison de pierre construite en 1888 à l'emplacement d'anciennes halles du XVIIᵉ siècle. Surmonté d'un élégant pignon portant une horloge, lui-même couronné d'une girouette, ce bâtiment reflète la survivance d'une certaine atmosphère de caractère d'un des plus beaux villages de France bâti sur les contreforts du Massif central, non loin de Limoges.

BUREAU DE POSTE DE GIEN
1905
Rue Dombasle
Gien, Loiret

Cette belle maison bourgeoise du début du siècle est acquise par la Poste le 10 février 1953. Elle était jusqu'alors propriété de la ville de Gien. Elle se caractérise par une architecture harmonieuse : des fenêtres à frontons tantôt triangulaire, tantôt curviligne au premier étage, en plein cintre au rez-de-chaussée. L'une des façades est agrémentée de pilastres et d'un balcon en forme de console. L'entrée est accessible par deux volées de marches convergentes. Plusieurs aménagements intérieurs ont été réalisés par la Poste en 1954 et 1955. Ces travaux s'inscrivent dans la politique de reconstruction mise en œuvre après la Seconde Guerre mondiale. Au lendemain du conflit, plus de 1 200 bâtiments des PTT sont détruits ou endommagés. Le programme de reconstruction (80 000 à 100 000 m² par an) est achevé en 1955.

HÔTEL DES POSTES DE BORDEAUX
1739. Architectes : Jacques V Gabriel et Ange-Jacques Gabriel
Place de la Bourse
Bordeaux, Gironde

L'hôtel des postes de Bordeaux occupe un édifice prestigieux construit à partir de 1739 par les Gabriel père (1667-1742) et fils (1698-1782). Les règnes de Louis XIV, puis de Louis XV, encouragent une vaste politique d'embellissement des villes qui se manifeste entre autres par la réalisation d'importantes places destinées à recevoir la statue du souverain. Des places sont ainsi créées à Rennes, Nancy, Toulouse et Paris. À Bordeaux, la place Royale, appelée de nos jours place de la Bourse, est ouverte sur la Garonne afin de symboliser sa vocation maritime. Son ordonnance reprend celle des places de Jules-Hardouin Mansart, plus particulièrement de la place Vendôme à Paris. La statue équestre du roi détruite à la Révolution était l'œuvre de Jean-Baptiste Lemoyne (1704-1778) et occupait à l'origine le centre de la place, aujourd'hui remplacée par une fontaine. L'hôtel des postes est installé depuis 1899 dans un des pavillons d'angle.

**BUREAU DE POSTE
DE MONCONTOUR**
*Fin de l'époque médiévale
Rue du Docteur-Fagory
Moncontour, Côtes-d'Armor*
Ancienne ville fortifiée, Moncontour fut l'une des plus importantes cités médiévales bretonnes. De cette époque, ont été conservées de nombreuses demeures remarquables, parmi lesquelles figure le bureau de poste. Celui-ci doit cependant bientôt déménager pour occuper un autre bâtiment mis à disposition par la mairie.

PORTE D'ENTRÉE
*1661
Hôtel des postes
Chennebrun*
Sur la lourde porte en bois, le sigle PTT rappelle la fonction de cette ancienne demeure, convertie en bâtiment administratif.

ENSEIGNE
*Hôtel des postes
Chennebrun*

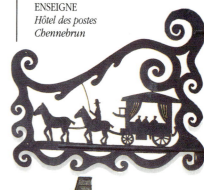

ENSEIGNE
*Bureau de poste
Rue du Docteur-Fagory
Moncontour*
Cette enseigne figurant une malle-poste est l'une des nombreuses enseignes ornant les devantures des commerces ou services. Elles ont été placées assez récemment afin de redonner un cachet médiéval au village.

**HÔTEL DES POSTES
DE CHENNEBRUN**
*1661
Place du Marché
Chennebrun, Eure*
Située à la limite de l'Eure et de l'Orne, entre Verneuil-sur-Avre et Alençon, la poste de Chennebrun est une ancienne dépendance de château. Construite en 1661, elle a été restaurée en 1980.

HÔTEL DES POSTES D'AIX-EN-PROVENCE
Début du XVIIIe siècle
Aix-en-Provence, Bouches-du-Rhône
Implanté au cœur de la ville, dans l'ancienne halle aux grains construite au début du XVIIIe siècle, cet hôtel des postes présente un fronton orné d'un groupe de statues symbolisant le Rhône et la Durance.

FRONTON
Début du XVIIIe siècle
Hôtel des postes
Aix-en-Provence

MASCARON
Début du XVIIIe siècle
Hôtel des postes
Aix-en-Provence

BUREAU DE POSTE DE PUJOLS
XIIIe siècle
2, place du 14-Juillet
Pujols, Gironde
L'ancienne bastide des seigneurs de Pujols est devenue un bureau de poste. Cette demeure du XIIIe siècle, sise face à la mairie, borde la place principale du village bâti sur un éperon rocheux, parsemé de vignes et dominant la vallée de la Dordogne.

BUREAU DE POSTE DE MAULÉON
XVIIIe siècle
Place de l'Hôtel-de-Ville
Mauléon, Deux-Sèvres
Anciennement Châtillon-sur-Sèvres

Le bureau de poste de Mauléon occupe une des ailes en retour du corps de logis abbatial de l'ancienne abbaye de la Trinité. Divers services administratifs occupent le reste des bâtiments.

ANCIEN BUREAU DE POSTE DE SAINT-MAIXENT-L'ÉCOLE
Début du XVIe siècle
11, rue Coque
Saint-Maixent-l'École, Deux-Sèvres
L'ancien bureau de poste de Saint-Maixent-l'École occupait les restes d'un ancien château construit à la Renaissance. Le nouveau bureau se trouve non loin de là et a été édifié en 1960.

BUREAU DE POSTE DE LAVAL-DE-CÈRE
XVIIIᵉ siècle
Laval-de-Cère, Lot

Située à l'entrée des gorges de la Cère, cette grande maison bourgeoise, dite « Château-Colombier », est l'ancienne demeure du maréchal François-Certain Canrobert (1809-1895). Aide de camp de Louis Napoléon Bonaparte, Canrobert lui apporte son soutien lors du coup d'État du 2 décembre 1851. En 1855, il commande le corps expéditionnaire français de Crimée, puis se distingue à la bataille de Saint-Privat en 1870 en Moselle. Il est élu sénateur du Lot après la guerre. La maison, acquise par la municipalité, devient bureau de poste en 1935.

BUREAU DE POSTE DE MARNES-LA-COQUETTE
XIXᵉ siècle
1, place de la Mairie
Marnes-la-Coquette, Hauts-de-Seine

Le bureau de poste de Marnes-la-Coquette est implanté depuis 1897 dans l'un des deux pavillons d'entrée de l'ancien château de Villeneuve-l'Étang.

BUREAU DE POSTE DE MÉRU
XIXᵉ siècle
52, rue des Martyrs-de-la-Résistance
Méru, Oise

C'est au lendemain de la Seconde Guerre mondiale que cette grande maison bourgeoise est aménagée pour accueillir le bureau de poste de Méru. Pendant l'Occupation, la demeure, réquisitionnée, a servi de quartier général à la Kommandantur.

BUREAU DE POSTE DE BEAULIEU-SUR-DORDOGNE
1887
Beaulieu-sur-Dordogne, Corrèze

Le bureau de poste de Beaulieu-sur-Dordogne est installé dans une ancienne demeure bourgeoise de la fin du siècle dernier. Le bâtiment a été acheté par la Poste en 1968 et mis en service l'année suivante.

BUREAU DE POSTE DE PEYRIEU
1814
Peyrieu, Ain

Au début du siècle, une Américaine tombe sous le charme de ce village de l'Ain et entreprend de restaurer un certain nombre de bâtiments de la commune. Le style dominant fait apparaître la structure du colombage. La façade du bureau de poste de Peyrieu constitue un mariage réussi de la pierre, du crépi et du colombage.

BUREAU DE POSTE DE RABLAY-SUR-LAYON
XVe siècle

Rablay-sur-Layon, Maine-et-Loire

Le bureau de poste de Rablay-sur-Layon est installé dans un ancienne maison bourgeoise, construite au XVe siècle, et agrémentée d'une façade à colombage et brique rose. Le colombage constitue ici l'élément essentiel du mur de la maison. Il surplombe un porche, soutenu par une poutre en chêne. Le propriétaire des lieux versait autrefois un impôt au curé du village. En référence à cet usage, on appelle parfois cette demeure « maison de la dîme ». Une grille en fer forgé représentant un timbre-poste protège la fenêtre située près de la porte d'entrée.

BUREAU DE POSTE DE SAINT-BERTRAND-DE-COMMINGES
XVe-XVIe siècle

Saint-Bertrand-de-Comminges, Haute-Garonne

Important carrefour des voies antiques, la cité médiévale de Saint-Bertrand-de-Comminges est une halte importante sur le chemin de Saint-Jacques-de-Compostelle. Louée par la Poste depuis 1964, cette demeure à pans de bois possède une tour du XVIe siècle.

BUREAU DE POSTE DE NOYAL-MUZILLAC
XVIe siècle

Noyal-Muzillac, Morbihan

La tradition rapporte que la duchesse de Bretagne, Françoise d'Amboise (1427-1485), épouse du duc Pierre II, fut propriétaire d'une bâtisse sur ce site. Le bâtiment Renaissance qui sert aujourd'hui de bureau de poste remplacerait un édifice plus ancien. Sa façade en bel appareil régulier est percée de pigeonniers à l'étage. La porte en anse de panier est encadrée de pilastres encastrés surmontés d'un fronton triangulaire.

BUREAU DE POSTE DE SAINTE-FORTUNADE
XIVe siècle

Sainte-Fortunade, Corrèze

Vers 1950, la municipalité de Sainte-Fortunade achète cette demeure authentique du XIVe siècle afin d'y installer son bureau de poste. La salle du public est implantée dans les anciennes cuisines, le tri est effectué dans l'ancienne salle à manger. La salle d'archives est située au-dessus des oubliettes. Au-dessus de l'entrée principale se trouve une inscription latine : « Celui qui passe à Sainte-Fortunade est heureux. »

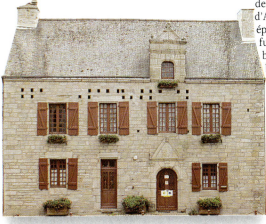

Bureaux de poste et patrimoine architectural

De la ferme générale des Postes à la création du ministère des Postes et des Télégraphes

Le XIXe siècle postal est placé sous le signe du progrès technique. L'utilisation de la vapeur dans le domaine des transports terrestres et maritimes améliorera considérablement les vitesses d'acheminement et est à l'origine d'une réorganisation des services postaux. Des métiers disparaissent – postillons, maîtres de poste, courriers à cheval –, d'autres apparaissent : « ambulants » des chemins de fer, courriers-convoyeurs. Les Français échangent de plus en plus de correspondances : courrier intime dont le développement passe par l'acculturation des campagnes, courrier d'affaires qui accompagne l'extraordinaire croissance du second XIXe siècle. Tous ces progrès n'auraient pu être réalisés sans la volonté politique des gouvernants qui s'exprime cependant à retardement. En effet, l'administration des Postes ne fait pas preuve d'un esprit particulièrement conquérant. En témoigne la réserve qu'elle marquait à l'égard du plan de Blumstein, initiateur des bureaux ambulants. Témoin encore, l'adoption tardive du timbre-poste (1849) que les Anglais utilisaient depuis 1840. Tant bien que mal, les postes s'adaptent, malgré la tutelle pesante du ministère des Finances qui en contrôle les dépenses. Mais les moyens manquent toujours : insuffisance de la couverture du territoire en bureaux de poste, vétusté des établissements, faiblesse des effectifs qui engendre un allongement des files d'attente, plaintes des usagers devant l'apparente inertie du service postal. Récriminations du public qui se transforment en cri, celui des directeurs généraux des Postes qui, à coups de rapports adressés au ministre des Finances, réclament des crédits supplémentaires. L'action réformatrice est, malgré tout, considérable. En 1817, des facilités sont offertes aux Français pour le transfert d'argent au moyen du mandat. En 1828 est instituée la périodicité quotidienne des départs des courriers dans toute la France. L'année 1830 marque le début de l'intégration des populations des campagnes par la création du service rural : une armée de facteurs apportera la bonne nouvelle aux habitants des bourgs éloignés des villes. Intégration géographique mais aussi intégration démocratique : la baisse des tarifs en 1848 permet aux plus démunis d'accéder au service postal.

À la fois cause et conséquence des réformes engagées par l'administration des Postes, le trafic postal connaît une croissance spectaculaire au cours du XIXe siècle. Il passe de 45 millions d'objets transportés en 1821 à plus de 800 millions en 1875. Cette même année, on compte 5 500 bureaux de poste, mais au niveau européen la France figure dans les derniers rangs : un bureau de poste pour 6 553 habitants contre 2 515 en Angleterre, 4 972 en Allemagne, 982 en Suisse. Les effectifs, toujours en dessous des besoins, ont eux aussi considérablement augmenté. L'administration des Postes emploie plus de 30 000 personnes en 1875, chiffre impressionnant par rapport au faible XVIIIe siècle. Le gros de la troupe est constitué par le bataillon des facteurs ruraux qui passeront de 5 000 en 1830 à plus de 19 000 en 1876. Mais l'essentiel de l'effort reste à faire. C'est bien au siècle suivant que seront faites les avancées les plus fantastiques.

La poste aux chevaux

SUPPRESSION DES PRIVILÈGES DES MAÎTRES DE POSTE
25 avril 1790
Musée de la Poste, Paris

Les maîtres de poste, exempts du paiement de la taille sous l'Ancien Régime, voient ce privilège supprimé dans la nuit du 4 août 1789. Ils menacent de démissionner. Devant la crainte de voir un réseau essentiel de communication disparaître, l'Administration royale octroie aux maîtres de postes, en guise d'indemnité, une gratification annuelle de 30 livres par cheval entretenu pour le service de la poste. La mesure est bien insuffisante pour sauvegarder les postes. L'inflation, la difficulté de se procurer des fourrages pendant les guerres révolutionnaires précipitent la ruine des relais qui seront maintenus en activité grâce aux subsides du gouvernement.

LETTRES PATENTES DU ROI
25 avril 1790
Musée de la Poste, Paris

JEAN BAPTISTE DROUET
XVIIIe-XIXe siècle
Lithographie de G. Sardis
Musée de la Poste, Paris

Jean Baptiste Drouet (1763-1824), maître de poste de Sainte-Ménehould, joue un grand rôle dans l'arrestation de Louis XVI à Varennes. Le roi quitte Paris avec la famille royale dans la nuit du 20 au 21 juin 1791. Les fuyards prennent place dans deux berlines et empruntent la route de poste pour se rendre à Montmédy par Châlons-sur-Marne. Quand le prétendu enlèvement du roi est découvert au matin, des courriers sont aussitôt envoyés dans tous les départements pour donner ordre à tous les fonctionnaires publics de faire arrêter toute personne sortant du territoire. Des défaillances dans l'organisation, des circonstances malheureuses, font échec à l'opération. Peu après le départ de la lourde berline du relais de Sainte-Ménehould, Jean Baptiste Drouet se lance à la poursuite des fugitifs et les fait arrêter à Varennes. L'arrestation du roi est une étape décisive dans la vie de cet obscur maître de poste. Ayant suivi le retour du roi à Paris, Drouet est admis à la barre de l'Assemblée nationale. Élu en septembre député suppléant de la Marne à l'Assemblée législative, il est réélu le 3 septembre 1792 à la Convention. Figurant parmi les Montagnards, il vote la mort du roi et combat farouchement les Girondins. Envoyé en mission à l'armée du Nord, le 9 septembre 1793, il est fait prisonnier à Maubeuge par des hussards autrichiens. À la fin de l'année 1795, Drouet est échangé contre la fille de Louis XVI, prisonnière au Temple. Il reçoit un accueil triomphal à son retour en France. Puis, impliqué dans la conspiration de Babeuf, il est arrêté. Il parvient cependant à s'évader et à gagner la Suisse, où il s'embarque pour les Indes. Son bateau ayant été pris par la flotte anglaise aux îles Canaries, il doit revenir en France. Drouet rejoint sa famille à Sainte-Ménehould où il sera nommé sous-préfet le 9 mars 1800. Il occupera ses fonctions pendant toute la durée de l'Empire. Poursuivi comme régicide à la Restauration, il réussit à échapper aux vengeances des royalistes. Drouet se réfugie à Mâcon, où il meurt sous un nom d'emprunt.

De la ferme générale des Postes à la création du ministère des Postes et des Télégraphes

RÉQUISITION DES CHEVAUX DE POSTE
3 septembre 1792
Musée de la Poste, Paris

En période de guerre, il n'est pas rare que l'on sollicite les chevaux de poste pour le transport des pièces d'artillerie. Les armées peuvent en effet compter sur une cavalerie civile évaluée à cette époque à environ 25 000 unités. Mais ces opérations, en dégarnissant les relais, causent aussi leur ruine et provoquent des demandes d'indemnités. Le 26 août 1792, l'Assemblée législative

décide la levée de 30 000 hommes et le 30 août, les Prussiens investissent Verdun, qui capitule le 2 septembre. Devant l'avancée prussienne, Paris forme un camp sous ses murs. Cette loi du 3 septembre 1792 ordonne le transport de 200 pièces de canons des provinces de Flandres et d'Artois pour protéger la capitale.

BOUTON D'UNIFORME DE LA POSTE AUX CHEVAUX
Empire
Cuivre
Musée de la Poste, Paris

BOUTON D'UNIFORME « POSTE DES ARMÉES »
Empire
Cuivre
Musée de la Poste, Paris

BREVET DE MAÎTRE DE POSTE
7 floréal an VII (25 avril 1799)
Clément Petit, relais de Meaux
Musée de la Poste, Paris

Le maître de poste exerce son activité en vertu d'un brevet que lui délivre l'autorité dont il dépend, le surintendant général des postes au XVIIIe siècle, le directeur général des postes au XIXe siècle. En théorie, le brevet n'est pas négociable mais il n'est pas rare qu'on le monnaye à prix d'argent malgré l'interdiction de l'administration des Postes. Dans la plupart des cas, le brevet reste au sein du patrimoine familial, la charge de maître de poste se transmettant du père au fils ou de l'époux défunt à la veuve. La possession de ce titre confère à son titulaire de nombreux avantages. Sous l'Ancien Régime, le maître de poste est exempt de taille (impôt) et du logement des gens de guerre, autant de charges qu'ont à supporter les autres habitants de la paroisse. C'est la raison pour laquelle le maître de poste cristallise sur lui le ressentiment de ses coparoissiens soumis à la contribution publique. Les cahiers de doléances rédigés sous la Révolution en témoignent. Ainsi le cahier du bailliage d'Évreux demande « que tous les privilèges des maîtres de poste soient anéantis, et que la permission d'exercer cet emploi soit mise à l'enchère dans tous les lieux fréquentés... ».

REGISTRE D'ORDRE DU RELAIS DE LA FRILLIÈRE
1828
Musée de la Poste, Amboise

La loi du 19 frimaire an VII (9 décembre 1798) institue un registre d'ordre qui doit être présenté par le maître de poste à tout voyageur désirant formuler une plainte à l'égard du service ou envers le maître de poste lui-même. Les maîtres de poste, on le devine, se plient de mauvaise grâce à cette formule du contrôle. Cet extrait du registre du relais de la Frillière, situé entre Amboise et Tours, fait état d'une plainte du baron de Villeneuve qui reproche au maître de poste d'Amboise de lui avoir parlé « de la manière la plus inconvenante » et « d'avoir attendu au château de Chenonceaux le postillon pendant plus d'une heure ».

respond en rien aux descriptions laissées par les textes officiels. Cet uniforme était-il porté ? Les inventaires après décès ne font jamais état de l'uniforme de maître de poste.

VESTE DE MAÎTRE DE POSTE
XIXe siècle
Musée de la Poste, Paris

ÉCUSSON DE MAÎTRE DE POSTE
Premier Empire
Cuivre doré
Musée de la Poste, Amboise

MAÎTRE DE POSTE
1889. A. Kermabon
Musée de la Poste, Paris

Ici est représenté le maître de poste dans son costume tel qu'il était en 1832. L'auteur, employé de l'administration, s'est sans doute inspiré de l'Instruction générale éditée la même année pour nous en rendre l'aspect. Ainsi le maître de poste sous Louis-Philippe est vêtu d'un habit bleu de roi, boutonné sur le devant de neuf boutons et recouvrant entièrement le gilet. Le collet est désormais droit et évasé. Deux baguettes droites sont brodées avec des fils d'or et d'argent au collet et aux parements. Elles mesurent chacune 11 millimètres de large. Les boutons en métal blanc portent la mention « poste aux chevaux ». Chaussé de bottes, le maître de poste porte une culotte blanche et est coiffé d'un chapeau français avec torsade et argent.

VESTE DE MAÎTRE DE POSTE
XIXe siècle
Musée de la Poste, Paris

La tradition fait de cet habit l'uniforme de maître de poste, mais celui-ci ne cor-

Cet écusson portant la mention « maître de poste » est une curiosité. En effet aucun grand texte officiel ne mentionne l'écusson de maître de poste dans le costume dont il est doté. L'administration des Postes, soucieuse de mettre de l'ordre en toutes choses, n'aurait point manqué d'indiquer son existence. Connu à plusieurs exemplaires, cet écusson reste un mystère.

De la ferme générale des Postes à la création du ministère des Postes et des Télégraphes

VOITURE DE MAÎTRE DE POSTE
1844. Ducoudray
Dessin
Musée de la Poste, Paris

Les maîtres de poste doivent tenir des chaises ou cabriolets à disposition des voyageurs. Mais ce service se limite à les conduire jusqu'au relais « le plus voisin » et sans prise en charge au retour. En 1813, cette facilité offerte aux voyageurs est étendue aux routes de traverse afin de leur permettre de se rendre aux maisons de campagne situées à proximité des relais. Mais devant les abus, cette faculté est retirée aux maîtres de poste en 1823. L'administration maintient cependant leurs droits pour la location de voitures en ligne directe. L'ordonnance du roi du 25 décembre 1839 préconise l'utilisation d'un véhicule normalisé « solide et commode ». L'Administration, en 1841, en fait construire le modèle par d'Aldringen, carrossier parisien, adjudicataire de la fourniture et de l'entretien des malles-poste. La rémunération du maître de poste pour chaque voiture louée est de 20 centimes par kilomètre parcouru.

CIRCULAIRE AUX MAÎTRES DE POSTE
17 octobre 1815
Musée de la Poste, Paris

À la Restauration, tous les signes du gouvernement « usurpateur » doivent disparaître. Ainsi, les postillons qui portaient une veste de couleur verte doivent désormais être vêtus d'une veste bleue. Toutefois, l'administration des Postes consent qu'ils conservent l'ancien habit jusqu'à son renouvellement, à l'exception des postillons des relais voisins de la capitale dans un rayon de 10 lieues (40 km). Dans cette circulaire, le directeur général des postes rappelle la surveillance que les maîtres de poste doivent exercer sur leurs postillons. Cet acte nous offre aussi indirectement des précisions d'ordre anthropologique sur la vie des postillons. « Lorsque les postillons sont appelés en tournée pendant les voyages du Roi ou de la famille royale, les postillons sont dans l'usage de décorer leur chapeau de rubans et de bouffettes de diverses couleurs ; vous veillerez à ce que ces rubans et ces bouffettes soient exclusivement de couleur blanche, et vous défendrez à vos postillons, sous peine d'être renvoyés, d'en porter de toute autre couleur. Les postillons sont dans l'usage, lorsqu'un de leurs camarades est admis dans un relais, de payer la bienvenue par une distribution de bouffettes au milieu d'un repas qui a lieu dans un cabaret. Cet usage doit être proscrit ; il expose les voyageurs à être conduits par des postillons ivres ou près de l'être. » Par cette circulaire, le directeur général des postes d'alors, le marquis d'Herbouville, nommé à cette place le 2 octobre 1815, fait part aux maîtres de poste de son intention de s'attacher des sujets dévoués au roi et d'éliminer les partisans de l'Empereur. Des enquêtes sur les opinions politiques des maîtres de poste auront bien lieu mais il n'y aura guère d'épuration.

NOTIFICATION DE PENSION À FAIVRE, POSTILLON À QUINGEY (DOUBS)
15 juillet 1810
Musée de la Poste, Nantes

Le métier de postillon offrait peu d'espoir d'ascension sociale. À moins d'être le fils du maître de poste, le postillon devait terminer sa carrière comme postillon. Dans le meilleur des cas, il se retirait avec un peu de terre à cultiver autour d'une pauvre masure et toujours usé par le travail. La pension à laquelle il prétendait n'était pas accordée de droit. En 1832, il fallait déclarer vingt ans de service ou souffrir d'une infirmité contractée à la suite du service pour être admis à réclamer une pension de retraite.

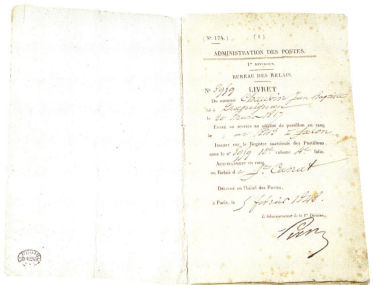

LIVRET DE POSTILLON
1848-1860
Musée de la Poste, Paris

Depuis 1822, le postillon est porteur d'un livret indiquant son âge, le lieu de sa naissance et la date de son entrée en service. Le maître de poste en est le détenteur. Sa rétention permet à cet employeur de « tenir » les postillons indisciplinés. Les règlements défendent à tout maître de poste de recevoir un postillon sans livret, lorsque ce postillon a servi dans d'autres relais. Mais l'institution du livret semble encore insuffisante : en 1827, seule la moitié des postillons en était pourvue. Afin de renforcer le contrôle de l'Administration, une circulaire du 10 avril 1827 établit un registre-matricule où seront inscrits tous les postillons. Ce livret appartenait à Jean Baptiste Chauvin, postillon aux relais de Salon et de Toulon.

UNIFORME DE POSTILLON
XIXᵉ siècle
Musée de la Poste, Amboise

Si le maître de poste n'est pas tenu de porter l'uniforme, le postillon, lui, y est astreint. S'en dispenser revient à s'exposer à sanction. La veste est de couleur bleu de roi sous l'Ancien Régime. Elle prend la couleur vert empire avec le régime napoléonien. Le postillon doit également porter un écusson de métal sur le bras gauche. Le nombre de postillons dans chaque relais est fixé en fonction du nombre de chevaux réglementaire, à raison d'un postillon pour 4 à 5 chevaux. Ils sont environ 4 000 en 1763, 8 000 dans les années 1840.

ÉCUSSONS DE POSTILLONS
XVIIIᵉ siècle
Cuivre
Musée de la Poste, Paris

L'ordonnance du roi du 17 août 1786 indique que les postillons porteront sur le bras gauche un écusson « aux armes de Sa Majesté ». Elle précise en outre que l'Administration veut bien le leur fournir pour cette fois mais ajoute qu'ils seront chargés de se les procurer à l'avenir. Cette plaque faite de cuivre argenté était fixée au moyen d'un bracelet de cuir. Les écussons de l'Ancien Régime sont fleurdelisés et portent encore quelques traces de polychromie. La Révolution substitue aux armes de France la mention RF (République française). Tout naturellement, l'avènement de l'Empire gravera sur les plaques l'aigle impériale. Marques du régime politique mais aussi marques identitaires. Sur l'écusson figurent le nom du relais et le numéro de rang du postillon. Le postillon numéro un servira le premier client venu et partira donc le premier en course et ainsi de suite.

ÉCUSSON DE POSTILLON SUR BRASSARD EN TISSU
XVIIIᵉ siècle
Cuivre
Relais d'Amboise
Musée de la Poste, Amboise

De la ferme générale des Postes à la création du ministère des Postes et des Télégraphes

ÉCUSSON DE POSTILLON
Restauration
Cuivre
Relais d'Amboise
Musée de la Poste, Amboise

ÉCUSSON DE POSTILLON
XVIIIe siècle
Cuivre
Relais d'Aligre, route de Bordeaux à Nantes, près de La Rochelle
Musée de la Poste, Amboise

ÉCUSSON DE POSTILLON
XIXe siècle
Cuivre
Relais de La Verpillère, route de Paris à Grenoble par Moulins et Lyon
Musée de la Poste, Amboise

ÉCUSSON DE POSTILLON
Vers 1830
Relais de Chierzac, route de Paris à Bordeaux
Musée de la Poste, Paris

ÉCUSSON DE POSTILLON
Empire
Relais de Lourdes
Musée de la Poste, Paris

ÉCUSSON DE POSTILLON
Restauration
Relais de Lourdes
Musée de la Poste, Paris

ÉCUSSON DE POSTILLON
Révolution
Relais de La Bégude de Jordy, route de Montpellier et Perpignan
Musée de la Poste, Amboise

BOTTES DE POSTILLON
XIXe siècle
Bois, cuir et tiges de métal
Musée de la Poste, Paris

Ces hautes bottes en cuir rigide pèsent 3 à 4 kilos chacune. Elles ne permettent pas le déplacement. C'est la raison pour laquelle, on les trouve parfois posées en permanence sur les flancs du cheval. Le postillon les chausse en gardant ses chaussures ordinaires, après en avoir garni le fond avec de la paille. Garsault dans son *Parfait Maréchal* (1755) nous le précise : « Les bottes fortes sont nécessaires pour courre la poste et pour la chasse au chien courans parce qu'elles soutiennent un moment la pesanteur du cheval quand il tombe sur le côté et laissent au cavalier le tems de dégager la jambe de sa botte... »

FOUET DE POSTILLON
Bois, cuir et métal
Musée de la Poste, Amboise

Les fouets de postillon ont la particularité d'être courts. Utilisé pour accélérer l'allure de l'attelage, le fouet est manié avec virtuosité par les postillons, ainsi que le remarque Campe dans son voyage à Brunswick en 1789 : « Ils ont [les postillons] pour faire claquer leur fouet un talent approchant de la perfection, et dans lequel ils sont certainement sans rivaux. Sans aucun effort apparent, ils font sortir de leur fouet chaque fois un claquement aussi fort et aussi strident qu'un coup de pistolet. » Les postillons emploient également leur fouet pour d'autres usages. Certains ont établi des codes afin de correspondre à distance avec leurs collègues. Ainsi, à l'approche du relais, tant de coups de fouet donnés par le postillon arrivant signalent au postillon partant le degré de générosité du voyageur et influent grandement sur l'allure que ce dernier devait donner à l'attelage. À Caulnes, en Bretagne, le fouet sert à avertir le maréchal-ferrant que le postillon a besoin de ses services.

BESACE DE POSTILLON
XIXᵉ siècle
Cuir
Relais de Gournay
Musée de la Poste, Paris

FOUET DE POSTILLON
Bois et cuir
Musée de la Poste, Amboise

POSTILLON PRENANT DU REPOS
XIXᵉ siècle. Anonyme
Huile sur toile
Musée de la Poste, Amboise

La vie des postillons est particulièrement difficile et dangereuse. Ils peuvent être sollicités à toute heure de la journée ou de la nuit par quelque voyageur pressé. Exposés aux rigueurs du climat, sujets à des troubles inhérents à leur métier (rhumatismes, hernies inguinales, hémorroïdes...), les postillons sont souvent blessés au service. Le service des malles et la célérité qu'il requiert amène les postillons à commettre des imprudences, au péril de leur vie. En 1835, 3 postillons trouvent la mort au service de la malle. 58 autres sont blessés, dont 9 avec fractures. Pour subvenir aux besoins des postillons infirmes ou estropiés, un fonds de pension est créé en 1772. Le financement en est assuré par une retenue sur le prix des courses payées aux postes de Paris et de Versailles. En 1779, le fonds de pension est alimenté par la vente du livre de poste. Mais l'Administration ne fait pas systématiquement droit aux doléances des postillons qui la sollicitaient. Il faut justifier de trente ans de service pour pouvoir y prétendre. Le repos que prend le postillon dans cette écurie est donc bien mérité. L'écurie est le domicile du postillon. C'est dans cet espace partagé avec ses collègues et les chevaux qu'il a sa couche. L'écurie, la route et le cabaret constituent son univers.

De la ferme générale des Postes à la création du ministère des Postes et des Télégraphes

CHEVAUX DE POSTE ET POSTILLON
XIXᵉ siècle
Huile sur toile (49 × 62 cm)
Musée de la Poste, Paris

Pour assurer le meilleur service, les maîtres de poste doivent posséder une cavalerie réglementaire. Selon l'importance de la circulation routière, l'administration des Postes fixe un nombre précis de chevaux à chacun des relais, à charge pour les maîtres de poste de s'en pourvoir et de les entretenir. À Paris, en 1795, la cavalerie postale compte 120 unités. Les relais de la région parisienne sont les mieux dotés. La poste du Bourget entretient 108 chevaux à la même époque. Les visiteurs des postes (ancêtres des inspecteurs) sont chargés de contrôler les effectifs et de surveiller la bonne marche du service de la poste aux chevaux. Ils effectuent des tournées annuelles afin de veiller à la tenue des équipages, à l'approvisionnement en fourrage et en avoine des écuries. Que les chevaux souffrent de quelque maladie, morve ou vertigo, on fait appel à un « artiste vétérinaire ». Que le mal soit trop grave pour qu'on puisse y porter remède et que la cavalerie soit décimée, on désinfecte l'écurie à la chaux.

CHEVAUX DE POSTE
1822. Joseph Volmar, d'après une huile sur toile de Théodore Géricault
Lithographie
Musée de la Poste, Paris

Les chevaux du relais représentés ici par l'artiste ont l'air exténués. On est loin de l'image qu'en a laissée John Ruskin dans ses *Souvenirs de jeunesse* : « Les chevaux français, rapporte-t-il, étaient de vigoureux chevaux de ferme, trottant bien, ayant du cœur, frustes de poil et portant la queue longue ; des chevaux gais, hennissant, toujours prêts à folâtrer entre eux à l'occasion. » Au service de la poste, ces fidèles serviteurs ne seront pas utilisés plus de cinq ans. Réformés, ils termineront leurs jours au travail paisible des champs.

CHEVAUX DE POSTE
XIXᵉ siècle
Dessin anonyme
Musée de la Poste, Paris

Les chevaux de poste sont choisis parmi les races vigoureuses et résistantes à l'effort. Les bidets bretons présentaient toutes ces caractéristiques. De petite taille (environ 1,50 m au garrot), les chevaux à robe claire ont la préférence des maîtres de poste et des entrepreneurs de messagerie car, à la nuit tombée, ils seront bien plus visibles que les individus aux robes sombres. Garsault, dans *Le Parfait Maréchal* (1755) décrit ainsi les bidets de poste : « On se sert ordinairement de bidets entiers, parce qu'ils sont plus durs à la fatigue : on doit les choisir étoffés, courts et ramassés, bon pied et bonne jambe, qu'ils galopent aisément, et sans faire sentir leurs reins ; qu'ils n'ayent pas de fantaisies et surtout ne soient pas rétifs, ce qui est assez commun à ces sortes de chevaux. » C'est en Bretagne, en Normandie ou dans le Perche que l'on trouvait les chevaux appropriés à la course de poste. Au XVIIIᵉ siècle, les maîtres de poste d'Aix-en-Provence se rendent fréquemment en Bretagne pour en acquérir.

POSTILLON
1825. H. Monnier
Gravure
Musée de la Poste, Paris

RETOUR DU POSTILLON
XIXᵉ siècle. Anonyme
Huile sur toile
Musée de la Poste, Amboise

RETOUR DU POSTILLON
XIXᵉ siècle. Monogrammé A. G.
Huile sur toile (58 × 72 cm)
Musée de la Poste, Paris

Parmi les sujets de prédilection des artistes du temps passé figure le retour du postillon. Après avoir fait rafraîchir ses chevaux au relais d'arrivée, le postillon doit ramener ses chevaux à son relais d'origine. Garsault, dans son *Parfait Maréchal* constate que « les postillons mettent de la paille sur le dos des chevaux de poste pour les ramener, parce qu'ils sont obligés de les desseller en arrivant ». Les règlements interdisaient aux postillons de laisser monter les particuliers sur leurs chevaux haut le pied sous peine de punition. Pourquoi donc effectuer un retour à vide et ne pas attendre un voyageur passant dans l'autre sens ? Ce serait spolier du produit de la course le maître de poste voisin. Du reste, à supposer un arrangement entre les maîtres de poste dont les relais communiquent, les migrations saisonnières transportant les voyageurs à la même saison laisseraient une cavalerie inoccupée.

RETOUR DU POSTILLON
XIXᵉ siècle. Fort
Aquarelle
Musée de la Poste, Paris

RETOUR DU POSTILLON
XIXᵉ siècle. Isidore Bonheur
Bronze
Musée de la Poste, Amboise

101

De la ferme générale des Postes à la création du ministère des Postes et des Télégraphes

POSTILLON
XIXᵉ siècle. Lepie
Dessin
Musée de la Poste, Paris

POSTILLON ET ROULIERS
1823. Théodore Géricault
Lithographie
Musée de la Poste, Paris

Toute l'histoire de la poste est émaillée de conflits opposant les entrepreneurs de messagerie, les rouliers et les maîtres de poste. Ces derniers avaient le privilège de la vitesse. Les entrepreneurs de voitures publiques avaient le droit de transporter des voyageurs et des marchandises ne dépassant pas le poids de 25 kg, sans relayer. Ils pouvaient également annoncer leur départ. Au roulage,

POSTILLON ALLUMANT SA PIPE
XIXᵉ siècle. Gaston d'Illiers
Bronze
Musée de la Poste, Paris

activité traditionnellement paysanne, revenait le transport de grosses marchandises sans la possibilité pour les rouliers de prendre en charge des voyageurs et surtout pas des lettres. Les uns n'ont de cesse de s'accaparer le trafic des autres, entraînant d'interminables affaires contentieuses. Les postillons devaient encore avoir maille à partir avec les voituriers qui refusaient de s'écarter du chemin au passage de la malle. Sur cette gravure, le postillon ainsi que les rouliers semblent éprouver quelque difficulté dans leur progression.

LE COUP DE L'ÉTRIER
1834. Benard, d'après C. Francis
Lithographie
Musée de la Poste, Paris

L'image du postillon en train de boire est un des thèmes les plus fréquemment rencontrés dans l'iconographie de la poste aux chevaux. Régulièrement, l'administration des Postes rappelait aux postillons qu'ils ne devaient pas s'attarder dans les cabarets. Elle punissait du renvoi tout postillon sujet à s'enivrer.

LE POSTILLON SÉDUCTEUR
XIXᵉ siècle
Lithographie
Musée de la Poste, Paris

L'imagerie populaire fait une large place au postillon galant. En témoigne *Le Postillon de Longjumeau*, opéra-comique écrit par Leuven et Brunswick en 1836, sur une musique d'Adolphe Adam. On y chantait ces vers : « Quand il passait dans le village, tout le beau sexe était ravi. » La littérature, sous la plume de l'écrivain Saphir, nous a laissé une plaisante identification de l'homme au postillon : « L'homme, écrit-il, reste toute sa vie un postillon ; il se conduit lui-même de station en station, allant d'un amour à un autre, d'un désir à un autre, d'une espérance à une autre, il part toujours au complet et revient à vide. Il se promet un pourboire, et se dit à lui-même : "fouette, cocher !". À la première station, il dépense son pourboire et revient sans rien rapporter à la maison. »

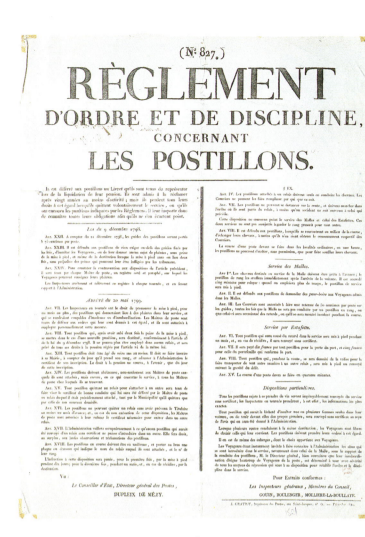

RÈGLEMENT D'ORDRE ET DE DISCIPLINE CONCERNANT LES POSTILLONS
1821
Musée de la Poste, Paris

Les postillons constituent une population particulièrement turbulente et indisciplinée dont il faut corriger la conduite à coups de règlements et de sanctions. Parmi les griefs que l'on peut leur reprocher figurent l'ivrognerie, l'insolence, le défaut de port de l'uniforme, l'avidité. Il arrive que les postillons imposent le choix de l'auberge au voyageur ou encore le choix d'une route quand plusieurs routes conduisent à la même destination. Certains, quand ils n'abandonnent pas leurs chevaux en cours de route, affichent une mauvaise volonté ou négocient avec les voyageurs leur allure. Pour réprimer ces abus, l'Administration punit les postillons de la retenue sur les guides (rétribution du postillon pour son service), la mise à pied ou le renvoi pur et simple, avec l'impossibilité pour le postillon ainsi congédié d'être employé dans tout autre relais.

SEAU À ABREUVER DE LA POSTE AUX CHEVAUX
XIXᵉ siècle
Cuir et métal
Musée de la Poste, Paris

Cet objet apparemment anodin est pourtant l'un des plus essentiels à l'exploitation du relais de poste. L'importante cavalerie qu'entretient le maître de poste, notamment dans la région parisienne, nécessite l'emploi de grandes quantités d'eau pour le rafraîchissement des bêtes. Le cheval peut consommer 25 à 60 litres d'eau par jour. C'est pourquoi les relais de poste renferment toujours dans leur enceinte un abreuvoir ou un puits. Les chevaux sont très sensibles à la qualité de l'eau. Il est primordial de leur servir une eau très pure. Le vin entre parfois dans le régime alimentaire des chevaux de poste.

SAC À PICOTIN
XIXᵉ siècle
Toile de jute imprimée
Musée de la Poste, Paris

Ce sac à avoine destiné à recevoir le picotin, c'est-à-dire la ration alimentaire du cheval, est muni d'une longue courroie que l'on attache autour du cou, derrière les oreilles. On y remarque les trous qui permettent à l'animal de respirer. La consommation journalière d'un cheval de poste, d'environ 11 à 12 livres d'avoine, est bien supérieure à celle d'un cheval utilisé au labour, qui fournit un effort moindre.

De la ferme générale des Postes à la création du ministère des Postes et des Télégraphes

LE MARÉCHAL DE VILLAGE
XIXe siècle
Gravure d'après un dessin de Victor Adam
Musée de la Poste, Paris

RELAIS DE POSTE AUX CHEVAUX
Vers 1830
Gravure d'après une peinture de Nicolas Barbier
Musée de la Poste, Paris

Sur la façade du relais, un placard « poste royale » couvre l'ancienne inscription qui était vraisemblablement « poste impériale ».

« CAHIER DES CHARGES » DES CHEMINS DE FER
1847
Musée de la Poste, Paris

Ce pamphlet illustré par Bertall est dédié « aux postillons et aux actionnaires malheureux » du chemin de fer. L'auteur y représente des cadavres de chevaux et des postillons couchés sur la voie ferrée, prêts à être écrasés par la locomotive.

PLAQUE DE POSTE PRIVÉE
XIXe siècle
Musée de la Poste, Amboise

Les grandes maisons nobles et princières ont à leur service des postillons chargés de transporter leurs correspondances. À l'instar de leurs collègues du service public, ils portent une plaque identifiant la maison à laquelle ils appartiennent. Ici la maison du prince de Radziwill, là le château de Haucourt ou de Dampierre.

PLAQUE DE POSTE PRIVÉE
XIXe siècle
Musée de la Poste, Amboise

PLAQUE DE POSTE PRIVÉE
XIXe siècle
Musée de la Poste, Amboise

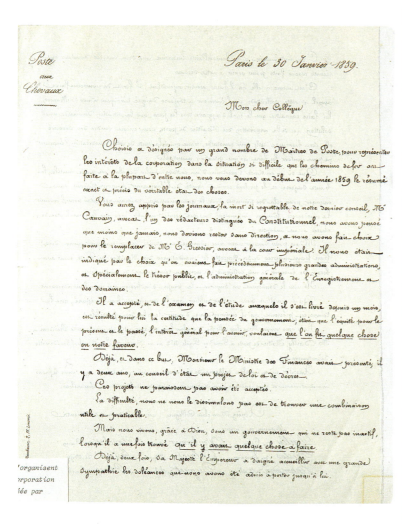

LIVRE DE POSTE
1854
Musée de la Poste, Paris
Ce livre de poste, l'un des derniers qui sera édité, contient 425 pages. Ce chiffre suffit à rendre compte de l'importance de l'extension du réseau des routes de poste depuis le début du XVIIIe siècle, époque à laquelle on dénombre environ 800 relais. Le livre de poste de l'année 1854 dresse la liste de près de 2 000 relais. Certains sont déjà vacants et ne retouveront plus preneurs. Le chemin de fer aura raison des derniers vestiges de la poste aux chevaux et mettra fin à l'édition de la séculaire liste des postes, dont la dernière paraîtra en 1859.

LES MAÎTRES DE POSTE ET LE CHEMIN DE FER
XIXe siècle. Honoré Daumier
Musée de la Poste, Paris
L'avènement du chemin de fer signifie pour les maîtres de poste la fin de leur activité. Les brevets se déprécient. La perte est considérable pour les titulaires des relais qui avaient acquis parfois chèrement leur droit d'exploitation. Les postillons quittent les relais car ils ne

parviennent plus à vivre du prix de leur service. Devant l'inéluctable déclin de leur profession, les maîtres de poste engagent la bataille sur le terrain des indemnités par avocats interposés. Rien n'y fait. Au terme de trente années d'agonie, une décision administrative du 4 mars 1873 met fin à la poste aux chevaux.

LETTRE CIRCULAIRE DU MAÎTRE DE POSTE DE PARIS À SES CONFRÈRES
30 janvier 1859
Musée de la Poste, Amboise
Face à la vigoureuse concurrence des chemins de fer, les maîtres de poste organisent la résistance. Dès les premières menaces, les maîtres des relais, qui choisissent pour représentant Dailly, maître de poste de Paris, s'attachent les services d'avocats. La voix la plus forte est celle de Jouhaud qui produit un grand nombre de plaidoyers, sous forme de brochures, pour la défense et le maintien des relais. Divers projets voient le jour pour leur reconversion. Parmi ceux-ci, la proposition du comte Lespinats, en 1862, vise à transformer les postes aux chevaux en haras. Les relais sont parfois défendus localement par les habitants des communes estimant nécessaire leur conservation. Ainsi, les autorités locales de Sèvres se prononcent, en 1859, pour le maintien du relais dans cette commune : « Bien que les voyageurs en poste soient devenus extrêmement rares aujourd'hui, il se présente encore, de temps à autre, des personnes qui préfèrent ce système de locomotion dans les environs de Paris, surtout pendant la belle saison et à l'époque des courses de chevaux. » Mais la lutte avec le rail est inégale. Une circulaire du 4 août 1871 prescrit que tout relais abandonné, insuffisamment entretenu, serait supprimé. Dans cette circulaire, Adolphe Dailly informe ses confrères du décès de leur conseiller Cauvain et annonce son remplacement par Gressier, avocat à la cour impériale.

De la ferme générale des Postes à la création du ministère des Postes et des Télégraphes

Courriers et malles-poste

MALLE-POSTE DE LA CONVENTION
*1793. D'après Daniel Ramée
Reconstitution
Musée de la Diligence
Riquewihr*

MALLE-POSTE SOUS LA CONVENTION
*XIXe siècle. Martin
Aquarelle
Musée de la Poste, Paris*

En 1790, l'administration des Postes confie la fourniture et l'entretien des malles-poste à un seul entrepreneur. Auparavant, chacun des 27 courriers qui sillonnent la France finance personnellement l'achat et l'entretien de sa charrette contre une indemnité annuelle que lui verse l'Administration. Jacques Delchet, ancien courrier de Provence, assure désormais l'entretien des tous les véhicules. Excepté un petit dessin laissé par Daniel Ramée (1806-1887) dans son livre *La Locomotion* édité en 1856, il n'existe aucune représentation de la voiture-malle circulant à cette époque. Ramée la décrit comme une caisse en osier montée sur deux roues, couverte d'une bâche et suspendue par des courroies de cuir. L'administration des Postes autorise, à partir de 1794, le transport d'un voyageur à côté du courrier. Ainsi que nous le montre cette aquarelle, la voiture-malle est tirée par deux chevaux de poste. Le postillon conduit l'attelage sur le cheval de gauche. La malle-poste ressemble à un fourgon cellulaire. C'est la raison pour laquelle on la baptise « panier à salade ».

MALLE-POSTE AU RELAIS
*Début du XIXe siècle. François Delpech
D'après un dessin d'Horace Vernet
Lithographie
Musée de la Poste, Paris*

C'est seulement à partir du 1er nivôse an II (21 décembre 1793) que l'Administration admet dans les voitures des courriers les citoyens qui se présenteront munis d'un passeport. Mais les places de voyageurs n'étaient accordées qu'autant que le volume des dépêches le permettait. Les candidats au voyage en malle étaient obligatoirement introduits par le directeur du bureau de poste. Cependant, à l'insu de l'Administration, le courrier ne se privait pas de prendre des voyageurs en cours de route, moyennant rétribution, et spoliant par là-même du prix de la course la poste aux lettres d'une part et le maître de poste d'autre part. Afin de ne pas être pris en défaut, le courrier contrevenant faisait descendre les voyageurs avant d'arriver au relais et ne les reprenait qu'après l'avoir passé. La décision d'accepter des passagers dans les malles avait été prise dans le souci de rentabiliser l'acheminement des dépêches. Pour autant, les malles-poste n'ont jamais fait le plein et le produit attendu n'a jamais été à la hauteur des espérances de l'Administration. En 1815, à raison de 14 places par jour offertes aux voyageurs dans les malles, la poste aux lettres a transporté 4 000 individus. En 1829, ce sont 60 000 personnes qui ont pris place dans les voitures de l'Administration. Il est vrai que, depuis 1818, les nouveaux modèles de malles circulant en France offraient une plus grande capacité d'accueil et concurrençaient les messageries.

PORTEFEUILLE-LIVRE
1801-1822
Maroquin rouge et vert, doré au petit fer, relié et garni par Prestat l'Aîné
Musée de la Poste, Paris

Dans ce livre en forme de portefeuille, Robert Voisin, courrier de malle, consigne les incidents et les événements du parcours ainsi que ses impressions. On y trouve également un calendrier pour les années 1801-1802.

PÉNIBLES ADIEUX
1802. Gravure d'après L. Hilaire
Musée de la Poste, Paris

Cette gravure illustre la fin tragique de Lesurques, accusé de complicité dans l'attaque du courrier de Lyon. C'est dans la nuit du 27 au 28 avril 1796 qu'est perpétré le méfait. Près de Lieusaint (Seine-et-Marne), quatre malfaiteurs, et un complice qui avait pris place dans la malle-poste au départ de Paris, prennent d'assaut la voiture, assassinent à coups de sabre et de poignard le courrier et le postillon. Les cinq comparses emportent 80 000 livres en numéraire et 7 millions en assignats. Lesurques, citoyen douaisien qui avait acquis une situation confortable à la faveur de la vente de biens nationaux, est identifié comme étant l'un des malfaiteurs. Malgré ses protestations d'innocence, Lesurques est condamné à mort. Couriol, l'un des complices qui avait été arrêté, confirme que le Douaisien est totalement étranger à l'affaire et livre le nom des coupables, parmi lesquels Dubosc, qui ressemblait à Lesurques. Rien n'y fait : Lesurques est emmené à l'échafaud et guillotiné. Sa femme devient folle. Lorsqu'elle retrouve la raison après neuf années de démence, les véritables coupables ont été retrouvés, condamnés et exécutés.

MALLE-POSTE MODÈLE 1805
XIXe siècle
Aquarelle
Musée de la Poste, Paris

Cette composition aquarellée et non signée met en scène dans un décor villageois la malle-poste en usage sous l'Empire. À cette époque, le service des malles-poste s'étend jusqu'à Mayence, Anvers et Turin. 373 malles de ce modèle circulent alors, en 1813, dans l'Europe de Napoléon. Elles n'admettent à leur bord qu'un seul passager.

De la ferme générale des Postes à la création du ministère des Postes et des Télégraphes

MALLE-POSTE MODÈLE 1805
Reconstitution
Musée de la Diligence
Riquewihr

JEAN IRISSON
XVIIIe-XIXe siècle
Pastel
Musée de la Poste, Paris

Au terme du marché relatif à la fourniture et à l'entretien des voitures-malles, passé à la société Delchet et Irisson en 1803, les adjudicataires s'obligent à fournir et à entretenir 162 véhicules sur les routes de première section (routes reliant Paris aux grandes villes de province). Ces voitures doivent être couvertes d'une impériale et allégées. Les entrepreneurs sont rémunérés au prix de 32 centimes et demi par lieue de poste parcourue sur les 14 routes de première section. Au fur et à mesure des conquêtes napoléoniennes, le nombre de routes servies en poste augmente et, par voie de conséquence, celui des malles-poste suit le mouvement. En 1813, les 373 malles entretenues par l'entreprise Irisson parcourent ensemble 6 600 000 kilomètres soit 165 fois le tour de la terre. À la chute de l'Empire en 1815, le service d'Irisson est réduit de moitié. Le réseau des routes suivies en malles-poste retrouve la configuration qu'il avait avant 1805. Cette voiture est le seul modèle vraiment attesté. Tirée par 3 chevaux, elle est constituée d'une caisse en bois recouverte d'une bâche en cuir et montée sur deux soupentes tendues par des crics. Une portière horizontale basculant vers l'avant en permet l'accès. Encore lourd, ce modèle est éclipsé en 1818 par une voiture à quatre roues, plus légère et de plus grande capacité. Au premier décembre 1818, plus aucune malle « Irisson » ne circule sur les routes de France.

Originaire d'Auvergne, Jean Irisson est l'associé de Jacques Delchet dans l'entreprise de fourniture et d'entretien des malles-poste. Tous deux édifient une fortune considérable grâce à la dépréciation de l'assignat et à l'extension du service des malles-poste. En effet, depuis le 1er janvier 1792, un service en poste, c'est-à-dire utilisant les relais, est établi sur 41 routes. Il devient journalier à partir du 21 janvier 1794. L'entente semble régner entre les associés, cousins par ailleurs et appartenant à la même famille postale. Comme on le rencontre souvent dans ce milieu, Delchet et Irisson ont convolé avec des filles de courriers. Quand Jacques Delchet vient à mourir en 1804, Irisson cherche à évincer de l'affaire l'épouse du défunt. Il y parvient en 1813, prétextant le remariage de la veuve. Il associe son fils à l'entreprise et, bénéficiant d'amitiés au sein de l'administration des Postes, se maintient à la tête de l'exploitation sans que son marché ne soit remis en cause. Ainsi, pendant 25 ans, Irisson a le monopole de la construction et de l'entretien des malles-poste. Il doit s'effacer devant l'offensive des frères Grosjean, riches carrossiers parisiens, qui seront à leur tour les adjudicataires de l'entreprise pour de longues années.

MALLE-POSTE MODÈLE 1818
XIXe siècle
Bois peint
Maquette
Musée de la Poste, Paris

La malle-poste de 1818 est conçue par les frères Grosjean, carrossiers installés sur la place de Paris. Ce véhicule offre 4 places de voyageurs : trois de front à l'intérieur et un passager au côté du courrier dans le cabriolet. Mieux suspendu que l'ancien modèle monté sur deux roues, il a toute la faveur des maîtres de poste qui doivent en assurer la conduite et reçoit l'agrément de Louis XVIII, qui en avait provoqué la substitution. Tirée par 4 chevaux, cette malle-poste nécessite l'emploi de 2 postillons.

MARIE JEANNE IRISSON NÉE BOURGUIGNON
XIXe siècle
Pastel
Musée de la Poste, Paris

dité de notre machine humaine. » Maurice Alhoy, à son tour, nous a laissé une description savoureuse et sans complaisance du voyage en malle, dans sa *Bibliothèque pour rire* : « l'administration des Postes procède comme celle des sépultures (bureau des cimetières) : elle concède au voyageur ce qu'il lui faut tout juste d'espace dans son caveau roulant. Chaque individu jouit d'une concession de deux mètres de long sur un mètre de large. Il a le droit de faire dans cette zone tous les développements gymnastiques qui lui sont habituels. Le tangage d'un bateau monté pour la pêche du hareng n'est qu'un doux va-et-vient de hamac comparé aux oscillations brutales de la voiture aux lettres : les ressorts jouent à la paume avec le voyageur... »

MALLE-POSTE MODÈLE 1818
XIXe siècle. Victor Adam
Lithographie de C. Motte
Musée de la Poste, Paris

Le voyage en malle-poste n'était pas accessible à tous. En effet, le tarif est fort dissuasif. En 1841, il en coûtait plus de 80 francs au voyageur qui de Paris se rendait à Lyon. À titre indicatif, le salaire annuel moyen du facteur lyonnais était de 600 francs. Par conséquent, la clientèle du voyage en malle-poste était particulièrement choisie. Elle était essentiellement constituée de dignitaires de l'État, de hauts fonctionnaires, d'industriels et de négociants. Pas de réduction pour le transport des enfants, « cette occasion devant être fort rare ». Il fallait donc être riche... et bien portant. En effet, les directeurs des bureaux de poste avaient pour consigne de ne pas admettre dans les malles-poste « des voyageurs évidemment atteints de maladies ou d'infirmités qui seraient de nature à ralentir la marche des voitures ou à incommoder les autres voyageurs ». Excepté pour celui ou celle qui se rendait au point extrême de la ligne, la place réservée à l'avance était accordée conditionnellement pour le voyageur qui souhaitait n'accomplir qu'une partie de la route. Dans le cas où le trajet à parcourir par le voyageur n'était pas égal au moins au quart de la route, la place n'était assurée à celui-ci qu'au moment du départ. Dans tous les cas, il n'avait pas à se soucier du pourboire à laisser au postillon. Celui-ci était à la charge de l'administration de la poste aux lettres.

MALLE-POSTE
XIXe siècle
Victor Adam
Lithographie
Musée de la Poste
Amboise

Le confort du voyageur n'est pas la priorité de l'administration des Postes. Victor Hugo nous en donne un aperçu dans *Le Rhin* (1839) : « J'ai passé, dit-il, deux nuits dans la malle-poste ; ce qui m'a laissé une haute idée de la soli-

MALLE-POSTE
1828-1838
Maquette
Musée de la Poste, Paris

Cette malle-poste dispose d'un vaste coffre à l'arrière pour les dépêches et d'un cabriolet pour le courrier. Le postillon, désormais placé sur un siège, mène un attelage de 2 chevaux.

De la ferme générale des Postes à la création du ministère des Postes et des Télégraphes

MALLE-POSTE
Vers 1830
Maquette de « coupé » avec cabriolet sur impériale
Musée de la Poste, Paris

MALLE-POSTE DE 2ᵉ SECTION
1831
Musée de la Poste, Paris

En 1831, l'administration des Postes décide de remplacer les malles de deuxième section, qui sont à 3 places de voyageurs, par des voitures plus légères à 2 places et conduites par un cocher. Un modèle est commandé aux adjudicataires de l'entreprise de fourniture des malles-poste d'alors, les frères Grosjean. Mais le modèle présenté ne convient pas. Commande est alors passée à un autre sellier-carrossier qui, lui, donne satisfaction.

MALLE-POSTE
1839
Maquette du modèle « coupé »
Musée de la Poste, Paris

Les nouveaux modèles avec cabriolet à l'arrière pour le courrier intéressent les offices postaux voisins. La direction générale des postes de Saint-Pétersbourg, en vue d'établir un service de poste de Saint-Pétersbourg à Moscou, sollicite l'envoi de tous les dessins et des tables de construction. La Suisse et l'Autriche marquent le même intérêt à l'égard des nouvelles malles-poste. M. de Rothschild, commissaire des postes d'Autriche, s'exprime en ces termes : « Ces voitures paraissent présenter à la fois tous les avantages de la solidité, de la durée, de la commodité des voyageurs ; elles ont plus d'air surtout et de lumière… » En effet, sur le plan de la solidité, les malles-poste doivent présenter toutes les garanties, car elles sont soumises à rude épreuve. À titre d'exemple, en 1838, un seul véhicule du service des malles-poste de Bordeaux (qui en comptait 10) effectue chaque année le tour du globe.

LE MÉTIER DE COURRIER
1831
Dessin d'Horace Vernet
Lithographie de Lemercier
Musée de la Poste, Paris

Le « métier » de courrier s'exerce dans un cadre réglementaire rigoureux. La célérité commandée par le service postal exige de la part du courrier une stricte observation des règles. Muni d'un livret de course où il indique relais par relais le temps employé pour le parcours et pour le relayage, le courrier est sévèrement puni en cas de retard injustifié. Que sa responsabilité soit établie dans un accident de parcours, il supportera les frais de l'estafette envoyée à sa place pour porter les dépêches à destination. C'est « au péril de sa vie », comme l'indique l'Instruction générale de 1832, que le courrier attaqué doit défendre ses dépêches. Gare à celui qui se sera laissé voler sans avoir protégé son chargement avec suffisamment de conviction. Il sera passible de la mise à pied. Pas plus que la couardise n'est appréciée, l'intempérance n'est tolérée. Les sujets qui étaient portés à l'ivresse s'exposaient à de vives sanctions : amendes et révocation après récidive. Les courriers doivent se comporter avec modération envers les maîtres de poste ou leurs postillons et ne jamais se permettre contre eux « aucunes violences, voies de fait ni de propos injurieux ». L'âge d'admission dans l'emploi était fixé entre 21 ans accomplis et 32 ans. Les courriers devaient en outre savoir lire et écrire. Or, sous l'Ancien Régime, certains, comme Castillon, courrier de la malle de Bordeaux à Nantes, ne maîtrisaient ni la lecture ni l'écriture. L'Administration révolutionnaire accordera encore une dérogation, en 1793, au citoyen Latour, illettré, mais chaudement recommandé par une section à l'emploi de courrier. Le recrutement est largement familial. Il n'est pas rare que les pères et les fils courent sur les mêmes routes. Ainsi, à la fin du XVIIIᵉ siècle, les cinq membres de la famille Banès usent le fond de leur charivari (culotte) sur la route de Toulouse.

110

LE MÉTIER DE COURRIER
XIXᵉ siècle. H. Numan
Gravure sur bois
Musée de la Poste, Paris

Outre les charges qui résultent de la fonction, les courriers doivent supporter les inconvénients liés au voyage et à la conjoncture politique. Les routes ne sont pas sûres à tous les points de vue. En 1740, Pierre Godin, courrier de Chartres au Mans, est emporté par les eaux près du Mans. Le courrier Deschamps, qui officiait sur la route de Paris à Lyon, est arrêté en 1763 près de Tarare par des voleurs qui le soulagent de 28 louis d'or et de sa montre en or. Le 8 mars 1810, le courrier des postes à l'armée d'Espagne est enlevé par les insurgés. Sans compter les souffrances que les courriers endurent en raison des conditions climatiques, la course à cheval les expose à toutes sortes de maux : hémorroïdes, boutons aux fesses et écorchures. Le transport en brouette ou en malle-poste améliorera peu leur confort. À la fin du XVIIIᵉ siècle, on pouvait encore les voir assis sur une botte de paille placée sur la charrette afin de ménager cette partie si sensible de leur anatomie. Malgré les fortes secousses auxquelles ils étaient exposés, les courriers parvenaient à s'endormir dans leurs voitures au grand dam de l'administration. C'est que le temps de veille du courrier, bien que raccourci par l'accélération des malles au cours du XIXᵉ siècle, restait long. En effet, en 1829, sur la route de Paris à Bordeaux, le courrier devait rester vigilant pendant les 48 heures du parcours. À raison de 28 voyages par an, ce même courrier qui sillonnait la route avec douze autres de ses collègues, devait prendre 78 heures de repos à Bordeaux et 133 heures à Paris. Un séjour de 3 jours francs lui était donc accordé avant de repartir en course.

COURRIER DE MALLE
1832. A. Kermabon
Aquarelle
Musée de la Poste, Paris

Le courrier de malle porte en 1832 un habit-veste de drap bleu de roi descendant au défaut des cuisses, coupé droit sur la poitrine, à larges poches sur les basques et sans retroussis. Le collet droit est orné d'une baguette brodée en argent, de 5 millimètres de largeur. Les boutons de métal blanc porteront les mots « administration des Postes » disposés en cercle et au centre le mot « courrier ». Le pantalon, appelé charivari, est en drap gris de fer foncé, avec une bande bleu de roi sur le côté. Le courrier est coiffé d'une casquette de drap bleu ou un bonnet fourré selon la saison.

ÉCUSSON DE COURRIER DE MALLE
XIXᵉ siècle
Cuivre
Musée de la Poste, Amboise

Au XIXᵉ siècle, les courriers comme les facteurs doivent se pourvoir d'un écusson qu'ils fixent à l'habit sur le côté gauche de la poitrine. L'écusson des courriers de malle porte habituellement les mots « courriers des dépêches », celui des courriers d'entreprise « service des dépêches ».

ÉCUSSONS DE COURRIER DE MALLE ET DE COURRIER D'ENTREPRISE
XIXᵉ siècle
Musée de la Poste, Paris

De la ferme générale des Postes à la création du ministère des Postes et des Télégraphes

BOUTON D'UNIFORME « ADMINISTRATION DES POSTES-COURRIER »
*Époque Charles X
Louis-Philippe
Cuivre
Musée de la Poste, Paris*

TROMPETTE DE COURRIER DE MALLE
*XIXᵉ siècle
Cuivre
Musée de la Poste, Paris*

Cet instrument est utilisé par le courrier pour annoncer l'arrivée de la malle au relais afin que l'on prépare des chevaux frais. La malle a priorité au relais sur tous les véhicules. La trompette sert également à avertir les autres usagers de la route qu'ils doivent céder la moitié du pavé, au passage du courrier, conformément aux règlements de police. L'usage de la trompette remonte, semble-t-il, à l'année 1826. Les registres de délibérations du Conseil des postes retracent une dépense de 336 francs pour 84 leçons de cornet données aux courriers en septembre 1826. Une école permanente de trompette pour les courriers et postulants est même établie au sein de l'hôtel des postes en 1839. Ce sont les premiers trompettes à l'Opéra qui auront en charge l'enseignement. Obligation est faite aux courriers d'assister tous les jours aux cours qu'ils dispensent. Toute absence non justifiée est sanctionnée : 5 francs d'amende au profit de la caisse de retraite des courriers la première fois, 10 francs en cas de récidive, mise à pied si le courrier manifeste de la mauvaise volonté.

SELLE
*XIXᵉ siècle
Musée de la Poste, Paris*

Les selles de courrier de malle et les selles de poste présentent certaines particularités. Sur la selle du courrier de malle, l'arçon de derrière est renforcé. On y met quatre crampons de pistolets pour y attacher la malle. Sur la selle de poste, on coud des bourses derrière la selle aux quartiers pour y placer ce que l'on désire.

ROUTE DE POSTE
*Vers 1820. Philibert-Louis Debucourt
D'après Carle Vernet
Gravure
Musée de la Poste, Paris*

Dans cette scène, le courrier suit le postillon conformément aux règlements. Le courrier porte la malle sur le devant de la selle. Il est coiffé d'une casquette et muni d'un poignard pour sa défense personnelle et celle de son chargement.

MALLE-POSTE
*1837
Maquette du modèle « berline »
Musée de la Poste, Paris*
En 1837, c'est encore le modèle de 1818 qui roule sur les routes de première section. Sur les 259 malles-poste qui circulent alors, certaines sont âgées de 18 ans, les autres ont au moins 8 ans d'existence. Ces voitures ne font plus l'affaire. Étroites, dures et inconfortables pour les voyageurs, elles sont également lourdes et difficiles à conduire pour les chevaux et les postillons. L'intérieur des caisses est trop court et les voyageurs ne peuvent étendre leurs jambes. Leur vue est gênée par cette cloison recouverte de cuir qui les sépare du courrier. Quant au voyageur placé dans le cabriolet à côté du courrier, il est, comme lui, soumis aux rigueurs de l'hiver et tourmenté par le service des dépêches qui se fait auprès de lui. Ces dépêches sont d'ailleurs exposées à l'indiscrétion du voyageur indélicat. C'est pourquoi l'Administration préconise, en 1837, la construction de deux modèles de voitures : une berline à 4 places de voyageurs et un coupé à 3 places. Les 109 voitures prévues au nouveau cahier des charges sont de quatre tailles différentes. Les voitures modèles, construites par le carrossier d'Aldringen sont exposées au public pendant les mois de juin et juillet 1837 avant que le directeur général des postes, Antoine Conte, n'essaye l'une d'entre elles sur la route de Marseille. Marquant sa satisfaction, il envoie une dépêche télégraphique au ministre des Finances le 19 juillet 1837 : « L'essai de la nouvelle malle a dépassé nos espérances. Nous sommes arrivés ce matin à huit heures sans le moindre accident. » Le marché est attribué au fabricant-carrossier Nicolas Denis Tribou en juin 1838. Afin de respecter les termes du contrat et la date de livraison fixée au 1ᵉʳ juillet 1839, l'adjudicataire fait travailler, dans ses ateliers de la rue de la Planchette, 200 ouvriers. Tribou fera faillite en 1841.

MALLE DE VOYAGE
XIXᵉ siècle
Cuir
Musée de la Poste, Amboise
Cette malle est fixée à l'arrière de la selle du cavalier. Elle porte encore les marques des sangles qui servaient à la maintenir sur la croupe du cheval.

VOITURE DE VOYAGE AU RELAIS
XIXᵉ siècle. Anonyme
Huile sur toile
Musée de la Poste, Amboise

RETOUR DE CHANTILLY
XIXᵉ siècle
Gravure, d'après Victor Adam
Musée de la Poste, Paris

VOITURE DE VOYAGE
XIXᵉ siècle. Henri Baud
Dessin
Musée de la Poste, Paris

ÉCUSSON DE MALLE-POSTE
Première moitié du XIXᵉ siècle
Bois peint
Musée de la Poste, Paris
L'administration des Postes marque toujours une attention particulière à son image. Il est de première importance d'identifier le service postal. En 1805, un écusson portant l'aigle impériale est placé sur le devant des voitures. En 1816, l'Administration commande la fabrication de 200 écussons aux armes de France cette fois, changement de régime politique oblige. Les malles-poste réformées sont soit vendues aux enchères soit « dépecées », mais les écussons sont épargnés de la vente à l'encan « qui paraît peu convenable attendu que ces écussons sont aux armes du roi ». Celui-ci présente des symboles fréquemment rencontrés dans l'iconographie postale : un médaillon au centre duquel se trouve un cor de poste, des chevaux rappelant ce que le voyageur doit à cette force motrice, le tout surmonté d'une tête de lion. On trouve ces écussons placés sur les portières des malles-poste, dans les années 1840.

MALLE-POSTE « COUPÉ » AVEC CABRIOLET
1841
Maquette
Musée de la Poste, Paris
Les malles-poste construites à partir des années 1840 ont profité des progrès techniques effectués dans l'art de la carrosserie depuis le début du XIXᵉ siècle. Les améliorations apportées aux véhicules concernent la célérité du service plutôt que le confort des voyageurs. L'utilisation des ressorts à pincettes qui améliorent le tirage se généralise. La suppression des trains allège les voitures. Des chronomètres sont placés dans les véhicules en 1842 afin de contrôler les délais d'acheminement. L'administration des Postes fait aussi l'expérience de l'éclairage au gaz qui permet une meilleure surveillance de la route. Les progrès affectent aussi la conduite des véhicules. Le postillon s'assoit désormais sur le siège du véhicule (ménage en cocher), libérant ainsi la force du cheval qui auparavant devait en supporter le poids.

De la ferme générale des Postes à la création du ministère des Postes et des Télégraphes

ANNUAIRE DES POSTES
1841
Musée de la Poste, Paris

L'annuaire des postes ou manuel du service de la poste aux lettres et aux chevaux est un guide à l'usage du public et particulièrement des commerçants et des voyageurs en malle-poste. Publié par ordre de l'Administration pour la première fois en 1833, cet annuaire, qui contient des renseignements généraux sur le service des postes, comporte aussi la liste de tous les bureaux de poste de France ainsi que le nom de leurs directeurs. L'annuaire de l'année 1841 présente un tableau des routes suivies en malles-poste. On y apprend qu'à cette époque les malles-poste arrivent à Lyon en 34 heures, à Strasbourg dans le même temps, à Bordeaux en 49 heures.

MALLE-POSTE « BRISKA »
1843
Maquette
Musée de la Poste, Paris

Ces malles-poste sont employées au transport accéléré des dépêches sur la route de Lyon à Marseille, Paris à Valenciennes et Paris au Havre et Paris à Calais. Ces briskas remplacent les malles-estafettes qui circulent sur ces lignes. Comme les berlines et les coupés, ces malles-poste, inspirées des mail-coachs anglais, comportent un cabriolet à l'arrière pour le courrier. Cette situation faite au courrier, exposé à de violentes secousses, soulève une vive polémique entre les courriers et l'Administration. Le porte-parole de la contestation, le courrier Esparbié, exprime les plaintes de ses collègues en ces termes : « Ces secousses sont si rapides et parfois si violentes et si désordonnées que les courriers sont obligés de s'attacher avec une courroie pour ne pas être lancés sur le chemin.[...] le cabriolet qui leur est réservé est tellement étroit qu'il y a à peine de la place pour les dépêches de route et très peu pour eux-mêmes. » Les courriers évoquent aussi la difficulté de se faire entendre du postillon dans ce nouveau

LE CHARGEMENT DE LA MALLE-POSTE
1844
Gravure extraite de L'Illustration, *journal universel*
Musée de la Poste, Paris

Une dépêche est la réunion, en un ou plusieurs paquets, de lettres et d'objets confiés au service des postes. Toute dépêche est enveloppée de papier gris en assez grande quantité pour résister au frottement, puis ficelée et cachetée à la cire avec l'empreinte du cachet du bureau. À l'Hôtel des Postes de Paris, les dépêches, une fois confectionnées, glissaient dans un long conduit appelé « vomissoir » et étaient récupérées par les chargeurs qui les plaçaient dans le magasin des malles. À en croire la gravure, les chargeurs s'acquittent de cette tâche avec soin. La réalité est tout autre. En effet, c'est à coups de masse qu'il fallait faire entrer les dépêches dans le coffre du véhicule, opération nécessaire pour éviter le ballotement et les détériorations en cours de route. Le progrès était notable par rapport à l'ancienne technique de chargement des malles-poste qui étaient, avant l'adoption de ces nouveaux modèles, chargées par le haut. À cette époque, c'était à coups de talons ferrés et en se faisant tomber de tout leur poids sur les dépêches que les chargeurs parvenaient à faire entrer les paquets récalcitrants.

système. On leur rétorque, qu'en cas de nécessité, ils peuvent traverser l'impériale pour donner leurs ordres au postillon en se saisissant d'un cordon. L'Administration consentira à un réaménagement du cabriolet de derrière mais ne répondra pas aux sollicitations des courriers qui souhaitaient le faire réinstaller à l'avant. On remarque dans l'habitacle la manivelle du frein manipulée par le courrier.

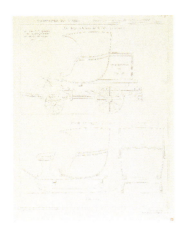

TRANSPORT DES DÉPÊCHES
DANS LE JURA PENDANT
LA SAISON DES NEIGES
1844
En haut : truck chargé du traîneau des dépêches
En bas : traîneau des voyageurs
Musée de la Poste, Paris

En 1844, l'administration des Postes décide de mettre en service des traîneaux et des trucks sur la route de Poligny à Gex où, pendant la saison des neiges, la marche des malles-poste « briska » est interrompue. 3 traîneaux pour les dépêches et le courrier, 3 autres pour les voyageurs et 4 trucks sont construits par les ateliers Chauvin à Paris. Mais l'entretien et le renouvellement de ces véhicules sont confiés à Besson, maître de poste de Saint-Laurent (Jura) moyennant une rétribution de 2 000 francs par an. Besson sera également chargé de l'approche des traîneaux pendant la saison d'hiver.

MALLE DU
SERVICE DES
POSTES
XIXᵉ siècle
Cuir
Musée de la Poste, Amboise

La protection des envois est l'une des principales préoccupations de l'administration des Postes. Il s'agit d'abord de répondre au souci de confidentialité exprimé légitimement par les correspondants, d'où la fermeture de la malle par des cadenas. Mais il faut aussi protéger les précieux chargements des intempéries et des marchandises dégradables au contact desquelles les lettres auraient pu être gâtées. Car les courriers ne font pas des lettres leur unique trafic. L'administration des Postes leur accorde le droit de transporter des marchandises et victuailles pour leur propre compte. Cette faveur ne va pas sans causer quelques difficultés. Le poids excessif de la malle éreinte les chevaux des maîtres de poste. Ces derniers ne manquent pas de s'en plaindre auprès de l'Administration.

MALLE DU SERVICE
DES POSTES
XIXᵉ siècle
Cuir
Musée de la Poste, Paris

TRUCK
1844
Maquette
Musée de la Poste, Paris

Chariot utilisé pour transporter les traîneaux des dépêches et des voyageurs pendant la saison des neiges.

De la ferme générale des Postes à la création du ministère des Postes et des Télégraphes

VÉHICULE DE CHASSE-MARÉE
XVIIIᵉ-XIXᵉ siècle
Maquette
Musée de la Poste, Paris

Cette charrette est conduite par un marchand-voiturier qui a pour métier de transporter le poisson du littoral de Normandie et de Picardie à Paris. Depuis le haut Moyen Âge, le commerce interrégional du poisson se développe à la faveur de la christianisation du pays. En effet, le nombre de journées de carême imposées par la religion est considérable. Pour garnir les tables des consommateurs parisiens, il faut que les chasse-marée procèdent à la salaison et au saurissage. Le poisson frais exige un transport rapide. Pour cela, les voituriers utilisent des relais de marée qu'ils installent le long des routes. L'allure est vive : 10 kilomètres à l'heure. À l'instar des courriers de la poste aux lettres, les chasse-marée chevauchent la nuit plus de 15 heures d'affilée pour arriver dès les premières lueurs de l'aube à Paris. Avec l'amélioration des chaussées au XIXᵉ siècle, les mareyeuses, de solides juments, franchissent les 240 kilomètres qui séparent Boulogne de Paris en moins de 16 heures. La vitesse des convois, l'utilisation de relais pour acheminer le poisson en toute diligence, l'expression « poste aux poissons », titre d'une œuvre de Victor Adam, ont établi un mythe tenace : le chasse-marée transporte de la correspondance. Rien n'est moins vrai. Si, au XVIᵉ siècle, les voituriers de marée ont pu prêter leur service à l'acheminement occasionnel des dépêches diplomatiques à destination de l'Angleterre, ils n'ont jamais assuré le transport régulier des lettres. Le monopole postal l'interdisait rigoureusement. En revanche, ils sont autorisés à transporter des voyageurs et des marchandises de toutes sortes. Les chasse-marée seront victimes du progrès technique qui caractérise le XIXᵉ siècle : l'invention du froid artificiel et surtout le chemin de fer.

DILIGENCE AMÉRICAINE
XIXᵉ siècle
Maquette
Musée de la Poste, Paris

L'aventure du pony-express est sans doute un épisode des plus marquants de l'histoire postale américaine. C'est William Russel qui a l'idée d'établir une ligne de poste jalonnée de relais entre Sacramento (Californie) et Saint-Joseph (Missouri). Ce service postal, ouvert au public, fonctionne toute l'année à raison de deux voyages par semaine. Les cavaliers du pony-express, utilisant les 120 relais du parcours, doivent franchir les 3 200 kilomètres qui séparent les deux villes en 10 jours. Tous les 120 à 160 kilomètres se trouve un relais principal où s'effectue le changement de cavalier. Mais entre ces deux relais principaux, le cavalier change six à huit fois de monture dans les relais intermédiaires. Parmi ces cavaliers figure William Cody, plus connu sous le nom de Buffalo Bill. Cependant, le pony-express n'a qu'une brève existence. Il cesse son activité en 1861, après seulement dix-huit mois de fonctionnement. Le volume du courrier n'a jamais atteint un chiffre satisfaisant, et l'opération se solde par un déficit. Les diligences américaines, quant à elles, vont alimenter tout un folklore du Far West jusque chez nos illustrateurs français.

Les Messageries

ÉGLISE SAINT-NICOLAS À ROUEN
1823. Lesaint et Géricault
Lithographie
Musée de la Poste, Paris

Image insolite que cette diligence utilisant un lieu de culte comme remise. La scène se passe probablement sous la Révolution française. À cette époque, de nombreuses églises sont vendues comme biens nationaux et reçoivent de nouvelles affectations au gré de leurs nouveaux propriétaires. Ainsi Lanchère, maître de poste de Paris, s'est rendu acquéreur de l'abbaye Saint-Germain-des-Prés. De même, à Caen, le Comité de salut public autorise, en 1795, la dépense de travaux pour convertir trois églises en écuries.

OBSERVATIONS DU SIEUR CHOISEAU
Vers 1790
Musée de la Poste, Paris

En 1790, la ferme des Messageries doit être à nouveau adjugée. Plusieurs soumissionnaires se mettent sur les rangs et parmi eux, Étienne Choiseau, ancien maître de poste de Mantes. Il s'associe à Jean Lanchère, maître de poste de Paris. L'affaire leur échappe, Choiseau et Lanchère ne pouvant rivaliser avec la compagnie des maîtres de poste qui s'est formée pour exploiter les messageries. Les deux associés multiplient les entreprises et sont, pendant les guerres révolutionnaires, fournisseurs aux armées. Si Lanchère est un moment inquiété, Choiseau subit les foudres du tribunal révolutionnaire, qui l'accuse de conspiration et de malversations. Il est guillotiné en 1794.

ACTE DE SOCIÉTÉ
1791
Musée de la Poste, Paris

À l'approche du renouvellement du bail des messageries, des maîtres de poste s'associent pour l'exploitation de l'entreprise. Le capital social est fixé à 2 millions de francs divisé en 500 actions de 4 000 livres chacune. Le prix unitaire est élevé mais ne fait pas reculer les maîtres de poste les plus riches. Sous le prête-nom de Jean François Dequeux, la compagnie des maîtres de poste propose une enchère qui n'est pas couverte. Le bail leur est donc attribué. À la suite de dissensions entre les administrateurs et probablement en raison de l'insuffisance de capital, la compagnie est dissoute quelques mois après la signature du bail.

LOI RELATIVE AUX PENSIONS AUX EMPLOYÉS DES MESSAGERIES
20 juillet 1791
Musée de la Poste, Paris

La ferme des Messageries verse des pensions aux employés qui l'ont servie et qui sont hors d'état de poursuivre leur activité, frappés par l'âge, une infirmité ou une longue maladie. Les pensionnés sont des conducteurs, des cochers, des directeurs de bureaux de messagerie, des palefreniers. En cas de décès, une pension de réversion est prévue pour la veuve.

De la ferme générale des Postes à la création du ministère des Postes et des Télégraphes

PLAQUE DES MESSAGERIES NATIONALES
XIXᵉ siècle
Musée de la Poste, Paris

En 1794, le droit de messagerie devient libre. Quiconque peut s'établir entrepreneur de voitures publiques pour transporter des voyageurs. Une taxe équivalente à un dixième du prix des places est cependant perçue par le Trésor public. Après avoir renoncé à son monopole, l'État supprime en 1797 la régie des messageries nationales. Celle-ci renaît de ses cendres l'année suivante sous la raison sociale « Établissement général des Messageries nationales », association de grandes entreprises de messagerie qui ont dominé le transport des voyageurs pendant tout le XVIIIᵉ siècle. Parmi les actionnaires et administrateurs, on retrouve la famille de Nanteuil et l'ancien maître de poste du Bourget, Victor Musnier. La nouvelle entreprise rachète le capital d'exploitation de l'ancienne régie, loue les bâtiments de la rue Notre-Dame-des-Victoires à Paris et s'installe dans les bureaux de province.

BREAKFAST AT BRETEUIL
1801. Gravure d'après Georges Byron
Musée de la Poste, Paris

Cette caricature anglaise met en scène des voyageurs au petit déjeuner. On y remarquera le postillon (à gauche) et un tableau, au-dessus de la cheminée, représentant la prise de la Bastille.
Ce caricaturiste anglais se moque des nobles français qui s'apprêtent à émigrer. À remarquer aussi la proportion énorme des bottes du postillon dont les Anglais ne comprennent pas la nécessité. En effet, leurs malles ne sont pas conduites par des postillons mais par des cochers qui n'ont donc pas besoin de chausser des bottes pour se protéger.

REGISTRE DE COMPTES POUR LE SERVICE DES DILIGENCES
Floréal an XII (avril 1804)
Musée de la Poste, Amboise

Ce registre du relais de poste d'Amboise retrace les recettes et les dépenses du service des diligences. Y figurent le nom des conducteurs, ceux des postillons qui se sont chargés du service, le produit des courses ainsi que les dépenses relatives à l'approvisionnement du relais en fourrages : avoine, paille et foin.

INDEMNITÉS DE 25 CENTIMES
15 ventôse an XIII (6 mars 1805)
Musée de la Poste, Paris

La loi du 15 ventôse an XIII impose, à compter du 20 juin 1805, à tout entrepreneur de voitures publiques, de payer au maître de poste 25 centimes par poste et par cheval attelé à chacune de ses voitures dès lors qu'il n'emploiera pas les chevaux du maître du relais. Les messageries supportent donc un nouvel impôt au profit des maîtres de poste, charge d'autant plus mal acceptée que ces entrepreneurs de voitures publiques payent depuis 1804 une taxe d'un dixième sur le prix des places au profit du Trésor. Avec la totale libéralisation des transports en 1817 (suppression de l'autorisation préalable exigée par le ministre des Finances en 1805), la concurrence entre entreprises devient de plus en plus vive, concurrence exacerbée par la mise en circulation, en 1818, des nouvelles malles-poste qui présentent une plus grande capacité (4 voyageurs). Dans les années 1820, les Messageries royales de la rue Notre-Dame-des-Victoires demandent la suppression de l'indemnité des 25 centimes mais n'obtiennent pas gain de cause. Afin de s'affranchir de cette charge, cette entreprise passe un marché, en 1822, avec les maîtres de poste des grandes routes pour la conduite exclusive des diligences de cet établissement. Les autres entrepreneurs utilisent des stratagèmes pour se soustraire au paiement de l'indemnité soit en s'écartant de la route de poste soit en se versant réciproquement leurs voyageurs de façon à éviter le relayage.

GRELOTS DE VOITURES
DE MESSAGERIE
XIXe siècle
Musée de la Poste, Paris

Les grelots ornant les têtières des chevaux annoncent l'arrivée des diligences au relais. Certains montrent des motifs décoratifs à tête de cheval ou à tête de licorne, d'autres des motifs végétaux ou héraldiques. Les fondeurs de grelots de diligence les accordent sur une note précise, d'où les différents diamètres que l'on peut rencontrer. À un grand diamètre répond une note grave. Montées sur une bande de cuir appelée la grelottière, ces pièces musicales peuvent constituer un accord.

DÉPART DE DILIGENCE
Vers 1850. Anonyme
Huile sur toile
Musée de la Poste, Amboise

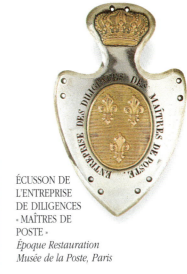

ÉCUSSON DE
L'ENTREPRISE
DE DILIGENCES
« MAÎTRES DE
POSTE »
Époque Restauration
Musée de la Poste, Paris

ATTAQUE DE DILIGENCE
XIXe siècle. A. Sainte-Marie
Huile sur toile
Musée de la Poste, Amboise

GIROUETTE
1860
Zinc peint
Musée de la Poste, Saint-Flour

De la ferme générale des Postes à la création
du ministère des Postes et des Télégraphes

ATTAQUE D'UNE DILIGENCE DES MESSAGERIES ROYALES
1827. D'après Joseph Bellangé
Lithographie
Musée de la Poste, Paris

DILIGENCE LAFFITTE ET CAILLARD
Restauration. Villain, d'après un dessin de Denis Raffet
Lithographie
Musée de la Poste, Amboise

C'est en 1826 qu'un groupe d'entreprises de messagerie exploitant diverses routes de la région parisienne, du Nord et de l'Est se constitue en société sous la raison sociale « Laffitte, Caillard et Cie » et sous le nom de « Messageries générales de France ». L'entreprise est dirigée par sept associés dont les deux principaux étaient Jean Baptiste Laffitte, agent de change à Paris, et Caillard père, entrepreneur de diligences. Parmi les actionnaires figurait le banquier Jacques Laffitte. Le riche bailleur de fonds et sa compagnie doivent être les banquiers de la société. Plutôt que de se livrer à une concurrence farouche, les messageries royales et l'entreprise Laffitte et Caillard signent une convention en 1827 par laquelle les deux compagnies s'engageaient à se conformer aux mêmes tarifs et à ne pas empiéter sur le domaine que l'accord conclu réservait à chacune d'elles. Avec leurs 500 voitures, les deux entreprises dominent tout le transport de marchandises dans la moitié nord de la France. Elles ne dépassent pas Lyon, Bordeaux et Toulouse. Dans ces villes, les deux grandes compagnies versent leurs voyageurs dans des voitures de correspondance. À Lyon, Galline et Cie prolongent leurs services sur Nîmes et le Languedoc, sur Marseille et l'Italie. À Bordeaux, ce sont les Dotézac qui emmènent les voyageurs à Toulouse et vers la frontière espagnole. En 1839, la compagnie Laffitte et Caillard dessert 8 000 kilomètres de routes.

MESSAGERIES LAFFITTE ET CAILLARD
1839. Provost
Lithographie
Musée de la Poste, Paris

Les messageries Laffitte et Caillard sont établies dans la cour de l'hôtel de Verthamont. On y accède par la rue Saint-Honoré, la rue de Grenelle et la rue d'Orléans.

DILIGENCE À TROIS COMPARTIMENTS DES MESSAGERIES ROYALES
Reconstitution de voitures du début du XIXe siècle
Musée de la Diligence, Riquewihr

Héritières des messageries royales de l'Ancien Régime administrées en régie jusqu'en 1798, la nouvelle société des Messageries royales fondée par des anciens fermiers connaît des débuts difficiles. L'insécurité est grande sur les routes, si bien que les voyageurs se font rares. Pour remédier à cette situation, un arrêté du 27 février 1800 oblige les messageries à faire accompagner les véhicules d'une escorte de gendarmes. 5 hommes armés de fusil doivent prendre place sur l'impériale, alourdissant la voiture mais aussi les dépenses. Une autre mesure va encore aggraver les dépenses de l'entreprise : la limitation du poids des voitures à 2 200 kg. Ces dispositions, visant à prévenir la dégradation des chaussées, obligent l'entreprise à renouveler le parc des véhicules qui ne répondent pas à cette nouvelle norme. Les voitures utilisées alors atteignent en pleine charge un poids de 2 750 kg en moyenne. À la faveur du décret du 30 floréal an XIII (20 mai 1805) qui limite la création d'entreprises nouvelles, l'entreprise de la rue Notre-Dame-des-Victoires prend un grand développement. Vers 1818, la compagnie s'équipe de nouvelles voitures construites sur un modèle venu d'Angleterre. Plus légères que les précédentes, elles sont aussi plus solides. Avec les progrès techniques réalisés dans l'art de la carrosserie et la croissance toujours plus forte du trafic, ces modèles disparaissent au

ÉCUSSON DE CONDUCTEUR
Second Empire
Cuivre
Musée de la Poste, Paris

profit de diligences plus grandes et plus lourdes à la fin des années 1820. Les véhicules présentent maintenant trois compartiments. À l'avant se trouve le coupé encore appelé le cabriolet, au centre la berline, à l'arrière la rotonde aussi nommée la galerie. Sur l'impériale, une banquette accueille 3 personnes, le conducteur et deux voyageurs. Les voitures sont désormais équipées d'une machine à enrayer qui remplace le rudimentaire sabot que l'on place sous la roue pour immobiliser le véhicule. Avec 16 à 20 passagers et en pleine charge, le véhicule pèse en moyenne quatre tonnes et demi.

CASQUETTE DE CONDUCTEUR
Second Empire
Musée de la Poste, Amboise

Contrairement à ce que l'on pourrait penser, le conducteur ne conduit pas. Cette fonction est dévolue au postillon qui mène l'attelage sur le cheval porteur puis, à partir des années 1830, sur le siège du véhicule. Le conducteur est le représentant de l'entreprise de transport public. Avant le départ, il doit examiner la voiture qui lui est confiée, en visiter tout le charronnage, vérifier si les portières sont bien fermées, si la bâche recouvre tout le chargement. Le conducteur doit connaître exactement la route, les endroits difficiles et dangereux. Au besoin, il doit être capable de saisir les rênes.

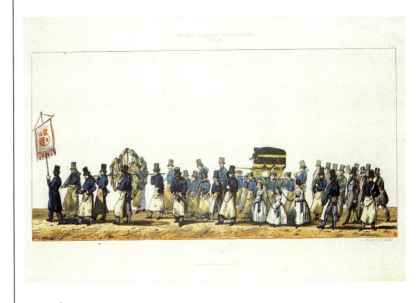

CORTÈGE DES CHARRONS DE STRASBOURG
25 juin 1840
Simon fils, d'après Glück
Lithographie
Musée de la Poste, Paris

En procession urbaine, la corporation des charrons de Strasbourg, vêtus de leur tablier, défile en portant un modèle réduit de leurs œuvres : une diligence à trois compartiments.

De la ferme générale des Postes à la création du ministère des Postes et des Télégraphes

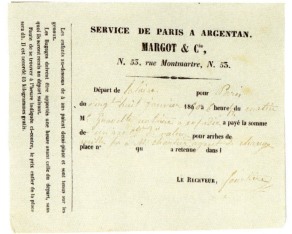

BULLETIN DE CHARGEMENT EXPÉDIÉ
PAR UN NOTAIRE DE FALAISE
POUR PARIS
28 janvier 1850
Entreprise Margot et Ce
Musée de la Poste, Paris

PANNEAU INDICATEUR DE DÉPART
Restauration
Tôle peinte
Musée de la Poste, Amboise

PANNEAU INDICATEUR DE DÉPART
Restauration
Tôle peinte
Musée de la Poste, Amboise
Ce panneau indicateur, provenant de Conneré, était placé sur la façade du relais des Messageries.

COFFRE-FORT DE
MESSAGERIE
XIXe siècle
Fer
*Musée de la Poste,
Paris*
Ce coffre-fort, bardé de fer, est muni d'un mécanisme secret d'ouverture.

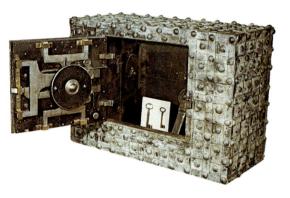

COUR DE L'HÔTEL DES MESSAGERIES
IMPÉRIALES VUE DE LA RUE
NOTRE-DAME-DES-VICTOIRES
Premier Empire. Anonyme
Huile sur toile
Musée de la Poste, Amboise

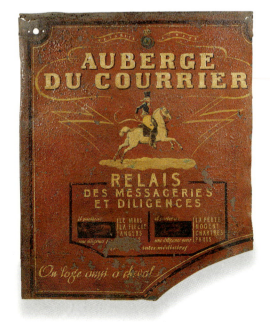

COUR DE L'HÔTEL DES MESSAGERIES
VUE DE LA RUE NOTRE-DAME-
DES-VICTOIRES
Vers 1830. Anonyme
Huile sur toile
Musée de la Poste, Amboise

HÔTEL DES MESSAGERIES ROYALES,
RUE NOTRE-DAME-DES-VICTOIRES
Restauration. Anonyme
Huile sur toile
Musée de la Poste, Amboise

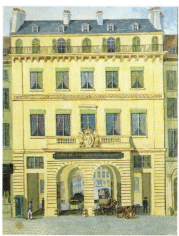

COUR DE L'HÔTEL DES MESSAGERIES
IMPÉRIALES VUE DE LA RUE MONTMARTRE
Premier Empire. Anonyme
Huile sur toile
Musée de la Poste, Amboise
À droite, le pont à bascule permettant
de vérifier le poids des diligences.

De la ferme générale des Postes à la création
du ministère des Postes et des Télégraphes

BULLETIN DE CHARGEMENT DE L'ENTREPRISE DES JUMELLES
3 décembre 1835
Musée de la Poste, Paris

Les années 1830 virent la multiplication des petites entreprises de voitures publiques dont on évaluait le nombre à environ 4 000. Avec un capital d'exploitation réduit, une voiture et quelques chevaux, elles opéraient dans un champ d'action limité. Dans la mesure où celles-ci ne faisaient pas ombrage aux deux grandes puissances de la route – les Messageries royales et les Messageries générales Laffitte et Caillard –, elles purent subsister et même prospérer. Les plus ambitieuses, c'est-à-dire celles qui voulaient défier ces grandes entreprises sur leur terrain d'exploitation, firent rapidement faillite. Elles n'étaient pas suffisamment armée contre la guerre des tarifs dans laquelle les jetait le cartel des grandes entreprises. Il en fut ainsi des Messageries du Commerce, fondées en 1828, et qui déposèrent leur bilan en 1830. Les Messageries françaises, créées en 1837, furent mises en liquidation en 1840, au terme d'une décision de justice qui donna raison aux compagnies monopolistiques.

VOYAGEURS ANGLAIS DEVANT L'HÔTEL DES MESSAGERIES
1822. D'après G. Humphrey
Gravure
Musée de la Poste, Paris

Cette caricature campe deux voyageurs anglais s'exerçant à la langue française. Les voyageurs étrangers sont fort nombreux à cette époque. En 1821, on peut évaluer à 50 000 le nombre des voyageurs étrangers et à près de 18 000 ceux qui effectuent un séjour dans la capitale. Parmi eux, les Anglais représentent un fort contingent. Dans son *Tableau de la Grande-Bretagne* (1816), le maréchal de camp Pillet remarque que « les Anglais de tous les états, de tous les rangs voyagent beaucoup... le lord, l'avocat, le médecin, le négociant, le manufacturier, le riche cultivateur voyagent ». Sans doute, les transports sont-ils bien plus développés en Angleterre qu'en France. On y trouve de belles et grandes routes, bien entretenues, et des voitures publiques, commodes et irréprochables sur le plan de la propreté.

AFFICHE DES MESSAGERIES ROYALES
Vers 1820
Affiche
Musée de la Poste, Amboise

124

ENSEIGNE DES MESSAGERIES ROYALES
Époque Restauration
Bois peint
Musée de la Poste, Amboise

AFFICHE DE L'ENTREPRISE DE MESSAGERIE L'HIRONDELLE
Vers 1830
Musée de la Poste, Paris

BILLET DE DILIGENCE POUR UNE PLACE RÉSERVÉE DANS LA ROTONDE
XIXe siècle
Entreprise Barbier-Gallot dite La Poule Noire
Musée de la Poste, Paris

De la ferme générale des Postes à la création du ministère des Postes et des Télégraphes

Les estafettes

SACOCHE D'ESTAFETTE
Premier Empire
Cuir
Musée de la Poste, Paris

Les maisons des rois et des empereurs ont toujours eu des courriers affectés spécialement à leur service. Sous l'Ancien Régime, on les appelle « chevaucheurs », puis « courriers de cabinet ». Sous l'Empire, ils prennent le nom d'estafettes. Comme les courriers de la poste, ils utilisent l'infrastructure de la poste aux chevaux. Cette sacoche a appartenu à un dénommé Terrier, courrier de l'Empereur.

RÈGLEMENT POUR LE SERVICE DES ESTAFETTES
7 août 1807
Musée d'Histoire des PTT d'Alsace, Riquewihr

Sous l'Empire, les ministres ont pris l'habitude d'utiliser des courriers extraordinaires pour transmettre des ordres pressés aux départements. Ces services exceptionnels coûtent cher au gouvernement. Le directeur général des postes d'alors, Lavalette, met en œuvre, en 1805, un service d'estafettes pour le transport de la correspondance officielle. Le principe de l'estafette consiste à faire acheminer un portefeuille, fermé à clé par les postillons de relais en relais. Lavalette semble redécouvrir un système de transport fort en usage aux XVIe et XVIIe siècles mais dont – semble-t-il – on avait perdu le souvenir. Lavalette en attribue l'invention à Napoléon. « C'est à l'époque de 1805, rapporte-t-il

dans ses mémoires, que je fis usage en grand nombre du système des estafettes que l'Empereur me commanda d'organiser et dont les bases lui appartenaient. Il avait senti l'inconvénient de faire franchir à un seul homme d'énormes distances. Il arriva plusieurs fois que des courriers excédés de fatigue ou mal servis n'arrivaient pas au gré de son impatience. Il ne lui convenait pas non plus de mettre entre les mains d'un seul homme des nouvelles dont la prompte réception pouvait avoir une influence grave et quelquefois décisive sur les événements les plus importants. » Le service est ainsi organisé : chaque postillon transmet au relais suivant un livret où le nom de chaque poste est inscrit ainsi que l'heure de départ et celle de l'arrivée. Lavalette et l'Empereur ont chacun une clé. Le système se révèle être performant. Napoléon reçoit le huitième jour les réponses écrites aux lettres à Milan et le quinzième jour à Naples. Le premier service d'estafette est créé en 1805 entre Paris et Milan. Une estafette journalière est établie entre Paris et Burgos en 1808, ligne qui est prolongée jusqu'à Madrid l'année suivante. Suit l'installation d'un service en estafette de Paris à Hambourg en 1810, Paris à Amsterdam en 1811. L'établissement du service des estafettes, qui puise ses origines dans la guerre, va se maintenir sous le régime de la paix, après la chute de l'Empire. En 1818 est mis en place un service journalier de Paris au Havre par Rouen, indépendant du service ordinaire de la poste. Puis, en 1823, une estafette de Paris à Bayonne est établie pour la seule correspondance du gouvernement. Sur cette dernière route, la distance doit être franchie en moins de 72 heures.

ESTAFETTE
Directoire
Huile sur bois
Musée des PTT d'Alsace, Riquewihr

Cet émissaire n'est pas un employé des postes même s'il en a tous les attributs : uniforme, fouet et écusson sur la poitrine. Attaché au service du gouvernement, il est chargé du transport des dépêches officielles. Ce courrier extraordinaire est encore appelé estafette.

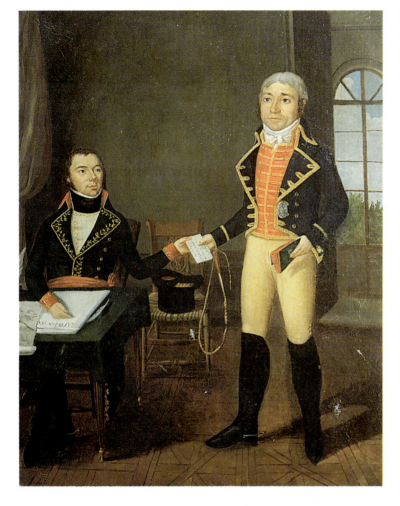

UNIFORME D'ESTAFETTE
Second Empire
Musée de la Poste, Amboise

UNIFORME D'ESTAFETTE
Second Empire
Musée de la Poste, Amboise

ÉCUSSON D'ESTAFETTE DU SERVICE DE L'EMPEREUR
XVIIIe-XIXe siècle
Cuivre
Musée de la Poste, Amboise

ÉCUSSON DE LA POSTE AUX ARMÉES
XIXe siècle
Cuivre
Musée de la Poste, Paris

De la ferme générale des Postes à la création du ministère des Postes et des Télégraphes

La poste aux lettres

TIMBRE D'ORIGINE EN PORT DÛ
1790
Lettre de Lesneven par Landernau pour Vannes
Musée de la Poste, Paris
La majorité des lettres sont expédiées en port dû (port payé par le destinataire). Dans ce cas la taxe est inscrite au recto du pli. Elle est de 6 sous selon l'application du tarif de 1759 pour une distance de 40 à 60 lieues. L'usage du port dû est hérité du Moyen Âge, au temps où les voyages comportent tant d'aléas que le paiement à l'arrivée donne l'assurance que le salaire du messager correspond à un service réellement effectué.

NUMÉRO D'ORDRE DU DÉPARTEMENT
Fin XVIIIe siècle
Lettre de Collioure pour Marseille
Collection particulière
L'Assemblée constituante, par la loi du 16 janvier 1790, attribue un numéro d'ordre aux départements nouvellement constitués. Cette nouveauté oblige l'administration des Postes à se conformer à la loi en faisant regraver tous les timbres d'origine linéaires avec le numéro du département indiqué au-dessus du nom du lieu. Ces timbres d'origine se présentent désormais sous trois formes possibles : « 65/Perpignan » en port dû, « P. 65 P/Perpignan » en port payé ou encore « DEB. 65/Perpignan » dans le cas d'un pli non délivrable.

LOI RELATIVE AUX COURRIERS DE LA POSTE AUX LETTRES
12 septembre 1791
Musée de la Poste, Paris
En ces temps troublés de Révolution, le pouvoir central doit transmettre ses ordres le plus rapidement possible à la province. Pour cela, l'administration des Postes multiplie les courriers. Elle fixe leur nombre à 92. Ceux-ci circulent en voiture à partir du 1er janvier 1792 sur 41 routes de poste. Cette loi établit également des courriers pour assurer une correspondance directe entre les chefs-lieux des départements contigus. Le transport des dépêches sur les autres routes était exécuté par entreprise. Peu de villes, essentiellement celles du Nord, sont servies par une correspondance journalière. Les autres ne reçoivent du courrier que deux ou trois fois par semaine.

LOI CONCERNANT LE SECRET ET L'INVIOLABILITÉ DES LETTRES
20 juillet 1791
Musée de la Poste, Paris
Sous l'Ancien Régime, l'administration des Postes emploie au sein même de l'hôtel des postes des agents dont la fonction est d'ouvrir les lettres pour en porter le contenu à la connaissance du roi. Connu sous le nom de cabinet noir ou encore bureau du secret, l'officine qui se livre à cet espionnage est supprimée à la Révolution. Parmi les serviteurs de cette inquisition postale figure Restif de La Bretonne. Mais la suspicion générale en ces temps de grand désordre fait resurgir ces pratiques mises en œuvre par des partisans zélés. Cette loi de 1791 condamne les abus et rappelle aux contrevenants le respect qu'ils doivent au secret de la correspondance. Le Comité de salut public restaure une agence secrète, en 1794, pour contrôler les lettres à destination de l'étranger. Valentin Haüy, le célèbre instituteur des aveugles, servira d'interprète jusqu'à la suppression du service décidée en 1795 en raison du préjudice qu'il causait au commerce.

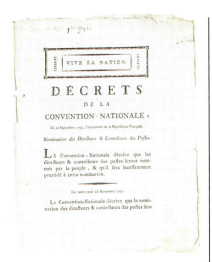

ÉLECTIONS DES DIRECTEURS DE BUREAUX
26 septembre 1792
Musée de la Poste, Paris

Ordinairement nommés par l'administration des Postes après examen de leur probité, les directeurs des bureaux de poste sont désormais élus par le peuple, plus précisément par les assemblées électorales de district. Le système électif cause des troubles dans le fonctionnement du service, car il place à la tête des bureaux des individus inexpérimentés. Un mois après leur élection, les directeurs sont tenus de fournir un cautionnement en immeubles égal au cinquième du produit net de leur recette.

PREMIÈRE INSTRUCTION GÉNÉRALE SUR LE SERVICE DES POSTES
1792
Musée de la Poste, Paris

L'instruction générale des postes de 1792 est un document d'exploitation à l'usage des directeurs des bureaux de poste. Il indique la façon dont il faut procéder pour expédier et recevoir les dépêches. Avant cette instruction générale, le directeur des postes était informé par des circulaires des changements à opérer dans la marche du service. L'idée générale du service par laquelle s'ouvre cet ouvrage encore modeste est une véritable apologie du service postal. Le texte, dont le ton est très imprégné de l'esprit des Lumières, rappelle aux directeurs leurs premiers devoirs. De 161 pages en 1792, l'instruction générale passe à près de 1 200 pages en 1832, signalant ainsi l'énorme activité réglementaire de l'administration des Postes et son souci du détail.

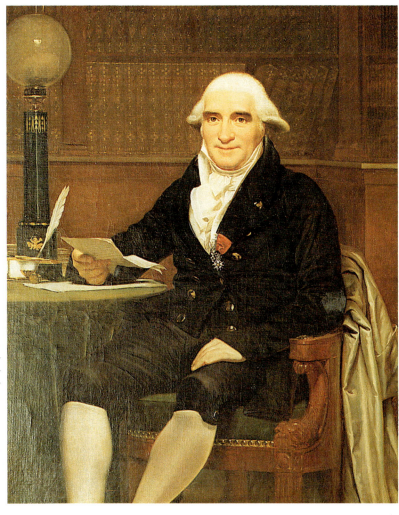

LOUIS FRANÇOIS LEGRAND
XIXe siècle
Huile sur toile
Musée de la Poste, Paris

Né en 1752, Louis François Legrand entre à l'âge de 18 ans dans l'administration des Postes. Il y fait toute sa carrière et accède aux plus hautes fonctions. Il quitte l'administration en 1816 comme secrétaire général. C'est à lui notamment que l'on doit l'instruction générale des postes de 1792.

De la ferme générale des Postes à la création du ministère des Postes et des Télégraphes

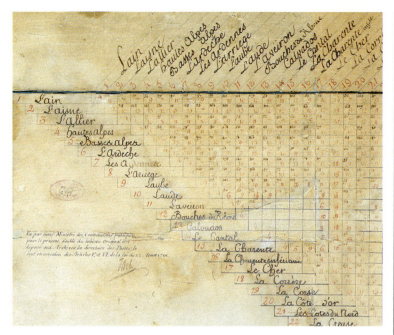

TABLEAU DU TARIF DES POSTES
1792
Musée de la Poste, Paris

Le tarif des postes est demeuré inchangé depuis 1759. En 1791, on décide d'établir une nouvelle tarification en tenant compte de l'organisation de la France en départements. Le tarif est désormais calculé à partir d'un point central choisi à l'intérieur de chaque département et à vol d'oiseau. Ce tableau comprend 6 889 cases, chiffre qui correspond à la multiplication de 83 départements par 83. Chaque case indique la distance du point central d'un département au point central d'un autre. Un exemplaire de ce tableau était affiché dans tous les bureaux de poste.

CACHET DE CIRE DE FERMETURE D'UNE LETTRE
1795
Lettre en franchise de l'administration des Postes et Messageries pour Paris
Musée de la Poste, Paris

La lettre en franchise de l'administration des Postes et Messageries est fermée par un cachet de cire. On lit la mention suivante : « République française, Poste aux lettres, correspondance n° 7. » Ce cachet de cire de la poste aux lettres est utilisé de juin 1795 à juin 1798.

LOI RELATIVE AUX CONTRESEINGS ET AUX FRANCHISES DES LETTRES
3 septembre 1792
Musée de la Poste, Paris

La franchise du port des lettres accordée aux administrations publiques et à certains particuliers constitue sous l'Ancien Régime un manque à gagner considérable pour les fermiers des postes. De nombreux abus se sont introduits dans cet usage, les uns et les autres usant de cette liberté pour faire passer des lettres personnelles sous le couvert d'un contreseing. La loi du 3 septembre 1792 dresse la liste des administrations publiques qui jouissent désormais du droit de contreseing et de franchise. Les griffes de contreseings sont fournies par le directoire des postes aux administrations publiques à raison d'une seule griffe par administration. Un décret du 7 avril 1793 interdit aux commis des bureaux de poste de l'usage de la franchise.

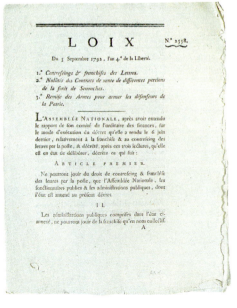

NOMS DES VILLES RÉVOLUTIONNAIRES
1799
Lettre de Guise (Aisne) pour Paris
Musée de la Poste, Paris

Sous l'influence jacobine, de nombreuses villes changent de nom. Il s'agit d'effacer dans la toponymie toute trace de la monarchie ou de la religion. On dénombre environ 80 bureaux dont le timbre d'origine a été modifié. Ainsi, Fontenay-le-Comte devient Fontenay-le-Peuple ; Port-Louis est changé en Port-de-la-Liberté, La Montagne-du-Bon-Air remplace Saint-Germain-en-Laye. Saint-Tropez devient Héraclée et Lyon, « Ville-Affranchie ». Ici, la ville de Guise (Aisne) prend le nom de Réunion-sur-Oise par décret de la Convention nationale de 1793, nom qu'elle conservera jusqu'au 27 novembre 1800.

LETTRE DE SOLDAT
3 germinal an VII (23 mars 1799)
Musée de la Poste, Paris

NOM RÉVOLUTIONNAIRE
1807
Lettre de Montmorency pour Paris

Musée de la Poste, Paris

La ville de Montmorency devient « Émile » par décret de la Convention nationale du 29 octobre 1793. Le nom d'Émile est adopté pour consacrer le lieu où Jean-Jacques Rousseau (1712-1778) compose son traité d'éducation. Le timbre d'origine au nom d'Émile est utilisé de 1793 à 1813. Le décret du 28 novembre 1813 autorise la commune d'Émile à reprendre son ancien nom de Montmorency.

TIMBRE D'ORIGINE AVEC NUMÉRO DE DÉPARTEMENT
1800
Lettre de Chelles en port payé pour Meaux

Musée de la Poste, Paris

L'administration des Postes met en service le 1er janvier 1792 des « timbres d'origine » avec le numéro des départements, de 1 à 83, définis par la loi de 1790. Ces timbres d'origine en acier sont utilisés jusqu'en 1831 pour timbrer les correspondances. Seule l'encre noire est utilisée pour les bureaux de province, l'encre rouge est réservée exclusivement au bureau de Paris.

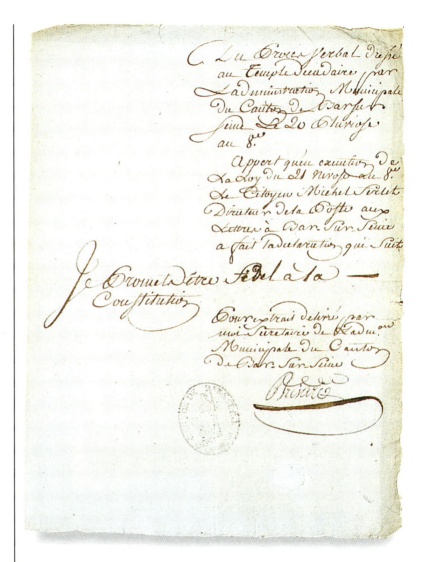

PRESTATION DE SERMENT
20 pluviôse an VIII (9 février 1800)
Musée de la Poste des Pays de Loire, Nantes

Tout employé des postes doit, depuis la loi du 29 août 1790, prêter serment d'être fidèle au gouvernement qu'il sert. La formule de prestation de serment tenait en ces mots en 1792 : « Je jure à la Nation et au Roi de garder et observer fidèlement la foi due au secret des lettres, et de dénoncer aux tribunaux qui seront indiqués toutes les contraventions qui pourraient avoir lieu et qui parviendraient à ma connaissance. » À changement de régime politique, changement de formule. L'agent des postes jure, en 1797, « haine à la royauté et à l'anarchie [...], attachement et fidélité à la République et à la Constitution ». En 1800, on demandera au directeur des postes de Bar-sur-Seine, Michel Ferlet, d'être fidèle à la Constitution. La prestation de serment était un préalable indispensable à l'installation d'un directeur dans ses fonctions au même titre que la fourniture de son cautionnement.

LETTRE À BONAPARTE
1801
Paris
Musée de la Poste, Paris

Adressée à Napoléon Bonaparte (1769-1821), Premier consul de la République, cette lettre d'un notaire est revêtue de la griffe de franchise en rouge du Consulat « Postes – Bureau près les Consuls ».

LETTRE DE SOLDAT
1806
Lettre de la Grande Armée napoléonienne, Nordlingen (Allemagne) pour Périgueux
Musée de la Poste, Paris

Cette lettre du 12 mai d'un voltigeur du 13e régiment d'infanterie légère du 3e corps du maréchal Davout (1770-1823), donne la copie exacte de la proclamation de Napoléon Ier du 2 décembre 1805 à la bataille d'Austerlitz. Une partie du discours a été diplomatiquement supprimée par les historiens : « [...] Soldats, lorsque le peuple français plaça sur ma tête la couronne impériale, je me confiai à vous pour la maintenir toujours dans ce haut éclat de gloire qui seul pouvait lui donner du prix à mes yeux [...]. Napoléon. »

TIMBRE D'ORIGINE AVEC NUMÉRO DE DÉPARTEMENT CONQUIS
1811
Lettre d'Edam, département du Zuiderzee n° 118, pour Amsterdam
Musée de la Poste, Paris

Les pays annexés entre 1792 et 1812 sont divisés en départements numérotés de 84 à 133. Ici, le département n° 118 est conquis par les armées napoléoniennes de 1810 à 1813. La lettre est frappée à la fois du timbre d'origine en port dû (118/Edam) par erreur et celui en port payé (P118P/Edam).

LETTRE DE SOLDAT
14 frimaire an XIV (25 novembre 1805)
Musée de la Poste, Paris

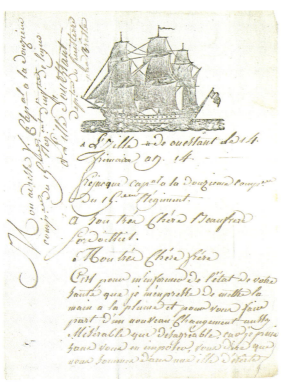

LETTRE DE SOLDAT DITE « CANTINIÈRE »
10 mai 1812
Musée de la Poste, Paris

On désigne sous l'expression « lettres cantinières » les lettres rédigées par des soldats des armées de la Révolution, de l'Empire et de la Restauration sur le papier à lettres que les militaires achètent aux cantinières qui accompagnent les troupes en campagne. Leur rôle consiste à vendre aux soldats des vivres supplémentaires et les menus objets dont ils peuvent avoir besoin : tabac, pipes, fils et aiguilles, papier à lettres. Celui-ci est toujours orné d'une vignette où les emblèmes guerriers voisinent avec les effigies de l'Empereur et de l'impératrice, la silhouette d'un militaire en faction ou un navire toutes voiles dehors.

LE COMTE DE LAVALETTE
XIXe siècle
Musée de la Poste, Paris

Parmi les grands personnages qui ont marqué l'histoire des postes figure le comte de Lavalette. Né en 1769, Marie Chamans de Lavalette est le fils d'un commerçant aisé. Son père lui fait faire de solides études chez les Jésuites. Engagé à la Légion des Alpes après les massacres de septembre, il devient un des aides de camp du général Bonaparte. Ce dernier le prend bientôt en amitié et le marie en 1798 à la nièce de sa femme, Émilie de Beauharnais. Il suit Bonaparte en Égypte et en Syrie. Nommé directeur général des postes en 1804, Lavalette doit abandonner ses fonctions à la Restauration. Le retour de Napoléon, échappé de l'île d'Elbe le 26 février 1815, est l'occasion pour Lavalette de reprendre sa place à la direction générale des postes. Sans attendre l'arrivée de Napoléon à Paris, il se présente à l'hôtel des postes pour y prendre au nom de l'empereur possession de l'Administration. Il donne aussitôt l'ordre d'arrêter tous les journaux et adresse aux directeurs des postes la circulaire libellée en ces termes : « À quatre heures du soir. L'Empereur sera à Paris dans deux heures et peut-être avant. La capitale est dans le plus grand enthousiasme. Tout est tranquille, et quoi qu'on puisse faire, la guerre civile n'aura lieu nulle part. Vive l'Empereur ! » Napoléon, ainsi que le rapporte Lavalette dans ses mémoires, semble avoir désapprouvé sa conduite. N'avait-il pas « conquis la poste » sans même attendre une investiture officielle ? La monarchie, restaurée après l'abdication de l'Empereur, devait condamner l'usurpateur.

L'AFFAIRE LAVALETTE
XIXe siècle
Gravure anonyme
Musée de la Poste, Paris

Cette gravure représente les trois Anglais qui portent assistance à Lavalette dans l'organisation de son évasion.

ÉVASION DE LAVALETTE
XIXe siècle
Gravure anonyme
Musée de la Poste, Paris

Accusé d'usurpation de fonctions publiques, Lavalette, remplacé par le comte Beugnot en 1815, est condamné à mort. Ses amis, notamment le maréchal Marmont et l'épouse du prisonnier font tout pour obtenir sa grâce. En vain. Il ne reste plus qu'une solution : l'évasion. Le 20 décembre 1815, Mme de Lavalette se rend dans une chaise à porteurs et en compagnie de sa fille à la Conciergerie où est enfermé son mari. Là, l'épouse fidèle échange ses vêtements contre ceux de son mari. Lavalette sort le visage caché sous le voile, trompe la surveillance du gardien et prend place dans la chaise. Aidé de trois Anglais, il quitte Paris déguisé en officier supérieur anglais, le 8 janvier 1816, et se réfugie en Bavière. La comtesse de Lavalette est arrêtée mais peu après relâchée. Quand Lavalette est autorisé à rentrer en France en 1822, il retrouve sa femme dont la raison avait été gravement altérée. Il s'enferme alors dans une retraite absolue et meurt en 1830.

De la ferme générale des Postes à la création du ministère des Postes et des Télégraphes

DIRECTEUR DES POSTES
1818. Montenay père
Miniature, gouache et aquarelle
sur carton et ivoire
Musée de la Poste, Paris

Les directeurs des postes, que l'on nomme « receveurs » après 1864, sont les premiers employés des bureaux de poste. Pour la plupart, ils travaillent seuls à la taxation et à la distribution des lettres. Ils s'octroient exceptionnellement l'aide d'un commis ou d'un facteur. La fonction est faiblement rémunérée mais confère à son titulaire un certain prestige social. Nombreux sont les directeurs des postes qui exercent une charge de notaire ou tiennent un commerce. Une ordonnance de 1831 et un arrêté de 1834 rendent incompatibles ces fonctions.

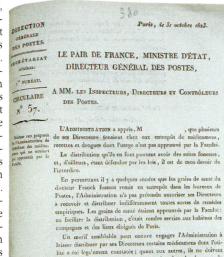

CARTE DES SERVICES DE LA POSTE AUX LETTRES
1832
Musée de la Poste, Paris

Cette carte, extraite de l'instruction générale des postes de 1832, est l'œuvre d'un employé des postes au service du départ nommé Viard. Elle indique tous les bureaux de poste du royaume et les routes suivies par les courriers. Cette carte rayonnée distingue les routes suivies en malle des routes parcourues à cheval ou à pied. Les premières, dites de première section, partent toutes de Paris et le service en est effectué par environ 130 courriers de la poste aux lettres. Les secondes sont suivies par des courriers d'entreprise avec lesquels l'Administration a passé un marché de transport. Les rayons tracés sur la carte montrent la progression de la taxe à payer. Jusqu'à 40 kilomètres, une lettre dont le poids est inférieur à 7,50 g est taxée 20 centimes. Au-delà de 900 kilomètres, on paiera 1,20 franc pour une lettre du même poids.

LE DIRECTEUR DES POSTES APOTHICAIRE
31 octobre 1823
Circulaire
Musée de la Poste, Paris

Afin de rendre service aux habitants des campagnes et à ceux des lieux éloignés de Paris, les directeurs des bureaux de poste sont autorisés à distribuer certains produits pharmaceutiques approuvés par la Faculté. L'Administration permet ainsi la distribution des « grains de santé du docteur Franck ». En 1823, l'Administration constate que certains directeurs commercialisent toutes sortes de drogues dangereuses qui peuvent avoir des suites funestes pour leurs utilisateurs. Elle leur fait alors défense de distribuer ces produits, tout en confirmant leur droit à la distribution de médicaments dont l'utilité a été légalement constatée. Concernant le commerce personnel auquel se livrent les directeurs des postes, un arrêté ministériel du 31 juillet 1834 rend incompatible la fonction de directeur des postes avec celle de négociant ou de commerçant, mesure qui s'étend à l'épouse du directeur.

PORTEFEUILLE-ÉCRITOIRE
XIXe siècle
Maroquin rouge et vert
Musée de la Poste, Paris
Né en 1758, Antoine Paillard est inspecteur des postes pendant la Révolution et l'Empire, puis directeur du bureau de Lille de 1804 à 1827. Il traverse ces périodes tourmentées sans jamais avoir été inquiété, avant de s'éteindre en 1838.

DIRECTEUR DES POSTES
1889. A. Kermabon
Aquarelle
Musée de la Poste, Paris
Les directeurs des postes portent un habit de drap vert foncé coupé droit sur le devant, en forme de frac (avec queue), garni de neuf boutons en argent bombés. Les broderies en argent sont composées de branches d'olivier et de lierre. En grande tenue, les directeurs portent un pantalon de casimir (cachemire) blanc. Leur épée est à poignée de nacre.

GARDE DE L'ÉPÉE DE DIRECTEUR DES POSTES
Second Empire
Musée de la Poste, Paris

BOUTON D'UNIFORME
« POSTE AUX LETTRES »
Époque Louis XVIII
Cuivre
Musée de la Poste, Paris

BOUTON D'UNIFORME
« ADMINISTRATION DES POSTES »
Second Empire
Cuivre
Musée de la Poste, Paris

De la ferme générale des Postes à la création du ministère des Postes et des Télégraphes

**GRANDE TENUE
DE DIRECTEUR DES POSTES**
Second Empire
Musée de la Poste, Paris

DIRECTEUR DES POSTES
DE 5ᵉ ET 6ᵉ CLASSES
1852-1868
Musée de la Poste, Paris

BICORNE DE DIRECTEUR DES POSTES
Second Empire
Musée de la Poste, Paris

**UNIFORME DE DIRECTEUR
DES POSTES**
IIIᵉ République
Musée de la Poste, Paris

PLI DÉBOURSÉ
14 septembre 1820
Lettre de Perpignan
Collection particulière

D'autres mentions apparaissent sur les envois dès la fin du XVIIIe siècle, notamment lorsque les plis doivent être renvoyés à l'expéditeur pour une raison ou pour une autre, refus, décès ou encore départ. Ces plis, appelés « déboursés », se signalent par une indication manuscrite portée systématiquement au dos de la lettre.

GÉNÉRALISATION DE LA DATATION DU COURRIER
15 décembre 1825
Circulaire
Musée de la poste, Paris

La première tentative de datation du courrier remonte à 1802. Elle se limite à Paris et s'explique plus par un héritage de la petite poste que par le zèle de l'Administration, qui reste farouchement opposée à cette innovation. Cette date figure dans un cachet circulaire, appelé « timbre à date », d'environ 25 mm de diamètre et indique le millésime, le mois et le quantième. Toutefois, il faut attendre le début des années 1820 pour assister aux premières tentatives de datation à l'arrivée du courrier en province. Elles se limitent à quelques exemples parsemés et ne répondent à aucun plan d'ensemble. Une circulaire de l'administration des Postes du 15 décembre 1825 permet la généralisation et l'unification des cachets d'arrivée.

De la ferme générale des Postes à la création du ministère des Postes et des Télégraphes

TIMBRE D'ARRIVÉE
10 janvier 1827
Collection particulière

Les timbres d'arrivée, créés le 1er janvier 1826, permettent désormais de s'assurer que le courrier est distribué sans retard et de justifier de la date d'arrivée du courrier, en particulier pour les commerçants et les industriels. Composés d'une date sur trois lignes dans un cercle de 22 mm de diamètre, ces timbres sont alors délivrés dans les bureaux principaux, dits de direction, et une partie des bureaux secondaires, dits de distribution. Ils sont appliqués sur le verso de la lettre, à cheval sur le pli. À partir du 1er février 1828, ce timbre d'arrivée servira également de timbre de départ.

TIMBRE DE DÉPART
17 mai 1829. Lettre de Perpignan pour Albi
Collection particulière

Le 1er janvier 1828, une autre circulaire de l'administration des Postes établit pour la première fois le principe de datation du courrier à sa naissance et à sa délivrance. « Lorsque l'administration [...] a ordonné que les lettres fussent frappées du timbre indicateur du jour de leur arrivée, elle a bien senti qu'elle ne faisait que la moitié de ce que public attendait d'elle et que, pour donner aux administrés toutes les garanties de régularité et de célérité, il fallait que le départ fût également constaté [...]. Vous vous servirez à cet effet du timbre avec lequel vous indiquez la date de la mise en distribution. Mais pour prévenir toute confusion, la date d'arrivée continuera à être appliquée au dos des lettres et à cheval sur le pli, et celle du départ sera placée [...] à côté de la suscription et de manière à ne pas nuire à l'adresse. » Cette décision historique permet de dire désormais que le timbre (le cachet) de la poste peut faire foi. Cette lettre déposée à Perpignan en port payé en date du 17 mai 1829 présente au verso la marque du cachet d'arrivée à Albi du 19 mai 1829.

ESSAI DE TIMBRE DE DÉPART DE « FÉVRIER 1828 »
12 février 1828. Lettre de Perpignan pour Saumur
Collection particulière

La décision de la datation du courrier en 1828 pose le problème de la double manipulation du matériel de marquage, la première pour indiquer le nom du bureau de dépôt et la deuxième pour la date de départ. Très vite, la création d'un timbre de départ unique personnalisé par bureau devient aux yeux de tous inéluctable afin de simplifier les manipulations. Une nouvelle circulaire du 24 janvier 1828 prescrit alors pour une centaine de bureaux, parmi les plus importants, l'utilisation du timbre de départ dit de « février 1828 ». Ce timbre présente, dans un rectangle de 45 × 12 mm, en haut le nom du bureau et le numéro du département, en bas la date. Cette première expérience n'en reste pas moins un échec. En effet, les caractères trop mobiles se prêtent mal à un positionnement correct. En conséquence, l'opération unique de timbrage est arrêtée dès le 18 février. L'idée n'en est pas pour autant abandonnée. Dans les mois suivants, l'Administration reprend le principe d'un timbre circulaire et le met en service en 1828-1829 à Lyon, à Lille et au Havre à titre d'essai.

TIMBRE DE BUREAU DE DISTRIBUTION
1825. Lettre de Bercy pour Tours
Collection particulière

Au XVIIIe siècle, les plis déposés dans les bureaux postaux secondaires ne portent que le nom manuscrit du bureau. Les lettres qui transitent par ces établissements passent obligatoirement par les bureaux de direction, seuls habilités à calculer la taxation et à appliquer leur propre timbre, en fait une marque linéaire au tampon. Ce système permet à ces derniers d'exercer un contrôle. Ce procédé perdure jusqu'en 1818. En 1819, les bureaux de distribution sont dotés d'un matériel de timbrage différent, c'est la première cursive. Elle indique, généralement sur trois lignes, en haut le numéro du département, au milieu le nom du bureau en italique, et en bas le nom du bureau de direction en lettres droites. Le bureau secondaire est ainsi totalement subordonné à son bureau d'attache. Ce pli de 1825 porte le timbre « 60/Bercy/CHARENTON » : Charenton, bureau principal, contrôle à cette époque le bureau secondaire de Bercy.

CIRCULAIRE RELATIVE AUX LETTRES RECOMMANDÉES
9 février 1829
Musée de la Poste, Paris

Pour faire cesser les plaintes du public contre les agents des postes accusés de subtiliser les lettres contenant des valeurs, l'administration des Postes crée, en 1829, une nouvelle catégorie de dépêches : les lettres recommandées. Ce service n'est institué que pour les lettres de la province acheminées sur Paris. En effet, si les lettres contenant des valeurs de commerce ont été soustraites ailleurs qu'à Paris, c'est uniquement dans la capitale que les malfaiteurs ont eu l'audace de se présenter pour en toucher le montant. Les lettres recommandées doivent être mises sous enveloppe et scellées de deux cachets de cire. Elles ne peuvent être ni affranchies ni adressées poste restante. Bénéficiant d'un traitement spécial, les lettres recommandées ne payent que la taxe ordinaire et sont remises dans un délai aussi court que les lettres ordinaires. Le service est étendu à tous les bureaux de poste en 1844. Puis la loi du 24 août 1848 soumet les lettres recommandées au double port et à l'affranchissement obligatoire. Enfin, en 1873, cette catégorie d'envoi n'est plus assujettie à un mode spécial de fermeture. Le service connaît un grand développement et assure une sécurité maximale. En 1876, sur plus de 5 millions d'objets recommandés, 28 cas de perte seulement donnent lieu à des indemnités.

LETTRE RECOMMANDÉE
1829
Lettre de Rouen en port payé pour Paris
Musée de la Poste, Paris

Le service de la lettre recommandée, uniquement pour les lettres à destination de Paris, est créé le 1er mars 1829. Les lettres sous enveloppe et scellées de deux cachets de cire sont enregistrées et ne sont délivrées aux destinataires que contre signature. Le timbre R signifie « recommandation ». Il est apposé, en rouge à partir de 1834, dans l'angle supérieur gauche. Ce timbre R est supprimé le 1er juillet 1854, puis est de nouveau utilisé en 1872. L'usage de l'étiquette de recommandation est demandé par le congrès de l'Union postale universelle à Vienne le 1er juillet 1892. La France utilisera le timbre R jusqu'en 1909.

De la ferme générale des Postes à la création du ministère des Postes et des Télégraphes

TIMBRE À DATE DE RECETTE
1831
Lettre de Navarrenx en port payé pour Dôle
Musée de la Poste, Paris

Après l'échec du timbre de départ de février 1828, l'Administration générale, fin 1829, l'usage d'un « timbre indicateur de la date de départ » circulaire, plus pratique et plus lisible. En effet, avant 1830, les lettres sont frappées de deux timbres : le timbre d'origine et le timbre de départ. Ce nouveau timbre, qui comprend à la fois le nom du bureau et la date d'expédition, est frappé à l'encre noire à l'angle supérieur gauche de la lettre. La lettre de Navarrenx comporte à la fois le timbre d'origine linéaire en port payé et le timbre à date du bureau.

TIMBRE OU GRIFFE DE TAXE UNIFORME À 2 DÉCIMES
1831
Fonte et manche en bois (11,5 × 3,5 cm)
Musée de la Poste, Paris

Afin d'accélérer l'application de la taxe des lettres, l'Administration dote en 1831 les directeurs de bureau de timbres ou griffes portant le chiffre de la taxe de 2 décimes à 12 décimes. Le timbre de taxe exprimé en décimes imite la taxe manuscrite pour les lettres du premier échelon de poids à destination de Paris. Il est appliqué en noir. Les lettres d'un poids supérieur à 7,50 g continuent d'être taxées à la plume.

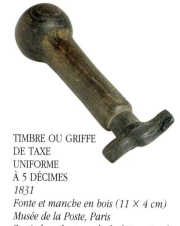

TIMBRE OU GRIFFE DE TAXE UNIFORME À 5 DÉCIMES
1831
Fonte et manche en bois (11 × 4 cm)
Musée de la Poste, Paris

Ce timbre de taxe de la lettre simple pour Paris est utilisé de juin 1831 à décembre 1848. Selon le tarif postal du 1er janvier 1828, la taxe de 5 décimes correspond à une lettre de premier échelon de poids pour une distance en ligne droite de 150 à 220 kilomètres.

TIMBRE DE TAXE UNIFORME À 8 DÉCIMES
1833
Lettre de Bordeaux pour Paris
Musée de la Poste, Paris

La lettre de Bordeaux en port dû est taxée 8 décimes, soit 80 centimes pour Paris. L'utilisation des timbres de taxe est supprimée en décembre 1848.

LETTRE TAXÉE À TORT À 2 DÉCIMES
1836
Lettre de Tournan en port payé pour Coulommiers
Musée de la Poste, Paris

Les timbres de taxe uniformes de 2 à 12 décimes, créés par la circulaire du 2 juin 1831, sont destinés à indiquer la taxe à percevoir sur le destinataire. Ces timbres de taxe en fonte sont supprimés lors de l'apparition du timbre-poste par la circulaire du 20 décembre 1848. La taxe de 2 décimes apposée à tort sur ce pli adressé en port payé est annulée par deux traits de plume.

TIMBRE À DATE CIRCULAIRE DE 1830
10 mars 1836. Lettre de Perpignan pour Bédarieux
Collection particulière

Un modèle inédit de timbre à date comprenant quelques variantes est mis en service dès décembre 1829 dans une vingtaine de bureaux. Il se compose d'une couronne fixe donnant le lieu d'origine et contenant au centre un bloc dateur composé d'éléments mobiles. Le timbre à date tel que nous le connaissons aujourd'hui est né. Il faudra toutefois attendre encore 18 mois pour que les quelque 2 000 bureaux que compte le pays soient tous dotés de ce nouveau matériel en fonte fine. Cette innovation coïncide avec la grande réforme de l'organisation postale en France, la mise en service de la lettre recommandée et surtout la mise en œuvre du service postal rural. En effet, jusqu'en 1830, les lettres ne sont encore distribuées que dans les villes. La campagne n'est desservie que par des messagers « privés » qui distribuent les circulaires officielles dans les mairies. Afin de faire profiter les ruraux des services dont bénéficient déjà les citadins, les députés votent le 3 juin 1829 la loi Bargemont, du nom du directeur général des postes. Appliquée le 1er avril 1830, cette loi a pour effet de créer 191 nouveaux bureaux à travers la France. Dans le même temps, 5 000 facteurs ruraux sont embauchés. Ils ont désormais la charge de se rendre au domicile de tous les habitants au moins un jour sur deux. Cependant, ces nouvelles dépenses sont à la charge des usagers qui doivent débourser 1 décime (le décime rural) pour toute lettre levée ou destinée dans les communes dépourvues de bureaux de poste. Cette surtaxe sera supprimée le 31 décembre 1846.

TIMBRE À DATE DE 1830
10 juillet 1836. Lettre de Perthus pour Bédarieux
Collection particulière

En 1830, trois types principaux de timbres à date sont adoptés par l'Administration. Ils se signalent par leur couronne, dont les dimensions, importantes, atteignent 29 à 30 mm de diamètre, et par la présence parfois de fleurons placés entre le nom du bureau et le numéro départemental. Cette lettre déposée à Perthus, taxée d'1 décime, porte le B signifiant qu'il n'existe pas de bureau à Perthus et qu'elle a donc été frappée du timbre à date de Céret.

TIMBRE À DATE DE 1836
8 mars 1843. Lettre de Saint-Paul-de-Fenouillet pour Laroque-d'Olmes
Collection particulière

À l'usage, l'Administration s'aperçoit bien vite que le diamètre de la couronne représente une gêne dans la mesure où le cachet empiète parfois sur des éléments de l'adresse en cas de réexpédition et sur des plis de dimensions réduites. En effet, à cette époque, les enveloppes les plus utilisées sont près de deux fois plus petites que les enveloppes actuelles. Comme solution, l'Administration décide par une note en date du 8 octobre 1835 la fabrication de timbres à date plus petits, de 24 à 25 mm, lorsque le nom du bureau le permet. Ce nouveau matériel est mis en service en 1836 lorsque son usage s'en avère nécessaire.

TIMBRE À DATE DE 1838
27 septembre 1848. Lettre de la Tour-de-Carol pour Rouen
Collection particulière

Après s'être aperçue que la longueur du nom des bureaux n'était pas un obstacle à la miniaturisation des timbres à date, la direction du matériel décide d'en généraliser l'usage en les réduisant tous au diamètre de 21 mm dès 1838. Le seul véritable changement réside dans l'indication de l'année, qui se lit désormais en deux chiffres au lieu des quatre habituels. Ce nouveau timbre à date reste en service pendant près de trente ans sans aucune modification.

TIMBRE DE BUREAU DE DISTRIBUTION DE 1830
4 juillet 1839. Lettre de Prats-de-Mollo pour Villefort
Collection particulière

Par décision du 10 avril 1830, les bureaux de distribution en service sont invités à limer le nom de la ligne inférieure des timbres à date, par mesure d'économie, afin d'éviter de fabriquer de nouvelles griffes cursives simples. Les nouveaux bureaux de distribution créés après cette date sont dotés d'une griffe cursive simple. La taxation et le contrôle par apposition du nouveau timbre à date restent l'apanage du bureau de direction. Ce pli originaire de Prats-de-Mollo a transité le 4 juillet 1839 par Arles-sur-Tech, bureau principal, qui a appliqué une taxe de 6 décimes manuscrite, avant d'arriver le 8 juillet 1839 à Villefort.

PREMIER TIMBRE-POSTE
1840
Lettre de Greenoch pour Paisley, Angleterre
1 penny noir, AL : 12e timbre de la feuille de 240 timbres
Émission reine Victoria
Musée de la Poste, Paris

En 1837, Sir Rowland Hill (1795-1879), secrétaire général du Post-Office, propose l'adoption d'une taxe postale uniforme en Angleterre et la création d'estampes pour l'affranchissement par l'expéditeur. Une circulaire du 10 janvier 1840 unifie le tarif postal intérieur de la Grande-Bretagne. Une lettre dont le poids n'excède pas une demi-once (environ 15 g) peut être envoyée de n'importe quel point du territoire pour 1 penny si le port est payé d'avance. Le portrait de Victoria (1819-1901) à l'âge de 15 ans, gravé sur une médaille par William Wyon (1795-1851), est retenu pour le timbre-poste. Charles Heath (1785-1848) et son fils Frederick gravent le poinçon en taille douce pour le profil de la reine Victoria. Le guillochage est adopté pour le fond du timbre-poste. Pour se prémunir contre la fraude, les feuilles de 240 timbres (20 rangées de 12 timbres) sont imprimées sur du papier à filigrane et chaque timbre comporte des lettres repères. Les 20 rangées sont numérotées de A à T dans le coin inférieur gauche de chaque timbre et les 12 timbres de la rangée sont numérotés de A à L dans le coin inférieur droit de chaque timbre. Vendus dès le 1er mai 1840, les timbres ne sont utilisables qu'à partir du 6 mai. Imprimés à 72 millions d'exemplaires, ils sont retirés le 10 février 1841. L'effigie de la reine Victoria se maintient sur les timbres anglais jusqu'en 1901. En contradiction avec les règles de l'Union postale universelle, les timbres anglais ne portent pas le nom du pays, car ce sont les premiers timbres émis au monde. Le profil de la reine suffit toujours, même aujourd'hui.

De la ferme générale des Postes à la création du ministère des Postes et des Télégraphes

CARICATURE D'ENVELOPPE MULREADY
1840
Lettre de Brighton pour Durham, Angleterre
Musée de la Poste, Paris

De nombreux opposants au pouvoir royal caricaturent les enveloppes Mulready dès leur mise en vente en mai 1840. Cette enveloppe illustrée par John Leech (1817-1864) caricature Britannia dessinée par Mulready (1786-1863). La lettre est régulièrement affranchie avec un timbre-poste d'1 penny noir à l'effigie de la reine Victoria et oblitérée de la croix de Malte en rouge.

ENVELOPPE MULREADY PRÉAFFRANCHIE À 2 PENCE
1841
Lettre de Liverpool pour Manchester, Angleterre
Musée de la Poste, Paris

Concurrement avec le timbre-poste, dès le 1er mai 1840, des enveloppes-lettres préaffranchies illustrées par Mulready sont vendues aux usagers de la poste anglaise. Elles ne sont utilisables qu'à partir du 6 mai. Les dessins de William Mulready évoquent Britannia envoyant des messagers pour promouvoir la réforme postale et favoriser l'éducation par l'écriture et la lecture. Mais le public proteste vivement contre ces enveloppes illustrées et ne les achète pas. Elles sont détruites en avril 1841. Les consommateurs anglais optent plutôt pour l'autre produit nouveau, une vignette mobile : le timbre-poste.

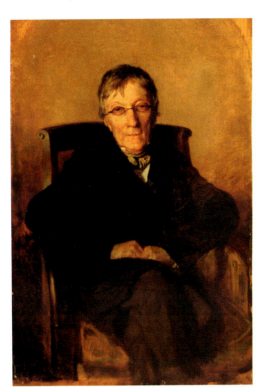

ANTOINE CONTE
1848. Louis Charles Auguste Steinheil
Huile sur bois
Musée de la Poste, Paris

Remarqué par l'empereur Napoléon à Dusseldorf en 1811, Antoine Conte (1776-1850) accède au poste de directeur général des postes de France le 7 janvier 1831, fonction qu'il conserve jusqu'à sa retraite en 1847. Il donne aux postes un essor considérable. Antoine Conte organise notamment le service postal en Algérie, met en place le service rural, réorganise la distribution du courrier dans Paris, négocie des conventions postales avec de nombreux pays. C'est sous son administration que paquebots et chemins de fer seront mis au service de la poste.

MAQUETTE DU PREMIER TIMBRE-POSTE FRANÇAIS
1848. Jacques-Jean Barre
Dessin au crayon sur plaquette d'ivoire
(3 × 3 cm)
Musée de la Poste, Paris

En 1848, le ministère des Finances choisit le type du timbre-poste : il doit être rectangulaire et représenter la République. Le projet de Jacques-Jean Barre (1793-1855), graveur général des Monnaies, est accepté le 15 septembre 1848 par le ministre des Finances. Le sujet retenu est le profil de Cérès, déesse des moissons, allégorie agricole et symbole de la liberté qui ornera les timbres jusqu'en 1852.

AVIS AU PUBLIC
1848
Musée de la Poste, Paris

Cette affiche, signée du directeur général des postes Étienne Arago, annonce la réforme postale qui bouleversera les pratiques comptables de l'Administration et ouvrira le service postal aux gens de peu de fortune en opérant une baisse considérable des tarifs. Une lettre simple expédiée de Paris pour Marseille est taxée 1,10 francs avant la réforme. Désormais elle peut être affranchie au moyen d'un timbre-poste à 20 centimes. Applicable sur tout le territoire français, ce tarif de 20 centimes qui correspond au premier échelon de poids (7,50 g) permet un développement considérable du trafic. Mais quatre ans après le début de la réforme, seuls 15 % des Français affranchissent leur lettre au départ. Devant leur attitude timorée, l'administration des Postes propose en 1854 une prime à l'affranchissement. La proportion des lettres affranchies au départ s'inverse en 1855. Le trafic passe de 126 millions de lettres en 1848 à 700 millions en 1865.

PROJET DU PREMIER TIMBRE-POSTE FRANÇAIS
1848
Jacques-Jean Barre
Lavis à l'encre de Chine sur carton
(5,5 × 8,5 cm)
Musée de la Poste, Paris

Le profil de Cérès regardant vers la droite n'est pas retenu. Jacques-Jean Barre a noté au bas du dessin les modifications demandées par le Comité consultatif des graveurs.

De la ferme générale des Postes à la création du ministère des Postes et des Télégraphes

**POINÇON DU TIMBRE-POSTE
20 C RÉPUBLIQUE (CÉRÈS)**
1848
Jacques-Jean Barre
Typographie, acier
(Diamètre : 7,2 cm)
Musée de la Poste, Paris

Ce poinçon original sur acier, gravé au burin par Jacques-Jean Barre, graveur général des Monnaies, est destiné à produire plusieurs valeurs différentes. Les valeurs faciales sont gravées sur des goujons amovibles. Ce poinçon porte encore la valeur 25 c qui a servi pour la dernière valeur émise en 1850. En 1858, la Commission des monnaies confie ce poinçon à Désiré-Albert Barre fils (1818-1878) pour des essais en vue d'un nouveau mode de fabrication des timbres-poste. Au cours de ce travail, le poinçon original est brisé. En 1870, lors de la proclamation de la République, on demande à Anatole-Auguste Hulot (1811-1891) d'imprimer des timbres à l'effigie de la République de 1849. Directeur de la fabrication, mais non graveur, Hulot réinsère le poinçon original dans un cylindre d'acier. Habile technicien, il réalisera la production de timbres-poste de 1871 à 1876 à l'effigie de Cérès.

**GALVANOTYPE DU 20 C RÉPUBLIQUE
(CÉRÈS)**
1848
Planche d'impression n° III
de 150 clichés, tête-bêche case 115
Acier et cuivre (37 × 21 cm)
Musée de la Poste, Paris

L'administration des Postes décide que les timbres-poste seront fabriqués par voie de régie administrative à l'hôtel des Monnaies de Paris. Celui-ci dispose du matériel permettant de réaliser le transfert du poinçon original. La gravure du poinçon est confiée à Jacques-Jean Barre et la fabrication des planches d'impression à son adjoint, Anatole-Auguste Hulot. L'impression en typographie des timbres-poste à 20 c commence le 4 décembre 1848.

ESSAI D'IMPRESSION DU 20 C RÉPUBLIQUE (CÉRÈS)
1848
*Feuille d'essai d'impression
de 300 timbres-poste 20 c République
Planche d'impression n° I, tête-bêche
cases 92, 110, 148
Recto
Impression typographique à plat
(40,9 × 46,5 cm)*
Musée de la Poste, Paris

La feuille d'impression de 300 timbres est réalisée à partir de deux panneaux de 150 clichés accolés. Le panneau de droite présente trois timbres-poste en position tête-bêche aux cases 92, 110 et 148. Le tirage est effectué sur du papier sans marque de contrôle. Cette feuille d'essai imprimée recto verso indique qu'elle sert au réglage de la presse avant l'impression définitive.

ESSAI D'IMPRESSION DU 20 C RÉPUBLIQUE (CÉRÈS)
*1848, feuille d'essai d'impression
de 300 timbres-poste 20 c République
Verso
(40,9 × 46,5 cm)*
Musée de la Poste, Paris

ESSAI D'IMPRESSION DU 20 C RÉPUBLIQUE (CÉRÈS)
1848
*Détail du tête-bêche case 110
de la feuille d'essai d'impression
de 300 timbres-poste 20 c République*
Musée de la Poste, Paris

LETTRE DE PONTON
15 décembre 1848
Musée de la Poste, Paris

C'est grâce à l'obligeance d'un peintre fleuriste en porcelaine qu'Adolphe Armand a pu nous laisser cette vue de la rade de Brest. L'auteur est aussi un fin observateur de la société carcérale qui l'entoure et qu'il partage bien malgré lui. À la manière d'un sociologue, il nous la décrit ainsi : « La composition de notre ponton au nombre d'environ 500 participe de toutes les classes de la société, il y a des journalistes, des professeurs, des artistes de tout genre, des avocats, des étudiants, des propriétaires, des commerçants, des boutiquiers et des travailleurs de toute industrie. Il y a depuis des gamins de 13, 14, 15 ans jusqu'à des vieillards de 70 et 77 ans, nous avons 3 bossus, 3 borgnes, 4 à 5 boiteux et bancals, deux manchots... »

LETTRE DE PONTON
15 décembre 1848
Musée de la Poste, Paris

On appelle lettres de ponton les lettres écrites et illustrées par les prisonniers mis en geôle sur les navires. L'auteur de celle-ci a pour nom Adolphe Armand. Ce « pauvre philosophe », ainsi qu'il se qualifie lui-même, doit son incarcération à « l'ouragan politique de juin ». D'abord emprisonné au fort de Romainville, il est envoyé à Brest le 1er septembre 1848 avec 500 autres compagnons d'infortune. Arrivés le 4 octobre, les détenus sont transférés sur l'*Uranie*, le navire d'où il écrit sa lettre. Adolphe Armand nous laisse un témoignage riche de détails sur la vie à bord du ponton. À cette époque de l'année, les jours sont si courts que les prisonniers abandonnent le pont vers quatre heures de l'après-midi et rentrent à l'intérieur du navire. Là, ils tendent les hamacs qui, alors, ne permettent plus la circulation qu'à quatre pattes. La nourriture se compose de légumes secs pour le déjeuner et de soupe grasse au bœuf pour le dîner, repas « arrosé » de 23 centilitres de vin. L'esprit général, constate-t-il, est toujours calme et très résigné. Mais l'inquiétude sur leur sort est pesante. Seront-ils envoyés en Algérie comme la rumeur incite à le croire ? Dans l'attente, la vie s'organise. Beaucoup d'entre eux ont acheté des outils et se « désennuyent » en fabriquant des petits objets en os, « les tailleurs sont occupés assez bien, les cordonniers, les peintres-artistes, les dessinateurs y gagnent de l'argent ».

TIMBRE OBLITÉRANT LOSANGE GRILLÉ
1849
Lettre de Ribecourt pour Le Catelet
Affranchissement par le 1 F République, dit 1 F vermillon
Musée de la Poste, Paris

Avec l'adoption du timbre-poste le 1er janvier 1849, l'Administration crée « le timbre oblitérant losange grillé ». Ce timbre spécial a pour but d'annuler le timbre-poste afin qu'il ne réserve pas une seconde fois. Il est mis en service progressivement à partir du 10 janvier 1849. Ce timbre oblitérant losange grillé sera remplacé par le timbre oblitérant à numéro d'ordre (petits chiffres) en janvier 1852. Cette lettre de troisième échelon de poids, entre 15 et 100 grammes, est affranchie par un timbre République (Cérès) 1 F rouge clair, dit vermillon et oblitérée de la « grille ».

CIRCULAIRE DE RETRAIT DU TIMBRE-POSTE 1 F RÉPUBLIQUE ROUGE CLAIR
1849
Circulaire du directeur de l'administration générale des Postes E. J. Thayer comportant un demi-timbre 1 F rouge clair et un demi-timbre 1 F rouge foncé.
Musée de la Poste, Paris

Le timbre-poste 1 F République émis le 2 janvier 1849, désigné rouge par l'Administration, est destiné à l'affranchissement des lettres de 15 à 100 grammes, de bureau à bureau, dans le régime intérieur. Certains timbres sont rouge clair, dit vermillon, et d'autres rouge foncé ou carmin. Une circulaire des postes du 1er décembre 1849 demande le renvoi à l'Administration des timbres rouge clair pouvant se confondre avec les nouveaux timbres à 40 c orange. Sur un tirage estimé à 509 700 exemplaires, 387 302 sont vendus au public, les autres sont détruits.

OBLITÉRATION DE FORTUNE
1849
Lettre de Lille pour Saint-Malo
Musée de la Poste, Paris

Du 1er au 15 janvier 1849, les bureaux de poste, ne disposant pas encore des nouveaux timbres oblitérants losange grillé, annulent les timbres par des moyens de fortune . Par exemple, le bureau de Lille, utilise un timbre local composé de quatre barres et la croix de plume. D'autres bureaux annuleront les timbres-poste par divers timbres.

ENVELOPPE FORMULE MARION
1849
Lettre recommandée d'Alençon en port payé pour Rouen
Musée de la Poste, Paris

M. Marion, papetier à Paris, crée « l'enveloppe postale de sécurité et d'authenticité » en 1846. Elle comporte deux fenêtres, l'une au recto, l'autre au verso, permettant l'application des timbres à date de départ et d'arrivée. C'est l'authenticité. Un seul cachet de cire clôt l'enveloppe, c'est la sécurité. Mais, en raison des possibilités nombreuses de fraude, l'enveloppe est interdite par une circulaire du directeur de l'administration générale des Postes du 15 août 1850.

PREMIER JOUR DU TIMBRE-POSTE RÉPUBLIQUE (CÉRÈS)
1849
Lettre de Bordeaux pour Le Havre
Musée de la Poste, Paris

Cette lettre est affranchie le 1er janvier 1849, premier jour d'utilisation du premier timbre-poste en France. Le correspondant écrit : « Chaque lettre ordinaire n'est que la somme de 20 c, ne soyez pas si long à nous donner de vos nouvelles et à nous faire réponse dans peu de temps. » Le timbre-poste à 20 c République (Cérès) est destiné à l'affranchissement de la lettre circulant à l'intérieur, de bureau à bureau, dont le poids n'excède pas 7,50 g. Ce tarif restera en vigueur jusqu'au 30 juin 1850 inclus. Sur un tirage de 41 700 000 timbres-poste, 31 000 000 furent vendus au public. Les philatélistes appellent cette émission le type « Cérès ».

TIMBRE DE TAXE TERRITORIALE DE 2 DÉCIMES
1849
Lettre de Brienne-le-Château pour Troyes
Musée de la Poste, Paris

Avec la réforme postale de 1849, les lettres à 20 c sont très nombreuses. Les lettres non affranchies sont taxées par un timbre de taxe uniforme à 2 décimes, soit 20 centimes, correspondant à la taxe de la lettre simple de bureau à bureau. La taxe est identique à celle des lettres affranchies. Mis en service le 1er janvier 1849, ce timbre de taxe sera supprimé le 30 juin 1850. À cette date, le tarif de la lettre simple passe à 25 centimes.

JACQUES-JEAN BARRE
1835. D'après Henri de Caisne
Pastel
Musée de la Poste, Paris

Jacques-Jean Barre, né à Paris en 1793, est nommé graveur général des Monnaies de France en 1840. Son œuvre est considérable : elle s'étend de la gravure de jetons de société, aux monnaies et à la gravure des billets de banque. C'est à lui que l'on confie la réalisation du premier timbre-poste français. Sous son burin viennent les traits de Déméter, déesse grecque des moissons, plus connue sous le nom romain de Cérès. Cette représentation de la République est figée en quatre mois car l'émission du timbre-poste a été prévue pour le 1er janvier 1849. Jacques-Jean Barre meurt en 1855, laissant à ses fils le soin de maintenir le nom.

ANATOLE-AUGUSTE HULOT
XIXe siècle
Huile sur toile (50 × 60 cm)
Musée de la Poste, Paris

Anatole-Auguste Hulot est né en 1811 au Mans dans une famille très modeste. Il débute sa carrière comme commis à la préfecture de police de Paris. Il s'intéresse par curiosité et par goût à la galvanoplastie mise au point en 1838 par le physicien allemand Moritz-Hermann von Jacobi. Cette technique permet d'imprimer un très grand nombre de timbres en un seul coup de presse à bras. Jacques-Jean Barre fait appel à lui pour la fabrication des timbres-poste. Très ambitieux, il supplante le graveur et réussit à écarter totalement de la fabrication des timbres. Il est nommé « directeur de la fabrication des timbres-poste » en 1860, fonction qu'il assume jusqu'à son licenciement en 1876. Il meurt en 1891.

JULES AUGUSTE SAGE
Vers 1880
Huile sur toile (46 × 71 cm)
Musée de la Poste, Paris

Jules Auguste Sage (1840-1910), poète et peintre autodidacte, a laissé son nom à la postérité grâce au timbre qu'il crée en 1875. La fabrication des timbres-poste jusque-là assurée par Anatole-Auguste Hulot est confiée à la Banque de France. Un concours est organisé pour la création du nouveau timbre-poste. Jules Auguste Sage en sort lauréat avec un projet représentant « le Commerce et la Paix s'unissant sur le monde ».

**ÉMISSION PRÉSIDENCE
LOUIS NAPOLÉON BONAPARTE**
1852
Bloc de 25 timbres à 10 c
Réimpression de 1862
Musée de la Poste, Paris

La loi du 3 janvier 1852 prescrit le remplacement de l'effigie de Cérès par celle du prince président Louis Napoléon Bonaparte (1808-1873). Jacques-Jean Barre (1793-1855) grave le profil et signe « B » sous le cou. Mais, les deux valeurs de l'émission Présidence, 10 c et 25 c, ont une vie brève (légende « Répub. Franç. »). Le 2 décembre 1852, le prince-président est proclamé Napoléon III, empereur des Français et un décret du même jour ordonne le remplacement sur les monnaies et les figurines postales des mots « République française » par « Empire français ».

**TIMBRE OBLITÉRANT
À NUMÉRO D'ORDRE
(Ire NOMENCLATURE)**
1854
Lettre de Cormeilles pour Thiberville
Petits chiffres 958 : bureau de Cormeilles
Musée de la Poste, Paris

L'administration crée un nouveau « timbre oblitérant à pointes coniques » avec le numéro d'ordre de l'établissement postal (petits chiffres) dont la mise en service est indiquée par une circulaire du 1er janvier 1852. Une nomenclature des bureaux de poste par ordre alphabétique attribue les numéros de 1 (Abbeville) à 3 703 (Yvrée-l'Évêque) à ceux de la métropole, et de 3 704 (Alexandrie) à 3 739 (Tlemcen, Oran) aux bureaux d'Algérie et aux bureaux français à l'étranger. Ce timbre oblitérant est retiré fin mars 1876.

TIMBRE DE TAXE EN CREUX
1857
Lettre de Baume-les-Dames pour Paris
Taxe de 30 c
Musée de la Poste, Paris

À partir de 1850, un nouveau timbre de taxe (double trait), exprimé en centimes, est apposé sur les lettres non affranchies. La lettre de Baume-les-Dames est taxée à 30 c selon le tarif des lettres non affranchies du 1er juillet 1854. Pour inciter les usagers à utiliser les timbres-poste pour affranchir au départ leurs lettres, le gouvernement crée la prime à l'affranchissement, le 1er juillet 1854. Le tarif postal est de 20 c pour le port d'une lettre affranchie au moyen d'un timbre-poste et de 30 c pour une lettre non affranchie. Ce timbre de taxe est supprimé le 30 septembre 1882. Il est remplacé par l'emploi des figurines chiffres-taxe.

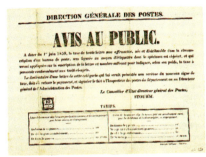

**AFFICHETTE ANNONÇANT
LA TAXATION DES LETTRES
NON AFFRANCHIES**
1859
Modèle d'un chiffre-taxe à 10 c
(25 × 34,5 cm)
Musée de la Poste, Paris

Jusqu'en 1859, les lettres non affranchies sont taxées au moyen de chiffres tracés sur les lettres à l'encre, ou frappées à l'encre grasse par un timbre de taxe. Pour éviter toute fraude, l'Administration crée le timbre-taxe, appelé « chiffre-taxe », le 1er janvier 1859. Une affichette avec le chiffre-taxe typographié informe le public. Aucune correspondance locale non affranchie ne peut être distribuée par les facteurs si elle ne porte pas la taxe à recouvrer. Le chiffre-taxe représente le justificatif du défaut d'affranchissement jusqu'en 1882. À partir du 1er octobre 1882, l'utilisation des chiffres-taxe est généralisée et s'applique à toutes les correspondances non ou insuffisamment affranchies. La taxe est égale au prix de l'affranchissement jusqu'au 31 décembre 1862, puis au double à partir du 1er mai 1878. Le chiffre-taxe est supprimé en 1984.

*De la ferme générale des Postes à la création
du ministère des Postes et des Télégraphes*

ÉDOUARD VANDAL
XIXᵉ siècle
Musée de la Poste, Paris
Édouard Vandal (1813-1887), né à Coblentz en 1813, entre au ministère du Commerce à l'âge de 19 ans. Il devient sous-directeur au ministère des Finances en 1850. Après avoir accompli plusieurs missions à l'étranger, notamment en 1851 pour installer les services des paquebots-poste en Méditerranée, Édouard Vandal est nommé directeur général des postes le 25 mai 1861, en remplacement de Stourm. S'il fait beaucoup pour le développement des postes, Édouard Vandal voit sa réputation entâchée par le soupçon qui pèse sur lui comme « chef du cabinet noir », officine où la police dépouille la correspondance privée et puise d'importants renseignements.

LE CABINET NOIR
Vers 1870
Illustration satirique dirigée contre Édouard Vandal
Musée de la Poste, Paris

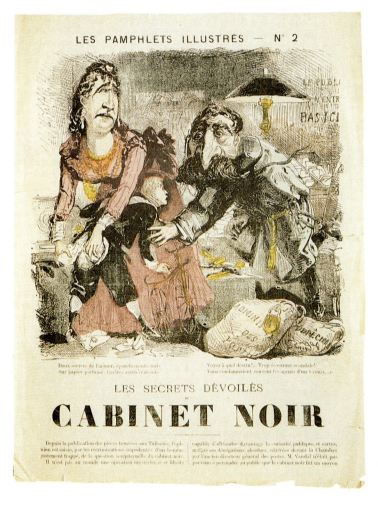

ESSAI PRIVÉ DE DENTELURE DES TIMBRES-POSTE
1861
Émission Empire non lauré
« Piquage de Clamecy »
Musée de la Poste, Paris
En 1861, les timbres-poste sont toujours non dentelés et découpés un à un aux ciseaux et vendus aux usagers. Les guichetiers se plaignent. M. Galimard, postier au bureau de Clamecy, invente pour faciliter son travail un appareil qui incise le papier en zigzag et prédécoupe les timbres. Les premiers timbres « pointillés » (dentelés) n'apparaissent qu'en septembre 1862.

ÉMISSION EMPIRE LAURÉ
1861
Lettre de Désiré-Albert Barre au Président de la Commission des Monnaies
Musée de la Poste, Paris
Pour évoquer les victoires des campagnes d'Italie de 1860, Napoléon III (1808-1873) veut ceindre sa tête d'une couronne de lauriers. Désiré-Albert Barre (1818-1878), graveur général des Monnaies, présente l'épreuve du nouveau timbre à l'effigie laurée de Napoléon III. Les premiers timbres dits « Empire lauré » apparaissent en décembre 1862.

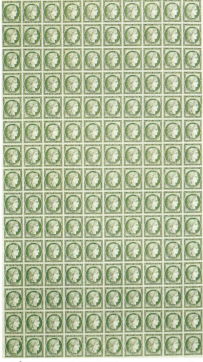

RÉIMPRESSION POUR LES COLLECTIONS OFFICIELLES
1862
Feuille de 150 timbres 15 c vert République (Cérès)
(38,5 × 23 cm)
Musée de la Poste, Paris

Ce timbre-poste émis en 1850 sert à l'affranchissement de la lettre jusqu'à 15 grammes de Paris pour Paris. Les timbres pour les collections officielles sont réimprimés en septembre 1862 par Anatole Hulot, directeur de la fabrication à la Monnaie de Paris. Les nuances de couleur sont différentes de celles d'origine, la gomme est plus blanche et le cachet de contrôle apposé en marge est celui en usage en 1862 (contrôle TP). De plus, il n'existe pas de filet d'encadrement de la couleur du timbre.

LETTRE DE PEARSON HILL
1862
Lettre de Londres
Texte en anglais
Musée de la Poste, Paris

Pearson Hill, fils et secrétaire de Sir Rowland Hill (1795-1879), auteur de la réforme postale en Angleterre, souhaite obtenir pour son père, les premiers timbres-poste français. Cette demande est à l'origine de la réimpression des timbres des premières émissions pour les collections officielles dont aucun exemplaire n'a été conservé par l'Administration.

ÉMISSION DU 5 F EMPIRE LAURÉ
1866. Désiré-Albert Barre
Maquette approuvée du 5 F Empire.
Collage, crayon et gouache
(9,5 × 13,5 cm)
Musée de la Poste, Paris

La maquette du timbre-poste est dessinée par Désiré-Albert Barre (1818-1878). L'épreuve d'un timbre fiscal pour effets de commerce de l'étranger et warrants sert de base à ce projet. Le cadre est en largeur au lieu d'être en hauteur. Le médaillon est découpé et rapporté. Le « 5 » et le « F » sont tracés au crayon. La légende et la grecque sont peintes à la gouache. Ce timbre est le premier grand format (22 × 33 mm) du XIXe siècle.

POINÇON DU 5 F EMPIRE LAURÉ
1866. Anatole Hulot
Typographie
Acier et laiton (4 × 2,5 cm)
Musée de la Poste, Paris

En raison de difficultés avec Anatole Hulot, directeur de la fabrication, Désiré-Albert Barre refuse de graver le poinçon. Contraint, Hulot est obligé de « bricoler » un poinçon sans valeur. Il lui faut trois ans pour le réaliser. Le poinçon est livré en avril 1869. Le timbre-poste est enfin émis le 1er novembre 1869, puis retiré de la vente le 1er juin 1877. D'une valeur faciale considérable, 5 F or, et correspondant à 25 fois le prix de la lettre de premier échelon de poids, ce timbre-poste est vendu à peine à un million d'exemplaires au public.

De la ferme générale des Postes à la création du ministère des Postes et des Télégraphes

TIMBRE OBLITÉRANT À NUMÉRO D'ORDRE (IIᵉ NOMENCLATURE)
17 septembre 1866
Gros chiffre 4414 : bureau de Banyuls-sur-Mer
Lettre de Banyuls-sur-Mer pour Perpignan
Collection particulière

À l'usage, le numéro d'identité du bureau s'avère illisible, conséquence de lettres trop petites qui s'encrassent et qui ne permettent pas une bonne impression. Pour y remédier, l'administration des Postes décide, en décembre 1862, de modifier les timbres oblitérants avec des chiffres nettement plus grands, appelés « gros chiffres ». En outre, elle profite de cette occasion pour refondre dans une nouvelle nomenclature, selon les mêmes principes, l'ensemble des bureaux, dont bon nombre viennent d'être créés. La nouvelle liste comprend alors 4 361 bureaux en juillet 1862, sans compter ceux des pays du Levant et de l'Algérie. À partir du milieu du XIXᵉ siècle, le trafic des lettres affranchies ne cesse de croître : il passe entre 1850 et 1875 de 25 à 750 millions d'exemplaires. Il devient dès lors urgent de simplifier la tâche des postiers, dont la productivité unitaire avait fortement augmentée. Ils devaient procéder, en changeant de matériel, à l'annulation du timbre-poste et au marquage de la correspondance. Cette double manipulation, timbre à date plus oblitération par « losanges chiffrés », prend fin le 31 mars 1876, date à laquelle apparaît le timbre à date oblitérant. La France compte alors 5 449 bureaux.

TIMBRE MOBILE POUR JOURNAL
1869
5 c violet, non dentelé
(3,7 × 2,7 cm)
Musée de la Poste, Paris

Ce timbre mobile est vendu 5 c aux éditeurs pour les journaux politiques de la Seine et de Seine-et-Oise. La couleur violette représente dans le régime postal la distribution des journaux par l'éditeur lui-même (droit fiscal 5 c et aucune taxe postale). Mais ce timbre est rarement utilisé, car de nombreux journaux politiques parisiens sont imprimés dans les départements voisins. Les éditeurs préfèrent également se déplacer au bureau de l'enregistrement et recevoir le timbre fiscal humide plutôt que de coller des timbres mobiles. Ces timbres pour journaux sont supprimés par décret du gouvernement provisoire le 6 septembre 1870.

PÈSE-LETTRE
1870
Bois
Musée de la Poste, Nantes

Ce pèse-lettre indique le poids et le montant de la taxe à payer.

TIMBRE DE BUREAU RURAL DE 1853
30 janvier 1870. Lettre de Laroque-des-Albères pour Arras
Collection particulière

À partir de juin 1853, les bureaux ruraux sont enfin considérés comme majeurs au regard du courrier et par conséquent dotés de timbres à date. Ils possèdent ainsi leur propre numéro de nomenclature. Toutefois, un détail les distingue des bureaux de direction, à savoir le timbre à date circulaire, dont le cercle extérieur se présente toujours en pointillé ou tireté. Cette différence ne disparaît théoriquement qu'en 1966.

CARTE POSTALE PRÉCURSEUR
1873
Carte postale d'Orléans pour Rouen
Musée de la Poste, Paris

La carte postale pour la France et l'Algérie est créée par la loi du 20 décembre 1872. La carte postale précurseur est un objet de correspondance qui circule à découvert et bénéficie d'un tarif réduit. Lors de la création, le tarif est de 10 c pour la correspondance locale et de 15 c sur le territoire français. Les formules sont réalisées par l'Imprimerie nationale. Du 15 au 24 janvier 1873, plus de 7 millions de cartes sont vendues, de telle sorte que l'Administration doit sous-traiter une partie de la fabrication à l'industrie privée. Ces cartes sont déjà revêtues de vignettes d'affranchissement. La carte avec un timbre-poste à 15 c est vendue 15 c dans les bureaux de poste. Les premières cartes postales, avec le timbre directement imprimé sur la formule apparaîtront en France en 1878.

CARTE POSTALE OFFICIELLE FRANÇAISE
Février 1873
Musée de La Poste, Paris

C'est un petit rectangle de carton, sans illustration, mesurant 12 × 8 cm. Le recto est réservé à l'adresse du destinataire, à des informations concernant l'utilisation de ladite carte postale et à l'affranchissement de celle-ci. Au verso, une surface vierge accueille la correspondance. L'apparition en France de la carte postale survient six années après son invention, en Autriche, par le professeur Emmanuel Hermann. Ce retard a pour cause l'opposition de députés qui redoutent qu'une carte postale bon marché fasse concurrence au courrier ordinaire et provoque une baisse des recettes des PTT. L'obstination de l'économiste Louis Wolowski et du député de l'Yonne Germain Rampont-Lechin, alors directeur général des Postes, fini par triompher des réticences parlementaires. C'est à M. Rampont-Lechin que l'on doit l'organisation, pendant le siège de Paris, du service des aérostats et des pigeons voyageurs.

TIMBRE À DATE DES BUREAUX DE RECETTE DE 1875
31 décembre 1875. Lettre du Boulou pour Paris
Collection particulière

En 1875, l'administration des Postes supprime sur les timbres à date le numéro du département en usage depuis près de 75 ans. Il est remplacé par le nom du département, en toutes lettres ou en abrégé. Ces nouveaux timbres, d'un diamètre de 22 à 24 mm, avec variantes et modifications mineures, sont utilisés jusqu'en 1900.

RELEVÉ DES TIMBRES À DATE
1874
Bureau de poste de Mézières (Ardennes)
Registre de 40 pages (26,5 × 21 cm)
Musée de la Poste, Paris

L'instruction générale de 1868 prescrit à tous les postiers d'apposer quotidiennement les empreintes de timbres à date en usage dans chaque bureau de poste. Cette mesure permet la vérification de la date du timbre à chaque changement des caractères mobiles. Car le timbre à date apposé sur les lettres, tant à l'arrivée qu'au départ, peut servir de preuve en justice. Le 15 de chaque mois, la netteté et l'état d'entretien de tous les timbres du bureau sont vérifiés par l'apposition des empreintes sur le registre.

TIMBRE À DATE AVEC NUMÉRO D'ORDRE DE LEVÉE
6 juillet 1876. Lettre de Rivesaltes pour Pontarlier
Collection particulière

À partir de la fin mars 1876, chaque lettre reçoit deux empreintes, la première pour annuler le timbre et la deuxième pour l'impression lisible de la date. D'autre part, depuis juillet 1868, certains cachets à date indiquent une nouvelle précision : le numéro de levée de la boîte aux lettres du bureau. Elle est portée sur la première ligne du bloc dateur sur laquelle figure déjà le quantième du mois. Deux nouveaux timbres apparaissent comme test, l'un avec un seul cercle de 21 mm de diamètre, l'autre plus grand, de 24 mm avec deux cercles formant couronne. Le timbre Cérès 25 c de ce pli est annulé par un cachet à date de 21 mm. En conséquence, l'usure moyenne du timbre à date est fixée à quatre ans au lieu de six.

De la ferme générale des Postes à la création du ministère des Postes et des Télégraphes

TIMBRE OBLITÉRANT À NUMÉRO D'ORDRE
1871
Lettre chargée d'Agen pour Bordeaux
Gros chiffres 12 : bureau d'Agen
République (Cérès) émission provisoire de Bordeaux
Musée de la Poste, Paris

Pour une meilleure lisibilité, un autre timbre oblitérant avec un nouveau numéro d'ordre (gros chiffres) est mis en service en décembre 1862. Il correspond à la seconde nomenclature des bureaux de poste. Une série continue de 1 (Abbeville) à 4999 est réservée aux bureaux de la métropole, une série 5000 (Aboukir, Oran) à 5103 (Varna, Levant) aux bureaux d'Algérie et aux bureaux français à l'étranger. Ce timbre oblitérant est retiré du service fin mars 1876.

RÉPUBLIQUE (CÉRÈS) ÉMISSION IIIe RÉPUBLIQUE
ERREUR DE CLICHÉ
1876
Timbre-poste à 15 c dans une feuille de vente de 150 timbres à 10 c
Musée de la Poste, Paris

Après la guerre de 1870, l'effigie de Cérès réapparaît de nouveau sur les timbres jusqu'en 1876. Cette émission est imprimée en typographie, de janvier 1875 à mai 1876, à l'aide de planches formées de 150 clichés mobiles serrés dans un cadre d'acier. Cette nouvelle méthode de clichés séparés permet ainsi le remplacement des clichés défectueux ou inversés (position tête-bêche). Le cliché du 15 c figurant dans cette planche à 10 c à la case 90 est ainsi très vite rectifié.

RÉPUBLIQUE (CÉRÈS) ÉMISSION IIIe RÉPUBLIQUE
1876
Timbre-poste à 15 c attenant à un 10 c
Détail
Musée de la Poste, Paris

HEINRICH VON STEPHAN
Musée de la Poste, Paris
Fils d'un simple artisan de Poméranie, Heinrich von Stephan est né en 1831. À l'âge de 17 ans, il entre au service des postes de Prusse. Muté à Cologne en 1851, il conçoit l'idée d'une union postale internationale. Il accède en 1870 au poste de directeur général des postes de la Confédération d'Allemagne du Nord et propose en 1873 un projet de convention postale générale. Un congrès réuni à Berne, le 15 septembre 1874, en étudie les termes. Après 24 jours de travaux seulement, les délégués des 22 États composant l'assemblée signent, le 9 octobre 1874, l'acte constitutif d'une Union générale des postes. Celui-ci stipule : « Les pays entre lesquels est conclu le présent traité formeront, sous la désignation de "Union générale des postes" un seul territoire postal pour l'échange des correspondances entre les bureaux de poste. » En 1878, l'institution prend le nom d'Union postale universelle. Heinrich Von Stephan reçoit en 1885 des titres de noblesse héréditaires et est élevé, en 1895, au rang de ministre d'État avant de s'éteindre en 1897.

LE PNEUMATIQUE
XIXe siècle
Gravure extraite de
La République illustrée
Musée de la Poste, Paris
Télégraphe atmosphérique, poste atmosphérique, pneumatique : autant de noms différents pour désigner un seul et même système de transport basé sur la pression atmosphérique. C'est en 1866 que le pneumatique voit le jour. Celui-ci se présente comme un ensemble de tubes parcourus par des boîtes appelées curseurs et acheminées par déplacement d'air. Il suffit de faire le vide à l'avant de la boîte et de comprimer l'air à l'arrière pour obtenir la propulsion de la boîte. En 1888, 200 kilomètres de tubes posés dans les égoûts relient tous les bureaux télégraphiques de Paris. Les télégrammes d'abord, les cartes-lettres ensuite, frappées de la mention « pneumatique », sont transportées par cette voie. Au début du siècle, 14 millions de plis empruntent les souterrains de la capitale. Moins d'une heure et demie s'écoulait entre le dépôt et la remise du message.

PARIS. — LE TÉLÉGRAPHE ATMOSPHÉRIQUE : LA SALLE DES MACHINES

De la ferme générale des Postes à la création du ministère des Postes et des Télégraphes

Les facteurs de ville

ÉCUSSON DE FACTEUR
1797
Musée de la Poste, Paris

Cet écusson en laine n'est qu'un projet qui devait servir de modèle à la fabrication de médaillons en cuivre destinés à être cousus sur les habits des facteurs. La note qui accompagne l'écusson précise : « Ils seront bien solides et résisteraient au coup de baguette lorsqu'on batterait l'habit ».

ÉCUSSON DE FACTEUR DE VILLE
Second Empire
Cuivre
Musée de la Poste, Paris

FACTEUR
1815. Étienne Boubot
Huile marouflée sur carton
Musée de la Poste, Paris

L'Ancien Régime affectionne le bleu de roi, couleur de rigueur jusqu'en 1810. Une délibération du Conseil des postes du 1er vendémaire an XIII (23 septembre 1804) signale encore l'habit bleu avec collet rouge sans parements. La tenue est renouvelée tous les deux ans. En 1810, le costume change de couleur : il est désormais en drap vert. Des indemnités sont données de temps à autre aux facteurs pour leur frais de bas et de souliers. Des changements interviennent dans l'uniforme en 1818. Chapeaux ronds pour les facteurs de ville, chapeaux à trois cornes pour les facteurs du gouvernement ; gilets, redingotes et manteaux complètent l'habit des facteurs. En 1802, l'effectif des facteurs parisiens s'élèvent à 306 individus. Ajoutons à ce chiffre les 304 facteurs des départements que l'on compte à cette époque (non compris ceux qui officient dans les départements conquis), et l'on aura une idée du nombre de ces employés des postes qui distribuaient les lettres à domicile.

BOUTON D'UNIFORME DE FACTEUR « RÉPUBLIQUE FRANÇAISE-POSTES »
Révolution
Cuivre
Musée de la Poste, Paris

BOUTON D'UNIFORME DE FACTEUR « POSTES-SERVICE DES THUILERIES »
Consulat
Cuivre
Musée de la Poste, Paris

LES ÉTRENNES
Vers 1815
Musée de la Poste, Paris

Pour les étrennes, ce facteur de la Restauration apporte un *Manuel des bons Français*, signé des électeurs du département de la Vendée. Il porte le chapeau rond en usage à cette époque et également une boîte de distribution. Celle-ci est fournie par Jean Irisson, celui-là même qui construit les malles-poste et en assure l'entretien. Selon les clauses de son marché passé en 1806, ces boîtes doivent être en bois de noyer, garnies à l'intérieur d'une toile peinte collée, et revêtues à l'extérieur d'un cuir mince collé lui aussi sur la boîte. Irisson doit en fournir 230 en 1806. Le marché d'Irisson est résilié en 1818, l'administration ayant décidé d'assurer l'entretien des boîtes au fur et à mesure des besoins.

PENDULE
XIXᵉ siècle
Bronze doré
Musée de la Poste, Paris

Cette pendule représente un angelot facteur tenant dans sa main un petit claquoir en forme de cœur. Il porte également, rejetée dans son dos, une boîte de facteur. Sur le corps de la pendule est figurée une boîte aux lettres où peut se lire l'inscription « À Cythère », qui dans le langage poétique signifie le « pays des amours ».

CHAMOUSSET OU LA POSTE AUX LETTRES
1816
Musée de la Poste, Paris

Poème en quatre chants est précédé d'une dissertation historique sur l'origine, l'usage et l'utilité des postes par M. de Cubières-Palmézeaux, ancien écuyer de Mᵐᵉ la comtesse d'Artois. Ce livre, œuvre d'un ancien employé des postes, est une véritable apologie de la poste. Chamousset, l'inventeur de la petite poste, n'est qu'un prétexte à une longue dissertation historique sur l'utilité de cette administration. L'auteur ne réserve que le tiers de son ouvrage à son poème, ainsi qu'il s'en explique : « J'ai fait précéder ce faible poème d'une très longue dissertation sur les postes. Mais la plupart des auteurs ne font des préfaces que pour leurs poèmes, et je n'ai fait mon poème que pour ma préface. Mon poème est une bagatelle qui ne m'a guère coûté que trois semaines de travail, et ma préface, à cause des immenses recherches qu'il m'a fallu faire, m'a coûté presque trois années. »

HORAIRES DES DISTRIBUTIONS DANS PARIS
1824
Affiche
Musée de la Poste, Paris

Cette affiche de la direction générale des postes fixe les heures de levées des boîtes et de distribution pour Paris et la banlieue. En 1824, l'administration des Postes procède à une réforme du service postal dans la capitale. Les Parisiens bénéficient désormais de 6 distributions par jour en hiver au lieu de 5 et de 7 distributions en été au lieu de 6. En banlieue, 20 bureaux sont créés. Ils permettent aux habitations les plus écartées de recevoir la visite du facteur. Le transport des lettres du centre aux bureaux d'arrondissements, qui était exécuté par des facteurs porte-sacs, est maintenant confié à des hommes à cheval. Avec un effectif de 14 hommes, le maître de poste de Paris, Gaspard Dailly se chargera de ce nouveau service.

De la ferme générale des Postes à la création du ministère des Postes et des Télégraphes

FACTEUR DE VILLE
Vers 1840
Huile sur bois
Musée de la Poste, Paris

Les facteurs de ville sont vêtus d'un habit de drap bleu sans retroussis, boutonné sur le devant de neuf boutons en métal jaune avec les mots « poste aux lettres » au milieu. Le collet est droit, évasé, de couleur rouge avec parements bleus boutonnés en dessous de deux petits boutons. Le pantalon est de drap gris et le chapeau rond est en feutre verni. Ce dernier a la forme ronde depuis au moins 1819, comme l'atteste une décision de l'administration qui préconise son maintien. Les facteurs doivent se pourvoir d'un écusson qu'ils portent attaché à l'habit sur le côté gauche de la poitrine. L'uniforme, en 1828, est renouvelé tous les ans, mais le manteau dont les facteurs sont dotés n'est échangé que tous les quatre ans et demi. Peu de temps auparavant (1824), l'Administration avait adopté le système de l'abonnement pour l'entretien des uniformes des facteurs de Paris, moyennant le versement de 10 francs par homme au tailleur adjudicataire. Quant aux souliers, les facteurs perçoivent de l'Administration des indemnités pour frais de chaussures.

FACTEUR DE VILLE 1832
1889. A. Kermabon
Aquarelle
Musée de la Poste, Paris

Les facteurs des villes de province sont encore peu nombreux au milieu du XIXe siècle : à peine 750 au total, en 1844. Lyon en compte 46, Marseille 40, Rouen 36, Bordeaux 32, Toulouse 28, Strasbourg 17.

VOITURE DU SERVICE DE LA BANLIEUE
1839
Musée de la Poste, Paris

Ce véhicule est utilisé pour la distribution des lettres dans la banlieue de Paris.

UNIFORME
1862
Musée de la Poste, Paris

À partir du 1er janvier 1862, les facteurs de ville, en province seulement, changent d'allure. L'ancien habit bleu fait place à une tunique vert dragon, couleur adoptée par toutes les administrations du ministère des Finances. Le collet est écarlate. Le pantalon est désormais en drap gris de fer avec un passepoil rouge. Le facteur portera également un képi shako, qui lui conférera une allure toute militaire.

KÉPI SHAKO
1862
Musée de la Poste, Paris

Le shako remplace l'antique chapeau noir ciré du facteur. En cuir mat, le shako présente une visière estampée. Il est orné sur le devant d'un bouton d'uniforme, d'une cocarde et d'un galon vert en laine. Le shako est abandonné en juin 1878. Il sera remplacé par un képi en drap vert orné d'un nœud hongrois.

BOÎTE DE FACTEUR
Second Empire
Musée de la Poste, Paris
Cette boîte de facteur utilisée pour la distribution des lettres est pourvue d'un encrier, d'une plume et d'un carnet. Le facteur la porte habituellement sur le ventre.

AFFICHE
1837
Musée de la Poste, Paris
L'administration des Postes n'est pas propriétaire des voitures qui transportent les facteurs sur les lieux de distribution. Elle confie à un particulier versé dans l'art de la carrosserie le soin de fournir et d'entretenir les véhicules. Bouthery, carrossier résidant rue du Chemin vert, livre 10 voitures en février 1837. 3 autres véhicules s'ajoutent à ce parc hippomobile en 1839. De même, la conduite de ces voitures est assurée par un autre entrepreneur rétribué par l'Administration. En 1837, c'est Gaspard Dailly, maître de poste de Paris, qui se charge du service moyennant 75 000 francs par an. Ses chevaux doivent couvrir en moyenne 1 kilomètre en 4 minutes avec une tolérance de 8 minutes sur chaque ligne.

VOITURE DES FACTEURS
1837
Musée de la Poste, Paris
Dans les premières décennies du XIXe siècle, la distribution dans Paris est un sujet de plaintes. Les malles-poste arrivent à l'hôtel des postes à 5 heures du matin. Après des travaux de tri et de vérification de la taxe, les lettres sont envoyées à chacun des deux bureaux de poste de Paris où les facteurs sont chargés de la distribution dans les quartiers. Afin d'accélérer la distribution, une réorganisation du service a lieu en 1837. Désormais, les facteurs des bureaux de quartier se rendent à l'hôtel des postes à l'arrivée des dépêches pour travailler au tri. Ce travail achevé, 8 voitures à deux chevaux transportent et déposent les facteurs à l'endroit où commence leur distribution respective. Dans chacun de ces omnibus prennent place 16 facteurs.

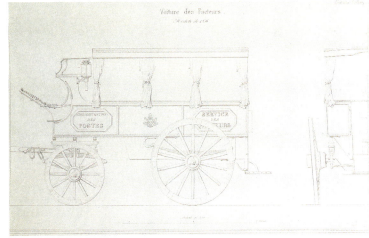

VOITURE DES FACTEURS
Premier modèle de 1836
Musée de la Poste, Paris
L'entrepreneur des voitures des facteurs exécute son service en vertu d'un traité passé avec l'Administration qui l'oblige à respecter un cahier des charges. Ces premières voitures sont dépourvues de vitres mais seulement munies de rideaux de coutil, disposition qui était une source de rhumes et de bronchites pour les facteurs.

De la ferme générale des Postes à la création du ministère des Postes et des Télégraphes

VOITURE POUR LE TRANSPORT
DES FACTEURS DANS PARIS
1856. A. G. Ducoudray
Dessin
Musée de la Poste, Paris

BOÎTE AUX LETTRES
1850-1880
Musée de la Poste, Paris

Les premières boîtes aux lettres apparaissent avec la petite poste de Renouard de Villayer (1653). Placées au coin des rues « de sorte qu'il n'y a point de maison qui ne soit très proche de quelqu'une de ces boëttes, et où on ne puisse en un instant sans se détourner y faire porter ses lettres », ces boîtes eurent une existence aussi éphémère – tout au moins peut-on le supposer – que l'expérience de Villayer. À Paris, en 1692, on ne compte que 6 boîtes qui sont levées tous les jours à midi et à 8 heures. Lyon n'est pas mieux doté sous le règne de Louis XV : 3 boîtes aux lettres qui ne sont levées qu'une fois par jour. Passé l'heure de la levée, il faut se rendre à l'hôtel des postes pour espérer un départ au prochain ordinaire. En 1760, excepté la boîte générale qui se trouve à l'hôtel des postes, rue Plâtrière, il existe à Paris 37 petites boîtes, placées dans les différents quartiers de la capitale. À cette époque et jusque dans les années 1850, les boîtes aux lettres sont confiées à des « boîtiers » qui doivent en assurer la garde. L'Instruction générale des postes de 1832 définit ainsi leur fonction : « Le boîtier est le gardien d'une boîte aux lettres qui est fermée, et dont il ne doit avoir la clé. » Les boîtiers sont en général des épiciers et des boutiquiers qui ont pignon sur rue. Pour prix de leur service, les 200 boîtiers de Paris perçoivent chacun 50 livres par an, en 1796. Afin de ne pas confondre les boîtes de la poste aux lettres de Paris avec celles que les particuliers placent à leur porte, l'administration fait apposer sur ses boîtes, en 1829, 206 écussons aux armes de France estampés en cuivre. Il s'agit « de prévenir les erreurs que peuvent commettre les étrangers et les personnes qui ne savent pas lire ». La multiplication des boîtes aux lettres est concomitante à la mise en place du service rural, décidée en 1829. Une boîte aux lettres est placée dans chacune des communes du royaume où il n'existe ni bureau de poste ni distribution. La levée s'effectue tous les deux jours. Leur entretien est à la charge des directeurs des postes qui doivent veiller à ce qu'elles soient repeintes régulièrement. On compte en France, en 1836, 35 000 boîtes, chiffre qui s'élèvera à 45 000 en 1876. Faites en bois, ces boîtes aux lettres, encastrées dans les murs d'habitations rurales, sont dotées vers 1850 de portes en métal où est indiquée l'heure de la dernière levée effectuée.

BOÎTE AUX LETTRES RONDE
1850
Fonte
Musée de la Poste, Paris

En 1850, les effets de la réforme relative à la baisse des tarifs ne se sont pas encore fait sentir. Cette année-là, près de 160 millions de lettres sont expédiées. Mais le gain par rapport à l'année précédente n'avait été que d'1 million de lettres. Toutefois, l'administration des Postes avait des raisons d'espérer recueillir bientôt les fruits de sa réforme. Elle conçut alors, sur le modèle des boîtes aux lettres belges installées à Bruxelles, des boîtes aux lettres de grande contenance. Celles-ci, exécutées en fonte de fer bronzé, présentaient la forme d'une borne ronde, haute d'environ 1,80 m, reposant sur un socle de granit. Surmontées d'un couronnement, ces boîtes offraient une ouverture destinée à la réception des lettres et protégée de la pluie par un auvent. En dessous s'ouvrait une porte pour le retrait des envois. Ces nouvelles boîtes furent installées sur la voie publique, à Paris.

LA POSTE PENDANT LA PREMIÈRE
SEMAINE DE JANVIER
1872. Le Monde illustré
Gravure
Musée de la Poste, Paris

La fin de l'année est une période redoutée des facteurs et de l'administration des Postes tout entière. Le trafic atteint des pointes exceptionnelles. En 1855, l'administration prévoit de n'accorder aucun jour de congé pendant les mois de décembre et de janvier,

« époques de l'année auxquelles l'accroissement du travail et la perturbation causée dans le service du transport des dépêches par les intempéries rendent nécessaire la présence de tous les agents à leur poste ». Le directeur général des postes, Édouard Vandal, rapporte en 1866 les conditions de travail des agents des postes à l'époque du Nouvel An : « Les environs du 1er janvier exigent des efforts et des agglomérations inaccoutumés, les agents sont entassés d'une manière aussi préjudiciable au bien du service qu'à leur propre santé. Le résultat du travail exceptionnel du 1er janvier se traduit par 50 à 60 facteurs malades (à Paris) et hors de service, et le chef du service de Paris, atteint d'une congestion, a dû suspendre absolument tout travail. » À cette époque, on compte en France 2 500 facteurs de ville.

ALMANACH DES POSTES
DU DÉPARTEMENT DES BASSES-ALPES
1857. E. Mary-Dupuis
Musée de la Poste, Paris

La pratique qui consiste à offrir un calendrier à l'occasion du changement d'année remonte au XVIIIe siècle. Le facteur en attend une gratification, qui complète un maigre salaire. Il faut cependant attendre 1855 pour que l'usage reçoive une reconnaissance officielle de l'administration des Postes. Celle-ci considère l'almanach du facteur comme un document de service. Elle y place, en effet, des renseignements postaux mais aussi des informations relatives à la vie locale. Le calendrier du facteur est édité à ses débuts par l'imprimeur-libraire Mary-Dupuis. L'administration des Postes lui concède le monopole de l'édition de l'almanach en 1859 pour douze ans. N'ayant pas donné satisfaction, Mary-Dupuis voit son contrat résilié. La fabrication du calendrier est confiée alors en 1860 à Oberthur pour une durée de dix ans. Oberthur fournit aussi les directeurs des postes en boîtes de tampon, flacons de noir et de rouge, tablette en caoutchouc, pèse-lettres et séries de poids. En 1870, Oberthur perd son monopole. Tout éditeur peut désormais entreprendre la publication du calendrier en se conformant toutefois aux prescriptions de l'administration, qui contrôle la validité de l'information contenue. Celui-ci est immédiatement fort apprécié des ménages. En 1857, 800 000 calendriers sont distribués. Dix ans plus tard, ce sont presque 2 millions d'exemplaires qui entrent dans les foyers. La distribution du calendrier est aussi une bonne affaire pour le facteur, qui peut alors doubler son salaire annuel.

ÉTUDE SUR LES FACTEURS DE VILLE
Vers 1840
Musée de la Poste, Paris

PARTITION MUSICALE
« LE FACTEUR AUX LETTRES »
1857. L. Loire
Lithographie
Paroles de Jules Moineaux,
musique de Victor Parizot
Musée de la Poste, Paris

Dans cette scène, le facteur, en l'absence de la portière, utilise son organe pour appeler les destinataires des lettres. La réglementation lui interdisait en effet de monter à l'étage.

HABIT-VESTE DE
FACTEUR DE VILLE
1862
Musée de la Poste, Paris

De la ferme générale des Postes à la création du ministère des Postes et des Télégraphes

Les facteurs ruraux

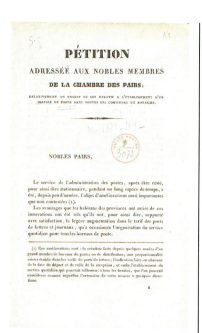

PÉTITION
1829
Musée de la Poste, Paris
Cette pétition, adressée à la Chambre des pairs, propose notamment de donner un rôle de garde-champêtre aux futurs facteurs ruraux. Elle évoque les progrès réalisées par l'administration des Postes et, en particulier, la mise en œuvre d'un service quotidien. À compter du 1er janvier 1828, le service des postes devient journalier dans toute la France. L'expérience en avait été tentée en 1794 en raison de la situation de guerre mais ce service quotidien avait été supprimé en 1796. Restauré en 1828, il comporte des exceptions. Le service maritime pour la Corse et les services dans l'intérieur de cette île étaient maintenus dans leur état. Pour les pays étrangers, les relations postales devaient rester conformes aux traités internationaux.

LOI DE CRÉATION DU SERVICE RURAL
1er avril 1830
Musée de la Poste, Paris
Jusqu'en 1830, les habitants des campagnes ne disposent d'aucun service de distribution des lettres à domicile. À moins que la commune n'appointe un messager pour rapporter du bureau de poste de la ville voisine les lettres à l'attention des habitants du bourg, ces derniers doivent, de temps à autre, faire le voyage à la ville pour y retirer leur courrier. Si personne ne se présente dans les trois mois, la lettre est versée au rebut. Ce sont 300 000 lettres qui connaissent ce sort tous les ans. Afin de rompre l'isolement des habitants des campagnes, on crée, en 1830, le service rural. 5 000 facteurs ruraux, recrutés surtout parmi les militaires, se lancent sur les routes de France. Face à la croissance des besoins, leur nombre ne fait qu'augmenter. En 1876, à raison de 27 km par jour en moyenne, 19 000 facteurs parcourent ensemble quotidiennement 513 000 km, soit douze fois le tour du globe.

UNIFORME DE FACTEUR RURAL
1835
Musée de la Poste, Paris
Quand l'administration des Postes décide en 1830 d'étendre la distribution des lettres aux habitants des campagnes, elle dote les nouveaux facteurs d'un portefeuille de cuir noir et d'un écusson de métal blanc portant l'inscription « Direction générale des Postes ». Elle n'a pas jugé opportun de faire fabriquer des uniformes et d'en exiger la dépense par les facteurs, lesquels ont été recrutés dans les rangs les moins aisés de la société. Mais certains d'entre eux, afin d'acquérir une certaine considération auprès des habitants des campagnes, font les frais d'un costume, une blouse bleue avec col écarlate. Sans en généraliser le port, l'Administration encourage les facteurs à imiter cet exemple en 1835. Une circulaire du 9 décembre fixe les détails du costume : un habit veste de drap bleu roi, boutonné sur le devant de sept boutons de métal blanc portant les mots « service des postes-facteur rural », collet droit en drap rouge, parements bleus. En hiver, le facteur rural portera un pantalon de drap gris de fer et, en été, un pantalon et des guêtres en toile bleue. Il sera coiffé d'un chapeau rond en feutre verni. Il peut tout aussi bien porter une blouse en toile bleue, ouverte sur la poitrine, avec collet rouge rabattu. Une ceinture en cuir noir doit lui serrer la taille.

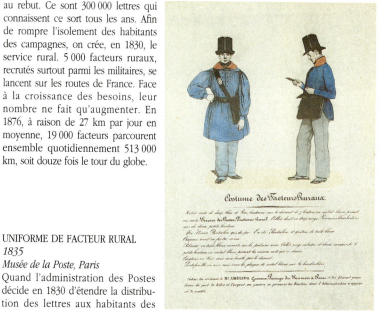

BLOUSE DE FACTEUR RURAL
1835-Début XXᵉ siècle
Musée de la Poste, Paris

BOUTON
« ADMINISTRATION DES POSTES-SERVICE RURAL »
Époque Charles X-Louis Philippe
Cuivre
Musée de la Poste, Paris

COMMISSION DE FACTEUR RURAL
3 décembre 1840
Musée d'Histoire des PTT d'Alsace Riquewihr

Les facteurs ruraux exercent leur fonction en vertu d'une commission, acte de nomination à un emploi. Cette commission concerne Louis Beihler, nommé facteur rural à Wœrth-sur-Saône (Bas-Rhin).

FORMULE DE PART DES FACTEURS RURAUX
Vers 1840
Musée d'Histoire des PTT d'Alsace Riquewihr

Le mot « part » tient son origine de la formule indiquée en tête du document « part le sieur... facteur rural ». Et le facteur rural de porter sur le part l'heure de son départ du bureau. Cette feuille de route doit être servie par le facteur qui y inscrit aussi le nombre de lettres venues d'autres bureaux et le montant de leur taxe. Sur son parcours, le facteur doit relever les boîtes aux lettres. À des fins de contrôle, il appose sur son part le cachet d'une lettre-timbre fixée à la boîte en même temps qu'il y porte l'heure et la minute de la levée.

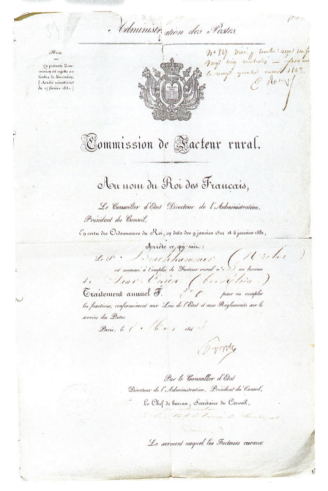

De la ferme générale des Postes à la création du ministère des Postes et des Télégraphes

FACTEUR RURAL
Vers 1860
Musée de la Poste, Paris

Cette caricature du facteur rural est due à Draner (1833-?), dessinateur dans les grands périodiques français satiriques. Le regard qu'il porte sur ce valeureux marcheur est plus tendre que critique, vision largement partagée par les populations des campagnes qui appréciaient le facteur pour les services postaux et extra-postaux qu'il rendait. Le facteur rural rapporte de la ville voisine des comestibles, des médicaments, des provisions de toute sorte. On peut également le charger d'appeler un médecin. Mais le crédit de sympathie qu'on lui porte n'est pas à la mesure de sa condition sociale et de ses conditions de travail. Il marche de longues heures par tous les temps, tous les jours de l'année, sans un seul jour de repos. Le parcours moyen d'un facteur est, en 1877, de 27 km. Mais sur un total de plus de 19 000 tournées, environ 6 000 restaient supérieures à 28 km, soit 30 %. Le facteur rural est rémunéré au kilomètre parcouru sur la base de 4 centimes en 1830, 6 centimes et demi en 1877. Jusqu'en 1888, la rémunération kilométrique ne tient compte ni de l'ancienneté ni de la qualité des services rendus. Le facteur rural ne peut donc vivre de son seul salaire. C'est pourquoi il se livre à une activité secondaire. Il répare les montres, les chaussures. Son service terminé, il se fait tailleur ou menuisier. Certains sont inscrits aux bureaux de bienfaisance de leurs communes. Le métier de facteur rural n'est donc guère attractif, d'autant plus que son salaire est bien inférieur à celui de son collègue des villes. Le recrutement des facteurs ruraux est, dans la seconde moitié du XIXe siècle, de plus en plus problématique.

FACTEUR DES LANDES VERS 1860
1889. A. Kermabon
Musée de la Poste, Paris

Seul élément distinctif de ce facteur rural, les échasses donnent une couleur locale à la distribution des lettres dans le pays landais. Mais comme tous ses collègues du monde rural, il porte la blouse bleue d'usage et la casquette russe.

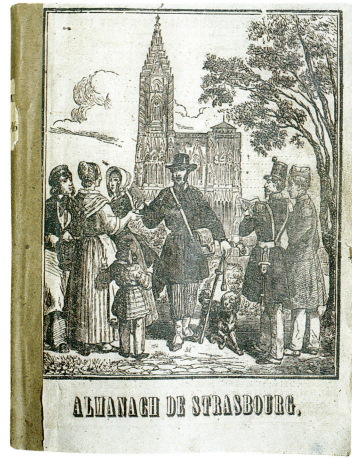

ALMANACH DE STRASBOURG
1840
Musée d'Histoire des PTT d'Alsace, Riquewihr

Sur cet almanach populaire, figure abusivement devant la cathédrale de Strasbourg, un facteur rural en blouse et chapeau rond. Mais il faut retenir que ce type de publication était surtout destiné aux campagnes, dont les habitants ne connaissaient que cet aspect du facteur.

LETTRE D'ORIGINE RURALE
1845
Lettre de Montet pour Moulins
Musée de la Poste, Paris

Créé par la circulaire du 9 juin 1836, ce timbre doit être apposé immédiatement sur les lettres que les facteurs reçoivent à la main. Cette apposition est supprimée par une circulaire du 7 décembre 1911. Le timbre « OR » est apposé sur une lettre d'origine rurale remise à la main au facteur le 20 août 1845.

PARTITION MUSICALE
« LE CHÂTEAU À TOTO »
1867. Donjean, d'après A. Grévin
Lithographie
Musée de la Poste, Paris

Dans cet opéra-bouffe de J. Offenbach, Henri Meilhac et Ludovic Halévy évoquent l'idée, alors dans l'air, de doter les facteurs d'un vélocipède : « Par bonheur on nous vient en aide, aux facteurs, il est question, de donner un vélocipède, Gloire, Gloire à l'Administration. » Le département de l'Aube avait, le premier, fourni des tricycles à ses facteurs, vers 1869. Il fut imité par d'autres mais l'expérience demeura sans lendemain, interrompue par la guerre de 1870.

**MATRICE DE PLAQUE
DE FACTEUR RURAL**
Second Empire
Musée de la Poste, Paris

Cette lourde pièce de métal sert à la fabrication des écussons de facteur. Le graveur officiel de l'administration des Postes est Ameling. Sa signature se rencontre fréquemment sur les plaques.

TIMBRE PORTATIF ORIGINE RURALE
Fin XIXe siècle
Laiton. (4 cm, diamètre : 1,3 cm)
Musée de la Poste, Paris

En 1851, ce timbre « OR » sert pour l'oblitération des timbres-poste des lettres recueillies et distribuées en cours de tournée.

De la ferme générale des Postes à la création
du ministère des Postes et des Télégraphes

Les services financiers

RECONNAISSANCE DE SOMME DÉPOSÉE À DÉCOUVERT POUR LES VOLONTAIRES ET TOUS CITOYENS ATTACHÉS AUX ARMÉES
12 thermidor an III (1795)
Musée de la Poste, Paris

Les attaques fréquentes des courriers amènent Pierre d'Alméras à interdire, par arrêté du 16 octobre 1627, le transport des matières d'or ou d'argent. Toutefois, les commis peuvent encore recevoir des sommes jusqu'à concurrence de 100 livres. Les sommes recueillies sont envoyées à chaque bureau destinataire, qui effectue le paiement avec les espèces versées au bureau de poste d'origine. Le procédé est peu commode et l'Administration recherche un moyen pour éviter le transport des espèces. Par un décret de juillet 1793, l'Administration engage sa responsabilité, vis-à-vis des déposants, jusqu'au moment où les sommes sont régulièrement payées aux destinataires. Cette première forme du mandat-poste prend tout d'abord le nom de « reconnaissance ».

RÈGLEMENT POUR LES ARTICLES D'ARGENT
1817
Musée de la Poste, Paris

Les articles d'argent portent le nom donné à l'époque aux fonds transportés à découvert par la poste. Dès 1798, afin d'éviter les transferts d'argent trop contraignants et trop nombreux, l'administration autorise les guichets à ne plus payer les destinataires avec les mêmes pièces que celles remises par l'expéditeur. Cette manière d'opérer subsiste jusqu'en 1817. À cette date, le directeur général des postes, Dupleix de Mézy, prend un arrêté qui réglemente le service des articles d'argent (arrêté du 24 février 1817). Celui-ci bouleverse radicalement le service des articles d'argent en remplaçant le transport matériel des espèces par des mouvements comptables. Le service des mandats est étendu à l'ensemble du public et les directeurs des bureaux de poste délivrent au déposant une « reconnaissance » que celui-ci doit envoyer au destinataire. Une lettre d'avis est transmise au bureau destinataire pour lui indiquer le montant à payer.

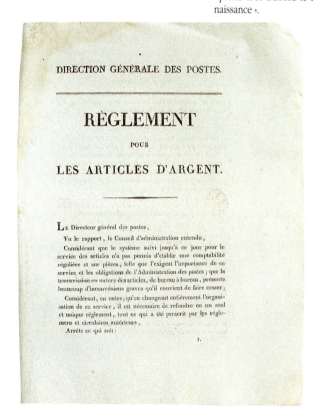

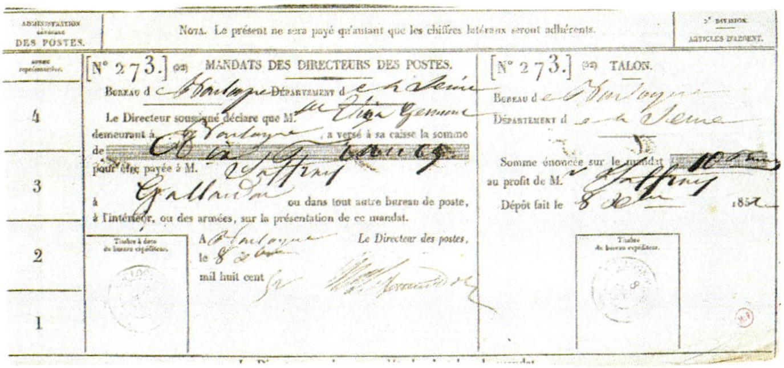

MANDAT DES DIRECTEURS
DES POSTES
1852
Musée de la Poste, Paris

Un règlement de 1823 assouplit la procédure du service des articles d'argent en autorisant le paiement à vue dans tous les bureaux, des « reconnaissances » de 100 francs et au-dessous, délivrées au profit des militaires. C'est en 1832, que l'ensemble des particuliers peut profiter de cette mesure ; le plafond est porté à 200 puis 300 francs, au-delà les sommes ne sont délivrées que sur avis préalable de l'administration. La « reconnaissance » est devenue définitivement mandat et elle prend à cette époque le nom de mandat des directeurs des postes. En 1855, il est adjoint au mandat un talon chiffré, qui est découpé lors de l'émission, afin que la somme en lettres soit confirmée par la somme en chiffres du talon.

MANDAT DE POSTE
1879
Musée de la Poste, Paris

En 1874, l'administration des Postes met en service de nouveaux types de mandats, imprimées sur papier de couleur : bleu, blanc ou rose. Ces nouvelles formules portent dorénavant le titre de mandat de poste. Les talons sont toujours composés de chiffres qui doivent donner un total correspondant à la somme inscrite en toutes lettres dans le corps du mandat. Pour déjouer les tentatives des contrefacteurs, l'administration procède, à partir de 1882, à l'impression d'un timbre sur la formule de mandat.

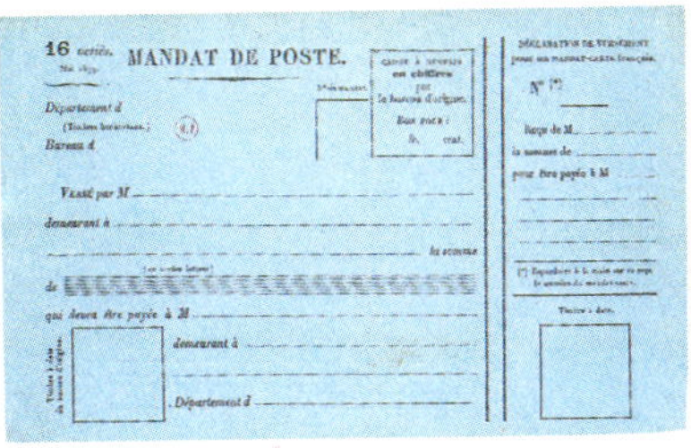

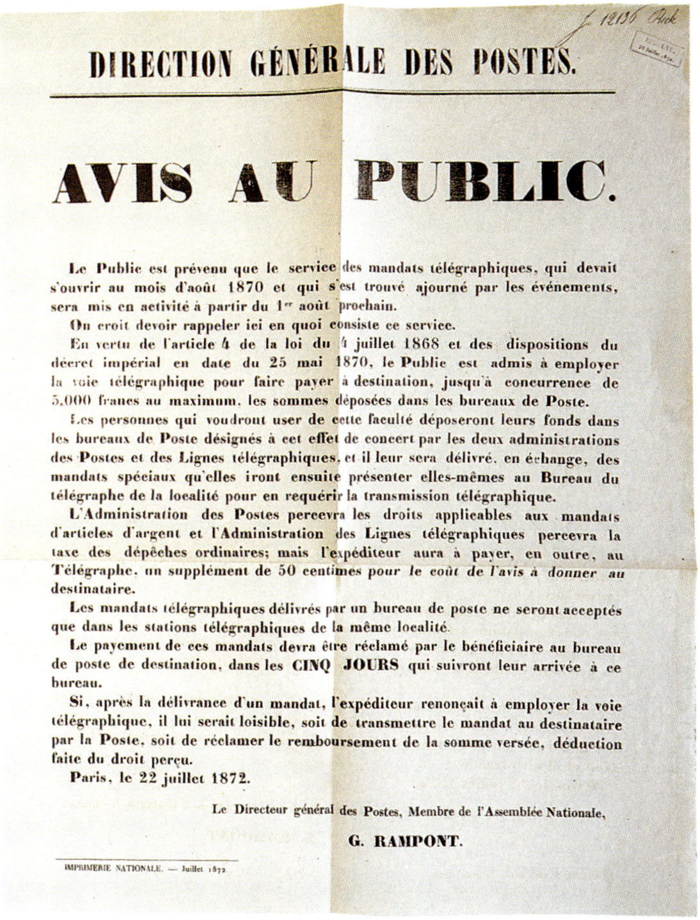

OUVERTURE DU SERVICE
TÉLÉGRAPHIQUE AU PUBLIC
Affiche
1872
Comité pour l'histoire de La Poste, Paris

La loi de juillet 1868, article 4, détermine les mesures propres à faire concourir le service télégraphique aux envois d'argent de la poste. Il est entendu que chacune des deux administrations maintiendra son rôle propre. Au service des postes, la mission exclusive de recevoir et de payer les sommes d'argent déposées par le public, en ne recourant au service télégraphique que pour la transmission de l'avis de paiement. Au service télégraphique, le maintien de l'irresponsabilité pour les erreurs qui peuvent être commises dans les transmissions de dépêches mandats. En fait, le service télégraphique conserve un rôle de simple intermédiaire. La guerre de 1870 retarde l'ouverture du service et il n'est proposé au public que le 1er août 1872. Dans un premier temps 546 bureaux sont admis à participer à ce service.

De la ferme générale des Postes à la création
du ministère des Postes et des Télégraphes

Le télégraphe Chappe

CLAUDE CHAPPE
XIXᵉ siècle. Farcy et Kaeppelin
Musée de la Poste, Paris

De nombreuses expériences de communication à distance ont lieu dans la seconde moitié du XVIIIᵉ siècle, mais aucune n'est suivie de réalisation pratique. Le succès du télégraphe Chappe est dû à l'opiniâtreté de ses initiateurs et à la pression des événements qui poussèrent le gouvernement révolutionnaire à rechercher un moyen sûr pour diffuser rapidement ses informations. Issu d'une famille de petite noblesse auvergnate, Claude Chappe (1763-1805) est abbé commendataire et, à ce titre, perçoit tous les revenus de ses bénéfices sans en assurer la charge. Il a donc tout le loisir de s'adonner aux sciences physiques et s'intéresse en particulier à l'électricité statique. En 1792, il met au point avec ses frères un système de télégraphie optique qui nécessite l'emploi de lunettes et l'installation de machines sur des points élevés. Son invention est adoptée à l'Assemblée le 26 juillet 1793. Claude Chappe reçoit le titre d'ingénieur-télégraphe. C'est le début d'une aventure qui allait durer jusqu'en 1855 mais s'interrompre prématurément pour l'inventeur, que l'on retrouva mort au fond d'un puits en 1805.

CARTE DES STATIONS TÉLÉGRAPHIQUES
1887. A. Kermabon
Musée de la Poste, Paris

L'association des frères Chappe dans l'exploitation du télégraphe fait merveille. Tout est à construire. Il faut rechercher des sites, inventer des méthodes d'exploitation du réseau, créer un vocabulaire, recruter du personnel. À Claude revient le perfectionnement du système. Ses frères Ignace, Pierre, René, Abraham s'attachent à l'administration du réseau. Malgré de nombreuses difficultés dues à la méfiance et au manque d'argent, la ligne de Paris à Lille est mise en service le 16 juillet 1794 ; le 15 août, Abraham annonce la reprise du Quesnoy par les troupes françaises. La ligne de Strasbourg est mise en activité en 1798 et celle de Brest en 1799.

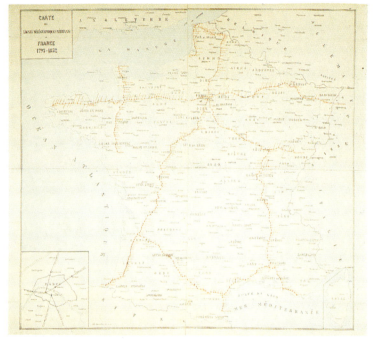

LUNETTE DE TÉLÉGRAPHIE AÉRIENNE
Début du XIXᵉ siècle
Musée de la Poste, Paris

Tout le système de Chappe repose sur l'observation, au moyen de lunettes, des signaux émis par le poste voisin, distant d'environ 10 kilomètres. Le message était ainsi reproduit de poste en poste, mais la vitesse de transmission était fonction des conditions climatiques. Le brouillard, les brumes et les pluies abondantes et, bien entendu, la nuit rendaient impossible toute communication. Par temps clair, on recevait à Paris les nouvelles de Calais en 1 heure 15 minutes, celles de Strasbourg en 1 heure 20 minutes, celles de Toulon en 3 heures, vers 1838, et pour une dépêche d'environ 100 signaux.

TÉLÉGRAPHE AÉRIEN DE CHAPPE
An VIII (1799-1800)
Maquette originale de Hairon au 1/20ᵉ
Musée de la Poste, Paris

La machine télégraphique est constituée d'une poutrelle de 4 mètres de long, le régulateur, fixé en son milieu à un mât et pouvant être mis à l'horizontale, en oblique ou à la verticale. À ses extrémités, deux barres d'1 mètre de long appelées ailes peuvent, par leur mobilité autour d'un axe, prendre un certain nombre de positions. Les branches mobiles sont découpées en forme de persiennes afin de résister au vent et de combattre les mauvais effets de la lumière. L'ensemble du dispositif est placé au-dessus du toit d'une maisonnette où prend place le stationnaire.

PLAN DE LA LIGNE TÉLÉGRAPHIQUE DE PARIS À LILLE
XVIIIᵉ siècle
Dessin et aquarelle
Musée de la Poste, Paris

fonctionnement du télégraphe a peu varié. Le vocabulaire utilisé entre 1799 et 1807 se présentait sous la forme d'un livre de 92 pages. Chaque page contenait elle-même 92 mots. Au total, les correspondants disposaient d'un vocabulaire de 8 464 mots. Dans ce registre sont consignés tous les bulletins de transmission passés sur la ligne du Nord ainsi que leur traduction. On y annonce notamment les faits de guerre des armées de la République, leur victoire sur les coalisés et sur les rebelles chouans. On y apprend également le projet de prolongement de cette ligne jusqu'à Dunkerque.

POSTES TÉLÉGRAPHIQUES
Début du XIXᵉ siècle
Coupe en élévation des tours Chappe
Musée de la Poste, Paris

Le stationnaire manipule les pièces du télégraphe à l'aide de poulies et de cordes qui communiquent dans la maisonnette avec un petit appareil, réduction du télégraphe extérieur. C'est ce petit mécanisme intérieur que l'employé manœuvre ; le télégraphe placé au-dessus du toit ne fait que répéter ses mouvements.

REGISTRE DE TRANSMISSIONS DE LA LIGNE DU NORD
1794-1795
Musée de la Poste, Paris

Pour composer une dépêche et la traduire, il faut que les directeurs situés à chaque extrémité de la ligne utilisent des vocabulaires. Les stationnaires, qui reportent le message de poste en poste, n'en ont pas connaissance mais doivent maîtriser le vocabulaire des signaux de service (ouverture de la ligne, pause, erreur, etc.). Si l'on cherche à améliorer sans cesse ces vocabulaires, il reste que le principe de

BOUTON D'HABIT D'INGÉNIEUR-TÉLÉGRAPHE
1793
Cuivre
Musée de la Poste, Paris

Le télégraphe aérien est adopté par décret de la Convention du 26 juillet 1793. Le titre d'ingénieur-télégraphe est accordé à Claude Chappe.

De la ferme générale des Postes à la création du ministère des Postes et des Télégraphes

Les services ambulants

FRANÇOIS DONAT BLUMSTEIN
XIXᵉ siècle
Photographie
Musée de la Poste, Paris

Dès l'avènement du chemin de fer naît l'idée de transformer le temps de transport en temps de travail pour accélérer l'acheminement de la correspondance. L'Angleterre en 1838 et la Belgique en 1840 sont les premiers pays à mettre en circulation des bureaux de poste ambulants. François Donat Blumstein (1795-1879), alors inspecteur des Postes en Alsace, élabore un projet de transport et de tri de courrier par chemin de fer. Il expérimente son idée dès le 1ᵉʳ août 1842 en organisant le premier transport des dépêches sur la ligne de Strasbourg à Bâle. Le directeur général des Postes Antoine Conte demeure toutefois sceptique sur l'utilité des bureaux ambulants. Un service d'expédition de dépêches débute le 20 août 1843 entre Paris et les bureaux de poste du département de l'Eure. Les dépêches sont placées dans un coffre suffisamment grand et fermant à clef, à l'arrière des trains de voitures. Un agent « courrier », chargé de livrer et de réceptionner les dépêches, les accompagne.

FORMATION DU TRAIN
DES MESSAGERIES EN GARE
DE PARIS-ORLÉANS
1845. Lithographie Bayot
Musée de la Poste, Paris

Pendant une période transitoire, certaines malles-poste de première section, au départ de Paris-gare du Nord, gare d'Orléans et gare Saint-Lazare sont transportées par chemin de fer. En effet, au fur et à mesure de l'avancée des travaux de la ligne, les malles-poste, séparées de leurs essieux, sont hissées, puis placées sur des trucks, sortes de wagons plats. Elles sont ainsi transportées jusqu'à la gare, point terminal provisoire de la ligne. Une fois déchargées, elles poursuivent leur route habituelle. Sur cette lithographie une diligence des Messageries est placée sur un wagon plat.

CAHIER DES CHARGES
LIGNE DE PARIS À ROUEN
31 janvier 1845
Collection particulière

Le 24 janvier 1845, le Conseil des Postes adopte un « cahier des charges pour le transport des dépêches en malles-poste ou au moyen de bureaux ambulants par le chemin de fer de Paris à Rouen », approuvé par le ministre des Finances le 28 et accepté par la Compagnie le 31. Une organisation provisoire est alors mise en place dès le 1ᵉʳ mars, mais il faut attendre le 1ᵉʳ août 1845 pour que débutent véritablement les opérations de triage dans des wagons aménagés à cet effet entre Paris et Rouen. D'autres bureaux sont ouverts l'année suivante : « Strasbourg à Mulhouse », « Paris à Valenciennes », « Paris à Tours ». Une décision ministérielle du 8 août 1854 organise les ambulants. Neuf directions de lignes sont créées et correspondent aux réseaux des compagnies de chemin de fer. Les directions de lignes sont implantées dans les grandes gares, à Paris, à Marseille Saint-Charles pour la Méditerranée et à Bordeaux Saint-Jean pour les Pyrénées. Les lignes sont divisées en sections désignées sous le nom des villes entre lesquelles circule l'ambulant comme « Paris à Strasbourg », « Paris à Belfort ». Chaque section peut avoir plusieurs ambulants.

MAQUETTE DU WAGON POSTAL PARIS-ROUEN
1845
Musée de la Poste, Paris

La compagnie fait construire et entretenir à ses frais les voitures, dont les premières livraisons datent de juillet 1845. Le premier bureau de poste ambulant rappelle la diligence dans son aspect extérieur. Il consiste en une voiture en bois, longue de 4,80 m, large de 2,40 m et haute de 2 mètres. Celle-ci adopte la couleur laque brune carminée rehaussée de minces filets rouges, la même qui ornait les malles-poste depuis 1818. Elle est fixée sur un châssis, également en bois. De chaque côté, de fausses fenêtres séparent deux portes-fenêtres à jour. L'inscription en jaune « Administration des Postes » est appliquée au-dessous.

MAQUETTE DE L'INTÉRIEUR D'UN WAGON POSTAL
1847
Musée de la Poste, Paris

Du toit de la voiture dépassent les cheminées des lampes à huile de colza et une cloche, appelée aussi timbre, que le chef de brigade actionne de l'intérieur pour commander la marche du train. Dans le bureau s'impose une suite d'armoires garnies de rayons, de coffres et de tiroirs pour ranger les objets nécessaires au travail, et les affaires personnelles des employés. Leur dessus sert de table de travail, sur laquelle s'élèvent plusieurs rangées de casiers destinés au tri des lettres. On remarque aussi le « fauteuil » du chef de brigade, massif, et la selle montée sur un trépied utilisé par le gardien du bureau. Ces deux agents sont les seuls à travailler assis, les autres restant debout.

INTÉRIEUR DE BUREAU AMBULANT
16 septembre 1848. L'Illustration
Gravure
Musée de la Poste, Paris

Un calorifère placé sous la plate-forme apporte une forte chaleur en hiver. Les lampes fixées au plafond et aux angles des casiers, permettent un éclairage nocturne. Celui du jour est assuré par cinq ouvertures garnies de glaces et de stores, percées dans le plafond et quatre fenêtres de côté. Enfin, bien visible, un chronomètre est enchâssé dans une paroi. Il indique à chaque employé le temps dont il dispose pour effectuer son travail.

De la ferme générale des Postes à la création du ministère des Postes et des Télégraphes

WAGON « PETIT MODÈLE » 6,80 M
PARIS-CALAIS
1855. Gravure
Collection particulière

D'un poids de l'ordre de 10 tonnes charge comprise, les wagons « petits modèles » rompent avec l'unité des convois, dont ils ralentissent la marche à partir du moment où les compagnies les intègrent dans des trains express avec des voitures pouvant peser jusqu'à 45 tonnes. Ainsi, ces wagons, lorsqu'ils sont placés en tête ou en queue des convois, risquent de dérailler au moindre choc ou bien d'être broyés par les lourdes charges qui suivent. Ils manquent aussi de stabilité et rendent le travail des ambulants difficile, voire impossible. À l'arrêt, ces wagons risquent même d'être écrasés lors d'un tamponnement. La création d'un nouveau type de wagon s'impose.

INTÉRIEUR D'UN WAGON
« PETIT MODÈLE »
1855. Gravure
Collection particulière

L'atelier de tri se présente d'un seul tenant. Les sacs s'empilent à chacune de ses extrémités. La petitesse des lieux oblige les agents à exécuter un travail qui devrait être sûr et rapide sans liberté de mouvement. La quantité de courrier transportable est ainsi limitée à 1,5 t. En 1878 apparaît sur le côté des wagons l'inscription « Postes et Télégraphes ».

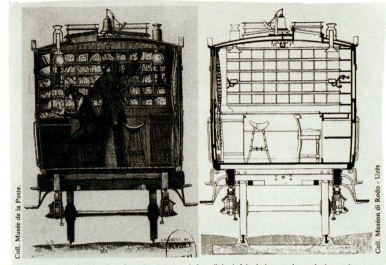

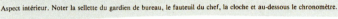

INTÉRIEUR D'UN WAGON
« PETIT MODÈLE »
1887
Extrait de La Poste aux lettres,
de L. Paulian
Gravure
Collection particulière

Dans les wagons « petits modèles », appelés « caissons » à cause de leur aspect sordide et dégradé. L'éclairage de jour, assuré par les fenêtres des portières, les 2 baies latérales à glace dormante et 5 à 8 châssis à tabatière pratiqués dans le pavillon, s'avère insuffisant. En 1893, il est amélioré grâce à l'emploi de lanterneaux qui comportent deux rangées de châssis verticaux sur toute la longueur de la toiture. Par ailleurs, le calorifère primitif est remplacé rapidement par un poêle à charbon.

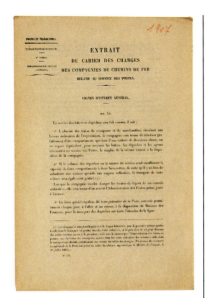

CAHIER DES CHARGES
1857
Musée de la Poste, Paris

Compte tenu de sa contribution financière à la construction du réseau ferré, l'État cherche à obtenir la gratuité absolue du transport par chemin de fer des lettres, des dépêches et des imprimés confiés à la poste. Il obtient satisfaction à partir de 1837, lorsque les compagnies de chemin de fer acceptent de transporter gratuitement les lettres et les dépêches convoyées par un agent du gouvernement. Elles sont alors tenues de réserver à chaque départ de voyageurs, à l'arrière du train des voitures, un coffre suffisamment grand et fermant à clef ainsi qu'une place convenable pour le courrier accompagnateur. En 1843, cette gratuité concerne un compartiment ordinaire de voyageurs dans l'acte de concession du chemin de fer d'Avignon à Marseille, mais elle n'est pas suffisamment appliquée. L'année suivante, le directeur général des Postes souhaite étendre cette clause à la totalité d'une voiture, prévoyant de mettre en service des voitures-allèges et des bureaux ambulants. Réticentes, les compagnies accordent seulement la gratuité d'un deuxième compartiment de voiture de deuxième classe pouvant contenir deux banquettes et 10 voyageurs. Il faut ainsi attendre la loi du 6 août 1850 pour que soit reconnu à la poste le droit de faire circuler gratuitement ses propres voitures sur les trains réguliers dont elle dispose. La plate-forme et les essieux appartiennent pour leur part à la compagnie. Un « cahier des charges type » est finalement rédigé. L'article 56 traite des conditions de transport du courrier, approuvé par décision du ministre des Finances le 30 juillet 1857. Toutefois, le développement des transports et l'accroissement du courrier rendent inopérant cet accord. Les compagnies rejettent la clause de gratuité pour les voitures d'un tonnage total supérieur à 8 tonnes, puis à 10. En 1899, une solution provisoire est trouvée, lorsque la poste accepte de payer la traction de ses propres voitures, même s'il subsiste toujours un différent sur le mode de calcul et d'acquittement des prestations fournies par les compagnies de chemin de fer.

WAGON « PETIT MODÈLE » DE 7 MÈTRES
Photographie
1862
Collection Ajecta, Longueville

Les types de bureaux et d'allèges construits entre 1852 et 1901 sont qualifiés de « petits ou d'anciens modèles ». Ils consistent en des caisses longues de 6,10 m, 6,70 m, 6,80 m, 7,17 m entièrement en bois de chêne ou de pin, portées sur des plates-formes. Les parois sont tôlées sur les « 7 mètres » à partir de 1875, tandis que le châssis, jusqu'alors en bois, est renforcé par une charpente en fer. Ces wagons sont montés sur deux essieux. Néanmoins, ceux qui circulent sur les réseaux Nord et PLM comportent trois essieux, afin d'atténuer les effets de balancement. Construits jusqu'en 1895, certains « petits modèles » bénéficient des progrès successifs. Ils reçoivent ainsi l'interconnexion afin d'être accouplés en 1880, les lanterneaux en 1893, l'éclairage au gaz en 1895. La vitesse des trains avoisine alors les 50 km/h.

RÉFORME VANDAL
Rapport sur le service des postes au ministère des Finances,
26 janvier 1866
Musée de la poste, Paris

Le directeur général des Postes Édouard Vandal dénonce l'insuffisance des moyens mis par l'État à la disposition de la poste et lui reproche de rechercher plus à faire des bénéfices qu'à améliorer la qualité du service. Il propose plusieurs améliorations, comme la construction de wagons plus solides, la reconstruction de l'Hôtel des Postes de Paris et la décentralisation de la distribution selon les arrondissements. Confronté à une augmentation sans cesse croissante du nombre de correspondances, 169 millions en 1844, 522 en 1863, Vandal estime qu'il convient de remplacer le travail mobile, à savoir les ambulants, par le travail sédentaire effectué dans des bureaux de tri spécialisés. Il crée ainsi, de juin à octobre 1864, des ateliers de tri sédentaires, dans les gares importantes et aux bifurcations de lignes, appelés « bureaux-gares ». Ils donnent satisfaction à l'Administration et entraînent une diminution du nombre d'ambulants. Toutefois, faute de crédits, la majeure partie des 27 ateliers mis en service disparaît avant 1880.

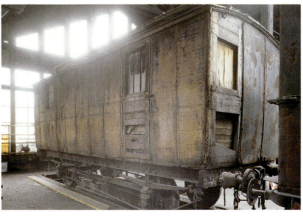

De la ferme générale des Postes à la création du ministère des Postes et des Télégraphes

La poste maritime

LETTRE PERFORÉE POUR DÉSINFECTION PROVENANT DE JASSY, ROUMANIE
16 octobre 1851
Musée de la Poste, Nantes

Si les grands fléaux tels que la peste avaient été éradiqués de la surface du globe au XIXe siècle, le choléra, lui, constituait toujours une menace très présente. En cas de forte suspicion d'épidémie, la quarantaine s'imposait pour tous les navires qui accostaient les côtes des pays européens. Les envois de la poste aux lettres étaient, quant à eux, désinfectés de la façon suivante : chaque lettre était perforée au moyen d'un instrument tranchant puis soumise pendant une certain temps à une fumigation de soufre afin de détruire le virus que l'envoi était supposé contenir.

LETTRE PURIFIÉE
1836
Lettre de Séville pour Sète
(13 × 13,5 cm)
Musée de la Poste, Paris

La désinfection s'opère par fumigation. Cette lettre confiée à un navire marchand comporte quatre incisions pour purification. Elle est revêtue d'une griffe ovale au verso « Commission sanitaire/d'Agde », attestant la désinfection.

ADJUDICATION DE CHARBON DE TERRE
1839
Musée de la Poste, Paris

La Restauration décide de créer un service régulier en Méditerranée, confié à l'administration des Ports, assurant trois voyages mensuels entre Marseille et Constantinople ainsi qu'un service transversal d'Athènes à Alexandrie. 10 paquebots de 160 chevaux-vapeur sont mis en service en 1837, 6 autres en 1841. L'approvisionnement des navires s'effectue sous forme de marché public sur appel d'offres. Affecté en priorité au transport des dépêches, le paquebot est autorisé à transporter des marchandises nomenclaturées – en général de faible poids et de grande valeur – et des passagers. La chambre de commerce de Marseille, avec ses marchands et ses armateurs, s'élève en 1839 contre cette concurrence déloyale en raison des bas tarifs pratiqués et du recrutement du commandant dans la Marine royale. Effectivement, le service des paquebots-poste de l'État s'avère déficitaire et ruineux pour le Trésor et les compagnies. C'est pourquoi en 1839, l'Assemblée nationale décide de confier ce domaine d'activité à l'entreprise privée.

FOURGON DE LA CORRESPONDANCE DES INDES ORIENTALES
1844. A. G. Ducoudray
Musée de la Poste, Paris

Jusqu'en 1838, le transport des correspondances entre l'Angleterre et les Indes orientales s'effectue par le cap de Bonne-Espérance. Afin d'accélérer l'acheminement des dépêches, le Post-Office décide de faire passer ce trafic par la Méditerranée. Séduite par les propositions de la France, l'Angleterre signe une convention avec l'administration des Postes françaises qui s'engage à conduire la malle de l'Inde en 102 heures sur les 1 065 kilomètres séparant Calais de Marseille. À cet effet, de nouvelles voitures montées, appelées fourgons, sont mises en service en 1840. Un courrier de Sa Majesté britannique, auquel une place gratuite était réservée dans le fourgon, assure la garde des dépêches. Un avant-courrier, chargé de faire préparer de relais en relais les chevaux nécessaires à la conduite de la malle, précède le fourgon. À raison de 2 courses par mois, 8 voitures effectuent la traversée de la France dans les deux sens. En 1848, les fourgons sont transformés afin de les adapter au service des chemins de fer. Chargées sur des wagons plats, les voitures empruntent le rail de Calais à Paris et de Paris à Bourges. Puis un ordre de service dispose que, à partir du 1er février 1857, les dépêches de la malle de l'Inde ne seront plus transportées que par le chemin de fer. Le fourgon n'est donc plus utilisé mais le service de la malle de l'Inde se poursuivra jusqu'en 1939.

FOURGON DE LA CORRESPONDANCE DES INDES ORIENTALES
1988. Carte postale
Musée de la Poste, Paris

La malle des Indes est, de 1839 à 1939, un service postal international entre l'Angleterre et l'Inde. Les Anglais utilisent les packet-boats pour le transport du courrier et des voyageurs à destination des pays lointains. Pour éviter aux paquebots la route maritime du Cap, il est envisagé d'emprunter sur une partie du parcours les voies ferrées européennes. La malle part de Londres jusqu'à Douvres où elle est embarquée pour Calais. Elle traverse l'Europe par la route puis le rail, reprend la mer Méditerranée jusqu'en Égypte, traverse l'isthme de Suez par le désert puis par le canal et retrouve enfin le bateau jusqu'à Bombay. En raison de droits de transit raisonnables, la France emporte le marché, et différentes conventions sont passées entre les deux pays. De 1839 à 1850, la malle est transportée sur un fourgon hippomobile spécial de Calais à Marseille puis embarquée sur un paquebot-poste de l'État français jusqu'à Alexandrie.

MALLE-POSTE MARITIME
1851
Musée de la Poste, Caen

Les navires de commerce peuvent également transporter le courrier. Dès le XVIIIe siècle, les règlements internationaux et les usages maritimes imposent aux capitaines de navire de recevoir les lettres de leurs passagers. En France, l'arrêté du 1er frimaire an X (22 novembre 1801) a prescrit « à tous les capitaines d'ouvrir une boîte ou un sac destiné à recevoir les lettres pour les voyages d'outremer ». Pour les trajets plus courts, notamment les liaisons côtières, un règlement enjoint au capitaine « de fixer une boîte mobile au grand mât qui sera sous sa surveillance particulière ». Il est également astreint à remettre les lettres ainsi recueillies au bureau de poste de sa prochaine escale. Outre les services postaux réguliers assurés par les grandes compagnies subventionnées, la Poste peut demander à d'autres navires de prendre à son bord des sacs de dépêches moyennant rétribution. À cet effet, un arrêté du 10 germinal an X (31 mars 1802), précise que le « capitaine doit faire connaître ses heures de départ et doit prendre les dépêches avant d'appareiller ». La Poste publie régulièrement les jours de départ pour chaque port français et fait lever la boîte du bureau du port quelques heures avant l'appareillage.

MESSAGERIES IMPÉRIALES BUREAU DES PAQUEBOTS-POSTE
Enseigne
XIXe siècle
Huile sur papier marouflé, tôle
Musée de la Poste, Paris

Les Messageries impériales, qui deviennent en 1871 la Compagnie des messageries maritimes, ont leur port principal à Marseille et desservent les ports de la Méditerranée orientale par la ligne du Levant. Outre les dépêches postales pour lesquelles la Compagnie est subventionnée, le paquebot-poste peut transporter des voyageurs et des marchandises. En 1850, sur le trajet Marseille-Constantinople, les tarifs postaux sont divers. L'affranchissement postal d'une simple lettre est de 0,90 francs, celui d'un journal est de 0,04 francs. Les tarifs des voyageurs varient de 465 francs pour une place en première classe à 116 francs pour une place en quatrième classe. Le voyageur de première classe bénéficie d'une franchise de bagages de 200 kg, celui de quatrième classe d'une franchise de 50 kg. On peut aussi transporter des voitures hippomobiles.

MESSAGERIES IMPÉRIALES BUREAU DES PAQUEBOTS-POSTE
Enseigne en tôle
XIXe siècle
Musée de la Poste, Amboise

LETTRE ACHEMINÉE PAR PAQUEBOT DES MESSAGERIES IMPÉRIALES
1865
Lettre de Lisbonne pour Bordeaux
Musée de la Poste, Paris

L'agent des postes embarqué sur le paquebot des Messageries impériales *La Guienne*, en escale à Lisbonne, appose son timbre à date d'entrée. Ce paquebot de 1 200 tonneaux, à aubes et d'une longueur de 96 mètres, assure 33 voyages entre 1860 et 1869 sur la ligne postale Bordeaux-Rio de Janeiro (Brésil). Il fait escale à Lisbonne, Gorée et Bahia. Les timbres à date de forme octogonale sur les lignes de paquebots apparaissent vers 1860.

BOUTON D'UNIFORME « PAQUEBOTS-POSTE »
XIXe siècle
Cuivre
Musée de la Poste, Paris

BOUTON D'UNIFORME « SERVICES MARITIMES DES MESSAGERIES IMPÉRIALES »
Second Empire
Cuivre
Musée de la Poste, Paris

De la ferme générale des Postes à la création du ministère des Postes et des Télégraphes

Les transports postaux pendant la guerre de 1870-1871

CRÉATION DES BOULES DE MOULINS
1870
Musée de la Poste, Paris
Cette affiche annonce la mise en pratique d'un nouveau procédé (les boules de Moulins) pour la transmission des dépêches. L'Administration ne fait pas preuve d'une confiance absolue à l'égard de l'invention mais estime que l'expérience mérite d'être tentée. Sans révéler le secret du système, elle passe un traité avec les inventeurs. Les lettres du public qui ne devront pas excéder 4 grammes seront affranchies à 1 franc. L'administration des Postes empochera 20 centimes. Les 80 centimes restants rémunéreront les inventeurs. Le service commença le 4 janvier 1871 et fut suspendu le 31 janvier 1871. L'opération, pour audacieuse et ingénieuse qu'elle fût, n'avait donné aucun résultat.

PORTRAIT DE DELORT
Photographie XIXe siècle
Musée de la Poste, Paris
Delort est l'un des inventeurs des boules de Moulins, avec Vonoven et Robert.

BOULE DE MOULINS
1870
Zinc
Musée de la Poste, Paris
Durant la guerre de 1870, Paris, assiégé par les Prussiens, ne peut plus communiquer avec la province. On inaugure alors, en décembre 1870, un service de transport de courrier par la voie fluviale. On appelle « boule de Moulins » les lettres de province pour Paris contenues dans une boule de zinc munie d'ailettes inventée par MM. Pierre-Charles Delort, E. Robert et Vonoven. Les lettres sont centralisées à Moulins-sur-Allier (Allier). Elles doivent peser moins de 4 grammes et être affranchies à 1 F dont 80 c de taxe pour les inventeurs. Ce courrier est adressé avec la mention « Paris par Moulins (Allier) ». Environ 55 boules contenant de 400 à 600 plis sont immergées dans la Seine en amont de Paris du 4 au 28 janvier 1871. Aucune boule n'arrive à Paris durant le siège. On repêche la première le 6 mars 1871.

BOULE DE MOULINS
1870
Zinc
Musée de la Poste, Paris
Cette boule a été retrouvée à Saint-Wandrille, le 6 août 1968, lors d'un dragage effectué par les services du port autonome de Rouen (Seine-Maritime). Elle renfermait plus de 500 plis.

CORRESPONDANCE PAR « BOULE DE MOULINS »
1871
Lettre de Meaux du 8 janvier 1871 pour Paris
1968. Griffe de repêchage à Saint-Wandrille
Musée de la Poste, Paris
Cette lettre provient de la « boule de Moulins » repêchée à Saint-Wandrille (Seine-Maritime) le 6 août 1968 et revêtue de la griffe de repêchage apposée au verso par la poste sur les 539 lettres intactes.

CORRESPONDANCE PAR « BOULE DE MOULINS »
1871
Lettre de Dunkerque pour Paris
1982. Griffe de repêchage à Vatteville-la-Rue
Verso. (6 × 10 cm)
Musée de la Poste, Paris
Cette lettre provient d'une « boule de Moulins » repêchée à Vatteville-la-Rue, près de Caudebec-en-Caux (Seine-Maritime), en 1982, et revêtue de la griffe de repêchage apposée par la poste. Cette griffe a été détruite après usage. L'eau a décollé tous les timbres des 306 lettres contenues dans cette boule. Parmi celles-ci, on trouve 62 lettres adressées à des soldats en garnison à Paris et 168 lettres circulaires.

PIGEON DU SIÈGE DE PARIS
1870
Musée de la Poste, Paris

L'emploi des pigeons pour le transport des messages est connu depuis fort longtemps. Le sultan d'Égypte Noureddin aurait établi dès 1146, d'une manière permanente, une poste aux pigeons. Les pigeonniers du Caire comptaient pas moins de 1 900 volatiles en 1288 et le sultan se faisait toujours suivre, en voyage, d'une cage rempli de pigeons. Le pigeon, prétend-on, fut aussi utilisé, en Belgique, à des fins spéculatives pour la transmission des cours de la Bourse. C'est pendant la guerre de 1870 que les pigeons se révélèrent d'une parfaite efficacité. Les aérostiers du siège, qui assuraient le transport des lettres à destination des départements, emportaient avec eux une cage à pigeons, lesquels devaient rapporter des nouvelles de la province aux Parisiens. Des milliers de dépêches microphotographiées étaient placées dans un tube que l'on fixait à la queue du pigeon. Lâché près de Paris, le pigeon était recueilli par un facteur de la poste.

Ce pigeon a été employé à deux reprises pendant le siège de Paris, comme l'attestent les cachets de la poste apposés sur les plumes de ses ailes. Sur l'aile gauche apparaît le cachet de son propriétaire Cassiers, résidant boulevard du Montparnasse. Sur l'aile droite figure le timbre à date d'Orléans, du 23 novembre 1870. Ce héros de la guerre de 1870 qui a échappé aux balles des Prussiens a été naturalisé immédiatement après le siège.

LECTURE DES DÉPÊCHES MICROFILMÉES
1870. Jahandier
Gravure
Musée de la Poste, Paris

Les dépêches transportées par les pigeons sont, au début de leur utilisation, écrites à la main sur du papier mince. Puis le chimiste Bareswill conçut l'idée de réduire par la photographie les épreuves à transmettre. Les dépêches des particuliers étaient imprimées puis photographiées. Le photographe Dagron se chargeait de les rendre microscopiques. Les pellicules étaient ensuite introduites dans un tube de plume de 5 centimètres que l'on fixait au moyen de fils de soie à l'une des plumes maîtresses de la queue du pigeon. Un tube pouvait contenir 12 pellicules de 2 500 lettres. Au total, ce sont environ 30 000 dépêches que le pigeon pouvait emporter. Les tubes contenaient aussi des numéros entiers du *Journal officiel* et parfois le *Times*. À Paris, 4 à 5 commis étaient employés à la transcription des dépêches agrandies et projetées au moyen d'un appareil muni d'une lunette.

LANTERNE
1871
Métal
Musée de la Poste, Paris

Projecteur utilisé pour la lecture des dépêches microphotographiées.

De la ferme générale des Postes à la création du ministère des Postes et des Télégraphes

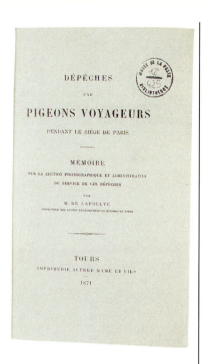

DÉPÊCHE DES PIGEONS-VOYAGEURS
1871
Musée de la Poste, Paris
Recueil de dépêches microfilmées réunies par M. de Lafollye, inspecteur des lignes télégraphiques à Tours. De Lafollye surveilla toutes les opérations relatives au microfilmage des dépêches et à leur acheminement par pigeons.

AVIS AU PUBLIC
11 novembre 1870
Musée de la Poste, Paris
Depuis le 13 septembre 1870, le gouvernement de la Défense nationale est installé à Tours. Il décide de rétablir la communication des départements avec Paris. Cette affiche annonce les moyens mis en œuvre par l'administration des Postes pour y parvenir : dépêches microscopiques mais aussi cartes-poste auxquelles les destinataires répondaient par oui ou par non. Les habitants des départements ont la faculté d'expédier des lettres ne contenant pas plus de 40 mots, adresse comprise. Le mot était taxé 50 centimes.

FORMULE PAR BALLON MONTÉ
1870-1871
Collection Bertrand Sinais
Pendant le siège de Paris (18 septembre 1870-28 janvier 1871), 67 ballons montés par des aérostiers quittent Paris assiégé à destination de la province. Le premier est le *Neptune* (23 septembre 1870) et le dernier le *Général Cambronne* (27 janvier 1871). Sur ces 67 ballons, 56 transportent officiellement du courrier. Les plis par ballon monté sont particulièrement prisés des philatélistes depuis un siècle. Leur valeur varie selon la quantité de courrier acheminée par le ballon transporteur, l'oblitération de départ ou la destination.

GABILLOT DE BALLON-POSTE
1870
Musée de la Poste, Paris
Le ballon est muni dans sa partie supérieure d'une soupape qui est destinée à laisser échapper le gaz au gré de l'aéronaute. Dans sa partie inférieure, la sphère d'étoffe est pourvue d'une ouverture que l'on appelle appendice. Un vaste filet recouvre la totalité du ballon. Fixé à la soupape, le filet se termine vers l'appendice par 32 cordes qui servent à attacher la nacelle, par l'intermédiaire d'un cercle de bois pourvu de 32 petites olives de bois que l'on appelle gabillots. Ces pièces s'ajustent dans les boucles façonnées à la partie inférieure des 32 cordes du filet.

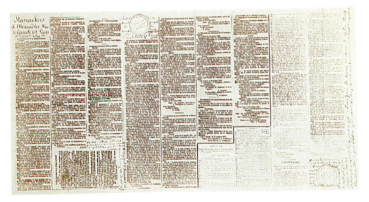

DÉPÊCHE PAR PIGEON OU PIGEONGRAMME
1870
Musée de la Poste, Paris
Les dépêches officielles et privées sont photographiées à Tours puis à Bordeaux. Elles sont expédiées d'abord sur un papier photographique très mince puis sur pellicule. Elles sont roulées puis insérées dans un tube en plume fixé à une plume de la queue. Ceux-ci sont lâchés le plus près possible des lignes ennemies de façon à raccourcir leur parcours aérien.

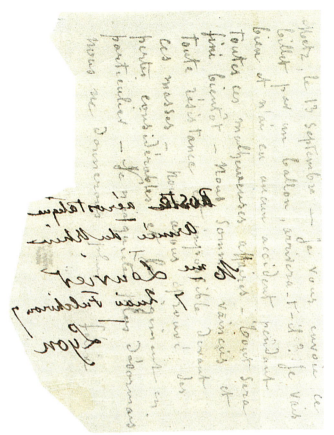

CORRESPONDANCE PAR BALLON LIBRE
1870
Ballon des Gravilliers
Lettre de Paris pour Aubusson
Musée de la Poste, Paris

Guillaume, dit Alfred Rozeleur (1820-1881), demeurant 23, rue des Gravilliers à Paris, envoie régulièrement de ses nouvelles à sa femme, qui se trouve dans la Creuse. Il expédie du 20 septembre 1870 au 25 janvier 1871 plus de 100 ballonnets d'enfants de son balcon dont une vingtaine furent retrouvés. Cette correspondance porte la mention « 61ᵉ ballon Gravilliers – À remettre à la poste de France ». Ces lettres sont appelées « les ballons des Gravilliers ».

CORRESPONDANCE PAR LA POSTE AÉROSTATIQUE
13 septembre 1870
Siège de Metz
Poste aérostatique-Armée du Rhin
Lettre du 13 septembre pour Lyon
Papier pelure
Musée de la Poste, Paris

Le 19 août 1870, Metz est encerclé par les Prussiens. Aucune communication avec l'extérieur n'est possible. Début septembre, le docteur E. Papillon, médecin aide-major à l'ambulance de la garde impériale et le docteur J. Jeannel, pharmacien en chef, proposent le lancement de petits aérostats de 1,50 m de hauteur et de 1 mètre de diamètre, gonflés à l'hydrogène, pour transporter les correspondances privées. Les plis doivent mesurer 10 cm sur 5 cm maximum, être écrits sur du papier mince sans enveloppe et ne contenir que des nouvelles personnelles. 14 ballons libres sont lancés entre le 5 et le 14 septembre emportant environ 3 000 plis. Ils sont appelés « papillons de Metz » ou « ballons des pharmaciens ». Ce ballon atterrit à Saint-Louis, près de Bâle.

ENVELOPPE DE RÉEXPÉDITION
1870
Lettre de la direction des Postes de Marseille pour Lyon
Poste aérostatique-Armée du Rhin
Musée de la Poste, Paris

Les lettres récupérées au hasard de l'atterrissage des ballons libres sont transmises au bureau de poste le plus proche. L'administration des Postes utilise des enveloppes de réexpédition pour acheminer « les papillons de Metz » à leurs destinataires.

CACHET DE LA COMPAGNIE DES AÉROSTIERS MILITAIRES
1870
Aérostiers Dartois et Duruof
Laiton et bronze
(D : 4,2 cm)
Musée de la Poste, Paris

Le photographe Félix Tournachon, dit Nadar (1820-1910), fonde le 18 août 1870 avec deux pilotes d'aérostats, Camille Dartois (1838-1917) et Claude-Jules Dufour, dit Duruof (1841-1898), la compagnie d'aérostiers militaires afin d'utiliser les ballons comme moyen d'observation militaire. En fait ces ballons serviront pour transporter du courrier hors de Paris. Certaines lettres sont confiées directement aux aérostiers et sont revêtues au verso du cachet de la compagnie. Nadar quitte la compagnie des aérostiers vers le 30 octobre 1870. Il fait gratter son nom du cachet. La compagnie suivante s'appellera la compagnie des aéronautes du gouvernement avec Camille Dartois et Gabriel Yon (1835-1894).

De la ferme générale des Postes à la création du ministère des Postes et des Télégraphes

CARTE DE VISITE DE JULES DURUOF
1870
Musée de la Poste, Paris
Le premier départ de Paris est organisé par Nadar place Saint-Pierre, à Montmartre, le 23 septembre 1870. À bord du *Neptune* prend place Jules Duruof, constructeur d'aérostats. Il emporte avec lui 125 kg de dépêches. Le voyage s'effectue sans difficulté. L'aéronaute se pose vers 11 heures à Craconville, près d'Évreux.

JETON DU BALLON L'*ARMAND-BARBÈS*
1871
Musée de la Poste, Paris
Léon Gambetta, ministre de l'Intérieur dans le gouvernement de la Défense nationale, quitte Paris le 7 octobre 1870 à 11 heures du matin à bord du ballon l'*Armand-Barbès*. Son but est de rejoindre Tours pour y organiser la résistance à l'ennemi. À maintes reprises sous le feu des Prussiens, l'*Armand-Barbès* finit par s'accrocher près de Roye aux plus hautes branches d'un chêne où il reste suspendu. On rapporte même que le ministre se trouva un instant la tête en bas, retenu aux cordages par les pieds. Des paysans vinrent au secours de ses passagers qui purent prendre terre. Il était 3 heures de l'après-midi. Un propriétaire du voisinage emmena, à bord de sa voiture à cheval, les heureux voyageurs jusqu'à Montdidier. Gambetta et ses compagnons rejoignaient Amiens dans la soirée.

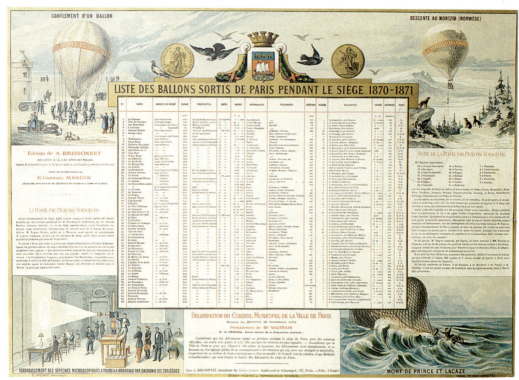

LISTE DES BALLONS SORTIS DE PARIS PENDANT LE SIÈGE DE PARIS
1874
Musée de la Poste, Paris
Après l'expédition d'un ballon d'essai monté par l'aéronaute Duruof le 23 septembre 1870, qui alla atterrir près d'Évreux, l'Administration organise un service régulier de transport des correspondances pour la province. Les lettres transportées par voie aérienne ne doivent par dépasser 4 grammes. Affranchies au départ, elles sont taxées 20 centimes. Ce service des ballons montés prend un développement considérable. Du 23 septembre 1870 au 28 janvier 1871, 65 ballons dont 47 affrétés par l'Administration, quittent Paris. Les aérostiers sont choisis parmi les marins des forts, hommes intrépides habitués au péril de la navigation. Le nombre des dépêches emportées est élevé et leur poids peut dépasser 400 kg. Ces ballons connurent une fortune diverse : certains tombèrent aux mains de l'ennemi, d'autres atterrirent à l'étranger ou se perdirent en mer. Ce tableau éducatif fut édité par un agent de l'École des aéronautes français, d'après les documents fournis par Gabriel Mangin, lui-même aéronaute, mais il comporte des erreurs.

BALLON LE *JEAN-BART*
1870. Albert Tissandier
Dessin gouaché
Musée de la Poste, Paris

Le 14 octobre 1870, Albert Tissandier s'élève dans les airs à bord du ballon *Le Jean-Bart*. Le maire du 9e arrondissement, Ranc, et Ferrand partagent l'intimité de la nacelle. Outre ces passagers, Albert Tissandier emporte 400 kg de dépêches. Traversant les lignes ennemies, ils entendent les balles prussiennes « qui bourdonnent comme des mouches » au-dessous de la nacelle. À l'approche de la nuit, Tissandier manœuvre pour atterrir à Montpothier, près de Nogent-sur-Seine. Dans la hâte, les occupants de l'aérostat plient ballon et bagages avec l'aide de paysans accourus pour leur porter assistance. Conduits auprès du préfet de Nogent, Tissandier et ses compagnons de voyage arrivent, après maints détours, à Tours où s'était installé le gouvernement de la Défense nationale. Albert Tissandier (1839-1906), architecte de son état, a laissé à la postérité un grand nombre de dessins, d'aquarelles et de croquis. Celui-ci fixe, dans la lumière du couchant, cet épisode du 14 octobre 1870.

CORRESPONDANCE PAR BALLON MONTÉ
1870
18e ballon le Montgolfier
Carte postale de Paris pour Saint-Pétersbourg
Musée de la Poste, Paris

Du 23 septembre 1870 au 28 janvier 1871, un service de transport de courrier par ballon est organisé. Sur 67 aérostats qui quittent Paris pendant cette période, 56 transportent plus de 2 500 000 lettres. Ces ballons montés, mais non dirigeables, atterrissent au hasard des courants aériens, en zone libre ou en zone occupée, à l'étranger ou en mer. Ce ballon monté, le *Montgolfier*, parti le 25 octobre 1870 à 8 h 30, est capturé par les Allemands lors de l'atterrissage à Heiligenberg, à 20 km à l'ouest de Strasbourg. Les sacs de courrier sont saisis. Cette carte est acheminée à Saint-Pétersbourg en Russie par le service des postes allemandes.

NAUFRAGE DU BALLON *LE JACQUARD*
XIXe siècle
Musée de la Poste, Paris

Le ballon *Le Jacquard* décolle le 30 novembre 1870 de la gare d'Orléans à 11 heures du soir. Chargé de 250 kg de dépêches, il ne prend aucun passager. On raconte que le marin Prince, qui faisait office d'aérostier, s'était écrié, plein d'optimisme : « Je veux faire un immense voyage, on parlera de mon ascension ! » Un navire anglais aperçut le ballon aux environs de Plymouth. L'infortune devait compromettre la mission de l'intrépide marin. *Le Jacquard* se perdit en mer, engloutissant corps et biens.

CARTE D'INVITATION
1870
Musée de la Poste, Paris

Gaston et Albert Tissandier figurent parmi les premiers aérostiers ayant préconisé le transport des dépêches par ballons. Albert Tissandier montre encore ses talents de dessinateur par cette carte d'invitation proposant une visite de leur atelier aérostatique.

LES FRÈRES TISSANDIER
XIXe siècle
Musée de la Poste, Paris

De la ferme générale des Postes à la création du ministère des Postes et des Télégraphes

**JETON COMMÉMORATIF DU BALLON
LE *LAVOISIER***
1871
Musée de la Poste, Paris

Parti le 22 décembre 1870 de la gare d'Orléans à 2 h 30 du matin avec 175 kg de dépêches et 6 pigeons, le *Lavoisier* atterrit près de Beaufort (Maine-et-Loire) à 9 heures Dans la nacelle avaient pris place l'aérostier Ledret et le capitaine de Boisdeffre. Ils couvrirent 240 km en 6 h 30.

CARTE DE VISITE DE CAMILLE D'ARTOIS
1870
Musée de la Poste, Paris

Camille d'Artois avait acquis une grande renommée par ses ascensions publiques à bord de son ballon *Le Géant*. Tout naturellement, le directeur général des Postes lui confia la fabrication de ballons-poste. Il fut associé dans cette entreprise à un autre aérostier, Gabriel Yon (1835-1894). De leurs ateliers installés à la gare du Nord sortirent une grande quantité de ballons blancs, couleur la plus appropriée car elle reflétait les rayons lumineux plutôt que de les absorber.

CARTE D'IDENTITÉ D'AÉROSTIER
1870
Musée de la Poste, Paris

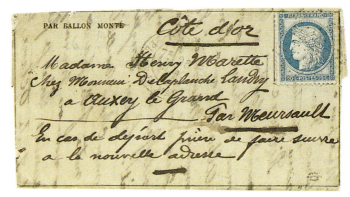

**CORRESPONDANCE PAR
BALLON MONTÉ**
1871
67e ballon le *Général Cambronne*
Lettre de Paris pour Auxey-le-Grand
Musée de la Poste, Paris

Le *Général Cambronne* est le dernier ballon du siège. Ce ballon monté, parti le 28 janvier 1871, atterrit à Sougé-le-Ganelon, dans la Sarthe. Le pli est une « Lettre-journal de Paris, Gazette des Absents ». 32 numéros sont imprimés pendant le siège. La lettre-journal se compose d'une partie imprimée donnant des nouvelles quotidiennes de la capitale et d'une partie vierge destinée à la correspondance de l'expéditeur. Cette correspondance familiale a été offerte au musée de la Poste par Jacques Marette (1922-1984), ministre des PTT en 1962.

GONFLAGE DES BALLONS
1870
Musée de la Poste, Paris

Eugène Godard, l'un des aérostiers à qui la direction générale des Postes avait passé un marché de construction de ballons, s'était installé à la gare d'Orléans. Il avait exécuté dans sa vie plus de 800 voyages en ballon et construit un nombre considérable d'aérostats. Il régnait dans ses ateliers une grande activité. D'un côté, les femmes cousaient les fuseaux du ballon, de l'autre, des marins fabriquaient des filets tandis que des ouvriers étalaient le vernis sur les aérostats cousus. Gaston Tissandier nous raconte la scène dans ses souvenirs du siège de Paris : « Au milieu de la gare, quelques ballons gonflés d'air séchaient leur couche de vernis. Ils dominaient le sol comme le dos immense de ces cétacés qui forment des îles flottantes au milieu de l'Océan. »

JULIETTE DODU
1870
Musée de la Poste, Paris

Juliette Dodu, jeune créole de 20 ans et fille d'un chirurgien de la Marine française, assurait les fonctions de receveuse des postes à Pithiviers. Elle s'est illustrée durant la guerre de 1870 par un courage exemplaire. Quand les Prussiens envahissent le bureau de Juliette Dodu, celle-ci se réfugie dans une chambre au second étage. La grande ligne télégraphique de Pithiviers à Orléans passait précisément devant sa fenêtre. Par ce fil étaient transmises les dépêches des Prussiens. La nuit venue, tirant de sa cachette un appareil Morse, elle jeta deux fils conducteurs sur la grande ligne et sans éveiller l'attention de l'ennemi. C'est ainsi qu'elle apprit qu'un plan d'attaque visant à cerner l'armée du général d'Aurelle de Paladines était prêt à être lancé. Elle en informa aussitôt le sous-préfet de Pithiviers qui fit parvenir la nouvelle au général d'Aurelle de Paladines. Celui-ci, déjouant le plan des Allemands, fit sauter le pont de Gien. Dénoncée par une domestique, Juliette Dodu fut condamnée à être fusillée. Elle ne dut sa grâce qu'à la clémence du prince Frédéric-Charles, touché par sa jeunesse et son courage. En récompense de sa conduite, Melle Dodu reçut la Légion d'honneur et la médaille militaire. La tradition en a fait une héroïne, certains cependant contestent son rôle dans cet épisode de la guerre de 1870 et parlent même d'imposture.

RÉPUBLIQUE (CÉRÈS) ÉMISSION PROVISOIRE DE BORDEAUX
1870. Imprimé de Marseille
Affranchissement à 3 c, tarif des imprimés sous bande inférieur à 5 grammes.
Musée de la Poste, Paris

En raison du siège de Paris, l'approvisionnement en timbres-poste des bureaux de province devient impossible. Le gouvernement national, replié sur Bordeaux, fait donc imprimer des timbres Cérès lithographiés et non dentelés en 1870-1871, à la monnaie de Bordeaux (émissions provisoires). Édouard Jean Dambourgez dessine le premier type du 20 c République, puis Léopold Yon simplifie le dessin pour le deuxième type du 20 c République et les autres valeurs. Ces timbres-poste ne serviront qu'une année.

AFFRANCHISSEMENT DE FORTUNE
1871
Lettre de Beaumont-sur-Oise pour Paris
Affranchissement avec un 10 c Empire lauré coupé en deux verticalement pour servir à 5 c
Musée de la Poste, Paris

La guerre de 1870 désorganise la fabrication des timbres-poste. Certaines émissions manquent lors du changement de tarif du 1er septembre 1871, le port de la lettre augmente de 20 c à 25 c. Certains receveurs utilisent alors des fractions de timbres-poste.

RÉPUBLIQUE (CÉRÈS) ÉMISSION DITE DU SIÈGE DE PARIS
1873
Lettre de Mostaganem pour Oran (Algérie) affranchie avec un 20 c bleu tête-bêche
Musée de la Poste, Paris

La République (Cérès) réapparaît en 1870, à la chute de l'Empire. Cette émission dentelée est dite du « Siège de Paris ». Anatole Hulot (1811-1891) réutilise le matériel d'impression de 1849-1850 pour les timbres-poste à 10 c, 20 c et 40 c. Comme la planche d'impression n° 1 du 20 c de 1849 comporte trois tête-bêche aux cases 92, 110 et 148, les feuilles de l'émission « Siège de Paris » comporteront également les trois tête-bêche. Pendant le siège, les timbres ne sont vendus qu'à Paris. Anatole Hulot cesse l'impression des timbres en janvier 1871 et reprend ses activités en juillet 1871.

De la poste aux PTT 1878 - 1918

La période qui s'étend du 27 février 1878, date de la décision du gouvernement de rattacher le service télégraphique à la poste, à la fin de la Première Guerre mondiale, est caractérisée par la prolétarisation du personnel d'exécution des PTT. Ce sigle, qui ne sera officialisée qu'en juillet 1925, est en effet couramment employée dès la réunion en 1889, des Téléphones à la Poste et au Télégraphe. La fin du XIXe siècle et le premier quart du XXe sont marqués par le développement du trafic postal dû aux baisses de tarif (comme celles de 1878, 1906 et 1910), au progrès de l'instruction publique et à l'expansion économique liée à la construction du réseau ferré et au développement de l'empire colonial. La poste achemine en 1890, 1,6 milliards d'objets soumis à la taxe. En 1909, 3,4 milliards seront transportés : le trafic double en à peine vingt ans. Pendant la même période, les effectifs augmentent seulement de 60 % environ. La poste, gérée parcimonieusement par le ministère des Finances dont elle dépend, est obligée d'employer les pires expédients pour maintenir un service acceptable : recours à des agents sous-payés et surchargés de travail, utilisation de locaux de qualités médiocres, retard dans l'utilisation de moyens modernes de gestion. Tous les essais de mécanisation des guichets, de motorisation de la distribution, sont plus spectaculaires qu'efficaces. Les wagons des services ambulants sont encore fabriqués en bois, ce qui entraîne morts et blessés parmi le personnel en cas d'accidents. Pourtant le gouvernement qui cherche à moraliser le secteur de l'épargne populaire n'hésite pas, en 1881, à confier une caisse d'épargne d'État à la Poste, ce qui accroît encore la charge des guichets. Les très grands bureaux sont confiés à des agents qui ont reçu une formation supérieure dans une école professionnelle créée dans ce but. Les recettes grandes et moyennes sont confiées aux hommes exclusivement. Ils sont issus d'un concours qui, après un surnumérariat, leur permet d'accéder au grade de commis, puis de receveur.

Les bureaux de faible importance sont gérés par des femmes dont le salaire est plus bas que celui des commis, et le dévouement éprouvé. Elles emploient pour faire face à un travail de plus en plus écrasant des aides, c'est-à-dire des jeunes filles qu'elles paient de leurs propres deniers. Compte tenu des salaires très bas, le niveau de recrutement des sous-agents (facteurs), et des agents (surnuméraires et dames employées) reste de faible qualité.

Des efforts sont faits pour faciliter au personnel l'accès aux concours menant aux emplois d'avancement. Les résultats de cette politique bénéficient plus aux intéressés qu'ils n'améliorent la qualité des cadres, faute d'une formation suffisante. Pendant ces quarante ans, les P et T vont connaître de nombreux ministres ou sous-secrétaires d'État. Le premier à porter le titre de ministre est Adolphe Cochery, qui lance le chantier du nouvel hôtel des Postes de Paris et crée la médaille d'honneur des PTT. Le sous-secrétaire d'État Léon Mougeot tente de mettre au point toute une série d'améliorations techniques : nouvelles boîtes aux lettres, distributeurs automatiques de timbres, motorisation de la distribution et du relevage des boîtes, etc.

Mais le malaise est trop grand, et des grèves éclatent en 1899, 1906 et 1909. Dans les trente ans qui vont suivre, entre succès et échecs, les sous-agents vont se battre pour obtenir de se réunir en syndicats, susceptibles de défendre efficacement leurs intérêts. La guerre de 1914 va figer pendant quatre ans la situation. Les sous-agents partis au front sont remplacés par des femmes. Mais, la paix revenue, elles ne conservent pas leur poste dans les services de la distribution, ceux-ci étant réputés trop pénibles pour leur être confiés.

1878-1898

La réunion des P et T

FUSION DES TÉLÉGRAPHES ET DE LA POSTE
1878
Musée de la Poste, Paris

Depuis le milieu du second Empire, l'idée fait son chemin, de réunir les Télégraphes - devenus électriques - au service de la Poste. Les directeurs généraux du Télégraphe se défendent vigoureusement devant un tel projet. Mais les Télégraphes sont une petite administration, utilisant un personnel coûteux. De plus, les cadres recrutés parmi les anciens élèves de Polytechnique affichent des opinions bonapartistes, peu compatibles avec le service que leur a confié la IIIe République. Adolphe Cochery, le 20 avril, rappelle aux cadres et aux services techniques qu'en vertu

des décrets du 22 décembre 1877, et du 28 février 1878, leur rattachement à la Poste a été décidé « dans le triple intérêt du public, du Trésor et des agents ». La fusion met une bonne dizaine d'années à être réalisée et cause des blessures qui mettront longtemps à se refermer, les télégraphistes se considérant comme déchus, d'être ainsi mêlés à « la vile tourbe des timbreurs de lettres ». Les cadres du Télégraphe subordonnés à des cadres postaux, recrutés à un niveau bien inférieur au leur, se confinent dans une attitude défensive et ne participent le plus souvent qu'en rechignant aux réformes rendues nécessaires par la fusion et le développement commun des deux services.

TRANSFERT DE LOCAUX
20 décembre 1879
Lettre à en-tête
Musée de la Poste en Roussillon
Amélie-les-Bains-Palalda

L'inspecteur des Télégraphes de Perpignan écrit au ministre des Postes et Télégraphe pour lui envoyer la convention se rapportant au transfert de la Poste dans son immeuble de Prades (Pyrénées-Orientales). Entre autres problèmes épineux, il faut, dans tous les départements, choisir un nouveau chef de service, qui dirige en même temps la Poste et les Télégraphes, et donc supprimer le postier en service au profit du télégraphiste, ou inversement. Cela ne se fera qu'après de multiples tractations et le résultat ne peut, dans l'immédiat, donner de bons résultats.

ADOLPHE COCHERY
1879
Gravure sur bois
Musée de la Poste, Paris

Adolphe Cochery (1819-1900) commence une carrière politique sous la IIe République, comme chef de cabinet du ministre de la Justice. Il reprend, sous le second Empire, son métier d'avocat. Il fonde en 1868 un journal, *L'Indépendant de Montargis*, qui lui sert de marchepied pour une carrière politique d'opposition. Élu député du Loiret en 1969, il devient rapporteur de la commission du budget en 1878. À l'avènement du premier gouvernement républicain de décembre 1877, Cochery est nommé sous-secrétaire d'État au ministère des Finances, dont dépendent les Postes. Il est un des artisans de la fusion de la Poste et des Télégraphes qu'il réunit sous une unique administration : il est placé à la tête d'un ministère des Postes et Télégraphes, nouvellement créé, le 5 février 1879. Le 19 mai suivant, il obtient du gouvernement qu'une étude soit entreprise pour la reconstruction de l'hôtel des Postes de Paris. Toujours préoccupé des aspects financiers des services qui lui sont confiés, il crée le service des recouvrements en 1879 et la Caisse nationale d'épargne en 1881. On doit aussi à ce ministre actif la création de la médaille d'honneur des P et T en 1883 et la mise en service de la machine Daguin pour l'oblitération du courrier. Adolphe Cochery donne sa démission le 1er avril 1885, à la suite d'un changement de gouvernement.

COCHERY

De la Poste aux PTT

Les facteurs ruraux

PLAQUE DE FACTEUR RURAL
IIIe République
Cuivre repoussé
*Musée de la Poste
et des Techniques de communication
de Basse-Normandie, Caen*

gante et sa fille attendent la missive que le facteur va leur remettre. Ce dernier est coiffé de la casquette plate en drap vert et rosette tricolore. Il porte, accroché au bras par un lien, un long bâton qui lui sert pendant sa marche.

Le facteur rural qui, en 1878, porte toujours sa blouse bleue à col rouge, arbore une plaque en cuivre passée dans la courroie de sa sacoche en cuir. Elle lui est fournie par l'Administration. Ces facteurs sont chargés de distribuer et de relever les boîtes aux lettres des communes rurales qui forment leur tournée. Celle-ci est calculée sur une base de 8 heures, avec une vitesse de déplacement de 4 kilomètres à l'heure. Elle ne doit pas dépasser 32 kilomètres.

FACTEUR RURAL EN KÉPI
1878
Gravure sur bois
*Collection des Amis de l'histoire
des PTT d'Alsace*

En 1878, la casquette à la russe est abandonnée pour une coiffure en forme de képi, très proche de celui employé dans l'armée. Elle est toujours en drap vert, avec sur le fond une ganse formant nœud hongrois. La cocarde tricolore est retenue sur le devant par un cordon et un petit bouton.

FACTEUR RURAL AUX BAINS DE MER
1871
Gravure sur bois
Collection particulière

Sur cette gravure extraite d'un almanach, le facteur rural est représenté au bord de la mer dans une des stations chics lancées sous le second Empire, sur les bords de l'Atlantique. Une jeune élé-

Le facteur rural.

Les facteurs de ville

PLAQUE DE FACTEUR DE VILLE
IIIe République
Cuivre repoussé
Musée de la Poste, Paris

Les facteurs de ville sont chargés de la distribution et du relevage des boîtes aux lettres dans les localités comportant un bureau. Ils assurent plusieurs distributions par jour, de 2 à 5 dans les villes de province. À Paris, ils n'accèdent pas immédiatement au service de la distribution des lettres. Ils doivent d'abord « rouler » comme leveurs de boîtes, puis comme facteurs financiers (ils paient les mandats à domicile à partir de 1891). Puis ils passent dans la division des facteurs d'imprimés. Enfin, par rang d'ancienneté et s'ils sont bien notés, ils peuvent obtenir la division de la distribution.

CASQUETTE DE FACTEUR-CHEF
1878
Drap et cuir
Collection particulière

Dans les bureaux comportant un effectif d'au moins 5 facteurs de ville, l'un d'entre eux est nommé facteur-chef. En plus de son travail de distributeur, il exerce une surveillance sur ses collègues. Son uniforme est légèrement différent et sa casquette peut porter, par exemple, un passepoil doré supplémentaire. Le facteur-chef est aussi un peu mieux rétribué. En 1901, tandis qu'un facteur rural touche en fin de carrière un salaire annuel de 1 150 francs, un facteur de ville touche 1 500 francs et un facteur-chef 1 100 francs.

FACTEUR DE VILLE AVEC SA BOÎTE DE DISTRIBUTION
Vers 1880
Photographie
Collection particulière

Les facteurs de ville sont équipés d'une boîte de distribution en bois, recouverte de cuir noir. Le modèle représenté est seulement en bois, fermée par une grosse serrure métallique. Dans le cas où le facteur acquiert lui-même sa boîte, il reçoit une indemnité mensuelle de 3 francs pour le remboursement de sa mise de fonds. L'humoriste Courlet nous donne quelques détails sur ses fonctions : « Il doit

connaître tous les homonymes de la ville et les habitudes de chacun. Il doit savoir que M. Untel n'est pas encore levé lors de la première distribution, qu'il sera au café lors de la deuxième, que tel autre est à la campagne ou en voyage et qu'il faut lui réexpédier ses lettres seulement, laisser son journal chez un voisin… »

FACTEUR DE VILLE PRÉSENTANT UN CALENDRIER
Vers 1900
Carte postale
Collection particulière

Ce facteur porte une boîte de distribution en métal, dont le couvercle a été estampé pour lui donner de la rigidité. Le sujet traité fait allusion à la distribution de calendriers en fin d'année. C'est un moyen indirect que les facteurs emploient pour solliciter un pourboire de leur clientèle. Sous le second Empire, en 1855, l'Administration décide de fournir elle-même ces calendriers aux facteurs. Elle le leur vend 10 centimes, mais ne peut cette année-là qu'alimenter les facteurs de Paris. En 1860, après divers essais malheureux, ce calendrier officiel est fourni par l'imprimerie Oberthur de Rennes. À la fin du contrat liant l'Administration à Oberthur, qui expirait en 1870, l'Administration abandonne l'idée de l'édition d'un calendrier officiel et laisse toute liberté à ses facteurs de choisir l'éditeur de leur choix. Mais Oberthur, fort de son exclusivité, va dominer le marché pendant longtemps.

BOÎTE DE DISTRIBUTION
XXe siècle
Métal, cuir
Musée de la Poste en Roussillon, Amélie-les-Bains - Palalda

De la Poste aux PTT

Le voyageur.

LE VOYAGEUR
21 juillet 1888
L'Illustration
Collection particulière
Les lettres arrivent à la poste centrale de Paris dans des sacs en liasses déjà triées par quartiers dans les wagons postaux. Un facteur « voyageur » apporte les lettres ainsi triées dans une corbeille.

LE CLASSEMENT DU COURRIER
14 août 1880
L'Illustration
Collection particulière
Autour de la table, 12 facteurs sous la surveillance d'un facteur-chef, debout au centre, trient les lettres par rue et par numéro dans de longues boîtes qui maintiennent les missives demi-couchées. Les lettres en fausse direction ou avec une mauvaise adresse sont placées à l'extérieur pour être retriées.

Le facteur faisant sa boîte.

LE FACTEUR FAIT SA BOÎTE
21 juillet 1888
Collection particulière
Chaque facteur classe ensuite son courrier selon l'itinéraire de sa tournée, notamment sur table.

LE FACTEUR FAIT SA BOÎTE
1882. Henri Hildibrand
Gravure sur bois
Collection particulière

Le facteur fait sa boîte.

Le facteur peut également classer le courrier directement dans sa boîte de distribution. La sacoche qu'il porte à l'épaule lui permet de ranger les objets encombrants (journaux, grosses lettres, petits paquets).

L'HÔTEL DES POSTES — LE CLASSEMENT DU COURRIER

OMNIBUS DE FACTEURS
2 septembre 1905
L'Illustration
Collection particulière
Les facteurs doivent ensuite se rendre dans leur quartier. Les trajets haut le pied étant une perte de temps, l'Administration organise un transport par omnibus à chevaux, conduit par un cocher.

OMNIBUS DE FACTEURS
Vers 1890
Photographie
Collection particulière
Chaque facteur doit descendre en marche pour ne pas retarder la voiture. Sur le cliché, un facteur est sur le marchepied.

OMNIBUS PARISIEN
Vers 1880
Maquette
Musée de la Poste, Paris
Pour augmenter la capacité de ces voitures, une version avec étage est construite vers 1890. Avec ce complément, elles rappellent le fameux Madeleine-Bastille, omnibus de Paris de très célèbre mémoire. Chaque arrondissement de Paris est desservi par 6 brigades de facteurs (4 pour les lettres et 2 pour les imprimés). Ces brigades effectuent à tour de rôle les 7 distributions journalières dont la capitale bénéficie alors.

FACTEUR REMETTANT
UNE LETTRE CHARGÉE
Vers 1880
Carte postale caricaturale
Collection P. Nougaret

À la fin du XIXe siècle, les mandats sont plutôt destinés à l'envoi de petites sommes, sinon leur taxe est trop élevée. Aussi pour les envois plus importants a-t-on recours à la lettre chargée. C'est une enveloppe dont les plis doivent être fermés par cinq cachets de cire. Sur le recto figure en toutes lettres le montant de la somme en billets qui y est placée. Il faut affranchir la lettre selon son poids. La taxe supplémentaire pour le « chargement » est de 25 centimes, plus 10 centimes par 100 francs que contient la lettre. À l'arrivée, la lettre est remise à son destinataire contre une signature recueillie sur un carnet spécial.

De la Poste aux PTT

Le nouvel hôtel des postes de Paris

HÔTEL DES POSTES DE PARIS
Fin du XIXe siècle.
Gravure de C. Fichot
Musée de la Poste, Paris

COUPE LONGITUDINALE
1882. Julien Guadet
Dessin
Musée de la Poste, Paris

HÔTEL DES POSTES DE PARIS
1880-1886. Architecte : Julien Guadet
Angle des rues Étienne-Marcel
et du Louvre
1er arrondissement

Depuis 1757, la ferme générale des Postes est installée à Paris dans l'hôtel d'Armenonville et les hôtels environnants, sur un îlot défini par la rue aux Ours, la rue Gutenberg et la rue Plâtrière. Les locaux sont vétustes, incommodes et insalubres. Leur reconstruction est une nécessité que le gouvernement et l'administration municipale reconnaissent dès 1853. L'année suivante, ils l'inscrivent sur le plan des améliorations à apporter à la Ville de Paris. Dans la lignée des grands projets haussmanniens, la construction d'un nouvel hôtel des postes est ratifiée par un accord entre l'État et la Ville de Paris le 28 avril 1854. Un décret impérial du 21 juin de la même année le rend exécutoire. La municipalité, après expropriation et démolition des immeubles existants, libère un terrain circonscrit par la place du Châtelet, le quai de la Mégisserie, la rue des Lavandières et son prolongement, la rue Lantier. Le projet du nouvel hôtel des postes est confié à l'architecte Grisart. Cette opération est ajournée, et le théâtre du Châtelet est construit à cet emplacement. En 1864, un projet prévoit d'installer la Poste entre les rues Saint-Honoré, Castiglione et Mondovi. Il implique la destruction de l'église de l'Assomption. Devant les réactions hostiles soulevées par le projet, les responsables l'abandonnent.

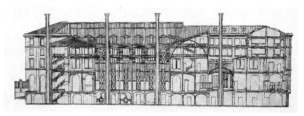

En mars 1878, le ministre des Travaux publics charge l'architecte et théoricien, Julien Guadet, de se mettre à la disposition du ministre des Postes et Télégraphes, Adolphe Cochery. Deux avant-projets lui sont demandés : l'un sur l'emplacement de l'hôtel d'Armenonville, sur un îlot redéfini par l'ouverture des rues du Louvre et Étienne-Marcel ; l'autre sur celui du palais d'Orsay. Celui-ci sera écarté. Une commission supérieure, composée des membres du gouvernement et du Parlement étudie le projet de 1878 à 1879. En septembre 1879, Julien Guadet part en mission dans différents pays industrialisés pour étudier des modèles étrangers. En décembre, il rend un rapport sur les hôtels des Postes de Londres, de Cologne, de Berlin, de Stettin et de Brême, et sur leur fonctionnement. L'architecte constate qu'en France, la Poste n'a pas amélioré ses conditions d'exploitation : « il fallait passer sans transition à la Poste de l'avenir. » Il reconnaît les difficultés de la reconstruction de l'hôtel des postes ; difficultés budgétaires dues à la cherté des terrains, difficultés de programme, car tout est à créer ou à renouveler, enfin difficultés pratiques car il faut construire un édifice approprié à des besoins spécifiques, sans précédent. Le nouveau programme est ainsi défini : assurer le service d'une correspondance postale décuplée. Pendant la construction, les services, après avoir été déménagés dans la nuit du 8 au 9 août 1880 à bras d'hommes et à l'aide de charrettes pour ne pas gêner la distribution du lendemain, sont installés dans des baraquements provisoires place du Carrousel, dans le jardin des Tuileries.

Sous le contrôle de commissions composées des principaux fonctionnaires du ministère des Postes et Télégraphes (commissions chargées d'étudier les questions relatives à l'installation des services, commission pour la question des aménagements intérieurs, commission pour l'examen des mesures à prendre contre l'incendie, commission pour examiner les propositions de l'architecte pour le mode de chauffage, commission des machines...), Julien Guadet et l'administration des Bâtiments civils assurent la direction de l'exécution des travaux.

FAÇADE
1880-1886. Architecte : Julien Guadet
Rue Étienne-Marcel
1er arrondissement

Après la livraison du bâtiment, Julien Guadet, attaqué sur son travail, répond : « Tout doit être tellement précis à la Poste qu'il y faut pour chaque objet l'avis de celui qui s'en servira. Ainsi personne n'aurait pu aménager la Poste sans le concours permanent de toutes ces compétences, et c'est pour moi un devoir étroit de reconnaître que la part des fonctionnaires de la Poste est infiniment plus grande que la mienne dans l'aménagement de ces installations. » Le procès-verbal de la remise des bâtiments, fait le 17 juin 1886, par les Bâtiments civils aux délégués du ministre des Postes et Télégraphes, signé par les délégués des deux ministères, stipule que « les travaux leur ont paru exécutés avec le plus grand soin, et répondent parfaitement aux besoins des services ».

GALERIE
1880-1886. Architecte : Julien Guadet
Hôtel des postes de Paris
Rue Étienne-Marcel
1er arrondissement

Le bâtiment de la forme d'un trapèze rectangle, dont le côté le plus long sur la rue Étienne-Marcel mesure 123,5 mètres, est entièrement en acier. Édifié sur quatre étages, sa superficie avoisine 4 hectares. Les ateliers Eiffel auraient participé à sa construction. Dans la tradition de la fin du XIXe siècle, les murs qui forment l'habillement ne sont pas porteurs. Les planchers reposent sur des charpentes métalliques de très grande portée. 136 poteaux par étage, disposés tous les 5,08 mètres (nombre d'or), répartissent les charges. Les quatre étages sont desservis par quatre monte-charge. Les salles des chaudières pour les machines de service intérieur et pour les machines du service pneumatique se trouvent au sous-sol ainsi que des écuries pour 100 chevaux, attelages des véhicules utilisés pour le transport des sacs postaux et des facteurs sur leurs lieux de distribution. La rampe à chevaux existe toujours. L'entrée de la salle du public est sur la rue du Louvre. La façade, d'ordonnancement classique, illustre l'adéquation entre construction et composition, ainsi que le professe Julien Guadet, théoricien du rationalisme néoclassique. Le bâtiment est resté en l'état jusqu'en 1961. Joseph Bukiet, architecte du cadre des PTT, procède alors à une complète remise en état et à une augmentation des surfaces.

MONTE-CHARGE
Fin du XIXe siècle
Gravure
Musée de la Poste, Paris

Le nouvel hôtel des postes, livré en 1886, n'est inauguré que le 14 juillet 1888. Ce délai, sujet d'une violente polémique contre Julien Guadet, est dû, non seulement aux retards de l'achèvement de la rue du Louvre, mais aussi au problème technique des monte-charge. Guadet, dans le mémoire de sa défense, publié en 1887 sous le titre *À propos du nouvel hôtel des Postes*, explique qu'entre les machines Brotherhood, point extrême de la force motrice, et les monte-charge, considérés comme machines-outils, il fallait une transmission quelconque, des organes de commande. « Le cahier des charges obligeait le constructeur à employer la vis sans fin actionnant des roues dentées. Or, tandis que le premier jour des essais, une ouverture minime des robinets mettait le tout en mouvement et que dès lors nous croyions être arrivés au but, au bout de quelques jours, il fallut plus

de force, puis plus encore, et enfin les vis sans fin ont grippé. Les dents de roues se limaient. » La résolution de ce problème scientifique est confiée à Haton de la Goupillière, membre de l'Académie des sciences, inspecteur général des Mines. Julien Guadet consacra à ce nouvel hôtel des postes, œuvre difficile entre toutes, dix années de travail sans repos, un dévouement absolu, tout ce que de longues et solides études ont pu lui assurer d'ingéniosité et de science.

SALLE DU PUBLIC
Fin du XIXe et seconde moitié
du XXe siècle
Hôtel des postes de Paris
Angle des rues Étienne-Marcel
et du Louvre

Ce bâtiment, dont le prix de revient définitif atteignit la somme énorme de 32 millions or, devint le lieu de la modernité technique française, grâce à la construction des ascenseurs hydrauliques, à l'installation de machines à

vapeur qui alimentent le réseau du télégraphe pneumatique parisien, et au projet d'une salle électrogène pour pourvoir à l'éclairage électrique (qui se fait cependant dans un premier temps au gaz). L'édifice apparaît également comme le lieu de la modernité de l'architecture postale par la distribution des espaces, l'abondance de l'air, le rôle de la lumière (2 hectares de vitres), les modernisations des conditions d'accueil et de travail. Il sert donc de modèle dans la politique naissante de construction des hôtels des Postes.

BUREAU PROVISOIRE
DE LA PLACE DU CAROUSEL
1886. L'Illustration
Collection particulière

LE TIMBRAGE DE LA
CORRESPONDANCE PARTANTE
21 juillet 1888. L'Illustration
Collection particulière

RÉCEPTION DES
JOURNAUX ET IMPRIMÉS
Gravure
Collection particulière

CHANTIER DE DÉPART
DES IMPRIMÉS
Vers 1900
Musée de la Poste, Paris

CHARGEMENT DES VOITURES
DANS LE NOUVEL HÔTEL DE POSTES
21 juillet 1888. L'Illustration
Collection particulière

CABINE DE
CHARGEMENT
1889
Photographie
Musée de la Poste
Paris

Le 17 juin 1886, après plusieurs années de travaux, le nouvel hôtel des postes de Paris est mis en service. Compte tenu de la faible surface de l'emprise au sol (8 000 m²), il a été construit sur trois niveaux. Le sous-sol est occupé par la machinerie, et par une écurie susceptible de recevoir 100 chevaux. Ces chevaux sont destinés à tirer les différents véhicules postaux affectés au transport des dépêches d'arrivée ou de départ. Le rez-de-chaussée, outre les guichets, est réservé au chantier de transbordement. Là, tous les bureaux de Paris envoient leurs sacs pour qu'ils soient « transbordés » vers la « route » qui leur est destinée. D'autre part, tous les sacs acheminés par les services ambulants jusqu'aux gares parisiennes sont réceptionnés et envoyés au service de la distribution. En 1883, pendant la construction du nouvel hôtel des postes, donc dans les bureaux provisoires installés depuis trois ans place du Carrousel, 900 millions d'objets, de correspondances avaient ainsi transité par ce service. C'est encore le transbordement qui surveille le chargement et le déchargement des voitures du service des dépêches. Le premier étage, vers lequel les sacs sont transportés par des monte-charge à vapeur (deux machines de 100 chevaux), est réservé au service de la distribution. Le deuxième étage reçoit par le même moyen le courrier destiné au départ. Une section équipée de machines Daguin procède au timbrage de la correspondance partante. Une autre section est spécialisée dans la réception des journaux et des imprimés qui sont triés et enliassés sur un chantier spécial. Les objets recommandés et chargés sont traités dans une cabine aux cloisons grillagées (pour des raisons de sécurité), comme c'est le cas dans tous les bureaux.

GUICHETS
1886
Photographie
Poste du Louvre
Hôtel des postes de Paris
Musée de la Poste, Paris

POSTE RESTANTE
1886
Photographie
Guichets de la poste du Louvre
Hôtel des postes de Paris
Musée de la Poste, Paris

Dans cet immense bâtiment, les guichets occupent une partie du rez-de-chaussée. Ils sont constitués par des banques en bois surmontées de piétements métalliques supportant l'éclairage (qui n'est pas encore électrique) et les panneaux indiquant les fonctions des guichets. Une salle particulière est réservée à la poste restante (à gauche) et aux boîtes de commerce (au fond et à droite). Le service de la poste restante est souvent brocardé par les caricaturistes, car il permet la remise discrète d'un courrier parfois clandestin. Au bout d'un délai de 15 jours, les lettres non réclamées sont retournées à l'envoyeur. Ce service est alors gratuit. Autre remise au guichet, les boîtes de commerce. Dans ce cas, le courrier d'arrivée est déposé dans un meuble spécial : côté bureau, il sert de casier de tri, côté salle du public, chaque case est fermée par une petite porte dont seul l'abonné a la clé. Le prix de l'abonnement est fixé selon le format de la case choisie et de la ville où se trouve le bureau. Assez bizarrement, le montant de cette location est conservé par le receveur pour une moitié, et distribué pour l'autre moitié au personnel. Cette rétribution est censée compenser le travail supplémentaire qu'entraîne ce tri particulier. Cette distribution ne peut avoir lieu qu'après le départ des facteurs.

TILBURY DEVANT
UN BUREAU POSTAL PARISIEN
Fin du XIXe siècle
Carte postale
Collection des Amis de l'Histoire
des PTT d'Alsace

Selon le nombre de sacs à transporter entre les gares et les bureaux de Paris jusqu'à celui du Louvre, ou de ce bureau jusqu'aux gares, le type de véhicule est différent. En 1889, 173 véhicules hippomobiles rayonnent autour du bureau central. Les voitures, les harnais et les uniformes sont achetés par l'Administration. Mais la conduite des véhicules est confiée à un entrepreneur. Celui-ci doit veiller à ce que le personnel qu'il emploie sache lire et écrire. Les attelages à deux doivent être constitués de chevaux de même taille (au moins 1,62 m au garrot) et de même couleur. La vitesse de déplacement de ces véhicules est fixée entre 4 et 5 minutes par kilomètre parcouru. Tout retard entraîne une retenue de 1 franc par 5 minutes. Le plus petit véhicule ainsi utilisé est du type Tilbury. Il en existe 95 en service en 1899. Pour la conduite de ce type de fourgon, l'entrepreneur touche 44 centimes par kilomètre.

PETIT FOURGON POSTAL PARISIEN
1891
Photographie
Collection des Amis de l'Histoire
des PTT d'Alsace

Le deuxième modèle en taille, toujours tiré par un seul cheval, mais à quatre roues, rapporte 53 centimes par kilomètre à son loueur.

De la Poste aux PTT

GRAND FOURGON POSTAL PARISIEN
Fin XIXe siècle
Collection des Amis de l'Histoire
des PTT d'Alsace
Le grand modèle est un fourgon tiré par deux chevaux. Il en coûte pour sa traction 93 centimes par kilomètre à l'Administration.

FOURGON POSTAL MOYEN DEVANT UNE GARE PARISIENNE
Fin du XIXe siècle
Photographie
Collection des Amis de l'Histoire
des PTT d'Alsace
En 1891, un nouveau fourgon grand modèle, dont la caisse a été un peu réduite, n'est plus tiré que par un cheval. Le cliché est une photographie prise par Émile Zola. Les cochers dans tous les cas portent un uniforme assez semblable à celui des cochers de fiacres : redingote croisée à six boutons, en drap bleu foncé, revers de manches rouges bordés d'un large galon doré, chapeau haut de forme avec ruban de coiffe rouge et rosette de ruban tricolore.

FOURGONNETTE ÉLECTRIQUE
1904
Photographie
Musée de la Poste, Paris
En octobre 1904, l'Administration impose à la compagnie chargée de la conduite des véhicules postaux parisiens le remplacement d'un certain nombre de tilburys par des voitures électriques. La société des Messageries des Postes de France s'adresse à la maison Mildé, spécialiste en matière de construction de véhicules de ce genre. La source d'énergie est constituée par 44 éléments d'accumulation (type Heinz) d'une capacité de 150 ampères/heure. Ils sont placés

dans un caisson, sous les pieds du conducteur, et peuvent être remplacés en 5 minutes malgré leur poids élevé (650 kg). Sur les 15 véhicules construits, 12 seulement sont en service, les 3 autres servant de réserve. Les roues de certaines de ces fourgonnettes sont équipées de bandes en caoutchouc plein, d'autres ont reçu des pneumatiques Michelin.

FOURGON AUTOMOBILE DEVANT LE BUREAU DE POSTE PARIS-XII
1907
Collection particulière

La charge utile transportée est de 650 kg, et prend place dans le caisson chargé par une trappe (sur le dessus de la carrosserie) ou par des portes arrière. Ces véhicules doivent pouvoir rouler à 18 kilomètres à l'heure, à raison de 75 kilomètres par jour avec deux recharges électriques, l'une entre midi et 14 heures, l'autre de nuit après 22 heures. Sur ce cliché, deux gardiens de bureau en vêtements clairs s'apprêtent à charger (ou à décharger) les sacs dans la corbeille en osier, équipée de trois roues pour un guidage facile. Un commis en veste et bonnet noir s'apprête à pointer les dépêches sur un état appelé « part ».

Le courrier

MACHINE À OBLITÉRER DAGUIN
1883-1884
Musée de la Poste des Pays de Loire, Nantes

À la suite de l'instruction du ministre des Postes confirmant en 1876 l'oblitération et le timbrage des lettres par deux frappes du cachet à date, l'Administration recherche des solutions pour mécaniser cette double opération. Confrontée à une augmentation sans cesse croissante de la masse du courrier, elle espère ainsi diminuer la fatigue du personnel et permettre un travail plus productif. Un ingénieur, M. Eugène Daguin, est le premier le 30 septembre 1882 à déposer un brevet d'une machine à oblitérer. La « machine Daguin » est testée dans plusieurs bureaux parisiens dès l'année suivante, avant d'être adoptée officiellement en 1884 par l'Administration. Elle équipe alors de nombreux bureaux, où elle reste en service sans interruption pendant près de trente ans.

OBLITÉRATION PAR MACHINE DAGUIN
1890
Lettre de Lisieux pour Pont-Audemer
Musée de la Poste, Paris

La machine Daguin est constituée d'un bras articulé supportant deux timbres à date jumelés, bras qui est manœuvré par le postier avec toute son énergie. Une oblitération Daguin se reconnaît à l'écart constant de 28 mm entre les points centraux des deux timbres à date.

EMPREINTE DE MACHINE DAGUIN
23 janvier 1901. Carte postale de Perpignan pour Paris
Collection particulière

Autant les machines Daguin conviennent aux bureaux de petite et moyenne importance, autant elles s'avèrent inadaptées dans ceux où le flux de courrier est considérable. Avec l'apparition de nouvelles machines plus performantes, elles deviennent obsolètes et disparaissent peu à peu des bureaux au début des années 1910. Une circulaire du

8 août 1923 autorise toutefois la réutilisation de ces machines à partir de 1924 dans divers bureaux implantés dans les zones touristiques. Elles servent à oblitérer les cartes postales sur lesquelles un seul cachet dateur suffit. Le deuxième cachet dateur est pour sa part remplacé par un carré de 27 mm de côté qui sert de support aux premières publicités touristiques. Ces publicités vantent désormais le climat, les monuments et autres produits du cru des stations balnéaires et côtières. Cette utilisation particulière de la machine Daguin perdure jusqu'en 1970 en service normal.

CARTE-TÉLÉGRAMME
1883
Carte pour Paris
Musée de la Poste, Paris

Le service des pneumatiques est mis à la disposition du public le 25 janvier 1879. Il s'étend à tous les bureaux de poste parisiens de plein exercice. Le courrier acheminé par ce réseau doit obligatoirement être écrit sur des formules spéciales délivrées par l'Administration jusqu'en 1898. Cette carte-télégramme comporte le plan de Paris teinté en rouge sur la partie du service pneumatique ouverte au service depuis le 1ᵉʳ avril 1883. Le réseau de Paris cesse de fonctionner le 30 mars 1984

TIMBRE À DATE AVEC NOM DU DÉPARTEMENT
1887
Lettre recommandée de Condé-en-Brie (Aisne) pour Paris
Musée de la Poste, Paris

Une instruction de mai 1875 indique que le nom du département remplace le numéro du département dans le timbre à date. Les philatélistes l'appelle le type 18. Ce timbre à date sera remplacé par un nouveau modèle plus lisible en caractères bâtons à partir de janvier 1886.

De la Poste aux PTT

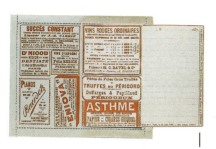

INTÉRIEUR D'UN ENTIER POSTAL ANNONCES
1887
Collection Bertrand Sinais

Les entiers postaux ont pour particularité de présenter une figurine (c'est-à-dire le timbre) imprimée et non mobile. Sur ces derniers, des publicitaires louent des espaces. Le produit de ces publicités permet de vendre l'entier postal au public, moins cher que sa valeur d'affranchissement. L'utilisateur s'engage à ne pas enlever les annonces publicitaires.

EXTÉRIEUR D'UN ENTIER POSTAL ANNONCES
1887
Collection Bertrand Sinais

La fabrication de ces types d'entier est autorisée par les arrêtés des 24 mars et 4 avril 1873 (cartes postales) et du 12 mai 1887 (cartes-lettres et enveloppes). Deux types d'entiers-annonces existent : les entiers repiqués, réutilisation d'un entier postal émis par l'Administration avec adjonction de publicités diverses et les entiers timbrés sur commande. Ici, les entiers sont des modèles spécialement imprimés par l'Administration pour le compte d'un publicitaire. Les entiers postaux-annonces connaissent leur apogée à la fin du XIXe siècle, le dernier étant émis en 1954. Souvent de faible tirage, ils sont particulièrement recherchés par les collectionneurs, en particulier thématistes.

ENTIER POSTAL COMMÉMORATIF
6 octobre 1896
Collection Bertrand Sinais

Il s'agit d'un entier timbré sur commande émis par Arthur Maury à l'occasion de la visite du tsar Nicolas II à Paris. Un entier postal timbré sur commande (TSC) est un entier édité par un particulier, une association ou une entreprise et timbré par l'Administration,

qui y imprime une figurine d'affranchissement. Au XIXe siècle, plusieurs entiers postaux TSC sont émis pour célébrer l'amitié franco-russe. D'autres occasions (Exposition de 1900, fêtes de Jeanne d'Arc, centenaire de Dunkerque, etc.) donnent lieu à l'émission d'entiers postaux commémoratifs TSC, mais au XXe siècle, la majorité voit le jour à l'occasion d'expositions philatéliques.

CARTE-LETTRE AVEC RÉPONSE PAYÉE
1894, Modèle spécimen
Musée de la Poste, Paris

Cette carte-lettre avec réponse payée est une carte-lettre double. La carte de réponse est plus petite et se trouve, après pliage, placée à l'intérieur de la « demande ». Elle porte un timbre « Paix et Commerce » de Jules-Auguste Sage (1840-1910). Elle sera supprimée en 1906.

MACHINE À OBLITÉRER BICKERDIKE
1898-1899
Gravure

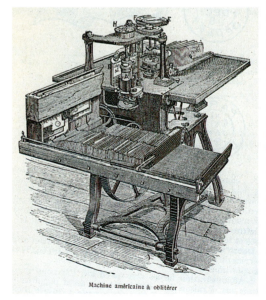

Musée de la Poste, Paris

Après le premier essai de mécanisation très partielle d'oblitération du courrier avec la « machine Daguin », l'administration des Postes va mettre successivement à l'essai et en service plusieurs machines de conception différente. Exploitée par la Canadian Postal Supply Company, la machine Bickerdike à manivelle est testée à Paris dans le bureau de la rue du Louvre, en décembre 1898 et janvier 1899. Par la suite, cette machine sera implantée dans un nombre assez limité de bureaux avant d'être définitivement abandonnée en juillet 1906.

1898 - 1905

Mougeot et la mécanisation

LÉON MOUGEOT
1898-1902. René
Le Charivari
Collection P. Nougaret

Le ministère des P et T survit peu à son fondateur, Adolphe Cochery, et disparaît le 30 mai 1887. Après une période d'interrogation, les P et T sont rattachés au ministère du Commerce et de l'Industrie, le 22 février 1889. Mais le besoin d'un sous-secrétariat d'État se fait sentir. Il échoit d'abord à Édouard Delpeuch, puis à Louis Mougeot le 28 juin 1891. Mougeot est chapeauté, de juin 1899 à juin 1902, par le député socialiste Alexandre Millerand, ministre du Commerce et de l'Industrie. Léon Mougeot, député de la Haute-Marne passe la période de son sous-secrétariat à l'affût des nouveautés techniques. En 1902, avec la formation du ministère Combe, il devient ministre de l'Agriculture. Un caricaturiste lui fait dire alors « L'agriculture ça va me changer des cartes postales et des petits bleus [c'est-à-dire des télégrammes]. »

BOÎTE MOUGEOTTE
MODÈLE MURAL
1900-1911
Fonte verte
Musée de la Poste, Paris

À son arrivée, Léon Mougeot s'étonne de la vétusté de l'équipement en boîtes aux lettres de l'Administration : une boîte en bois, solidement fixée au mur par des pattes métalliques. À Paris, en 1850, sont installées des bornes en fonte, avec une base décorée de feuillage, et surmontées d'une sorte de pomme de pin, modèle complété en 1894 par des boîtes incorporées dans des bornes comportant à leur partie supérieure des lanternes à deux parois plates où prend place la publicité. Mais les boîtes en bois de 1830 restent majoritaires. Léon Mougeot commande donc une boîte en fonte, d'abord expérimentée auprès des sociétés ou des communes, contre location. Face à son succès, « la Mougeotte » devient d'un usage général. De couleur vert bronze, elle additionne, à un toit pyramidal couvert d'écailles, un foisonnant décor de palmettes et autres feuilles d'acanthe. Elle comporte sur sa face avant un système de roues émaillées tournantes permettant d'indiquer si la levée du jour est faite. La fabrication de ces boîtes est confiée aux fonderies Delachanal.

MOUGEOTTE SUR COLONNE
1899-1900
Fonte
Musée de la Poste, Paris

À la boîte murale vont s'adjoindre des modèles à colonne destinés à être implantés sur les trottoirs, comme les bornes publicitaires de 1894. L'accueil du public est chaleureux. Un journaliste du Gaulois écrit : « La mougeotte, c'est la course évitée au bureau de poste ou aux boîtes de la rue, c'est la poste chez soi, c'est le progrès ».

BOÎTES AUX LETTRES
AVEC INDICATEUR LANAUD
Vers 1900
Tôle et plaques émaillées
Musée de la Poste, Paris

Cette boîte placée sur la façade d'un bureau (mais il semble que ce modèle n'ait pas été généralisé) permet de faire séparer par les usagers, les lettres pour Paris de celles pour l'extérieur de la capitale. La mise à jour de l'heure des levées se fait grâce au positionnement d'un cylindre placé horizontalement derrière une fente en bas de chaque plaque émaillée. Ce déplacement peut être manuel ou commandé automatiquement par la refermeture des portes après la levée.

RELEVAGE DES LETTRES PAR
LES FACTEURS EN AUTOMOBILE
1899
Le Petit Journal illustré
Musée de la Poste, Paris

Léon Mougeot se propose en octobre 1899 de faire relever les boîtes aux lettres extérieures dépendant du bureau du XIIe arrondissement par des facteurs transportés en automobiles. Le journal *L'Illustration* explique qu'on a choisi dix facteurs pour cette expérience, « cinq d'entre eux montaient des bicyclettes ; les cinq autres avaient pris place dans des automobiles de forme variée munies d'avant-train, et conduites par des chauffeurs expérimentés. Léon Mougeot a suivi lui-même les opérations en voiture automobile et a pu se rendre compte immédiatement des résultats satisfaisants de l'expérience. On n'a pas gagné moins de 45 minutes sur le temps employé ordinairement par les facteurs à pied [...] c'est donc de trois-quarts d'heure au moins, que pourrait être augmenté le délai accordé [...] aux habitants des quartiers excentriques, tel que le 12e arrondissement, pour mettre leurs lettres à la poste. » Mais l'expérience est sans lendemain.

LES MÉFAITS DES AUTOMOBILES
POSTALES
1899. Émile Cohl
Caricature
Musée de la Poste, Paris

Toute amélioration entraîne une réaction de la part du public, que le caricaturiste saisit habilement pour en faire une satire. Ainsi Émile Cohl (créateur du cinéma d'animation française chez Pathé) fait écraser par un facteur sardonique un malheureux quidam.

La carte postale

APPAREIL TYPE PATHEPOST
1906
Musée postal d'Auvergne, Saint-Flour

Cet appareil permet d'enregistrer au début du XXe siècle des messages vocaux sur un disque de cire. Malheureusement, le disque est fort fragile et se transporte alors difficilement.

MACHINE À NETTOYER LES TIMBRES À DATE
Vers 1900
Fer blanc et cuivre
Collection des Amis de l'Histoire des PTT d'Alsace

Ce matériel, utilisé dans les bureaux d'Alsace-Lorraine pendant l'annexion allemande, sert à nettoyer les timbres à date, c'est-à-dire les cachets métalliques utilisés pour oblitérer les timbres, grâce à une brosse rotative entraînée par une manivelle extérieure et trempant dans un liquide dissolvant. L'encre grasse employée encrasse rapidement ces cachets. Comme ils servent à indiquer la date de départ (et parfois celle d'arrivée) du courrier, il est important que leur empreinte soit lisible.

DISTRIBUTEUR DE TIMBRES ET DE CARTES-LETTRES
1900
Fonte
Musée de la Poste, Paris

Léon Mougeot fait installer en avril 1900, à la poste du Louvre, un distributeur de timbres et de cartes-lettres. Ce système, d'origine américaine, consiste en un ensemble ingénieusement disposé. Il possède un pèse-lettre indiquant la taxe à payer. De plus est installé un tambour rotatif à

cases dans lesquelles les timbres sont disposés. Ils sont éjectés par un courant d'air produit par une pompe. Les timbres dont est chargée la machine ont une valeur de 5 centimes (soit pour l'affranchissement d'une lettre de 15 grammes). Il est possible de les humecter sur un mouilleur équipé d'un cylindre en caoutchouc qui se trouve au centre et en bas de l'appareil. Un autre tambour contient des cases plus larges où prennent place des cartes-lettres au prix de 15 centimes. Ces cartes-lettres éditées par l'Administration se présentent sous la forme d'un feuillet de papier fort, plié en deux. Son format est alors celui d'une carte postale. L'affranchissement est imprimé directement au-dessus de la partie adresse.

FACTEUR DISTRIBUTEUR DE CARTES POSTALES
1900. Philippe Léoni
Zinc
Musée postal d'Auvergne, Saint-Flour

Souhaitant réduire l'encombrement du public devant les guichets de poste, Mougeot commande à l'industrie P. Léoni des distributeurs automatiques de cartes postales. Ce facteur en zinc tient un plateau sur lequel vient se placer une carte postale quand on a glissé une pièce de 10 centimes dans la fente située sur sa poitrine. D'autres modèles

moins originaux mais plus pratiques ont été créés par Philippe Léoni, notamment une borne comprenant un distributeur de cartes postales, un pupitre et un stylo intégré ainsi qu'une boîte aux lettres aménagée sur le côté.

APPAREIL TYPE PHONOPOSTAL
1909
Musée postal d'Auvergne, Saint-Flour

Le phonopostal est un appareil destiné à enregistrer et à reproduire ensuite la voix humaine à l'aide d'une feuille de carton affectant la forme d'une carte postale, qu'il a l'intention de remplacer. Le créateur du phonocarte est un artiste peintre, M. Armbruster, et les réalisateurs sont MM. Marotte, Brocherioux et Tochon. L'idée est de remplacer le cylindre enduit de cire des phonographes ordinaires par une feuille de papier transmissible comme une lettre.

« LA SONORINE »
Annonce publicitaire
Début du XXᵉ siècle
Musée postal d'Auvergne, Saint-Flour

À cette époque, on vante aisément les qualités du nouvel appareil : il se transporte partout dans ses bagages et permet de donner des nouvelles « toutes fraîches et vibrantes » de son voyage. Chaque carte dite « Sonorine » peut contenir 75 à 80 mots. De plus, au dos de la phonocarte, il est possible d'imprimer des vues photographiques. Le mode d'enregistrement consiste à parler dans un petit cornet mis en contact avec l'enregistreur ; Le dernier est une pointe de saphir qui creuse dans une couche sensible répandue à la surface de la carte. Une des qualités de la Sonorine est d'être suffisamment résistante aux manipulations de la poste. Elle peut donc être envoyée par la poste comme les autres cartes. Malheureusement, cet appareil n'a jamais fonctionné.

CARTE TOUR EIFFEL
1889. Léon-Charles Libonis
Collection particulière

C'est le 20 août 1889, trois mois après l'inauguration de l'Exposition universelle de Paris, qu'est mise en vente la première carte postale de la tour Eiffel. Le dessin en a été gravé par Léon-Charles Libonis d'après un carnet-souvenir composé de douze clichés du monument réalisé par la maison Neurdein-Frères, photographes à Paris. La diffusion de cette carte, dont il existe plusieurs variantes montrant cinq ou six aspects de la Tour, est un événement majeur dans l'histoire de la carte postale illustrée. En effet, la « Libonie », comme l'appellent les cartophiles, bénéficie, dès son lancement, d'un succès sans précédent. Les visiteurs s'empressent d'acquérir et d'expédier à leurs parents et amis ce « témoignage de leur ascension » dis-

ponible aux trois étages de la tour Eiffel, un timbre à date faisant foi. Le débit est de 7 à 8 000 cartes postales par jour. Au total, la vente qui va se prolonger au-delà de l'Exposition, jusqu'en 1890-1891, dépassera les 300 000 exemplaires.

DÉSHABILLÉ
1900
Carte postale
Collection particulière

En voyageant à ciel ouvert, la carte postale s'offre à toutes les indiscrétions. Ce qui ne signifie pas que la loi les autorise. En 1874, une postière normande est condamnée pour avoir lu à haute voix à ses collègues une carte postale adressée par un curé à l'une de ses paroissiennes. C'est la lecture publique d'une correspondance privée qui se voit ici sanctionnée et non l'indiscrétion commise à l'égard d'un courrier fermé. Il ne peut en être autrement puisque la carte postale, en principe, ne circule pas sous enveloppe. Mais comment réagis-

sent les autorités lorsqu'une illustration coquine vient s'ajouter au texte, pouvant ainsi être vue par tout un chacun ? « Cachez ce sein que je ne saurai voir », répond le législateur qui, le 11 juin 1887, reprenant les dispositions de la loi de 1881 sur la presse et l'affichage, décide de poursuivre les éditeurs dont les cartes postales font outrage aux bonnes mœurs. Pour ce motif, 14 d'entre eux seront traduits devant les tribunaux au cours du seul mois de juin 1910. En 1904, le sénateur Bérenger, appelé « Le Père la Pudeur », fait ajouter à la loi une disposition spéciale proscrivant les poils pubiens sur les cartes postales de nu. Mais, il faut bien dire que les rigueurs du code n'enfreignent nullement l'impression et la diffusion massive des cartes postales que la morale réprouve, mais elles ne sont plus transportées à découvert par la poste.

REVUE ILLUSTRÉE
DE LA CARTE POSTALE
20 juin 1901
Collection particulière
Les cartophiles, autrement dit les collectionneurs de cartes postales illustrées, sont, en 1902, presque aussi nombreux que les philatélistes. Ces « mordus » sont à l'affût de toutes les parutions nouvelles et possèdent leurs clubs et leurs revues spécialisées. La plus anciennes d'entre elles, « *La Carte postale illustrée* », fondée en 1899 par l'écrivain Émile Strauss, va durer jusqu'en 1908. Mais la longévité, dans ce domaine, appartient à « *La Revue illustrée de la carte postale* ». Née en 1900, cette revue mensuelle vivra jusqu'en 1921. Elle a pour administrateur le patron de l'une des plus importantes fabriques de cartes postales illustrées de France : la Phototypie d'Art Bergeret et Cie, dont le siège est à Nancy. Après la guerre de 1914, la cartophilie connaît une longue période de léthargie. Son renouveau date des années 60. En 1966 est créé à Paris le

Cercle français des collectionneurs de cartes postales. Les 7,8 et 9 novembre 1975 se tient à l'hôtel George V à Paris, le premier Salon international de la carte postale illustrée tandis que la même année débute la parution de l'annuaire Neudin donnant la cote des cartes postales de collection.

ÉVÉNEMENTS DU MIDI
1907
Carte postale. Éditeur : E.L.D.
Collection particulière
La période comprise entre 1900 et la Première Guerre mondiale est considérée comme « l'âge d'or » de la carte postale. L'invention de la phototypie est, pour une part essentielle, à l'origine de ce phénomène mondial. Ce procédé se situe à la lisière de la lithographie et de la photogravure et permet la reproduction multiple et sans trame des photographies. Grâce à cette technique, tous les sujets peuvent désormais être traités dans les meilleurs délais. L'immense majorité des cartes postales est imprimée en noir et blanc dans le format 9 x 14 cm, sur un carton rigide de trois épaisseurs pesant entre 3 et 5 grammes. Depuis 1903, le côté de la carte réservé au texte est divisé en deux parties égales, l'une pour la correspondance, l'autre pour l'adresse du destinataire. Si les cartes-vues sont les plus demandées, l'actualité, sous tous ses aspects, fait l'objet de nombreuses impressions. L'incendie de la Comédie-Française, en 1900, est vendu à plus de 40 000 exemplaires. D'impressionnantes séries relatent la révolte des vignerons du Midi en 1907.

CARTE POSTALE DE MUCHA
Début du XXe siècle
La Collection des Cent. E.G Paris
Collection particulière
À la Belle Époque, la carte postale artistique en lithographie couleur connaît un succès de prestige auprès des amateurs, qui se disputent les créations originales d'Henri Boutet, de Raphaël Kirchner et de beaucoup d'autres artistes, ou bien encore les reproductions d'affiches en cartes postales de Jules Chéret et d'Alphonse Mucha, l'un des inventeurs avec Grasset, de l'Art nouveau. La Collection des Cent, bel ensemble de cartes postales publié par série sous des pochettes dessinées par Grasset, exprime les talents et les genres les plus variés de cet âge d'or.

Les facteurs ruraux

PLAQUE DE FACTEUR RURAL
Vers 1900
Cuivre ou laiton, repoussé
Collection des Amis de l'histoire des PTT d'Alsace

À partir de novembre 1899, les facteurs ruraux ne sont plus tenus de porter la plaque, sauf s'ils continuent à utiliser la blouse bleue à collet rouge. Cette plaque tardive ne porte plus l'indication : « Administration des Postes », mais « Ministère des Postes et des Télégraphes ».

LE FACTEUR RURAL, LOUIS-JOSEPH BOUCHER
1898
Peinture sur toile
Musée de la Poste, Paris

Léon-Joseph Boucher, né en 1860, est devenu facteur rural à Nanteuil-les-Meaux (Seine-et-Marne) en 1898, date à laquelle le tableau reproduit a été peint.

Il porte au bras gauche un brassard noir. Sur le mur derrière lui est collée une affiche postale consacrée aux tarifs des lettres. Le 1er juin 1904, il devient facteur rural à Meaux, puis en 1908, facteur de ville dans la même résidence. Il part à la retraite en janvier 1925. Voici le portrait que donne Courlet des facteurs ruraux dans ses *Boutades postales* : « ... Le parcours moyen du facteur rural étant de 28 kilomètres par jour, il devra parcourir l'équivalent de huit fois et demi le tour du globe pour arriver à la retraite et quelle retraite ! Il est doux, poli et serviable. C'est le seul agent qui ne se fasse pas d'ennemi dans l'exercice de ses fonctions. Les petits services qu'il rend sont payés en verres de vin qu'il accepte toujours... pour se soutenir... et qui souvent produisent l'effet contraire. »

FACTEURS À CONFOLENS
1888
Photographie
Musée de la Poste, Paris

Le courrier vient d'arriver au bureau de Confolens dans un omnibus. L'intérieur étant réservé aux voyageurs, les sacs sont placés dans un coffre sur le toit. Le courrier d'entreprise, debout devant ce coffre, procède au déchargement. La manutention de ces sacs est réservée à une catégorie de sous-agents appelés gardiens de bureau. L'un d'eux, en blouse et casquette plate, se tient devant l'omnibus. Appuyé sur la portière arrière, un facteur rural tient la poignée d'une boîte mobile. Cette boîte en tôle est fixée par un cadenas à une paroi de l'omnibus pendant le parcours de celui-ci. À l'arrivée au bureau, comme ici à Confolens, la boîte est décrochée, apportée au receveur, qui l'ouvre et remet son contenu au service de départ. Le receveur ainsi que son commis sont visibles au deuxième plan.

FACTEUR RURAL EN TENUE D'HIVER
Vers 1906-1907
Peinture sur toile
Musée postal d'Auvergne, Saint-Flour

Cette peinture représente un facteur rural. Il porte le veston-vareuse avec l'indication « Postes » sur les revers, ce qui le distingue du facteur de ville qui conserve la tunique longue jusqu'en 1906. C'est sans aucun doute le prestige de l'uniforme qui a guidé le choix de ce facteur lorsqu'il s'est fait représenter avec son képi et son veston fermé par une double rangée de boutons argentés.

FACTEUR RURAL À BICYCLETTE
26 avril 1895. Georges Scott
Revue Mame
Musée de la Poste, Paris

Dès 1887, Amédée Maquaire importe à Paris des bicyclettes de fabrication anglaise, sous la marque Securitas. La bicyclette est encore une nouveauté, et le modèle proposé coûte 375 francs, somme très élevée pour un facteur rural débutant (plus de la moitié de son salaire annuel). L'Administration voit d'ailleurs d'un assez mauvais œil l'utilisation éventuelle de telles machines,

craignant qu'elles ne soient sources d'accidents. Cependant, en 1893, devant le développement que prend ce nouveau moyen de locomotion, elle se ravise et encourage son emploi. Dans leur catalogue de 1895, les bicyclettes « Securitas » proposent Une nouvelle bicyclette « Passe-Partout », modèle des Postes et Télégraphes. Georges Scott s'inspire du modèle « Passe-Partout » pour dessiner cette planche en couleurs. Il a coiffé son facteur rural d'un chapeau de paille, au lieu de la casquette représentée sur le prospectus.

CHAPEAU DE PAILLE DE FACTEUR
Vers 1895
Paille et tissu
Musée de la Poste, Paris

L'achat d'un chapeau de paille, qui remplace avantageusement le képi pendant la période estivale, est d'abord laissé à l'appréciation des intéressés qui ne peuvent l'acquérir qu'avec leurs propres deniers. L'été torride de 1900 entraîne une décision de l'Administration qui sans aider financièrement les postiers dans le choix de ce couvre-chef, accepte de fournir gratuitement le ruban noir avec l'inscription « Postes », à placer autour de la coiffe. Quelques mois plus tard, ce type de chapeau fait enfin partie des effets d'uniformes fournis par l'Administration à ses sous-agents.

FACTEUR EN TRICYCLE
1893-1894
Photographie
Collection particulière

Léon Mougeot, après ses expériences automobiles sans succès, s'intéresse à la bicyclette. Il écrit le 9 août 1900 : « Étant donné ces avantages, le moment semble venu de rechercher les moyens propres à généraliser l'emploi du vélocipède. Il n'est pas douteux qu'un plus grand nombre de facteurs en feraient usage si leurs ressources leur permettaient de faire l'achat d'une machine. L'Administration est disposée à demander au Parlement des crédits permettant d'allouer à tout facteur une indemnité destinée à amortir les frais d'achat et à le couvrir des dépenses d'entretien et de réparation. Cette indemnité serait également accordée aux facteurs qui, n'ayant pas l'aptitude voulue pour monter à bicyclette, feraient emploi du tricycle. » En 1902, l'indemnité accordée est de 15 francs par mois.

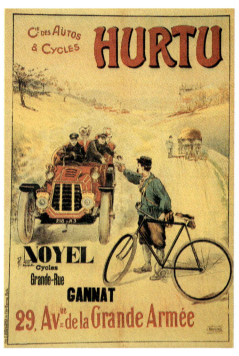

LES CYCLES HURTU
Vers 1900
Affiche
Musée postal d'Auvergne, Saint-Flour

Après les décisions de Léon Mougeot, des constructeurs vont à l'assaut de ce nouveau marché, telle la compagnie des Autos et Cycles Hurtu de Paris. Sur cette affiche figure en bonne place un facteur rural avec une bicyclette d'une très grande simplicité : pas de freins, pas de garde-boue, pas d'éclairage, ni même de grelot réglementaire. En revanche pend à la selle la sacoche à outils, indispensable en cas de crevaison. Ce type de vélo s'explique par le fait que les facteurs doivent rembourser l'emprunt destiné à l'achat de la bicyclette, dans les limites de leur indemnité mensuelle.

FACTEUR À BICYCLETTE
Vers 1910
Photographie
Musée de la Poste, Paris

L'administration postale voit dans l'emploi de cette « machine » un moyen de réduire les dépenses de distribution locale et rurale. Cela s'explique tout simplement par le fait qu'une tournée en vélocipède de 40 km s'avère plus rapide qu'une tournée à pied de 21 à 32 km par jour. Différentes circulaires réglementent strictement l'utilisation du vélocipède, en 1895 et 1899, et de la bicyclette, en 1900. Elles dictent notamment des sanctions pour toute négligence et faute grave de leurs conducteurs. Le 6 août 1900, une autre circulaire généralise l'emploi du vélocipède. Elle précise en outre que l'indemnité versée est destinée à amortir les frais d'achat et à couvrir les dépenses d'entretien et de réparation du vélocipède. Après 1920, la bicyclette ne fait plus l'objet d'autant d'attentions. L'apparition de nouveaux moyens de locomotion dès 1928, comme la motocyclette, le side-car ou encore l'automobile, la rend moins nécessaire. Elle n'est plus utilisée qu'à la campagne pour les tournées locales. Elle revient sur le devant de la scène dans les villes à partir des années 1970, compte tenu de l'important volume de courrier à distribuer par les facteurs. En 1996, au plan national, sur 72 335 tournées, 26 185 sont assurées par bicyclette.

HIRONDELLE
1901
Catalogue
Collection P. Nougaret
Comme la circulaire ministérielle le laisse entendre, les facteurs peuvent opter pour un tricycle. La Manufacture française d'armes et de cycles de Saint-Étienne en propose un avec roues à bandages pleins pour la somme de 350 francs. Mais à partir de 1901, cette firme spécialisée mise surtout sur la vente de deux modèles de bicyclettes simples : le n° 1 à 130 francs, et le n° 3 à 160 francs. Cette différence est justifiée pour le second modèle par un équipement comportant freins, garde-boue et roue libre. Pour faciliter l'achat, la Manufacture propose une vente à crédit avec un versement de 10 francs par mois, largement couvert par l'indemnité versée par l'Administration. En 1904, une circulaire stipule que les vélocipèdes doivent être équipés d'une lanterne et d'un avertisseur. L'avertisseur le plus simple est le grelot réglementaire, accessible pour 1 franc. Par contre la lanterne, à acétylène, coûte 3,50 francs. Malgré une réduction en 1909, de l'in-

demnité versée par l'Administration (120 francs au lieu de 180 francs), l'emploi de la bicyclette se généralise.

FACTEUR RURAL
AVEC DES ÉCHASSES
Vers 1905
Carte postale
Musée de la Poste, Paris
Dans les Landes, où la progression sur les chemins sablonneux est souvent difficile, le facteur effectue sa tournée, grimpé sur des échasses.

VOITURE POSTALE LÉGÈRE
TIRÉE PAR UN CHIEN
Vers 1900
Bois et métal
Musée postal d'Auvergne, Saint-Flour
À la fin du XIXe siècle, dans les régions pauvres, la voiture à chien est employée par certains commerçants pour effectuer leurs livraisons : boulangers, marchands de légumes, laitiers, etc. En 1897, cette utilisation des chiens est interdite dans 28 départements. Ailleurs, elle est sévèrement réglementée : il est interdit d'utiliser des chiens ayant une hauteur de moins de 50 centimètres à l'épaule, il faut qu'ils soient âgés d'au moins 18 mois. Si la voiture est chargée, le conducteur ne peut y prendre place. À vide, elle ne peut recevoir qu'une personne adulte. Certains facteurs ruraux utilisent ce moyen de transport. L'usage de la bicyclette fera disparaître cette singularité.

FACTEUR DANS UNE VOITURE À CHIEN
Vers 1910
Carte postale
Musée de la Poste, Paris

UN FACTEUR RURAL ATTAQUÉ PAR LES AIGLES
30 janvier 1898. Le Petit Parisien
Gravure sur bois
Collection des Amis de l'Histoire des PTT d'Alsace

Les tournées des facteurs ruraux dans les régions particulièrement hostiles peuvent comporter des épisodes dramatiques. Ainsi le facteur rural, Zéphirin Bontroux, qui effectuait sa tournée entre Saint-Bonnet et Saint-Étienne-en-Dévoluy, dans les Hautes-Alpes, est attaqué pendant l'hiver 1898 par quatre aigles qu'il n'arrive à écarter qu'en faisant des moulinets avec sa canne.

FACTEUR RURAL À SKIS
1911
Chromolithographie
Collection des Amis de l'Histoire des PTT d'Alsace

En 1909, l'Administration se préoccupe d'équiper ses « sous-agents, appartenant à des régions montagneuses » d'une nouveauté « importée de Norvège et que l'on appelle des skis ». Les premiers essais sont effectués avec des skis fournis par le Touring Club, et les facteurs, ainsi dotés, reçoivent quelques notions

pour se tenir debout sur les lattes, grâce au facteur-receveur de Pralognan. Mais il faut, comme pour la bicyclette, permettre aux facteurs d'acquérir « ces longs patins de bois ». Un arrêté du 30 mars 1912 fixe à 30 francs l'indemnité annuelle à laquelle les facteurs skieurs peuvent prétendre. Mais cette indemnité n'est versée qu'à raison de 5 francs par mois et au prorata du nombre de jours d'utilisation des skis. Il n'est pas fait déduction des jours où « l'usage de l'appareil » est interrompu à la suite « de circonstances atmosphériques rendant ce mode de locomotion impraticable ».

ESSAI DE MOTORISATION
1905
Calendrier des Télégraphes
Collection P. Nougaret

Si les expériences parisiennes pour le relevage des boîtes en automobile n'ont pas eu de suite, d'autres essais ont lieu dans les départements. Ils sont destinés à tester si la distribution rurale peut être organisée avec de telles voitures. Ce document présente ici un véhicule expérimental devant le bureau de Cambrai (Nord). La foule qui assiste à son départ, attirée par cet événement, est nom-

breuse, la vue d'une voiture automobile est encore une rareté. Le circuit de distribution passait par Mœuvres. Il ne semble pas que cet essai ait été poursuivi.

ESSAI DE DISTRIBUTION EN AUTOMOBILE
20 janvier 1908
Carte postale
Collection particulière

Quatre ans plus tard, un autre essai est effectué sur une tournée rurale dans le Loiret, autour de Lorris, dont on voit le bureau, et La-Cour-Marigny. Le chauffeur n'est autre que Victor Collignon, vainqueur du raid automobile Paris-Pékin, qui s'était déroulé de juin à août 1907. On reconnaît de gauche à droite : un facteur rural à bicyclette, un facteur de ville avec sa boîte et sa tunique et, enfin, un facteur rural à l'extrême droite qui charge des sacs avant le départ en tournée. Cet essai, qui dure du 16 au 30 janvier 1908, n'a pas de suite.

Les facteurs de ville

TENUE D'ÉTÉ DE FACTEUR DE VILLE
1905
Musée de la Poste, Paris

GROUPE DE FACTEURS DANS UN BUREAU POSTAL
Vers 1905
Photographie
Musée de la Poste, Paris

Cette photographie a été prise dans la cour du bureau d'une grande agglomération. En effet, on y décompte pas moins de 15 facteurs de ville et 12 facteurs ruraux. Au centre est assis devant la table un facteur du service télégraphique. À l'extrême droite, au premier rang, debout, se trouve le gardien de bureau en casquette plate. Le service administratif est représenté par le receveur et 4 commis, dont sans doute un commis principal (le personnage en calotte assis à côté du receveur?).

FACTEUR DE VILLE EN TENUE D'HIVER
1905
Photographie
Musée de la Poste, Paris

Sur le point d'être abandonnée, la tenue d'hiver du facteur de ville, avec tunique en drap bleu, fait l'objet d'une ultime photographie. Le recrutement des facteurs à Paris se fait parmi les anciens militaires, selon une savante répartition : la priorité est donnée aux sous-officiers rengagés, puis viennent ceux qui peuvent justifier de cinq années de service actif, etc. En 1901, ils touchent un salaire annuel de 1100 francs à 1500 francs, selon qu'ils sont en début ou en fin de carrière. À cela s'ajoutent certaines indemnités, de séjour, de premier établissement, de chaussures, etc.

Cet uniforme est taillé dans une toile grise légère. Le facteur de ville ne porte pas le chapeau de paille un peu mou de son collègue campagnard mais un canotier rigide, plus courant dans les milieux urbains, où ce genre de coiffure est répandu pendant tous les mois d'été.

KÉPI DE FACTEUR DE VILLE
Vers 1900
Toile et cuir
Musée de la Poste, Paris

TUNIQUE DE FACTEUR-CHEF
Vue de dos
Vers 1900
Drap et passepoil en partie doré
Musée de la Poste, Paris

Les facteurs-chefs endossent la même tunique que leurs collègues, mais pour asseoir leur autorité, l'Administration a prévu d'ajouter à leur collet un passepoil doré.

TRAVAUX PRÉPARATOIRES DE FACTEURS DE VILLE
Vers 1900
Photographie
Musée de la Poste, Paris

Dans ce bureau encore éclairé par des suspensions à pétrole, un groupe de facteurs de ville prépare son courrier avant de partir en tournée. Cette opération, dite du piquage, consiste à trier les lettres d'un quartier dans l'ordre de distribution. Elle s'effectue en trois temps : tri du courrier par rues, tri de chacun des tas obtenus, par ordre des numéros de la rue, enfin classement dans l'ordre de distribution des liasses ainsi obtenues. Les facteurs chevronnés réunissent les deux dernières opérations en une seule. Les imprimés et les journaux font l'objet d'un tri à part.

TUNIQUE DE FACTEUR DE VILLE
Vers 1900
Drap et boutons métalliques
Musée de la Poste, Paris

Pour fournir des vêtements adaptés à chaque facteur, les uniformes étant fabriqués sur le plan national, il est nécessaire de fournir des mesures précises. Le bulletin mensuel des P et T de janvier 1900, donne les instructions suivantes pour bien réussir cette opération : pour la tunique, huit mesures doivent être relevées. Par exemple : « Longueur de taille : mesurer l'homme à partir de la base du collet jusqu'aux hanches ; Demi-grosseur sous les bras : placer le ruban métrique le plus haut possible sous les bras, en touchant les aisselles horizontalement et donner la moitié de la mesure trouvée ». Des indications semblables sont données pour le gilet, le pantalon et la coiffure.

FACTEUR DE VILLE À TOURS
Vers 1900
Carte postale
Collection P. Nougaret

Après avoir « fait sa boîte », c'est-à-dire rangé convenablement son courrier selon son itinéraire, le facteur part en

TUNIQUE DE FACTEUR-CHEF
Vue de face
Vers 1900
Drap et passepoil en partie doré
Musée de la Poste, Paris

205

De la Poste aux PTT

tournée selon une progression étudiée par les brigadiers-facteurs. Ces sous-agents, qui ont leur siège à la direction départementale, sont en effet chargés de l'organisation de la distribution sur le terrain, et de sa surveillance. Courlet dans ses *Boutades postales* en donne le portrait suivant, où abondent les traits d'humour : « Le brigadier-facteur est un sous-agent supérieur attaché à une direction pour la surveillance des facteurs. Il est en outre garçon de bureau et sommelier du Directeur, jardinier et commissionnaire de Mme la Directrice... Il dîne souvent chez M. le Maire ou chez M. le Curé, écoute attentivement, au moment du dessert, les demandes de modification de service qui lui sont faites par ces Messieurs, auxquels il promet invariablement de s'en occuper lors de sa rentrée à la Direction... Craint des Receveurs, redouté des facteurs ».

BOÎTE DE DISTRIBUTION
POUR FACTEUR DE VILLE
Vers 1900
Bois et cuir
Musée de la Poste des Pays de Loire Nantes

La boîte de distribution des facteurs de ville leur sert non seulement à transporter leurs lettres, mais aussi d'écritoire. La partie qui s'appuie sur la taille du facteur est incurvée pour épouser la forme du corps. Dans le renflement d'une des extrémités de cette courbure prend place un encrier. Car à cette époque le stylo est encore inconnu, et le facteur n'a pas le droit d'utiliser un crayon, dont il serait trop facile d'effacer les traces, d'où l'utilisation d'un porte-plume et la nécessité d'un encrier.

RELEVAGE DU COURRIER
DANS LES BORNES DUFAYEL
1899. Le Journal illustré
Musée de la Poste, Paris

En ville, le relevage des boîtes fait l'objet de tournées spéciales à pied ou à bicyclette. Compte tenu de la quantité importante de courrier ainsi collecté, les facteurs-releveurs sont dotés de profonds sacs en cuir, qu'ils portent en bandoulière et peuvent fermer à clé. Sur la gravure reproduite, un facteur parisien vide une boîte incorporée dans une colonne publicitaire, dite « borne Dufayel ». Ces bornes avaient été installées en 1894 et jalonnaient, au nombre de 410, les trottoirs de Paris. Fin 1913, la concession étant arrivée à son terme, la société refusa de faire les frais de démontage. La ville dut alors déposer les panneaux publicitaires et garder en service les boîtes-colonnes qui continuèrent ainsi à remplir leur rôle postal.

SACOCHE POUR LE RELEVAGE
DU COURRIER
Vers 1900
Cuir et métal
Musée de la Poste et des Techniques de communication de Basse-Normandie Caen

FACTEUR RELEVANT
UNE BOÎTE SUPPLÉMENTAIRE
Vers 1904
Carte postale
Collection P. Nougaret

Les boîtes qui ne sont pas placées sur la façade d'un bureau sont dites boîtes supplémentaires. Selon l'importance du trafic, elles peuvent être relevées par un facteur au cours de sa tournée ou par un facteur spécial. La gravure (qui est une publicité pour le fabricant de cartes postales illustrées, Albert Bergeret, à

Nancy) fait ressortir l'importance de cette nouvelle forme de correspondance. La chambre syndicale française des fabricants de cartes postales estime à 600 millions le nombre de ces cartons fabriqués en 1905-1906, soit, en supposant que ces cartes postales aient été mises bout à bout dans le sens de la largeur, 84 000 kilomètres, c'est-à-dire deux fois le tour de la terre !

EMPREINTES À VÉRIFIER LE RELEVAGE DES BOÎTES
Vers 1900
Fonte
Collection des Amis de l'histoire des PTT d'Alsace

Pour permettre de vérifier si le relevage des boîtes a bien été effectué, chacune d'entre elles est dotée à l'intérieur, d'une empreinte en relief, fixée avec deux vis, représentant une lettre de l'alphabet. Le facteur-releveur est muni d'une feuille imprimée comportant autant de cases qu'il a de boîtes à visiter. Dans chacune de ces cases, il applique l'une après l'autre les lettres témoins de chacune des boîtes vidées.

PETIT TAMPON ENCREUR PORTATIF
Vers 1900
Métal et feutre
Musée de la Poste, Paris

Chacune des lettres témoins, avant son application sur l'état journalier, est enduite d'encre avec ce tampon portatif. Pour en éviter la perte, ce petit accessoire est attaché à la sacoche de distribution par une chaînette. La partie encreuse est alors protégée par un couvercle pour éviter de maculer le courrier transporté.

NOUVEAU VESTON-VAREUSE
Vers 1905
Drap et boutons en métal
Musée de la Poste, Paris

En 1907, la tunique est définitivement abandonnée au profit de la veste. Le képi reste le même. En 1911, les facteurs interrogés à l'occasion d'une étude réclament le « remplacement du képi actuel par un képi souple ». Ils ne seront dotés de ce nouveau couvre-chef, qu'après la guerre.

NOUVEAU VESTON-VAREUSE
Vers 1905
Drap et boutons en métal
Musée de la Poste, Paris

Les facteurs-chefs, avec un galon doré supplémentaire, passent également à l'utilisation du veston-vareuse.

ALMANACH DES P ET T
1902
Carton et chromo
Musée de la Poste, Paris

Ce calendrier, distribué pour le Jour de l'An 1902 par les facteurs, est illustré de deux cyclistes, ce qui montre bien le développement de ce moyen de locomotion, en dehors même de l'utilisation que les facteurs eux-mêmes peuvent en faire. Bien que le cadre des vélocipèdes pour dames soit surbaissé, celles-ci ne peuvent monter sur ces engins qu'à condition d'enfiler une vaste jupe-culotte dont le bas est étroitement serré sur le haut des mollets.

LES ÉTRENNES DU FACTEUR DE VILLE
1900
Dessin
Musée de la Poste, Paris

Abel Faivre (1867-1945) peintre et caricaturiste, croque en décembre 1900,

à l'intention du *Journal pour Tous,* la silhouette d'un facteur quémandeur, le calendrier à la main. Le dessinateur ne daube pas, comme presque tous ses collègues, sur les réticences des bourgeois qui regimbent contre cet « impôt supplémentaire » (par exemple cette légende d'un dessin de Cham « Je vous remercie, je n'en ai pas besoin ; celui que vous m'avez donné l'année dernière est encore tout propre), mais se moque assez méchamment du « machisme » de l'homme qui demande au facteur: « En avez-vous où il n'y a pas la fête de ma femme ? »

CRÉATION DE LA MÉDAILLE D'HONNEUR DES P ET T
1882
Image publicitaire
Collection P. Nougaret

Le personnel de la distribution dans les villes est recrutée le plus souvent parmi d'anciens militaires. Il est certain que cette origine a conditionné le choix de leur uniforme, toujours très proche de celui porté par les soldats à l'époque. De même, l'organisation du service dans les grands bureaux garde un côté caserne, et les grades de la hiérarchie renvoient à ceux que la plupart des facteurs ont connus sous les drapeaux : facteur-chef, brigadier-facteur, etc. Aussi Cochery pense-t-il qu'une décoration spécifique aux P et T établira une continuité supplémentaire avec les habitudes militaires. Sur son initiative, le 22 mars 1882, la médaille d'honneur des P et T est créée par un décret de Jules Grevy, alors président de la République. Le but est de récompenser les sous-agents qui ont fait preuve d'un dévouement particulier ; « Devoir et Dévouement » est précisément la devise qui figure au revers de la médaille, avec le nom du récipiendaire. Sur l'avers, apparaît le profil d'une Marianne couronnée de laurier, de chêne et de pampre. La bélière qui supporte le ruban reprend les symboles de la Poste (une paire d'ailes) et du Télégraphe (une gerbe d'étincelles). Les facteurs décorés ne se contentent pas de la fixer sur leur tunique à l'occasion des cérémonies, mais la portent pendant toutes leurs tournées journalières.

FACTEUR-CHEF DÉCORÉ DE LA MÉDAILLE D'HONNEUR
Vers 1900
Peinture sur toile
Musée de la Poste, Paris

La médaille d'honneur comporte deux modèles. Celui en bronze est attribué aux facteurs « comprenant quinze ans de services irréprochables ou s'étant distingués par des actes de courage ou de dévouement en fonction ». Celui en argent est destiné « 1° aux titulaires de cette médaille de bronze depuis plus de cinq ans ou aux médaillés militaires ou aux membres de la Légion d'honneur 2° aux personnes déjà désignées comme pouvant recevoir celle de bronze qui se soit distinguées par des actes de courage et de dévouement tout à fait exceptionnel ». Les femmes peuvent recevoir cette décoration : en 1884, la première médaille de bronze est décernée à Mme Saulnier, factrice à Souvigny (Allier), après trente-neuf ans de service. Le contingent de médailles à attribuer, pour 1882, est de 100 en bronze et 40 en argent.

MÉDAILLE D'HONNEUR DES P ET T NOUVEAU MODÈLE
1902
Bronze
Musée de la Poste et des Techniques de communication de Basse-Normandie, Caen

En 1902, l'avers de la médaille est modifié. Il est toujours orné d'une Marianne vue de profil, mais coiffée cette fois d'un bonnet phrygien. C'est l'œuvre du graveur médailliste Paulin Tasset. Au revers, le nom du récipiendaire est frappé en relief comme précédemment, mais cette inscription prend place dans un cartouche rectangulaire, sur une branche de laurier.

UN FACTEUR DÉCORÉ
Vers 1885
Photographie ancienne
Collection particulière

Jean Gendre (1843-1906) est facteur local à Verdun-sur-Garonne, son pays natal. Un facteur local peut être assimilé à un facteur de ville dans les bourgades possédant un petit bureau (« recette simple » comme on les appelait alors) où un établissement de facteur-receveur. À Verdun, le niveau de la Garonne est particulièrement capricieux et le fleuve provoque des inondations. Notre facteur se distingue en employant à chaque crue, la barque de son père - qui était pêcheur - pour maintenir sa distribution. En 1875, la crue est particulièrement catastrophique, et Jean Gendre sauve nombre d'habitants dont la vie est menacée par les eaux. Il reçoit en récompense pour ce dévouement exceptionnel, non seulement une médaille d'or pour ses sauvetages, mais la Légion d'honneur. À l'occasion de la première promotion de médailles d'honneur des P et T, son nom est retenu. Comme il est déjà chevalier de la Légion d'honneur, la médaille est d'argent. Elle lui est offerte (car il fallait la payer) grâce à une souscription nationale organisée par la *Revue des Postes et Télégraphes*. On reconnaît sur la photographie, les trois décorations décernées à Jean Gendre. De gauche à droite : la Légion d'honneur, la médaille d'or du Sauvetage et la médaille d'argent des P et T.

LES FACTEURS ET LES INONDATIONS DE LA SEINE
1910
Carte postale
Collection particulière

Les crues désastreuses de la Seine, en janvier et février 1910, perturbent la distribution du courrier, non seulement à Paris mais aussi dans sa proche et lointaine banlieue. Il ne reste plus que deux solutions aux facteurs pour continuer à distribuer leur courrier : marcher dans les rues inondées, après avoir chaussé une paire de bottes d'égoutier, ou emprunter une barque.

DISTRIBUTION PENDANT LES CRUES DE LA SEINE
Février 1910
Carte postale
Collection particulière

209

De la Poste aux PTT

Les courriers d'entreprise

PLAQUE DE COURRIER D'ENTREPRISE
Vers 1880
Cuivre repoussé
Collection des Amis de l'histoire des PTT d'Alsace

Le transport des dépêches entre une gare et le ou les bureaux rattachés à cette gare est confié à des transporteurs privés, appelés courriers d'entreprise. Le circuit peut être court en ville, ou fort long dans les parties rurales, car il s'agit de desservir, selon un circuit déterminé, un certain nombre de petits bureaux. Le

courrier peut exécuter son travail, à pied, à cheval ou en voiture. Dans ce dernier cas, le courrier réserve une partie de son véhicule au transport des voyageurs, à titre privé. Le personnel chargé de ce travail sur le terrain (piéton ou cocher) doit porter une casquette avec l'indication « Poste » et une plaque dans le style de celle reproduite ci-dessus.

COURRIER D'ENTREPRISE
EN VOITURE À CHIEN
Vers 1900
Carte postale
Collection particulière

Une variante assez rare de courrier d'entreprise est le courrier en voiture à chien. On a vu à propos des facteurs qu'il était interdit de placer, à bord de véhicules ainsi tractés, un chargement et un homme. Or ici, le courrier trône sur une voiture qui contient nécessairement les sacs postaux qu'il doit prendre ou livrer. Astucieux, ce courrier a alors

attelé deux chiens à sa voiture. Il les conduit avec une double paire de rênes. La présence d'un fouet est aussi à noter. L'ensemble constitue un attelage en miniature.

VOITURE DE COURRIER D'ENTREPRISE
Vers 1900
Peinture sur toile
Musée de la Poste, Paris

Cette voiture de transport en commun, qui débouche d'un pont sur une route enneigée, participe aussi au transport de la poste. Théoriquement, elle devrait porter inscrit sur une plaque mobile « courrier de ... à ... ». Le peintre a peut-être omis de reproduire ce détail qu'il a sans doute jugé trivial. Or il ne peut y avoir de doute sur l'emploi de cette voiture, car à côté de la façade de l'hôtel du Levant attend un facteur rural en blouse bleue, son chien à ses côtés. Il vient prendre livraison du sac de lettres destiné à son bureau.

COFFRE DE COURRIER D'ENTREPRISE
Vers 1900
Bois et métal
Musée de la Poste, Paris

Ce coffre, qui devait prendre place sur

un omnibus à cheval, était destiné à contenir les dépêches en partance pour le circuit de bureaux entre Chenonceaux et Loché-sur-Indrois (Indre-et-Loire). Il est bien précisé dans le contrat qui lie l'entreprise de transport à l'Administration, qu'elle est tenue de munir ses voitures d'un coffre ou magasin, placé sur le devant du véhicule, à la portée du courrier. Ce coffre doit avoir une

capacité suffisante pour contenir les dépêches et être fermé au moyen d'une serrure de sûreté. D'après les inscriptions peintes sur le coffre, ce courrier prend en charge les sacs de lettres à la gare de Chenonceaux, où il assure la « Correspondance du P.O. », c'est-à-dire avec la compagnie des chemins de fer Paris-Orléans. Son parcours nord-sud le mène à Loché-sur-Indrois, non loin de Montrésor.

LE COURRIER DU VALLON
Vers 1900
Carte postale
Collection particulière

Cette carte postale de la Côte-d'Or, nous permet de faire connaissance avec une entreprise « Le Courrier du Vallon ». Elle dessert une vallée est-ouest, un peu au nord de Dijon. Partant de la gare de chemin de fer d'Is-sur-Tille, elle suit l'Ignon, passant par Diénay, Villecomte, Tarsal, Courtivon et Molay. Cette voiture est équipée d'une boîte mobile pour recevoir les lettres déposées par les usagers en cours de route. Cette boîte est fournie par l'Administration, mais l'entrepreneur doit la payer et subvenir aux frais d'entretien.

COURRIER D'ENTREPRISE
DANS LE CANTAL
Vers 1900
Carte postale
Collection P. Nougaret

On distingue bien à l'arrière de cette petite « diligence », à côté de la porte permettant d'accéder au compartiment

arrière, la boîte mobile. Le cocher est coiffé de la casquette sur laquelle le mot « Postes » doit réglementairement figurer. Cette voiture faisait la navette entre la gare de Mauriac et la commune d'Allanche (Cantal).

LA COMPAGNIE DES « MALLE-POSTES DES CÉVENNES »
vers 1905
Affiche
Musée de la Poste, Paris

Cette importante compagnie, qui possède son siège au Puy, dessert plusieurs routes. Vers le nord, elle rejoint Monistrol (Haute-Loire), vers le sud, elle double la ligne de chemin de fer entre Le Puy et Langogne, puis assure une transversale entre Pradelles et Aubenas (Ardèche). L'en-tête de cette affiche, destinée à recevoir sur sa partie vierge, les horaires d'une ligne, est ornée d'une petite « diligence » à deux compartiments utilisée par la compagnie. Le cocher, assis en avant de l'impériale, active ses bêtes à grands coups de fouet. La boîte mobile, bien en évidence, est accrochée entre les deux compartiments. Le fait de transporter du fret postal avait sans doute inciter le propriétaire de cette entreprise à la baptiser « Malle-postes des Cévennes » (faute d'orthographe comprise!). Bien entendu, ces petits véhicules n'avaient rien à voir avec les véritables malles frétées par la poste jusqu'à l'apparition du chemin de fer.

PORTIÈRES DE VOITURE
DES MALLE-POSTES
Vers 1905
Bois, métal, verre et cuir
Musée de la Poste, Paris

On retrouve les couleurs jaune et rouge des véhicules employés par cette compagnie. Ces portières proviennent d'une des voitures qui desservaient la ligne Le Puy-Monistrol (Haute-Loire).

VOITURE DES MALLE-POSTES DES CÉVENNES, AU DÉPART DU PUY
Vers 1905
Carte postale
Collection particulière

Ce petit modèle de « diligence », style omnibus, quitte Le Puy par la route de Sauges, tiré par trois chevaux. Le cocher, emmitouflé dans des couvertures (car nous sommes en hiver), est vêtu d'une simple blouse.

MODÈLE POUR UN FOURGON DE COURRIER D'ENTREPRISE
1904
Planche dessinée
Musée de la Poste, Paris

On vient de voir la variété des types de véhicules employés par les différents soumissionnaires pour le transport des dépêches. Le plus souvent, les entrepreneurs ne prennent ce service que pour rentabiliser une ligne voyageurs. Cependant, dans certaines grandes villes de province, compte tenu de l'importance du trafic, il faut avoir recours à des fourgons uniquement réservés à cet usage. L'Administration, tout en laissant aux concessionnaires le soin d'acheter leurs voitures, met au point, en 1904, un modèle normalisé, qu'elle n'impose pas mais qu'elle souhaite voir utiliser. D'une manière générale, la durée des marchés de transport de dépêches est de 6 ans, mais si l'entrepreneur accepte le modèle administratif de voiture, cette durée est portée à 9 ans. Pour des raisons évidentes de sécurité, la caisse de ce fourgon est fermée de tous les côtés. On y accède par une porte située derrière le cocher. Elle est coincée pendant la marche par la banquette sur laquelle ce dernier prend place.

VOITURE DE TRANSPORT DEVANT LE BUREAU-GARE DE POITIERS
Vers 1910
Carte postale
Collection des Amis des PTT d'Alsace

Les bureaux-gare sont installés – comme leur nom l'indique – dans les gares de chemin de fer. Le public n'y a pas accès. Ils servent de liaison entre les services ambulants et la recette postale à laquelle ils sont rattachés. Ici les bâtiments se trouvent sur l'emprise de la gare de Poitiers. La voiture de transport des dépêches qui est arrêtée devant sa façade est du modèle normalisé

ARRIVÉE DE LA MALLE-POSTE DES CÉVENNES À LANGOGNE
1906
Carte postale
Musée de la Poste, Paris

Le modèle de voiture représenté ici, est plus important : il comporte un coupé à l'avant et un compartiment arrière éclairé par 5 fenêtres (dont celle de la portière d'accès à l'arrière). Dans l'impériale (sous la bâche) 4 voyageurs peuvent prendre place. D'après les horaires fournis par la compagnie, il faut environ 12 heures pour parcourir 120 kilomètres, ce qui implique une vitesse moyenne de 10 kilomètres à l'heure, arrêts compris. C'est une bonne performance sur des routes au profil très accidenté.

Les bureaux

INTÉRIEUR D'UN BUREAU AUXILIAIRE À PARIS
1894. Le Petit Journal
Chromolithographie
Musée de la Poste, Paris

Si *le Petit Journal* fait la une avec ce type de bureau de poste le 14 mai 1894, c'est que le décret les créant date du 6 avril précédent. Dans un but d'économie, on vient de découvrir la Poste sans postiers. En effet, ces bureaux, soit urbains comme ici soit ruraux, sont confiés à des personnes étrangères à l'Administration, payées selon le nombre d'opérations effectuées. Ces établissements fournissent un service réduit comportant la vente des timbres-poste, la prise en charge des objets recommandés et des valeurs à recouvrer, l'émission des mandats-lettres (jusqu'à 300 francs), des mandats-cartes (jusqu'à 50 francs), enfin l'émission et le paiement des bons de poste (sorte de mandats à montant fixe). Le plus souvent, ces bureaux sont gérés par des commerçants qui améliorent ainsi leurs revenus : petits bazars, marchands de nouveautés, papetiers, etc. Notons que les pharmaciens ne peuvent gérer une recette auxiliaire. Une boîte aux lettres est fixée sur la façade de ces petits établissements. Elle est fournie et posée par l'Administration. Cette nouvelle organisation va permettre de faire face aux demandes de bureaux provenant des communes rurales et des grandes villes en expansion, avec évidemment un budget réduit, strictement surveillé par le ministère des Finances.

ENSEIGNE DE BUREAU
Vers 1900
Plaque en tôle émaillée
Musée de la Poste et des Techniques de communication de Basse-Normandie Caen

Selon la mode qui s'est répandue dans beaucoup de commerces, la poste signale ses bureaux avec des plaques en tôle émaillée. Elles ont l'avantage, par rapport à une enseigne peinte, d'être bien plus résistantes aux intempéries. Cette enseigne soulève le point de savoir s'il faut écrire Poste et Télégraphe avec ou sans s. À vrai dire, à cette époque, la Poste ne devrait pas porter d's, puisque la poste aux chevaux a disparu. Pour le Télégraphe, depuis sa fondation dans le sein du ministère de l'Intérieur, on a toujours parlé d'administration des lignes télégraphiques, donc le s aurait pu s'imposer. On voit que le concepteur de l'enseigne s'est rangé à la solution opposée. La trilogie Poste, Télégraphe et Téléphone ne cessera d'entraîner les combinaisons de singuliers et de pluriels des plus cocasses.

AFFICHAGE DES HORAIRES DES LEVÉES
1912
Bois et grillage
Musée de la Poste et des Techniques de communication de Basse-Normandie Caen

Ces indications de levées du courrier dans la boîte du bureau sont placées sur la façade de ce dernier. L'imprimé dont les blancs sont remplis à la main, est protégé par un châssis vitré, avec un cadre en bois fermé par une targette.

INDICATEUR MÉCANIQUE DE LEVÉES
1881
Tôle avec cadre en fonte
Musée postal d'Auvergne, Saint-Flour

Un système de cadrans que l'on peut mettre à jour à partir de l'intérieur du bureau caractérise cet indicateur mis en vente par la maison Thiéry, spécialisée dans la fourniture des boîtes supplémentaires, c'est-à-dire de celles qui ne sont pas fixées sur la façade d'un bureau.

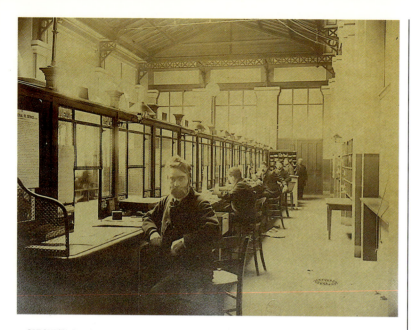

GUICHETS DU BUREAU DE GRENOBLE
1890
Photographie
Musée de la Poste, Paris

Ce qui caractérise les salles d'attente de la Belle Époque, c'est la cloison grillagée qui sépare les employés du public. On ne peut parler de « guichets », si l'on considère la seule petite fenêtre libre qui permet la communication entre deux mondes : celui des agents et celui des usagers. En 1900, il existe 9 450 bureaux de poste en France.

BUREAU DE DIRECTION
Vers 1880
Musée d'Histoire des PTT, Riquewihr

Ce bureau en chêne sculpté, provient de la direction régionale des services postaux d'Alsace. Après avoir servi dans les locaux de la direction installée place de la Cathédrale (1880), ce meuble est utilisé dans le nouvel hôtel des postes, à partir de septembre 1899, où il reste jusque dans les années 1960.

HORLOGE À DOUBLE CADRAN
1898
Musée d'Histoire des PTT, Riquewihr

Cette horloge provient de l'ancien bureau de poste de Ribeauvillé (Haut-Rhin) et dispose de deux cadrans d'un diamètre de 53 cm., l'un visible de la rue, l'autre de la salle du public. Un soleil stylisé est dessiné sur un fond d'émail blanc ; les aiguilles sont en fer forgé.

PLAQUE DÉFENSE DE FUMER ET DE CRACHER
Vers 1910
Tôle émaillée
Collection des Amis de l'histoire des PTT d'Alsace

Si la défense de fumer est restée d'actualité dans les locaux publics, celle de cracher paraît bien archaïque. Elle représente pourtant dans les premières années du siècle un réel danger. On lit dans une circulaire d'août 1912 : « ... La tuberculose est une maladie microbienne et par suite contagieuse [...] on serait assuré d'éviter la tuberculose si l'on pouvait éviter de respirer les poussières qui ont pu être souillées de crachats tuberculeux ; mais, dans l'état actuel des mœurs, ces crachats étant un

DÉFENSE DE FUMER ET DE CRACHER

peu répandus partout, dans les lieux et dans les rues, il faut prendre des précautions [...] ». D'où l'apparition de ces plaques. Une statistique de 1919 fait ressortir 1 300 malades de la tuberculose, pour 105 000 agents. Il est vrai que l'on était au lendemain de la guerre.

LE PERSONNEL FÉMININ AU GUICHET
1893. Le Charivari
Musée de la Poste, Paris

BALANCE PÈSE-LETTRE DE GUICHET
Vers 1900. Testut Gambois
Cuivre et bois
Musée de la Poste, Paris

Cette balance trébuchet à double plateaux permet de vérifier le poids des lettres, grâce à une boîte à poids qui se trouve dans le tiroir. Pour éviter de fatiguer le pivot central, au repos les plateaux reposent sur le socle en bois. Pour effectuer la pesée, il faut appuyer sur le levier central qui, grâce à une tringle interne soulève le fléau. Cette balance équipe les guichets chargés de l'affranchissement des lettres.

SALLE D'ATTENTE
Vers 1890
Photographie
Musée de la Poste, Paris

Ces guichets, qui appartiennent à un grand bureau (ils doivent être au nombre de 15), n'échappent pas à la mode de l'époque : cloison grillagée entre public et employés. L'éclairage au gaz est placé au-dessus de chaque position de travail. Au centre, les boîtes de commerce avec un guichet central spécial pour la livraison aux abonnés des objets encombrants. Au-dessus, une pendule. Le problème d'heure dans les bureaux est important : inscription sur les télégrammes, départ en tournée des facteurs, fermeture des sacs contenant le courrier destiné à la gare, etc. Mais à cette époque, l'heure est encore souvent locale. Aussi est-il recommandé aux receveurs de régler leurs pendules sur l'heure du méridien de Paris, ou sur les horloges des gares de chemin de fer qui ont la même obligation que la Poste d'utiliser l'heure universelle.

Comme toujours les caricatures commentent un fait d'actualité. En 1890, les guichets de Grenoble étaient tenus exclusivement par des agents masculins (commis). Pourtant il existait déjà une catégorie d'agents femmes, appelées dames employées. Elles sont recrutées par concours entre 18 et 25 ans. Les épreuves du concours comportent une dictée, la copie d'une lettre avec tableau à reproduire, une épreuve d'arithmétique et une de géographie. En 1900, le traitement de début est de 1 000 francs par an. Mais ces dames employées sont seulement utilisées dans les services de direction. La nouveauté en 1890 vient de la décision de placer des dames employées dans certains bureaux de Paris et de la banlieue (Paris, 62, avenue de la Grande Armée ; Paris, 78, rue Duffrénoy, Saint-Mandé ; Argenteuil).

LA QUEUE AU GUICHET
1908. Cheval
Caricature
Musée de la Poste, Paris

Ce doit être la période de Noël : les clients avec des paquets sont nombreux. Sur 3 guichets, seuls 2 sont ouverts. Sous l'œil impavide du receveur, un commis et une dame employée se débattent pour faire face à une clientèle déchaînée. Parmi celle-ci, on remarque le bicorne d'un agent encaisseur de banque qui vient sans doute verser le résultat de sa collecte d'argent. Il évite ainsi une éventuelle agression.

TÉLÉGRAPHE MORSE
Vers 1900
Cuivre et bois
Musée de la Poste et des Techniques de communication de Basse-Normandie Caen

Le bureau de poste est souvent le siège d'un bureau municipal de télégraphe, équipé d'un appareil Morse. Il peut ainsi transmettre les télégrammes déposés à son guichet ou rapportés par un facteur. Dans ce dernier cas, le sous-agent perçoit à son profit une surtaxe de 10 centimes. Le bureau de poste ainsi équipé est relié par fil au bureau principal le plus proche, que l'on appelle aussi centre de dépôt. Ces centres sont dotés d'appareils plus performants que le Morse : le Hughes, appareil imprimant, et le Baudot, qui utilise un système de transmission en temps partagé, sur un même fil. À l'arrivée dans le bureau de poste, le télégramme reçu en Morse sur une bande de papier est traduit et recopié à la plume sur la formule à distribuer. Cette formule de couleur bleue (qui est la couleur emblématique du télégraphe) est ensuite confiée à un distributeur spécial, qui part immédiatement en course.

JEUNE FACTEUR DU TÉLÉGRAPHE
Vers 1910
Photographie
Musée de la Poste, Paris

Les grands bureaux disposent, pour la remise des télégrammes à domicile, d'un corps de jeunes facteurs spécialisés. Ils peuvent être recrutés à partir de 12 ans, et à 15 ans deviennent « facteurs adultes ». Leur salaire annuel varie avec l'âge, de 500 à 900 francs. Ils reçoivent un uniforme de drap bleu. Sur leur casquette et le revers de leur veste figure leur numéro. Ils placent leurs télégrammes dans une petite sacoche en cuir qu'ils portent en bandoulière. À partir de 1895, ils seront autorisés à utiliser une bicyclette, pour laquelle ils toucheront une indemnité. Comme ils sont placés dans des emplois d'auxiliaires, il leur faut, pour être titularisés, être retenus comme distributeurs (après 16 ans), ou passer dans les services téléphoniques. Les jeunes facteurs sont aussi employés à la boulisterie, c'est-à-dire à divers transports à l'intérieur du bureau. Ils servent également au relevage de certaines boîtes et effectuent des courses ne relevant pas directement du service télégraphique, etc.

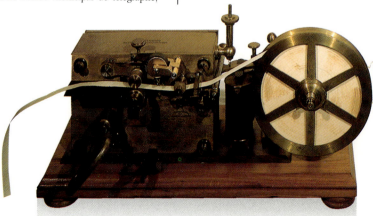

PETIT TÉLÉGRAPHISTE EN TOURNÉE
Vers 1910. M. Baude
Gravure sur bois
Musée de la Poste, Paris

Les petits télégraphistes restent bien sûr des enfants et, au retour de leur distribution, traînent un peu pour jouer aux billes avec d'autres enfants, comme ce petit livreur pâtissier.

LE TÉLÉGRAPHE PLUS RAPIDE QUE LA POSTE
Vers 1910
Affiche
Musée de la Poste, Paris

Sur cette affiche figure, au deuxième plan, un facteur de ville avec sa bicyclette. Au premier plan, un facteur du télégraphe a enfourché une motocyclette « Gladiator », dont il s'agit de montrer les qualités. Très astucieusement, l'auteur de l'affiche, Georges Paulme, a utilisé la notion de rapidité attachée au télégraphe, en l'opposant à la vitesse, évidemment plus lente, d'un facteur de la poste se déplaçant à bicyclette. Deuxième idée force, la motocyclette est plutôt réservée aux jeunes (le télégraphiste se confond pour le public avec l'image d'un adolescent, alors que le facteur, avec sa médaille, est plutôt ressenti comme un adulte). Pourtant cette affiche est très irréaliste, car l'Administration n'est pas près de fournir des motocyclettes à ses petits télégraphistes !

CHANTIER DE DÉPART DANS UN BUREAU DE POSTE
Vers 1890
Photographie
Musée de la Poste, Paris

Les lettres trouvées dans la boîte aux lettres du bureau ou rapportées par les facteurs-releveurs, pour les boîtes supplémentaires, passent d'abord à l'oblitération. Puis elles sont triées pour former des liasses qui seront enfermées dans des sacs envoyés aux services d'acheminement. On voit ici un chantier de départ relativement important, il est desservi par 3 commis et surveillé par le receveur ou un commis principal. Il est éclairé par un lustre au gaz comportant quatre becs montés sur une rampe.

CHEVEUX ET PLOMB
Vers 1900
Bois
Musée de la Poste des Pays de Loire
Nantes

Les sacs de courrier sont fermés avec un brin de ficelle noué appelé cheveu en jargon de métier. Les extrémités de cette ficelle sont fixées par un cachet en cire sur l'étiquette ou « collier » donnant la destination du sac. Cette opération, particulièrement longue, est remplacée en janvier 1913 par le cachetage au plomb. Dans ce cas, les deux extrémités du

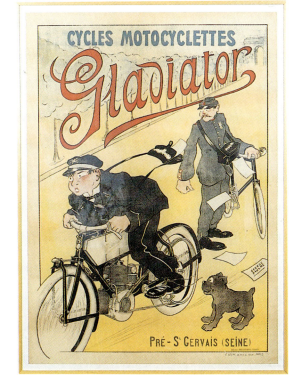

cheveu sont introduites dans un plomb préformé. Puis le nœud est glissé dans la cavité du plomb qui est écrasé avec une pince spéciale. Les mors de cette dernière portent gravé le numéro du bureau qui s'imprime dans le plomb. En cas de contestation, il est donc possible de savoir quel bureau a scellé quel sac.

Le courrier

OBLITÉRATION MÉCANIQUE
1901
Machine Bickerdike
Lettre de Paris pour Paris
Musée de la Poste, Paris

La machine Daguin, machine à oblitérer manuelle, adoptée en 1884, se révèle insuffisante dans les grands bureaux. Des essais ont lieu entre décembre 1898 et janvier 1899 sur des machines américaines actionnées par des moteurs électriques. Le but est toujours d'oblitérer et de timbrer le plus rapidement possible, le mieux possible et pour un coût le plus bas possible. L'Administration achète et met en service, à la mi-mai 1900, une dizaine de machines Bickerdike (Canadian Postal Supply Company) qui donnent une empreinte avec un drapeau simplifié. Elles seront utilisées jusqu'en juillet 1906. C'est de cette oblitération que le mot flamme a été adopté car ce drapeau stylisé a la forme d'une banderole flottante communément appelée flamme en langage militaire.

EMPREINTE DE LA MACHINE FLIER
16 novembre 1921. Lettre de Paris à Paris
Collection particulière

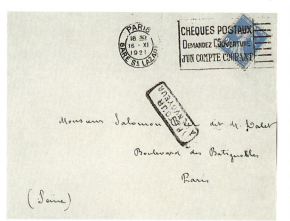

Dans sa version originale, l'empreinte de la machine « Flier » se présente avec une flamme placée à droite et un cachet à date double cercle. La date figure sur trois lignes. Certains exemplaires de cette machine sont exploités jusqu'en 1953. Une deuxième empreinte, un cachet à simple cercle, apparaît à partir de 1948. Elle n'est utilisée que de façon sporadique après 1953.

MACHINE À OBLITÉRER FLIER
1904
Musée d'Histoire des PTT d'Alsace Riquewihr

En 1904 arrive sur le marché une nouvelle machine à oblitérer de marque américaine. Construite sous brevet Hey-Dolphin par The International Postal Supply Company of New York, cette nouvelle machine robuste et automatique est testée à Paris avant d'être installée dans les bureaux à fort volume de courrier dans toute la France. Elle présente l'avantage de traiter près de 30 000 lettres à l'heure. Les objets à oblitérer sont entraînés par un tapis roulant en caoutchouc. Le passage de chaque lettre provoque la rotation du porte-timbre qui assure l'oblitération par l'apposition d'une grille et d'une empreinte circulaire analogue à celle du timbre à main. Comme pour l'ensemble des différentes machines, un préposé se charge de contrôler le bon passage des lettres et veille à ce que deux enveloppes ne soient pas collées ensemble.

EMPREINTE DE LA MACHINE KRAG PREMIÈRE GÉNÉRATION
1906-1926
Collection particulière

Construite par la société Krag Maskin fabrik A/S d'Oslo, la machine à oblitérer Krag tire son nom de son inventeur, le lieutenant-colonel Krag. Le premier essai de cette machine à manivelle d'origine norvégienne est effectué en 1906, avant d'être adopté l'année suivante dans sa version définitive. Cette

machine à oblitération mécanique à grand rendement offre un débit horaire de 18 000 lettres. Elle reste en service jusqu'en 1934. La machine Krag est la première à fonctionner en oblitération continue. Elle est équipée d'un rouleau continu qui permet d'imprimer sur toute la longueur de la lettre. La date se lit sur quatre lignes et le mois est indiqué en lettres. Cette particularité présente toutefois l'inconvénient de rendre illisibles les indications portées sur les cartes postales ordinaires ou illustrées et les en-têtes des enveloppes commerciales. Des réclamations d'usagers ne tardent pas à se faire entendre.

MACHINE À OBLITÉRER GARCIA
1913-1914
Musée de la Poste, Paris

Construite par M. Klein, la machine appelée communément « Garcia » à oblitération continue, se présente en deux versions, électrique ou à manivelle. Testée à Paris, rue du Louvre, en mai 1913, elle est utilisée au bureau de la rue Dupin entre 1914 et 1923 et dans quelques rares bureaux de province. L'usure anormale de la machine conduit à son abandon.

ENVELOPPE DÉCORÉE
1901
Lettre de Paris pour Auxerre
Plume
Musée de la Poste, Paris

Le timbre-poste, type Droits de l'homme, de Louis-Eugène Mouchon (1843-1914), dit type Mouchon, devient tableau. l'artiste montre son tableau à un client.

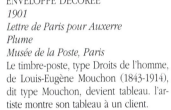

TIRAGE SUR BRISTOL POUR L'EXPOSITION DE 1900
1900
Timbres-poste d'Obock de 1893
Tirage sur bristol n° 106
(50 × 65 cm)
Atelier du Timbre-poste
Musée de la Poste, Paris

Du 28 août au 9 septembre 1900, la Société française de timbrologie, fondée en 1874, organise une exposition philatélique internationale dans l'hôtel de la Société nationale d'horticulture, 84 rue de Grenelle à Paris. Le sous-secrétariat d'État des Postes et Télégraphes de Léon Mougeot (1857-1928) y participe. Sur une idée de M. Gaumel, chef de l'atelier de fabrication des timbres-poste, un tirage spécial sur bristol représente toutes les figurines postales avec dentelure figurée et les entiers postaux de France et de ses colonies imprimés à l'Atelier depuis 1876.

De la Poste aux PTT

1905-1918

Le personnel des bureaux

PERSONNEL DU BUREAU VILLEMUR
Vers 1890
Photographie
Collection P. Nougaret

Ce cliché ancien porte au crayon l'annotation « personnel de la Poste de Villemur ». Il représente une receveuse d'un petit bureau avec ses deux aides. En 1880, 4 000 femmes gèrent les petits bureaux (dits « bureaux simples »). Leurs conditions de travail sont rendues pénibles en raison de la durée du travail journalier : une receveuse doit être levée de bonne heure pour réceptionner le courrier et faire partir ses facteurs. Après la fermeture des guichets, il lui faut encore tenir la comptabilité de la journée... et rechercher quelquefois longtemps la petite erreur d'addition qui empêche de terminer le travail. Pour les seconder, elles recrutent des « aides » qu'elles rémunèrent de leurs propres deniers. Ces aides, nourries et logées par la receveuse, sont d'extraction modeste. Elles sont employées au guichet, mais servent aussi de bonnes à tout faire. Elles apprennent leur métier sur le tas, avec l'espoir d'être un jour receveuse, et pourquoi pas, pour les plus intelligentes d'entre elles, dames employées. Rappelons enfin que les receveuses, en 1912, touchent un salaire annuel qui débute à 1 100 francs pour plafonner à 2 200 francs.

PERSONNEL D'UN BUREAU DIRIGÉ PAR UN RECEVEUR
14 juillet 1905
Carte postale
Collection P. Nougaret

Devant la façade couverte de vigne, le personnel du bureau de Sancergues (Cher) avec au centre le receveur. Dans les classes les plus hautes de cette catégorie de bureau, le receveur est secondé par plusieurs commis, dont l'un prend la dénomination de commis principal. En 1913, l'échelle des traitements annuels des receveurs des bureaux composés est, selon l'ancienneté, de 3 000 francs à 8 000 francs, et celui des commis principaux de 3 300 francs à 4 500 francs. Les receveurs étant comptables publics doivent verser une caution. De plus, une partie de l'équipement du bureau est à leur charge, dont les balances, la pendule, les petits accessoires... et le mobilier de la salle d'attente.

COMMIS
1908. Georges Hautot
Dessin aquarellé
Musée de la Poste, Paris

À l'arrière du guichet, le commis principal reproche à un commis débutant de prendre son service en blouse. Les commis sont des hommes à tout faire dans les bureaux. Ils peuvent aussi bien être affectés au service du départ ou d'arrivée qu'aux guichets. Pour manipuler des sacs de lettres, il est nécessaire de protéger son costume par une blouse. Par contre, au guichet – service moins salissant, il est vrai – il faut se présenter en veston. Les commis sont recrutés

d'abord comme surnuméraires à 600 francs de salaire annuel. Pour accéder à cette place peu enviable, il faut subir un examen comportant des épreuves écrites de confection d'un tableau, d'une rédaction, d'une analyse grammaticale et d'une épreuve de géographie, le tout complété par un oral sur des questions se rapportant à l'arithmétique, au système métrique et à la géographie. Après un stage d'un mois, et un second examen (questions sur le règlement postal et rédaction), le surnuméraire est nommé stagiaire. Le salaire de début est de 1 500 francs par an, soit 125 francs par mois. Pour un commis nommé à Paris, c'est un traitement de famine. En 1913, le salaire annuel maximum des commis est fixé à 4 000 francs.

LE FACTEUR-RECEVEUR DE DAVAYÉ
Vers 1910
Carte postale
Collection P. Nougaret

À cette époque, dans un bureau de facteur-receveur, la télégraphie est toujours avec fil, même si la TSF fait déjà parler d'elle. Parce qu'il est plus commode de prendre une photographie à l'extérieur, la table du bureau a été placée devant la façade vitrée du bureau. Le facteur-receveur, porte-plume à la main, s'est assis derrière. Son uniforme est le même que celui de ses deux facteurs, mais les passepoils sont dorés, au lieu d'être rouges. Cette catégorie de sous-agents, s'appelait jusqu'en 1893 « facteurs-boîtiers ». Avec leur nouvelle dénomination, l'échelonnement de leur salaire est passé de 800 francs à 1 200 francs, en fin de carrière. Ils sont recrutés parmi les autres sous-agents qui se sont fait remarquer par un service, une moralité et une tenue sans reproche. Pour accéder à ce grade, ils doivent subir un examen écrit, comportant les matières suivantes : rédaction, calcul et géographie de la France. Leur travail consiste en une tournée de distribution, le matin, et la tenue du guichet du bureau, l'après-midi. Ils pratiquent, à quelques exceptions près, les mêmes opérations que les bureaux classiques, mais ne sont pas comptables. Ils sont donc rattachés à la comptabilité de la recette la plus voisine, qui constitue leur bureau d'attache. Dans l'embrasure de la porte, entre les deux facteurs, apparaît la femme du facteur-receveur. Celle-ci assure la permanence de l'ouverture du guichet télégraphique, pendant que son mari est en tournée.

DIPLÔME DE SOCIÉTÉ D'ENTRAIDE DES P ET T DE LA NIÈVRE
Vers 1890
Diplôme
Collection P. Nougaret

Lorsqu'un sous-agent est atteint par la

maladie, c'est le drame. Tous les frais de soins et de médicaments sont à sa charge, de plus il doit se faire remplacer à ses frais jusqu'en 1911. Il peut garder son salaire pendant 3 mois, mais pour les 3 mois suivants, il ne touche plus qu'un salaire réduit à la moitié... et même au tiers. Se développent alors des sociétés de secours mutuels comme celle dont nous voyons ci-contre le diplôme d'adhésion. Le cadre de ce diplôme est symboliquement entouré de poteaux télégraphiques. En bas, au centre, un facteur de campagne et un autre de ville versent leur cotisation dans une urne. À gauche, un chemin de fer fait allusion aux services des ambulants. À droite, d'une manière étonnante, figure une diligence, dont le rôle n'a jamais été postal. En cas de décès du chef de famille se pose le problème des orphelins qu'il laisse. Dès 1888, les sous-agents créent un orphelinat national pour accueillir les enfants ainsi en détresse. Cette initiative est étendue en 1902 et s'applique à l'ensemble du personnel.

INSIGNE DU SOUTIEN FRATERNEL DES PTT
XXᵉ siècle
Association des Amis de l'Histoire des PTT d'Alsace

C'est dans un café de la place Voltaire, à Paris, en 1882, après avoir assisté aux funérailles de Léon Gambetta, que quelques postiers décident de la création d'une société de secours mutuel qui puisse accueillir toutes les catégories de sous-agents, sans distinction de grade. Le Soutien fraternel est créé le 1ᵉʳ mai 1883 et peut se prévaloir de deux parrainages prestigieux : celui d'Adolphe Cochery, ministre des Postes et des Télégraphes, et surtout celui, plus inattendu, de Victor Hugo.

De la Poste aux PTT

BULLETIN UNION ET FRATERNITÉ
1904
Documentation de la MGPTT

C'est encore avec la volonté de rompre avec le cloisonnement catégoriel que les fondateurs d'Union et Fraternité, transfuges de deux autres mutuelles, L'Amicale et l'Amicale des ambulants, créent, en juin 1902, une mutuelle susceptible de réunir les personnels de l'administration des Postes, facteurs, receveurs, commis, dames employées, contrôleurs, manipulants, etc. Deux ans plus tard, Union et Fraternité comptera près de 4 000 adhérents et sera une des plus combative dans la lutte contre la tuberculose.

UN JOUR DE GRÈVE DES FACTEURS PARISIENS
1899. Le Petit Journal, supplément illustré
Collection des Amis de l'histoire des PTT d'Alsace

Les députés votent en mars 1899, un crédit de 2 millions pour augmenter les salaires des facteurs parisiens. Léon Mougeot, alors sous-secrétaire d'État aux P et T, objecte « Pourquoi augmenter une partie de mon personnel et non l'autre ? » Si bien que le Sénat rejette le crédit le 16 mai. Coup de colère inattendu parmi les facteurs parisiens qui se mettent en grève le 18 mai. Léon Mougeot déclare, dépité, à la tribune : « Rien n'y a fait, Messieurs, ni l'évocation d'intérêts supérieurs qui se trouvent compromis, ni l'appel aux sentiments de famille et de devoir professionnel. » La grève devait durer une seule journée, mais le gouvernement avait utilisé l'armée, qui avait délégué 1 200 hommes pour effectuer les distributions manquantes. Le public, devant ces facteurs improvisés, prit la chose en riant. Le *Petit Journal* cependant, sur un ton paternaliste, rappelle à propos des facteurs en grève : « Ces très braves gens avaient oublié que leur situation leur interdit d'interrompre un service public, qu'ils ont prêté serment et, en somme, qu'il est coupable de jeter dans les affaires de tous une telle perturbation. » Ce qui n'est qu'une suite d'affirmations gratuites. Ils avaient sans doute prêté serment, mais pas jurer de continuer à

GRÈVE DES FACTEURS
Postiers improvisés

travailler avec des salaires trop faibles... Et leur « situation » leur interdisaient-elles vraiment de faire grève ? On serait tenté de répondre non. Et pourtant à l'époque, dans l'éditorial du même journal, Simon Levrai nous donne la réponse contraire : « ... les politiciens empoisonneurs qui font métier d'intoxiquer nos classes laborieuses [...] n'avaient pas manqué d'inculquer aux modestes employés d'un de nos plus essentiels services publics cette idée archifausse et malfaisante que tout intérêt public doit être sacrifié, sans hésiter, au sacro-saint principe de la grève. Ô race de vipères politiciennes. » Il y eut 27 révocations et des déplacements d'office, que le gouvernement suivant rapporta.

SOLDAT FAISANT LA TOURNÉE D'UN FACTEUR GRÉVISTE
11 avril 1906
Carte postale
Musée postal d'Auvergne, Saint-Flour

L'année 1906 est marquée par la catastrophe de Courrières (10 mars) où 1 100 mineurs trouvent la mort. En signe de protestation, les grévistes paralysent le bassin minier du Nord-Pas-de-Calais. De leur côté les sous-agents de P et T vivent chichement. Ils touchent des salaires de misère et le gouvernement leur refuse le droit de former un syndicat pour la défense de leurs intérêts. Le 14 mars, un nouveau gouvernement est formé, présidé par le radical Jean Sarrien. Louis Barthou reçoit le portefeuille des Travaux publics auxquels sont rattachés les P et T. Le syndicat - illégal - des sous-agents demande a être reçu par Barthou. Refus méprisant. Le 11 avril à Paris, 600 facteurs-distributeurs d'imprimés se mettent en grève. Le lendemain, le mouvement s'étend aux facteurs-lettres. Le gouvernement fait intervenir la troupe pour maintenir le service. Après un refus du président du Conseil de recevoir une délégation des grévistes, le travail reprend le 20 avril. 380 grévistes sont révoqués. Mais le 5 juin, le gouvernement relève les traitements. Ainsi les facteurs de ville, qui réclamaient une échelle de 1 800 à 2 400 francs, obtiennent un échelonnement de 1 100 à 1 700 francs. Les révoqués seront réintégrés progressivement jusqu'en novembre 1906.

PARIS – Soldat Facteur distribuant des Imprimés

Simyan sous-secrétaire d'État des P et T

mental. Autour de lui, rédacteurs et expéditionnaires sont au nombre de 15. Il n'y a que 5 sous-agents en uniforme, dont un brigadier, 1 gardien de bureau, 2 facteurs et un télégraphiste. Le grade de rédacteur a été créé en 1897 pour permettre un meilleur recrutement des agents supérieurs, parmi les commis et les commis principaux. Les intéressés n'y accèdent qu'après un examen spécial, sauf pour les anciens élèves de l'école professionnelle supérieure des P et T. Cette école avait pris la suite en 1888 de celle fondée par Cochery (1877), qui était uniquement réservée aux techniciens. Elle est destinée à former indifféremment le personnel d'encadrement administratif ou technique. Les épreuves de l'examen que doivent subir les commis pour accéder au grade de rédacteur consistent en une série de compositions écrites sur des sujets se rattachant aux services des Postes, des Télégraphes et des Téléphones. Donc il s'agit uniquement d'épreuves professionnelles. En 1898, il y a pour toute la France, environ 600 emplois de cette espèce. Leur échelle indiciaire se situe en 1913 entre 1 000 et 4 500 francs de salaire annuel. Les expéditionnaires sont des « sous-commis » chargés des écritures dans les services de direction. Leur salaire annuel s'échelonne de 1 500 à 3 600 francs.

DIRECTEUR DES P ET T
DU DÉPARTEMENT DE LA SEINE
1905. Ralph
Carte postale
Musée de la Poste, Paris
Le directeur départemental de la Seine est un fonctionnaire de haut rang. Il commande plus de 21 000 postiers et, parmi les établissements qui dépendent de lui, la recette principale de la rue du Louvre est le plus grand bureau de France. La place est tenue en 1905 par Joyeux.

PERSONNEL DE LA DIRECTION
DÉPARTEMENTALE DES PTT
DE LA SEINE
Vers 1905
Photographie
Collection des Amis de l'histoire des PTT d'Alsace
Au centre, la main posée sur un gros registre, Joyeux, le directeur départe-

L'École nationale supérieure des postes, télégraphes et téléphones

ÉDOUARD BLAVIER
1878
Photographie
Musée de la Poste, Paris

Édouard Blavier, ingénieur des Télégraphes, polytechnicien, est le premier directeur de l'École supérieure de télégraphie, fondée en 1878 et destinée à la formation d'ingénieurs pour les services techniques de l'administration des Postes et Télégraphes. Les cours de l'École commencent le 4 novembre 1878 au central télégraphique de la rue de Grenelle à Paris. Outre des élèves de Polytechnique, l'établissement accueille des diplômés de l'École normale supérieure, des Mines, ou des Ponts et Chaussées, des licenciés en économie, mais également tous les agents des Postes et Télégraphes âgés de 20 à 30 ans, comptant au moins deux ans d'ancienneté et ayant subi avec succès les épreuves du concours d'entrée. À l'issue de deux années de scolarité, les élèves nouvellement diplômés obtiennent le grade de sous-ingénieur des télégraphes. L'École supérieure de télégraphie est à l'origine de la création, une décennie plus tard, de l'École professionnelle des postes et télégraphes.

DÉCRET
1888
Archives de l'ENSPTT

Issue de l'École supérieure de télégraphie, l'École professionnelle supérieure des postes et télégraphes est créée par le décret du 29 mars 1888. Destinée à la formation des ingénieurs des Postes et télégraphes, la nouvelle école est installée au siège du ministère des Postes et Télégraphes. Elle est accessible sur concours et exclusivement réservée aux agents de l'administration des Postes et Télégraphes, lesquels doivent être âgés d'au moins 25 ans et compter au minimum cinq ans d'ancienneté. Le premier concours se tient les 2, 3 et 4 octobre 1888. Il comporte des épreuves de mathématiques, de physique, d'histoire et de géographie, ainsi qu'une épreuve professionnelle. Le caractère, l'éducation et la tenue des agents sont également pris en compte. Sur 54 candidats, 15 sont finalement admis, et l'École ouvre ses portes le 12 novembre 1888.

COURS
Milieu du XXe siècle
Musée de la Poste, Paris

Durant les premières années d'existence de l'École professionnelle supérieure des postes et télégraphes, l'organisation et les programmes d'enseignement sont marqués par quelques tâtonnements. Une première réforme est décidée en 1897. Elle consiste en un allégement général des matières enseignées. En 1900, il est décidé de renforcer les

matières techniques et les sciences pratiques par rapport aux domaines littéraires et théoriques. Pendant plusieurs années, l'enseignement est consacré aux métiers spécifiques de l'administration des PTT. Une nouvelle réforme voit le jour en 1912. Les matières scientifiques sont à nouveau à l'honneur, tant au niveau du concours qu'au programme de l'enseignement. La même année, l'École est rebaptisée École supérieure des postes et télégraphes. Elle perd ainsi son statut exclusivement professionnel.

EXERCICES PRATIQUES
DE SCOLARITÉ
Milieu du XXe siècle
Photographie
Musée de la Poste, Paris

Au lendemain de la Première Guerre mondiale, l'apparition de nouveaux procédés de transmission provoque de multiples bouleversements dans la vie quotidienne. L'École supérieure des postes et télégraphes, dont le fonctionnement avait été interrompu durant la guerre, rouvre ses portes en 1920, année où les premiers centraux téléphoniques automatiques commencent à apparaître dans les grandes villes. De nouveaux exercices pratiques jalonnent donc la scolarité des élèves : ici, un exercice de montage des installations d'abonnés.

PROMOTION
1937-1939
Photographie
Archives de l'ENSPTT

À partir de 1900, le concours d'entrée à l'École a lieu tous les deux ans (réforme Millerand). Il est à nouveau annuel en 1927. Les agents recrutés sont alors pour la plupart titulaires du brevet. Melle Rémond est la première femme admise à l'École en 1934. À la veille de la Seconde Guerre mondiale, la majorité des élèves sont bacheliers. Leur

moyenne d'âge varie de 32 à 36 ans. Avant d'accéder à la formation, les agents doivent effectuer un long séjour dans les services d'exécution. De même, à la sortie de l'École, les agents brevetés sont à nouveau affectés un certain temps dans des services subalternes. En fin de carrière, les anciens de l'École peuvent cependant espérer être nommés directeur départemental ou régional. Mais beaucoup se plaignent de la lenteur de l'avancement et de l'accès tardif aux responsabilités qui accompagne leurs qualifications. Le niveau scolaire augmente nettement dans les années cinquante. À partir des années soixante, les agents titulaires d'un diplôme de l'enseignement supérieur constituent la majorité des élèves. Parmi eux, la proportion de scientifiques demeure prépondérante. Par ailleurs, le décret du 4 septembre 1975 organise un concours externe réservé aux diplômés de l'enseignement supérieur.

ÉCOLE NATIONALE SUPÉRIEURE DES PTT
1922. Architecte : M. Denis
Rue Barrault
13ᵉ arrondissement
Paris

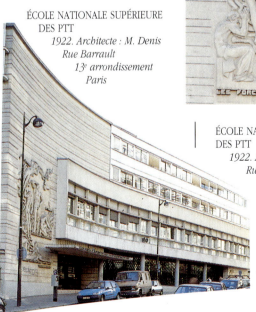

Une partie des cours techniques de l'École supérieure des postes et télégraphes est transférée en 1928 rue Barrault, dans un bâtiment nouvellement acquis par l'Administration. Un certain nombre de ces cours se tenaient jusqu'alors dans les ateliers du boulevard Brune. L'immeuble de la rue Barrault est l'ancienne usine de gants « Neyret ». Percée de larges baies vitrées, l'architecture de sa façade, en brique et pierre, est typique des grands établissements professionnels d'avant-guerre. En 1934, c'est au tour du service de Recherches et d'Études techniques, créé en 1916, d'être détaché de l'École et installé rue Barrault. De centre de perfectionnement, l'École devient véritablement une école supérieure. En 1938, elle prend le nom d'École nationale supérieure des postes, télégraphes et téléphones (ENSPTT).

ÉCOLE NATIONALE SUPÉRIEURE DES PTT
1922. Architecte : M. Denis
Rue Barrault
13ᵉ arrondissement, Paris

Dans les années cinquante, un nouvel immeuble est construit rue Barrault dans le prolongement de l'ancien bâtiment. À gauche de l'entrée principale, une grande fresque d'inspiration antique orne la façade de l'immeuble. Une devise s'en détache : « L'homme au cours des âges utilise les forces élémentaires pour les transmissions », rythmée de bas-reliefs allégoriques figurant diverses situations de communication.

DIPLÔME DE L'ÉCOLE
1952
Archives de l'ENSPTT

En 1942, l'École éclate en deux entités : l'École nationale supérieure des télécommunications et l'École nationale supérieure des PTT. Trois ans plus tard, la création de l'ENA (ordonnance du 9 octobre 1945) entraîne une nouvelle réforme administrative. Les matières juridiques, économiques et financières sont renforcées. La durée des cours, fixée à dix-huit mois à l'origine, passe à trois ans. L'existence de l'ENA domine l'histoire de l'École jusque dans les années soixante (une scolarité commune ENA/ENSPTT existe jusqu'en 1992 pour les élèves de l'École). Après les réformes de 1958 et de 1974, l'enseignement s'organise autour de trois matières principales : les matières administratives générales, les matières professionnelles et les matières scientifiques et techniques. À partir de 1960, l'enseignement s'oriente délibérément vers la gestion et le management. En 1995, enfin, l'ENSPTT met en œuvre une réforme en profondeur qui se caractérise par son ouverture à l'ensemble des entreprises de réseau (La Poste, France Télécom, SNCF, RATP, Compagnie générale des eaux, etc.). L'ENSPTT devient ainsi un pôle d'expertise en management à destination des cadres supérieurs et dirigeants de ces entreprises de réseau et propose de nouvelles prestations en formation, recherche-action, études et conseil.

SIMYANETTE DANS LE MÉTRO
1908. Vincent
Dessin original
Musée de la Poste, Paris

L'Illustration du 15 février 1908 écrit : « Constamment soucieux d'améliorer le fonctionnement d'un de nos services publics les plus importants, M. Simyan, l'actif sous-secrétaire d'État chargé de la haute direction des postes, vient d'adopter un nouveau type de boîtes aux lettres dont on peut voir plusieurs spécimens placés aux stations du Métropolitain. Le réceptacle est un prisme rectangulaire de 0,22 m de côté sur 0,56 m de hauteur. » Ces boîtes d'un aspect plutôt disgracieux présentent l'avantage d'avoir un fond en biais permettant aux lettres de glisser jusqu'à la sacoche de relevage, dès que leur porte est ouverte.

SIMYANETTE MODÈLE MURAL
1908. Vincent
Dessin original
Musée de la Poste, Paris

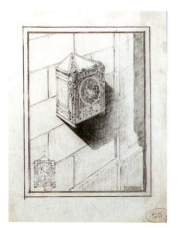

Ce dessin comme le précédent, est celui établi par l'architecte qui a conçu ce nouveau modèle de boîte, Maurice Vincent. *L'Illustration* en donne la description suivante : « La boîte est surmontée à sa face antérieure d'un coq gaulois que l'administration serait dit-on désireuse d'adopter comme emblème pour tous ses services [...] Le ton de l'ensemble, bronze vert et patine florentine, se rehausse de l'or de l'inscription et du fond où se détache le coq gaulois. »

SIMYANETTE
1908
Fonte
Musée de la Poste, Paris

Les « Simyanettes » n'ont de toute évidence pas eu le succès des Mougeottes. Et il est probable qu'une fois leur promoteur disparu de la scène ministérielle, leur implantation a été rapidement abandonnée. Aussi le modèle mural que possède le musée de la Poste de Paris est-il probablement une pièce unique. On peut s'interroger sur la peinture qui la recouvre, puisque, d'après les souhaits de l'architecte concepteur, elle devrait être bronze vert, y compris le coq, seul le fond du cercle où se trouve ce volatile devant être doré.

FOURGON LA BUIRE DEVANT UN BUREAU DE POSTE
1908. Georges Hautot
Aquarelle
Musée de la Poste, Paris

Le premier avril 1903, une circulaire postale pose les règles de l'extension de l'utilisation de l'automobile sur l'ensemble du pays. Les premiers transports par autobus (voyageurs et courriers) se développent surtout en dehors des villes, dans les régions montagneuses à faible densité ferroviaire. Après avoir instauré dès 1902 une première liaison entre Ajaccio et Sartène, en Corse, par de lourds véhicules à vapeur, la Poste subventionne cette même liaison en 1907 par deux types d'autobus légers à essence construits par de Dion et Bouton. Elle permet le transport de 10 à 18 voyageurs et 300 à 500 kg de bagages. En 1909, la Poste organise pour la première fois à Paris et à titre expérimental un réseau de transport du courrier à une plus grande échelle. Les résultats se révèlent satisfaisants et conduisent la Poste à conclure un marché avec une entreprise portant sur l'achat de 200 voitures. Leur vitesse doit être de 15 km/h avec une tolérance de 10 km/h en cas d'encombrements de la chaussée. Ces fourgons se répartissent alors en trois groupes selon leur destination : relations entre bureaux, entre bureaux et bureaux-gares et entre bureaux-gares. Par la suite, Bordeaux et Lyon bénéficient à leur tour de cette nouveauté.

AFFICHE
1909
Musée de la Poste, Paris

Après les boîtes aux lettres, Simyan s'attache au renouvellement du parc de voitures desservant les bureaux de la capitale. En mai 1908, le contrat en cours étant arrivé à son terme, les véhicules électriques et les voitures à chevaux en service sont abandonnés au profit de voitures automobiles. Après appel d'offres, Julien Simyan signe pour neuf ans une concession à la Société de transports et garages. Les véhicules sont achetés à la société lyonnaise des Automobiles La Buire. Lors des grèves de 1909, les postiers, qui cherchent à abattre celui qu'ils considèrent comme un tyran, attaquent l'intégrité des marchés passés à cette occasion : « D'un trait de plume, M. Simyan a exonéré un fournisseur ami (Société lyonnaise de La Buire) d'une retenue de plusieurs centaines de mille francs. » On pourrait croire à une calomnie, mais la réalité est bien celle-ci : la Société des transports et

garages venant de déposer son bilan a entraîné la faillite la société La Buire. Mais cette dernière renaît sous le nom de Société nouvelle de La Buire automobile, et c'est à cette dernière que Simyan – probablement pour des raisons d'opportunité économique – fait le cadeau stigmatisé.

FOURGON RENAULT
1907
Service du Patrimoine de Renault

Pour les transports de fonds dans Paris, l'Administration fait accompagner les sacs chargés par des convoyeurs spéciaux. Il faut donc prévoir un emplacement à bord, pour ce personnel. Il est probable que dans la perspective du renouvellement du marché de transport des dépêches de Paris, incluant ce type de véhicule, et prévu pour le printemps 1908, la firme Renault ait conçu ce modèle mi-fourgon, mi-transport de personnel. C'est une société concurrente qui emporte le marché. Dans ces conditions, ce fourgon a dû rester à l'état de prototype, d'où sa conservation, puisqu'il n'a jamais servi.

FOURGON LA BUIRE TYPE A
1908
Photographie
Collection P. Nougaret

Le type A est le plus petit de la série des fourgons La Buire. Il a une capacité de 2 m³ et peut transporter 800 kg de charge utile, plus 2 personnes. La portière arrière est équipée d'un système de sécurité

actionnant un timbre électrique au moment de l'ouverture. Le chauffeur a accès à la caisse du fourgon par une trappe située derrière son siège. 70 fourgons de ce type sont mis en service (sur une fourniture totale de 150). Les roues des véhicules La Buire sont en bois, avec des bandages en caoutchouc plein à l'arrière, et des pneumatiques à l'avant. Un freinage par levier à main sert à bloquer les deux roues arrière. Le frein au pied agit sur le différentiel.

FOURGON LA BUIRE TYPE B
1908. D. Morer
Carte postale, caricature
Collection particulière

Cette caricature met en scène un fourgon La Buire type B. Cette voiture, de 1 200 kg de charge utile plus 2 personnes, est destinée au transport des valeurs. Le caisson, d'une contenance de 3 m³, est percé de fenêtres grillagées, car un accompagnateur prend place à l'intérieur du véhicule. 25 voitures de ce type parcourent les rues de Paris. Tous les fourgons La Buire, quel que soit leur type, sont équipés de moteurs à essence à 4 cylindres, 3 vitesses. Les roues sont entraînées par l'intermédiaire d'une chaîne.

FOURGON LA BUIRE TYPE C
1908
Carte postale
Collection P. Nougaret

Le type C a une capacité de 4,5 m³ et peut transporter 1 800 kg de charge utile, plus 2 personnes. Il en existe deux versions : l'une, avec le moteur extérieur (55 véhicules de ce type en service), et l'autre avec moteur placé sous le siège du conducteur (voir la photographie reproduite). La consommation des véhicules La Buire est de l'ordre de 18 litres aux 100 kilomètres. L'Administration rétribue le concessionnaire aux kilomètres parcourus, selon un barème adapté au type de véhicule. Le contrat passé garantit un minimum de 60 kilomètres par jour. Mais à l'utilisation, il apparait que ces fourgons couvrent jusqu'à 60 à 120 kilomètres par jour.

LES FOURGONS LA BUIRE L'ACCIDENT
1909. Le Petit Journal, supplément illustré
Chromolithographie
Musée de la Poste, Paris

Un fourgon La Buire modèle C est en fâcheuse posture : « ... au coin de la rue de Dunkerque, la voiture buta contre le trottoir et se jeta contre le rideau de fer de la devanture du Bazar-des-Deux-Gares. Le choc fut si violent que le rideau fut complètement démoli et que tout l'avant-train du fourgon pénétra dans l'établissement. La voiture fut réduite en miettes, la maroquinerie et les jouets broyés, un escalier en colimaçon donnant accès à l'appartement du premier étage, démoli. »

VOITURE DE LA SOCIÉTÉ DES TRANSPORTS POSTAUX
1911
Photographie
Collection Roger-Viollet

Le sous-secrétariat des P et T, mis à l'écart après la chute du ministère Clemenceau, ne sera rétabli que le 2 mars

1911, au profit de Charles Chaumet, député de la Gironde. Tout en faisant partie du groupe parlementaire de la « gauche démocratique », il siège à la Chambre, au centre droit ! Après la faillite des fourgons La Buire, l'Administration avait exploité directement le parc automobile de la capitale. Mais avec Charles Chaumet, on assiste à un retour de l'entreprise privée. À croire que chaque sous-secrétaire a dans sa manche, une nouvelle entreprise ! Le nouveau contrat est signé pour une durée de douze ans avec la Société des transports postaux dirigée MM. Gomez et Verdon. Le parc des voitures est alors constitué de fourgons de deux marques : des Delahaye pour les plus petits, et des De Dion-Bouton pour les plus gros. On voit ici le type A fabriqué par Delahaye. Il est équipé d'un coffre de 2 m³, et peut transporter 800 kg de charge utile. Ce modèle est très proche

des voitures de ville fabriquées par la marque. Remarquer l'avertisseur à droite du conducteur. Cette trompe est construite pour émettre un avertissement particulier, permettant de reconnaître les véhicules de la poste.

FOURGONS DELAHAYE TYPE B
1911
Photographie
Musée de la Poste, Paris

Les types B que l'on voit rangés ici, dans le hall du service de transbordement de la recette principale de la rue du Louvre, sont des fourgonnettes de 3 m³ (1 200 kg de charge utile). Il leur était reproché d'être équipés de garde-boue trop rudimentaires.

FOURGONNETTE DE DION BOUTON MODÈLE C
1911
Photographie
Collection Roger-Viollet

C'est le gros modèle de la série (coffre de 4,5 m³ – charge utile 1 800 kg). Ces fourgonnettes sont de couleur vert olive avec les poutres du train peintes en jaune. Ce seront pour longtemps, les couleurs des véhicules de la poste. À noter, le radiateur, modèle Schneider, caractérisé par sa calandre en forme d'étoile à trois branches.

Les grèves de 1909

PREMIÈRE GRÈVE GÉNÉRALE
DES P ET T
Mars 1909
Carte postale
Collection des Amis de l'histoire des PTT d'Alsace

Après l'arrivée de Simyan au sous-secrétariat d'État des P et T, le malaise s'accroît chez les sous-agents. Ce partisan de la productivité engage en effet une politique vexatoire d'économie de bouts de chandelle, comme par exemple, la réduction de l'indemnité de bicyclette pour les facteurs. Un projet de réforme du mode d'avancement du personnel, qui tend à le rendre moins rapide, déclenche une grève le 15 mars, au central télégraphique de la rue de Grenelle à Paris. Le soir, un grand meeting rassemble 6 000 postiers au Tivoli-Vaux-Hall, sous la présidence de Raoul Monbrand, rédacteur à l'administration centrale. Divers orateurs prennent la parole, dont Frédéric Subra, qui représente les ambulants. Militant de vieille date, puisqu'il avait été le fondateur de l'Association générale des agents en 1900, il en est resté un des dirigeants. Le lendemain, c'est la grève générale, très suivie à Paris. Les femmes y participent activement : le 17 mars, 800 employées sont en grève au central téléphonique Gutenberg.

GRÈVE DES POSTES
1909
Lettre du Havre pour Paris
Musée de la Poste, Paris
Cette lettre est acheminée par la Chambre de commerce du Havre à celle

de Paris pendant la seconde grève des postes, du 15 au 20 mai 1909. Le timbre-poste est oblitéré par un composteur privé de la Chambre de commerce. Dès le début de la grève des postes, un service postal pour les correspondances commerciales entre Chambres de commerce est organisé. Les lettres sont reçues, affranchies, triées par départements et acheminées par les services propres des Chambres de commerce.

BUREAU DE POSTE
1909
Carte postale
Musée postal d'Auvergne, Saint-Flour
Devant le bureau de Paris, 38, rue Claude-Bernard, dans le 5ᵉ arrondissement, un piquet de 5 soldats (un caporal et 4 hommes) garde le bureau, en compagnie d'un sergent de ville. Cette dernière présence est rendue nécessaire par le fait que seul un « sergot » est habilité à verbaliser en cas de trouble, la troupe ne pouvant que lui prêter main-forte. Il ne reste plus apparemment au bureau que le receveur, 2 commis masculins et 2 dames employées, tous « agents », donc peu ou pas concernés par la grève que mènent les sous-agents. Égaré là cependant, le petit facteur du télégraphe…

LA FRANCE EN LÉTHARGIE
1909. Le Rire
Caricature
Musée de la Poste, Paris
Cette caricature du journal *Le Rire* affiche des opinions antigouvernementales. En effet, le président du Conseil, Georges Clemenceau, y est représenté

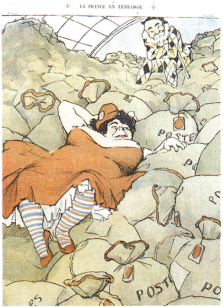

en costume d'Arlequin, donc comme un personnage plus artificieux qu'efficace. Il est vrai que, depuis le début de la grève, il n'est pas intervenu, ce qui explique la deuxième partie de la caricature : la République se vautrant avec délice sur les sacs postaux, sans angoisse devant une situation qui se dégrade.

De la Poste aux PTT

LES POURPARLERS S'ENGAGENT
27 mars 1909. L'Illustration
Gravure sur bois
Bibliothèque nationale et universitaire Strasbourg

Le dimanche 21 mars, le ministre de tutelle des P et T, Louis Barthou, reçoit enfin une délégation des grévistes. Georges Clemenceau lui-même intervient dans les discussions l'après-midi. Le débat commencé à la Chambre le 19 continue le lundi matin. Georges Clemenceau y fait montre de paternalisme, affirmant qu'il ne révoquera personne « ne tenant pas à priver des gens du pain de leur famille ». Il ajoute « Je n'ai rien promis, mais en moi-même, je me suis promis quelque chose et ils savent ce que je me suis promis [...] la générosité. » La reprise du travail est voté par les grévistes le 23 mars.

LA REVANCHE DE CLEMENCEAU
30 mai 1909. Le Petit Parisien
Chromolithographie
Musée de la Poste, Paris

Contrairement à l'attente des grévistes, Simyan reste au gouvernement et Clemenceau oblige l'Administration à pratiquer une politique de répression. Le conseil de discipline prononce 7 révocations début mai, dont celle du rédacteur Monbrand. 14 autres sont en préparation. Le 11 mai, une nouvelle grève est décidée en réponse à ces provocations. Et les soldats reprennent le chemin des bureaux de poste, non d'ailleurs pour participer au travail, mais pour permettre aux non-grévistes de travailler. Le magazine populaire suggère que les sous-agents – pas si mauvais bougres que cela – fraternisent avec la troupe. D'ailleurs à l'arrière-plan, facteurs et commis s'affairent. Effectivement, ce deuxième temps de grève est moins suivi que le premier. Le gouvernement peut alors considérer les agents qui prolongent la grève comme des trublions, et, le 12 mai, le Conseil des ministres révoque immédiatement 228 postiers. Pour limiter les réactions, la troupe est envoyée partout. À la recette principale du Louvre, le 76e d'Infanterie, accompagné de forces municipales à cheval, surveille les accès. À l'intérieur du central télégraphique de la rue de Grenelle, c'est le 104e d'Infanterie qui maintient l'ordre « il y a des soldats et des gardes : on en a mis dans la salle de la Rosace [local où arrivent et partent les lignes], et à toutes les portes qui donnent accès dans les salles. »

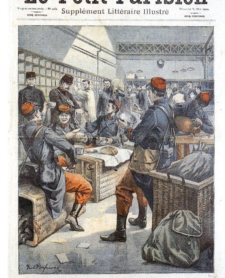

APPEL DES GRÉVISTES
À L'OPINION PUBLIQUE
1909
Affiche
Collection particulière

Les grévistes qui voient leur mouvement s'effriter, sentent que l'opinion ne leur est pas favorable. D'où cette longue affiche qui développe leurs arguments accusant Simyan de tous leurs maux. Le gouvernement implacable continue sa politique répressive et prononce, le samedi 15 mai, 313 révocations.

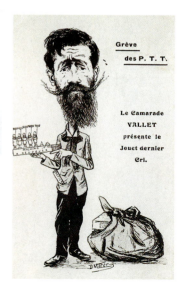

EUGÈNE-CHARLES VALLET
1909
Carte postale, caricature
Collection des Amis de l'histoire des PTT d'Alsace

Entré à la Poste en 1901, Vallet est ambulant sur le « Paris à Tours 2e ». En 1906, lors des premières grèves, il est révoqué, puis réintégré sur une autre ligne d'ambulants « Paris à Niort 2e ». À côté de Montrand et de Subra, il a pris une part active aux deux grèves de 1909. Au conseil de discipline qui lui demande des explications, avant de le révoquer à nouveau, il répond : « Vous êtes les complices d'un gouvernement de renégats. Vous jetez à la rue des malheureux qui n'ont commis aucun délit. En cette circonstance, je suis le porte-parole de mes camarades et je traduis leur indignation. Vous n'êtes pas des juges, mais des laquais. » Ce sont au total 805 révocations qui seront prononcées. La grève s'arrête le 21 mai. Les postiers sont battus.

JULIEN SIMYAN
1909. Anonyme
Huile sur toile (53 × 167 cm)
Caricature
Musée de la Poste, Paris
Sous la houlette de Louis Barthou,

ministre des Travaux publics, Julien Simyan accède au demi-portefeuille ministériel des P et T, le 25 octobre 1906. Un des collaborateur de *L'Humanité*, le député Marcel Sembat, dit de lui : « Ce n'est pas sa faute s'il est là. Il aurait préféré le Commerce ou l'Agriculture, mais il ne restait plus de libre que le strapontin des Postes. Alors, il s'y est assis. » Médecin de formation, d'un anticléricalisme forcené, Simyan a suivi un itinéraire politique caractéristique de cette époque : radical-socialiste plutôt gauchisant, il n'hésite pas à flirter avec le conservatisme, quand ses intérêts sont en jeu. Puisque les P et T doivent lui servir de marchepied pour une future carrière, il faut donc entreprendre une action paraissant dynamique, et le faire savoir. Alors comme du temps de Léon Mougeot, on fait parler de soi : nouvelles boîtes aux lettres, essais d'améliorations techniques, etc. Mais on ne touche pas aux problèmes posés par le personnel, puisqu'il n'y a pas d'argent pour cela. Lorsque le gouvernement exige encore des économies, on comprend l'explosion qui suit et entraîne la première grève générale des P et T (1909). Julien Simyan répond à cette révolte avec maladresse, guidé par son caractère hautain et brutal. *Le Journal de Saône-et-Loire* devait écrire à son propos, quelques années plus tard (1913) : « Les PTT vécurent ainsi quatre années [le rédacteur se trompe, il s'agit de trois années, à peine] sous un régime d'autoritarisme qui, prétendaient-ils, ramènerait les postiers à vingt ans en arrière : refus de communiquer avec les associations professionnelles, restrictions des conditions d'avancement, déplacement d'office, etc. C'est la dureté de M. Simyan qui souleva contre lui tout un personnel de fonctionnaires jusqu'alors discipliné. » Avec la chute du ministère Clemenceau, Julien Simyan perd sa place de sous-secrétaire, mettant ainsi un point final à sa carrière ministérielle.

RETOUR D'ALEXANDRE MILLERAND
1909. Anonyme
Huile sur toile (53 × 167 cm)
Caricature
Musée de la Poste, Paris
Avec la chute du ministère Clemenceau le 20 juillet 1909, c'est le ministre des Travaux publics du gouvernement suivant qui prend en main la destinée des P et T, sans l'aide d'un sous-secrétaire d'État, il s'agit d'Alexandre Millerand. C'est

un spécialiste, car, à plusieurs reprises (en 1892, 1900), il a attiré l'attention des gouvernements sur les budgets de famine accordés aux P et T qui, selon lui, doivent immanquablement freiner le développement de cette institution faisant pourtant partie des moteurs du développement économique. Après la grève de 1909, et comme le montre cette caricature, il va surtout s'employer à panser les plaies, en réintégrant peu à peu le personnel révoqué. Mais les postiers savent maintenant qu'ils ne peuvent plus compter que sur eux-mêmes pour défendre leur cause, et les mouvements associatifs sociaux vont se développer en conséquence. Ils se divisent en deux branches : une tendance relativement modérée avec l'Association générale des agents, et celle, plus revendicatrice et dynamique des « Syndicats » rattachés à la CGT.

Le courrier

> Administration des Postes et des Télégraphes.
>
> Carnet de 40 Figurines à 0 f. 05.
>
> Prix : 2 f. 05.

CARNET DE TIMBRES-POSTE
1906, 5 c vert
(5,8 × 11 cm, carnet fermé)
Émission type « Liberté tenant la balance de l'égalité », de Joseph Blanc (1846-1904), dit type Blanc
Musée de la Poste, Paris

CARNET DE TIMBRES-POSTE
1906, 5 c vert
(5,8 × 22 cm, carnet ouvert)
Émission type « Liberté tenant la balance de l'égalité » de Joseph Blanc (1846-1904), dit type Blanc
Musée de la Poste, Paris

L'administration des Postes crée le premier carnet de timbres destiné au public. Ce carnet de timbres-poste, contenant 40 figurines, est vendu 2,05 francs. Les 5 c supplémentaires servent à la compensation des frais de couverture et de confection du carnet. Le public n'admettant pas cette majoration, ce carnet de timbres a peu de succès. Il est remplacé en mars 1907 par un carnet de 5 c Semeuse verte. La majoration de taxe est supprimée en 1910.

CACHET À DATE OBLITÉRANT DE 1904
25 octobre 1912. Lettre de Perpignan pour Ponteilla
Collection particulière

À partir de 1901, l'heure de départ indi‑

quée sur les cachets se substitue au numéro de levée, ce qui apporte une précision supplémentaire. L'heure comprenant 3 ou 4 chiffres occupe la première ligne du bloc dateur obligeant ainsi pour la première fois depuis 1830 à réduire le mois, désormais en chiffre, pour permettre d'inscrire l'heure. En 1904, le diamètre des cachets, pour plus de lisibilité, est augmenté pour atteindre en moyenne 26 à 27 mm. Cette modification est permise par l'apparition de nouvelles enveloppes classiques plus grandes que les précédentes. Cette dimension est toujours d'usage aujourd'hui. Le recto de cette lettre partie de Perpignan le 25 octobre 1912 à 23 h 25 porte le nouveau cachet de 26 mm, au verso le cachet indique son arrivée à Ponteilla le 26 octobre 1912 à 7 h 35.

TIMBRE À DATE AVEC L'HEURE
1916, lettre d'Épinal en franchise militaire pour Troyes
Musée de la Poste, Paris

En octobre 1901, l'heure remplace le

numéro de levée dans le timbre à date dans les bureaux de recette et, en 1906, dans les autres catégories de bureau. L'heure correspond au départ du plus prochain courrier ou de la plus prochaine distribution. Ce nouveau modèle de timbre à date est de 27 mm de diamètre.

MACHINE À ÉCRIRE MIGNON
1910-1920
Musée d'Histoire des PTT d'Alsace
Riquewihr

Les services financiers

Les mandats

CAISSE POUR LE TRANSPORT
DE FONDS ET DE VALEURS
Vers 1900
*Musée d'Histoire des PTT d'Alsace
Riquewihr*

BOÎTE POUR LE TRANSPORT
DE VALEURS DÉCLARÉES
XXe siècle
*Musée d'Histoire des PTT d'Alsace
Riquewihr*

MANDAT-CARTE PAYABLE
À DOMICILE
Entre-deux-guerres
Musée de la Poste, Paris

En 1876, le mandat-carte est introduit en France pour les besoins du service international et trois ans plus tard pour ceux du régime intérieur. Il est distribué au domicile du destinataire et payable au guichet du bureau de poste. Le paiement à domicile des mandats-cartes dans les communes non pourvues d'un bureau de poste s'organise à partir de 1891. La mesure est étendue à l'ensemble du territoire en décembre 1895. Enfin, en 1898, un coupon de correspondance est adjoint au mandat-carte, lui donnant sa forme moderne et assurant son succès auprès du public.

BON DE POSTE DE UN FRANC
1883
Musée de la Poste, Paris

Pour éviter des manipulations de petites sommes, l'administration postale crée les bons de poste. Ainsi, la loi du 29 juin 1882 a pour objet de faciliter l'envoi et l'encaissement des sommes d'argent ne dépassant pas 20 francs. La première émission comporte cinq valeurs de bons de poste (1, 2, 5, 10 et 20 francs), puis le nombre de coupures est porté successivement à sept et à onze (de 1 à 10 francs et 20 francs). Toutefois, pour pallier les problèmes inhérents à la multiplicité des bons de poste (un carnet pour chaque valeur de bon de poste), il est décidé de supprimer les bons de sommes fixes et de créer un type unique. La nouvelle formule est composée d'un talon chiffré qui permet de représenter la somme de 20 francs maximum (sans fraction de franc). En faveur avant la Première Guerre mondiale, l'apparition des petites coupures fait que les bons de poste sont de moins en moins utilisés. Devant la désaffection du public, le bon de poste est définitivement supprimé par la loi du 20 avril 1926.

MAQUETTE DE LA GRAVURE
ALLÉGORIQUE DE MOUCHON
1891
Musée de la Poste, Paris

Afin de déjouer le travail des faussaires toujours plus nombreux, l'administration des Postes émet, en 1891, une formule de mandat ordinaire où, en plus du filigrane « Postes et Télégraphes » en arc de cercle, un fond de sûreté est imprimé. La garantie supplémentaire est constituée par l'impression d'une gravure allégorique de Mouchon. Elle représente à droite le télégraphe, au centre un courrier ailé, à gauche les transports par chemin de fer et par bateau. Sur le talon se trouve un médaillon avec la République et en dessous un ensemble des moyens de transmission, sans oublier le ballon monté du siège de Paris en 1870.

De la Poste aux PTT

BON À TIRER DU NOUVEAU MANDAT DE POSTE
1891
Musée de la Poste, Paris
Cette formule de type unique remplace les anciens modèles et simplifie la comptabilité puisque dorénavant un seul registre est en service.

ENVOI D'ARGENT PAR MANDAT TÉLÉGRAPHIQUE
1905
Musée de la Poste, Paris

Le nombre de mandats télégraphiques passe de 23 400 en 1873 à 75 596 en 1878. La rapidité de la transmission permet de gagner plusieurs jours sur l'acheminement. Cependant, le mandat télégraphique est peu pratique à utiliser à ses débuts, car l'expéditeur doit d'abord se rendre au bureau de poste pour obtenir son mandat, avant de se rendre au bureau télégraphique pour en faire acheminer la teneur. Ensuite, le destinataire doit attendre qu'un récépissé lui soit laissé par le télégraphiste pour qu'il puisse encaisser son mandat au bureau de poste. Avec la fusion des Postes et Télégraphes (arrêté du 15 avril 1878), les formalités pour l'expédition des mandats télégraphiques sont simplifiées. C'est en 1908 que le mandat télégraphique, qui est porté directement au domicile du destinataire, prend sa forme définitive.

MANDAT DE POSTE INTERNATIONAL
Vers 1910
Musée de la Poste, Paris
Les premiers accords pour l'échange de mandats internationaux sont conclus à partir de 1864. Mais ce n'est qu'en 1878, sur l'initiative du congrès de Paris de l'Union postale universelle, qu'un premier accord est réalisé. Les Administrations choisissent entre deux solutions, soit l'envoi direct du mandat au destinataire par le bureau d'émission, soit l'envoi du mandat au bureau de destination

avec paiement au guichet ou au domicile. Le congrès postal de Vienne, en 1891, rend obligatoire l'envoi des mandats au bureau de destination. La forme définitive du mandat international est ainsi donnée.

MANDAT-RETRAITE
1914
Musée de la Poste, Paris
En juin 1913, le service des postes est autorisé à créer un mandat-retraite destiné au paiement des arrérages des retraites, allocations et bonifications acquises sous le régime de la loi sur les retraites ouvrières et paysannes d'avril 1910. Le mandat-retraite est à l'usage spécifique des Caisses, Sociétés ou

Unions de sociétés admises par la dite loi. La formule du mandat-retraite est imprimée en noir sur carton de couleur vert clair. Un emplacement est réservé au-dessous des timbres horizontaux pour la désignation de la caisse expéditrice et des filets sont placés à l'angle supérieur droit pour l'inscription du numéro de la retraite. Le mandat-retraite inaugure une série de mandats qui répondent à des besoins spécifiques et dont les fonctions sont exclusives.

MANDAT-LETTRE PAYABLE À DOMICILE
Vers 1912
Musée de la Poste, Paris

Les personnes qui ont une indication quelconque, même brève, à transmettre à un correspondant en même temps que les fonds, sont toujours portées à se faire délivrer un mandat ordinaire, lequel peut être inséré dans une lettre. L'administration des Postes, qui a déjà muni le mandat-carte d'un coupon de correspondance, apporte une nouvelle facilité au public en lui permettant de développer sa correspondance et de la mettre à l'abri des indiscrétions, avec la création, en 1911, du mandat-lettre.

Les comptes de chèques postaux

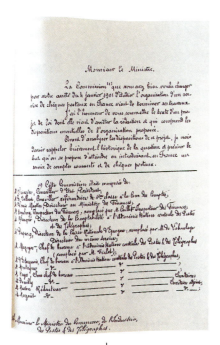

COMMISSION D'ÉTUDE DES SERVICES DES CHÈQUES POSTAUX ÉTRANGERS
1902
Musée de la Poste, Paris

Alexandre Millerand, ministre du Commerce, de l'Industrie, des Postes et Télégraphes du 22 juin 1899 au 7 juin 1902 (et des Travaux publics, Postes et Télégraphes du 24 juillet 1909 au 3 novembre 1910), décide pour la première fois en France de s'interroger sur l'éventualité de la création d'un chèque postal. Par arrêté du 4 janvier 1901, une commission est chargée d'étudier les divers services de chèques postaux étrangers. En accord avec l'administration des Postes et une fois la commission constituée, une première mission est envoyée en Allemagne pour étudier au plus près l'organisation de ce service. Cette mission se donne pour objectif d'analyser l'ensemble des mécanismes du chèque postal allemand et de réunir tous les problèmes rencontrés quant à la mise en place d'une telle institution. Un des premiers rapports de la commission, présidée par M. Sainsère, stipule que le but de l'institution est « … d'habituer les personnes qui n'ont pas de banquier, à bénéficier quand même des avantages que présente l'usage des chèques et diminuer la manipulation des espèces en substituant des virements de compte à l'envoi de lettre chargée ou de mandats-poste, en un mot réduire le prix de revient des échanges… »

PROPOSITION DE LOI POUR LA CRÉATION DE COMPTES CHÈQUES POSTAUX
1905
Musée de la Poste, Paris

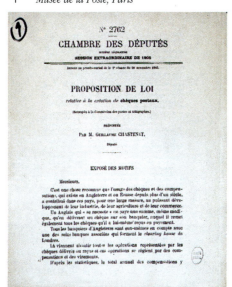

C'est en 1905 que Guillaume Chastenet, député de la Gironde de 1897 à 1912, propose en lecture à la Chambre des députés sa proposition de loi. Le député de la Gironde insiste sur le fait que non seulement cette nouvelle institution ne mettrait pas en danger le Trésor, mais qu'elle serait, au contraire, une source de revenus considérables pour le budget de l'État. Ce qui caractérise la proposition de Guillaume Chastenet, c'est qu'aucune taxe ne serait perçue sur les opérations et qu'un intérêt serait alloué aux titulaires de comptes sur les sommes en dépôt. L'emploi des fonds serait déterminé par des règlements d'administration publique.

PROJET DE LOI SUR L'ORGANISATION DES COMPTES CHÈQUES POSTAUX EN FRANCE
1909
Musée de la Poste, Paris

En 1909, deux projets sont présentés au Parlement, l'un est d'origine gouvernementale, présenté par Alexandre Millerand, l'autre d'origine parlementaire, soutenu par Guillaume Chastenet. Les différences qui existent entre les deux projets concernent essentiellement les taxes à appliquer et le droit de timbre. La Chambre et le gouvernement convergent donc vers un même but : créer au plus vite le chèque postal. Mais ces projets suscitent de vives réactions de la part des chambres de commerce et de la Fédération des industriels et commerçants français. Les chambres de commerce sont hostiles à l'extension du rôle de l'État dans l'activité économique. Toutefois, certaines d'entre elles considèrent que le projet est inévitable pour pallier les défaillances du système bancaire privé. Mais, le ministère des Finances ne soutient pas plus longtemps l'idée du chèque postal et le projet est renvoyé en commission.

De la Poste aux PTT

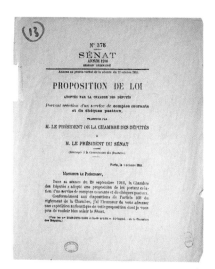

PROJET DE LOI SUR LA CRÉATION
DES COMPTES CHÈQUES POSTAUX
1916
Musée de la Poste, Paris

Le 28 mars 1916, Louis Amiard, député de Seine-et-Oise de 1909 à 1919, dépose sur le bureau de la Chambre une proposition de loi qui tend à instituer la création d'un service de chèques postaux. Ce texte est renvoyé à la commission des Postes et Télégraphes. Parallèlement à l'initiative de Louis Amiard, ministre du Commerce, de l'Industrie, des Postes et Télégraphes, Étienne Clémentel, en accord avec le président de la République, Raymond Poincaré, et le ministre des Finances, Alexandre Ribot, jette les bases d'un nouveau projet de loi. En exergue de ce projet de loi, il est notifié qu'il s'agit de suppléer l'insuffisance momentanée du numéraire et de limiter autant que faire se peut le chiffre d'émission des billets de la Banque de France. Le 28 septembre 1916, un projet remanié vient en discussion à la Chambre, après un bref exposé de Louis Amiard, il est adopté sans intervention. Le texte voté est distribué aux sénateurs le 12 octobre 1916.

ÉTIENNE CLÉMENTEL
1918
Photographie
Musée de la Poste, Paris

Devant les atermoiements du Sénat, il revient à Étienne Clémentel de défendre le projet sur les comptes chèques postaux. Lors de la discussion générale qui a lieu au Sénat le 11 décembre 1917, Étienne Clémentel (1864-1936), qui est ministre du Commerce, de l'Industrie, des Postes et Télégraphes, du 29 octobre 1915 au 20 janvier 1920, va s'efforcer de convaincre son auditoire. Sans occulter le fait que le nouvel instrument de paiement se rapproche plutôt d'un mandat-chèque que d'un véritable chèque bancaire, Clémentel souligne que des possibilités d'améliorer et de développer la future institution existent. Le ministre des P et T n'hésite pas à dire que la loi proposée est une première étape et qu'au moment opportun, il reviendra devant le Parlement pour compléter son œuvre et donner, si possible, au chèque postal les mêmes facilités qu'au chèque bancaire. Le projet est adopté par le Sénat et le texte de la loi, portant création d'un service de comptes courants et de chèques postaux, paraît au Journal officiel du 10 janvier 1918.

FONCTIONNEMENT
DU CHÈQUE POSTAL
1918
Musée de la Poste, Paris

L'administration des P et T s'efforce de présenter, à l'aide d'un dépliant, le service des chèques postaux. Ce dépliant indique notamment les six bureaux de chèques qui ouvrent le 1er juillet 1918. Il s'agit des bureaux de : Paris, Bordeaux, Clermont-Ferrand, Lyon, Marseille, Nantes. Quatre autres ouvrent le 1er décembre 1918 : Dijon, Nancy, Rouen, Toulouse. Les premiers résultats laissent apparaître que la moitié des comptes ouverts le sont dans le Bassin parisien. En fait, les métropoles régionales ont couvertes à elles seules les 2/3 des ouvertures de comptes. C'est donc dans les zones les plus urbanisées que se concentrent les ouvertures de comptes. Si l'institution des chèques postaux est surtout faite pour apporter en zone rurale des services dont elle est démunie, c'est paradoxalement dans les grandes villes, là où les succursales bancaires sont le mieux implantées, que l'engouement pour les chèques postaux est le plus réel, au moins au début. Il est vrai aussi que la proximité d'un bureau de chèque influe sur le nombre d'ouverture de comptes, car les paiements à vue se font exclusivement au siège du bureau de chèques postaux détenteur du compte.

DEMANDE D'OUVERTURE
D'UN COMPTE COURANT POSTAL
1918
*Musée de la Poste en Roussillon
Amélie-les-Bains, Palalda*

La Caisse nationale d'épargne

HÔTEL DE LA CAISSE NATIONALE D'ÉPARGNE
XIXᵉ-XXᵉ siècle
Rue Saint-Romain
6ᵉ arrondissement, Paris

CRÉATION DE LA CAISSE NATIONALE D'ÉPARGNE
1881
Musée de la Poste, Paris

En 1879, sur 36 000 communes, 34 000 ne sont pas desservies par une caisse d'épargne, et 1 Français sur 12 seulement est titulaire d'un livret. Les Républicains vont alors s'interroger sur les possibilités d'étendre l'action des caisses d'épargne. Quand il s'agit de collecter l'épargne dans les endroits les plus enclavés de France, le choix se porte sur l'important réseau des bureaux de poste pour devenir les correspondants de la Caisse nationale d'épargne. En effet, avec plus de 6 000 bureaux en 1880, l'ubiquité du réseau postal répond en partie aux interrogations de l'époque. Adolphe Cochery, premier ministre des P et T en 1879, défend jusqu'au bout le projet sur la création de la Caisse d'épargne postale. Le projet qu'il présente avec Magnin tend au développement rapide de l'épargne en France. Malgré quelques oppositions, notamment au Sénat, la loi est définitivement votée le 9 avril 1881 et ses innovations en matière juridique (possibilité pour les femmes mariées et pour les mineurs de se faire ouvrir un livret) profite aux caisses d'épargne privées. L'article premier définit les grands principes de la nouvelle institution : « il est institué une Caisse d'épargne publique sous la garantie de l'État ; elle est placée sous l'autorité du ministre des Postes et Télégraphes et prend le nom de Caisse d'épargne postale. »

BORDEREAU NOMINATIF DES PREMIERS VERSEMENTS
1883
Musée de la Poste, Paris

Les bureaux de poste notifient chaque soir aux centres de comptabilité toutes les opérations d'épargne qu'ils ont prises en écritures au cours de la journée. C'est à l'aide des documents de base qui lui sont adressés (demande d'ouverture de livret, premiers versements, quittance de remboursement) que le centre de comptabilité ouvre les comptes des déposants, les crédite ou les débite selon les cas.

La loi du 29 novembre 1886 autorise le ministre des Postes et Télégraphes à acheter un immeuble destiné à l'installation de la Caisse nationale d'épargne. Le choix de l'administration des P et T se porte sur l'immeuble du 4, rue Saint-Romain, qui devient par la suite le musée postal, avec les terrains adjacents sur lesquels est édifié l'hôtel de la Caisse aux numéros 6 et 8 de la même rue. Des agrandissements de l'édifice sont exécutés en 1837 et en 1954.

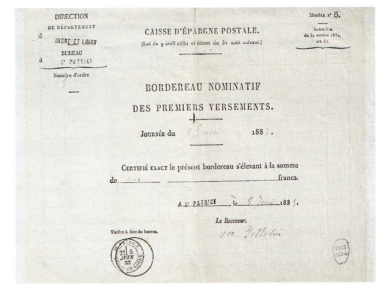

De la Poste aux PTT

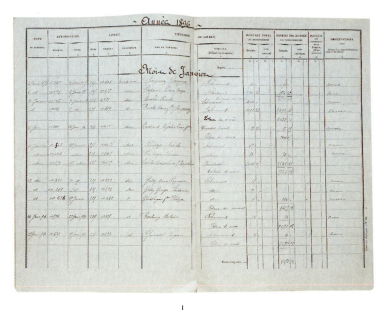

DEMANDE D'OUVERTURE DE LIVRET À LA CAISSE NATIONALE D'ÉPARGNE
1894
Musée de la Poste, Paris

La loi du 9 avril 1881 rencontre un grand succès. Les demandes d'ouverture de livret affluent de tous côtés par l'entremise des receveurs des postes et des facteurs. C'est ainsi que le 1er janvier 1883, après un an de fonctionnement, la Caisse postale compte déjà 212 000 épargnants et les dépôts s'élèvent à près de 50 millions de francs. En 1900, le cap du milliard de francs de dépôts est franchi, alors que le nombre de livrets en circulation atteint 3,5 millions.

REGISTRE DU BUREAU DE POSTE DE SELONCOURT
1894-1896
Musée de la Poste, Paris

Chaque bureau de poste tient un registre des remboursements effectués pour le compte de la Caisse nationale d'épargne. Ces registres sont tenus à la main et sont servis pour chaque remboursement que le bureau de poste effectue.

REGISTRE DU BUREAU DE POSTE DE SELONCOURT
1894-1896
Musée de la Poste, Paris

BULLETIN D'ÉPARGNE À VERSER DANS UN BUREAU DE POSTE
1895
Musée de la Poste, Paris

Le décret du 30 novembre 1882 institue la possibilité, pour les épargnants, de coller sur des bulletins d'épargne des timbres-poste représentant leurs économies. Le minimum de dépôt est fixé à 1 franc. On imagine alors que l'épargnant peut placer des montants plus minimes en achetant des timbres-poste qu'il colle sur un bulletin adéquat. Dès que le bulletin atteint le seuil d'1 franc, il est transformé en versement sur le livret.

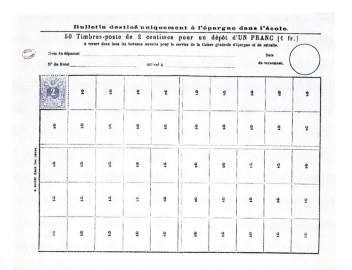

BULLETIN DESTINÉ À L'ÉPARGNE DANS LES ÉCOLES
Vers 1880-1890
Musée de la Poste, Paris

Afin de développer le goût de l'épargne chez les écoliers, des dispositions particulières sont prises pour faciliter la collecte des petites sommes dans les établissements scolaires. Des indemnités sont allouées aux membres du personnel enseignant qui participent à cette propagande. Les versements sont en général peu importants et les bulletins d'épargne sont utilisés à cet effet.

LIVRET DE LA CAISSE NATIONALE D'ÉPARGNE
1897
Musée de la Poste, Paris

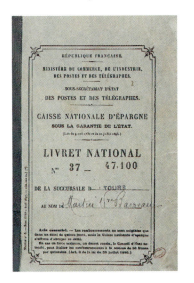

NOTICE À L'USAGE DES DÉPOSANTS DE LA CAISSE NATIONALE D'ÉPARGNE
1899
Musée de la Poste, Paris

Très vite la Caisse d'épargne postale édite des notices d'utilisation à l'usage des déposants. Toutes les opérations d'épargne (versements, remboursements, transferts, achats de rente, etc.) se font d'une façon générale aux guichets des bureaux de poste, sur présentation du livret, ou par l'intermédiaire des facteurs-receveurs. Mais, à l'origine, l'ouverture des livrets et la tenue des comptes courants correspondants sont confiées à des services spécialisés appelés centres de comptabilité de la Caisse nationale d'épargne.

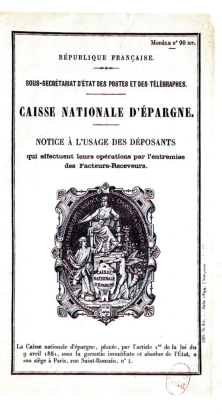

CARNET À SOUCHE DE RÉCÉPISSÉS DES VERSEMENTS
Vers 1900
Musée de la Poste, Paris

239 *De la Poste aux PTT*

La poste maritime

**COMPAGNIE GÉNÉRALE TRANSATLANTIQUE
LE HAVRE-NEW YORK**
Début du XXᵉ siècle
Musée de la Poste, Paris

La ligne postale du Havre à New York, ouverte le 15 juin 1864, est confiée à la Compagnie générale transatlantique. Les départs s'effectuent alors dans chaque sens toutes les quatre semaines. Un agent des postes assure à bord le service des dépêches. Le trajet s'effectue en 11 jours et 12 heures. Le *Washington* et le *La Fayette*, bateaux à aubes de 2 000 chevaux-vapeur, sont les premiers d'une longue série dont les derniers noms prestigieux sont le *Normandie*, l'*Ile-de-France* et le *France*.

LA MALLE DES INDES, ARRIVÉE DU CALAIS-DOUVRES À CALAIS
8 janvier 1881
La République illustrée
Musée de la poste, Paris

À partir de 1850, la malle prend le chemin de fer au fur et à mesure de sa construction et les navires anglais de la P & O (Peninsular Oriental Lines). Après la guerre de 1870, l'ouverture du tunnel du Mont-Cenis axe le trajet vers le port méditerranéen de Brindisi au détriment de Marseille. En 1905, le rôle de Marseille redevient prépondérant, mais Brindisi garde une partie du trafic, grâce à l'augmentation des échanges entre l'Europe, l'Asie et l'Australie. Marseille et Brindisi sur la Méditerranée, Calais et Boulogne sur la Manche assurent un trafic croissant. De la malle sur un fourgon en 1839 avec un service mensuel, on passe en 1926 à 2 000 sacs par semaine sur plusieurs trains spéciaux. En un siècle, la durée du trajet passe de 6 mois à 15 jours. Le *Strathmore* est le dernier steamer à prendre les dépêches de Marseille pour Bombay, en septembre 1939. Le service de la malle des Indes s'arrête définitivement à la déclaration de la Seconde Guerre mondiale.

LIGNES D'AUSTRALIE ET DE LA CÔTE ORIENTALE D'AFRIQUE
Janvier 1890
Bulletin mensuel des Postes
Musée de la Poste et des Techniques de communication de Basse-Normandie Caen

À partir de 1850, l'État concède l'exploitation d'une ligne maritime à une compagnie maritime. Les conventions, fixées par un contrat entre la Poste et la compagnie, prévoient les obligations réciproques et le montant de la subvention accordée pour les prestations dues aux différents ministères. Un cahier des charges est établi par le ministère des Postes et Télégraphes pour l'exploitation du service postal. Les navires sont dits paquebots-poste subventionnés. Ainsi le cahier des charges, établi pour la ligne de l'Australie et de la Nouvelle-Calédonie en 1880, fixe les conditions à la Compagnie des messageries maritimes, concessionnaire pour une durée de quinze ans.

MESSAGERIES MARITIMES AUSTRALIE-OCÉAN INDIEN
Début du XXᵉ siècle
Musée de la Poste, Paris

L'itinéraire de la ligne qui représente 22 000 km va s'effectuer à une vitesse moyenne de 11 nœuds (20 km/h) hors escale. La fréquence des voyages est de 13 trajets aller et retour par an à raison d'un voyage toutes les 4 semaines. La Compagnie transporte des passagers, dont les fonctionnaires et les militaires avec une réduction de 30 % sur le tarif normal. Elle achemine également des matières d'or et d'argent, des marchandises, ainsi que, à titre gratuit, les dépêches postales et les fonds de l'État. Sont précisés également l'effectif minimum (90 personnes), la composition de l'équipage, le rôle de l'agent des postes à bord et celui du commissaire du gouvernement au port, en l'occurrence le directeur des postes de Marseille. À l'issue de chaque voyage, l'agent des postes adresse au commissaire du gouvernement un rapport contresigné par le capitaine, sur l'exécution de son service et sur la marche du navire.

FRAISSINET ET Cᴵᴱ
Vers 1900
Affiche. (125 × 90 cm)
Musée de la Poste et des Techniques de communication de Basse-Normandie, Caen

Il faut attendre 1829 pour trouver un service régulier avec les paquebots-poste à vapeur de l'État (paquebot est la francisation du mot anglais *packet-boat*), mais jugés peu rentables, ceux-ci sont supprimés en 1850. Le service postal est confié aux grandes compagnies maritimes : la Compagnie des messageries maritimes, la Compagnie-générale transatlantique, la Compagnie Fraissinet et Cᶦᵉ, etc. Marseille, Le Havre, Cherbourg, Bordeaux sont les grands ports du courrier postal international. Ces échanges commerciaux par voie de mer s'accroissent tout au long du XIXᵉ et du XXᵉ siècles. Mais en 1970, c'est la fin des grands paquebots de ligne. Désormais les voyageurs et les lettres prennent l'avion, tandis que le fret et les paquets-poste sont embarqués dans les conteneurs des cargos.

LA POSTE À BORD D'UN PAQUEBOT
1907
Le Petit Parisien, supplément illustré
Musée de la Poste et des Techniques de communication de Basse-Normandie, Caen

LA POSTE A BORD D'UN PAQUEBOT

Sur les paquebots subventionnés fonctionne un véritable bureau de poste, appelé « bureau de poste flottant ». Un agent de la poste, traité à bord comme un passager de 1ʳᵉ classe, le dirige. Il prend au début du XXᵉ siècle le nom de contrôleur du service maritime postal. Cet agent tient le guichet postal pour les passagers et l'équipage, vend des timbres, reçoit les correspondances ordinaires ou recommandées et émet des mandats-cartes. Il est également chargé de recevoir les dépêches : les sacs destinés à un bureau du pays d'arrivée sont directement entreposés dans une soute fermant à clef. Les autres sacs sont remis à l'agent, qui les triera pendant le voyage. Pour les opérations de manutention, de timbrage et de transbordement, l'agent de la poste est assisté d'un matelot de l'équipage, surnommé « le patron des dépêches », qui transporte également les dépêches à terre sur un canot portant le pavillon postal. Le contrôleur du service maritime postal a également un rôle officiel : il remet personnellement aux représentants locaux de la France les correspondances officielles et les valises diplomatiques. Cependant, sa fonction est progressivement assumée en parallèle par le commissaire de bord et le bibliothécaire. Cet emploi est supprimé avec l'arrivée de la Seconde Guerre mondiale.

Les services ambulants

ÉQUIPE D'AMBULANTS AU TRAVAIL
10 octobre 1891. Le Monde illustré
Collection particulière

Dans le service ambulant, le personnel est organisé en équipes, dénommées « brigades ». Dans la brigade idéale, les agents sont tous embrigadés, c'est-à-dire nommés définitivement dans le service ambulant. Ainsi, à partir de 1898, ils peuvent prétendre au service actif, c'est-à-dire partir à la retraite à 55 ans dans la mesure où ils ont accompli 25 ans de service dont 15 dans les ambulants. Cependant, pour assurer vacances d'emploi, congés et absences inopinées, commis et courriers sont remplacés par leurs équivalents appelés « non embrigadés » (NE) ou encore « sédentaires ». Cette dernière dénomination vient du fait que ces agents sont détachés par le bureau de tri de la gare où ils sont habituellement affectés. En 1892 le service ambulant compte 1893 agents et 90 services.

GARDIEN DE BUREAU AMBULANT
1889. A. Kermabon
Aquarelle
Musée de la Poste, Paris

Dans chaque brigade se trouve un ou deux gardiens de bureau. Il sont chargés de la réception, de l'ouverture, de la fermeture et de la livraison des dépêches, sous la surveillance d'un agent. De plus, ils facilitent le travail de la brigade, dont ils assurent l'organisation matérielle, et encouragent les débutants. Le gardien fait souvent partie du personnel le plus ancien, doté d'une forte expérience. En 1906, il reçoit le nom de « courrier ambulant ».

UNE BRIGADE
Vers 1910
Photographie
Collection particulière

Le chef de brigade, surnommé chef, vieux ou encore pacha, est responsable des personnes et des travaux effectués dans le wagon. Son rôle consiste à assurer la liaison entre sa brigade et la direction, à maintenir la discipline et la surveillance. Il enregistre aussi les chargements (lettres recommandées, valeurs déclarées) et doit faire un rapport verbal à son directeur à l'issue de chaque voyage. Les commis, au nombre de 1 à 7, se répartissent le tri des correspondances ordinaires. Sur les bureaux importants, on trouve 1 ou 2 commis principaux, chargés de vérifier les tris, d'assister et de remplacer le chef de brigade en son absence. Le commis à cheval est surnommé en jargon du métier « le cheval », parce qu'il assure une partie du voyage aller sur un ambulant, et

une partie du voyage retour sur un autre, le changement se faisant à une gare déterminée de la ligne. Ces « services à cheval » sont instaurés par le directeur général des postes Édouard Vandal en 1864. Des aides en gare sont appelés à prêter leur concours aux brigades jusqu'au départ du train.

CHAISE DE « PACHA »
Fin du XIXe siècle
Musée de la Poste
Amélie-les-Bains, Palalda

Le chef de brigade est le seul, avec, s'il y a lieu, son adjoint, le commis-principal, à disposer d'un « fauteuil » en chêne massif, afin d'effectuer ses travaux d'écriture. Ce siège est très lourd pour assurer la stabilité voulue et confortablement rembourré.

LAMPE DE WAGON AMBULANT
XIXe siècle
Musée de la Poste, Paris
L'éclairage nocturne est obtenu par 6 à 8 lampes à huile de colza, choisie de préférence à l'huile minérale trop dangereuse en cas d'accidents. Elles sont posées sur des cercles en métal scellés aux casiers. L'éclairage au gaz à partir de 1895 constitue un progrès, mais il est aussi source d'incendie lors des tamponnements. L'électricité, rejetée au début à cause de son coût, s'impose vers 1910.

LANTERNE DE COURRIER-CONVOYEUR
Deuxième moitié du XIXe siècle
Collection particulière
L'éclairage des voitures des compagnies ferroviaires, dans la deuxième moitié du XIXe siècle, est peu puissant, voire totalement absent. Le courrier-convoyeur est

équipé d'une lanterne. Pour éviter les risques d'incendie, les combustibles liquides (pétrole ou huile) ou gazeux ne sont pas employés, la bougie est donc utilisée. La lumière de celle-ci est amplifiée et orientée grâce à trois miroirs en tôle argentée, légèrement concaves, et à deux volets latéraux. Une haute cheminée dissipe la chaleur. La lampe repose sur un large socle qui en assure la stabilité ; elle possède deux crochets à l'arrière pour la fixer sur un support mural. Une poignée facilite son transport.

CRUCHE EN GRÈS POUR LES AMBULANTS
XXe siècle
Musée régional des PTT d'Aquitaine Saint-Macaire

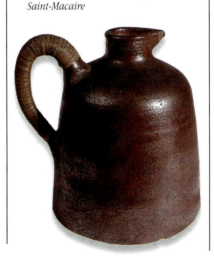

Pour les soins de propreté, quasiment rien n'est prévu à l'intérieur des wagons « petits modèles ». Seuls sont présents une cuvette en fer blanc, une serviette, un torchon blanc et une cruche en grès fond très large que l'on saisit par une poignée de ficelle fixée au goulot. Cette cruche est très lourde afin de supporter les tressauts du wagon et les effets de courbure de la voie ferrée sans se renverser. Les urinoirs, agencements rudimentaires, consistent en une sorte de tirette aménagée dans l'embrasure de l'une des portières.

BOÎTE À CARACTÈRES
XXe siècle
Musée d'Histoire des PTT d'Alsace Riquewihr

La « boîte à caractères » contient le matériel nécessaire pour l'oblitération du courrier. Elle comporte ainsi une couronne de timbres de forme ondulée spécifique au courrier-convoyeur, un bloc millésime, les caractères mobiles en fonte (mois, jour, n° du service), un tampon encreur appelé aussi « camembert » avec boite et le timbre EXPRÈS. Sur la boîte figurent une plaque en caoutchouc et un emplacement pour poser le tampon rond, encré avec de l'encre grasse indélébile.

CASIER EN GRILLAGE
XXᵉ siècle
Musée d'Histoire des PTT d'Alsace Riquewihr

Lorsque le courrier-voyageur est chargé d'un travail de tri, il est doté d'un petit casier mobile en grillage ou en toile. Cela s'explique par le fait que le compartiment de deuxième classe qu'il occupe n'est pas aménagé pour une telle opération.

COURRIER-CONVOYEUR
1889. A. Kermabon
Aquarelle
Musée de la poste, Paris

Les bureaux ambulants circulent sur les axes ferroviaires principaux. Afin de compléter leur action, l'administration postale établit sur les lignes secondaires ou d'importance moindre un service de « courrier-convoyeur ». D'après la décision du Conseil des Postes du 30 juin 1854, le courrier-convoyeur est l'agent qui escorte les dépêches closes dans les trains que n'attellent pas les bureaux

ambulants et qui procède à leur échange en cours de route. Il correspond ainsi avec les ambulants et les services des établissements fixes (entrepôts, bureaux-gares). Le courrier convoyeur travaille sur les petites lignes dans un ou deux compartiments d'une voiture de voyageurs de deuxième classe, ou dans un espace équivalent. Celui-ci peut-être aménagé lorsque le volume de courrier le justifie. Sur les grands axes de circulation, il utilise un emplacement dans un fourgon.

COURRIER-CONVOYEUR
1889. A. Kermabon
Aquarelle
Musée de la poste, Paris

Au fil des années, les attributions du courrier-convoyeur augmentent. Il doit se charger du tri des correspondances reçues des bureaux secondaires ou d'ambulants, des lettres remises de la main à la main, du produit des boîtes mobiles des gares et des courriers de la voie de terre. Le courrier-convoyeur remplit ainsi le rôle de petit bureau ambulant à la différence près

qu'il ne manipule pas d'objets chargés ou recommandés. Par mesure d'économie, la poste recourt au courrier auxiliaire qui, bien qu'exerçant les mêmes fonctions que le courrier-convoyeur, ne fait pas partie du cadre administratif. Il circule principalement sur le réseau départemental. On dénombre 702 courriers-convoyeurs dont 325 auxiliaires en 1877, 2 223 courriers dont 1 660 auxiliaires en 1910 à l'apogée du service.

TENUE AVEC VAREUSE
1905
Photographie
Musée de la Poste, Paris

Ce sous-agent est chargé d'accompagner par chemin de fer certaines dépêches

entre un bureau de départ ou bureau gare, et un certain nombre de bureaux destinataires. Pour cela, il occupe un compartiment dans un wagon de voyageurs qui lui est réservé par la compagnie. Muni d'une clé à carré, il accède à ce compartiment et s'y enferme. Il colle sur la vitre une étiquette imprimée, indiquant que ce compartiment est réservé au service de la Poste. En cours de route, il livre ses sacs aux gares correspondantes, et traite le courrier qu'il ramasse dans les boîtes mobiles des gares. Il est équipé d'un cachet spécial à couronne mobile pour l'oblitération de cette correspondance. Les courriers-convoyeurs sont recrutés, après un minimum de huit années de service, parmi les gardiens de bureaux, les facteurs-receveurs ou les chargeurs les mieux notés. Si ces agents portent le mot « Postes » sur leur casquette (ce qui n'est jamais le cas des facteurs) c'est qu'ils peuvent - étant à bord d'un wagon - être confondus avec les employés du chemin de fer.

ENTREPOSEUR EN GARE
1889. A. Kermabon
Aquarelle
Musée de la Poste, Paris

Avec le développement du trafic courrier, les attributions de ces agents augmentent. Ainsi, ils sont chargés successivement de l'échange des dépêches avec les bureaux ambulants puis avec les courriers-convoyeurs, de la remise du contenu des boîtes aux lettres mobiles des gares à ces derniers, de la réception et de l'expédition des envois acheminés par la route par les transporteurs privés. Ils oblitèrent ensuite la correspondance recueillie dans les boîtes aux lettres des gares et dans celles dont sont pourvues les courriers d'entreprises. Enfin, l'Administration avisée les autorise à vendre successivement des timbres-poste et des cartes postales.

ENTREPÔT DES DÉPÊCHES DE LA ROCHE-SUR-YON
1910
Carte postale
Musée de la Poste, Paris

L'administration postale établit dans les gares secondaires des « entrepôts des dépêches » à partir de 1845. Ces services sédentaires se chargent de garder et d'échanger les dépêches entre les différents services de transport terrestres et ferroviaires. Les entrepôts consistent en un local de deux pièces, l'une donnant vers l'extérieur de la gare pour les relations avec le réseau routier et l'autre sur les quais pour la correspondance avec les trains. Il n'est pas rare toutefois de rencontrer aussi des entrepôts composés d'une seule pièce, voire de sommaires maisonnettes en bois montées sur les quais des gares. Le mobilier des entrepôts se limite en règle générale à une armoire et à un coffre qui ferme à clef, afin d'y stocker les dépêches entre les passages des services de transport. On rencontre aussi parfois un casier de tri. À l'origine, l'échange des dépêches et leur garde s'opèrent par les soins des compagnies aux frais de la poste. Cependant, en avril 1855, n'étant pas satisfaite de leurs services, celle-ci décide de les remplacer par son propre personnel. Ces agents reçoivent en 1867 le titre définitif « d'entreposeurs en gare » ou de « gardiens d'entrepôts » dans les gares de moindre importance. Ils portent l'uniforme réglementaire et assurent un service quasi permanent de jour et de nuit. Les derniers entrepôts disparaissent à partir de 1975, lorsque la Poste abandonne le transport ferroviaire.

LIVRAISON DE DÉPÊCHES EN VOITURE À CHEVAL
Vers 1910
Musée de la Poste, Paris

Le transport par voie de terre des dépêches est en général assuré par une entreprise privée. La voiture, le cheval, les sacs en cuir destinés à contenir les dépêches doivent être la propriété de

l'entrepreneur. Une boîte mobile achetée à la poste est fixée sur le véhicule. Ce dernier doit être pourvu d'un coffre exclusivement réservé aux dépêches et fermant au moyen d'une serrure de sûreté automatique. Placé à la portée du courrier, ce coffre doit toujours s'ouvrir sur le devant de la voiture et être d'une capacité suffisante pour contenir les dépêches.

SYSTÈME CACHELEUX
1880
Gravure
Musée de la Poste, Paris

En vue d'augmenter la rapidité d'acheminement du courrier, l'administration postale recherche à partir de 1850 des concepteurs capables de mettre au point des appareils mécaniques qui permettraient la prise automatique des sacs. De nombreux projets lui sont alors proposés. Le système Cacheleux est un appareil qui permet de saisir ou de déposer le sac postal sur un poteau, sans avoir recours à un employé. La Poste l'accepte et demande à la Compagnie de la ligne de Lyon de procéder à différents essais, aux frais de l'inventeur. Après six mois, la Compagnie estime en 1876 que l'essai est impossible. L'inventeur décide alors de construire lui-même son appareil, qui est essayé à Creil en août 1880. Ce projet est par la suite abandonné.

ESSAIS SUR LA LIGNE PARIS-LANGRES
1884
Photographie
Musée de la Poste, Paris

WAGON 10 MÈTRES
ALSACE-LORRAINE
1926
Association Ajecta, Longueville

APPAREIL TROTTIN ET PARENT
1884. *Gravure*
Collection particulière

Le ministre des Postes et des Télégraphes fait entreprendre de nouvelles études pour la recherche d'un « appareil d'échange de dépêches en marche ». Le 21 décembre 1884, en présence du ministre Cochery, l'appareil Trottin et Parent est testé à Pont-sur-Seine sur la ligne de Paris à Langres. Les essais s'avèrent concluant, mais son emploi demeure restreint. L'Administration redoute notamment son coût d'installation et appréhende des accidents. Elle continue néanmoins à s'y intéresser. Finalement, en 1922, après avoir constaté que tous les dispositifs imaginés ne sont pas suffisamment au point, elle abandonne ce projet. Pourtant des systèmes similaires fonctionnent en Grande-Bretagne et aux États-Unis, respectivement depuis 1838 et 1840.

INTÉRIEUR WAGON
« GRAND MODÈLE » 14 M
1913. *Gravure*
Collection particulière

Par la loi du 22 juillet 1899, le ministre des Postes Alexandre Millerand obtient la construction de « 42 véhicules postaux de 14 mètres, d'un poids de 18 à 22 tonnes, et de 10 allèges de 18 mètres pesant environ 30 tonnes ». Après avoir effectué une étude approfondie sur le type de matériel à construire, l'Administration choisit un véhicule de 14 mètres à deux essieux, et un autre de 18 m à bogies appelés « grands ou nouveaux modèles ». Ces véhicules peuvent transporter respectivement 4 et 5 tonnes de courrier, contre 2 pour les « petits modèles ». Sur les « grands modèles », le tri est dissocié de la manutention en gare et du stockage grâce à l'existence de plates-formes à doubles portières placées à chacune des extrémités, séparées de l'atelier par une cloison. Par ailleurs, le nombre de cases est porté à 502 sur le « 14 mètres » et à 672 sur le « 18 mètres », contre 406 sur le « 7 mètres ». Le premier « 14 mètres » circule sur la ligne Paris-Lille le 30 octobre 1900. L'éclairage du jour provient d'un lanterneau. La nuit, la lumière est fournie selon les réseaux par le gaz ou par l'électricité au moyen de 20 lampes alimentées par des accumulateurs. Un thermosiphon assure le chauffage par circulation d'eau chaude, un poêle à coke sert de secours. L'hygiène est améliorée par la présence d'un lavabo-vestiaire et par une toilette à effet d'eau. Le 14 mètres, construit à 133 exemplaires roule jusqu'en 1956. De 1910 à 1913 le service ambulant atteint son apogée avec quelques 4235 agents 175 services et 681 wagons-poste et allèges.

INTÉRIEUR D'UN WAGON
« GRAND MODÈLE » 14 M
1910. Photographie
Collection particulière

Après l'échec du directeur général des Postes Édouard Vandal avec les bureaux-gares, les ambulants redeviennent les organes essentiels de la « machine postale ». Toutefois, avec l'accroissement du trafic, ils doivent trier de plus en plus de lettres avec un personnel réduit. La situation devient critique, lorsque Adolphe Cochery, ministre des Postes et des Télégraphes de 1879 à 1885, parvient à trouver des crédits qui lui permettent de donner une nouvelle impulsion aux ambulants. Il circule alors 82 bureaux, contre 37 en 1864. Cela amène Cochery à écrire dans son rapport de 1884 au président de la République : « notre service ambulant peut être considéré comme le plus complet, comme celui qui a atteint son maximum de rendement et d'effet utile ». L'embellie Cochery est toutefois de courte durée. Après son départ, le gouvernement ralentit son effort. Les ambulants continuent à travailler dans des conditions déplorables. Et si le service ne périclite pas, c'est surtout dû à leur dévouement. À la veille de l'Exposition universelle de 1900, la situation devient de nouveau inquiétante et cela d'autant plus que le trafic des correspondances continue à augmenter. Le ministre des Postes Alexandre Millerand obtient alors des fonds qui permettent la construction de nouveaux wagons, la création de services et d'emplois, ainsi que l'organisation de bureaux-gares.

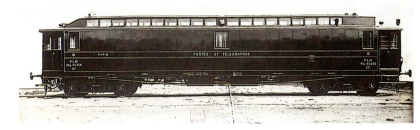

WAGON « GRAND MODÈLE » 18 M
1900
Photographie
Musée de la Poste, Paris

Ce wagon est construit par l'industrie privée, comme tous les wagons-poste, entre 1900 et 1924. Il circule dès le mois de mai 1901, et remplace le « 14 m » à partir de 1911. Donnant satisfaction à l'Administration, il reçoit le surnom de « château ambulant » tant il rompt avec l'inconfort des anciens wagons. Les ambulants sont sujets à de nombreuses maladies. Ainsi, la poussière, les sacs crasseux, le manque d'aération occasionnent de nombreuses maladies des voies respiratoires, comme la tuberculose. En cours de tri, la lumière insuffisante, la vacillation de la lettre née de l'oscillation du wagon et l'effort d'accommodation de l'œil à la lecture d'adresses énigmatiques accentuent les troubles de la vue. Les maladies cardio-vasculaires trouvent leur point de départ dans la station debout et le tremblement dû aux trépidations.

ACCIDENT DE MELUN :
DÉBRIS D'UN WAGON POSTAL
8 novembre 1913. L'Illustration
Collection particulière

BOÎTE MOBILE
POUR CHEMIN
DE FER DÉPARTEMENTAL
1900
Tôle
Musée postal d'Auvergne, Saint-Flour

Avec l'apparition des chemins de fer départementaux, les boîtes mobiles qui transportaient les « diligences » leur sont attribuées (ils suivent le même parcours). Cette boîte est équipée sur le dessus, d'une poignée pour le transport à main. À l'arrière, la patte métallique sert à la fixer à la paroi d'un wagon à l'aide d'un cadenas.

**ACCIDENT DE MELUN :
TRI DES LETTRES SUR LA VOIE**
8 octobre 1913. L'Illustration
Collection particulière

Les ambulants payent un lourd tribut dans les accidents de chemin de fer, souvent très graves dus à la faiblesse constitutive des voitures dont la caisse est en bois. Celles-ci sont généralement écrasées, déchiquetées, qu'elles se trouvent en tête, en queue ou au milieu du convoi. La vitesse et l'hétérogénéité des différents wagons accentuent parfois les risques. Jusqu'à la mise en circulation des wagons métalliques, les accidents ferroviaires coûtent la vie à 35 postiers et en blessent 1 087. De nombreux agents sont également blessés en gare lors des manœuvres ou en traversant les voies pour livrer le courrier à l'ambulant.

TIMBRE À DATE D'AMBULANT
18 novembre 1884
Lettre déposée à Port-Vendres pour Marseille
Collection particulière

Habituellement dotés de cachets circulaires à traits continus pour oblitérer les lettres déposées dans la boîte du wagon, quelques rares bureaux ambulants de jour utilisent des cachets octogonaux à traits continus. Cette lettre pour Marseille, déposée en gare maritime de Port-Vendres a été prise en charge, le 18 novembre 1884, par le service ambulant qui reliait les villes de Port-Vendres et de Cette les jours d'escale des paquebots allant et venant d'Algérie.

TIMBRE À DATE
22 février 1903
Lettre pour Lectoure
Collection particulière

Les courriers-convoyeurs sont dotés de cachets circulaires à ligne extérieure ondulée. Cette lettre a été déposée le 22 février 1903, à la portière du compartiment occupé par le courrier-convoyeur en charge du courrier de Millau à Béziers le matin. Elle est arrivée à Lectoure, dans le Gers, le soir même.

L'architecture postale

GRANDE POSTE DE LILLE
1871 et 1884-1888
Architecte : Louis Gilquin
Place de la République
Lille, Nord

La grande poste de Lille est l'œuvre de Louis Gilquin (1827-1909). Cet architecte lillois est aussi l'un des fondateurs de la Société régionale des architectes du Nord. Les travaux commencent en mai 1871 sur un terrain vendu en juillet 1835 à l'administration des Postes. L'immeuble est réalisé en pierre blanche et s'organise sur quatre niveaux. Le rez-de-chaussée est doté à l'origine de boutiques à l'entresol. Les deuxième et troisième niveaux sont réunis par un ordre colossal, et le pavillon d'angle, coiffé d'un dôme. À l'attique, quatre cariatides soutiennent le fronton brisé de la rotonde, où deux jeunes femmes assises présentent le blason lillois. De 1884 à 1888, une série de travaux est effectuée pour accueillir la direction et la recette principale des postes. Les guichets et boîtes postales sont installés au premier étage avec la salle des transmissions télégraphiques. Le second étage est attribué au nouveau central téléphonique et aux services de la direction et de la Caisse d'épargne. Les locaux techniques prennent place à l'attique. En 1906, le central téléphonique est transféré, et les guichets installés au rez-de-chaussée. Dans le même temps, une vaste salle est construite entre les deux ailes pour le service du courrier et les locaux des préposés. Les façades sont ravalées l'année suivante. De nombreuses transformations s'organisent encore de 1957 à 1970, avec notamment un réaménagement réalisé par l'architecte Lys en 1967.

HÔTEL DES POSTES D'AMIENS
1883. Architecte : Émile Riquier
7, rue Vergeaux
Amiens, Somme

L'hôtel des postes d'Amiens est élevé en 1883. Son style imposant correspond aux tendances architecturales de la IIIe République et reflète l'expansion économique de l'époque. La diffusion de la presse, les progrès de l'instruction ou encore la diversification des moyens de communication entraînent une augmentation du volume des envois postaux et la construction de nouveaux établissements. Le nombre des bureaux triple entre 1870 et 1914. L'avant-corps du bâtiment est doté d'un fronton triangulaire percé d'un œil-de-bœuf et surmonté d'un acrotère en forme de palmette. Avec ses colonnes et pilastres à chapiteaux ioniques, le style de l'avant-corps tranche avec le reste de la façade réalisée pour l'essentiel en briques. Les fenêtres en plein cintre, dont certaines sont agrémentées de petits carreaux, donnent une unité à l'ensemble.

FENÊTRES GÉMINÉES
xxe siècle
Hôtel des postes
Amiens

Groupées deux par deux, ces fenêtres jumelées sont divisées par une colonne médiane qui sépare les deux ouvertures. Un panneau marqué du sigle PTT s'inscrit dans l'espace laissé libre au-dessus de la baie. Le symbole du fil électrique évoque la mission industrielle et commerciale de la poste.

PORTE À VOLUTES STYLISÉES
xxe siècle
Hôtel des postes
Amiens

HÔTEL DES POSTES DE COLMAR
1893. Architecte : L. Bettcher
1, rue Jacques Preiss
Colmar, Haut-Rhin

Sur des plans signés Ludwig Bettcher, mais qui portent l'influence du conseiller principal Ernst Hake, les travaux de l'hôtel des postes de Colmar sont réalisés à partir de 1891. L'inauguration a lieu le 25 février 1893. Le bâtiment se situe à proximité de la gare, en face du Champ-de-Mars. Une tour d'angle de trois étages assure la continuité entre la façade principale et la façade latérale située au nord. C'est à cette tour qu'aboutissaient les lignes téléphoniques. La construction, de style « Renaissance allemande », est remarquable par l'utilisation atypique pour l'Alsace de briques rouges vernissées, quoique rehaussées d'éléments en grès. Le toit recouvert d'ardoise est surmonté de motifs ornementaux en zinc. Comme dans d'autres localités alsaciennes, il s'agit d'une reproduction, même légèrement adaptée, de constructions postales du Reich (l'Alsace étant à l'époque annexée).

De la Poste aux PTT

ENTRÉE PRINCIPALE
1893. Architecte L. Bettcher
Hôtel des postes
Colmar

HÔTEL DES POSTES DE COLMAR
24 janvier 1894
Encre de Chine aquarellée,
signée L. Bettcher
Cour, côté ouest
Collection des Amis de l'histoire
des PTT d'Alsace

COMPLÉMENT À LA DESCRIPTION DU BÂTIMENT
24 janvier 1894
Encre de Chine aquarellée,
signée L. Bettcher
Hôtel des postes de Colmar
(façades latérales, côté nord et sud)
Collection des Amis de l'histoire
des PTT d'Alsace

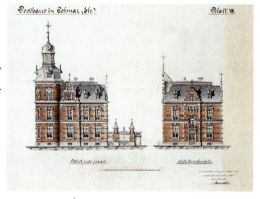

COMPLÉMENT À LA DESCRIPTION DU BÂTIMENT
24 janvier 1894
Encre de Chine aquarellée
signée L. Bettcher
Hôtel des postes de Colmar
(façade principale, côté est)
Collection des Amis de l'histoire
des PTT d'Alsace

HÔTEL DES POSTES DE SAVERNE
15 novembre 1896
Complément à la description du bâtiment
Encre de Chine aquarellée,
signée L. Bettcher
Façade principale, côté nord
Saverne, Bas-Rhin
Collection des Amis de l'histoire
des PTT d'Alsace

Après avoir occupé différents emplacements, la poste s'installe le 20 février 1896 dans l'actuel bâtiment. La construction débute en 1894 sur un terrain de 3 000 m² situé en bordure nord-est de la ville, sur la rive nord de la Zorn, en face de la gare. Le vaste bâtiment rectangulaire (42 x 17 m) de style néo-Renaissance possède deux avant-corps sur la façade principale, dans l'alignement de la rue. La tour ayant supporté les lignes téléphoniques se trouve à l'angle nord-est. Le matériau employé est le grès. Les plans, signés Ludwig Bettcher et datés du 1er avril 1893, ont été retravaillés à Berlin et certains d'entre eux portent des indications de la main de l'empereur Guillaume II.

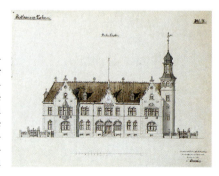

HÔTEL DES POSTES DE MARSEILLE
1897. Architecte : Marie-Joseph Huot
Rue Colbert
Marseille, Bouches-du-Rhône

En 1880, l'administration des Postes et Télégraphes envisage la construction d'un bâtiment regroupant l'ensemble de ses activités. Après plusieurs années de tractations, le projet est confié à Marie-Joseph Huot, architecte d'origine aixoise, né en 1840. Huot est par ailleurs architecte de la ville de Marseille, et c'est à ce titre que la mairie le nomme d'office à la réalisation du futur bâtiment. Les plans sont dressés dès 1888. Si la ville exprime le souhait d'une certaine monumentalité, Huot s'attache avant tout à la sobriété de l'édifice. Il l'exprime ainsi dans un écrit de 1889 : « L'hôtel des postes et des télégraphes doit conserver un caractère de simplicité en rapport avec sa destination essentiellement industrielle et administrative. » Les matériaux choisis pour la construction sont traditionnels. Les pierres de calcaire extraites des différentes carrières de la région sont utilisées, selon leur résistance, pour les éléments porteurs ou les décors sculptés. La façade est soutenue par d'immenses colonnes. Les baies aux formes cintrées du premier étage sont divisées par des meneaux en pierre. Plusieurs médaillons et écussons ornent le haut du bâtiment. Outre Marseille, ils représentent les principales villes du département, Salon, Aix, Tarascon et Arles, desservies par cette poste centrale. Des portraits d'électrophysiciens célèbres (Ampère, Coulomb, Faraday et Volta), dont les travaux ont révolutionné les moyens techniques de communication, sont exécutés par les sculpteurs Alie et Rey.

TOURELLE D'ANGLE
1897. Architecte : Huot
Hôtel des postes
Marseille

L'hôtel des postes est couronné de tourelles dont les silhouettes décorent harmonieusement l'édifice.

HÔTEL DES POSTES DE STRASBOURG
1899. Architectes : Hake et von Rechenberg
4, avenue de la Liberté
Strasbourg, Bas-Rhin

Après avoir examiné un avant-projet de style néo-Renaissance, Heinrich von Stephan, secrétaire d'État des Postes impériales, en accord avec l'empereur Guillaume II, prend la décision de faire construire le nouvel hôtel des postes dans un style néogothique. Les plans sont établis par le conseiller principal Ernst Hake et le baron von Rechenberg. Le conseiller des bâtiments Bettcher dirige la construction, qui dure d'avril 1896 à novembre 1899. Le bâtiment est inauguré le 12 novembre 1899.

ENTRÉE
1899. Architectes : Hake et von Rechenberg
Hôtel des postes
Strasbourg

L'immeuble d'aspect massif, construit en grès gris, occupe une surface quadrilatérale dont les côtés mesurent entre 81 et 117 mètres. Quatre tours d'angle complètent l'ensemble qui compte également quatre cours intérieures. À l'origine la tour du téléphone culminait à 43 mètres au milieu de la façade principale (actuelle avenue de la Marseillaise), vers la vieille ville. Six statues d'empereurs allemands (Frédéric Barberousse, Maximilien Ier, Rodolphe de Habsbourg, Guillaume Ier, Frédéric III et Guillaume II) ornaient cette même façade ; elles furent décapitées en novembre 1918, lors de la reprise de Strasbourg. En août et septembre 1944, une partie de l'hôtel des postes subit de graves dommages lors des bombardements alliés. Sa reconstruction en 1949 est intentionnellement réalisée en grès rose, contrastant avec le matériau d'origine, et dans une optique purement fonctionnelle.

BUREAU DE POSTE DE HAGUENEAU
1902. Architecte : Ernst Hake
1, place du Maire Guntz
Hagueneau, Bas-Rhin

Après que Ludwig Bettcher a vu son avant-projet refusé par l'administration de la Reichpost (1898), la conception du bâtiment est confiée à Ernst Hake à Berlin. Ce dernier présente ses plans en 1889, empreints d'un désir de renouvellement du style postal en Alsace, par utilisation de plus de références architecturales locales. Les travaux ont lieu de 1900 à 1902, sous le contrôle de Ludwig Bettcher. Le corps du bâtiment est érigé en grès et la toiture couverte d'ardoise. L'inauguration a lieu le 22 mars 1902. En 1960, la tour et les deux pignons latéraux sont modifiés.

De la Poste aux PTT

BUREAU DE POSTE DE TULLE
1903
Place Jean Tavé
Tulle, Corrèze

HÔTEL DES POSTES DE METZ
1903. Architecte : Ludwig Bettcher
9, rue Gambetta
Metz, Moselle

Seconde métropole, après Strasbourg, de l'Alsace-Lorraine annexée, la ville de Metz est dotée par l'administration impériale d'un hôtel des postes à la mesure de son importance politique. Les premiers projets voient le jour en 1902. Les plans définitifs, de style néo-roman, inspirés de constructions allemandes antérieures – postales ou non – sont signés par Ludwig Bettcher et approuvés le 23 octobre 1903 par l'empereur Guillaume II. Ce dernier souligne l'importance qu'il attache à l'homogénéité des édifices à ériger aux abords de la nouvelle gare. Les travaux commencent en 1907 et le bureau est inauguré le 1er mai 1911.

HALL
1903. Architecte : Ludwig Bettcher
Hôtel des postes
Metz

Ce bâtiment de facture classique, implanté sur la place publique à l'emplacement de l'ancien collège des jésuites, est aisément repérable. Le rez-de-chaussée est percé de cinq baies curvilignes. Aux niveaux supérieurs, le balcon finement ajouré et les fenêtres à frontons triangulaires apportent une touche décorative à la façade. De chaque côté, des pilastres soulignent une symétrie héritée du classicisme. Le bâtiment a fait l'objet de nouveaux aménagements dans les années 1957-1958.

FAÇADE
1903. Architecte : Ludwig Bettcher
Hôtel des postes
Metz

BUREAU DE POSTE DE TUCHAN
1905-1906. Architecte : Vidal
21, rue de la Poste
Tuchan, Aude

Construite à l'initiative de la commune, la poste de Tuchan se distingue par sa ferronnerie d'art, œuvre de J.-L. Delpech, qui orne les grilles et les fenêtres de l'édifice. Celle-ci, de style Art nouveau, n'est pas sans évoquer les créations des architectes Victor Horta et Hector Guimard.

HÔTEL DES POSTES DE FÉCAMP
Début du XXᵉ siècle
Place Bellet
Fécamp, Seine-Maritime

L'hôtel des postes de Fécamp présente une architecture beaucoup plus sobre que le projet établi en 1906 par l'architecte Émile Mauge. En effet, l'édifice ne possède pas l'imposant dôme ni la richesse ornementale que l'on distingue sur les plans initiaux du bâtiment. La construction demeure cependant monumentale.

BUREAU DE POSTE DE ROCHEFORT
1905. Architecte : Lavoine
Rue du Docteur-Paul-Peltier
Rochefort, Charente-Maritime

Édifié au début de ce siècle, le bureau de poste de Rochefort est construit selon un principe courant à l'époque consistant à cacher les matériaux les plus modernes, à savoir l'armature métallique et ce, alors que les architectes contemporains dans la mouvance du style Art nouveau s'emploient à montrer en façade les éléments architectoniques conçus dans des matériaux de fer ou de fonte. Il en résulte que la façade est imprégnée de classicisme hérité d'époques antérieures, tandis que les éléments les plus novateurs sont soustraits au regard. L'architecte Lavoine a également réalisé la Caisse d'épargne et les grands magasins de Rochefort.

HÔTEL DES POSTES DE DIJON
1910-1932. Architecte : Delavault
Place Grangier
Dijon, Côte-d'Or

Cet hôtel des postes de Dijon est un exemple de la nouvelle génération de bureaux élevés à partir de 1901. L'accroissement de la productivité passe en effet par une modernisation des locaux et des matériaux employés. La même année, un arrêté du 30 avril 1901, relatif à la « construction par les soins de l'Administration, d'Hôtels des postes, de

bureaux centraux télégraphiques et téléphoniques ou d'immeubles spéciaux », crée le premier service d'architecture des PTT. D'allure imposante, l'hôtel des postes de Dijon donne l'image d'une grande administration. Dans les quelques années qui précèdent la Première Guerre mondiale, le développement du réseau s'accroît. La poste devient un élément phare de la vie sociale et urbaine, et la façade, le lieu de toutes les attentions. Ici, elle suggère volontiers un hôtel de ville ou un palais de justice.

MOSAÏQUE
1910-1932
Hôtel des postes
Dijon, Côte-d'Or

En signe d'appartenance à l'État, la poste d'avant-guerre se pare volontiers de symboles républicains. Ici, un coq gaulois orne les mosaïques de la façade. Le large bandeau inscrit « Télégraphes, Postes, Téléphones » participe à l'identification du bâtiment postal.

HÔTEL DES POSTES DE SAINT-BRIEUC
1908-1911. Architecte : Bourgin
Place de la République
Saint-Brieuc, Côtes-d'Armor

L'hôtel des postes de Saint-Brieuc est un édifice étonnamment anachronique. Sa rigoureuse symétrie, son ordonnance régulière, son avant-corps central légèrement en saillie couronné d'un fronton orné de sculptures de Paul Le Goff, lui-même surmonté d'un dôme, tout laisse à penser qu'il aurait bien pu être l'œuvre d'un architecte du XVIIIᵉ siècle, à un tel point même que l'on se demande s'il s'agit bien d'un hôtel des postes ou d'un château.

HÔTEL DES POSTES DE LIMOGES
1908-1912. Architecte :
Jules-Alexandre Godefroy
Place de Stalingrad
Limoges, Haute-Vienne

À l'instar de la plupart des postes construites à la fin du XIXe siècle et dans la première moitié du XXe siècle, l'hôtel des postes de Limoges est bâti à l'angle de deux rues et reprend la typologie classique de la rotonde surmontée d'un dôme placé à la jonction de deux corps de bâtiment. Cette configuration permet de signaler le bâtiment aux yeux du public.

ments architecturaux intéressants sont cependant préservés et intégrés dans la nouvelle construction, comme la tour ouest et deux porches Renaissance.

HÔTEL DES POSTES DE RUEIL-MALMAISON
1909-1910. Architecte : Eugène Gilbert
91, avenue Paul-Doumer
Rueil-Malmaison, Hauts-de-Seine

Façade monumentale et toiture en dôme, l'hôtel des Postes de Rueil-Malmaison, construit au début du XXe siècle, répond à l'accroissement de la popula-

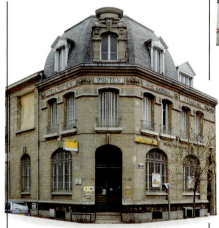

tion ruelloise et permet alors d'étendre le réseau téléphonique.

HÔTEL DES POSTES D'AUXERRE
1909. Architecte : Gautier
Place Charles-Surugue
Auxerre, Yonne

Élevée à l'angle de deux rues, la poste d'Auxerre se détache parfaitement dans

le paysage urbain de la ville. Comme pour la plupart des offices postaux construits avant la Première Guerre mondiale, l'édifice est mis en valeur par une rotonde surmontée d'une coupole avec lanterne et bulbe. Celle-ci abrite une horloge parée d'une remarquable sculpture. Le parti pris de placer l'entrée principale dans l'angle du bâtiment constitue également un signe d'architecture postale spécifique. La poste se distingue ainsi des autres grands édifices publics, dont l'entrée se situe généralement dans l'axe de la façade majeure.

BUREAU DE POSTE DE THIONVILLE
1909. Architecte : Fritz Stürmer
2, rue de Strasbourg et
1, rue du Maréchal-Joffre
Thionville, Moselle

Mis en service le 1er décembre 1909, le bureau de Thionville a été construit d'après les plans de l'architecte Fritz Stürmer, sur le modèle de bureaux postaux prussiens. L'imposant bâtiment de briques rouges comporte deux ailes perpendiculaires reliées par un pignon central. Des différences notables apparaissent entre le projet original et le bâtiment dans son état actuel. Ainsi un lanterneau a été rajouté, la disposition des fenêtres modifiée et une partie de la structure de la toiture changée.

BUREAU DE POSTE DE BOUXWILLER
1908-1909
8, place du Château
Bouxwiller, Bas-Rhin

Ancienne résidence des comtes de Hanau-Lichtenberg, Bouxwiller est le siège d'un relais de la poste aux chevaux au XVIIIe siècle. En 1905, la direction de la poste de Strasbourg décide l'acquisition des anciennes écuries seigneuriales datant de 1668. Les bâtiments sont démolis et, afin d'installer un bureau de poste, de nouveaux locaux sont construits en 1908-1909. Des élé-

HÔTEL DES POSTES DE LEVALLOIS-PERRET
1910-1911. Architecte : Charles Henry
Rue du Président-Wilson
Levallois-Perret, Hauts-de-Seine

Dès 1884, un terrain destiné à un nouvel hôtel des postes est acheté par la municipalité de Levallois-Perret. La décision de sa construction n'est cependant pas prise avant 1909. Financé par la ville, le projet est confié à l'architecte Charles Henry, qui s'engage à finir les travaux pour 1910. De nombreux contretemps interviennent, en particulier la dramatique inondation de 1910 qui touche la commune, ou encore les grèves survenues la même année. L'inauguration a finalement lieu en juillet 1911.

HÔTEL DES POSTES DE POITIERS
1910-1914. Architecte : Henri Guinet
21, rue des Écossais
Poitiers, Vienne

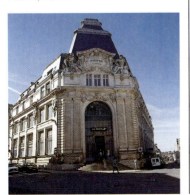

D'un style beaux-arts usuel dans l'administration des Postes et des Télégraphes à la fin du XIXᵉ et au début du XXᵉ siècle, l'hôtel des postes de Poitiers respecte une ordonnance néo-classicisante : des pilastres colossaux d'ordre dorique encadrent la porte d'entrée placée comme à l'ordinaire à l'angle de deux rues. Les sculptures dues aux ciseaux d'Aimé Octobe, connu à Poitiers pour ses sculptures funéraires, placées de part et d'autre du cartouche, représentent les figures allégoriques du Commerce et de l'Agriculture.

SALLE DES GUICHETS
1910-1914
Hôtel des postes
21, rue des Écossais
Poitiers

Le sol de la salle des guichets est revêtu d'une mosaïque, technique que l'on trouve aussi dans la décoration des guichets. Une horloge entourée d'une bor-

dure de grès beige ornée de fleurs et de fruits, en particulier de grenades, symbole d'éternité, domine l'ensemble de la salle.

BUREAU DE POSTE DE LISIEUX
1911. Architecte : Campserveux
Place François-Mitterrand
Lisieux, Calvados

L'édifice s'inscrit dans les fastes architecturaux de la IIIᵉ République. L'exubérance de l'ornementation illustre la diversité des choix architecturaux de la poste. Le corps central est surmonté d'une horloge richement décorée et mise en valeur par la toiture en ardoise.

PORTE OUVRAGÉE
1911
Sculpteur :
Gaston Patou
Lisieux

Délicatement ouvragée, la porte d'entrée du bureau de poste est surmontée d'un cartouche orné d'un écusson sculpté aux armes de la ville. De part et d'autre, feuillages et ramures s'entrelacent en frise et arabesques.

De la Poste aux PTT

**HÔTEL DES POSTES
DE SAINT-GERMAIN-EN-LAYE**
*1913. Architecte : Choquet
41, boulevard de la Paix
Saint-Germain-en-Laye, Yvelines*

HÔTEL DES POSTES DE BOURGES
*1913-1926. Architecte : Henri Tarlier
29, rue Moyenne
Bourges, Cher*

L'hôtel des postes de Bourges, de style néogothique flamboyant, date du début du siècle. Sa construction commence en 1913, mais son inauguration n'a lieu que le 27 juin 1926. La présence d'une telle architecture d'esprit médiéval à Bourges est voulue. L'hôtel Jacques Cœur, une des rares demeures aristocratiques du XVe siècle à nous être parvenue pratiquement intacte avec l'hôtel de Sens et l'hôtel de Cluny à Paris, explique le choix stylistique qui a présidé à l'édification de cet hôtel des postes. La tour marque l'entrée du bureau.

HÔTEL DES POSTES DE MÂCON
*1915. Architectes : Choquin et Lavirotte
3, rue Victor-Hugo
Mâcon, Saône-et-Loire*

L'allure orientale du bureau de Mâcon, ville située entre les vignobles du Mâconnais et du Beaujolais, est due à l'inspiration de deux architectes, Choquin et Lavirotte, qui devaient à l'origine construire l'hôtel des postes d'Alger. Leur projet n'est finalement pas retenu, mais les deux hommes conservent leur inspiration orientale dans l'architecture de cet édifice. La construction commence en 1912 et s'achève trois ans plus tard. Avec ses attributs aux allures de minarets, le bureau de Mâcon illustre la diversité du patrimoine architectural de la poste.

ENTRÉE
*1915. Architectes : Choquin et Lavirotte
Hôtel des postes
Mâcon*

BOÎTE AUX LETTRES
*1915. Architectes : Choquin et Lavirotte
Hôtel des postes
Mâcon*

Les services du Trésor et Postes et la guerre de 1914-1918

LA POSTE ET L'ARMÉE
10 janvier 1897. Le Petit Journal
Supplément illustré
Chromolithographie
Musée de la Poste, Paris

Les militaires casernés n'ont accès à leur courrier que par l'intermédiaire d'un vaguemestre (sur illustration, à droite en train de distribuer des lettres). Ces vaguemestres commissionnés par l'autorité militaire dont ils dépendent viennent chercher courrier et mandats au bureau de poste qui dessert leur unité. Ils sont munis d'un carnet sur lequel ils inscrivent leurs opérations. Ils sont placés sous le contrôle de leur chef et du receveur des postes qui leur remet le courrier.

UNIFORME
Vers 1880
Musée d'Histoire des PTT Riquewihr

En prévision d'une guerre toujours possible, les militaires ont organisé un service postal spécial regroupant la poste aux armées et les services du Trésor public. Ce service dit du « Trésor et Postes » possède une hiérarchie calquée sur celle de l'armée. Les agents supérieurs, qui ont le grade d'officiers, sont revêtus d'un uniforme dont on voit ici un spécimen.

PLAQUE DE SOUS-AGENTS DU TRÉSOR ET POSTES
Vers 1880
Cuivre repoussé
Musée postal d'Auvergne, Saint-Flour

Les sous-agents du Trésor et Postes (gardiens de caisse ou de bureau, courriers-conducteurs) portent une plaque comme les facteurs des postes. Les mots « Trésor et Postes » y sont inscrits en relief, entre deux branches d'olivier. Cela laisse un peu perplexe : l'olivier est plutôt un symbole de paix.

SERVICE DU TRÉSOR ET POSTES AUX GRANDES MANŒUVRES
Vers 1885. Maurice Orange
Gravure sur bois
Musée d'Histoire des PTT, Riquewihr

De 1875 à 1913, chaque année de grandes manœuvres ont lieu pour entraîner nos armées, en les mettant dans des conditions semblables à celles d'une éventuelle guerre. Le « Trésor et Postes » y participe. Le transport des dépêches est assuré par des véhicules légers tirés par un cheval.

ANCIEN FACTEUR MOBILISÉ
1914
Photographie
Collection particulière

La franchise postale ayant été accordée aux militaires dès le début des hostilités en août 1914, des mesures rapides doivent être prises pour réduire l'engorgement des services du Trésor et Postes. En novembre, un bureau centralisateur militaire (BCM) est organisé à l'hôtel des postes de la rue du Louvre pour traiter ce courrier, bientôt suivi par les bureaux de Lyon et de Marseille. Pour faciliter le tri et l'acheminement du courrier destiné aux armées, 154 secteurs postaux sont mis en place. Ils correspondent à un bureau précis du « Trésor et Postes ». Ce système a l'avantage d'éviter de divulguer l'emplacement géographique des unités. Certains sous-agents mobilisés sont affectés dans ces bureaux de secteurs postaux. C'est le cas de Benoît Vaisan, gardien de bureau à Mâcon, qui est affecté en 1914, au bureau de Pont-Saint-Vincent (Meurthe-et-Moselle). 20 gares de rassemblement ont été prévues, pour desservir les bureaux de secteurs, à partir de BCM.

De la Poste aux PTT

**BUREAU DE SECTEUR POSTAL
PENDANT LA GUERRE**
*1914
Photographie
Collection particulière*

Le bureau a été installé dans un local réquisitionné. Autour de la table, 2 hommes portent l'uniforme du Trésor et Postes (dont Benoît Vaisan, avec un calot). 6 hommes sont revêtus d'uniformes militaires difficiles à identifier. L'officier qui commande le bureau est assis dans un fauteuil. L'installation matérielle est rudimentaire, quelques cachets avec un coussin encreur, un tampon buvard et quelques registres. Ce bureau reçoit et envoie son courrier à un « bureau frontière » qui fonctionne à la limite de la zone des armées. Ces derniers sont installés dans les gares, le plus souvent hébergés dans des wagons aménagés à cet usage. Dans les bureaux frontières, les dépêches partent et arrivent venant des gares de rassemblement et des BCM. Les transports entre ces différents bureaux sont effectués par un train quotidien. Il fonctionne comme un bureau ambulant, à bord duquel les agents trient le courrier et ferment les dépêches correspondant aux bureaux frontières visités.

**TRANSPORT DU COURRIER
DANS LA ZONE DES ARMÉES**
*1914
Carte postale
Musée de la Poste, Paris*

Entre les bureaux frontières et les unités combattantes, le transport des dépêches est effectué par estafettes (bicyclistes, motocyclistes) ou par voitures (à chevaux ou automobiles). Ici, au tout début de la guerre, le courrier est acheminé par un fourgon Delahaye des transports postaux parisiens qui a été réquisitionné.

TIMBRE CROIX-ROUGE PROVISOIRE
*1914
10 c Semeuse camée avec surcharge
de + 5 c
Émission provisoire, bon à tirer
pour l'imprimerie
Musée de la Poste, Paris*

Pour aider aux œuvres de guerre, un décret du 11 août 1914 crée le premier timbre avec surtaxe au profit de la Croix-Rouge française. Vendu 15 c, il a un pouvoir d'affranchissement de 10 c. La surcharge est imprimée sur les feuilles de timbres 10 c Semeuse, tarif de la lettre. Ce timbre provisoire, imprimé à 600 000 exemplaires, est émis le 18 août 1914.

TIMBRE CROIX-ROUGE
*1914
10 c + 5 c Semeuse camée
Émission définitive, bon à tirer pour
l'imprimerie
Musée de la Poste, Paris*

Le 10 septembre 1914, le timbre définitif est émis avec un cartouche réservé à la surtaxe de 5 c pour la Croix-Rouge française. Ce timbre est retiré de la vente des bureaux de poste en octobre 1918. Il sera démonétisé le 1er avril 1921, c'est-à-dire qu'il perd légalement sa valeur d'affranchissement.

**CYLINDRE POUR LE
TRANSPORT
DES MESSAGES**
*Vers 1916
Fer blanc
Musée de la Poste des
pays de Loire, Nantes*

La distribution du courrier par les vaguemestres dans les tranchées est difficile et pourtant vitale pour le maintien du moral des troupes. Pour protéger son courrier de la boue et des intempéries, un vaguemestre débrouillard s'est fabriqué ce tube creux, fermé par un couvercle et muni d'une bretelle.

POILU LISANT UNE LETTRE
Vers 1914
Dessin original à la craie bleue
Musée de la Poste, Paris

Un parlementaire en 1915 observe devant la Chambre des députés : « Il faut avoir considéré la joie de ceux qui recevait des nouvelles de leur famille, avoir observé la tristesse des autres dont le nom n'a pas été appelé par le vaguemestre [...] pour comprendre l'impérieuse nécessité d'une transmission sûre et rapide des correspondances militaires. »

L'ATTENTE DE LA LETTRE DU POILU
Vers 1915
Carte postale
Collection particulière

À l'arrière, l'attente des épouses restées au foyer est aussi grande. Le facteur est alors reçu avec espoir et un brin d'anxiété.

CARTE FANTAISIE
Vers 1916
Carte postale
Musée de la Poste, Paris

Ce poilu en bleu horizon salue son destinataire sur cette carte qui représente un télégramme. D'ailleurs le concepteur de cette fantaisie n'a pas pensé qu'il est impossible au soldat sur le front, de compléter la mention « Bonjour de... » puisqu'il est interdit de donner des indications géographiques sur la situation des armées. Une carte de cette espèce, totalement remplie, aurait été censurée.

CARTE POSTALE DE FRANCHISE MILITAIRE OFFICIELLE
1918. Benjamin Rabier
Collection Bertrand Sinais

Cette carte est éditée pour les militaires de l'armée d'Orient. En temps de guerre, les militaires se voient accorder la franchise postale totale pour leur courrier. En conséquence l'Administration émet des cartes postales officielles en franchise (128 modèles différents pendant la Première Guerre mondiale), souvent largement diffusées. Ces cartes sont généralement illustrées de drapeaux ou de symboles patriotiques pour les emprunts de guerre.

CARTE-LETTRE DE FRANCHISE MILITAIRE
1914-1918
Verso
Collection Bertrand Sinais

D'août 1914 à novembre 1918, environ 10 000 modèles différents de formules postales militaires sont édités par l'industrie privée. Elles se présentent sous la forme de cartes postales, cartes-lettres, enveloppes ou formules

dépliantes portant les mentions « franchise militaire », « F.M. » ou « correspondance militaire ». Ces cartes sont généralement sobres, mais beaucoup sont ornées d'un ou de plusieurs drapeaux. Certaines d'entre elles comportent divers symboles patriotiques : coq, Alsacienne, canon de 75, lion de Belfort, etc. En 1939 sont éditées environ 1 500 modèles de cartes postales de franchise militaire privées, de facture généralement plus sobre qu'en 1914, mais parmi lesquelles se distinguent quelques belles séries publicitaires, telles les 42 cartes postales humoristiques Byrrh illustrées en couleurs.

De la Poste aux PTT

BRASSARD TRICOLORE D'AUXILIAIRES DES P ET T
Vers 1916
Tissu
Musée de la Poste, Paris

15 000 agents et sous-agents sont mobilisés pendant la guerre de 1914-1918, creusant des trous dans les services, qu'il faut combler. Les auxiliaires recrutés dans ce but ne reçoivent pas d'uniforme mais portent ce brassard qui leur permet de justifier leur appartenance à l'Administration.

FEMME FACTEUR
Vers 1915
Carte postale
Collection P. Nougaret

Le 28 septembre 1915, devant la pénurie de main-d'œuvre dans les services de la distribution, un arrêté est pris décidant que « ... Les femmes de sous-agents [...] décédés ou placés dans l'impossibilité de reprendre leurs fonctions par suite de faits de guerre » peuvent être employées comme facteurs auxiliaires. Louise Paille, à Agen porte ici l'uniforme des nouvelles femmes facteurs : une casquette avec cocarde tricolore, une cape en caoutchouc, et bien sûr la sacoche en cuir pour la distribution du courrier.

CASQUETTE DE FEMME FACTEUR
Vers 1916
Drap et cuir
Musée de la Poste et des Techniques de communication de Basse-Normandie Caen

AFFICHE DE L'ŒUVRE DE
L'ORPHELINAT DES PTT
XXe siècle
Musée de la Poste, Paris

GROUPE DE FEMMES FACTEURS
Vers 1917
Photographie
Collection particulière

Dotées réglementairement de leur cape en toile caoutchoutée, ces huit factrices posent pour le photographe, en tenant une lettre à la main, pour bien montrer leurs fonctions. L'hiver bat son plein : elles sont coiffées d'une sorte de calot en drap avec cocarde tricolore.

FEMME FACTEUR VUE
PAR LA PRESSE
Vers 1917. Le Pays de France
Gravure
Musée de la Poste, Paris

De nombreux magazines consacrent une page aux femmes devenues facteurs (*Le Pêle-Mêle, La Baïonnette, Le Pays de France*). Un article de *Lecture pour tous*, de juillet 1917, en donne le portrait suivant : « Toute rouge sous l'ardent soleil de juin, elle s'épongeait le visage de temps en temps [...] soulevait son fardeau qui semblait lui arracher l'épaule [...] Cette factrice était une femme d'une trentaine d'années à peine, avec la tête fine et intelligente d'une Parisienne, mais attristée par des chagrins récents et les soucis de la guerre. »

De la Poste aux PTT

Quelques mois après le début de la Première Guerre mondiale, émus par le sort d'enfants de postiers devenus orphelins de guerre, des membres de deux associations, l'Orphelinat des Sous agents des PTT et le Soutien fraternel, se réunissent pour fonder le 2 septembre 1915 l'Oeuvre de protection des orphelins du personnel des PTT. Le but est de réunir les fonds indispensables pour mettre à l'abri les orphelins de PTT, par différents biais : ventes de charité, appel aux artistes. Des subventions sont apportées par la Croix Rouge américaine, le Pari Mutuel, certains Ministères et conseils régionaux. A la tête de ce mouvement se trouve Louis Pasquet, ancien secrétaire général des PTT, plus tard, ministre des Postes. Le foyer est ouvert à Cachan en 1923 avec 23 hôtes (ils seront 130 en 1925). L'association est reconnue d'utilité publique par décret le 30 mars 1922.

CONSÉQUENCES SOCIALES
DE LA GUERRE
1915
Prospectus imprimé
Collection des Amis de l'histoire
des PTT d'Alsace

Pendant la « Grande Guerre », les mutuelles postales font tout pour fonctionner normalement, payant secours et indemnités, demandant aux sociétaires d'acquitter leurs cotisations et tolérant des délais pour les mobilisés. La liste des agents et sous-agents tués pendant les combats forme une triste litanie. L'Administration leur rend hommage en inscrivant leur nom dans un livre d'or publié dans le Bulletin mensuel. Le nombre des orphelins augmentent et l'association créée pour leur accueil en 1902, ne suffit plus à la tâche. Une œuvre nouvelle voit le jour en 1915. Aux membres bienfaiteurs (versement minimum 1,F25) est remis une plaquette en cuivre argenté, oeuvre du sculpteur Bourdelle. Elle représente l'incendie de la cathédrale de Reims avec un facteur remettant une lettre à une femme émergeant d'un abri. La note télégraphique est donnée par une ligne aérienne dont un des poteaux, abattu, gît au pied du facteur. On notera que cette représentation est en contradiction avec le but de l'œuvre car le Foyer de Cachan ne recevra que des garçonnets.

COMPTE-RENDU RÉUNION
DE LA FONDATION
DE L'ASSOCIATION DU FOYER
DE CACHAN
2 septembre 1915
Collection de l'association
du foyer de Cachan

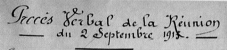

FOYER DE CACHAN
1924
Carte postale
Musée de la Poste, Paris

Les travaux de construction et d'amélioration des locaux n'ont jamais cessé. De 1915 à 1923 sont aménagés les chambres, les salles d'études, un réfectoire, etc. Priorité est donnée au sport : un stade et différents terrains de sport sont construits. Un grand parc à vocation utilitaire et d'agrément embellit l'ensemble par ses multiples massifs de fleurs, ses arbres fruitiers et ses serres de culture. Dès les années 1930 sont créés des ateliers destinés à l'étude des systèmes téléphoniques et télégraphiques. Le foyer est également doté d'un amphithéâtre, d'une salle de consultations et de soins, d'un nouveau réfectoire. Après sa réquisition comme hôpital militaire, pendant la Seconde Guerre mondiale, on cherche à réaménager, dès les années 1950, le bâtiment, en trouvant des soutiens financiers à travers les ventes de cartes d'adhérents à l'œuvre, l'organisation de bals à Paris, etc. Dès 1960, le foyer est l'objet d'une politique de rénovation : création d'une vaste salle de réception, amélioration des cuisines et du réfectoire, travaux d'entretien sont organisés. À partir de 1979, les dortoirs sont abandonnés au profit de chambres pour trois ou quatre personnes.

LES ENFANTS
1924
Collection de l'association du foyer de Cachan

À sa création, le foyer accueille uniquement des garçons, qui ont le statut d'interne. Le foyer dispense son propre enseignement. Les cours préparent notamment aux emplois de l'Administration des PTT. Peu à peu, le foyer accueille également des pupilles de la Nation, non PTT et de « jeunes gens non orphelins, mais dignes d'intérêt ». En 1928 est créée une école de métiers de mécanique de précision et d'électromécanique. Parallèlement, le sport tient une place essentielle au sein du foyer. Sports collectifs, chorale, troupe théâtrale sont organisés. Le foyer devient mixte en 1957. Peu à peu, l'établissement assure la quasi-totalité de l'enseignement et on privilégie l'intégration des élèves à leur famille ou à une famille d'accueil. En 1964, la signature du contrat avec l'Éducation nationale allège les charges de l'Établissement car les professeurs sont désormais rémunérés par l'État.

FOYER DE CACHAN
XXᵉ siècle
36, avenue du Président-Wilson
Cachan, Val-de-Marne

Les années 1990 seront perçues comme celles des réorganisations nécessaires à la gestion et à la performance de l'association. La gestion des moyens nécessaires à la réalisation des objectifs fixés par l'association est confiée au directeur du Foyer. L'établissement applique le programme de rénovation des lycées décidé par le ministère de l'Éducation nationale ainsi que la modification des filières de formation. Cela l'amène non seulement à rénover ou à remplacer les bâtiments vétustes mais aussi à renouveler les équipements et à développer les filières techniques porteuses d'emploi. Ainsi, l'informatique est particulièrement présente, les ateliers sont dotés de machines-outils à la pointe de la technologie et le BEP électrotechnique a été prolongé par un baccalauréat professionnel. Une équipe éducative – surveillants, éducateurs, assistante sociale – apporte écoute, aide et soutien aux jeunes qui se trouvent en difficulté.

L'aviation postale

SOMMER
1911
Maquette
Musée de la Poste, Paris
Les premiers transports aériens de courrier sont effectués de manière très ponctuelle, souvent à l'occasion des fêtes d'aviation, à titre d'expérience, ou de curiosité. Le 18 février 1911, Henri Pequet participe à la première poste aérienne, aux Indes, en transportant un sac de 6 000 correspondances. Cette expérience est renouvelée par plusieurs aviateurs français, comme Jules Védrines, en 1912, entre Paris et Madrid.

POSTE MILITAIRE AÉRIENNE
2 octobre 1910
Le Petit Parisien
Musée de la Poste, Paris

Les tentatives de transport du courrier par avion sont interrompues au début de la Première Guerre mondiale. Mais, à la demande du ministre des Postes, le courrier est toutefois acheminé le 14 mars 1918 dans le Sahara entre les oasis d'Ouargla et d'In Salah distantes d'environ 800 km, en 13 h 30, pour 7 heures de vol effectif. Un tel mode de transport est mis en place que d'une manière ponctuelle et sur une courte période : du 5 septembre au 11 novembre 1918, par hydravion militaire entre Nice et la Corse pour échapper au danger des sous-marins ennemis ; à la fin de l'année 1918, par avions Bréguet XIV, de Paris à Lille et de Paris à Maubeuge et Valenciennes pour desservir les régions sinistrées ; à partir du 20 avril 1921, entre Gabès et Bingardane, dans le Sud tunisien.

PREMIER TRANSPORT RÉGULIER DE COURRIER
1918-1919
Photographie
Musée de la Poste, Paris
Pour les besoins de l'armée américaine, la commission interministérielle de l'Aéronautique, créée le 15 juin 1917, donne l'autorisation de l'exploitation par la Poste, à titre expérimental, de deux lignes régulières exclusivement postales : Paris-le Mans-Saint-Nazaire et Paris-Nice. Seule la première ligne est réalisée ; elle est inaugurée au Bourget le 17 août 1918 par Étienne Clémentel, ministre de l'Industrie, du Commerce et des Postes et Télégraphes. Le trajet, assuré par les pilotes Houssais et Bazin, permet d'acheminer le courrier destiné à l'importante base de ravitaillement et de concentration américaine d'Escoublac. Au départ de l'armée américaine, le fonctionnement est arrêté au bout d'un an, soit 158 transports complets. Le matériel et le personnel sont affectés aux lignes de Paris à Lille et de Paris à Bruxelles.

PREMIER TRANSPORT DE COURRIER PAR AVION
1913-1918
Photographie
Musée de la Poste, Paris
Le 15 octobre 1913, le lieutenant Ronin effectue la liaison Villacoublay-Pauillac (l'avant-port de Bordeaux) sur un Morane Saulnier HP et remet le courrier au paquebot-poste *Pérou*, en partance pour les Antilles. Il s'agit du premier transport officiel de courrier par avion, et la griffe « Poste aérienne » est employée pour la première fois. Ce mode de transport n'est pas renouvelé pendant plusieurs années mais il permet à l'administration des Postes de prendre conscience des avantages offerts par la voie aérienne.

EXPÉRIENCES DE CATAPULTAGE
1er septembre 1928
L'Illustration
Musée de la Poste et des Techniques de communication de Basse-Normandie, Caen

Afin de réaliser un gain de temps de vingt-quatre heures sur la durée du parcours en bateau entre la France et les États-Unis, un transport de courrier accéléré est réalisé en 1928. Le paquebot *Île-de-France* quitte Le Havre avec à son bord un hydravion amphibie destiné à être catapulté, une journée avant l'arrivée du navire, en emportant les correspondances revêtues de la mention « via Île-de-France par Transatlantique aérienne ». Après deux voyages réalisés avec catapultage en 1928, l'expérience est abandonnée, puis reprise en 1929 et 1930. L'opération, intéressante sur le plan technique, reste déficitaire en raison du faible nombre de correspondances dû à la surtaxe très élevée de 5 francs par 5 grammes, avec minimum de perception de 10 francs, appliquée aux correspondances pour cette seule partie de leur acheminement.

BOÎTE AUX LETTRES DE LA POSTE AÉRIENNE
1935-1936
Musée de la Poste, Paris

Tandis qu'une surtaxe aérienne existe déjà pour le courrier échangé avec les pays étrangers, une surtaxe est appliquée à partir du 12 août 1919 aux correspondances acheminées dans les limites du territoire métropolitain, appelé plus tard « régime intérieur ». Elle est officialisée par le décret du 10 octobre 1919. La surtaxe varie selon la distance parcourue (inférieure à 500 kilomètres, supérieure à 800 kilomètres ou comprise entre les deux), et selon les échelons de poids (jusqu'à

20 grammes, de 20 à 100 grammes ou de 100 à 200 grammes). L'application de cette surtaxe est régulièrement rappelée à l'occasion des autorisations de transport de courrier accordées aux lignes de passagers. En exécution de la loi de finances de 1926, elle devient uniforme par échelon de poids sur toute l'étendue du territoire national. La surtaxe est supprimée en 1937.

LIGNES AÉRIENNES LATÉCOÈRE
1919-1934
Affiche. Tôle peinte
Musée de la Poste, Paris

Ingénieur, à la tête d'une entreprise de mécanique générale florissante à Bagnères-de-Bigorre puis d'une succursale de construction de wagons à Toulouse, Pierre-Georges Latécoère (1883-1943) est un homme d'aventure et de défi qui voit dans la construction des avions et leur utilisation la possibilité d'étendre ses activités et de réaliser son rêve. En septembre 1917, il obtient une commande de 1 000 avions de série Salmson. Mais la fin de la guerre est proche et Latécoère se trouve, fin 1918, à la tête d'un stock d'avions de guerre inutilisés, qu'il refuse de rétrocéder à l'État. Il souhaite en effet créer une ligne aéromaritime entre la France et l'Amérique du Sud. Il fonde dès le 19 décembre 1918, les Lignes aériennes Latécoère – LAL – et entreprend aussitôt le défrichement de la ligne projetée. En avril 1921, la société devient officiellement la Compagnie générale d'entreprises aéronautiques (CGEA).

AVION BREGUET XIV
1919
Photographie
Musée de la Poste, Paris

Cet avion militaire de reconnaissance ou de bombardement, construit à partir de 1917 par Louis Breguet, est un biplan équipé d'un moteur Renault de 300 CV. Il vole à 130 kilomètres à l'heure. Dans sa version civile, réalisée à partir des surplus de la Première Guerre mondiale, il peut transporter deux personnes et du courrier. Celui-ci est placé soit à la place du passager, soit dans des coffres de sécurité fixés de part et d'autre de la carlingue. En juillet 1919, l'État loue trente de ces avions à la Société des lignes Latécoère. Ils sont surtout utilisés sur la ligne France-Amérique du Sud mais plusieurs autres compagnies aériennes les adoptent. Leur solidité fait que certains restent en service jusqu'en 1928-1929.

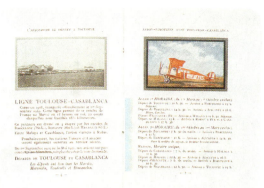

LIVRET DES LIGNES LATÉCOÈRE
Vers 1920
Musée de la Poste, Paris

À la fin de la Première Guerre mondiale, les expériences de transport aérien du courrier reprennent avec les autorisations de l'administration des Postes de France accordées pour une durée de un à six mois. Mais accordées face aux difficultés d'exploitation rencontrées, les lignes créées ne fonctionnent que de vingt jours à trois mois. La ligne France-Maroc, dépendant des Lignes aériennes Latécoère (LAL) est un cas particulier. Elle fait l'objet d'un contrat avec le Maroc signé en 1919, assorti d'une subvention de un million de francs, puis d'une attribution, accordée par l'administration des Postes, d'une concession d'exploitation d'une durée exceptionnelle pour l'époque, de cinq années. Pendant l'été de 1919, l'instauration des subventions par les administrations aéronautiques et postales se développe au profit des compagnies aériennes lors des créations de lignes.

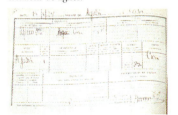

CARNET DE VOL DE MERMOZ
1927
Musée de la Poste, Paris

Jean Mermoz (1901-1936), engagé en 1924 par les lignes Latécoère, ouvre en 1928 la ligne Buenos Aires-Rio de Janeiro. En 1929 il franchit la Cordillière des Andes et un an plus tard relie pour la première fois la France à l'Amérique du sud. En 1936 il diparaît à bord de la *Croix du Sud* au large des côtes africaines.

L'AÉROPOSTALE
1932
Affiche
Musée de la Poste, Paris

Une série de vols d'étude est entreprise entre Toulouse et Rabat. La concession d'exploitation de la ligne France-Maroc accordée par l'État aux LAL les 7 et 11 juillet 1919 est transférée dans les mêmes conditions à la CGEA le 11 avril 1921 et renouvelée pour dix ans le 9 juillet 1924. La CGEA ajoute des lignes pour la desserte de l'Afrique du Nord et constitue le 14 octobre 1924 une filiale, la Compagnie France-Algérie pour l'étude d'une liaison directe entre Marseille et Alger. Elle commence également son implantation en Amérique du Sud, où elle obtient des contrats de transports postaux avec plusieurs pays dont l'Argentine à partir du 8 février 1927. En raison des difficultés financières, Pierre-Georges Latécoère vend ses actions à l'industriel Marcel Bouilloux-Lafont, le 5 mai 1927. Ce dernier donne à la CGEA le nouveau nom de Société Générale d'Aviation puis, en décembre 1927, celui de Compagnie Générale Aéropostale – CGA – ou Aéropostale.

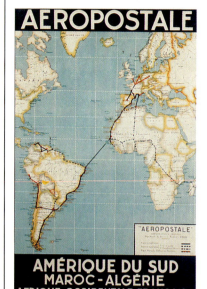

L'AÉROPOSTALE
1930
Affiche
Musée de la Poste, Paris

Dès 1925, Latécoère demande au chef-pilote Roig d'étudier la création du prolongement de la ligne en Amérique du Sud. La traversée de l'Atlantique n'étant pas encore possible en avion, le courrier d'Europe pour les pays concernés est alors exclusivement confié aux paquebots. Après ses études, la mission Roig établit les liaisons aériennes de Rio de Janeiro vers Buenos Aires, puis vers Natal. Il faut cependant attendre le 1er mai 1928 pour que la traversée de l'océan soit accélérée par le moyen de 6 avisos rapides et de 4 dépanneurs mis à la disposition de CGA par la Marine nationale. Le 17 novembre 1928, les 6 avisos sont remplacés par 4 vedettes plus rapides. La ligne aérienne est alors prolongée vers l'Uruguay, le Paraguay, le Pérou. Elle dessert régulièrement Santiago du Chili à partir du 15 juillet 1929, c'est alors, avec 12 700 kilomètres, la plus longue du monde. Enfin, avec les progrès, le survol régulier de l'Atlantique sud sera possible en janvier 1935.

L'aviation postale

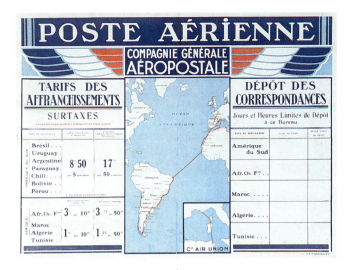

SOCIÉTÉ GÉNÉRALE DE TRANSPORT AÉRIEN, LIGNES FARMAN
1919-1933
Affiche
Musée de la Poste, Paris

Les lignes Farman naissent en 1919 avec l'avion F-60 Goliath. Elles exploitent les itinéraires Paris-Londres et Paris-Bruxelles, avec des passagers. En 1920, elles fondent la Société générale de transports aériens (SGTA) lignes Farman, qui transporte à sa création seulement 9 kg de correspondances. En 1930, la SGTA compte 25 appareils et s'étend sur toute l'Europe du Nord. L'exploitation de lignes nocturnes est de plus en plus fréquente. En 1933, la SGTA cède à Air France les 3 173 kilomètres de lignes qu'elle exploite de Paris vers Amsterdam, Berlin, Bruxelles et Malmöe.

AIR UNION
1923-1933
Affiche
Musée de la Poste, Paris

La compagnie Air Union résulte de la fusion, en mars 1923, de la compagnie des Grands Express aériens – créée en 1919 par les frères Farman – et de la compagnie des Messageries aériennes – créée en février 1919 par Brégent et Blériot –, cette dernière ayant déjà reçu l'apport de subventions de la plus ancienne compagnie française, la Compagnie générale transaérienne. Une flotte de 57 avions assure les services sur Paris-Londres. Dès la première année d'exploitation, 769 kg de courrier sont acheminés. En janvier 1926, la Compagnie aéronavale – fondée en janvier 1919 par les établissements Lioré et Olivier – se rattache à Air Union. En 1933, Air Union dessert 2 568 kilomètres de lignes.

LIGNES D'AFRIQUE DU NORD
1918-1928
Affiche
Musée de la Poste, Paris

À l'exception de la ligne du Sud-Est, de la France vers la Tunisie et appartenant à la compagnie Air Union, toutes les autres relations avec l'Afrique du Nord et de l'Ouest sont créées ou utilisées pour la Poste par l'Aéropostale ou sa filiale, la Compagnie aérienne France-Algérie.

AIR ORIENT
1929
Affiche
Musée de la Poste, Paris

Tandis que les lignes européennes sont solidement implantées, les échanges entre l'empire colonial et la métropole se confirment. Le 22 octobre 1929, la Société d'études et d'entreprises aériennes en Indochine et Extrême-Orient, patronnée par Louis Breguet devient Air Asie. Cette dernière fusionne avec Air Union-lignes d'Orient créant ainsi la société Air Orient. Celle-ci sera, en 1933, une des composantes de la compagnie Air France à laquelle elle transmet la ligne Marseille-Saïgon, de 12 289 kilomètres, utilisée régulièrement par les services postaux depuis le 17 janvier 1931.

CIDNA
1925-1933
Affiche
Musée de la Poste, Paris

La CIDNA ou Compagnie internationale de navigation aérienne est le nom donné à partir du 1er janvier 1925 à la CFRNA – Compagnie franco-roumaine de navigation aérienne, fondée par Salmson le 23 avril 1920. Elle crée les premières liaisons vers l'Europe de l'Est et l'Orient. En 1933, la CIDNA exploite 6 lignes, de Paris à Bucarest, à Varsovie, à Bâle, de Belgrade à Sofia, à Salonique et de Bucarest à Istanbul. Elle est une des premières compagnies à expérimenter l'exploitation nocturne. Ainsi le 2 septembre 1923, un de ses équipages, sous la conduite de Maurice Noguès et sans autres moyens qu'un indicateur de vitesse à bord et des phares au sol, relie Strasbourg à Paris. Il faut attendre les années 1930 et même 1940 pour que de tels vols puissent être assurés régulièrement.

RÉSEAU AÉRIEN FRANÇAIS
1933
Musée de la Poste, Paris

Face à ses problèmes financiers, l'Aéropostale est mise en liquidation judiciaire le 31 mars 1931. Elle n'exploite plus que la ligne Toulouse-Buenos Aires-Santiago du Chili. Les filiales en Amérique du Sud disparaissent. Le 30 août 1933, elle fusionne avec les quatre autres compagnies subventionnées par le ministère de l'Air (Farman, Air Union, CIDNA, Air Orient) pour former la nouvelle société d'économie mixte Air France dont la fondation officielle est célébrée au Bourget le 7 octobre 1933. La liquidation définitive de l'Aéropostale intervient en avril 1934. Mais le nom prestigieux sera repris le 11 février 1991 par les deux sociétés chargées de l'exploitation et du financement du réseau aérien postal intérieur.

DIDIER DAURAT ET RAYMOND VANIER
1971
Timbre
Musée de la Poste, Paris

Ancien chef d'escadrille, Didier Daurat (1891-1969) entre aux Lignes aériennes Latécoère le 15 juillet 1919. Il est chef d'escale, pilote puis, à partir de 1920, chef d'exploitation jusqu'en 1932. Pendant cette période il organise la première ligne aérienne postale intercontinentale. En 1935, il fonde le réseau aérien postal intérieur Air Bleu, alors exemple de rapidité, de sécurité et de régularité de transport. En 1945, Daurat est placé à la tête du département postal d'Air France, nouvellement créé, et appelé plus familièrement « (Aviation) Postale de nuit ». Enfin, le 1er mars 1953, il part à la retraite avec le grade de directeur général honoraire d'Air France. Raymond Vanier (1895-1965) entre à la Compagnie des lignes aériennes Latécoère le 15 septembre 1919, en tant que pilote puis chef d'escale. En mai 1926, il devient l'adjoint de Didier Daurat avec le titre d'inspecteur-pilote et, en mai 1930, il est directeur de l'exploitation du réseau Amérique. Il participe à la création d'Air Bleu et pilote les avions qui ouvrent les premières lignes en 1935-1936, puis en 1939, lors de l'inauguration de la première liaison postale régulière de nuit. Le 26 mai 1945, il est parmi les directeurs du nouveau département postal d'Air France. Le 1er janvier 1949, il succède à Didier Daurat à la tête du centre d'exploitation d'Air France, poste qu'il conserve jusqu'à son départ à la retraite en janvier 1959.

PAPILLON PUBLICITAIRE « AIR BLEU »
Juillet 1935
Collection Bertrand Sinais

En 1935, pour la première fois, en France, un réseau intérieur de transport aérien purement postal est mis en place. Il est organisé conjointement par la direction générale des Postes et la société Air Bleu. La mise en service des premières lignes a lieu au Bourget le 10 juillet 1935 avec l'inauguration, par le ministre des PTT, Georges Mandel, des liaisons vers Bordeaux, Le Havre, Lille et Strasbourg. L'avion utilisé est un Simoun, avion monomoteur Caudron-Renault capable d'emporter une charge utile de 200 kg.

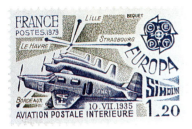

AVIATION POSTALE INTÉRIEURE, COMMÉMORATION
1979
Timbre
Musée de la Poste, Paris

Au départ, les horaires sont établis de façon telle qu'un expéditeur de Paris peut recevoir dans la soirée la réponse à un message transmis le matin. La compagnie Air Bleu, dans sa première période, est un échec financier par le peu de courrier transporté. Il faut dire que la surtaxe aérienne de 2,50 francs par 10 grammes en plus de la taxe ordinaire est dissuasive. En juillet 1935, une lettre de 10 grammes transportée par Air Bleu doit être affranchie à 3 francs alors que l'expéditeur de la même lettre par voie de surface n'acquitte que 50 centimes. Le réseau est réorganisé le 7 octobre 1935. À la notion d'aller-retour dans la journée est substituée celle du transport rapide à grande distance. Le Bourget devient ainsi une plate-forme d'échange de dépêches. Finalement, le service est supprimé en août 1936. L'exploitation, satisfaisante sur le plan technique, est un échec commercial.

CARNET DE VOL DE SAINT-EXUPÉRY
1927
Musée de la Poste, Paris

Antoine de Saint-Exupéry (1900-1944) est célèbre au début des années trente tant comme écrivain (on lui doit notamment Vol de Nuit et Le Petit Prince) que comme pilote. Employé par la compagnie aéropostale Air Bleu, il disparaît en 1944 en Méditerranée.

GRIFFE COMMÉMORATIVE
1935, Première liaison postale aérienne
Société Air Bleu, Lille-Paris
Caoutchouc et manchon bois
(5,5 × 4 cm)
Musée de la Poste, Paris

Cette griffe commémorative est apposée sur toutes les lettres acheminées par la poste aérienne sur la ligne Lille-Arras-Paris inaugurée le 10 juillet 1935. Le 23 juin 1937, l'État devient actionnaire majoritaire de la nouvelle société Air Bleu. Les textes officiels prévoient essentiellement que le transport sera assuré sous la forme de régie, qu'il n'y

aura pas de surtaxe avion et que le réseau sera étendu. De plus, l'avion est cette fois utilisé comme complément aux autres moyens de transport. C'est dans ces conditions que sont ouvertes les trois lignes de Paris-le Bourget, vers Pau, Perpignan et Grenoble, le 7 juillet 1937, puis celle de Marseille et Nice, le 16 février 1938.

EMBARQUEMENT DU COURRIER SUR UN CAUDRON-SIMOUN
1935
Photographié
Musée de la Poste, Paris

Cet avion, construit par Caudron-Renault, est de dimensions modestes : une longueur de 8,70 mètres et une envergure de 10,40 mètres. C'est un monoplan léger, le poids total au décollage est de 1 230 kilos pour une charge utile de 200 kilos. Son unique moteur, Renault de 180 CV, puis 220 CV, selon la version, permet d'atteindre la vitesse de croisière de 280 kilomètres à l'heure, avec une autonomie de 1 200 kilomètres. La première société Air Bleu commande 11 de ces appareils, qui lui sont livrés du 2 mars au 14 mai 1935, pour équiper son réseau aérien postal de jour. C'est avec un avion de ce type que Maryse Bastié bat, le 30 décembre 1936, le record de la traversée de l'Atlantique sud établi par Jean Mermoz en 1932.

ENVELOPPE « AIR BLEU »
1936
Collection Bertrand Sinais

Cette enveloppe est transportée le 1er juillet 1936, sur le trajet Vichy-Paris-Deauville, à l'occasion de l'inauguration du service estival par avion Air Bleu vers les stations balnéaires et climatiques. L'événement postal marquant de cette fin des années 1930 reste la naissance de la première liaison postale de nuit en France entre Paris-Le Bourget, Bordeaux-Mérignac et Pau-Idron. Un service régulier est assuré en 1939, avec l'utilisation des appareils bimoteurs Caudron-Renault-Goëland, spécialement équipés à cet effet. Mais le 1er juillet 1939, la compagnie Air France inaugure également un service de nuit sur la ligne Paris-Marseille. Après une interruption de l'exploitation des lignes pendant la Seconde Guerre mondiale, Didier Daurat intègre la société Air Bleu à la compagnie Air France, qui possède alors le quasi-monopole du transport aérien français. C'est ainsi qu'Air France crée en 1945 son Centre d'exploitation postale métropolitaine (CEPM), devenu depuis CEP.

GOËLAND
1939
Maquette
Musée de la Poste, Paris

L'avion Caudron-Renault type Goëland est un appareil monoplan équipé de deux moteurs de 220 CV. Il est construit à partir de 1935 en 1 700 exemplaires. La nouvelle société Air Bleu achète 3 de ces appareils en 1939 et les utilise pour exploiter la première ligne postale de nuit quotidienne Paris-Bordeaux-Pau, dont l'inauguration a lieu le 10 mai 1939, le même soir, au Bourget et à Pau.

COURRIER PAR AVION ACCIDENTÉ
1938
Musée de la Poste, Paris

Cette lettre en partie brûlée, adressée à l'épicier Félix Potin, provient de l'accident d'avion de la ligne Berlin-Cologne-Paris

du 22 février 1938. L'avion allemand, le trimoteur Junker 52, s'écrase à 14 kilomètres de l'aéroport du Bourget à cause du brouillard. Les trois membres de l'équipage périssent carbonisés. La Poste, qui a l'obligation d'acheminer à bon port tout pli affranchi, réexpédie les lettres sauvées de l'incendie à leurs destinataires.

ENVELOPPE DE RÉEXPÉDITION
1938. Dépôt central des rebuts
Lettre de l'administration des Postes adressée à Félix Potin à Paris
(12,5 × 15,5 cm)
Musée de la Poste, Paris

La griffe « Service postal français – Correspondance retardée par accident d'avion – prière de ne pas taxer » est apposée sur l'enveloppe de réexpédition contenant le pli partiellement brûlé de l'accident d'avion de la ligne postale Berlin-Cologne-Paris.

COURRIER TRANSPORTÉ PENDANT LA DRÔLE DE GUERRE
Septembre 1939-juin 1940
Musée de la Poste, Paris

Avec le début de la guerre, le fonctionnement des lignes aériennes postales métropolitaines est interrompu, le 1er septembre 1939. Le 25 juin 1940, les clauses de l'armistice entrent en vigueur. Pour l'aviation, l'activité est suspendue, le matériel livré à l'Allemagne. En zone libre, les avions désarmés sont entreposés, notamment à Lyon-Bron, et placés sous contrôles allemand et italien. En septembre-octobre 1940, deux lignes aériennes postales diurnes sont créées avec utilisation d'avions Caudron-Renault-Goëland. La première part et arrive à Vichy et la deuxième assure la liaison entre Marseille et Toulouse, sans doute de manière quotidienne. En 1941, ces deux lignes sont remplacées par une ligne aller-retour de Vichy à Pau, elle-même supprimée, à partir du 11 novembre 1942, avec l'occupation de la zone libre par les Allemands.

NAISSANCE D'AIR FRANCE
1933
Organigramme

À la fin de la Seconde Guerre mondiale, la nationalisation du réseau Air France, le rachat par l'État des actions de la société Air Bleu et la création du département postal d'Air France, sont décidés. Le département postal est une entité relativement indépendante, qui, dirigée par Didier Daurat, succède en quelque sorte à Air Bleu. En septembre, Air France affecte 3 avions allemands, des Junker 52, à ce département qui relance dès lors le transport aérien postal interrompu par la guerre. Le 26 octobre 1945, la première liaison aérienne postale nocturne d'après guerre (Paris-Bordeaux-Toulouse-Pau) est inaugurée au Bourget. Bientôt quelques avions Siebel, également de conception allemande, complètent ou remplacent les Junker. Le 8 juillet 1946, une autre ligne est ouverte de Paris à Lyon et à Marseille. Mais les appareils, jugés peu satisfaisants, sont remplacés, et « la flotte postale » est progressivement enrichie d'avions Douglas DC 3 (ou Dakota). De nouvelles lignes sont créées ou réorganisées à partir de 1953 pour constituer, en 1960, un réseau entièrement exploité avec des avions DC 3.

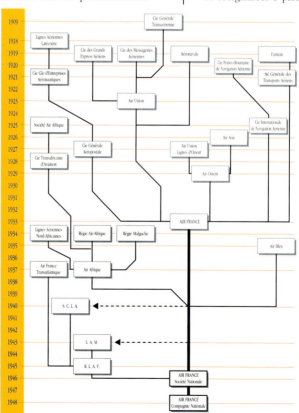

L'aviation postale

JUNKER
1945
Maquette
Musée de la Poste, Paris

Le 26 octobre 1945, les liaisons aériennes postales de nuit sont reprises et assurées avec les seuls appareils disponibles, les trimoteurs Junker 52. D'origine allemande, ils sont repeints aux couleurs d'Air France. Mais le Junker est un modèle ancien qui ne répond pas vraiment aux besoins du service postal. Il faut attendre le 4 mai 1948 pour qu'il commence à être remplacé par le Douglas type DC 3.

DOUGLAS
DC 3
1948-1962
Maquette
Musée de la Poste, Paris

La « Postale » utilise au total 18 DC 3, livrés entre 1948 et 1961. En dehors de 5 appareils détruits ou retirés pour diverses raisons entre 1955 et 1968, les 13 autres sont remplacés définitivement en 1969. Le DC 3 est un avion conçu aux États-Unis en 1935. D'une longueur de 20 mètres et d'une envergure de 30 mètres, il pèse 12 tonnes au décollage. Il est équipé de deux moteurs de 1 200 CV chacun et peut voler à 370 km/h maximum, soit 210 km/h en vitesse de croisière, avec une autonomie de 2 500 km. Les qualités exceptionnelles de cet avion en font un des plus connus et des plus construits (11 à 13 000 exemplaires).

FOKKER F 27-500
1969
Maquette
Musée de la Poste, Paris

En 1967, la nécessité de remplacer les DC 3 et DC 4 est évidente : l'entretien est très coûteux, car les pièces de rechange ne sont plus fabriquées en série et les travaux d'entretien sont fréquents. La vitesse commerciale est trop faible pour permettre une interconnexion satisfaisante entre les différentes lignes. En l'absence d'appareils français répondant à ses critères, l'administration des PTT elle-même pour la première fois effectue l'achat d'avions. Il s'agit d'un avion hollandais, le Fokker F 27-500 pour remplacer les DC 3. Les 15 appareils sont livrés de septembre 1968 à juin 1969. Désormais le réseau peut être réorganisé. L'avion Fokker F 27-500 est de fabrication néerlandaise, mais le fuselage est construit en France, à Biarritz-Anglet, par les usines Breguet. La vitesse commerciale de 310 km/h facilite l'interconnexion des lignes, la capacité en volume (25 mètres cubes) et en poids du courrier (près de 6 tonnes) est satisfaisante, l'accessibilité par trois portes permet d'augmenter la rapidité des échanges.

DÉCHARGEMENT D'UN DOUGLAS DC 4
Vers 1965
Photographie
Musée de la Poste, Paris

Face à l'importance du trafic, la capacité des DC 3 devient insuffisante sur certaines lignes. De plus, ces avions, très anciens, sont immobilisés à tour de rôle pour subir une révision complète. Pour ces différentes raisons, 6 avions Douglas DC 4, de 8 tonnes de charge utile, sont commandés en 1951. Équipés pour transporter le courrier de nuit, ils sont mis en service en 1962, 1964 et 1966. « La postale en nuit » disposera, en 1967 et 1968, de 8 DC 4.

TRANSALL
1977
Maquette
Musée de la Poste, Paris

Le réseau postal aérien subit peu de modifications de 1969 à mars 1971, mais on songe à remplacer les avions DC 4. Le choix se porte sur l'avion cargo franco-allemand type Transall C 160 au cours du second semestre 1968. Le premier Transall, transformé pour les besoins de la Poste, sera livré le 22 février 1973 et mis en service le 3 juillet 1973.

L'aviation postale

La poste d'outre-mer

L'histoire de la poste d'outre-mer se confond avec celle des départements considérés : dès que ces derniers ont été sous administration française, le service postal s'y est exercé selon les mêmes principes, les mêmes règles et modalités qu'en métropole. Avec des adaptations tenant en premier lieu à la distance, ce qui a conduit à privilégier le transport aérien sur le maritime, avec la spécificité de l'octroi de mer qui introduit de fait, une barrière douanière pour les marchandises ; avec enfin des particularités de distribution qui relèvent du climat ou de la topographie comme la célèbre tournée du facteur de Mafate à la Réunion, ou encore la desserte en pirogue depuis Maripasoula en Guyane. En dépit des contraintes, La Poste offre les mêmes produits, les mêmes services, avec la même qualité qu'en métropole. Plus encore qu'en métropole, la poste est au cœur de la vie des populations d'outre-mer, auprès desquelles elle joue un rôle social irremplaçable et fait partie du « patrimoine », à tel point que de nombreux Doméens portent le prénom du jour de leur naissance indiqué dans l'almanach des postes.

La Martinique

CASQUE
Vers 1950
Musée de la Poste, Paris

BUREAU DE POSTE
Vers 1930
Le Lorrain, Martinique

En Martinique, les premiers échanges de correspondance datent de la colonisation de l'île en 1635. Les habitants recourent alors aux bateaux en partance pour correspondre avec la France. Pour les échanges à l'intérieur de l'île, le courrier emprunte les embarcations effectuant des transports côtiers. Il est cependant plus souvent confié à des porteurs piétons, généralement des esclaves. Les premières « postes » sont créées en 1761 sous la pression des besoins militaires, lorsque l'île est assiégée par les Anglais. Il faut toutefois attendre la signature d'un décret en 1766 par le gouverneur de l'île, le comte d'Ennery, pour que soit

mis en place un réseau postal complet et cohérent qui couvre l'ensemble des paroisses de la colonie. Un directeur général des postes est nommé et installé au siège central de Saint-Pierre. Trois bureaux dirigés par trois receveurs principaux sont établis à Port-Royal, à Trinité et à Marin. Le service de la distribution est assuré aux guichets et les courriers ne sont échangés entre ces trois bureaux qu'une seule fois par semaine. Une ordonnance du 9 novembre 1827 étend l'organisation existante aux autres bourgs de la colonie. Des « bureaux particuliers », dirigés par des « buralistes » chargés de l'expédition et de la distribution des lettres, s'installent ainsi dans les différentes paroisses. Le transport du courrier entre les différents bureaux est effectué une fois par semaine par dix postillons à pied. Les bureaux des paroisses peuvent aussi confier leurs sacs de lettres à des « canots-passagers », tenus d'assurer ce service par voie de mer.

BUREAU DE POSTE
Vers 1960
Les Trois Îlets, Martinique

Dans la deuxième moitié du XIXe siècle, une instruction générale locale adopte le principe de l'organisation postale française, de façon succincte toutefois. Placé sous l'autorité du gouverneur de la colonie, un fonctionnaire détaché de la métropole exerce les fonctions de chef de service. Par ailleurs, un receveur principal gère le bureau du chef-lieu et centralise les écritures des receveuses en poste dans les autres bureaux. Il faut cependant attendre 1946 pour qu'entre

en application la loi dite « d'assimilation ». Elle a pour effet l'application complète aux services des PTT locaux de l'organisation et de la réglementation métropolitaines. Un réseau de bureaux de poste et un centre financier assurent l'ensemble des prestations postales. Un centre de comptabilité reprend pour les centraliser les écritures comptables des bureaux de poste. Les services de la direction départementale coordonnent et contrôlent l'activité de l'ensemble.

BUREAU PRINCIPAL
Début du XXe siècle
Rue de La Liberté
Fort-de-France, Martinique

Inauguré le 20 mars 1910, ce bâtiment des postes souligne par son architecture la pérennité des grands services publics au temps de la colonie. Dans les années

1940, ce lieu abrite les guichets postaux du centre-ville, le centralisateur de tri, les services de la distribution du courrier postal et des télégrammes, celui des boîtes postales, les centraux téléphonique et télégraphique, les services techniques du téléphone, la Caisse d'épargne, des magasins de matériel et d'imprimés, ainsi que les bureaux et appartements du directeur et du receveur principal. Aujourd'hui, le bureau principal n'abrite plus que des guichets « avec leurs services annexes » et les installations qui correspondent à sa fonction de centralisateur départemental de fonds.

**LE MONT PELÉ
LA MARTINIQUE**
*1947. Gabriel-Antoine Barlangue
Timbre-poste
Musée de la Poste, Paris*

Le public martiniquais affranchit les lettres au moyen de timbres-poste métropolitains de 1851 à 1853. Puis, la Martinique utilise en 1859 les émissions dites des Colonies générales, type Aigle. Ensuite, les timbres des colonies françaises sont surchargés « MQE » en 1886. De 1892 à 1908, la Martinique emploie les timbres-poste du type la navigation et le commerce (dit type Groupe) comportant un cartouche « Martinique ». Des timbres spécifiques à la Martinique seront émis jusqu'en 1947. Devenue département d'outre-mer, la Martinique utilise les timbres de la métropole.

**BELAIN
D'ESNAMBUC
MARTINIQUE**
*1935. Jules Piel
Maquette
du timbre-poste
Crayon, encre
et lavis
Musée de la Poste,
Paris*

La Guadeloupe

BUREAU DE POSTE
*Vers 1940
Mangles, Guadeloupe*

La mise en place d'un service postal en Guadeloupe, le 25 octobre 1765, est l'œuvre du gouverneur de l'île, le comte de Nolivos. Elle intervient deux ans après le traité de Paris restituant la Guadeloupe à la France. La responsabilité de ce service est confié à un directeur général, établi à Basse-Terre. Sous ses ordres sont placés huit receveurs particuliers installés dans huit localités différentes. Le transport du courrier est assuré par des messagers piétons ou par

des caboteurs. Pour les relations avec la métropole, les capitaines des navires de commerce sont officiellement chargés de l'acheminement des correspondances. Dans la pratique, ce nouveau service s'oppose toutefois à la réticence des usagers, qui rechignent à payer le service du transport de leur courrier. C'est pourquoi l'administration des Postes doit être confirmée une deuxième fois le 15 mars 1769. Les prix des ports des lettres, « si modiques qu'ils couvrent à peine les dépenses », sont peu modifiés.

**PORTEUSE D'ANANAS
GUADELOUPÉENNE**
*Bon à tirer
1947
Musée de la Poste, Paris*

Le 13 juillet 1792, l'Assemblée coloniale modifie les règles du service des postes. Le gouverneur de la colonie est nommé directeur général des postes et se retrouve responsable de toute la région. Des bureaux sont implantés dans toutes les paroisses de l'île et chaque « nègre courrier » doit arborer sur son vêtement une fleur de lys. Après une brève occupation anglaise, la poste aux lettres est rétablie en Guadeloupe en 1800. Elle est réorganisée par l'arrêté du 27 novembre 1802. Les deux bureaux principaux sont fixés à Pointe-à-Pitre et à Basse-Terre, et une quinzaine d'autres bureaux sont placés dans différentes localités. Les commissaires de quartier, leurs adjoints et les greffiers deviennent les correspondants officiels de la poste. Cette réorganisation rencontre toutefois la méfiance du public, critique notamment à l'égard de l'acheminement du courrier. Après une nouvelle occupation anglaise de l'île en 1815, la décision est prise de supprimer, dès 1816, l'ancienne administration des Postes. Le nouveau service devient centralisé. Un directeur particulier et un contrôleur sont nommés à Basse-Terre et à Pointe-à-Pitre, et des buralistes apparaissent dans chaque bourg.

La poste d'outre-mer

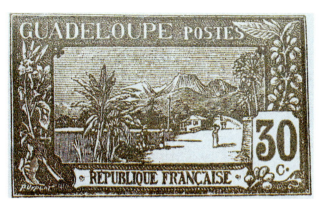

**LA GRANDE SOUFRIÈRE
GUADELOUPE**
Timbre
1905. Puyplat
Musée de la Poste, Paris

Il faut attendre 1877 pour que le service soit enfin conçu en fonction des besoins exprimés par les utilisateurs. Il comprend désormais deux bureaux constitués en bureau d'échange et deux autres simples, tous dirigés par des receveurs. Les buralistes sont remplacés par 30 « distributeurs-entreposeurs », tous rattachés à un receveur. La distribution désormais quotidienne du courrier et la multiplication des bureaux concourent ainsi à rapprocher l'Administration du public. En parallèle, le transport du courrier est amélioré. La première voiture postale automobile est testée dès 1902, entre Basse-Terre et Pointe-à-Pitre, avant d'être utilisée officiellement à partir de 1911. En 1937, les premières liaisons postales aériennes sont mises en service. Ce volcan de la Guadeloupe, la Soufrière, dans le sud de l'île de Basse-Terre, est représenté sur les timbres de 1905 à 1907, puis de 1922 à 1927. La collection de timbres de la Guadeloupe comprend 279 émissions.

GUADELOUPÉENNE
1947. Pierre Munier
Bon à tirer
Musée de la Poste, Paris

De 1851 à 1853, la Guadeloupe utilise à titre expérimental les timbres-poste métropolitains. Mais c'est un échec. De 1859 à 1872, la Guadeloupe emploie les timbres-poste des Colonies générales, type Aigle. En 1884, les timbres des colonies françaises de 1877 à 1880 sont surchargés « GPE », puis « Guadeloupe ».

En 1892, les timbres-poste type la Navigation et le Commerce (dit type Groupe) comportent un cartouche « Guadeloupe et dépendances ». Vers 1905 apparaissent des timbres spécifiques pour la Guadeloupe, qui seront utilisés jusqu'en 1947. Devenue département-d'outre-mer, la Guadeloupe utilise alors les timbres de la métropole.

POSTIER À MOTO
1990
Guadeloupe

La Guadeloupe, organisée sur le modèle du département, doit toutefois organiser elle-même ses services publics et en supporter les charges. En conséquence, les salaires des facteurs ruraux, considérés comme des employés municipaux, s'avèrent très bas. Il faut attendre 1946 et la départementalisation pour que l'État prenne enfin à sa charge le fonctionnement des grands services nationaux. La poste aux lettres est désormais rattachée au ministère des PTT. L'amélioration des liaisons aériennes permet par la suite à l'Administration d'offrir un service plus régulier et de qualité.

BUREAU DE POSTE
Vers 1990
Petit-Bourg, Guadeloupe

BUREAU DE POSTE
Vers 1990
Basse-Terre, Guadeloupe

La Réunion

BUREAU DE POSTE
xxᵉ siècle
Saint-Leu

La création d'un service postal à la Réunion est l'œuvre du gouverneur de l'île, le baron de Souville, en décembre 1784. L'exécution de ce service est alors assuré par deux esclaves, nommés « Noirs du roi ». Au départ de Saint-Denis, le premier prend la direction de Saint-Pierre, au nord, et le second celle de Saint-Benoît, au sud. Le service a lieu deux fois par semaine et se limite au transport du courrier de faible volume, lettres et petits paquets. Avec l'accroissement des effectifs, des entrepôts gérés

par des intendants appelés « magasins » sont établis sur le parcours. Les porteurs se chargent alors de transmettre le courrier de « magasin à magasin ». Au terminus, faute de bureau de poste, les correspondances sont remises à l'un des quatre notaires de l'île affectés à cette tâche. Les particuliers s'y rendent ensuite pour retirer leur courrier, à condition toutefois de payer la taxe. Les notaires sont dispensés de ce rôle peu habituel en 1816, lorsqu'une ordonnance place ce service sous la surveillance des maires.

BUREAU DE POSTE
Vers 1950
Saint-André

Le premier bureau de poste est créé à Saint-Denis dans une aile des locaux du « gouverneur » et le premier facteur officiel est nommé en 1829.
Avec les années 1830, le réseau prend de l'ampleur. De nouveaux bureaux sont créés, notamment ceux de La Possession et de Saint-Philippe. Le transport des correspondances, jusqu'alors effectué à pied, se fait peu à peu à cheval. C'est aussi à cette époque qu'apparaissent les premières boîtes aux lettres, d'abord à Saint-Denis, puis dans la plupart des communes.

BUREAU DE POSTE
Vers 1950
Hell-Bourg

En 1841, on dénombre 14 bureaux de poste dans l'île, ouverts même le dimanche. Bien que le service du courrier devienne quotidien entre Saint-Paul et Saint-Pierre, il fonctionne assez mal et suscite de nombreux mécontentements. L'utilisation d'un timbre-poste réservé aux correspondances circulant à l'intérieur de l'île est instituée, le 10 décembre 1851, par un arrêté du gouverneur Doré. La Réunion a ainsi la particularité d'être la seule colonie à émettre ses propres timbres-poste, imprimés pour l'occasion par la société Lahuppe de Saint-Denis. À partir de 1859 cependant, des timbres imprimés en France sont aussi vendus à la Réunion par planches de 360, à la suite de la décision impériale du 8 juin 1858 qui étend aux colonies le système postal en vigueur en France.

BUREAU DE POSTE
xxᵉ siècle
Cilaos

Il faut toutefois attendre l'arrêté du 24 décembre 1860 pour assister à la réorganisation complète du service postal de la Réunion, placé sous l'autorité d'un receveur-comptable, résidant à Saint-Denis. Le transport du courrier, effectué désormais par diligence, voire par bateau, ne permet pas toutefois d'améliorer les liaisons de manière satisfaisante, jusqu'à l'apparition du « petit train » en 1882. Un wagon, accroché en queue de convoi et frappé des lettres PTT couleur jaune d'or, assure désormais la réception et la distribution des correspondances dans les 13 villes situées sur le parcours en bordure de littoral. Ce nouveau mode de transport permet ainsi des horaires plus ponctuels et une meilleure sécurité des envois.

BUREAU DE POSTE
xxᵉ siècle
Sainte-Rose

En parallèle, de nouveaux bureaux sont ouverts. On en dénombre 29 en 1905. Les bureaux de « facteurs-receveurs » consistent en de petits locaux, bien souvent inadaptés et vétustes. Ils dépendent d'établissements appelés « bureau d'attache », seuls à posséder le statut de bureau comptable. Le bureau principal du département est implanté pour sa part à Saint-Denis. Avec la disparition des petits bureaux secondaires, le « facteur-receveur » adopte le nouveau nom de « receveur-distributeur », puis celui d'« agent principal d'administration ».

La poste d'outre-mer

La Guyane

BUREAU DE POSTE
Milieu du XXe siècle
Kourou, Guyane
Le bureau de poste de Kourou doit son importance à la proximité du Centre spatial guyanais, installé sur ce site peu exposé aux risques sismiques, proche de l'équateur et donnant aux lancements le maximum de chances de réussite.

BUREAU DE POSTE
XXe siècle
Maripasoula, Guyane
La Poste sait s'adapter aux besoins et caractéristique de chaque site. À la modernité du bâtiment de Kourou s'oppose le caractère plus typique et local du bureau de Maripasoula, situé au cœur de la forêt amazonienne.

BUREAU DE POSTE
XXe siècle
Vue intérieure
Maripasoula, Guyane

AÉRODROME
Deuxième moitié du XXe siècle
Maripasoula, Guyane
Maripasoula, au cœur de la forêt amazonienne, n'est desservie par aucune route. La Poste achemine le courrier depuis Cayenne, par voie aérienne, par la société Air Guyane. Il en est de même pour Saint-Georges et Saül. Le site de Camopi est également desservi par voie aérienne, en hélicoptère, grâce à la gendarmerie.

PIROGUE POSTALE
1996
Maquette
Maripasoula, Guyane

À partir de Maripasoula, le courrier à destination de Papaichton emprunte une pirogue aux couleurs de La Poste, qui remonte le Maroni. Cette desserte est désormais régulière et à jour fixe : le mercredi et le samedi matin. La voie fluviale est également utilisée entre Bas-Rivière, Saint-Georges et Ouanary, et Saint-Laurent, Apatou et Grand-Santi.

RECETTE PRINCIPALE
Deuxième moitié du XXe siècle
Cayenne, Guyane

AMÉRINDIEN TIRANT À L'ARC GUYANE FRANÇAISE
1929. R. Tillet
Maquette du timbre-poste
Gouache, encre et lavis
(23 cm × 16 cm)
Musée de La Poste, Paris

La Guyane utilise, depuis 1886, les timbres des colonies françaises surchargés « Guy Franc. », puis « Guyane ». En 1892, les timbres type la Navigation et le Commerce (dit type Groupe) comportent le cartouche « Guyane ». De 1904 à 1947, les timbres spécifiques Guyane française ont cours dans la colonie. Devenue département d'outre-

Saint-Pierre-et-Miquelon

COURRIER DIT « INTERLOPE »
XIXᵉ siècle
Collection particulière

La grande pêche commence dès le XVIᵉ siècle, au temps où le Canada et Terre-Neuve faisaient partie de la couronne de France. La cession de Terre-Neuve à l'Angleterre par le traité d'Utrecht en 1713 est assortie cependant du droit de pêche sur la côte ouest de l'île. Dès cette époque, deux bateaux d'assistance sur Terre-Neuve et un autre sur l'Islande encadrent les flottilles.
Les « Parages de Terre-Neuve », qui s'étendent des bancs situés au large de la Nouvelle-Écosse jusqu'à ceux du Groenland, au niveau du cercle polaire, ne permettent pas au service des postes d'assurer la distribution et la réception du courrier en mer. Aussi, pour satisfaire les besoins des pêcheurs parfois éloignés de leurs familles pendant huit à neuf mois, les pouvoirs publics tolèrent l'existence de services d'acheminement privés dans le courant du XIXᵉ siècle. Le courrier ainsi transporté reçoit le nom d'« interlope », pris dans le sens d'« activités non légales ». Il ne reste aujourd'hui que peu de traces de ces services, comme cette enveloppe adressée au navire Gurre Herria « en campagne de pêche au Groenland », qui porte cette étiquette au verso : « Sté Daubeuf Fr. sont heureux de vous remettre gracieusement votre courrier. »

ner leur correspondance. En 1870, la situation s'améliore lorsque l'État décide enfin d'assurer ses propres services postaux. Le courrier du French-Shore est désormais distribué par les bâtiments d'assistance de la base navale de Saint-Jean-de-Terre-Neuve, « chargée de pourvoir à la distribution dans les différents havres des lettres adressées aux pêcheurs ». Toutefois, cette expérience, jugée peu convaincante, est abandonnée dès 1879. La distribution du courrier est alors assurée par deux bâtiments à vapeur du commerce.

LES RIVES DE L'OYAPOCK (ININI) GUYANE FRANÇAISE
1946. Charles Mazelin
Bon à tirer du timbre-poste
(Épreuve : 11 cm × 14 cm)
Musée de la Poste, Paris

Ce timbre-poste appartient à une série sur les aspects de la Guyane, émise en 1946. Il est dessiné et gravé par Charles Mazelin (1882-1964). La colonie est divisée en 1930 en deux zones : la Guyane, bande côtière d'une soixantaine de kilomètres et le territoire de l'Inini. En 1946, la Guyane devient un département d'outre-mer.

LETTRE PAR LA SOCIÉTÉ DES ŒUVRES DE MER
Fin du XIXᵉ siècle
Collection particulière

En parallèle, la distribution du courrier est complétée par la création en 1894 de la Société des œuvres de mer. Dotée de navires-hôpitaux, cette société, outre sa fonction d'assistance aux marins, est aussi chargée de la réception et de la distribution du courrier en mer. Cette situation perdure bon an mal an jusqu'en 1946, date à laquelle des bâtiments de l'État sont affectés à la surveillance des pêches. Les responsables des postes profitent de l'occasion pour leur attribuer la fonction de « postier des pêches ». Ils assurent depuis la livraison et la réception de la correspondance des navires en campagne.

LE VAPEUR-POSTAL SAINT-PIERRE
Fin du XIXᵉ siècle
Collection particulière

En l'absence d'un service organisé, les responsables des sécheries réparties le long du littoral de Terre-Neuve rencontrent de grandes difficultés pour achemi-

mer, la Guyane utilise les timbres de la métropole. La collection de timbres de la Guyane comprend 286 émissions.

La poste d'outre-mer

DISTRIBUTION DU COURRIER PAR L'AUMÔNIER BARNABÉ
1901
Musée de la Poste et des Techniques de communication, Caen

Le navire-hôpital de la Société des œuvres de mer, créé et géré par les armateurs, assiste moralement et matériellement les marins sur les lieux de pêche. À son bord, un aumônier exerce en collaboration avec les « avisos » escorteurs (tel le *Ville-d'Ys*, stationnaire de la Marine nationale à Terre-Neuve et au Groenland) le rôle de facteur de mer. Le père Barnabé, aumônier à bord du navire-hôpital Le Saint-François-d'Assise, distribue le courrier à un mousse sur le grand banc de Terre-Neuve. La Seconde Guerre mondiale interrompt cette activité. La pêche reprend ensuite avec des conditions différentes : en 1953, 2 000 marins sont répartis sur 30 bâtiments ; l'avion, le télégraphe et la téléphonie sans fil accélèrent la transmission des messages entre les marins et leurs familles.

L'AVISO *VILLE-D'YS*
1935
Bulletin de la Société des œuvres de mer
Musée de la Poste et des Techniques de communication, Caen

Les correspondances sont dirigées chaque semaine sur Saint-Jean-de-Terre-Neuve où le bateau-poste de Saint-Pierre-et-Miquelon vient les prendre. Les

bâtiments de la Marine nationale, au nombre de 5 en 1883, se répartissent les lettres pour les bateaux de pêche qu'ils visitent. S'agissant de l'Islande, la fréquence du courrier est moindre (toutes les trois semaines). Ce dernier est acheminé par les paquebots danois.

LETTRE
1925
Collection particulière

BUREAU DE POSTE
1896
Saint-Pierre
Collection de la Société des œuvres de mer, Paris

Après la restitution de l'île par les Anglais en 1816, la France décide de mettre en place une organisation spécifique en vue de l'acheminement du courrier. Elle est placée sous l'autorité du gouvernement local mais sans intervention des autorités postales métropolitaines. Il faut toutefois attendre le mois de novembre 1845 pour assister à l'ouverture d'un bureau de poste. Placé dans une dépendance de l'Inscription maritime et « destiné exclusivement à assurer l'expédition et la réception de la correspondance par la voie d'Halifax », ce bureau est confié à un employé du Commissariat de la marine et n'est ouvert au public qu'entre 12 et 14 heures. L'affranchissement devient obligatoire en 1849, et est confirmé par les autorités de Saint-Pierre en 1853. Le tarif est alors fixé à 0,25 franc, plus 0,10 franc de mer. Il est à noter qu'aucune marque distinctive officielle de Saint-Pierre-et-Miquelon n'est alors apposée sur les plis. L'utilisation d'un cachet à date réglementaire n'apparaît qu'en 1857.

TRI DU COURRIER
1896
Saint-Pierre
Collection de la Société des œuvres de mer, Paris

Le 18 avril 1860, considérant « que le mode suivi jusqu'à ce jour pour la distribution des lettres et journaux, à l'arrivée des courriers, présente de graves inconvénients et occasionne une lenteur regrettable dont le public se plaint à bon droit », le commandant des îles Saint-Pierre et Miquelon arrête diverses décisions. Désormais, le facteur est tenu de trier et distribuer les lettres et journaux, non pas à la porte du bureau de la poste, mais au domicile des destinataires. Il est pour cela tenu de suivre un itinéraire précis. Par ailleurs, les personnes peuvent établir à leurs frais des boîtes particulières au bureau de la poste.

LETTRE RADIOMARITIME
XXe siècle
Collection particulière

Le 9 mars 1935, un décret institue un nouveau service dit les « lettres radiomaritimes ». Il officialise les échanges de radiotélégrammes entre les navires et leurs destinataires à terre. Dans la pratique, la station de bord transmet un message radiotélégraphique à une station à terre, qui se charge de réexpédier postalement le texte à l'attention du destinataire. Ce dernier peut aussi correspondre avec un bateau en empruntant la voie inverse. Avec le développement de la technique de la « phonie » au début des années 1960, qui permet des liaisons phoniques directes en temps réel entre les interlocuteurs, les radiotélégrammes servent de moins en moins. Devenu obsolète, le service des « lettres radiomaritimes » cesse toute activité le 15 novembre 1991.

BUREAU DE POSTE
Vers 1920
Saint-Pierre

La partie centrale de ce bâtiment a été construite dans les années 1920. Il abrite les services postaux et ceux du téléphone. Pendant la Seconde Guerre mondiale, il sert de poste de commandement à l'amiral Muselier et aux Forces de la France-libre. Les deux ailes sont plus récentes, elles datent des années 1960-1970.

PORT DE SAINT-PIERRE
SAINT-PIERRE-ET-MIQUELON
1938. J. Douy
Maquette du timbre-poste
Crayon (22,7 × 34,1 cm)
Musée de la Poste, Paris

En 1885, on utilise les timbres des colonies françaises surchargés « SPM ». Depuis 1892, les timbres type la navigation et le commerce, dit type Groupe comportent le cartouche « Saint-Pierre-et-Miquelon ». Une iconographie spécifique apparaît à partir de 1909 avec un portrait de pêcheur, un bateau de pêche, etc. Les timbres-poste avec une iconographie locale sont émis jusqu'en 1976. Département d'outre-mer, Saint-Pierre-et-Miquelon utilise les timbres de la métropole. Devenue collectivité territoriale, elle réémet des timbres-poste spécifiques depuis 1986.

MORUES
SAINT-PIERRE-ET-MIQUELON
1957. Pierre Munier
Timbre-poste à 1 F de la série courante
Impression en taille douce
Musée de la Poste, Paris

Ce timbre-poste est dessiné et gravé par Pierre Munier (1889-1962), qui grave son premier timbre-poste pour la Bolivie en 1907 et grave également des billets de banque. La collection de timbres de Saint-Pierre-et-Miquelon comprend 800 émissions.

Des Années folles à la fin de la Seconde Guerre mondiale 1918 - 1945

L'immédiate après-guerre est marquée par de violentes attaques contre l'administration des P et T dirigées par les partisans d'un libéralisme à l'américaine. À bas le monopole ! La mise en place d'une nouvelle politique budgétaire, complétée par une réforme comptable, aboutit en 1923, à l'établissement de ce que l'on a appelé le « budget annexe des P et T ». En principe il doit être indépendant du budget de l'État et permettre ainsi de responsabiliser les gestionnaires, en charge des P et T. Mais les ministres des Finances veillent et les crédits accordés restent régis par les règles générales du budget. La Poste pâtit principalement de cette situation, son trafic représentant en 1928, 56 % des recettes alors qu'elle ne bénéficie, de 1923 à 1938, que de 28 % des investissements accordés. Les premières acquisitions de véhicules automobiles (1924), la pose du premier câble souterrain à longue distance (1925), l'automatisation des centraux de Paris à partir de 1921, la mise en place de l'automatique rural dès 1930 sont des dépenses « téléphoniques » ! La réforme Poincaré, qui regroupe pour des raisons d'économie les directions départementales aux chefs-lieux de région (1926), crée des situations impossibles. Le personnel se trouve entassé dans des locaux inadaptés. La mesure est rapportée en 1929. Pendant ce temps, les ambulants vivent un véritable enfer dans leurs wagons obsolètes, les facteurs continuent à assurer leur tournée à bicyclette et à livrer les paquets avec une poussette à main. Les initiatives spectaculaires du ministre Georges Mandel ne font que créer un malaise supplémentaire. Les premiers essais de transport aérien dans le régime intérieur se soldent par un échec : horaires inadaptés, surtaxe trop élevée. En 1936, les postiers ne participent pas aux grèves qui paralysent le pays, car le syndicat national des agents des PTT (affilié à la CGT) soutient le gouvernement du Front populaire. Deux nouveautés vont cependant être à l'origine de services efficaces. En 1918, le service des chèques postaux est créé, malgré l'opposition des banques qui voient sans plaisir le développement des services financiers de la Poste. En 1926, la Poste participe au maintien des populations rurales dans leur milieu, en organisant un service de desserte automobile, appelée « la poste automobile rurale ». Cette poste rendra des services signalés jusqu'aux années 1980, malgré sa mise en sommeil pendant les hostilités. Après la défaite de 1940, le découpage de la France par l'occupant en trois zones, les bombardements par les Alliés des sites stratégiques alourdissent la gestion et portent des coups terribles aux infrastructures. Les postiers paient de leur personne, assurant leur service dans les pires conditions. Leur action dans la Résistance n'est plus à rappeler. À la Libération, les salaires sont dérisoires et les mouvements de grève se multiplient. Cependant dans cette période de New Deal social, les postiers vont bénéficier d'acquis importants : le statut de fonctionnaire (1946) et la création de la Mutuelle générale des PTT (1947), à qui va être confiée la gestion des caisses primaires de sécurité sociale propres aux PTT.

Le budget annexe

ÉTIENNE CLÉMENTEL
1917
Collection des Amis de l'histoire des PTT d'Alsace

Clémentel, député du Puy-de-Dôme, est ministre du Commerce, de l'Industrie et des P et T, de la fin 1915 à la fin 1917. Avant de quitter ce ministère, il remet au président du Conseil un rapport où il dénonce la gestion « fiscale » de l'Administration dont il a eu la tutelle. « Les ressources lui sont mesurées par les possibilités du moment ; elles ne peuvent en général servir à l'application de mesures pressantes devant lesquelles on ne peut reculer ; elles ne permettent donc pas de prévoir et de saisir les occasions de préparer, de réaliser des programmes méthodiques et de longue portée. L'industrie des Postes, n'ayant pas de biens propres, ne peut non plus avoir de programme d'avenir. » Le problème est posé, la Poste est une entreprise à caractère industriel et commercial, il est donc nécessaire que son budget soit séparé de celui de l'État et qu'elle puisse aussi, connaissant ses recettes et ses dépenses, bâtir un programme d'investissements, puisant ses ressources dans l'emprunt, lorsque le besoin s'en fait sentir. Au lendemain de la guerre, des propositions encore plus audacieuses se font jour. Certains parlementaires proposent la création d'une Société nationale où l'État ne conserverait que 50 % du capital, d'autres en profitent pour agiter une autre question, celle de la séparation du « service des postes de celui des communications électriques ». Le Parlement, à l'occasion de la discussion du budget général pour 1923, va mettre en œuvre la réforme que chacun réclame. Tout en admettant la création d'un « budget spécial autonome, qualifié de budget annexe et rattaché pour ordre au budget général », le rapporteur du projet de loi précise toutefois : « Il n'est pas possible d'assimiler tout à fait l'exploitation des Postes à une entreprise industrielle privée qui se propose plus particulièrement de rechercher des bénéfices et de faire fructifier ses capitaux. Il importe donc que l'administration des Postes reste un organisme d'État. Ce qu'il faut lui permettre, c'est d'adapter les méthodes en usage dans le commerce et l'industrie et cela dans les limites compatibles avec les conditions particulières de gestion d'un service public. » Ce que la loi qui est votée consacre, ce n'est pas l'autonomie de gestion des P et T, mais « une autonomie partielle sous le contrôle du Parlement ». Si cette loi permet une réorganisation de la gestion financière et comptable ainsi que le recours à l'emprunt, elle ne donne pas aux décideurs – pour employer un terme actuel – la possibilité d'une politique hardie, seule susceptible de répondre aux besoins, en les anticipant. Sur ce point, le budget annexe se solda par un échec.

Les facteurs ruraux

FACTEUR RURAL EN TENUE D'HIVER
Vers 1930
Carte postale
Musée postal d'Auvergne, Saint-Flour

Son aspect a peu changé depuis 1905. La blouse bleue, à collet rouge, est maintenant abandonnée et remplacée par le veston, dont les revers laissent apparaître la chemise et la cravate. Le statut social du facteur rural s'est amélioré en 1926 : le terme de sous-agent a disparu et a été remplacé par celui d'employé. Son salaire annuel est fixé à 900 francs pour un débutant et s'élève à 1 500 francs en fin de carrière. Mais il continue, dans beaucoup de cas, à faire sa tournée à pied, le courrier dans sa sacoche soutenue par une courroie passée sur l'épaule.

KÉPI DE FACTEUR RURAL
Vers 1920
Tissu et cuir
Musée de la Poste et des Techniques de communication de Basse-Normandie, Caen

De rigide qu'il était, le képi est devenu plus souple. Le passepoil rouge qui entoure le haut de la coiffe est orné d'une cocarde tricolore, avec bouton métallique. La jugulaire au-dessus de la visière n'est que décorative.

GUÊTRES DE FACTEUR RURAL
Vers 1920
Musée de la Poste, Paris

Pendant la guerre de 1914-1918, les soldats d'infanterie portent des bandes molletières en drap qui soutiennent les muscles du mollet. Après les hostilités, les facteurs astreints de longues marches journalières gardent, pour certains, cette habitude. D'autres emploient des guêtres, plus onéreuses à l'achat, mais d'une utilisation plus commode et d'une durée plus longue.

FEMME FACTEUR
Vers 1930
Photographie
Collection particulière

FACTEUR RURAL EN TENUE D'ÉTÉ
1929
Photographie
Collection particulière

VESTE DE FACTEUR-RECEVEUR
Vers 1930
Drap et boutons métalliques
Musée de la Poste, Paris

Le col de la veste est orné des lettres PTT entrelacées, surmontées d'un galon doré. Roger Martin du Gard, dans son roman *Vieille France*, paru en 1933, décrit un facteur-receveur dans son milieu : « À moins d'avoir un goût vicieux pour l'esclavage, l'existence d'un facteur-receveur n'est possible que s'il s'est pourvu d'une femme, et si cette femme tient le bureau. Joigneau a dressé la Mélie... Elle a bien pris le courant. Elle sait recevoir et expédier un télégramme, consulter les tarifs et manier toutes les sortes de carnets à souche. Malgré le grillage et ses vitres dépolies, ce bureau n'est pas une prison. Le bas des murs est un peu salpêtré ; mais le haut est orné d'avis et d'affiches qui égaient. L'odeur est agréable, c'est celle des lieux publics. Et, en effet, il passe du monde au bureau, on ne s'y ennuie jamais longtemps... »

Les femmes avec la fin des hostilités laissent la place aux agents de retour du front. Mais certaines, veuves de facteurs, les remplacent sur leur tournée, comme auxiliaires. L'Administration vient ainsi en aide aux veuves d'agents après le décès prématuré de leur mari. Vêtues d'un sarrau de couleur sombre, elles sont coiffées d'une casquette plate.

CASQUETTE DE FEMME FACTEUR
Vers 1930
Drap et cuir
Musée de la Poste, Paris

Ce type de casquette plate, à fausse jugulaire dorée, est plutôt destiné aux gardiens de bureau. Il a été utilisé – faute de mieux – par les femmes facteurs.

BRASSARD D'AUXILIAIRE
DE LA DISTRIBUTION
Vers 1930
Drap
Musée de la Poste, Paris

Les auxiliaires n'ont pas droit au port de l'uniforme. Pour leur permettre de justifier de leur appartenance à l'Administration, ils sont dotés d'un brassard en drap, à passepoil rouge qui porte l'ins-

cription « Postes et Télégraphes ». Ils sont payés à la journée. Le décret de février 1922 a spécifié que leurs salaires « sont exclusifs de toute indemnité, à l'exception des indemnités pour charges de famille ». Peu à peu cependant cette mesure est perdue de vue, les indemnités afférentes aux postes qu'ils occupent leur sont accordées. Mais par mesure d'économie, en 1931, il est fait application de la décision du décret de 1922. Ainsi à Paris, un auxiliaire voit tomber son salaire journalier de 50 francs à 35 francs.

FACTEUR RURAL
AVEC SA BICYCLETTE
Vers 1920
Carte postale
Collection P. Nougaret

Le développement de l'utilisation de la bicyclette, pour les tournées rurales en particulier, est spectaculaire. À partir de 1920 « un parcours à bicyclette de 8 kilomètres au moins est considéré obligatoirement comme tournée à bicyclette ». Cette décision, qui permet de réduire le temps d'utilisation des agents, n'est pas non plus étrangère à l'application de la loi de huit heures, qui entraîne des vacations plus courtes. La scène se passe à Sylvanes, dans le département de l'Aveyron.

PUBLICITÉ
Vers 1930
Affiche
Musée de la Poste, Paris

Pour vanter leurs produits, les usines de construction de bicyclettes, ici les cycles France-Sport, montrent sur leur affiche des sportifs ou des randonneurs, et bien entendu un facteur rural, usager « utilitaire » de ce moyen de transport.

FACTEUR À MOTOCYCLETTE
1933
Photographie
Musée de la Poste, Paris

Ce facteur de la Drôme choisit de faire sa tournée à motocyclette. Mais l'emploi de la motocyclette ne recueille pas l'approbation de l'Administration. Un texte de 1927 avait précisé qu'elle « ne peut circuler que sur les routes et […] ne se prête nullement à la conduite à la main dans les sentiers, à travers champs, ou dans la desserte des agglomérations ; d'autre part, il serait très difficile dans nombre de villages qui ne possèdent pas de mécanicien d'assurer convenablement la réparation et l'entretien de ces appareils ». On comprend la décision de ce facteur, lorsque l'on sait qu'il dessert Châtillon-en-Diois, bourg situé sur la limite du département des Hautes-Alpes, dans une vallée enserrée par les montagnes, dont certaines culminent à 2 000 mètres.

Sylvanès — Arrivée du Facteur de Fayet devant le Bureau de Poste

PUBLICITÉ
Vers 1930
Affiche
Musée de la Poste, Paris

La marque Motobécane, dont les usines se trouvent à Pantin, propose ses motocyclettes légères aussi bien à une jeune sportive, raquette à la main, qu'à un facteur décontracté, dont la sacoche ne contient apparemment que peu de courrier.

FACTEUR RURAL
Vers 1930
Carte postale
Collection P. Nougaret

FACTEUR RURAL SUR UN MULET
Vers 1930
Carte postale
Collection P. Nougaret

PUBLICITÉ
1936
Affiche
Musée de la Poste, Paris

Deux jeunes élégantes offrent un verre d'apéritif au facteur qui, canne en main, mollets bien serrés dans ses guêtres, vient de leur apporter leur courrier. La légende est savoureuse « Je suis quasiment jeune comme vous ! Quand on boit Byrrh, on a toujours vingt ans. » Mais la réalité est quelquefois plus dure, et il est inutile de rappeler les ravages de l'alcoolisme dans les rangs des facteurs.

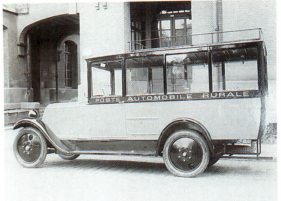

**AFFICHE DE LUTTE
CONTRE L'ISOLEMENT RURAL**
*1927. A. Verecque
Musée de la Poste, Paris*

Bien que les transports en commun par automobile se développent après 1918, de nombreux villages et hameaux situés en dehors des grandes voies de circulation demeurent sans liaison régulière avec la ville voisine. Ceux qui sont dépourvus d'établissements postaux reçoivent très tardivement leur courrier. Ces deux handicaps sont résolus simultanément par l'institution du

**CIRCUIT TYPE
DE VALOGNES-SUD**
*1er avril 1936
Collection particulière*

Ce nouveau mode de desserte de la campagne permet une distribution plus précoce et une expédition du courrier parfois avancée de 24 heures. La poste automobile rurale est d'ailleurs favorablement accueillie par le public. Les municipalités comprennent très vite tout le profit que leurs administrés peuvent tirer de ce service. Elles s'attachent à aider leur développement par une participation financière aux frais d'exploitation, et cela malgré par-

service de la « poste omnibus rurale » avec voyageurs. Le premier circuit est ouvert le 1er septembre 1926 en Corrèze au départ de Beaulieu-sur-Dordogne. Le nom plus juste de « poste automobile rurale » (PAR) remplace rapidement la dénomination d'origine.

**FOURGON DE LA POSTE
AUTOMOBILE RURALE**
*XXe siècle
Photographie
Musée de la Poste, Paris*

Afin de mettre en place son service de la poste automobile rurale, l'Administration postale passe des contrats avec des entrepreneurs privés qui se doivent de respecter certains engagements. Ainsi, la voiture doit posséder un coffre à dépêches garantissant leur sécurité, disposer de 6 à 10 places pour les voya-

geurs, avoir une galerie pouvant recevoir 300 kg de colis postaux, bagages et marchandises diverses, disposer d'une boîte aux lettres fournie par la Poste fixée à l'extérieur du véhicule et accessible aux usagers.

CARNET DE MESSAGERIE
*Milieu du XXe siècle
Collection particulière*

L'objectif de la poste automobile rurale est de lutter contre l'isolement rural. Ainsi, les chauffeurs ont l'obligation de se charger de l'expédition en gare des colis de messagerie et des colis postaux, de faire les commissions de toute nature qui leur sont demandées par les usagers (passer à la pharmacie, à la boulangerie, etc.). En parallèle, la Poste recrute dans les communes des « correspondants postaux » parmi les commerçants locaux, qui procèdent à un certain nombre d'opérations postales, et des « distributeurs communaux », sortes de facteurs intérimaires.

**PLAQUE DE CORRESPONDANT
DE LA POSTE RURALE**
*XXe siècle
Musée de la Poste, Paris*

fois le non-respect par certains chauffeurs des circuits pour des gains de temps et l'encaissement de places sans remises de tickets. Le nombre de circuits ne cesse de se multiplier, preuve de l'intérêt que soulève cette formule. On en dénombre une cinquantaine en 1929 et 391 dix ans plus tard. Après la Seconde Guerre mondiale, le nombre de circuits diminue peu à peu. Cela s'explique par la création de nouvelles lignes de transport public qui empiètent souvent sur les itinéraires de la poste automobile rurale, et par l'apparition à partir de 1952 de la motorisation de la distribution et du guichet annexe mobile. Toutes ces raisons conduisent à la disparition progressive de la PAR au début des années 1980.

Les facteurs de ville

**FACTEURS D'UN BUREAU
DE POSTE URBAIN**
1920
Photographie
Collection des Amis de l'histoire des PTT d'Alsace
Au centre, le receveur entouré de ses deux dames employées ou auxiliaires. Derrière lui, cinq facteurs de ville, avec leur veston-vareuse à col fermé. On distingue bien les guêtres du facteur de droite. Au centre, un facteur de la distribution télégraphique avec sa casquette plate.

**CASQUETTE DE FACTEUR
DE LA DISTRIBUTION TÉLÉGRAPHIQUE**
Vers 1920
Étoffe et cuir
Musée de la Poste, Paris
Ce couvre-chef en drap bleu foncé et tour de coiffe bleu flore porte à l'avant la lettre gothique T. La fleur emblématique du Télégraphe étant le myosotis, l'utilisation de la couleur bleu flore est systématiquement utilisée pour les uniformes, mais aussi pour les formules de télégramme : les fameux « petits bleus ».

**FACTEUR DE VILLE EN TENUE
D'HIVER**
1929
Photographie
Collection des Amis de l'histoire des PTT d'Alsace
Le salaire annuel d'un facteur de ville est le même que celui d'un facteur rural (9 000 - 15 000 francs). Pour sa part, le facteur-chef touche de 10 500 à 13 000 francs. À noter, que le grade de brigadier-facteur disparaît. Il est remplacé par celui d'agent de surveillance qui peut mener au principalat, avec un traitement annuel maximum de 18 500 francs. Le facteur de ville n'assure plus en province que 2 à 4 tournées selon l'importance de la ville. Deux raisons sont données pour expliquer cette situation : « la compression des effectifs imposés par la situation financière et le vote de la loi de 8 heures ; la législation nouvelle a en effet diminué sensiblement le rendement du personnel distributeur, puisqu'il pouvait être astreint précédemment à 10 heures de service par jour. »

CAPE DE FACTEUR
Vers 1930
Drap et boutons métalliques
Musée de la Poste, Paris
Complétant la tenue d'hiver, la cape permet au facteur de se protéger contre la pluie, mais aussi de mettre sa boîte à l'abri.

TRAVAUX PRÉPARATOIRES
AVANT LE DÉPART EN TOURNÉE
Vers 1935
Photographie
Collection des Amis de l'histoire des PTT d'Alsace
Dans la grande salle des facteurs de la recette principale de Strasbourg, les facteurs terminent le coupage de leur courrier. Ce tri qui permet de classer les lettres par quartiers et par rues est réalisé sur table grâce à l'emploi de planchettes intercalaires.

KÉPI DE FACTEUR-CHEF
Vers 1920
Tissu et cuir
Musée de la Poste, Paris
C'est le même képi que celui de facteur, mais avec des passepoils dorés.

GROUPE DE FACTEURS DE VILLE
Vers 1930
Photographie
Collection des Amis de l'histoire des PTT d'Alsace
Devant un camion de transport de dépêches de marque Panhart-Levassor (moteurs sans soupape), on compte un groupe de dix facteurs. À droite, l'avant-dernier du rang, coiffé d'une casquette plate avec l'indication « Postes », est un manutentionnaire. Normalement il devrait être utilisé au chargement et au déchargement des sacs. À gauche, en troisième position, se tient le facteur-chef reconnaissable au galon qui orne les deux extrémités de son collet.

DÉPART EN TOURNÉE D'UN FACTEUR DE VILLE
1935
Photographie
Collection des Amis de l'histoire des PTT d'Alsace

287 *Des Années folles à la fin de la Seconde Guerre mondiale*

AUTOBUS
Vers 1925
Photographie
Musée de la Poste, Paris

Cet autobus, de marque Delahaye, destiné à transporter les facteurs de la capitale sur les lieux de leur tournée, est sur la fin de sa carrière. Sa construction est archaïque : bandes pleines aux roues arrière, entraînement de celles-ci par chaînes, pas de phares. De plus la distribution n'est plus centralisée sur l'unique recette principale de la rue du Louvre. Des bureaux centraux avec distribution ont déjà été ouverts dans le 11e arrondissement (1910), 10e (1912) et 9e (1919). À l'intérieur même de la recette principale, 8 arrondissements sont traités par 8 bureaux indépendants qui attendent d'être transférés dans des locaux situés sur le terrain. Leur construction est malheureusement retardée, faute de crédits.

PUBLICITÉ
Vers 1930
Affiche
Musée de la Poste, Paris

La distillerie Jifran – peut-être frappée par la résistance physique du facteur qui tous les jours assure avec régularité une tournée souvent longue – choisit de le prendre comme personnage central pour sa publicité. Le concepteur jouant sur les mots affirme que cet apéritif au goudron est « le facteur de la santé ».

SIFFLET DE FACTEUR
Vers 1930
Étain
Musée d'Histoire des PTT d'Alsace Riquewihr

Dans certaines régions, les facteurs, au lieu de monter aux étages pour

remettre en main propre des lettres recommandées ou chargées, utilisent un sifflet pour prévenir la clientèle qui descend alors chercher les objets qui lui sont destinés. Ce n'est évidemment pas réglementaire, mais évite des efforts aux facteurs dont les tournées réduites en durée sont de plus en plus chargées. En effet, de 1912 à 1931, le nombre d'objets transportés par le service postal connaît une augmentation de 89 % pendant que les effectifs n'évoluent que de 35 %.

BOÎTE AUX LETTRES MODÈLE DELACHANAL
1918
Tôle
Musée postal d'Auvergne, Saint-Flour

La Mougeotte grand modèle coûtant cher, certaines municipalités rechignent devant l'achat de ces boîtes supplémentaires, pourtant rendues nécessaires par l'extension de certains quartiers et l'augmentation du trafic. La fonderie Delachanal sort alors un grand modèle de boîte en tôle, donc d'un prix de revient moindre. Son toit en forme de pyramide écrasée est orné d'un écusson en cuivre repoussé, sur lequel les lettres R.F apparaissent en relief.

FACTEUR DE VILLE TRINQUANT
Vers 1925. Jules R. Hervé
Huile sur toile
Musée d'Histoire des PTT d'Alsace Riquewihr

Si le facteur sur les affiches publicitaires se laisse aller à l'absorption d'apéritifs divers, dans la réalité c'est plutôt un verre de vin qui l'attend lorsqu'il entre chez un client. Le peintre s'est servi de ce thème en brossant cette scène intimiste. Rapidement le facteur, sans même refermer sa boîte, va trinquer avec le vieil homme qui vient de le servir. Il ne faut pas faire d'affront à la clientèle en refusant, mais éviter en même temps de se mettre en retard.

BOÎTE AUX LETTRES MODÈLE FOULON
1929
Fonte
Musée de la Poste, Paris

Changement d'adjudicataire pour la fourniture des boîtes. Après Delachanal, c'est la maison Foulon fils qui va fournir cet accessoire à l'Administration. Le modèle proposé abandonne les fioritures modern style de la Mougeotte et adopte des lignes simplifiées, très géométriques. Une plaque en fonte est fixée sur le côté gauche, qui permet de donner la liste des heures de relevage.

FACTEUR DES IMPRIMÉS À PARIS
Vers 1925
Photographie
Collection Roger-Viollet

Malgré les dimensions impressionnantes de sa sacoche, ce facteur des imprimés de Paris part avec le double de la charge prévue. On comprend que dans ces conditions la révolte gronde.

GRÈVE DES FACTEURS
1929
Chromolithographie
Collection des Amis de l'histoire des PTT d'Alsace

Le 30 mai 1929, les facteurs d'imprimés de Paris se mettent en grève à la suite d'une réforme bénigne de leur salaire : l'indemnité d'habillement avait été incorporée au traitement, pour améliorer les retraites. La réaction du gouvernement Poincaré est brutale : toute une brigade de facteurs d'imprimés est suspendue de fonction. 191 agents sont ainsi mis à pied. Cette mesure déclenche une grève sur le tas qui est suivie par la presque totalité des facteurs parisiens. Le 5 juin, Poincaré cède : l'indemnité d'habillement est maintenue et les salaires sont revalorisés. Mais une dizaine de facteurs sont révoqués et les 191 facteurs d'imprimés ne peuvent reprendre leur service qu'après un délai variant, selon les cas, de 10 jours à 2 mois, à titre de sanction.

FACTEUR LORS DE LA CRUE DE LA SAÔNE
1935
Collection des Amis de l'histoire des PTT d'Alsace

La Saône, en cet automne 1935, ayant rendu impraticables les chemins d'une école à Saint-Rambert-l'Île-Barbe (Rhône), le facteur auxiliaire, Roger Benas, transporte un à un les petits élèves sur son dos, pour les amener jusqu'à la terre ferme. Cet acte de courage lui valut d'être proposé pour la Légion d'honneur par le ministre des PTT.

Des Années folles à la fin de la Seconde Guerre mondiale

LIVRAISON DES PAQUETS
Vers 1930
Photographie
Musée de la Poste, Paris
Puisqu'il n'est pas question de motoriser la distribution des paquets, les facteurs chargés de ce service utilisent un triporteur à main, dont la fermeture est munie d'un système de sécurité.

RELEVAGE DES BOÎTES À PARIS
1938
Photographie
Collection Roger-Viollet
Dans les années 20, l'Administration passe un accord avec la société du Gaz de Paris pour placer des boîtes aux lettres dans la base de certains candélabres en fonte qui éclairent la voie publique. L'entretien de ces boîtes originales incombe à la société du Gaz, par contre l'Administration s'occupe de la mise à jour de l'indicateur des levées, que l'on voit ici, à droite de la boîte.

FACTEUR « PAQUET » À PARIS
1938
Photographie
Collection Roger-Viollet
Peu avant la Noël 1938, ce facteur « paquet » remet à une concierge une pile de petits paquets et de liasses de journaux. Mais pour le surplus, il a fallu encore avoir recours à un sac postal, posé à même le trottoir.

VOITURE AUTOMOBILE
DE RELEVAGE DU COURRIER
1938
Photographie
Musée de la Poste, Paris
Les tournées de relevage dans la capitale sont enfin motorisées. La Poste a choisi la fourgonnette Simca 5, pouvant transporter 250 kg de charge utile.

NOUVEL UNIFORME DE FACTEUR
Vers 1939
Photographie
Musée de la Poste, Paris

Le veston, à revers classiques, est abandonné au profit d'une veste à col très fermé. Sur les extrémités pointues de ce col apparaît la lettre gothique P brodée en rouge.

VOITURETTE PEUGEOT
Vers 1940
Photographie
Musée de la Poste, Paris

La Simca 5 étant jugée trop onéreuse à l'achat, l'Administration essaie cette voiturette à trois roues construite par Peugeot, pour le relevage des boîtes. La guerre arrêtera la fabrication de ce véhicule.

PUBLICITÉ
Vers 1939
Affiche
Musée postal d'Auvergne, Saint-Flour

L'apéritif « Jifran », peu avant-guerre, met le graphisme de ses affiches au goût du jour et en profite pour rajeunir l'uniforme de son facteur fétiche.

NOUVELLE BOÎTE FOULON GRAND MODÈLE
1930
Tôle
Musée de la Poste, Paris

Comme l'avait fait Delachanal, les établissements Foulon sortent en 1930 des modèles de boîtes en tôle, probablement pour les mêmes raisons. La boîte grand modèle ne se distingue que par l'indication R.F. en lettres entrelacées, placées sur un fond carré. La boîte petit modèle est la simplicité même. Ces boîtes sont peintes soit en bleu, soit en vert.

VESTE DE FACTEUR TENUE D'HIVER
Vers 1939
Drap et boutons métalliques
Musée de la Poste, Paris

Cette veste d'uniforme est fermée par cinq boutons en métal jaune estampé.

SIÈGE DE L'AMICALE
1928
Rue Armand-Moisant
15e arrondissement, Paris

Le 9 décembre 1928, l'inauguration de l'immeuble de la rue Armand-Moisant, siège social et dispensaire de l'Amicale, a lieu en présence du président de la République Gaston Doumergue, du président du Sénat Paul Doumer, du ministre du Travail, de celui de la Prévoyance et de l'Hygiène sociale et du ministre du Commerce, de l'Industrie et des PTT. Dès sa création, le dispensaire devient une plaque tournante dans le dépistage tuberculeux. Appuyant ses recettes sur les consultations, les dons et les subventions, il reçoit, dès 1929, plus de 3 000 consultants. Cinq ans plus tard, le chiffre des consultations aura doublé.

NOUVELLE BOÎTE FOULON PETIT MODÈLE
1930
Tôle
Musée de la Poste, Paris

BANQUET DE L'AMICALE À L'HÔTEL DE VILLE DE PARIS
1937
Photographie
Documentation de la MGPTT, Paris

Avec les banquets, la mutualité postale s'inscrit dans une double symbolique : républicaine et mutualiste. Pas une mutuelle ne déroge à la tradition pour célébrer ses militants et commémorer son histoire. Vitrine de la réussite de la mutuelle, le banquet doit être le plus réussi possible. En 1903, l'Amicale dresse 500 couverts pour son 25e anniversaire, dans les luxueux salons du palais d'Orsay ; en janvier 1924, ce sont 350 convives qui viennent confraternellement festoyer à l'hôtel Continental. La photo ci-dessous représente le banquet de l'Amicale de 1937 tenu à l'Hôtel de Ville de Paris.

SANATORIUM
Photographie
Montfaucon-sur-Lot, Lot

Petit séminaire jusqu'en 1907, l'établissement de Montfaucon-sur-Lot est transformé en station sanitaire sanatoriale pour soldats tuberculeux en 1917 et fermé en 1926. Deux ans plus tard, il est repris par la Fédération des sociétés postales de mutualité afin d'y accueillir les postiers en traitement. Dans les années trente, il est réservé aux femmes et la presse mutualiste multiplie les reportages sur les séjours des « petites sana », jeunes postières fragiles et souriantes dont le courageux combat contre la maladie incarne une volonté de vaincre une maladie qui reste « le Mal ».

Le courrier

TIMBRE-MONNAIE
Vers 1920
Verso
Capsule métallique
Collection Bertrand Sinais

Le timbre-monnaie métallique est constitué de quatre parties : une rondelle métallique de base de 33 millimètres de diamètre, un fond de papier de couleur (rouge, bleu, blanc, vert ou doré), le timbre lui-même (en général une Semeuse à 5, 10, ou 25 centimes) qui représente la valeur fiduciaire et une rondelle transparente de mica qui enferme le timbre.

TIMBRE EN SACHET
Vers 1920
Collection Bertrand Sinais

Ce timbre en sachet, représentant la Semeuse lignée a une valeur de 15 centimes. Les premiers timbres-monnaie, destinés à servir de monnaie de remplacement, apparaissent en 1862 aux États-Unis, pendant la guerre de Sécession. Au lendemain de la Première Guerre mondiale sont créés en France les timbres en sachet : le timbre est placé dans une pochette translucide de cellophane parfois imprimée, mais plus généralement fermée au moyen d'une étiquette imprimée avec la raison sociale de l'émetteur qui rentabilise, par cette publicité, les frais engagés. Du fait de leur fragilité, les timbres en sachet sont supplantés à partir de 1920 par les timbres-monnaie en métal et bien peu sont parvenus jusqu'à nous.

TIMBRE-MONNAIE SEMEUSE VERTE À CINQ CENTIMES
Vers 1920
Capsule métallique
Collection Bertrand Sinais

Le timbre-monnaie représente ici la Semeuse verte. Les timbres-monnaie sont des monnaies de nécessité destinées à pallier la pénurie de petite monnaie dans les années qui suivirent la Première Guerre mondiale. Le brevet d'invention est déposé par Édouard Bouchaud-Praceiq, le 29 mars 1920, et la marque de fabrication « F.Y.P. » (« fallait y penser ») est lancée avec pour objectif de « désigner un jeton composite acceptable comme monnaie courante et susceptible d'application en publicité ».

TIMBRE-MONNAIE
Vers 1920
Verso
Capsule métallique
Collection Bertrand Sinais

On rencontre essentiellement deux métaux : l'aluminium pour les timbres-monnaie estampés et le fer-blanc pour les timbres-monnaie dont le dos porte une impression en couleurs.

TIMBRE-MONNAIE
Vers 1920
Verso
Capsule métallique
Collection Bertrand Sinais
Plusieurs centaines de timbres-monnaie sont émis dont le plus courant est celui du Crédit lyonnais (12 tirages), d'autres ne sont connus qu'à quelques exemplaires.

CARNET DE TIMBRES-POSTE
1922-1937
Intérieur
Collection Bertrand Sinais
À partir de 1922 apparaissent les publicités sur les couvertures, mais aussi sur les bandelettes de timbres. De 1922 à 1937, le concessionnaire publicitaire est Carlos Courmont, 28, rue Bergère à Paris. De cette époque datent les plus beaux carnets, très recherchés par les collectionneurs thématistes. De 1937 à 1950, le concessionnaire est l'imprimerie Delrieu. Peu à peu, les publicités s'affadissent et les grands carnets disparaissent au début des années 1960 pour faire place à de petits carnets uniquement fonctionnels, destinés aux distributeurs automatiques.

CARNET DE TIMBRES-POSTE
1922-1937
Extérieur
Collection Bertrand Sinais

CARNET DE TIMBRES-POSTE
1922-1937
Intérieur
Collection Bertrand Sinais
Après des essais réalisés en 1904, les premiers carnets apparaissent en 1906. Les couvertures comportent des instructions postales.

CARNET DE TIMBRES-POSTE
1922-1937
Intérieur
Collection Bertrand Sinais

FAUX TIMBRE-POSTE
1923. 25 c Semeuse, faux de Nice
Lettre de Nice pour Lyon taxée à 50 c
Musée de la Poste, Paris

En 1922, le port de la lettre est de 25 centimes. À la suite de la découverte d'une baisse importante des achats de timbres chez les débitants de tabac, l'administration des Postes diligente une enquête. Il s'avère que les régions de Nice et de Marseille utilisent de faux timbres-poste d'avril 1922 à février 1923. Plus de 8 millions de timbres sont distribués par les débits de tabac. La police arrête deux femmes (mère et fille) qui se livrent à ce trafic. L'enquête remonte jusqu'à un graveur toulousain du nom de Paul. Ce personnage est connu pour la création de faux timbres-poste pour collectionneurs. Cette lettre avec un faux pour tromper la poste est saisie par le commissariat de police qui appose son cachet au verso.

CARTE POSTALE COMMÉMORATIVE
1924
Justificatif de tirage
Deux cartes postales
Musée de la Poste, Paris

L'Administration crée pour la première fois une carte postale avec un timbre-poste commémoratif : « Milon de Crotone » à l'occasion des VIIIe Jeux olympiques à Paris.

EMPREINTE MACHINE DAGUIN
3 août 1940
Carte postale pour Saint-Tropez
Collection particulière

La machine Daguin consiste en un support articulé sur lequel est montée une couronne ordinaire de timbre à date, tandis que l'encrage est effectué directement par un tampon mobile. Le rendement horaire est de l'ordre de 3 000 lettres. Bien que robuste et d'un faible coût, cette machine n'en demeure pas moins d'un maniement malaisé. En effet, le coup d'œil et le tour de main de l'opérateur se révèlent indispensables pour obtenir un résultat correct. C'est pour cette raison que de nombreux bureaux à trafic moyen, bien qu'équipés de ces nouvelles machines, préfèrent continuer un certain temps à timbrer à la main.

OBLITÉRATION PAR MACHINE DAGUIN AVEC FLAMME PUBLICITAIRE
1924
Carte postale de Senlis pour Vincennes
Musée de la Poste, Paris

De 1923 à 1967, le timbre à date est jumelé à une flamme publicitaire. Puis vers 1950, certains bureaux remplacent la flamme publicitaire par une flamme muette qui comporte 5 lignes ondulées. La machine Daguin, à faible rendement, est souvent utilisée dans les petits bureaux. L'impression de l'empreinte s'effectue au coup par coup.

MACHINE À OBLITÉRER KRAG 2e GÉNÉRATION
1921-1959
Musée de la Poste et des Techniques de communication de Basse-Normandie, Caen

À la suite d'essais effectués en 1921 à Paris, le comité technique postal donne un avis favorable le 22 juillet 1922 pour la mise en exploitation de la machine Krag deuxième génération. Bien qu'ayant un rendement horaire inférieur à la machine Flier, 18 000 lettres contre 30 000, elle séduit par sa robustesse et sa facilité d'utilisation. Commandée à des centaines d'exemplaires, elle équipe la plupart des bureaux postaux dont le trafic des lettres s'avère important. Cela représente un marché conséquent. En effet, 4 000 bureaux sur les 17 000 que compte l'ensemble du réseau doivent être dotés de machines. Les autres, en province surtout, continuent à effectuer ce service manuellement. La machine Krag est définitivement abandonnée en 1969.

MACHINE À OBLITÉRER SAVAVA
1926-1931
Collection particulière

La société dite Savava, société anonyme des Établissements Delachanal, implantée en région parisienne, demande le 25 juillet 1924 un brevet d'invention intitulé « Perfectionnements aux machines à oblitérer les timbres des plis postaux ». La machine Savava n'est toutefois mise en service qu'en 1926, et cela dans une dizaine de bureaux. Elle est retirée par manque de fiabilité en 1931. La société anonyme des Établissements Delachanal est dissoute le 13 janvier de la même année. Parallèlement, une machine électrique à grand rendement d'origine anglaise, la machine à oblitérer Frankers, est conçue par la société Universal Postal Frankers. Elle peut traiter jusqu'à 30 000 lettres à l'heure. Elle est mise en service à Paris, à Lille et à Lourdes en 1931. La flamme est toujours située à droite et le dateur se présente à double cercle. La dernière machine est retirée du service en 1948.

MACHINE À OBLITÉRER RBV
1932
Musée de la Poste des Pays de Loire, Nantes

En 1932, l'administration des Postes désire se fournir en machines à oblitérer fabriquées en France. Elle répond ainsi au souhait du gouvernement d'imposer des mesures protectionnistes en vue de soutenir l'industrie française après la crise de 1929. La première machine construite dans sa totalité en France est l'œuvre de la société « L'Outillage RBV », fondée en 1916. Il existe deux versions différentes, l'une électrique et l'autre à manivelle. Cette machine se différencie du point de vue technique des précédentes par l'adoption d'un séparateur à ventouse au lieu du classique séparateur à rouleaux caoutchoutés utilisé auparavant. Elle est installée dans plusieurs bureaux parisiens et de province à partir de 1932 avant de disparaître en 1958. Certains exemplaires sont toutefois encore utilisés jusqu'en 1967.

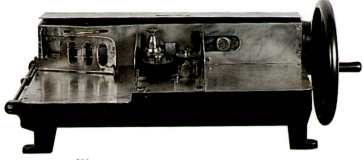

MACHINE À AFFRANCHIR TIRANTY
1923
Musée de la Poste, Paris

EMPREINTE DE MACHINE
À AFFRANCHIR HAVAS TYPE A
1930
*Machine Havas type A à valeur unique
louée aux Établissements Thieffry
Lettre de Lille pour Paris
Musée de la Poste, Paris*

MACHINE À AFFRANCHIR TYPE A
1924
Havas
Musée de la Poste, Paris

Des recherches sont entreprises pour simplifier l'affranchissement du courrier par le moyen d'une empreinte directe sur les plis. Dès 1899, l'inspecteur postal Baumann de Ratisbonne, en Bavière, présente une première invention, suivie bientôt par d'autres dépôts de brevets dans divers pays, en Norvège en 1903, aux États-Unis en 1904, en France en 1919. Il faut toutefois attendre le 30 novembre 1920 pour qu'une convention postale internationale admette enfin ce nouveau procédé d'affranchissement. La France ratifie cette convention par la loi de finances du 30 juin 1923. Le 14 décembre, l'Administration française des Postes signe une première convention avec l'agence Havas, qui vient d'acquérir le brevet français de l'ingénieur Tiranty. Une première machine est alors fabriquée, le type A. Elle ne délivre alors qu'une valeur unique d'affranchissement, 25 centimes. Le premier client français à l'utiliser est la Société nouvelle de publicité, le 26 mai 1924 à Paris. La réglementation française prescrit alors l'emploi exclusif d'encre de couleur rouge vif pour les machines à affranchir afin de les distinguer des machines à oblitérer.

EMPREINTE DE MACHINE À
AFFRANCHIR HAVAS TYPE B
19 octobre 1956
Lettre de Perpignan
Collection particulière

Une deuxième machine à affranchir apparaît sur le marché français dès 1925. Le brevet, déposé par Grandjean, est aussi acheté par la société Havas.

Cette machine se distingue de la précédente par le fait qu'elle propose 6 valeurs d'affranchissement différentes. Une petite série de cette machine, après quelques modifications, sert du 25 juin au 6 juillet 1940 dans des bureaux de poste, afin de produire des vignettes en remplacement des timbres-poste manquants.

EMPREINTE DE MACHINE À AFFRANCHIR HAVAS TYPE C
23 mars 1956
Lettre de Perpignan
Collection particulière

En 1926 et 1927, l'administration française interdit l'utilisation de deux machines, Francotyp et Hasler, parce qu'elles étaient étrangères. Cependant, après adjonction de pièces françaises, la machine Francotyp est enfin agréée le 18 septembre 1930, tandis que le brevet est de nouveau acquis par la société Havas. Elle se rencontre sous l'appellation de type C. Certaines sont toujours en service aujourd'hui.

EXPOSITION INTERNATIONALE DE TIMBRES-POSTE
1925
Bon à tirer du bloc-feuillet
Musée de la Poste, Paris

La première exposition philatélique internationale se tient à Paris en 1892. En 1925, l'exposition se déroule au pavillon de Marsan, dans le palais du Louvre du 2 au 12 mai, et présente au public 298 collections. L'administration des Postes émet un bloc commémoratif avec un bloc de 4 timbres type Paix et Commerce, dit type Sage, à 20 F de valeur faciale, vendu 25 F. La surtaxe de 5 F correspond au prix d'entrée de l'exposition. 50 000 blocs-feuillets sont imprimés. Après le succès de cette exposition, l'administration des Postes émettra 9 blocs commémoratifs de 1927 à 1994, permettant le financement de ces grandes manifestations internationales. La prochaine exposition philatélique internationale Philexfrance aura lieu du 19 au 28 juin 1999 à Paris pour le 150e anniversaire du timbre-poste français.

TIMBRE DE POSTE AÉRIENNE
1928
Lettre postée sur le paquebot Île-de-France pour Le Havre.
Timbre 1,50 F Pasteur surchargé 10 F
Musée de la Poste, Paris

Ce timbre fut utilisé à bord du paquebot Île-de-France pour le courrier acheminé en poste aérienne. N'ayant plus de timbres à 10 F pour le courrier aérien, le contrôleur des postes du paquebot décide de faire surcharger à New York 3 000 timbres 90 c Berthelot et 1 000 timbres 1,50 F Pasteur d'une valeur de 10 F (surtaxe aérienne) avec l'autorisation du consul de France. L'hydravion, embarqué sur le paquebot Île-de-France de la ligne Le Havre – New York, est catapulté à proximité des côtes de France lors de son voyage retour, le 23 août 1928, et achemine le courrier, justifiant la surtaxe aérienne de 10 F.

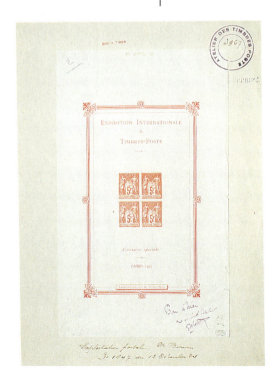

CACHET DE RECETTE AUXILIAIRE
25 septembre 1934
Lettre de La Preste pour Bouliac
Collection particulière

Pour desservir les populations éloignées d'un bureau principal aussi bien en ville qu'à la campagne, des petits bureaux sont créés à la fin du XIXe siècle. Ils ne sont pas distributeurs, et se rencontrent sous le terme de « recettes auxiliaires urbaines » et « recettes auxiliaires rurales ». Ils se caractérisent par le cachet à date hexagonal à trait continu. Ce matériel disparaît en 1967 au profit du cachet unique sur lequel figure le numéro du département.

TIMBRE PRÉOBLITÉRÉ
1938
Type Paix préoblitéré
Feuille modèle de 100 timbres
avec surcharge 80 c inversée
Musée de la Poste, Paris

Les timbres préoblitérés sont oblitérés à l'avance pour les envois en nombre d'imprimés afin d'accélérer leur distribution. En 1893, l'administration des Postes incite les maisons de commerce à utiliser les timbres préoblitérés. Pour ce faire, elle utilise des timbres d'usage courant, type Paix et Commerce, dit type Sage, qu'elle annule au rouleau. Devant le peu de succès, cette expérience est abandonnée. En 1920, l'expérience est reprise à Paris où les timbres Semeuse sont surchargés : Postes/Paris/1920. Ce nouvel essai étant concluant, la préoblitération est généralisée dans toute la France le 1er octobre 1921. Puis on adopte un type unique de surcharge à partir du 1er septembre 1922 « Affranchts/Postes ».

CARTE-LETTRE ILLUSTRÉE
1938
Carte-lettre n° 7, Compiègne,
Saint-Germain-en-Laye, Versailles
Impression par Desfossés-Néogravure
Paris
(30 × 16 cm)
Musée de la Poste, Paris

L'Administration crée une carte-lettre illustrée à trois volets avec onglets gommés pour la fermeture. Vendue 90 c pièce par pochette de 10, chaque carte-lettre est numérotée. Le timbre est inédit et représente les armes de l'Île-de-France. Chaque série est différente et comporte des vues touristiques des villes de la région Île-de-France.

POUR LE MUSÉE POSTAL : LA LETTRE
1939. Jules Piel
Maquette du timbre-poste
Crayon
(32 × 22 cm)
Musée de la Poste, Paris

Georges Mandel (1885-1944), ministre des PTT, décide de créer un musée postal en 1936. Un timbre-poste commémoratif est émis le 6 juillet 1939 : « Pour le musée postal : La Lettre. » Dessiné et gravé en taille douce par Jules Piel (1882-1964), il représente le tableau *La Lettre* de Jean-Honoré Fragonard (1732-1806). Ce timbre à 40 c, grevé d'une surtaxe de 60 c, sert à l'affranchissement des cartes postales avec 5 mots au plus dans le régime intérieur (tarif du 17 novembre 1938). Le timbre est vendu au public à 1 030 000 exemplaires. Il est retiré de la vente des bureaux de poste le 9 novembre 1940. Le produit de la surtaxe est affecté au financement des aménagements muséographiques et à l'installation du musée postal dans l'hôtel Choiseul-Praslin, rue Saint-Romain à Paris, ainsi qu'à l'achat de pièces de collection.

CACHET D'ÉTABLISSEMENT SECONDAIRE
15 juin 1943
Lettre de Calmeilles
Collection particulière

Après la Première Guerre mondiale, des établissements secondaires voient le jour dans les petites communes dépourvues de bureaux, mais aussi dans certains grands magasins. Il s'agit des agences postales et des correspondants postaux de la poste automobile rurale. Ils sont caractérisés par un cachet à date hexagonal à traits discontinus. L'ensemble de ces cachets à date spéciaux, mis à part ceux des correspondants postaux déjà supprimés dans les années soixante, sont remplacés par le cachet circulaire de modèle unique en 1967.

Les attaques contre le monopole

**FACTEUR APPORTANT
LES ÉTRENNES DU CARTEL**
1925
Caricature
Collection P. Nougaret

Après le Bloc national qui gouverne la France de 1919 à 1924, c'est le Cartel des gauches (radicaux et socialistes) qui prend le pouvoir. Mais ce Cartel sous la houlette des Herriot, Painlevé et Briand se heurte aux problèmes financiers. Des projets comme celui d'un impôt sur le capital cabre les banques et les gros porteurs. La légende de la caricature veut traduire pour sa part la réaction du Français moyen qui s'insurge contre d'éventuelles augmentations d'impôts : « De l'argent on peut en trouver : il n'y a qu'à vendre les monopoles. » On voit que l'organe de la presse qui diffuse ce dessin fait d'une pierre deux coups. Il cherche à associer le Français moyen à la politique destinée à abattre le Cartel (alors que ses intérêts à lui, le Français moyen, ne sont que bien peu en péril) et suggère de vendre les monopoles, idée que propose la droite libérale (on a déjà vu la réponse du Bloc national qui, en 1923, a maintenu le service public, en créant le budget annexe des PTT).

MONOPOLE DES PTT
Vers 1925
Affiche
Musée de la Poste, Paris

Une série d'affiches s'attaquent au monopole des PTT, en s'en prenant à ses différentes composantes : la poste qui fonctionne mal, le service télégraphique que l'on compare à une tortue, le téléphone qui est servi par du personnel incompétent. Sur une affiche qui représente la « pieuvre étatiste » qui tient déjà le facteur dans ses tentacules, les futures victimes sont désignées : « Mines, Assurances, Boissons, Sucre, Pétrole, Mutualité agricole ». On voit que la caricature précédente est destinée à appuyer cette vaste campagne développée par les partisans d'un libéralisme sans frein. Le franc atteignant son cours le plus bas en juillet 1926, Poincaré forme un ministère d'Union nationale. Il laisse de côté les propositions des libéraux mais entreprend de dévaluer le franc, en accompagnant cette mesure par une série d'économies spectaculaires. Ainsi les PTT voient le 7 octobre 1926 disparaître leurs directions départementales, regroupées au sein de 16 directions régionales. Dans son rapport remis à Poincaré, Maurice Bokanowski, alors ministre de tutelle, écrit : « Non seulement on peut attendre des économies appréciables de l'ensemble de ces mesures, mais leur intérêt primordial réside dans les simplifications apportées à la marche du service. » En réalité, cette réforme sera un échec et à partir de 1929, les directions départementales seront à nouveau pourvues progressivement de chefs de service.

LES MONOPOLES
Vers 1925
Affiche
Musée de la Poste, Paris

DIRECTION DÉPARTEMENTALE
Vers 1930
Photographie
Collection particulière

Après l'abrogation de la réforme Poincaré, la direction départementale de Saône-et-Loire, dont les effectifs avaient été envoyés à Dijon, est reconstituée en 1930. La photographie montre le personnel de cette direction groupé autour de son directeur Fauchereau. Elle compte 11 femmes : dames-commis, dames-employées, dames-dactylographes, et 26 hommes. Parmi eux, 5 inspecteurs, 3 pour la Poste et 2 pour les services électriques. Le reste du personnel masculin se répartit entre les grades suivants : rédacteurs, commis d'ordre, expéditionnaires, agents de surveillance, manutentionnaires et plantons.

Les bureaux

**PLAQUE INDICATRICE
DE BUREAU DE POSTE**
1924
Tôle émaillée
Musée de la Poste, Paris

La firme Citroën lance en 1924, une campagne publicitaire à base de panneaux indicateurs touristiques. Ils portent en plus du nom d'un site, le fameux « chevron » de la marque. Ici le panneau sert à renvoyer vers un bureau de poste proche. On voit que l'on a choisi la version au pluriel qui se justifie de moins en moins pour « Poste », et néglige allègrement le téléphone.

Télégraphes devient officiellement l'administration des Postes, Télégraphes et Téléphones (le tout au pluriel). Le bulletin mensuel lui-même ne s'intitule *Bulletin officiel des PTT* que le 1er janvier 1929. Mais cette abréviation simple était déjà employée depuis longtemps par le public.

FAÇADE DE BUREAU DE POSTE
Vers 1930
Carte postale
Collection particulière

Cette façade de bureau de poste (peut-être à Paris ou dans la région parisienne) montre l'état de sous-équipement de la Poste, dans les années trente. Le panneau-enseigne est délavé au point que l'on voit l'ancienne inscription par transparence. L'aspect de la vitrine est vieillot, les boîtes aux lettres rafistolées. Même l'entretien laisse à désirer : les vitres sont maculées de boue et ne sont pas nettoyées.

**PLAQUE HORAIRE
D'UN BUREAU DE POSTE**
Vers 1930
Tôle émaillée
Musée de la Poste, Paris

Cette plaque permet de connaître les vacations des employés, dans un bureau de poste de quartier pendant les années trente. 5 heures le matin et l'après-midi (sauf en hiver, où le service matinal est réduit à 4 heures). Le dimanche et les jours fériés, le bureau est ouvert toute la matinée. Précisons que la semaine de 40 heures n'est accordée temporairement aux postiers que le 1er avril 1938, mais « sans renfort de personnel ». Point important, cette réduction du temps de travail laisse les salaires intacts.

ENSEIGNE DE BUREAU DE POSTE
Vers 1930
Fer forgé et verre
Musée de la Poste, Paris

Cette enseigne inhabituelle par sa présentation esthétique porte l'inscription « PTT ». Elle a été pendue devant le bureau de Noailles (Oise). L'abréviation « PTT » suit un long cheminement avant d'être adoptée officiellement. Elle apparaît la première fois dans le *Bulletin mensuel des P et T* à propos du « Livre d'or des PTT » et tend à se répandre dans les textes officiels, à partir de 1918. Par la loi du 17 juillet 1925, l'administration des Postes et

301   *Des Années folles à la fin de la Seconde Guerre mondiale*

ARMOIRE POUR TÉLÉPHONE PUBLIC
1935
Fonte
Musée de la Poste et des Techniques de communication de Basse-Normandie, Caen

Pendant les heures de fermeture des bureaux de poste, il est possible de téléphoner grâce à ces « cabines », dont l'aspect extérieur rappelle celui des Mougeottes, dans un style un peu moins chargé.

POSTE TÉLÉPHONIQUE À PRÉPAIEMENT
1935
Tôle et plaque émaillée
Collection des Amis de l'histoire des PTT d'Alsace

Pour équiper les armoires murales placées sur la façade des bureaux de poste, l'Administration passe un marché avec la société Dunyach et Leclert. Cette dernière construit en 1935 cet appareil à prépaiement. Le modèle pour les réseaux à batterie locale comporte une manivelle pour actionner la magnéto fournissant le courant d'appel.

GUICHETS D'UN BUREAU DE MOYENNE IMPORTANCE
Vers 1930
Bois et verre
Collection des Amis de l'histoire des PTT d'Alsace

Le meuble de guichet qui équipait le bureau de Meursault (Côte-d'Or)

maintient le système de séparation public-employés par une cloison (ici en bois avec des vitres en verre martelé). La recherche esthétique se réduit à des pommeaux ornementaux placés au sommet de cette cloison (reconstitution dans le cadre d'une exposition).

TIMBRE À DATE
Vers 1930
Bois
Collection des Amis de l'histoire des PTT d'Alsace

Instructions, imprimés et registres, boîte à monnaie, « cheveux » pour fermer les sacs, pince à sceller les plombs ont été regroupés sur la surface de travail intérieur du guichet de Meursault. On distingue aussi le tampon encreur en feutre, enfermé dans une boîte métallique pour éviter que l'encre ne sèche trop vite. Ce tampon est utilisé pour encrer les timbres à date. Ce modèle peu courant comporte un système de mise à jour par bagues rotatives

incluses dans l'appareil. D'une manière plus générale, la mise à jour des timbres à date se fait à partir de caractères métalliques mobiles (jour, mois, année, heure) contenus dans ce que l'on appelle la « boîte à caractères ». Leur mise en place dans la couronne du timbre est facilitée par l'emploi d'une pince spéciale à becs latéraux. Le récipient pour faire chauffer la cire sert au scellement de plis ou sacs « chargés », envoyés par le bureau. Ils sont désignés sous l'appellation de « chargements à l'office ». La cire reçoit l'empreinte de cachets en cuivre où figure l'indication « Postes et Télégraphes » et le nom du bureau.

CACHET POUR LES EMPREINTES EN CIRE
Vers 1930
Bois
Collection des Amis de l'histoire des PTT d'Alsace

BOÎTE À CARACTÈRES ET PINCE
Vers 1930
Musée de la Poste des Pays de Loire Nantes

GUICHETS D'UN BUREAU IMPORTANT
Vers 1925
Carte postale
Collection particulière

En dehors des peintures murales représentant des scènes rurales, on note dans la salle d'attente du bureau de Chartres (Eure-et-Loir) la signalétique des guichets constituée par une série de potelets en fer forgé à l'aspect décoratif. La séparation public-employés en est rendue moins rébarbative. Elle est néanmoins marquée par des glaces basses et des portillons grillagés.

POSITION DE GUICHET
Vers 1930
Collection des Amis de l'histoire des PTT d'Alsace

TAMPON ENCREUR
Vers 1930
Collection des Amis de l'histoire des PTT d'Alsace

Des Années folles à la fin de la Seconde Guerre mondiale

DISTRIBUTEUR D'IMPRIMÉS
Vers 1930
Bois et plaques émaillées
Musée de la Poste, Paris
Certains imprimés sont mis à la disposition du public (formules de recommandation, télégrammes, etc.). Pour éviter le gaspillage, des distributeurs de ce type sont installés dans les salles de guichets.

EMPLOYÉS ET PUBLIC DANS UN BUREAU DE POSTE
Décembre 1924
Dessin plume et crayon
Musée de la Poste, Paris
L'artiste, sur un carnet de croquis, a dessiné : en bas, l'aspect des employés penchés sur leur travail et, en haut, la queue des clients qui attendent d'être servis. La scène se passe dans le bureau de poste de la rue de Rennes et de la rue du Four, à Paris.

UNE SCÈNE DE GUICHETS
1938
Dessin d'almanach
Collection des Amis de l'histoire des PTT d'Alsace
La signalétique permet de juger de la répartition des tâches entre les différentes positions de travail. Le guichet n° 2 est réservé aux « Mandats français, Vente de timbres-postes, Poste restante ». Le n° 3, aux « Télégramme, Poste aérienne, Obligations ». La mention « Timbres-postes » n'est pas correcte sur le plan orthographique, il aurait fallu écrire « Timbres-poste », à moins que ne ressurgisse là encore l'idée de Poste au pluriel qui reste très utilisée contre toute logique.

PAIEMENT D'UN MANDAT AU GUICHET
Vers 1938
Carte postale
Collection particulière
Il faut justifier de son identité pour toucher le montant d'un mandat. Le caricaturiste Cheval joue habilement sur les mots.

**TRI DU COURRIER DE DÉPART
DANS UN PETIT BUREAU**
*Vers 1930
Reconstitution
Collection des Amis de l'histoire des PTT d'Alsace*

Dans les petits bureaux, les facteurs, lorsqu'ils reviennent de tournée, peuvent

participer à l'oblitération et au tri des plis qu'ils ont relevés dans les boîtes de leur circuit et dans celle du bureau. Les lettres une fois triées sont placées dans des sacs qui sont pris en charge par un courrier d'entreprise ou transportés jusqu'à la gare la plus proche. Là encore, le facteur peut intervenir pour ce transport.

**TRI DU COURRIER DE DÉPART
DANS UN BUREAU MOYEN**
*1927
Carte postale
Musée de la Poste, Paris*

Les lettres triées, à gauche, par une femme assise devant un casier sont mises en liasse par un manutentionnaire en casquette plate, qui les porte à 3 agents (2 femmes et 1 homme). Ces derniers forment les dépêches en attachant un collier à la gorge des sacs correspondants. Au premier plan, une femme pousse une corbeille en osier remplie de courrier à trier.

**CORBEILLE ROULANTE
POUR LE TRANSPORT DU COURRIER**
*Vers 1930
Osier et métal
Musée de la Poste, Paris*

La corbeille est désignée dans les bureaux sous le nom familier de « cocotte ». Elle possède cette particularité d'être équipée de trois roues seulement, ce qui permet de l'orienter avec facilité dans des locaux souvent encombrés par des sacs et des obstacles divers.

ALMANACH DES P ET T
*1926
Chromo et carton
Musée de la Poste, Paris*

Les facteurs continuent de distribuer leurs calendriers, à l'occasion du renouvellement de l'année. Les illustrations qui les ornent flattent le goût d'une clientèle populaire pour les scènes d'évasion : ici, des vacances au bord de la mer, au milieu d'un paysage méditerranéen. Mais il faudra attendre encore

dix ans pour que cette image ne représente plus les loisirs réservés à quelques privilégiés, avec l'instauration des congés payés par le Front populaire.

TARIFS DES PTT
*1er juin 1930
Brochure
Collection des Amis de l'histoire des PTT d'Alsace*

Éditée par la section syndicale des agents des PTT des bureaux mixtes de la Seine, cette brochure est ornée d'un frontispice qui rappelle les trois fonc-

tions des PTT : un guichet avec des lettres ordinaires et chargées pour la Poste ; un appareil pour le Téléphone. Le Télégraphe a la part belle, avec à gauche un récepteur Morse et à droite un Sounder. Ce petit livret donne l'ensemble des tarifs pour les trois services. On sait que depuis 1920 et les attaques de Millerand, les syndicats des PTT sont considérés comme illégaux. Cependant différents groupes professionnels restent très actifs et, biaisant avec la loi, continuent à porter le nom de syndicat, comme cette section parisienne qui vend cet annuaire à son profit.

SOUNDER
Vers 1930
Tôle et cuivre
Musée de la Poste et des Techniques de communication de Basse-Normandie Caen

Le Sounder est un appareil récepteur de signaux Morse par le son, d'où son nom. À l'arrivée, les signaux sont reproduits par les claquements irréguliers d'un levier attiré par un électro-aimant. Cet appareil a l'inconvénient de ne pas laisser de trace, mais coûte beaucoup moins cher que le récepteur Morse à bande. L'Administration en dote donc les bureaux au trafic limité.

POSTE TÉLÉPHONIQUE MARTY
1910
Bois et métal
Musée de la Poste, Paris

Après les appareils Morse et Sounder, les bureaux de poste sont équipés d'une ligne téléphonique pour les besoins du service, mais elle sert aussi à relier la cabine que les plus importants d'entre eux possèdent dans la salle des guichets. Le poste Marty est un appareil mobile à batterie locale, il a donc besoin d'être alimenté par une pile. D'autre part, l'appel est envoyé grâce à une magnéto incorporée.

CABINE TÉLÉPHONIQUE DE BUREAU DE POSTE
Vers 1930
Reconstitution
Musée de la Poste et des Techniques de communication de Basse-Normandie Caen

La cabine qui équipe la salle des guichets des bureaux de poste est constituée par un habitacle en bois. Les parois et la porte sont insonorisées pour préserver la confidentialité des conversations. L'aération, lorsque la cabine est fermée, est maintenue par une chicane montée dans le plafond. L'appareil fixé dans cette cabine est un Marty mural (1910). La pile qui l'alimente est placée dans la boîte qui se trouve sous l'appareil, et dont le couvercle peut servir de pupitre.

PLAQUE CABINE TÉLÉPHONIQUE
Vers 1930
Tôle émaillée
Musée de la Poste et des Techniques de communication de Basse-Normandie Caen

Les établissements qui disposent d'une cabine téléphonique sont signalés à l'intention du public par cette plaque.

**PENDULETTE SERVANT
À LA TAXATION TÉLÉPHONIQUE**
Vers 1930
Cuivre et cadran émaillé
*Musée de la Poste des Pays de Loire
Nantes*

Dans les bureaux équipés d'une batterie de plusieurs cabines, la gérante chargée de la surveillance des communications (qui sont taxées à la distance et à la durée) dispose d'une pendulette fabriquée en Suisse par la firme Zenith. Au début de la conversation, elle déclenche l'aiguille qui fait un tour de cadran en 12 minutes. Si la durée de la communication excède les 12 minutes, la petite aiguille du haut entre en action. Pourquoi cette division du cadran principal de 3 en 3 minutes ? Tout simplement parce que la taxation téléphonique se fait à partir d'unités de 3 minutes. En 1930, une communication locale demandée à partir d'une cabine coûte 0,50 F par unité. Les gérantes de cabine qui font partie du personnel d'un bureau de Poste, débutent en 1929 avec un salaire annuel de 8 500 francs, comme les dames-employées. Mais elles plafonnent à 10 500 francs alors que le traitement maximum des dames-employées est fixé à 15 000 francs.

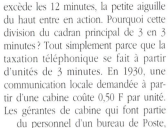

LES TÉLÉPHONISTES
1920
Caricature
Musée de la Poste, Paris

Dans les bureaux importants, ce n'est plus un standard mais plusieurs qui permettent le raccordement des abonnés du réseau. Chaque employée est alors assignée en permanence à la desserte du standard qui lui est attribué. La caricature reproduite est très irréaliste car, en 1920, il est encore impossible de téléphoner dans les cinq parties du monde, comme le laisse entendre le dessinateur Pem.

STANDARD TÉLÉPHONIQUE
1933
Bois et cuivre
Musée postal d'Auvergne, Saint-Flour

Le meuble commutateur, qui équipe les petits bureaux de poste, est le standard à 25 ou 50 directions. Chaque abonné du réseau dont le bureau est tête de ligne est raccordé à un petit volet dont on voit l'ensemble dans la partie supérieure du meuble. Lorsqu'un abonné appelle, le volet tombe. Dans le cas de l'illustration, trois abonnés ont appelé. Pour leur répondre, l'agent enfonce le jack d'un dicorde (en bas sur le keyboard) dans le trou correspondant à l'appel (position basse du standard). Si l'abonné demandeur veut être raccordé à un abonné local, l'agent enfonce le deuxième jack du dicorde dans le trou correspondant, et actionne la sonnerie de ce dernier en inclinant une clef et en envoyant le courant d'appel, grâce à une magnéto. Si la demande concerne un abonné hors réseau local, l'opérateur enfonce le deuxième jack du dicorde dans le trou correspondant au circuit reliant le bureau au central interurbain dont il dépend, qui lui donnera alors la communication. Le montant annuel d'un abonnement est à cette époque de 250 francs pour un réseau comptant entre 50 et 200 abonnés, avec un forfait minimum de 20 communications locales, soit 50 francs. Les communications locales supplémentaires sont taxées à 0,25 F par communication, et les communications interurbaines le sont à l'unité. Le standard ici reproduit a été équipé tardivement pour l'appel automatique du centre de rattachement, d'où la présence d'un cadran qui n'est pas d'époque.

CASQUETTE D'AGENT DES LIGNES
Vers 1930
Drap et cuir
Musée de la Poste, Paris

L'agent chargé de l'installation et de l'entretien des lignes téléphoniques reçoit un uniforme, complété par une casquette sur laquelle est brodée une étoile entourée d'éclairs. Les bureaux de Poste qui gèrent un central téléphonique, possèdent dans leur personnel un agent de l'espèce. Son salaire annuel, s'il débute au même échelon que celui des facteurs (9 000 francs) atteint 13 500 francs alors que celui des facteurs est limité à 11 500 francs.

Des Années folles à la fin de la Seconde Guerre mondiale

Les courriers d'entreprise

PHAÉTON
Vers 1920
Bois, métal et cuir
Collection des Amis de l'histoire des PTT d'Alsace
Ce phaéton assurait les liaisons entre gare et bureau de poste dans les Vosges, avant le développement de l'automobile.

TRANSPORT DES DÉPÊCHES
PAR VOITURES AUTOMOBILES
Vers 1920
Photographie
Collection des Amis de l'histoire des PTT d'Alsace
Cet ensemble de 7 fourgons Panhard-Levassor avec leur chauffeur a été photographié dans la cour de la recette principale de Strasbourg. Ces voitures servent à transporter les dépêches entre la gare et la recette principale, mais aussi avec les bureaux succursales de Strasbourg et de ses faubourgs, au nombre de 13.

TRANSPORT DE DÉPÊCHES
EN RÉGIE AUTOMOBILE
1936
Carte postale
Musée de la Poste, Paris
L'administration postale s'adresse ausi à des transporteurs routiers pour assurer l'acheminement du courrier. Ces entreprises privées exploitent des lignes d'autobus, qui assurent le transport des voyageurs et des marchandises. Elles bénéficient pour cela de subventions de l'État et d'allocations obtenues lors des adjudications passées pour l'exécution d'un service public. Toutefois dans la pratique, les itinéraires des lignes sont avant tout tracés pour répondre aux désirs des voyageurs. En outre, ces entreprises font des difficultés pour échanger des dépêches aux gares. Ces carences conduisent la Poste à s'adresser à des transporteurs libres ou à organiser elle-même l'acheminement de ses dépêches. En 1924, dans la région de Bordeaux, il est entrepris un essai d'utilisation de l'automobile pour l'entretien et la construction des lignes télégraphiques. L'efficacité et le rendement résultant de cette expérience font qu'elle est étendue à d'autres régions. La Poste reprend l'idée et crée ses propres services routiers de transport en remplacement des transports coordonnés et subventionnés avec lesquels elle n'est pas satisfaite. À Paris, Bordeaux et Toulouse, la complexité et la densité des services à assurer amène la Poste à privilégier un exploitation en règle avec un matériel spécialement conçu. Les voitures postales parisiennes se parent d'une nouvelle couleur, le vert foncé, ainsi qu'une nouvelle inscription en lettres or « Postes et Télégraphes ». Elle emploie son personnel et est propriétaire de ses garages. Cette formule s'appelle Transport de dépêches en régie autonome.

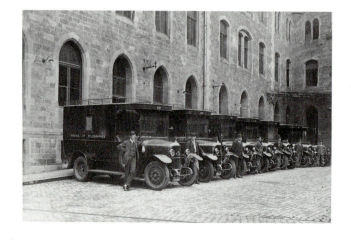

AMBULANT AUTOMOBILE
1920
Collection particulière
Afin d'éviter le transit du courrier par les bureaux-gares parisiens et d'accélérer l'acheminement des lettres, la Poste procède à une expérience de tri de correspondance sur route dans le département de la Seine en 1920. Une dizaine de véhicules aménagés en atelier de tri partent de Neuilly-sur-Seine, rayonnent et se croisent autour de Paris. Ils recueillent, trient et livrent le courrier déposé avant 8 heures du matin. Toutefois, l'Administration trouve que cette opération coûteuse présente peu d'intérêt et décide de l'abandonner.

FOURGONNETTE « 4 MÈTRES CUBES »
1926
Photographie
Collection des Amis de l'histoire des PTT d'Alsace
En 1926, un nouveau contrat lie l'Administration à la Compagnie générale des automobiles postales, toujours dirigée par Eugène Verdon, pour le transport des dépêches à Paris et dans les banlieues. À cette époque, cette compagnie utilise environ 200 véhicules répartis entre trois garages à proximité des principales gares. Compte tenu du développement du trafic, deux nouvelles fourgonnettes Renault se substituent à des véhicules plus petits : le modèle A, capacité 4 m³ et le modèle B, 7 m³. Le journaliste du *Monde illustré* qui nous rapporte ce changement conclut : « Aujourd'hui Paris et sa banlieue peuvent redonner aux plis leur nom classique de dépêches. Et c'est un record que de pouvoir, à travers les embarras d'une circulation congestionnée, conduire aux différents trains et aux diverses localités ces petits carrés de papiers multicolores, symboles de l'activité effrayante de notre monde moderne. »

FOURGONNETTE « 7 MÈTRES CUBES »
1926
Photographie
Collection des Amis de l'histoire des PTT d'Alsace

Des Années folles à la fin de la Seconde Guerre mondiale

TRANSPORT DE DÉPÊCHES
EN BANLIEUE
Vers 1935
Photographie
Musée de la Poste, Paris
Ce fourgon Renault est employé pour transporter les dépêches en provenance ou à destination de la banlieue de Paris. Il est équipé d'une boîte aux lettres, petit modèle fabriqué par Foulon à partir de 1930.

CAMIONNETTE MARCHANDE
1927
Voiture automobile
Collection des Amis de l'histoire des PTT d'Alsace
Cette « camionnette marchande », type NN, construite par Renault en 1927, est achetée par la direction de Montpellier pour le transport des dépêches entre la gare et la recette principale, et un certain nombre d'autres bureaux. La Poste la conservera jusqu'en 1936, date à laquelle elle fut vendue par les Domaines à un maraîcher. Rachetée en 1991, par le musée d'Histoire des PTT d'Alsace, elle a été totalement restaurée (carrosserie et moteur) par le garage régional des PTT de Strasbourg.

DÉPÊCHES
DANS LA RÉGION PARISIENNE
Vers 1940
Photographie
Musée de la Poste, Paris
Ce fourgon, à moteur incorporé dans la carrosserie, a été construit par la firme Panhard, vers les années 1940.

RELEVAGE DES BOÎTES
PAR TRIPORTEUR
1933
Photographie
Musée de la Poste, Paris
Ce triporteur motorisé renoue avec une longue série d'essais, en vue de l'emploi de ce type de véhicule pour le relevage des boîtes à Paris. Il n'est pas sûr que ce véhicule ait eu une durée d'utilisation plus longue que celle de ses prédécesseurs.

Le service pneumatique

BOÎTE DE DÉPÔT
Vers 1934
Tôle
Musée de la Poste, Paris

Le réseau de tubes pneumatiques pour l'acheminement rapide des télégrammes dans les différents quartiers de la capitale prend naissance en 1866. En 1879, ce service est rattaché à la Poste en même temps que le télégraphe. Il compte alors 71 kilomètres de lignes. Le réseau atteint son apogée en 1934, avec une longueur de 450 kilomètres. Toutes les lettres – à condition qu'elles soient convenablement affranchies et jetées dans les boîtes adéquates – peuvent emprunter cette voie rapide de transmission. Des cartes préaffranchies sont mises à la disposition du public. Le tarif qui est de 1,50 F en 1934, passera à 2 F en 1937.

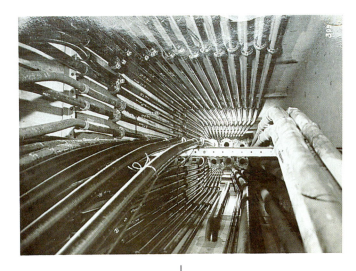

TUBES
Vers 1930
Photographie
Musée de la Poste, Paris

Des tubes métalliques relient les bureaux avec des stations disposant d'un service de distribution. Ces tubes ont un diamètre de 65 millimètres qui permet l'utilisation de curseurs (boîte cylindrique) contenant 20 plis maximum. Sur les parcours les plus chargés, les tubes ont 80 millimètres de diamètre et les curseurs acceptent jusqu'à 35 lettres. Ces curseurs se déplacent à la vitesse de 600 à 700 mètres à la minute, grâce à l'air comprimé qui les pousse et à la dépression créée à l'avant qui les aspire. Le réseau des tubes emprunte soit des galeries souterraines qui lui sont propres, soit celles des égouts de Paris.

APPAREIL FORTIN
Vers 1930
Fonte et cuivre
Musée de la Poste, Paris

Les bureaux de poste raccordés au service pneumatique sont équipés de station de type Fortin. Cette station est constituée par deux armoires métalliques dont les portes peuvent être ouvertes et fermées par un volant. La première armoire sert à l'expédition des curseurs, la seconde à leur réception. Un ensemble de manettes permet de relier ces armoires au réseau ou au contraire de les isoler (pour mettre en place ou récupérer le curseur). Au-dessous du manomètre de contrôle, six alvéoles permettent de placer les objets en attente d'expédition ou de distribution.

CURSEUR
Vers 1930
Métal et cuir
Musée de la Poste et des Techniques de communication de la Basse-Normandie Caen

Le curseur est un tube creux en acier comportant deux parties qui s'emboîtent l'une dans l'autre. La partie avant, qui forme couvercle, est protégée à son extrémité par un nez en cuir fixé par un écrou. En effet, à l'arrivée, le curseur vient buter brutalement au plafond de l'armoire de réception. La seconde partie du curseur, qui constitue le logement, est munie à l'arrière d'une collerette également en cuir, qui assure l'étanchéité en cours de déplacement.

Des Années folles à la fin de la Seconde Guerre mondiale

SACOCHE DE PETIT FACTEUR TUBISTE
Vers 1920
Cuir et métal
Musée de la Poste, Paris
À l'intérieur prennent place les « pneus », comme on appelle vulgairement les correspondances pneumatiques. Celles-ci peuvent être de simples lettres, mais aussi ce que l'on appelle un entier postal, c'est-à-dire un objet sur lequel le timbre a été imprimé.

STATION ET DISTRIBUTION
1922
Carte postale
Musée de la Poste, Paris
À gauche, un agent prépare une dépêche pour la placer dans un curseur, tandis qu'à droite, les petits facteurs « tubistes » attendent le courrier à distribuer. Comme le dessin a été exécuté peu après la grande guerre, des femmes remplacent encore les facteurs adultes.

DISTRIBUTION DES « PNEUS » PAR MOTOCYCLETTE
Vers 1945
Photographie
Musée de la Poste, Paris
Les communes de banlieue, à partir de 1907, sont desservies par le service pneumatique grâce à des distributions spéciales à bicyclette. En 1938, 80 localités de la Seine et 3 de Seine-et-Oise bénéficient de ce service. Après les hostilités, les facteurs « tubistes » sont équipés de motocyclettes Peugeot. On remarquera l'immatriculation spéciale des Domaines, les véhicules de l'Administration appartenant à l'État, et la plaque ronde donnant le numéro de la motocyclette dans le parc PTT.

PETIT FACTEUR TUBISTE
Vers 1920
Photographie
Musée de la Poste, Paris
Appuyé du coude sur une station Fortin, un petit facteur « tubiste » pose pour le photographe. Il porte le même uniforme que ses collègues de la distribution télégraphique.

Les services financiers

SACOCHE POUR LA DISTRIBUTION
DES MANDATS
1930-1950
Musée de la Poste, Paris

MANDAT-CONTRIBUTIONS
1923
Musée de la Poste, Paris

Les mandats-contributions sont créés en vue de permettre aux contribuables d'acquitter le montant des contributions directes et taxes assimilées, à l'exclusion des taxes municipales. À partir de 1922, l'impôt sur le chiffre d'affaires peut être acquitté dans les bureaux de poste et les établissements secondaires au moyen du mandat-contributions. Le reçu de la poste est libératoire s'il est délivré en échange d'un mandat-contributions régulièrement établi. La nouvelle formule de 1922, qui comporte un coupon, peut être employée indistinctement et suivant le gré de l'expéditeur au paiement des contributions directes ou à l'acquittement de l'impôt sur le chiffre d'affaires. Les indications applicables à l'impôt sur le chiffre d'affaires figurent au verso du nouveau coupon.

MACHINE TROUILLET
À AUTHENTIQUER LES MANDATS
Vers 1930
Musée de la Poste, Paris

À l'origine, les machines à authentiquer sont utilisées manuellement et ne permettent pas un travail d'une grande fiabilité. Mais devant la croissance régulière du trafic des mandats et le désir de se protéger contre les faussaires, l'Administration va se préoccuper de substituer l'émission mécanique à l'émission manuelle dans les bureaux de poste. Cette réforme a pour objet dans un premier temps de faciliter l'émission et la comptabilité journalière des mandats dans les bureaux de poste. Les premiers essais, effectués au moyen de machines à écrire munies de caractères perforants, sont décevants car les manipulations et les « déréglages » sont trop fréquents. En 1928, des machines Burrough sont installées dans les bureaux qui émettent au moins 600 mandats par jour. Cette machine comporte un clavier texte, un clavier chiffre, plusieurs totalisateurs, qui permettent des additions simultanées horizontales et verticales, et un tabulateur électrique. De surcroît, ces machines sont munies de caractères perforants pour éviter la fraude. À partir de 1936, les machines Sanders impriment automatiquement un numéro d'ordre et la date. La simplification des opérations est encore améliorée par ce procédé car, simultanément au mandat, le récépissé, le bulletin de caisse et les pièces de comptabilité sont émis. Le rendement est augmenté par rapport à l'emploi de la méthode manuelle.

FORMULES DE CHÈQUES
DE VIREMENT
Entre-deux-guerres
Musée de la Poste, Paris

L'article 18 de la loi de janvier 1918 stipule que le chèque postal peut servir à trois catégories d'opérations. Suivant les cas, sa dénomination peut être : chèque nominatif, chèque d'assignation, chèque de virement. Le chèque de virement est inscrit au crédit d'autres comptes courants et il n'est pas affecté d'un montant maximal. À son origine, le chèque postal n'est pas payable au porteur, il ne le devient qu'avec le décret relatif à l'application de la loi du 28 juillet 1919.

FORMULES DE CHÈQUES NOMINATIFS OU D'ASSIGNATION
Vers 1940
Musée de la Poste, Paris

Le chèque nominatif est émis par le titulaire du compte et à son profit. Le chèque d'assignation a cette dénomination quand il est tiré au profit d'un tiers. Le montant de ces deux chèques ne peut dépasser la somme de 100 000 francs.

au public une facilité nouvelle de libération, de l'autre, il permet de régler plus rapidement les échanges internationaux sans utiliser des envois de fonds par lettres chargées. En fait, malgré l'avantage du système proposé pour faciliter leurs transactions commerciales, l'échange des virements avec différents pays ne se met que très lentement en place. D'abord circonscrit aux pays placés sous l'influence française (Algérie, Tunisie, Maroc et Afrique Occidentale française) entre 1922 et 1927, le service s'étend progressivement aux pays d'Europe (Allemagne, Belgique, Suisse, Pays-Bas, Suède, etc.), entre 1928 et 1931.

MANDAT ÉMIS PAR LES CHÈQUES POSTAUX
1926
Musée de la Poste, Paris

Les mandats émis par les centres de chèque postaux permettent de limiter le maniement de numéraire. Pour un mandat ordinaire, il y a deux manipulations (émission et paiement), alors qu'un paiement par le service du chèque postal ne donne lieu qu'à une opération en numéraire (lors de la remise des fonds au bénéficiaire).

PREMIER ARRANGEMENT INTERNATIONAL CONCERNANT LE SERVICE DES VIREMENTS POSTAUX
1920
Musée de la Poste, Paris

C'est à Madrid, en 1920, qu'est élaboré un projet de loi concernant le service des virements postaux. Le service des virements internationaux présente un double intérêt dans les pays où le chèque postal connaît un développement important. D'un côté, il présente

MANDAT-CARTE DE VERSEMENT
Vers 1930
Musée de la Poste, Paris

Pour limiter l'emploi du numéraire, et ceci surtout dans le cas des correspondances avec les comptables publics, l'administration postale prend deux initiatives concrétisées par deux décrets (du 24 juillet 1920 et du 12 janvier 1922). Ceux-ci accordent aux débiteurs non titulaires d'un compte courant la faculté de se libérer par mandats de versements au compte courant des comptables publics (sous la condition que l'imputation à donner à la somme versée soit indiquée sur le coupon du mandat de versement).

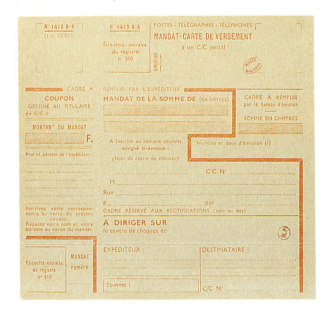

SACOCHE
1939-1945
Musée de la Poste, Paris

En 1940, les opérations de virement des chèques postaux entre la zone occupée et la zone libre sont centralisées à Paris. L'autorisation des Allemands est nécessaire, par l'intermédiaire du ministère des Finances, pour l'échange de mandats et de virements dont les paiements en capital excèdent les sommes de 2 000 francs.

ensemble de renseignements sur les démarches à suivre pour ouvrir un compte chèque postal, sur les différentes façons de l'alimenter, sur les opérations de crédits et débits et sur les facilités particulières mises à la disposition des titulaires de comptes courants postaux. Pendant plusieurs années, mais de façon non systématique, une partie de la première de couverture est concédée à la publicité d'entreprises commerciales.

BONS DU TRÉSOR
Milieu du XXe siècle
Musée de la Poste, Paris

Pendant la guerre de 1914, les bureaux de poste participent pour la première fois à l'émission des bons du Trésor dénommés d'ailleurs à cette époque « Bons de la Défense nationale ». Il s'agit pour le gouvernement de subvenir aux besoins de la trésorerie pendant les hostilités en élargissant le champ des sous-

INSTRUCTION SUR LE FONCTIONNEMENT DES COMPTES CHÈQUES POSTAUX
1935
Musée de la Poste, Paris

Régulièrement l'administration des PTT édite une instruction ou une notice sur le fonctionnement des chèques postaux. Destinée au public, elle fournit un

LIVRET D'ÉPARGNE MILITAIRE
Vers 1920
Musée de la Poste, Paris

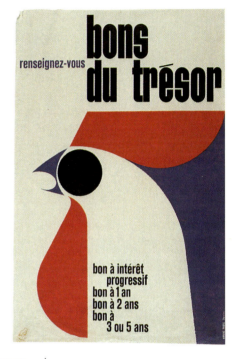

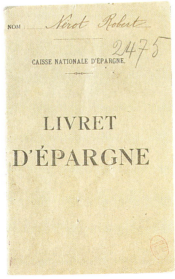

cripteurs habituels des bons qui ne pouvaient, dans le passé, s'adresser qu'aux trésoreries générales ou aux recettes des finances. Aussi, le concours de tous les comptables publics est sollicité. Les bons du Trésor sont appréciés par le public du fait des avantages qu'ils procurent. Ils sont anonymes et bénéficient de l'exemption fiscale la plus complète. Ils sont remboursables immédiatement à l'échéance pour les bons à un ou deux ans, ou à l'époque choisie par le porteur pour les bons à intérêt progressif. À cette occasion, ils peuvent être renouvelés.

Georges Mandel : TSF et télévision

GEORGES MANDEL
1935
Caricature
Musée de la Poste, Paris

Député de Lesparre dans la Gironde, Georges Mandel devient ministre des PTT en novembre 1934, en entrant dans le cabinet Flandrin. Il étonne immédiatement par des changements spectaculaires, plus propres à flatter l'opinion publique qu'à améliorer réellement les services. Cette caricature le montre mi-ange et mi-père Fouettard. Dans l'auréole, en forme de cachet postal, on relève la date du 7 septembre 1935. Peut-être s'agit-il d'une allusion aux suites d'une malheureuse affaire qui s'était passée le 7 août 1935 à Brest. Pendant une manifestation, qui n'avait rien à voir avec les PTT, des gardiens à cheval reçoivent des pierres, aux environs de l'hôtel des Postes. Le lendemain, le sous-préfet accuse le personnel du télégraphe d'avoir jeté ces pierres des fenêtres du second étage. Le directeur départemental, après une enquête de trois jours, confirme la réalité des faits. Mandel veut être éclairé sur le fond de l'affaire : l'ange qui l'habite, demande une contre-enquête qui prouve que le rapport est mensonger. Alors le père Fouettard réagit, et le directeur du Finistère est déplacé d'office.

NAISSANCE DE LA RADIODIFFUSION ET LES PTT
1923
Photographie
Collection des Amis de l'histoire des PTT d'Alsace

En application du monopole que les PTT détiennent sur les communications électriques à distance, la gestion du réseau des stations de radiodiffusion lui est confiée au lendemain du conflit mondial. Le premier poste émetteur en ondes moyennes et les studios correspondants sont installés dans les locaux de l'École supérieure des PTT, au 103, rue de Grenelle, et la première émission a lieu le 19 janvier 1923. Ici, le studio équipé d'un microphone posé sur une sellette. On remarquera l'insonorisation obtenue par des vastes tentures, tendues sur les cloisons et au plafond.

AUDITRICE
1923
Photographie
Collection des Amis de l'histoire des PTT d'Alsace

Cette jeune femme, casque aux oreilles, peut écouter sur son petit poste de TSF alimenté par une batterie le seul émetteur existant en France en ondes longues : le poste privé construit par la Compagnie française de TSF, sous le nom de Radiola.

TAXE DE RADIODIFFUSION
1935
Imprimé
Collection particulière

Dès 1928, un droit d'usage avait été institué sur les postes de TSF. Il est de 50 francs pour un poste à lampes. Fin 1925, la perception de cette taxe est matérialisée par une vignette que l'auditeur doit coller sur son poste de réception. On voit, par la pièce reproduite, que le timbre en question a été tout simplement apposé sur le récépissé délivré par le service des PTT. Cette redevance sert à financer les organisations d'auditeurs appelées conseils de gérance, attachées à chaque poste et qui organisent les programmes. Georges Mandel voit d'un mauvais œil ces associations indépendantes, aussi propose-t-il un décret en janvier 1935, où il affirme d'emblée « l'État a le devoir de contrôler des fonds qui proviennent de la taxe radiophonique. Le contrôle financier s'exercera par la présence, dans chaque poste, d'un comptable nommé par le ministre... » Bien plus, il

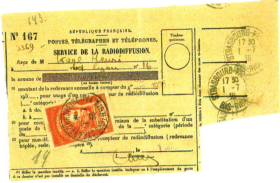

va essayer de déstabiliser le système des conseils de gérance pour que l'État dispose sans restrictions du formidable moyen de propagande que constitue la radiodiffusion. Au 30 juillet 1935, la France compte 2 009 777 postes déclarés, chiffre auquel il faut ajouter les postes bricolés par les sans-filistes resquilleurs, et dont le nombre – important – est difficile à établir.

GEORGES MANDEL ET LA TÉLÉVISION
1935
Photographie
Collection particulière

Daniel Feuillée nous rapporte le premier contact de Georges Mandel avec la télévision : « Un matin de mars 1935, le ministre arrive à l'improviste dans les studios de Montrouge, où l'ingénieur Barthélemy travaillait sur un système expérimental de télévision [...] Mandel passa une matinée avec les techniciens s'informant de tout, ne commentant rien. » Mandel, à son retour, demande aux techniciens des PTT de mettre en service un poste émetteur au 103, rue

de Grenelle. Le 25 avril suivant, une première émission a lieu, avec le matériel de prise de vue de Barthélemy construit par la Compagnie des compteurs de Montrouge (60 lignes par image).

PREMIER STUDIO DE LA TÉLÉVISION PTT
1936
Photographie
Collection des Amis de l'histoire des PTT d'Alsace

Il faut une énorme puissance lumineuse (48 kilowatts) pour éclairer les artistes qui utilisent à partir de décembre 1935, le studio construit par les PTT, au 103, rue de Grenelle. La chaleur est telle qu'un ensemble de quatre souffleries reliées à un appareil réfrigérateur ne sont pas de trop pour maintenir la température à 25°. La caméra est placée derrière une vitre dans la pièce voisine. Perfectionnée, elle est capable d'analyser les images en 180 lignes. Le poste émetteur a trouvé place dans le pilier nord de la tour Eiffel. D'une puissance de 2 kilowatts, il émet sur 8 mètres de longueur d'ondes. Sa puissance rayonne à partir d'une antenne à quatre fils de 18 mètres. L'émetteur et les caméras ont coûté 4,5 millions de francs, l'aménagement des bâtiments 1,2. Chaque émission – il y en a en principe une tous les dimanches – entraîne une dépense de 15 000 francs prélevés sur le budget de la radiodiffusion.

CHASSEUR DE PARASITES
1935
Dessin
Collection des Amis de l'histoire des PTT d'Alsace, Riquewihr

Les postes récepteurs de l'époque (ondes longues et moyennes) sont très sensibles aux parasites. S'il n'est pas possible d'éviter les parasites atmosphériques (orages), l'Administration, dès 1933, s'applique à déterminer les sources des parasites engendrés par les moteurs électriques. Un service est créé, et dans chaque direction départementale de la Poste un emploi de « chasseur de parasites » est confié à un agent mécanicien. Avec un appareil de mesure, il vérifie les installations défectueuses. En novembre 1935, ces agents ont procédé à 4 071 enquêtes qui ont permis de détecter 12 039 appareils générateurs de parasites. La liste des appareils à surveiller, déterminée par le décret, tient de l'inventaire à la Prévert : « aspirateurs, sèche-cheveux, moulins à café, moteurs d'ascenseurs, pompes à bière, machines à surjeter, à festonner, à plisser, à faire des boutonnières et à dévider les écheveaux, hache-paille, orgues et trieuses de pommes de terre ! »

La poste maritime

LE PAQUEBOT CALIFORNIE
1927-1934
Musée de la Poste et des Techniques de communication de Basse-Normandie Caen

Le paquebot Californie, bien que n'étant pas un paquebot-poste, transporte occasionnellement le courrier. Les dépêches débarquées à Bordeaux sont acheminées par train sur Paris où, bien qu'arrivant au-delà des horaires habituels, le courrier doit cependant être trié rapidement. La poste demande à ses agents volontaires d'effectuer ce travail indé-

pandemment de leurs vacations réglementaires. Ces heures « supplémentaires » prennent le nom de « Californies » et en abrégé « Califs ». Lors du voyage du paquebot Flandre de Saint-Nazaire à Colon, le contrôleur du service maritime postal constate le 7 avril 1932 à l'arrivée à Pointe-à-Pitre que plusieurs sacs contenant des paquets-postes ont été « gravement endommagés et même anéantis par les rats ». Parmi les paquets recommandés, trente ont pu être reconstitués mais douze ont été complètement détruits. Il signale que le navire n'a pas été dératisé depuis 6 mois. En 1883, Jean-François Antonmatei, gabier breveté, patron du canot des dépêches à bord du paquebot-poste Djmnah n'a pas hésité à se jeter à l'eau pour retirer au péril de sa vie, un sac de dépêches tombées dans les eaux du Yang-Tsé pendant le transbordement en rade de Shang-Hai. Cet acte de courage lui a valu la médaille d'honneur des Postes.

Le service des ambulants

WAGON « 20 MÈTRES »
1926
Collection particulière

Sur les « grands modèles », les postiers travaillent avec une certaine aisance. Toutefois, ce matériel se révèle à l'usage très fragile. Les caisses en bois s'avèrent vulnérables en cas d'accidents. Aussi, après un certain nombre de catastrophes, comme celles de Melun en 1913 (15 morts) ou d'Hennuyères en 1921 (7 morts), la Poste décide-t-elle en 1924 la construction de wagons-poste entièrement métalliques avec des bogies qui remplacent définitivement les essieux, à savoir les modèles « 15 mètres » et « 20 mètres ». Elle s'attache ainsi à renouveler son matériel roulant sur les bases préconisées par l'Office central d'études du matériel du chemin de fer créé en 1921 par accord entre les différentes compagnies.

INTÉRIEUR D'UN WAGON « 20 MÈTRES »
1926
Musée des Chemins de fer, Mulhouse

Les « 15 mètres » et les « 20 mètres » entrent en fonctionnement en 1926. À la différence des précédents modèles, ils offrent une plus grande résistance aux chocs et au feu, et assure une meilleure stabilité. Ce matériel, détérioré pendant la Seconde Guerre mondiale, est ensuite remis en état, modifié et amélioré. Les « 20 mètres » circulent sur les grandes lignes à la vitesse maximale de 140 km/h et les « 15 mètres » sur celles d'importance moindre à 80 km/h.

**WAGON ALSACE-LORRAINE
« 10 MÈTRES »**
1926
Musée des Chemins de fer, Mulhouse
Le service postal alsacien-lorrain assure l'acheminement des colis postaux. Lors du rattachement de l'Alsace-Lorraine à l'Allemagne, ce service est concédé aux compagnies de chemin de fer allemandes. Cette situation nécessite la construction d'un wagon-poste d'un modèle spécial. Trois types différents sont fabriqués, de longueur respective de 10,70, 15,25 et 20,28 mètres. D'une charge utile de 5 tonnes, le plus petit modèle comporte un compartiment de tri pour les correspondances et un local pour les colis postaux. La plate-forme, isolée et de dimensions exiguës, ne sert qu'aux manœuvres de frein. L'ensemble est monté sur deux essieux parallèles, contrairement au « 20 mètres », qui est sur bogies.

**BOÎTE AUX LETTRES
DU WAGON
ALSACE-LORRAINE
« 10 MÈTRES »**
1926
Musée des Chemins de fer, Mulhouse
Avant 1863, la remise des lettres aux ambulants s'effectuait de la main à la main uniquement dans les gares ne disposant pas de boîtes mobiles. À partir d'avril 1863, les agents des bureaux ambulants peuvent recevoir sur tous les points de stationnement de leur parcours les lettres ordinaires présentées par les voyageurs et les agents de chemin de fer. Après des réclamations, l'Administration décide, en 1864, de pourvoir chaque wagon ambulant de deux boîtes aux lettres situées sur les portières et relevées à chaque station.

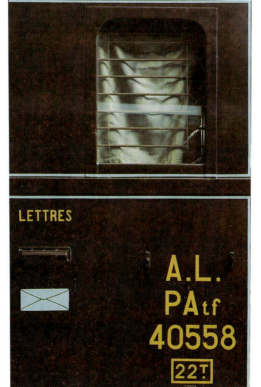

ANNUAIRE « COUPS DE TAMPON »
1933-1934
Collection particulière
C'est la carence de l'Administration postale en matière de prévention des accidents et de défense des intérêts des victimes qui conduit un ancien ambulant, Joyeux, promu directeur du personnel au ministère et un commis principal de la ligne du Nord, Delastre à créer en avril 1887 la Société de protection mutuelle des employés ambulants des Postes. Cette mutuelle est connue actuellement sous la dénomination plus évocatrice de « Coups de tampons ».

Des Années folles à la fin de la Seconde Guerre mondiale

VESTE DE COURRIER-CONVOYEUR
Vers 1930
Drap et boutons métalliques
Musée de la Poste, Paris

CASQUETTE DE COURRIER-CONVOYEUR
Vers 1930
Cuir et drap
Musée de la Poste, Paris

BOÎTE MOBILE DE GARE
Vers 1930
Tôle
Musée postal d'Auvergne, Saint-Flour
Le courrier-convoyeur lève au passage les boîtes mobiles de gare. Ici le petit modèle en tôle fabriqué par Delachanal d'après un prototype datant de 1899.

AFFICHETTE DE COURRIER-CONVOYEUR
Vers 1930
Papier
Collection P. Nougaret
Pour éviter d'être dérangé dans le wagon qui lui est réservé, le courrier-convoyeur colle cette affichette sur la vitre de la portière en indiquant à la main le trajet qu'il doit suivre.

CHARIOT DE GARE
Début du XXe siècle
Musée d'Histoire des PTT d'Alsace Riquewihr
Les véhicules de transbordement sont utilisés pour le transport des dépêches entre les bureaux de tri fixes et les entrepôts d'une part, et les véhicules ferroviaires d'autre part. Au début du XXe siècle le matériel utilisé est en bois.

L'architecture postale

**BUREAU DE POSTE
DU BOULEVARD JOURDAN**
*Vers 1920
Cité internationale universitaire
de Paris
Boulevard Jourdan
14ᵉ arrondissement, Paris*

La poste de la Cité internationale universitaire occupe un bâtiment construit dans un style dit néo-Louis XIII, alliant pierre et brique, bien que ce mode de construction ait existé avant le règne de ce roi.

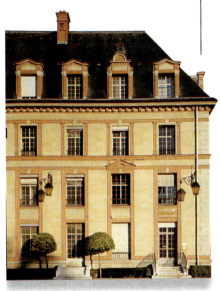

c'est Pierre Chirol, architecte régional des PTT, qui dirige le chantier sans apporter de changements. On s'accorde à trouver l'œuvre remarquable et très pratique pour le public et le personnel. Innovation pour l'époque, les employés sont en contact direct avec le public, sans grilles. Les employés disposent de vestiaires, d'un réfectoire, d'une salle de cours et d'une bibliothèque.

HÔTEL DES POSTES DE REIMS
*1922-1927. Architecte :
François-Charles Le Cœur
Place Royale
Reims, Marne*

L'hôtel des postes de Reims, dont le programme spéficie également un central téléphonique, s'organise à partir d'une salle pour le public ronde, couverte d'une coupole de béton armé translucide de 18 mètres de diamètre. Le plan, avec ses services juxtaposés, ses escaliers dans les angles et aux extrémités des ailes, est d'une composition unique.

GRANDE POSTE DU HAVRE
*1920-1926. Architecte : L. Chifflot
et P. Chirol
62, rue Jules-Siegfried
Le Havre, Seine-Maritime*

Les bureaux de la poste principale installés 108, boulevard de Strasbourg depuis avril 1866 se révélant trop petits et inadaptés pour le trafic, il est décidé avant 1914 de construire un hôtel des postes digne d'une grande ville. Un terrain est donc acheté, limité par les rues Jules-Siegfried, Dupleix, Victor-Hugo et Anfray, où se trouvait une annexe de la Manufacture des tabacs. La Première Guerre mondiale retarde cependant les travaux qui ne commencent qu'en 1920. Ils s'achèvent en 1926. Les plans de l'édifice sont l'œuvre de l'architecte Chifflot, mais à sa mort en avril 1925,

VUE INTÉRIEURE
*1922-1927. Architecte :
François-Charles Le Cœur
Hôtel des postes
Reims*

Les masses de l'édifice révèlent le fonctionnement intérieur. La construction est en ciment armé auquel est appliqué un procédé inventé par l'architecte. Il s'agit d'un ciment spécialement constitué de gravillons ou de roches concassées dont la couleur naturelle est mise à jour après décoffrage à l'aide de la boucharde ou de la pique utilisée pour les ravalements de pierre de taille. Ainsi réalisé, le matériau de l'hôtel des postes joue sur deux tons : les fortes parties sont composées de granit gris ambré, les parties plus légères de cailloux rosés de la Moselle.

Des Années folles à la fin de la Seconde Guerre mondiale

HÔTEL DES POSTES DE QUIMPER
1925 et 1970. Architecte : Derrouch
37, boulevard de Kerguelen
Quimper, Finistère

Remanié entre 1965 et 1970, l'hôtel des postes de Quimper répond, à l'instar de la poste de Brest, aux exigences des règles d'urbanisme d'alignement des façades. L'armature de l'édifice est entièrement en béton, mais la paroi est revêtue d'un appareil régulier de granit qui contrairement à celui de Brest n'est pas traité en bossage. Enfin, un toit légèrement incliné recouvre le tout.

HÔTEL DES POSTES DE CHARTRES
1928. Architecte : Raoul Brandon
Rotonde d'angle
Chartres, Eure-et-Loir

Ancien élève de l'École des beaux-arts de Paris, Raoul Brandon (1878-1941) mène tout à la fois une activité d'architecte notamment au département et à l'office H.L.M. de la ville de Paris et une carrière politique ; conseiller municipal du 5e arrondissement de Paris (1925-1941), il devient député de la Seine en 1928. Après sa nomination comme architecte de l'hôtel des postes de Chartres en 1919, le projet du bâtiment connaît deux états : un état initial et un état final. Le premier projet est comparable à un immeuble de rapport parisien et se caractérise par un corps de logis ceint de deux éléments de rotonde couronnés par des toits en dôme de forme ovoïde. Le second projet soumis en 1923, finalement réalisé, remplace une des rotondes par un beffroi portant horloge inséré dans l'œuvre, tandis que l'autre se voit couronnée d'un toit octogonal. Cette rotonde ne prend en fait toute sa dimension que sur le côté donnant sur la place, alors que de face elle semble s'aligner avec le reste des corps de bâtiment.

TOITS ET BALCON-LOGGIA
1928
Hôtel des postes
Chartres

L'hôtel des postes est surnommé dès son achèvement Notre-Dame-des-Postes. Une anecdote met bien en exergue cette appellation : on raconte que des touristes américains, arrivés devant l'hôtel des postes, demandaient si cet édifice était bel et bien la célèbre cathédrale. Cette confusion révèle l'étonnante monumentalité du bâtiment et souligne les nombreuses références empruntées à l'architecture médiévale remise à l'honneur par Viollet-le-Duc. Véritable chef-d'œuvre Art nouveau, l'hôtel s'inscrit dans la lignée des constructions imaginées par Hector Guimard et Henri Sauvage ou encore par les architectes de l'École nancéienne. La façade principale est ainsi rythmée au troisième niveau par un balcon-loggia qui forme une véritable dentelle de pierre aux accents d'architecture gothique flamboyante. Soutenu par de majestueuses consoles s'élançant du niveau inférieur, le balcon est surmonté par une série de gâbles placés entre le beffroi et la rotonde. Au-dessus de celle-ci, une autre série, plus petite, coiffant des lucarnes, rime de manière élégante avec cette première.

BEFFROI
1928
Hôtel des postes
Chartres

À l'un des angles de l'hôtel des postes, Raoul Brandon a édifié un beffroi inclus dans le bâtiment. Couronnant d'ordinaire le corps principal d'un hôtel de ville, ce beffroi contribue à accroître le sentiment de monumentalité et amène *in fine* à établir une comparaison avec le clocher neuf de la cathédrale construit par Jehan de Beauce au XVe siècle. Les fenêtres ouvertes sur ses trois faces sont disposées en dégradé afin de signaler qu'elles suivent le rythme ascendant de l'escalier de la direction.

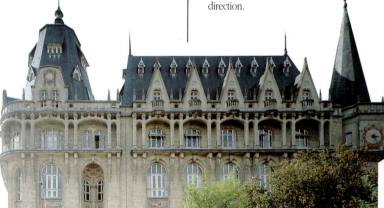

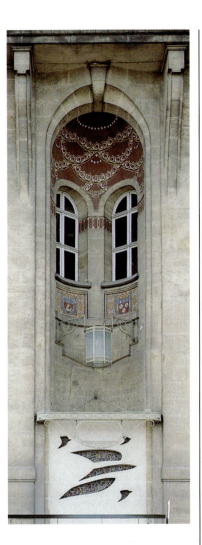

NICHE
1928
Hôtel des postes
Chartres

Une niche colossale s'élevant sur la hauteur de deux niveaux marque le passage du corps de bâtiment principal à la rotonde. Elle est établie d'une certaine manière pour isoler et mettre en valeur le rythme régulier et symétrique de ce corps de bâtiment tout en soulignant également l'aspect dissymétrique des deux éléments – rotonde et beffroi – qui l'encadrent. La fonction de la niche est d'ordinaire de recevoir, dans l'architecture classique, une figure sculptée. Mais ici, à la statue se substituent une lanterne et deux fenêtres dont les pleins cintres riment avec celui de la niche. Enfin, une décoration de mosaïque orne son cul-de-four.

MOSAÏQUE
1928
Hôtel des postes
Chartres

Au-dessus de l'entrée principale de l'hôtel des postes est placée une mosaïque représentant la figure allégorique de la Paix. Elle tient dans la main droite un rameau d'olivier et de la main gauche une plaque sur laquelle est inscrit le mot *pax*. La présence de cette figure sur un tel édifice s'expliquerait par le fait que le début de la construction date de 1919, c'est-à-dire juste après la Grande Guerre.

MOSAÏQUES
1928
Hôtel des postes
Chartres

Une autre série de mosaïques orne la base des fenêtres du second niveau. Elle représente l'histoire d'une lettre transportée par voie de terre, de fer, de mer, d'air et remise par le facteur à sa destinataire, une paysanne de Beauce.

MINISTÈRE DES POSTES
1930-1939. Architecte : Jacques Debat-Ponsan
Avenue de Ségur
7ᵉ arrondissement, Paris

Issu de l'École des beaux-arts, premier grand prix de Rome en 1912, Jacques Debat-Ponsan (1882-1942) est nommé architecte des Postes et Télégraphes, au cadre de Paris en 1928. En 1935, il construit le central téléphonique Suffren et en 1939 la poste de Courbevoie, la direction téléphonique de Vaugirard et enfin le ministère des PTT inauguré la même année. Construit sur un terrain de 10 000 m² concédé en 1930 par le ministère de la Guerre, le corps de bâtiment en épouse le tracé et développe ses façades sur 145 mètres côté avenue de Ségur, 104 mètres côté rue d'Estrées et 52 mètres côté avenue de Saxe. Ces dernières sont recouvertes de pierre de taille et rythmées côté Ségur par une succession de demi-colonnes colossales. Deux rotondes surmontées d'un étage en retrait occupent deux des angles. Tout à la fois sobre et monumental, l'œuvre de Debat-Ponsan se veut rationnelle et fonctionnelle.

ENTRÉE PRINCIPALE
1930-1939. Architecte : Jacques Debat-Ponsan
Ministère des Postes
Avenue de Ségur

Les plans du ministère ont été étudiés pour permettre à l'intérieur toute transformation ultérieure. 700 bureaux environ ont été ménagés pour lesquels l'architecte a conçu tout le mobilier, plus ou moins luxueux selon le rang occupé dans l'administration par l'utilisateur. L'entrée principale recouverte d'un auvent rectangulaire, située côté avenue de Ségur, s'ouvre sur un grand vestibule surmonté d'un balcon incurvé dans l'axe duquel se trouvent la bibliothèque et la salle des congrès de 500 fauteuils, qui naguère était décorée d'un planisphère en pierre taillée et de deux panneaux vernissés exécutés d'après des dessins d'Ossip Zadkine, aujourd'hui remontés dans le bureau de poste de la rue des Pyrénées.

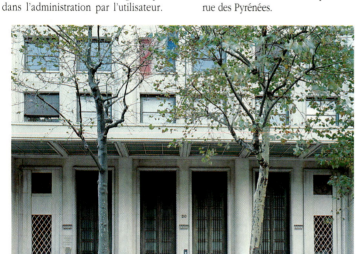

BUREAU DE POSTE DE MORLAIX
1930. Architecte : Pierre-Jack Laloy
15, rue de Brest
Morlaix, Finistère

La poste de Morlaix est l'un des tout premiers projets de Pierre-Jack Laloy. Elle comprend déjà tous les traits caractéristiques de son style ancré dans le courant régionaliste : l'utilisation de pierres dans l'habillage de la façade, les trois arcades appareillées au centre du corps de bâtiment, que l'on retrouve à Vitré ou à Saint-Malo. Une plus grande régularité des travées et une plus grande symétrie du corps de bâtiment marqué par la présence d'un pignon en son centre, caractérisent toutefois cette poste par rapport aux projets postérieurs. Régularité et symétrie sont établies en fait en trompe l'œil, puisqu'une travée comportant un œil-de-bœuf et le dessin appareillé d'une pseudo-arcade viennent rompre ce que l'on croyait être entièrement régulier.

BUREAU DE POSTE DE VITRÉ
1932. Architecte : Pierre-Jack Laloy
37, place de la République
Vitré, Ille-et-Vilaine

La poste de Vitré adopte un vocabulaire régionaliste composé de pignons établis au-dessus des façades, de matériau local, le granit, ou d'éléments déplacés de leur contexte, comme les toits en poivrière de forme conique surmontant des lucarnes qui couronnaient à l'origine les tours médiévales. Les trois arcades appareillées au centre du corps de bâtiment fonctionnent comme un signal destiné à appeler le public.

HÔTEL DES POSTES
DU PERREUX-SUR-MARNE
1933
101, avenue Clemenceau
Le-Perreux-sur-Marne, Val-de-Marne

La première poste du Perreux entre en fonction dès la création de la nouvelle municipalité en 1887. Originellement situé dans un immeuble allée d'Antin, le bureau des postes et télégraphes est aménagé en 1904 rue de la Station. En 1933, l'administration est enfin déplacée, au 101, avenue Clemenceau, dans un hôtel des postes de style Art déco.

BUREAU DE POSTE DE DEAUVILLE
1930. Architecte : Pierre Chirol
Deauville, Calvados
La poste de Deauville s'orne de détails architecturaux qui innovent au regard de l'architecture traditionnelle normande. À l'intérieur, des vitraux ont été réalisés par Tembaret. La menuiserie, raffinée, est en bois des îles.

PORTE
1930. Architecte : Guillaume Tronchet
Hôtel des postes
Nice

BUREAU DE POSTE DE NICE
1930. Architecte : Guillaume Tronchet
21, avenue Thiers
Nice, Alpes-Maritimes
Ce bureau de poste, construit en briques rouges, rappelle le style des constructions du nord de la France. Le bâtiment, réalisé par Tronchet, était en effet à l'origine conçu pour la poste de Lille. L'architecte a conservé son projet pour la ville de Nice. La tour en forme de beffroi ajoute au pittoresque de l'ensemble.

BAS-RELIEF
1930. Architecte : Guillaume Tronchet
Hôtel des postes
Nice

Des Années folles à la fin de la Seconde Guerre mondiale

BUREAU DE POSTE 20
1930
248, rue des Pyrénées
20ᵉ arrondissement, Paris

PANNEAUX VERNISSÉS
xxᵉ siècle. Ossip Zadkine
Bureau de poste
248, de la rue des Pyrénées
20ᵉ arrondissement, Paris

Ces deux panneaux vernissés ont été exécutés par la manufacture de Sèvres d'après deux dessins du sculpteur Ossip Zadkine (1890-1967). Ils représentent respectivement un postier en train de trier des lettres et une télégraphiste. À l'origine, ces deux œuvres ornaient la salle des congrès du ministère des Postes et des Télégraphes, avenue de Ségur. Ils ont été remontés en 1987 au bureau de la rue des Pyrénées dans le 20ᵉ arrondissement.

BUREAU DE POSTE DE TOULOUSE
1932. Architecte : Léon Jaussely
Angle des rues Riquet et Camichel
Toulouse, Haute-Garonne

Ancien bâtiment de la direction régionale de la Poste, cet immeuble bénéficie d'un emplacement privilégié à l'angle d'un carrefour. Léon Jaussely (1875-1932), prix de Rome et architecte du cadre de la Poste, travaille également un plan d'aménagement et d'extension de la ville de Toulouse. L'édifice, en béton armé et à toit-terrasse, possède les caractéristiques stylistiques de l'Art déco (ferronneries, bas-reliefs de frontons, etc.).

BUREAU DE POSTE D'AUTUN
xxᵉ siècle
Architecte : Charles Danne
Angle des rue Pernette et de la Grille
Autun, Saône-et-Loire

La façade de la poste d'Autun est ornée d'une épaisse corniche, rendant le toit presque inexistant. À l'angle, les fenêtres suivent le mouvement de la façade, tout en rondeur. L'inscription « postes, télégraphes, téléphone » court en bandeau de chaque côté de l'entrée principale. Le bâtiment dans son ensemble suggère la proue d'un navire.

BUREAU DE POSTE 45
1932. Architecte : Joseph Bukiet
14, rue du Colisée
8ᵉ arrondissement, Paris

Le bureau de poste n° 45 est réalisé par Joseph Bukiet (1896-1984) à partir de 1932. Il n'occupe que les deux premiers niveaux qui, à la différence des étages supérieurs, reçoivent une décoration spécifique caractérisée par une mosaïque constituée de tesselles assez grosses. Cette décoration recouvre l'ensemble de la façade réservée à l'usage de la poste. À l'intérieur, un escalier de cet architecte a été conservé ainsi que des tableaux marouflés de Bagarry.

BUREAU DE POSTE 15
1933-1935. Architecte: Michel Roux-Spitz
Rue d'Alleray
15ᵉ arrondissement, Paris

Premier grand prix de Rome en 1920, élève de Redon et disciple de Tony Garnier et d'Auguste Perret, Michel Roux-Spitz (1888-1957) est nommé le 1ᵉʳ août 1928 architecte des Postes et des Télégraphes. En 1930, il devient architecte de la Bibliothèque nationale. Sa carrière d'architecte est à cette date déjà riche. Mais la crise qui commence à ravager l'Europe l'oblige à renoncer progressivement à concevoir des édi-

fices pour une clientèle essentiellement privée. Le premier ouvrage qui lui est confié en 1931 est un important bâtiment regroupant le central des chèques postaux et le central des PTT du 15ᵉ arrondissement de Paris. Roux-Spitz réalise ici une « architecture administrative » monumentale, rationnelle et fonctionnaliste, adaptée aux techniques de transmission et de communication les plus modernes de l'époque. Aucun élément superfétatoire ne vient en façade perturber la simplicité et la sobriété des volumes. Les puissantes verticales traitées en béton apparent qui la rythment ont avant tout un rôle architectonique, puisqu'elles constituent l'ossature de l'édifice. La salle des tris à l'intérieur du bâtiment intègre une innovation importante due à François Le Cœur : le béton translucide. Cette technique qu'il reprendra à l'hôtel des postes de Lyon en 1938 permet de noyer des pavés de verre dans un plancher de ciment armé. Roux-Spitz l'utilise au niveau de la voûte afin de conférer à la salle un éclairage naturel zénithal.

DIRECTION RÉGIONALE DES POSTES DE ROUEN
1934. Architecte : Pierre Chirol
Angle du boulevard de la Marne et rue Jeanne-d'Arc
Rouen, Seine-Maritime

L'immeuble de la direction régionale des Postes, construit par l'architecte régional des PTT Chirol, inscrit sa façade, aux formes inspirés de l'Art déco, le long de la rue Jeanne-d'Arc, prolongée de 1928 à 1939 jusqu'au parvis de la nouvelle gare.

BUREAU DE POSTE DE CANCALE
1934-1935. Architecte : Pierre-Jack Laloy
1, avenue du Général-de-Gaulle
Cancale, Ille-et-Vilaine

En 1923, le Rennais Pierre-Jack Laloy (1885-1962) est nommé architecte des Postes et Télégraphes, fonction qui vient juste d'être créée pour répondre aux besoins de modernisation et de développement des services. Cette nouvelle fonction l'attache à une direction régionale qui contrôle l'Ille-et-Vilaine, le Finistère, les Côtes-du-Nord, le Morbihan, la Sarthe et la Mayenne. Dans l'Ille-et-Vilaine, il construit trois postes, celles de Saint-Malo, de Vitré et de Cancale. Toutes trois allient et concilient deux traits *a priori* paradoxaux, les références à l'architecture vernaculaire et la modernité. Le régionalisme, la revendication d'une architecture ancrée dans la tradition locale, est un mouvement qui se développe en Bretagne dans l'immédiate après-guerre. Il ne s'agit pas d'opposer « bretonnité » et modernité mais au contraire de fondre ces deux concepts dans une même entité afin d'inscrire l'édifice dans le réseau urbain existant tout en marquant sa spécificité et sa finalité. La poste de Cancale construite en 1934 présente ce parti pris. Hérissé d'un pignon dominant la façade d'angle, couronné d'un toit revêtu d'ardoises, recouvert d'un appareillage de granit, le bâtiment reprend un certain nombre de traits appartenant aux traditions locales tout en l'adaptant au caractère balnéaire et résidentiel de la cité. Ainsi ressemble-t-il beaucoup plus à une villa qu'à une poste traditionnelle. Le mot poste s'inscrit dans la pierre au-dessus de l'entrée principale.

Des Années folles à la fin de la Seconde Guerre mondiale

BUREAU DE POSTE DU MONT-SAINT-MICHEL
1935. Architecte : Pierre Chirol
Boulevard de la Porte-du-Roy
Mont-Saint-Michel

Le bureau de poste du Mont-Saint-Michel s'inscrit dans le respect des traditions architecturales locales. La situation du bureau au cœur d'un site classé monument historique empêchait d'ailleurs que fût conçu un bâtiment autre. Pierre Chirol ne pouvait donc qu'inscrire et fondre son œuvre dans le contexte du Mont-Saint-Michel.

HÔTEL DES POSTES DE PUTEAUX
1935. Architecte : Jean et Édouard Niermans
133, rue de la République
Puteaux, Hauts-de-Seine

Le bâtiment de la poste de Puteaux répond au schéma moderniste de l'architecture des années trente avec ses formes épurées et sa décoration que se fait l'écho de la modernité et des progrès de la civilisation. Un haut-relief sculpté par Alfred Jeanniot sur le fronton de l'édifice représente la liaison de l'Ancien et du Nouveau Continent grâce aux progrès des communications.

BUREAU DE POSTE DE CHALON-SUR-SAÔNE
1897 et 1935. Architecte : Latour
Chalon-sur-Saône, Saône-et-Loire

Construit en forme d'hémicycle, non loin de la cathédrale, la poste de Chalon-sur-Saône se caractérise tout à la fois par une allure imposante et une architecture sobre. Les étages sont soulignés par une corniche. L'édifice bénéficie d'une bonne intégration dans le paysage urbain de la ville.

PORTE
1897 et 1935
Bureau de poste
Chalon-sur-Saône

HÔTEL DES POSTES DE RAMBOUILLET
1935. Architecte : Joseph Bukiet
1, place André-Thôme
Rambouillet, Yvelines

L'architecte Joseph Bukiet réalise nombre de bureaux de poste en banlieue parisienne (Châtenay-Malabry, Rambouillet, Issy-les-Moulineaux, Antony ou encore Asnières). À Rambouillet, l'alliance des lignes horizontales et verticales et le jeu des différents matériaux (brique, béton, céramique) animent la façade aux formes épurées.

ENTRÉE
1935. Architecte : Joseph Bukiet
Bureau de poste 21

BUREAU DE POSTE 21
1935 et 1995. Architectes : Joseph Bukiet, Badia et Berger
12, rue Castex
4ᵉ arrondissement, Paris

Joseph Bukiet (1896-1984) est issu de prestigieuses écoles : l'École spéciale d'architecture et l'École des beaux-arts. Collaborateur de Léon Jaussely, architecte des Postes et des Télégraphes, il lui succède à sa mort en 1933. Son architecture se caractérise par l'emploi fréquent de la brique, comme au bureau de poste de Nogent-le-Rotrou qu'il réalise en 1940 et comme dans ce cas-ci. Seul le rez-de-chaussée subsiste aujourd'hui. Les étages supérieurs originels ont été détruits en 1995 pour pouvoir construire des logements, conçus par les architectes Badia et Berger, et destinés aux employés de la poste.

ENSEIGNE AVEC SIGNATURE
1935. Architecte : Joseph Bukiet
Bureau de poste 21

ENSEIGNE DES BOÎTES AUX LETTRES
1935. Architecte : Joseph Bukiet
Bureau de poste 21

Joseph Bukiet conçoit l'ensemble du bureau de poste, aussi bien le gros-œuvre que le dessin de l'enseigne, les grilles en fer forgé des ouvertures ou encore le graphisme des lettres des mots : Bureau n° 21 et Entrée du public.

BUREAU DE POSTE DE GANNAT
1936-1938. Architecte : André Papillard
Cours de la République
Gannat, Allier

Des Années folles à la fin de la Seconde Guerre mondiale

BUREAU DE POSTE DE ROYAT
Première moitié du XXᵉ siècle
Architecte : André Papillard
Place Eugène-Bertrand
Royat, Puy-de-Dôme

FAÇADE D'ANGLE
1936. Architectes : Raighasse et Jolly
Bureau de poste
Dinan

Le bureau de poste de Dinan présente deux façades juxtaposées, construites dans des matériaux différents et selon des modèles architecturaux également différents. Si la façade principale est construite en béton et en granit dans une tonalité grisâtre, le corps de bâtiment d'angle imite en revanche les maisons à pans de bois que l'on retrouve dans la vieille ville ainsi que la configutation militaire du château médiéval dont les exemples ne manquent pas à Dinan et dans la région. La tour d'angle surmontée d'un toit en poivrière et le pignon dominant le corps principal sont les éléments clefs de cette différence. Deux modèles sont ainsi juxtaposés afin d'inscrire le ou les édifices du bureau postal dans le tissu urbain, et par là même d'imiter sa complexité et son hétérogénéité.

SALLE DES BOÎTES POSTALES
1936
Bureau de poste
4, avenue Chateaubriand
Dinan, Côtes-d'Armor

La salle des boîtes postales située dans la tour d'angle est décorée d'une série de huit fresques signées Raigmassé ou Lemeur représentant respectivement la Pointe du Raz, l'église Notre-Dame-de-la-Joie à Penmarch, la vue de la Rance, le port de Douarnenez, le marché aux veaux de Dinan sur la place Saint-Sauveur, une ronde bretonne et enfin l'inquiétude des femmes face à la mer.

HÔTEL DES POSTES DE TANANARIVE
1937
Photographie
Musée de la Poste, Paris

En décembre 1936, le nouvel hôtel des postes de Tananarive (Madagascar) ouvre ses portes au public. Cet immeuble offre tous les aspects de la modernité. Conçu sur un plan fonctionnel, tout y était ordonnancé de façon rationnelle. Situé au centre des activités commerciales et ban-

FAÇADE PRINCIPALE DE DINAN
1936. Architectes : Raighasse et Jolly
Bureau de poste
4, avenue de Chateaubriand
Dinan, Côtes-d'Armor

Ce bâtiment s'inscrit dans un mouvement fort bien représenté en Bretagne, cherchant à concilier respect des traditions architecturales locales et modernité. L'alliance d'éléments d'architecture et de matériaux vernaculaires, comme le granit et l'ardoise, et de signes modernes, comme le béton, aboutit à l'expression d'une architecture originale et surprenante. Les maîtres d'œuvre Raighasse et Jolly participent à ce mouvement d'architecture régionaliste auquel le nom de Pierre-Jack Laloy peut être rajouté.

caires, l'hôtel comprend deux étages. Le comptoir-banque affecte la forme d'un fer à cheval. Derrière les guichets s'élevaient des panneaux destinés à renseigner le public sur les liaisons postales et électriques de Madagascar. Au premier étage étaient installés le central télégraphique, le central téléphonique et la plupart des bureaux de la direction. Le second étage abritait le cabinet du directeur, le central radioélectrique, quelques services annexes, les appartements du directeur et du receveur principal.

HÔTEL DES POSTES DE BOULOGNE-BILLANCOURT
1937-1938. Architecte : Charles Giroud
29, avenue André-Morizet
Boulogne-Billancourt, Hauts-de-Seine
Faisant face à la mairie, l'hôtel des Postes de Boulogne-Billancourt devait

téléphonique. Les étages supérieurs sont réservés aux logements de fonction. L'architecte anticipa un éventuel agrandissement de l'édifice en prévoyant une surélévation. Celui-ci eut effectivement lieu en 1960.

constituer, avec le centre d'hygiène social, une sorte de grand-place à la manière des villes du Nord et de la Belgique. Édifié par l'architecte lyonnais Charles Giroud, le bâtiment est suffisamment audacieux pour soutenir la comparaison avec l'hôtel de ville construit par Tony Garnier.

HÔTEL DES POSTES
1937-1938. Architecte : Charles Giroud
29, avenue André-Morizet
Boulogne-Billancourt, Hauts-de-Seine
L'hôtel des postes possède une marquise au-dessus de l'entrée, tandis que la façade en béton armé relève des lignes puristes caractéristiques de l'architecture de l'époque. L'ensemble des services de l'hôtel des postes est regroupé au rez-de-chaussée, alors que le premier étage renferme le central

ENSEIGNE
1937-1938
Hôtel des postes
Boulogne-Billancourt, Hauts-de-Seine

HÔTEL DES POSTES DE LYON
1938. Architecte : Michel Roux-Spitz
Place Antonin-Poncet
Lyon, Rhône
Lyon bénéficie d'un service postal interne dès 1778. Les différents bureaux sont alors disséminés en divers points de la ville. À partir de 1881, l'idée d'un hôtel des postes, à la fois de taille respectable et d'implantation centrale, revient régulièrement à l'ordre du jour. Le projet commence à prendre corps dans les années trente, à la suite de la destruction de l'hôpital de la Charité, reconstruit à la périphérie. Situé au cœur de la ville, le terrain laissé libre par la désaffection de l'hôpital peut accueillir les 30 000 m² envisagés pour la construction de l'hôtel des postes. Après une rapide négociation, les Hospices civils cèdent le terrain à la ville de Lyon qui le livre à l'administration des PTT. La réalisation de l'hôtel des Postes est confiée à Michel Roux-Spitz (1888- 1957). Grand prix de Rome en 1920, élève et disciple de Tony Garnier, Michel Roux-Spitz inscrit son travail dans une ligne architecturale monumentale et rationnelle, en rejetant toute ornementation mais en demeurant classique dans la conception du plan. Son objectif est de concilier l'emploi de matériaux nouveaux et l'adaptation de l'édifice à des fonctions nouvelles. Les travaux commencent en 1933. Le bâtiment est inauguré en juillet 1938. Il se caractérise par d'amples façades, découpées avec vigueur, aux lignes et volumes nets.

FAÇADE (détail)
1938. Architecte : Michel-Roux Spitz
Hôtel des postes
Place Antonin-Poncet
Lyon

De retour de son séjour à la villa Médicis en 1924, Michel Roux-Spitz acquiert une renommée à travers une série d'immeubles aux façades sobrement calepinées de pierre blanche. Il renoue ici avec son désir de classicisme en recouvrant la façade de l'hôtel des postes de Lyon avec un parement de pierre. Le bâtiment est revêtu de pierre d'Hauteville au rez-de-chaussée, de pierre d'Euville dans les étages et de pierre de Villebois dans les parties secondaires.

BAS-RELIEF
1938. Sculpteurs : Bardey, Renard et Salendre
Hôtel des postes
Lyon

La façade de l'hôtel des Postes est ornée de vingt-quatre bas-reliefs réalisés par Renard, Salendre et les sœurs Bardey. Leur style dépouillé, voire sévère, ponctue et solennise les entrées monumentales de l'édifice.

LA MÉDECINE À LYON
1938. Sculpteur : Jeanne Bardey
Hôtel des Postes
Lyon

FRESQUE
1934. Peintre : Louis Bouquet
Hôtel des Postes
Lyon

Dans le hall public de l'hôtel des Postes, haut de 7 mètres, une majestueuse fresque de Louis Bouquet (1885-1952) évoque le rayonnement de la ville de Lyon. Réalisée entre 1932 et 1934, cette fresque de 54 mètres de long utilise les techniques traditionnelles des grandes décorations murales. Le peintre s'est inspiré de la pensée du mathématicien Ampère, inventeur notamment du télégraphe électrique : « ... par le fluide messager, la pensée transportée unit les cités et les mondes ». Autour de cette grande fresque, deux autres toiles de Bouquet représentent d'un côté, le Rhône, source d'énergie, de l'autre, la Saône et ses côteaux.

SALLE DE TRI
1938. Architecte : Michel Roux-Spitz
Hôtel des Postes
Lyon

HÔTEL DES POSTES DE TOURCOING
1938. Architecte : René Delannoy
55, rue Gustave-Dron
Tourcoing, Nord

La construction de l'hôtel des Postes de Tourcoing débute en 1936 sous la direction de René Delannoy (1882-1960), architecte des PTT. Inauguré en janvier 1939, le bâtiment est distribué autour d'une cour intérieure, avec une entrée située dans le pan coupé de l'angle. Réalisée en briques finement appareillées, la façade est rythmée par des lignes verticales et horizontales, les formes et la saillie des pilastres. Les détails stylistiques, d'inspiration Art déco, évoquent aussi les travaux de l'école d'Amsterdam. L'hôtel des Postes est agrandi en 1974 par le fils de René Delannoy, François-Pierre Delannoy, architecte à Lille.

nouvelle façade d'orientation inverse donne sur la rue La Fayette. Le bâtiment est légèrement dissymétrique ; son parement de brique est mis en valeur par des motifs en relief.

CENTRE DE TRI POSTAL
1938-1951. Architectes : Léon Azéma et Joseph Bukiet
Gare Saint-Lazare
8ᵉ arrondissement, Paris

Léon Azéma (1888-1978) est nommé architecte des Postes, au cadre de Paris, le 8 août 1928. Il est l'auteur de nombreux bureaux de poste à Paris et dans sa banlieue. À partir de 1938, il réalise en collaboration avec Joseph Bukiet (1896-1984), également architecte des Postes, le centre de tri postal de la gare Saint-Lazare. Deux bâtiments revêtus d'un appareillage de briques sont juxtaposés, le premier à gauche est recouvert d'un toit vitré, tandis que le second établi à l'angle de deux rues est construit plus tardivement. Aux arcades et au toit faisant fronton du premier édifice succède une architecture insistant sur l'horizontalité pour le second. Seul l'emploi de la brique permet de créer une certaine harmonie.

HÔTEL DES POSTES DE TOULOUSE
1939. Architecte : Pierre Jean-Marie Thuriès
Rue La Fayette
Toulouse, Haute-Garonne

Au milieu du XXᵉ siècle, l'hôtel central des postes de Toulouse, construit entre 1884 et 1886, double sa superficie. Une

BUREAU DE POSTE DE NOGENT-LE-ROTROU
1940. Architecte : Joseph Bukiet
2, avenue Georges-Clemenceau
Nogent-le-Rotrou, Eure-et-Loir

Joseph Bukiet succède à Léon Jaussely. Il est nommé architecte des Postes en 1933. Il réalise de nombreux bureaux de poste à Paris et en banlieue parisienne et quelques-unes en province comme celui de Nogent-le-Rotrou. Construite sur un seul niveau couronné d'un double attique, cette poste se déploie à l'angle de deux rues selon un schéma classique : l'entrée est placée au centre et à l'intersection des deux rues. Cependant le traitement est résolument moderniste : l'utilisation du béton sur la façade principale et de la brique sur les ailes en retour, la ferronnerie peinte en rouge, la simplicité des volumes des étages d'attique, établis en retrait par rapport au niveau inférieur, confèrent à l'ensemble un certain air de majesté.

Des Années folles à la fin de la Seconde Guerre mondiale

ENSEIGNE
1940. Architecte : Joseph Bukiet
Bureau de poste
Nogent-le-Rotrou

Joseph Bukiet dessine, comme dans chacun de ses projets, l'ensemble des aménagements tels que les grilles des fenêtres, le réceptacle de la hampe du drapeau et l'élégante enseigne.

HÔTEL DES POSTES DE VICHY
1940. Architecte : Léon Azéma
Place Charles-de-Gaulle
Vichy, Allier

Léon Azéma (1888-1978) est l'auteur de nombreux bureaux de poste. Architecte en chef des Bâtiments civils et des Palais nationaux, il est également nommé le 8 août 1928 architecte des Postes, au cadre de Paris. À Vichy, Azéma emploie des éléments qui confèrent à l'ensemble du bâtiment une certaine monumentalité. La rotonde, placée devant un corps de bâtiment entouré de deux pavillons, témoigne de ce choix. Elle rappelle étrangement celle que le Cavalier Bernin (1598-1680) avait conçue pour le premier projet de la façade orientale du Louvre en 1664 mais, qui ne fut jamais réalisé. Cette coïncidence n'est sans doute pas fortuite. La plupart des œuvres architecturales d'Azéma s'inscrivent dans la grande tradition de l'architecture classique du XVIIe siècle. Le souvenir des ordres, des proportions, des modénatures, des effets d'équilibre et de symétrie marque la façade de l'hôtel des postes de Vichy, tout comme d'ailleurs le palais de Chaillot qu'il réalise en collaboration en 1937 avec Jacques Carlu et Hippolyte Boileau. À ceci près que les matériaux utilisés ne sont plus les mêmes. Le béton armé remplace la pierre. Azéma ne fait pas cavalier seul dans cette recherche de classicisme. Auguste Perret (1874-1954) réemploie également, et modernise, l'élément de la rotonde dans le bâtiment qu'il élève en 1937 pour accueillir le Conseil économique et social à Paris.

BUREAU DE POSTE DE GISORS
1942. Architecte : Pierre Chirol
Rue du Général-de-Gaulle
Gisors, Eure

Une simplicité d'ensemble, rehaussée çà et là de touches décoratives, caractérise la poste de l'ancienne capitale du Vexin

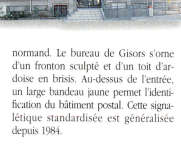

normand. Le bureau de Gisors s'orne d'un fronton sculpté et d'un toit d'ardoise en brisis. Au-dessus de l'entrée, un large bandeau jaune permet l'identification du bâtiment postal. Cette signalétique standardisée est généralisée depuis 1984.

CENTRAL PARIS-BOURSE
1942-1949. Architectes : Jacques Debat-Ponsan et Michel Roux-Spitz
Place de la Bourse
2e arrondissement, Paris

Commencée par Jacques Debat-Ponsan (1882-1942), l'édification de l'ancien central des PTT de Paris-Bourse est interrompue à sa mort en 1942. Michel Roux-Spitz (1888-1957) est chargé de le terminer. L'esprit classique qui avait dominé l'hôtel des postes de Lyon, conçu par ses soins en 1938, est ici repris.

La guerre de 1939 - 1945

LA BONNE NOUVELLE
1939
Almanach des PTT
Collection des Amis de l'histoire des PTT d'Alsace

Avec un humour involontaire cet almanach représente un facteur apportant « la bonne nouvelle ». Or le 3 septembre 1939, la France entre en guerre contre l'Allemagne. En 1939, 200 000 hommes et femmes travaillent aux PTT. La mobilisation les a amputés d'une partie de leur personnel : 37 000 agents sont sous les drapeaux, soit 37 % de l'effectif masculin. Pour faire face, le ministère embauche 20 000 auxiliaires et diffère les retraites. Elle perd aussi le personnel de la poste aux armées, qui est pratiquement composé des seuls fonctionnaires de l'administration des PTT.

LE JOUR DE L'AN
1940
Photographie
Collection Roger-Viollet

L'organisation de la poste aux armées est calquée sur celle de la guerre précédente. Le 20 octobre 1939, le personnel affecté à ce service compte 1 750 personnes, réparties en 435 officiers, 242 secrétaires, 745 conducteurs manipulants et 328 gardiens de bureau. Le nombre de bureaux de poste militaire en mai 1940 s'élève à 420 de plein exercive et 120 annexes. Le réseau couvre le terrain de telle manière qu'aucune formation militaire ne puisse se trouver à plus de 25 kilomètres d'un de ces bureaux. Deux trains postaux partent chaque jour du bureau centralisateur n° 1 de Melun, un pour le Nord, un pour l'Est. Ce bureau traite un trafic qui se stabilise à partir d'octobre 1939, à environ de 4 millions de lettres et 100 000 paquets par jour. Le postier d'un bureau militaire retire les paquets de Nouvel An d'un sac, pendant que deux soldats sont déjà occupés à se préparer un casse-croûte avec le jambon en boîte qu'ils viennent de recevoir.

LA VIE DES GUICHETS
1939
Gravure
Collection particulière

Une activité presque normale se maintient pendant la drôle de guerre, du 3 septembre 1939 au 10 mai 1940. Seule la présence d'un militaire rappelle les événements en cours.

PANNEAU FELDPOST
Milieu du XXe siècle
Musée de la Poste, Paris

La rapide avancée des armées allemandes en mai-juin 1940 jette sur les routes des milliers de réfugiés. Les postiers n'échappent pas au flot et évacuent leurs bureaux avec les valeurs et les livres comptables. Fidèles à leur poste, ils témoignent de l'avance allemande et sont souvent les derniers à partir. Au moment de l'armistice, les communications sont grandement bouleversées et 40 000 agents sont repliés hors de leur résidence, les plus nombreux venant du Nord, de l'Est ou de Paris. Le Cantal en accueille par exemple 2 000. Malgré la désorganisation, seulement 512 abandons de poste sans autorisation sont enregistrés. La campagne de mai-juin 1940 détruit 110 bureaux de poste et en endommage 943 autres. Au début de l'été 1940, la plupart des évacués rentrent dans leur résidence, mais l'occupant refuse le retour des postiers alsaciens et lorrains. Le 21 juillet, le personnel du ministère des PTT réintègre le 20, avenue de Ségur. En août, la grande majorité des bureaux a rouvert. Mais commencent quatre années d'une longue occupation.

AFFICHE WARNUNG
Septembre 1940
Musée de la Poste, Paris

Après la percée allemande, la plupart des services sont désorganisés, beaucoup de receveurs évacuent leur bureau. La guerre laisse 18 000 agents PTT dans les camps de prisonniers allemands. La convention d'armistice pèse sur les populations civiles, qui ne peuvent plus communiquer à un moment où de nombreuses familles sont dispersées. L'armée allemande plaque un système de contrôle sur la structure administrative des PTT. Les autorités allemandes réquisitionnent de nombreux wagons-postaux pour les envoyer sur le front russe ou des locaux pour loger leurs soldats. Des représentants du ministère des PTT désignés auprès des autorités allemandes sont en butte à des demandes continuelles. Des bureaux de censure sont installés dans les centres de tri pour surveiller les acheminements. Afin de pouvoir circuler de jour comme de nuit, les postiers reçoivent un *ausweis* (sorte de passeport individuel).

Comme dans tous les secteurs de la société, l'occupation allemande pèse très fortement sur le fonctionnement des PTT entre 1940 et 1944.

CARTE POSTALE FAMILIALE INTERZONES
1941
Carte postale d'Auriac (Corrèze) pour Paris
Verso
Musée de la Poste, Paris

Cette carte est réservée pour la correspondance familiale entre la « zone occupée » et la « zone libre ». Elle est vendue 90 c dont 10 c pour le coût du carton. Cette carte postale familiale interzones est refusée en raison d'un libellé non réglementaire. Elle est retournée à l'expéditeur car le texte est écrit en dehors des lignes préimprimées.

CARTE POSTALE IRIS INTERZONES
1940
Collection Bertrand Sinais

L'ordonnance du 18 juillet 1940 signée du commandant en chef de l'armée allemande interdit le service postal au-delà des limites du territoire occupé et le trafic télégraphique, et limite le service téléphonique aux réseaux locaux. Les seules exceptions entre les zones occupée et non occupée concernent les correspondances administratives et d'ordre économique. Elles sont acheminées selon l'avis de la Prüfstelle (service de contrôle), installée boulevard Raspail à Paris. À partir du mois de septembre, la communication entre les deux zones est autorisée au moyen des cartes postales familiales. Le 26 septembre 1940 sont mises en service des cartes postales interzones avec figurine au type Iris. Ces cartes extrêmement restrictives comprennent au verso 4 lignes d'instructions et 14 lignes à compléter. Il est interdit d'y apposer des timbres-poste car les autorités allemandes craignent que des messages ne soient inscrits au verso des timbres. L'échange des correspondances entre les deux zones s'effectue à Moulins-sur-Allier. L'échange de courrier entre la zone occupée et l'étranger demeure interdit. L'invasion de la zone non occupée par les troupes allemandes, le 11 novembre 1942, supprime la ligne de démarcation et rétablit la « liberté » de communiquer par lettres en France occupée.

CARTE POSTALE FAMILIALE INTERZONES
1941
Carte postale d'Auriac (Corrèze) pour Paris
Recto
Musée de la Poste, Paris

Cette carte est réexpédiée à l'expéditeur. La griffe « inadmis libellé non réglementaire » y est apposée.

DÉCLARATION DE NON-JUDAÏSME DES PTT
28 septembre 1940
Collection particulière

Le 10 juillet 1940, le maréchal Philippe Pétain reçoit les pleins pouvoirs et met en œuvre la politique de la révolution nationale. Un texte pour épurer l'administration est promulgué le 17 juillet 1940 et sanctionne l'activité politique et syndicale de postiers : en octobre, une centaine sont révoqués. Les membres du parti communiste encourent des sanctions de droit commun et sont internés. La loi du 13 août 1940 sur les sociétés secrètes vise à exclure les francs-maçons de l'administration. Chaque postier, titulaire ou auxiliaire, doit déclarer sur l'honneur n'avoir jamais appartenu à une société secrète. Le refus de déclaration ou d'engagement de n'avoir jamais appartenu entraîne la révocation. La fausse déclaration rend le postier démissionnaire d'office. Cette loi élimine quelques centaines de postiers. Le 3 octobre 1940, le régime de Vichy établit un statut des juifs ; ce statut est confirmé par la loi du 2 juin 1941. Le secrétariat d'État aux PTT impose à chaque fonctionnaire, agent et auxiliaire permanent, une déclaration de non-appartenance à la race ou à la religion juive. Les postiers juifs sont révoqués. En 1941, un nouveau statut des fonctionnaires institue l'avancement au choix, renforce le respect de la discipline et demande à chaque fonctionnaire d'avoir une vie privée exemplaire. L'ensemble de ces lois vise à « restaurer la France », en éliminant de la fonction publique tous ceux que le régime de Vichy considère comme les fossoyeurs de la nation.

CAMION ÉQUIPÉ D'UN GAZOGÈNE
1940
Photographie
Musée de la Poste, Paris

La crise accrue des moyens de transports va amener une forte hausse du trafic postal tout en perturbant son acheminement. La dotation en carburant des services postaux se réduit de mois en mois, aussi la poste recourt-elle à des voitures gazogènes comme d'ailleurs les services techniques dont on voit un camion destiné au transport des équipes. L'insuffisance de carburants et de lubrifiants, le mauvais état ou le manque de pneumatiques, la défectuosité du charbon de bois sont les causes de la plupart des retards. Si ces manques perturbent les liaisons routières, les multiples retards de trains n'arrangent pas la situation. Les services ambulants suivent les aléas des transports ferroviaires et plus l'Occupation se prolonge, de moins en moins de trains peuvent circuler. Certains courriers sont supprimés, en particulier le dimanche. Afin d'alléger les acheminements et les tournées, la distribution dominicale est définitivement supprimée le 31 juillet 1941. En 1943, le STO prive les PTT de nombreux titulaires et les auxiliaires remplaçants ne sont pas toujours à la hauteur. Aussi, au vu de l'usager, dans l'attente anxieuse d'une carte postale ou d'une lettre d'un proche prisonnier en Allemagne, le service se dégrade-t-il de jour en jour.

ALMANACH
1941
Musée de la Poste, Paris

Une circulaire du 12 octobre 1940 organise un « contrôle technique » de toutes les correspondances. Bafouant le principe du secret, des agents, mandatés par les préfets, se présentent dans les bureaux de poste ou les centres de tri et prélèvent, parfois au hasard, des lettres et des cartes postales. Les correspondances sont ouvertes à la vapeur pour être lues. Si un passage apparaît intéressant (ravitaillement, marché noir, opinions sur la situation, sur le gouvernement, sur la résistance, etc.), il est dactylographié et répertorié. La lettre est ensuite refermée et acheminée. Les comptes rendus envoyés au préfet permettent de mieux connaître l'état d'esprit des populations. Mais les renseignements sont aussi exploités par la police, ce qui entraîne des arrestations. Par exemple en décembre 1943, il y aurait eu 2,5 millions de correspondances lues ! Ce contrôle permet de surveiller la loyalisme des fonctionnaires, les opposants potentiels, les internés, mais aussi les collaborateurs et même les Allemands.

CARTE POSTALE DE PRISONNIER DE GUERRE
28 mai 1942
Collection particulière

L'autorité allemande permet à tous les prisonniers de guerre français d'envoyer ou de recevoir des lettres et des cartes postales. Si les camps sont en Allemagne, ils sont désignés *stalag* et *oflag*, et s'ils sont en France, ils sont nommés *frontstalag* : par exemple le *frontstalag* 182 désigne le camp de prisonniers de Savenay (Loire-Atlantique). Les premiers mois, le trafic postal des prisonniers de guerre est limité aux lettres expédiées ouvertes et aux cartes postales, avec la mention de l'adresse des expéditeurs. Tout envoi porte en français et en allemand les mentions *kriegsgefangenenpost*/Courrier des prisonniers de guerre » et « Gebührenfei/En franchise ». À partir du mois de septembre, des cartes postales imprimées sont mises à disposition. Tout doit être uniquement écrit en français ou en allemand. L'inobservation du règlement entraîne la punition du prisonnier et la privation de ses relations postales. En octobre 1940, chaque prisonnier peut recevoir un colis postal de 5 kg tous les deux mois et un paquet-poste d'1 kg tous les mois. L'ensemble est rassemblé au centre de Paris-La Chapelle. Ce trafic se développe, et, au deuxième semestre 1942, 9 640 000 colis et 378 311 paquets-poste sont acheminés vers les camps de prisonniers en Allemagne.

POUSSETIER PARISIEN
1943. Robert Doisneau
Collection particulière

Tout au long de l'Occupation, les conditions de vie et de travail du facteur deviennent de plus en plus difficiles. Le rationnement de certaines denrées les touchent directement. Par manque de bicyclettes, de pneumatiques, de chambres à air, beaucoup de facteurs à bicyclette deviennent piétons et certains doivent effectuer des tournées à pied de 35 à 40 km. Mais la mauvaise qualité des chaussures n'arrange pas la situation. Pour celui qui conserve sa bicyclette, le coût de la moindre réparation équivaut à une journée de salaire. Quand la tournée devient trop pénible, elle est supprimée. Le rationnement alimentaire affaiblit les organismes et, malgré les demandes de l'administration des PTT, la carte T (attribuée aux travailleurs de force) est refusée aux facteurs. Malgré ces difficultés, le facteur demeure souvent le seul contact pour des usagers privés de moyens de transports. Dans les campagnes, le facteur apparaît comme le dernier intermédiaire pour maintenir des liaisons.

FACTEUR AVEC COLIS
1943. Robert Doisneau
Collection particulière

Durant l'Occupation, les PTT vont rendre des services éminents à la population en acheminant des millions de colis. Le nombre de colis augmente de manière spectaculaire, et ces colis contiennent le plus souvent du ravitaillement à destination des villes et spécialement de Paris. Les centres de tri d'Évreux ou de Nantes expédient 10 000 colis par jour ; la Sarthe expédie en 1943 plus de 4 millions de paquets familiaux. Ces quelques chiffres attestent de l'ampleur du trafic postal de colis. Ces colis contiennent essentiellement du beurre, du fromage, des volailles, des œufs ou de la viande. Même si une loi de 1910 interdit le transport de denrées périssables par voie postale, les PTT ferment les yeux. Elle interdit cependant l'envoi de beurre pendant l'été. Parfois les emballages laissent à désirer – un simple papier –, parfois ils sont bien conditionnés comme ces boîtes en bois avec des casiers pour loger les œufs. En menant à bien cette mission, malgré les difficultés d'acheminement, les PTT contribuent largement au ravitaillement de nombreux Français.

DRAPEAU DE RÉSISTANCE PTT
1941
Musée de la Poste, Paris

Si des postiers intègrent les réseaux de résistance où leur qualification professionnelle est utilisée au mieux, d'autres, attachés à leur spécificité professionnelle, se rassemblent dans des mouvements PTT. En 1941 se constitue le réseau « Action PTT » qui devient ensuite « Résistance PTT ». Son responsable Ernest Pruvost a pour objectif de monter un réseau de renseignements et de transmissions : par exemple il provoque la mutation en zone côtière d'agents résistants. Un état-major est constitué en mars 1942. Ce réseau est très lié à l'OCM (Organisation civile et militaire). Présent sur l'ensemble du territoire, il constitue le principal mouvement PTT. « Libération nationale PTT », lié au parti communiste et dirigé par Henri Gourdeaux, n'est que partiellement présent. À partir de 1941, la CGT publie une feuille clandestine *Le Travailleur des PTT*. Enfin, comme dans toute l'administration, les « NAP-PTT »

(Noyautage des administrations publiques) collectent des renseignements obtenus par l'observation des échanges entre les services gouvernementaux et facilitent le passage de messages codés.

FAUX TIMBRE-POSTE DE LA RÉSISTANCE
1943
Lettre de Nice pour Lyon
Musée de la Poste, Paris

Robert Thirin, du mouvement « Combat », a gravé un faux timbre-poste en substituant l'effigie de Pétain à celle de Charles de Gaulle. En raison de leur similitude d'aspect avec le timbre-poste de l'époque et avec la complaisance des postiers résistants, de nombreuses lettres non taxées ont circulé. C'est un acte de résistance symbolique. Cette lettre de dénonciation est adressée au journaliste Philippe Henriot (1889-1944) qui deviendra secrétaire d'État à la propagande le 7 janvier 1944. Cette lettre a le mérite de présenter un usage réellement postal de ce timbre de la Résistance et non pas une oblitération de complaisance.

SIMONE LÉVY
1958. A. Decaris
Timbre
Musée de la Poste, Paris

Rédacteur au ministère des PTT, Ernest Pruvost, alias Potard, réussit avec Edmond Debeaumarché à coordonner les opérations de résistance dans l'administration des PTT. Il est entouré de trois adjoints : Maurice Horvais à l'organisation, Debeaumarché aux transports et au courrier et Simone Michel-Lévy à la radio. La figure de Simone Michel-Lévy se détache incontestablement. Née en 1906, rédacteur à la direction des recherches et du contrôle technique, elle devient responsable de la radio à l'état-major de Résistance PTT. Sous le pseu-donyme de Mlle Flaubert ou Emma, elle mène plusieurs missions en Normandie en 1942 pour installer des postes émetteurs. Elle organise avec Debeaumarché le service « transports » de la Résistance. Dénoncée, elle est arrêtée le 5 novembre 1943. Martyrisée par la Gestapo, elle est déportée et pendue au camp de Flossenbourg le 13 avril 1944. Edmond Debeaumarché, rédacteur aux ambulants, alias « Dury », est arrêté le 3 août 1944. Après avoir été torturé, il est déporté à Buchenwald, puis à Dora. Il est libéré le 15 avril 1945.

EDMOND DEBEAUMARCHÉ
XXᵉ siècle
Timbre
Musée de la Poste, Paris

Après avoir été tributaire du General Post Office britannique, le général de Gaulle charge, en juillet 1941, Alexandre Ducatillon d'organiser la poste militaire de la France libre. Le 4 octobre, le service est officiellement créé. Au total dix personnes composent le BPM 7 dont les bureaux se situent à Dolphin Square à Londres. Le rôle du BPM 7 est d'acheminer des courriers entre la Grande-Bretagne et différents points du monde : Portugal (avec la boîte postale n° 290), Russie, Afrique, Canada, Levant, Extrême-Orient ou Pacifique. La destination la plus difficile est la France, où les facteurs parachutistes subissent de nombreuses pertes. Les courriers sont en général acheminés par mer ou par avion militaire, voire par la valise diplomatique britannique. Mises au point par la société Kodak, les micro-lettres permettent d'alléger le poids des envois. Les formules sont microfilmées et envoyées au Caire pour être développées : 6 000 microlettres pèsent 1 kg. La poste militaire de la France libre, pour ses affranchissements, d'abord surcharge les timbres existants, puis émet des figurines postales. L'acheminement des courriers se fait au prix de beaucoup de débrouillardise et de chance.

MONUMENT AUX MORTS
Seconde moitié du XXᵉ siècle
Beaucoudray, Manche

En juin 1942, une trentaine d'agents PTT et quelques individualités extérieures forment le groupe PTT de Saint-Lô. Ce groupe est constitué par Marcel Richer en liaison avec le responsable régional de Résistance PTT, Henri Leveillé, et se coordonne avec le réseau Centurie. Leur mission est de saboter des câbles allemands et de rechercher des renseignements. L'arrivée de René Crouzeau en février 1943 donne une nouvelle impulsion au groupe. Il accueille des réfractaires au STO et met en place un véritable centre de tri parallèle pour dépister les lettres de dénonciation. Un poste émetteur est également installé. Le lieu-dit « Le village du bois », de la commune de Beaucoudray, sert de base de repli et l'endroit est si sûr que le responsable de Résistance PTT Ernest Pruvost vient s'y cacher. Le groupe s'organise en vue du débarquement avec deux tonnes d'armes. Il participe au plan violet (destruction du maximum de moyens de communication) dans la nuit du 5 au 6 juin 1944. Mais des imprudences individuelles font repérer le groupe ; le 14 juin, des panzergrenadiers de la division Das Reich attaquent et font prisonnier une partie du groupe (Pruvost s'échappe de justesse). Le 15 juin à l'aube, 11 membres sont fusillés. Un monument situé à Beaucoudray rappelle cette tragédie.

RÉSISTANCE
XXᵉ siècle
Timbre
Musée de la Poste, Paris

La répression est proportionnelle à l'engagement des agents PTT et à leurs nombreux actes. Environ 9,5 % d'entre-eux sont engagés dans la Résistance, soit une participation nettement plus élevée que le reste de la population. Ce chiffre atteste d'un sens de la solidarité corporative. L'historien Paul établit le bilan approximatif à 243 fusillés, 92 tués au combat comme volontaires de la Résistance, 12 morts en détention et 373 morts en déportation. 326 déportés sont rentrés des camps de concentration. Outre la tragédie de Beaucoudray, on peut citer par exemple la trentaine d'agents arrêtés en Île-de-France entre la fin juin et le début juillet 1944. Pour son action résistante et pour souligner le rôle vital des agents PTT dans la lutte clandestine, le mouvement Résistance PTT est cité à l'ordre de l'armée par le général de Gaulle le 16 octobre 1945 (décision n° 1249) et reçoit la croix de guerre avec palme. Outre les victimes de la répression, il ne faut pas oublier les 511 agents tués au combat lors d'opérations militaires, les 450 victimes de bombardements ou d'explosions et les 162 prisonniers de guerre décédés pendant leur détention.

DIPLÔME DE RÉSISTANCE PTT
Seconde moitié du XXᵉ siècle
Collection particulière

Les actes des postiers résistants se caractérisent le plus souvent par des actions individuelles, spontanées et anonymes. Les résistants en « blouses grises » détournent les lettres destinées aux kommandanturs, à la Gestapo ou à la Milice : ce sont souvent des lettres de dénonciation. Ce détournement permet de prévenir les suspects d'une éventuelle arrestation. Au cours de leur tournée, certains facteurs distribuent des tracts ou des journaux clandestins. Présents dans toutes les communes, les facteurs notent les déplacements de troupes allemandes et observent leurs constructions : ce travail de renseignement est précieux pour la Résistance. En liaison avec les cheminots, les ambulants acheminent des tracts, des journaux, des armes, des explosifs et parfois des postes émetteurs. Ils font passer la ligne de démarcation à des prisonniers évadés dans des wagons postaux. Les postiers en général apportent leur aide à tous ceux qui sont traqués en leur délivrant de fausses cartes professionnelles ou en leur fournissant des vêtements corporatifs. Certains organisent un véritable service postal clandestin pour que les maquis puissent communiquer et soient financièrement approvisionnés. D'autres entreposent du matériel de propagande dans les caves ou dans les combles des bureaux de poste. La poste restante permet de recevoir, sous un pseudonyme, le courrier de mouvements de résistance ou des messages de résistants à leurs familles.

JOURNAL PTT LIBRE
16 juillet 1945
Musée de la Poste, Paris

Le 6 juin 1944, les forces alliées débarquent sur les côtes de Normandie. Le plan violet, conçu par des ingénieurs des télécommunications, contribue au succès du débarquement. Dans la nuit qui le précède, des agents PTT sectionnent un maximum de câbles de télécommunications ou neutralisent des centraux téléphoniques afin de désorganiser les communications des armées allemandes et de les isoler. Ce plan est développé dans tout le pays avec les mêmes effets et avec le même succès. À nouveau, dans les zones de combat, les communications postales sont désorganisées. Des postiers résistants s'engagent dans les Forces françaises libres et participent aux combats de la libération. Par exemple, 45 facteurs des Bouches-du-Rhône quittent leurs bureaux pour s'enrôler dans les FFL. À Paris, le 16 août 1944, l'Union des syndicats déclenche une grève générale, et de nombreux postiers rejoignent les barricades. Partout la Libération est accueillie avec joie, car elle met fin à quatre années d'oppression.

RUINES DU BUREAU DE POSTE
DE SAINT-LÔ
1945
Photographie
Collection particulière

Si la campagne de mai-juin 1940 a détruit ou endommagé un millier de bureaux, les combats de la Libération vont être beaucoup plus destructeurs. À la fin de la guerre, le bilan est lourd : outre le nombre de victimes – près de 2 000 –, 70 % des bâtiments d'exploitation sont détruits ou endommagés, 25 % du parc automobile et 42 % des wagons-poste sont hors d'usage. La remise en route va s'effectuer rapidement, souvent avec des moyens de fortune pendant les premiers mois. À Caen, ville durement frappée en juin et juillet 1944, un bureau de poste est rouvert dans un local provisoire dès le 21 juillet, soit deux jours après la libération complète. Le 22 août, une liaison entre Caen et Rennes est rétablie. Tous les locaux pouvant être réparés le sont dès la fin de l'année 1945. Là où ils sont détruits, des bâtiments sont réquisitionnés ou des baraquements sont mis à disposition des PTT. La reconstruction des bureaux détruits est menée à bien au début des années cinquante. Les liaisons ferroviaires sont progressivement rétablies, ce qui permet une amélioration des acheminements. La distribution du courrier est rapidement rétablie malgré le manque persistant de bicyclettes ou de pneumatiques. Ces quelques faits attestent de la volonté nationale de remettre rapidement en route les communications postales, et cela malgré les divers rationnements qui subsistent. À la fin de l'année 1945, un service postal satisfaisant est assuré grâce au considérable effort déployé par des postiers pourtant insuffisamment rémunérés.

LETTRE DE LA VICTOIRE
1944, V... Mail : Victory Mail
Lettre de soldat américain
pour Columbus, Ohio, États-Unis
Musée de la Poste, Paris

Cette lettre de la Victoire d'un soldat américain en opération en Europe est adressée à sa famille à Columbus à l'occasion de Noël. L'expéditeur utilise un document préimprimé illustré qu'il remet au service de la poste militaire. Après censure, le message est photographié sur de minuscules bobines de microfilms qui sont expédiées par voie aérienne aux États-Unis. Le message est reproduit sur une feuille de papier sensible et acheminé au destinataire sous enveloppe à fenêtre. Ce service fonctionne de 1941 à 1945.

ENVELOPPE DE RÉEXPÉDITION
LETTRE DE LA VICTOIRE
1944, V... Mail : Victory Mail
Musée de la Poste, Paris

ATTESTATION
D'APPARTE-
NANCE
AUX FFC
17 avril 1947
Musée de la Poste, Paris

Quelques milliers d'agents PTT suivent le maréchal Pétain dans la voie de la collaboration. Le retour de la République sonne l'heure des comptes. Tous les agents doivent remplir une déclaration de non-appartenance à un mouvement de collaboration. Des commissions d'épuration fonctionnent dans chaque département. Une commission centrale d'épuration est créée le 11 octobre 1944 pour rendre un avis motivé au ministre et siège jusqu'au 24 mai 1947. L'épuration de cette collaboration ordinaire est souvent l'occasion de règlements de comptes, en particulier vis-à-vis de la hiérarchie. 3 527 dossiers sont traités par la CCE et 2 590 agents sont sanctionnés, soit 1,23 % de l'ensemble du personnel. Parmi les sanctions, la CCE prononce 251 exclusions temporaires, 186 mises à la retraite, 541 révocations et 511 licenciements. 20 % des agents sanctionnés le sont pour avoir adhéré à un mouvement de collaboration (dont cent agents membres de la Milice). Une femme sur deux est sanctionnée pour délit amoureux.

La fabrication du timbre-poste

Timbre-poste en taille douce

Le choix du sujet

TIMBRE-POSTE
GEORGES CLEMENCEAU
1951
Musée de la Poste, Paris

Plus de 800 demandes de timbres-poste sont formulées chaque année par des élus, des représentants d'organismes ou des philatélistes. Seulement 40 à 45 d'entre elles verront la consécration philatélique. La sélection est opérée par une commission qui réunit des représentants de La Poste, du ministère de la Culture, des milieux philatéliques, du négoce, de la presse spécialisée, des artistes créateurs de timbres et des clients. Examinant les propositions, la commission statue en fonction de certains critères. S'agissant d'honorer la mémoire d'une femme ou d'un homme célèbre, il est de tradition en France de réserver l'hommage philatélique à des personnalités disparues. Le programme philatélique s'organise en séries thématiques : art, tourisme, célébrités, etc. Une fois le choix fixé par arrêté ministériel, l'exécution du programme annuel des émissions peut être lancé. Mais c'est seulement l'année suivante que les timbres sortiront des presses.

Le 26 juillet 1951, l'Assemblée nationale vote une proposition de résolution présentée par de nombreux députés, invitant le gouvernement à commémorer l'anniversaire de la naissance de Georges Clemenceau (1841-1929). Un timbre-poste *Clemenceau* est enfin émis pour le 11 novembre 1951, coïncidant avec l'anniversaire de la victoire de 1918.

La création artistique

PROJET DU TIMBRE-POSTE
CLEMENCEAU
1951. Albert Decaris
Crayon et lavis (32,5 × 25 cm)
Musée de la Poste, Paris

Pour leur conception, les timbres-poste font l'objet d'une compétition et La Poste décide du projet retenu pour l'émission du timbre.

PROJET DU TIMBRE-POSTE
CLEMENCEAU
1951. Albert Decaris
Crayon et lavis (32,5 × 25 cm)
Musée de la Poste, Paris

Artiste peintre, illustrateur, graveur, Albert Decaris (1901-1988), élève de l'école Estienne, illustre plus de 200 livres et grave environ 600 timbres pour la France et les pays d'expression française. Il obtient le grand prix de Rome

de gravure en 1919. Son premier timbre pour la France est le *Saint-Trophime* d'Arles en 1935.

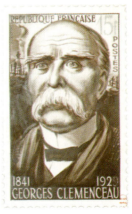

MAQUETTE DU TIMBRE-POSTE
CLEMENCEAU
1951. Albert Decaris
Crayon et lavis (32,5 × 25 cm)
Musée de la Poste, Paris

La Poste confie à un artiste dessinateur le soin de réaliser plusieurs dessins originaux ou maquettes. Celle-ci est acceptée par Joseph Laniel (1889-1975), ministre des PTT, le 27 septembre 1951. Albert Decaris réalise cette maquette d'après une photographie. Il dessine un vieillard au front haut, à la moustache tombante, aux yeux enfouis sous d'épais sourcils : silhouette célèbre du « Père la Victoire ».

Le processus artisanal et industriel

GRAVEUR DE TIMBRES AU TRAVAIL
1977
Gravure en taille douce
Imprimerie des timbres-poste,
Périgueux

POINÇON DU TIMBRE-POSTE
CLEMENCEAU
1951. Albert Decaris
Taille douce sur acier (8 × 7 cm)
Musée de la Poste, Paris

D'après la maquette, l'artiste graveur, aidé d'une loupe binoculaire, réalise au burin sur une plaque d'acier doux un seul poinçon original représentant le timbre en son entier. La gravure est en creux et à l'envers. Cette technique d'impression s'appelle la taille-douce. Les nuances sont interprétées par des tailles de profondeurs différentes, plus ou moins serrées, parallèles ou croisées, ou par des points plus ou moins espacés.

ATELIER DES TIMBRES-POSTE ET
AGENCE COMPTABLE
Vers 1945
Boulevard Brune, Paris

Dès leur création en 1849, les figurines postales sont imprimées à la Monnaie de Paris. À partir du 1er janvier 1876, l'État entreprend de faire imprimer les timbres-poste par la Banque de France dans un atelier situé 36, rue d'Hauteville. En 1880, l'administration des Postes rachète le matériel et continue à utiliser le même immeuble jusqu'en 1895. À cette époque, l'Atelier du timbre s'installe dans les bâtiments du 103, boulevard Brune à Paris. Il sera transféré en 1970 à Périgueux où il demeure depuis.

IMPRIMERIE DES TIMBRES-POSTE ET
DES VALEURS FIDUCIAIRES
1977
Vue générale, angle nord-ouest
Périgueux, Dordogne

L'imprimerie des timbres-poste est installée depuis 1970 à Périgueux. Elle occupe une superficie de 48 000 m² et son effectif est composé de plus de 600

personnes. Depuis 1973, l'imprimerie est également chargée de la fabrication des valeurs fiscales. Outre les 4,5 milliards de figurines postales pour la France et l'étranger, elle produit également 10 millions de mandats, 23 millions de lettres-chèques, 22 millions de postchèques, 78 millions de timbres fiscaux et 40 millions de vignettes automobiles. L'imprimerie dispose d'un parc de 70 rotatives et presses à plat. La consommation d'encre est d'environ 120 tonnes par an. Les productions de l'imprimerie entraînent une utilisation annuelle de 1 600 tonnes environ de papier gommé qui, déroulé, couvrirait une distance de plus de 20 000 kilomètres.

PRESSES À BRAS TAILLE-DOUCE
Vers 1945
Atelier du timbre-poste
Boulevard Brune, Paris

Avant l'acquisition de rotatives en taille douce Chambon en 1937, les impressions taille-douce s'effectuent sur des presses à bras. Deux montants supportent l'axe d'un cylindre métallique qui appuie plus ou moins fortement sur un marbre plan entraîné par

pression. Le poinçon ou le cliché est encré au tampon et soigneusement essuyé au chiffon. Il est placé sur le marbre recouvert d'une feuille de papier imbibée d'eau et d'un matelas de feutres. Le tout est fortement pressé entre le cylindre et le marbre qui avance. Pendant l'opération, la feuille de papier très amollie par l'eau pénètre dans les tailles les plus profondes. C'est une véritable estampe. Les presses à bras seront utilisées exclusivement pour le tirage des épreuves.

Les épreuves de couleurs sont des essais de couleurs réalisés à l'unité sur une presse à bras permettant le choix des couleurs définitives du timbre avant le tirage. Les épreuves sont notées avec les références du nuancier de l'imprimerie.

ÉPREUVE DE COULEUR DU TIMBRE-POSTE *CLEMENCEAU*
1951
Épreuve en violet magenta n° 1507
Musée de la Poste, Paris

TIRAGE D'UNE ÉPREUVE SUR PRESSE À BRAS
1977
Gravure en taille douce
Imprimerie des timbres-poste, Périgueux
À partir du poinçon original, on tire une épreuve sur une presse à bras. Cette épreuve est examinée pour vérifier la netteté de la gravure. L'Administration délivre alors le « bon à tremper ».

ÉPREUVE DE COULEUR DU TIMBRE-POSTE *CLEMENCEAU*
1951
Épreuve en vert russe n° 1312
Musée de la Poste, Paris

BON À TIRER DU TIMBRE-POSTE *CLEMENCEAU*
15 octobre 1951
Musée de la Poste, Paris
À l'imprimerie des timbres-poste, le rendu de la gravure est apprécié à partir d'un tirage fait sur une presse à bras. Des épreuves d'artiste sont tirées et des essais de couleur sont réalisés. Cette épreuve de couleur du timbre-poste *Clemenceau* avec la nuance de couleur adoptée 1716 Lx bistre ombre calcinée est signée par Joseph Laniel, ministre des PTT, le 15 octobre 1951. La signature par le décideur entraîne la production industrielle des timbres-poste.

ÉPREUVE DE COULEUR DU TIMBRE-POSTE *CLEMENCEAU*
1951
Épreuve en bleu acier n° 1126
Musée de la Poste, Paris

ÉPREUVE DE COULEUR DU TIMBRE-POSTE *CLEMENCEAU*
1951
Épreuve en rouge sanguine n° 1421
Musée de la Poste, Paris

CÉMENTATION DU POINÇON TAILLE-DOUCE
1977
Imprimerie des timbres-poste,
Périgueux

La trempe précédée de la cémentation permet de donner à l'acier la dureté indispensable pour l'opération de transfert. Le poinçon original subit tout d'abord un traitement destiné à durcir le métal. Il va être chauffé entre 800° C et 900° C dans un four avec du cyanure de sodium (c'est la cémentation), puis refroidi brutalement par immersion dans un bain d'huile minérale afin d'empêcher le carbone, qui s'est combiné à l'acier, de se libérer (c'est la trempe). Après nettoyage complet, le poinçon est prêt pour l'étape suivante.

TRANSFERT DU POINÇON SUR UNE MOLETTE
1977
Impression taille douce
Imprimerie des timbres-poste,
Périgueux

Une empreinte de la gravure est relevée sur un petit cylindre en acier doux monté sur un axe et appelé molette. Cette prise d'empreinte s'effectue sur la presse à transfert sous une pression

pouvant atteindre 5 à 6 tonnes. La molette, sur laquelle apparaissent ainsi en relief tous les creux de la gravure, est cémentée et trempée à son tour. Lorsque cette opération est terminée, on a donc, sur la molette, un relief et à l'endroit, la gravure originale. La molette va être ensuite durcie par le même procédé utilisé pour le poinçon.

TRANSFERT DE LA MOLETTE SUR LE CYLINDRE D'IMPRESSION
1977
Impression en taille douce
Imprimerie des timbres-poste,
Périgueux

La molette est fixée sur une machine à moleter où, au cours d'une série de mouvements de va-et-vient et sous une pression progressive, tous ses éléments en relief sont reportés sur un cylindre en laiton, ou en acier revêtu de cuivre. La gravure de la molette est ainsi reportée sur le cylindre en autant d'exemplaires qu'il y aura de timbres par planche de 25, 50 ou 100 suivant le cas. L'opération de transfert requiert une grande précision dans les déplacements latéral et rotatif du cylindre dont le développement correspond à 3 feuilles de timbres. Après grattage et polissage

des boursouflures qui se sont formées autour des gravures, le cylindre est chromé avant d'être fixé sur la rotative qui permettra d'imprimer les timbres.

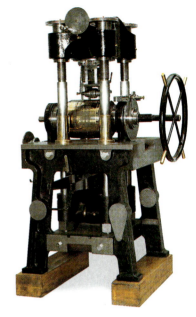

PRESSE À MOLETER
XIXe siècle
Imprimerie des timbres-poste,
Périgueux

DÉCOUPAGE D'UN ROULEAU ENCREUR
1977
Impression en taille douce
Imprimerie des timbres-poste,
Périgueux

Le cylindre d'impression ou cliché est encré par trois rouleaux recouverts de matière plastique, dits rouleaux toucheurs, alimentés chacun d'une encre de couleur déterminée. Ces rouleaux, dont le développement correspond à la longueur d'une feuille de timbres, ont été préalablement découpés à la main de façon à faire apparaître en relief les seules parties destinées à recevoir l'encre pour la déposer ensuite sur le cliché.

La fabrication du timbre-poste

sont comptabilisées en tant que valeurs fiduciaires et emmagasinées par unités de 1 000 feuilles en attendant leur expédition, sous emballage plombé, aux services demandeurs : recettes des postes ou offices postaux étrangers. Les feuilles éliminées sont également comptabilisées, au besoin après reconstitution (si elles sont déchirées), puis insérées dans des pochettes plastiques soudées. Les paquets ainsi constitués sont détruits par incinération effectuée en présence d'une commission de surveillance.

ROTATIVE EN TAILLE DOUCE TROIS COULEURS
1977
Imprimerie des timbres-poste,
Périgueux

L'impression s'effectue sur des rotatives qui utilisent du papier gommé en bobines dont la longueur est de l'ordre de 5 500 m. Les presses rotatives en taille douce (système Serge Beaune) impriment 3 feuilles par tour de cylindre. Une bonne impression en taille-douce requiert une humidification préalable du papier qui facilite sa pénétration dans les tailles. La bande de papier est donc engagée dans un dispositif d'humidification puis passe entre le cylindre d'impression et un cylindre presseur, c'est sur ce dernier qu'est fixé l'habillage destiné à assouplir la pression. Le cylindre d'impression, encré par les trois rouleaux toucheurs, transmet ensuite au papier, successivement, ses trois encrages juxtaposés, voire exceptionnellement superposés, après avoir été au préalable essuyé à la façon d'un rasoir par un cylindre en matière plastique tournant dans le même sens. Le rouleau essuyeur est lui-même nettoyé de façon permanente par deux brosses tournant dans un solvant (le trichloréthylène). À la bande de papier imprimé se superpose une bande de papier antimacule, sorte de papier de soie destiné à protéger l'impression toute fraîche. L'ensemble est ensuite perforé, puis découpé en feuilles rassemblées en sortie de machine.

VÉRIFICATION DES TIMBRES-POSTE
XXᵉ siècle
Atelier du timbre
Boulevard Brune, Paris

Les feuilles de timbres imprimées sont soumises à une double vérification quantitative et qualitative. Des ouvrières vérificatrices éliminent les feuilles mal imprimées (feuilles fautées) ou détériorées et reconstituent les paquets de feuilles correctement imprimées. Aujourd'hui encore, la section de vérification est composée exclusivement de personnel féminin.

Les vérificatrices éliminent les feuilles fautées et reconstituent les paquets de 100. Les feuilles d'une même émission

FEUILLE-MODÈLE DU TIMBRE-POSTE
CLEMENCEAU
5 novembre 1951
Feuille de 50 timbres
Musée de la Poste, Paris

Lorsque les réglages de la rotative taille-douce sont satisfaisants, la production industrielle commence. Une feuille de référence est conservée, puis, après l'impression, elle est adressée au musée de la Poste aux fins de conservation.

La vente du timbre-poste

TIMBRE À DATE PREMIER JOUR
CLEMENCEAU
1951, Musée Clémenceau, Paris
Couronne en laiton, diamètre : 3 cm
Musée de la Poste, Paris
Ce timbre à date sert pour timbrer les correspondances le premier jour de l'émission du timbre-poste *Georges Clemenceau* au musée parisien.

PREMIER JOUR DU TIMBRE-POSTE
CLEMENCEAU
1951, Saint-Vincent sur Jard, Vendée
Musée de la Poste, Paris
Le timbre-poste *Clemenceau* à 15 francs brun foncé, dessiné et gravé en taille-douce par Albert Decaris (1901-1988), est émis au musée Clemenceau à Paris et dans sa maison natale à Saint-Vincent-sur-Jard (Vendée) en vente anticipée le 11 novembre 1951. Ce timbre correspond au tarif du 6 janvier 1949 pour la lettre de premier échelon de poids dans le régime intérieur. Imprimé à 3 500 000 exemplaires, le timbre est retiré de la vente dans les bureaux de poste le 10 mai 1952.

Timbre-poste en typographie

LETTRE DE DEMANDE D'UNE ÉMISSION DE TIMBRE-POSTE
1954, lettre au ministre des PTT demandant un timbre à surtaxe pour les sans-logis
Musée de la Poste, Paris
Pendant l'hiver très rigoureux de 1954, une personne sollicite le ministre des PTT pour émettre un timbre-poste à 15 francs avec une surtaxe de 5 francs dont le produit serait versé à l'œuvre de l'abbé Pierre en faveur des sans-logis. Répondant négativement, le ministre lui rappelle la législation en vigueur. Le décret interministériel du 25 juin 1952 prévoit que le produit des surtaxes dont sont grevés certains timbres-poste est intégralement versé à la Croix-Rouge française. Aujourd'hui, cette règle est toujours en vigueur.

TIMBRE-POSTE 15 F « RÉPUBLIQUE »
1955, Louis-Charles Muller
Appelé Marianne de Muler
Musée de la Poste, Paris

Depuis 1951, les usagers utilisent le timbre-poste à 15 francs « Marianne » de Pierre Gandon (1899-1990), allégorie créée au lendemain de la Libération, pour affranchir leur courrier. Le nouveau ministre des PTT, M. Pierre Ferri (né en 1904), veut une nouvelle figurine, symbole vivant de la France afin de traduire « la grandeur impérissable du pays ». La direction générale des postes demande des conseils à des académiciens, notamment Émile Henriot (1889-1961), Georges Duhamel (1884-1966), André Siegfried (1875-1959) pour résumer les principaux thèmes de la France qui seront soumis aux artistes. Les thèmes retenus sont : la France au travail, le labeur journalier (agriculture et industrie), la reconstruction, les arts et les sciences, la France reste la lumière du monde, le symbole : homme ou femme. De nombreux artistes sont consultés. Après examen de nombreux projets, le nouveau secrétaire d'État au PTT, André Bardon (1901-1965) retient le dessin de Louis-Charles Muller (1902-1957).

La création artistique

PROJET DU TIMBRE-POSTE
RÉPUBLIQUE
1954. Albert Decaris
Lavis et encre de Chine (24 × 16,5 cm)
Musée de la Poste, Paris
Decaris dessine la République sous les traits d'une colombe.

PROJET DU TIMBRE-POSTE
RÉPUBLIQUE
1954. Clément Serveau
Crayon, gouache et lavis
(30 × 26,5 cm)
Musée de la Poste, Paris
Clément Serveau (1886-1972), élève de Luc-Olivier Merson (1846-1920) à l'École nationale supérieure des beaux-arts, est une figure du renouveau du bois gravé en France. Il illustre de nombreux ouvrages, puis réalise des billets pour la Banque de France, notamment le billet Bonaparte en 1959. Son projet pour le timbre ressemble à son billet de 1 000 francs de 1947. Il conçoit également des fresques, notamment celle du pavillon du tourisme lors de l'Exposition universelle de 1937. Peintre reconnu dans les années 1920, il fait des portraits de femmes élégantes, issue d'une société aisée. Il dessine de nombreux timbres-poste à partir de 1956. Une rétrospective de l'œuvre de Clément Serveau a été présentée au Musée municipal de Bourbonne-les-Bains en 1995.

PROJET DU TIMBRE-POSTE
RÉPUBLIQUE
1954. Maurice Lalau
Lavis, encre de Chine et gouache
(29 × 19 cm)
Musée de la Poste, Paris
Maurice-Georges Lalau (1881-?), élève de Jean-Paul Laurens (1838-1921), est artiste peintre, graveur et illustrateur. Il remporte le grand prix à l'Exposition universelle de 1937. Il fonde en 1950 la Société des bibliophiles de France. Il crée son premier timbre en 1954 pour le 150e anniversaire de la Légion d'honneur.

PROJET DU TIMBRE-POSTE
RÉPUBLIQUE
1954. Jean Pheulpin
Encre de Chine et encre de couleur
(24,5 × 19 cm)
Musée de la Poste, Paris
Jean Pheulpin (1907-1991), dessinateur et graveur de timbres-poste, suit les cours d'Antoine Dezarrois (1864-?) aux Beaux-Arts. Il réalise son premier timbre (poste aérienne) pour les Comores, en 1950. Pour la France, il grave *Saint-Nicolas* en 1951, puis dessine et grave *Henri Poincaré* en 1952, c'est le début d'une longue carrière. Pheulpin grave ses derniers timbres en 1987 avec le centenaire de l'Institut de France.

PROJET DU TIMBRE-POSTE
RÉPUBLIQUE
1954. Michel Ciry
Encre de Chine et lavis
(19,5 × 16,5 cm)
Musée de la Poste, Paris
Michel Ciry (né en 1919) remporte le prix national de gravure en 1945. Il est professeur en 1955 à la School of fine Arts de Fontainebleau. Il dessine ses premiers timbres-poste *Gounod* et *Molière* en 1944, puis en 1955 *Jacques Cœur*. Il est également peintre et musicien.

PROJET DU TIMBRE-POSTE
RÉPUBLIQUE
1954. Henry Cheffer
Gouache (30,5 × 23,5 cm)
Musée de la Poste, Paris
Henry Julien Cheffer (1880-1957), peintre, graveur et illustrateur, remporte le grand prix de Rome en 1906. Élève de Léon Bonnat (1833-1922), il dessine et grave son premier timbre-poste en 1911.

MAQUETTE DU TIMBRE-POSTE
RÉPUBLIQUE
1954. Louis-Charles Muller
Encre de Chine (33 × 25,5 cm)
Musée de la Poste, Paris
Louis-Charles Muller (1902-1957) est graveur de médailles à la Monnaie de Paris. Il remporte le premier grand prix en 1932. Auteur de la médaille du mérite postal, il grave de nombreuses médailles commémoratives. Sculpteur, il réalise des bas-reliefs au palais de Chaillot et également à l'Exposition internationale de New York en 1939. Il dessine quelques timbres commémoratifs, *Philippe Auguste* et *Les frères Lumière* en 1955, *Pétrarque* en 1956, *Palissy* et un autre timbre d'usage courant, *La Moissonneuse*, en 1957. La maquette de Muller est retenue par André Bardon (1901-1965), secrétaire d'État aux PTT, le 4 décembre 1954. Les phi-

latélistes désignent cette nouvelle effigie « la Marianne de Muller » malgré l'absence de bonnet phrygien. À l'époque, la presse philatélique l'appelle « la République de l'Espérance ».

POINÇON DU TIMBRE-POSTE 15 F
RÉPUBLIQUE
1955. Jules Piel
Typographie
Acier et bronze (2,4 × 2,2 cm)
Musée de la Poste, Paris
La gravure du timbre-poste est confiée à Jules Piel (1882-1964). La gravure est en relief. Les creux correspondent aux blancs de l'impression, seules les surfaces conservées reproduiront le dessin. Les tailles seront profondes pour ne point retenir l'encre au cours de l'encrage.

Le processus artisanal et industriel

ÉPREUVE DE COULEUR DU TIMBRE-POSTE 15 F
RÉPUBLIQUE
1955, épreuve en orange
Musée de la Poste, Paris
Des épreuves de couleurs sont tirées sur une presse à bras afin de choisir la couleur du timbre. Le timbre *République* est tiré en orange, en brun, en bleu et en vert.

ÉPREUVE DE COULEUR DU TIMBRE-POSTE 15 F
RÉPUBLIQUE
1955, épreuve en bleu
Musée de la Poste, Paris

ÉPREUVE DE COULEUR DU TIMBRE-POSTE 15 F
RÉPUBLIQUE
1955, épreuve en vert
Musée de la Poste, Paris

ÉPREUVE DE COULEUR DU TIMBRE-POSTE 15 F
RÉPUBLIQUE
1955, épreuve en brun
Musée de la Poste, Paris

BON À TIRER DU TIMBRE-POSTE 15 F
RÉPUBLIQUE
4 février 1955
Musée de la Poste, Paris
Le bon à tirer pour l'imprimerie est délivré par le nouveau ministre des PTT, Édouard Bonnefous (né en 1907), dès sa prise de fonction le 23 février 1955. La date du 4 février 1955 est inscrite par avance sur l'épreuve. La nuance adoptée du timbre est le rose.

MONTAGE DE CLICHÉS TYPES SUR LE CYLINDRE D'IMPRESSION
Impression typographique
1976, Imprimerie des timbres-poste
Périgueux

L'Atelier du timbre doit multiplier le poinçon afin de constituer des planches qui serviront à l'impression des feuilles de timbres-poste. Du poinçon original, il est pris par frappe sur de petits blocs de plomb 50 empreintes petit format, qui sont juxtaposées et enserrées dans un châssis, puis plongées dans un bain galvanoplastique. La pellicule de cuivre qui s'est déposée est renforcée d'un alliage de plomb. C'est le cliché type. Après le cintrage, 4 clichés de service sont juxtaposés autour du cylindre d'impression.

Chaque tour de cylindre imprime donc 2 feuilles de 100 timbres qui comprennent chacune la copie des deux galvanos de 50 clichés. L'impression en typographie s'effectue sur rotative Chambon qui utilise du papier gommé en bobine. L'imprimerie des timbres-poste n'utilise plus guère la typographie que pour certaines valeurs fiduciaires, entre autres la vignette automobile dont la fabrication occupe une rotative pendant environ 6 mois de l'année.

SALLE DES ROTATIVES
TYPOGRAPHIQUES CHAMBON
Vers 1945
Atelier du timbre
Boulevard Brune, Paris
L'Atelier du timbre dispose à cette époque de 18 rotatives typographiques Chambon utilisant des bobines de papier gommé au préalable. Les timbres sont imprimés et comptés avec une seule machine. L'emploi des rotatives Chambon bouleverse les méthodes de fabrication. La réduction des opérations, la suppression de nombreux comptages permettent d'effectuer avec 2 unités le travail qui en exigeait 12. Le pourcentage des feuilles fautées est ramené de 6 % à 2 %.

ROTATIVE TYPOGRAPHIQUE CHAMBON
1976, Imprimerie des timbres-poste Périgueux

La première technique utilisée en France est la typographie. Elle est utilisée pour l'impression de tous les timbres-poste français jusque dans les années trente, et pour les timbres-poste d'usage courant jusque dans les années 1970. À partir des années 1930 apparaît la taille douce. Cette technique affronte depuis 1968 la concurrence de l'héliogravure, procédé photomécanique où le graveur n'intervient plus. Comme pour la taille douce, l'encre est contenue dans des creux très proches qui donnent de bons aplats. Si la lithographie, n'a été utilisée en France que pendant des périodes troublées (Siège de Paris en 1870, Seconde Guerre mondiale), l'offset apparaît en 1987 à l'imprimerie des timbres-poste à Périgueux.

FEUILLE MODÈLE DU TIMBRE-POSTE 15 F *RÉPUBLIQUE*
1955, feuille de 100 timbres non dentelés du 18 février
(26,4 × 24 cm)
Typographie rotative
Musée de la Poste, Paris

Ce timbre-poste est vendu au guichet en feuilles de 100 exemplaires. Il est imprimé du 16 février 1955 au 15 mai 1957. Cette *République* de Muller sera émise sous d'autres formes : carnets de 20 timbres, roulettes de 1 000 timbres pour les distributeurs et également en cartes postales.

Le timbre-poste moyen d'affranchissement

LETTRE AFFRANCHIE AVEC LE 15 F *RÉPUBLIQUE*
1955, lettre de Roanne pour Pacy-sur-Eure
Collection privée, Versailles

Le journal *Le Parisien libéré* fait allusion à « la surprise agréable » pour les usagers. Cette *République* de Muller évoque l'idée d'une France rayonnante et généreuse et offre au monde sa culture. Bien accueillie par le public, cette jeune femme énergique, sereine et douce, digne de symboliser la France et la clarté du génie français figure sur le courrier du 22 février 1955 au 18 janvier 1958. Selon le tarif postal du 8 décembre 1951, ce timbre sert pour la lettre de premier échelon de poids dans le régime intérieur. Plus de 4 milliards de timbres seront imprimés.

La Poste et les Trente Glorieuses 1945 - 1970

Après les désastres engendrés par le second conflit mondial, la Poste se trouve confrontée à plusieurs problèmes : il lui faut reconstituer ses infrastructures, remettre en route des services désorganisés et sous-équipés, et faire face à une augmentation du trafic consécutif à la reprise économique. C'est le début d'une prodigieuse époque aux développements multiples que Jean Fourastié a pu désigner sous le nom des «Trente Glorieuses». Le bilan des dommages est lourd : 800 bâtiments importants détruits ou endommagés, 360 wagons-poste détruits ou volés par l'ennemi, 600 000 sacs perdus, etc. Le trafic reprend très rapidement dans tous les secteurs : les chèques postaux, qui gèrent environ 2 millions de comptes en 1945, se voient devant un chiffre doublé en 1955. La Caisse nationale d'épargne compte 15 millions de déposants en 1971, pour 45 milliards d'avoirs, soit 28 % des parts de marché, tous réseaux confondus. Le trafic courrier explose littéralement et double entre 1948 et 1975. Devant cette situation, la Poste va réorganiser les services existants et en créer de nouveaux. La desserte postale de nuit par avion reprend dès 1945. Le tonnage transporté, qui est de 1 480 tonnes en 1946, passe à 32 000 tonnes en 1970. Ce service, s'il est performant, pose néanmoins le problème de son coût élevé. Doit-on le privilégier par rapport au chemin de fer? En 1959, la Poste repense les services de la distribution rurale, en regroupant les facteurs, jusqu'alors dispersés dans une multitude de petits bureaux, au sein d'un établissement central doté de voitures 2 CV. Après la motorisation rurale, une autre innovation touche les bureaux : la mécanisation des guichets grâce à l'utilisation de diverses machines (à authentifier les mandats, à affranchir le courrier, etc.) et à la mise en place de machines comptables pour la tenue des comptes dans les bureaux les plus importants. Au début des années soixante, certains centres de tri sont dotés de machines à trier les lettres et les paquets : c'est le début d'une réorganisation totale des services d'acheminement. Concurremment, la Caisse nationale d'épargne (1958) et les Chèques postaux (début 1961) sont dotés d'ordinateurs qui font entrer la Poste dans l'ère de l'électronique. De nouvelles techniques de distribution sont inaugurées dans les années soixante par la création de centres où sont regroupées les boîtes des usagers importants, les Cedex (début en 1966), et la mise en place de batteries de boîtes individuelles placées le long du trajet de la tournée d'un facteur rural, les Cidex (début en 1969). La motorisation s'étend à de nouveaux services : le cyclomoteur concurrence la 2 CV Citroën et la R 4 Renault dans les services de distribution, des triporteurs (Vespa 1966) remplacent les fameuses «poussettes à main» des facteurs distributeurs de paquets. Pour marquer ces transformations par des signes visibles, la Poste se dote d'un logo (une flèche/oiseau aux ailes déployées, 1960) et adopte la couleur jaune pour ses boîtes aux lettres ou ses véhicules. Elle dote enfin ses facteurs de nouveaux uniformes (d'abord en 1952, puis en 1962). Il est certain qu'à la fin des années soixante-dix, la Poste est à la croisée des chemins. Certes elle peut s'enorgueillir d'avoir su, en face d'une économie en perpétuelle expansion, gérer son activité «courrier» et «services financiers» avec des moyens adaptés et, donc, d'avoir su bien servir sa clientèle. Mais dans le même temps, la situation du personnel s'est dégradée : si l'on prend l'année 1948 comme base 100, le nombre d'objets transportés (plus de 10 milliards) en 1970, nous donne un indice égal à 220, alors que l'indice des moyens en personnel atteint 132. D'où une certaine démobilisation du personnel impliquant la recherche d'un meilleur équilibre social

Les lendemains de la Libération : 1945-1950

EUGÈNE THOMAS, MINISTRE DES PTT
1945
Musée de la Poste, Paris

Eugène Thomas, militant syndicaliste et ancien déporté, devient pour la première fois ministre des PTT le 27 juin 1945. Il s'installe dans les locaux tout neufs du 24, avenue de Ségur à Paris, qui abrite l'Administration centrale. Cette dernière, qui compte environ 1000 personnes, est chargée de la conception et de la rédaction des règlements ainsi que de l'établissement du budget. La gestion de la Poste après un conflit qui a duré cinq ans est rendue difficile du fait des destructions subies et du manque de moyens nécessaires à l'écoulement du trafic. Eugène Thomas s'en explique à la radio le 30 août 1945 : « La Poste est tributaire du rail et de la route. Or, le réseau ferroviaire est encore réduit : certaines lignes ne sont parcourues que deux à trois fois par semaine ; les services automobiles fonctionnent difficilement en raison de l'état d'extrême usure du matériel, de l'insuffisance de dotation en pneumatiques, en carburant, en huile de graissage, etc., dans ce domaine, les difficultés vont même plus loin : nos facteurs ne peuvent recevoir pour leurs vélos autant de pneumatiques qu'il serait nécessaire, et bien souvent il est difficile de leur fournir les chaussures indispensables. » Eugène Thomas est cinq fois ministre des PTT, avec quelques coupures. Il quitte définitivement l'avenue de Ségur le 7 février 1959 pour laisser la place à Joseph Laniel.

CONGRÈS DE L'UNION POSTALE UNIVERSELLE À LONDRES
1929
Musée de la Poste, Paris

À la fin du XIXᵉ siècle, plusieurs pays d'Europe prennent conscience qu'un organisme chargé de coordonner l'action sur le plan international des différentes Postes nationales est indispensable. En septembre 1874, vingt-deux États créent à Berne (Suisse) l'Union générale des Postes sur la proposition du directeur général des Postes prussiennes, Heinrich von Stephan. Quatre ans plus tard, cet organisme prend son titre définitif d'Union postale universelle. Se réunissant tous les cinq ans en congrès, l'Union étudie d'une manière permanente les problèmes posés par l'évolution des services, veille à l'harmonisation des réglementations et propose aux États membres les solutions à envisager sous forme de recommandations.

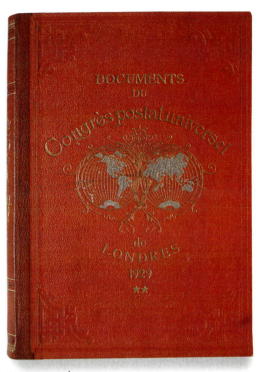

MÉDAILLE DU XIIᵉ CONGRÈS DE L'UPU À PARIS
1947
Musée de la Poste, Paris

Au congrès de Paris en 1947, l'UPU devient une institution spécialisée de l'organisation des Nations unies. Pratiquement, toutes les nations du monde font partie de l'UPU.

La Poste et les Trente Glorieuses

Les facteurs ruraux

FACTEUR RURAL
1952
Gravure en taille douce
Collection P. Nougaret

Le facteur rural n'a pas changé d'uniforme depuis 1939. La période de restrictions que connaît alors la France ne permet pas de telles fantaisies. Sur un effectif de 60 000 agents, 38 000 sont affectés à la distribution rurale. Mais ce service est inadapté. En effet, même sur un long parcours, mais ne dépassant pas 32 kilomètres par jour pour un piéton, la charge individuelle reste faible, en dessous des possibilités réelles. L'emploi de la bicyclette n'a que partiellement amélioré les choses. Une étude parue en 1950 souligne les défauts de cette organisation : « Le facteur part d'un bureau de poste ou d'une agence postale et revient à son point de départ après avoir desservi successivement plusieurs localités. Il n'est donc pas rare que la dernière localité soit desservie, le soir, vers 15 heures ou 16 heures, quelquefois même plus tard. Quand les populations rurales se plaignent d'un tel état de chose, on est bien obligé de reconnaître qu'elles n'ont pas tout à fait tort. »

FACTEUR RURAL EN COURS DE TOURNÉE
1950
Photographie
Collection des Amis de l'histoire des PTT d'Alsace

Ce facteur photographié dans les Vosges nous amène à parler du deuxième dysfonctionnement que connaît alors la distribution rurale, les horaires inadaptés du relevage des boîtes dans les villages desservis au cours d'une tournée : « Très souvent le facteur rural relève la boîte au moment de son passage dans la commune parce qu'il n'y revient pas. Il faut donc que les usagers perdent l'espoir de répondre le jour même aux lettres qu'ils viennent de recevoir. D'ailleurs, et même s'ils pouvaient le faire, ce serait souvent en pure perte, car il arrive fréquemment que le facteur rural rentre au bureau après l'expédition du principal courrier de la journée. »

FACTEUR RURAL EN TENUE D'ÉTÉ
1950
Photographie
Collection des Amis de l'histoire des PTT d'Alsace

Dans le cadre du statut du fonctionnaire qui est applicable aux agents des PTT depuis le 19 octobre 1946, le postulant à un emploi de facteur doit répondre à quatre conditions : être français ; être âgé de plus de 20 ans et ne pas avoir dépassé l'âge de 30 ans, au 1ᵉʳ janvier de l'année du concours ; présenter des garanties de moralité et de bonne tenue ; enfin, être reconnu apte physiquement. Il est astreint à une visite médicale préalable qui détermine s'il est indemne de toute affection tuberculeuse, cancéreuse ou mentale. Le concours comporte une épreuve de dictée, une rédaction, deux problèmes d'arithmétique et deux questions de géographie.

FACTEUR RURAL À BICYCLETTE
1951
Photographie
Collection Roger-Viollet

Une tournée cycliste particulièrement pénible par l'altitude élevée. Et pourtant ce facteur rural du Puy-de-Dôme monte tous les jours, hiver comme été, sur ce sommet pour distribuer le courrier au gardien de l'Observatoire et aux contrôleurs du poste de radioguidage des avions.

BICYCLETTE DE FACTEUR RURAL
Vers 1950
Musée de la Poste et des Techniques de communication de Basse-Normandie Caen

Les facteurs de ville

DÉPART EN TOURNÉE
DES FACTEURS
D'UN BUREAU URBAIN
1952
Gravure en taille douce
Musée de la Poste, Paris
La scène évoquée par le dessinateur Lemagny résume tous les moyens de transports utilisés par les facteurs de ville dans l'immédiate après-guerre. Il y a bien sûr les facteurs qui assurent leur tournée à pied, dès le départ du bureau; par contre, il semble qu'il n'y ait qu'un seul facteur cycliste; enfin ceux qui utilisent des cars pour éviter les trajets haut-le-pied, entre le bureau et le début de tournée. Au premier plan, une poussette de livraison pour les paquets. Elle est conduite par une femme à la casquette caractéristique.

FOURGON AUTOMOBILE
1950
Photographie
Musée de la Poste, Paris
En vue de réduire le temps qu'ils mettent pour se rendre dans leur quartier de distribution, les facteurs urbains prennent les transports en commun (autobus, tramway, etc). À Paris, compte tenu de la difficulté d'utiliser ceux-ci, le transport des facteurs s'effectue tant à l'aller qu'au retour au moyen d'autobus appartenant aux PTT.

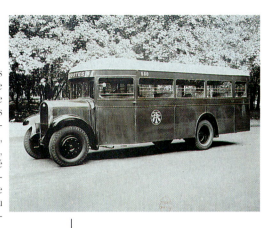

FACTEURS
ATTENDANT UN
TRANSPORT
URBAIN
1949
Photographie
Collection des Amis de l'histoire des PTT d'Alsace

355

La Poste et les Trente Glorieuses

FACTEUR EN TOURNÉE
1951
Photographie
Collection des Amis de l'histoire des PTT d'Alsace

Solidement chaussé de bottes, ce facteur arpente les rues pavées d'une petite ville. Son salaire annuel est compris entre 138 000 francs et 201 000 francs, selon l'ancienneté. Celui du facteur-chef entre 177 000 et 224 000 francs. Il touche aussi les indemnités traditionnelles : frais de chaussures, 1500 francs par an, etc.

BOÎTE DE DISTRIBUTION DE FACTEUR DE VILLE
Vers 1950
Cuir et bois
Musée de la Poste, Paris

Rembourrée et légèrement incurvée du côté où elle repose sur la taille du facteur, cette boîte comporte une pochette fermant avec des boutons-pression pour les papiers administratifs (itinéraire de la tournée, part de relevage des boîtes, etc). À l'intérieur on aperçoit les glissières en bois qui maintiennent des cloisons intermédiaires pour séparer les objets ordinaires des objets «spéciaux» (recommandés ou autres).

RELEVAGE D'UNE BOÎTE PAR TRIPORTEUR
1948
Photographie
Collection des Amis de l'histoire des PTT d'Alsace

La motorisation des tournées de relevage à Paris, se fait pendant cette période de pénurie, avec de petits triporteurs motorisés pour économiser le carburant. Le facteur, en veste de cuir, lève une boîte Foulon en fonte, type 1930. Sur le revers de la porte, les roues indicatrices donnant le jour, l'heure et les minutes de la prochaine levée sont bien visibles.
Le tableau indicateur général des heures de levées a été fixé sur le côté. Le facteur utilise pour transporter ses lettres,

un simple sac postal en jute. Il est probable que les sacoches en cuir réglementaires n'ont pu être renouvelées pendant les hostilités.

BOÎTE À LETTRES MURALE TYPE DEJOIE
1950
Collection des Amis de l'histoire des PTT d'Alsace

En 1950, l'Administration passe un marché avec la maison Dejoie de Nantes pour la fourniture, pendant cinq ans, de

nouvelles boîtes destinées à remplacer celles qui ne méritent plus une réparation et pour de nouvelles dotations.
Le coffre est fabriqué en fonte d'aluminium, traitée par phosphatation avant peinture. La couleur en est bleue avec filets et inscriptions en jaune ou blanc. Ces boîtes sont soit murales, soit sur colonne. Le système d'indicateur de levée est composé de quatre baguettes de bakélite noire, portant des inscriptions jaunes en creux. Ces baguettes, que le facteur poussait verticalement, ne résisteront pas aux intempéries. Le système fut donc abandonné. À partir de cette date, il n'y eut plus d'indicateur pour signaler l'heure de la prochaine levée sur les nouvelles boîtes. Cette restriction fait partie d'un ensemble de mesures que l'Administration prend pour réduire au minimum la durée des opérations postales, dans le but de récupérer de la main-d'œuvre, sans augmentation des dépenses.

BOÎTE À LETTRES SUR COLONNE TYPE DEJOIE
1950
Collection des Amis de l'histoire des PTT d'Alsace

LE FACTEUR ET LE CRAYON À BILLE
Vers 1950
Collection des Amis
de l'histoire des PTT d'Alsace
Le concepteur F. Cassien utilise le facteur pour une publicité vantant les mérites du crayon à bille, qui est encore dans toute sa nouveauté. Deux jeux de mots servent de légende. Acheter un crayon à bille constitue «un facteur de succès», mais il faut «avoir une bonne bille» (sous-entendu, comme celle du facteur représenté sur l'affiche).

JACK SENET
XXᵉ siècle
Documentation de la MGPTT
Jack Senet (1893-1967) est la figure emblématique du mouvement mutualiste postal. Né en 1893, surnuméraire affecté aux «ambulants» en 1918, il adhère à l'Assistance mutuelle des ambulants puis, plus tard, préside aux destinées de l'Amicale des PTT. En 1936, il jette les bases d'une Association internationale de la mutualité postale. Son rôle est surtout déterminant après guerre quand il réussit à convaincre de la nécessité de regrouper les mutuelles postales en une seule : la MGPTT. En 1947, il est administrateur de la caisse primaire centrale de Sécurité sociale de la région parisienne puis, l'année suivante, président de la caisse régionale de Sécurité sociale de Paris.

MUTUALISTE DES PTT
Avril 1946
Documentation de la MGPTT
Nouvelle mutuelle, nouvel organe. Le premier numéro du *Mutualiste des PTT* paraît en avril 1946. Le *Mutualiste* poursuit la longue tradition de propagande des mutuelles qui, par les bulletins, avertissent les sociétaires de la teneur des décisions des assemblées générales et les préviennent de l'actualité des cotisations et des prestations. Le *Mutualiste des PTT*, dans les années de l'après-guerre, adoptant le format de la grande presse, va porter son effort éditorial sur l'explication des problèmes législatifs qui concernent la protection sociale des postiers et développe les articles sur la prévoyance.

ASSEMBLÉE GÉNÉRALE DE JUILLET 1945, SALLE WAGRAM À PARIS
12 juillet 1945
Documentation de la MGPTT
Sous l'impulsion de Jack Senet, le 12 juillet 1945, les sept sociétés de Mutualités postales se regroupent pour former une Mutuelle générale : Association amicale des PTT, 18 avril 1879 (elle est réservée aux cadres); Assistance mutuelle du personnel ambulant des Postes, 30 mai 1898; Orphelinat national des PTT, 27 janvier 1902; Soutien fraternel des PTT, 1ᵉʳ janvier 1883; Tutélaire des PTT, 2 décembre 1903 (spécialisée dans l'assurance complémentaire); Union fraternelle des facteurs et employés des PTT, 26 mars 1842; Union et Fraternité, 3 juin 1902. Le grand problème qui se pose est le rôle que cette Mutuelle générale va jouer à côté de la toute nouvelle Sécurité sociale appliquée aux fonctionnaires à partir du 1ᵉʳ janvier 1947. Considérée comme une assurance complémentaire, elle va de plus gérer la Sécurité sociale des PTT, en créant des sections départementales. Pour qu'une section voit le jour, il faut qu'elle compte 1 000 adhérents. En 1954, 52 sections locales fonctionnent.

BAL MUTUALISTE
1947
Affiche
Collection des Amis de l'histoire des PTT d'Alsace

Le bal a toujours fait partie des réunions mutualistes. Avant guerre, il est naturel qu'une «sauterie» vienne clore le repas et les discours. Certains présidents de mutuelles s'interrogent sérieusement sur la nécessité de charleston ou de black-botton endiablés à la suite des discours officiels. Mais pour plaire aux jeunes militants autant que pour égayer les réunions, la tradition est maintenue. Le bal, avant-guerre, comme après-guerre, a également pour fonction de resserrer les liens entre sociétaires et de récupérer des sommes qui sont ensuite affectées aux caisses de réserve pour les œuvres sociales.

DÉPART DE COLONIE DE VACANCES
Juillet 1947
Collection particulière

Les œuvres sociales ont toujours été un des points forts des politiques sociales des mutuelles. Dès leur fondation, les mutuelles réfléchissent et débattent, souvent âprement, de l'opportunité de créer des lieux de repos, de vacances ou des sanatoriums en fonction de leurs moyens financiers, puisque le budget des œuvres sociales est distinct des prestations. Au fur et à mesure, l'administration des Postes assure le relais des mutuelles en prenant notamment en charge les colonies de vacances. Dans la presse mutualiste, les photos des colonies de vacances, celles du départ des «gamins» aux visages illuminés de joie de vivre, sont toujours la preuve tangible et photogénique de l'utilité des organisations mutualistes.

Les bureaux

INTÉRIEUR D'UN BUREAU DE POSTE
Vers 1950
Tableau pédagogique
Collection P. Nougaret

D'une manière un peu artificielle, ce dessin regroupe employés et clients de la Poste. Au premier plan figure le guichet pour l'affranchissement des lettres et des paquets, avec balance à aiguille. Le pèse-lettre à contrepoids représenté à ses côtés est une invention de l'artiste. Les bureaux étaient équipés de pèse-lettres à double plateau, évidemment bien plus fiables. D'une manière irréaliste aussi, une affiche présente un facteur disant : «Mais moi, j'offre un calendrier Oberthur.» Cette affiche a bien existé, mais elle était réservée à la salle de départ des facteurs, à qui elle était spécialement destinée.

BALANCE DE GUICHET
Vers 1950
Métal et verre
Musée de la Poste des Pays de Loire, Nantes

Cette balance de précision Dayton-Testut fabriquée à Vincennes, est dotée d'un cadran gradué en gramme de 0 à 1000. En ajoutant des poids sur le plateau rond de gauche, on peut peser des objets jusqu'à 5 kg. Un système de pieds à vis et un indicateur de niveau à bulle permettent d'obtenir une position parfaitement horizontale.

SERPETTES
Vers 1950
Bois et métal
Musée de la Poste, Paris

CHANTIER D'OUVERTURE DANS UN BUREAU DE POSTE
Vers 1950
Photographie
Musée de la Poste, Paris

Lorsque les sacs arrivent dans un bureau de poste, il faut les ouvrir en coupant le «cheveu» avec une serpette. Puis le contenu est déversé sur la table d'ouverture. Comme cette opération génère beaucoup de poussière, cette table, du moins dans les bureaux importants, est constituée d'une plaque métallique percée de petits trous ronds. En dessous, une batterie de filtres cylindriques parcourus par un courant d'air retient la poussière.

TRI DE DÉPART DANS UN BUREAU DE POSTE
Vers 1950
Photographie
Musée de la Poste, Paris
Pour effectuer le tri du courrier à la main, l'agent se tient debout devant son casier de 36 cases. Il prend le courrier dans sa main gauche et fait glisser à une les lettres vers le bas, à l'aide d'un doigt en caoutchouc recouvrant son pouce. Sa main droite saisit alors la lettre et la place dans une case, tandis que ses yeux se portent déjà sur la lettre suivante. Un agent doit trier réglementairement 500 lettres au quart d'heure, mais il n'est pas rare, pour un agent chevronné, d'atteindre les « 3 000 à l'heure ».

BUREAU À NOËL
1948. Marcel Collin
Caricature
Musée de la Poste, Paris
À gauche, le casier de tri permet de classer les lettres provenant des différentes boîtes. Dans le fond, toujours à gauche, devant la baie vitrée, un manutentionnaire passe ces lettres à la machine à oblitérer. Au centre, le chantier d'ouverture avec le manutentionnaire qui secoue un sac pour en faire tomber le contenu. À droite, la cabine de chargement protégée par une grille. À l'intérieur, les sacs de chargement sont fermés avec un feuillet rouge.

Le courrier

POUR LE MUSÉE POSTAL :
LE CACHET DE CIRE
1946. Henry Cheffer
Bon à tirer du timbre-poste
(30 × 19 cm)
Musée de la Poste, Paris
Le musée postal est inauguré par le ministre des PTT Jean Letourneau (1907-1986) le 4 juin 1946 rue Saint-Romain, Paris 6e. À l'occasion de l'ouverture du Salon de la philatélie, un timbre-poste à surtaxe 2 F + 3 F est émis le 25 mars 1946 : « Pour le Musée postal : le cachet de cire ». Ce timbre-poste dessiné et gravé en taille douce par Henry Cheffer (1880-1957) représente une gravure (malencontreusement inversée) d'Étienne Fessard (1714-1777) d'après *Une femme occupée à cacheter une lettre*, tableau de Jean-Baptiste Siméon Chardin (1699-1779) de 1733 conservé au château de Charlottenburg, à Berlin. Le timbre est imprimé à 3 050 000 exemplaires. Le produit de la surtaxe est réservé au musée. Son usage correspond à l'affranchissement des imprimés du 2e échelon de poids dans le régime intérieur (tarif du 1er janvier 1946). Le timbre-poste est retiré du service le 26 octobre 1946.

CARTE MAXIMUM
1949. Paris, Petit Palais et pont Alexandre III
Poste aérienne
Émission pour le congrès international des télégraphes et téléphones à Paris
Musée de la Poste, Paris

La carte maximum se compose de trois éléments : le timbre-poste, la carte postale et l'oblitération qui présentent entre eux le maximum de concordance, de sujet, de lieu et de temps. Cette collection s'appelle la maximaphilie. Le timbre-poste doit avoir une validité postale et être apposé seul sur le côté vue de la carte. La carte postale doit se trouver dans le commerce avant l'émission du timbre-poste. L'illustration de la carte postale doit présenter la meilleure concordance possible avec le sujet du timbre ou avec l'un d'entre eux s'il y en a plusieurs. L'oblitération doit être lisible et appliquée sur l'ensemble timbre-poste-carte postale. L'illustration et le lieu d'oblitération doivent se rapporter de façon directe au sujet du timbre et de la carte postale illustrée.

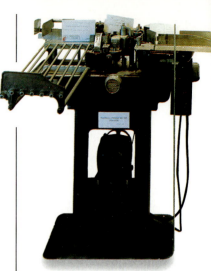

MACHINE À OBLITÉRER SÉCAP
1950
Musée de la Poste et des Techniques de communication de Basse-Normandie Caen

Fabriquée en France par la Société d'études et de construction d'appareils de précision, une société française fondée le 19 janvier 1928, la machine Sécap fait son apparition en 1950. Elle remplace peu à peu tous les autres modèles encore en service, Flier, Krag et RBV dans les bureaux importants et Daguin dans les bureaux plus modestes. Cette machine à oblitération discontinue existe en quatre modèles différents, deux à manivelle et deux électriques. Leur rendement s'élève respectivement à 8, 12, 25 et 30000 lettres à l'heure. La fiabilité de ces machines leur vaut une carrière exceptionnelle de près d'un demi-siècle. En 1955, la Sécap met en service un nouveau modèle électronique, capable de traiter près de 60000 lettres à l'heure.

EMPREINTE DE MACHINE À AFFRANCHIR SATAS SC
1er mars 1967
Lettre du Boulou pour Paris
Collection particulière

En 1932, le parc français de machines à affranchir se compose de 1986 unités. Toutes sont la propriété de la société Havas, qui se trouve ainsi en situation de monopole, dans la mesure où ces machines ne sont pas vendues mais louées. L'Administration décide alors pour changer cette situation de faire appel en 1934 à une seconde société, la Satas, Société pour l'affranchissement et le timbrage automatique. Cette dernière présente alors à l'agrément le système Sanglier, de type SA. Plus d'une centaine de machines de ce type sont par la suite mises en service. En 1935, la société Satas présente deux nouveaux modèles. La SB à valeur fixe est agréée par l'administration des PTT en mai. Cette machine réputée pour la grande qualité de ses empreintes n'est commercialisée qu'à partir d'octobre 1949 en faible nombre. Cette machine se trouve en forte concurrence avec d'autres machines à valeurs multiples plus performantes, comme la machine à affranchir SC, un modèle plus perfectionné à valeurs modifiables.

FLAMME OBLITÉRANTE MACHINE SÉCAP
18 février 1976
Lettre d'Estagel pour Perpignan
Collection particulière

La machine Sécap autorise l'utilisation de deux flammes différentes. La première, dite « muette » remplit une fonction uniquement oblitérante. Elle est alors composée de cinq lignes ondulées parallèles, qui s'inscrivent dans un rectangle de 60 à 25 mm. Elles sont apposées sur le timbre-poste, tandis que le timbre à date figure à gauche.

La poste des années 1950 et la motorisation rurale

FLAMME ANNONCE MACHINE SÉCAP
18 mars 1983
Lettre de Niort
Collection particulière

La deuxième flamme possible sur la machine Sécap est la flamme annonce. Elle se compose d'un texte « bâton » de trois à cinq lignes ou d'une illustration plus ou moins artistique avec, à sa partie inférieure, à gauche le nom du bureau et à droite la date. Une flamme reste un très bon moyen publicitaire pour toucher une population de proximité et un excellent outil de promotion pour se faire connaître à travers la France. Elle ne peut être demandée que par une collectivité locale ou une association nationale ou régionale. Elle peut être utilisée de façon temporaire, c'est-à-dire pour un maximum de trois mois consécutifs ou pour la durée d'un événement précis, ou encore de façon permanente, c'est-à-dire pour une période de deux ans. Le tarif est forfaitaire, quel que soit le rendement de la machine ou le nombre de lettres oblitérées. Il consiste, dans la pratique, en un simple remboursement des frais de fabrication et de mise au point de la flamme. Le montage habituel est à l'inverse de la flamme « lignes ondulées » oblitérante, car, dans ce cas, c'est le bloc dateur qui annule le timbre. La flamme annonce apposée sur cette lettre assure la promotion de la cinquante cinquième foire exposition de Niort.

L'ORDRE DU MÉRITE POSTAL
1953
Collection des Amis
de l'histoire des PTT d'Alsace

La médaille d'honneur des PTT étant réservée aux agents, l'Administration ne dispose pas d'une distinction honorifique pour ses cadres. Le ministre des PTT, Pierre Ferri, signe donc le décret du 14 novembre 1953, créant l'ordre du Mérite postal. Il est destiné à reconnaître « le mérite de fonctionnaires qui se sont distingués par d'exceptionnelles qualités, par l'invention ou le perfectionnement d'appareils, par des améliorations remarquables apportées dans le fonctionnement des services ». La médaille présente à son avers un buste de Mercure tenant son caducée, placé au centre d'une étoile à cinq branches en émail blanc. La bélière est formée de deux ailes rappelant celles souvent représentées aux pieds de Mercure, « le dieu aux pieds légers ». Sur le diplôme, d'autres symboles sont employés : cors de poste et enveloppes, pour la Poste, étoiles avec foudre, pour les Télécommunications, caducée, emblème de Mercure. Cet ordre disparut lors de la création du Mérite national.

DIPLÔME DE L'ORDRE DU MÉRITE POSTAL
1953
Collection des Amis de l'histoire des PTT d'Alsace

361   *La Poste et les Trente Glorieuses*

NOUVEL UNIFORME DES FACTEURS
1952
Drap et boutons métalliques
Musée de la Poste, Paris

Le nouvel uniforme est constitué d'une vareuse à col ouvert. «De demi-rigide, le képi devient rigide... comme un règlement. Un P gothique y est mis à la place de la cocarde tricolore. La taille de la vareuse en serge bleu marine est plus cintrée. Les boutons métalliques sont réduits au nombre de quatre, au lieu des cinq précédents. Les liserés soulignant le képi, la vareuse et le pantalon restent rouge vif.» Les facteurs-chefs conservent évidemment leurs galons dorés.

KÉPI DE FACTEUR
1952
Drap et moleskine
Musée de la Poste et des Techniques de communication de Basse-Normandie, Caen

Ce képi a perdu sa cocarde tricolore, mais conserve sa fausse jugulaire retenue par deux petits boutons dorés.

NOUVEL UNIFORME TENUE D'ÉTÉ
1952
Toile et boutons métalliques
Musée de la Poste, Paris

Cette veste est présentée avec le képi. En effet, les facteurs ne portent plus le chapeau de paille et, en été, préfèrent se déplacer tête nue... la mode a changé.

PREMIERS ESSAIS DE MOTORISATION DE LA DISTRIBUTION RURALE
1952
Photographie
Musée de la Poste, Paris

La distribution rurale souffre d'un manque de rendement, les facteurs partant trop peu chargés, malgré des tournées très longues. Une solution apparaît avec la mise sur le marché d'une voiture rustique et peu coûteuse, la 2 CV Citroën. Des essais sont réalisés à

FACTEUR RURAL À BICYCLETTE
1957
Photographie
Collection particulière

Destinée à une revue féminine, cette photographie nous révèle un facteur équipé, pour la première fois, d'une bicyclette à changement de vitesses.

Saverne (Bas-Rhin) avec une voiture de série en 1952. Ils donnent satisfaction. La qualité du service est améliorée, puisque les heures de distribution et de relevage du courrier sont mieux maîtrisées. Le prix de revient de cette desserte est abaissé, car il entraîne des suppressions de tournées. La fatigue imposée aux facteurs par des tournées pouvant atteindre parfois 40 km, et souvent sur des parcours accidentés est réduite.

FOURGONNETTE 2 CV CITROËN TYPE A ZU
1954
Voiture restaurée
Collection des Amis de l'histoire des PTT d'Alsace

C'est sous sa forme de fourgonnette que la 2 CV est retenue par l'Administration. Elle pèse 560 kg à vide, et accepte le poids d'un homme plus 240 kg de charge utile. Elle emploie un moteur à essence peu gourmand, puisqu'il ne consomme que 6 litres aux 100 kilomètres.

2 CV AVEC BICYCLETTE
1954
Musée d'Histoire des PTT d'Alsace Riquewihr

La mise en place d'un porte-bicyclette sur le toit des fourgonnettes 2 CV permet l'utilisation de ce moyen complémentaire de transport. Sur certains circuits, une partie du trajet ne peut se faire en voiture. Le facteur abandonne alors sa fourgonnette et utilise sa bicyclette sur le parcours non carossable. Dans d'autres cas, la fourgonnette emporte à son bord un facteur effectuant sa tournée à bicyclette. Le facteur-chauffeur peut effectuer la sienne pendant ce temps.

PORTE-BICYCLETTE POUR FOURGONNETTE 2 CV
1957
Photographie
Musée de la Poste, Paris

Il existe deux types de porte-bicyclette : celui pour une seule bicyclette qui est composé d'un châssis métallique qui peut glisser sur le flanc du véhicule. Dans cette position, il est facile d'y accrocher la bicyclette. Deux poignées permettent au facteur de replacer le châssis sur le toit du véhicule, sans trop d'effort. Mais dans le cas où le facteur-chauffeur est accompagné d'un facteur-cycliste, ils peuvent avoir besoin d'une seconde bicyclette. D'où un deuxième système de châssis pour deux bicyclettes, qui glisse alors vers l'arrière de la fourgonnette.

TOURNÉE D'UN FACTEUR RURAL EN 2 CV
Vers 1955
Photographie
Collection des Amis de l'histoire des PTT d'Alsace

Le succès de la 2 CV est indéniable, et le programme de motorisation prend un essor inattendu. En 1953, 173 tournées sont motorisées, en 1956, 1292 le sont déjà. La réorganisation du service intervient en 1959, avec la création de centres de distributions motorisées (CDM) regroupant sur un seul bureau distributeur un certain nombre de circuits rattachés auparavant à des bureaux différents. Le principal avantage de ce regroupement, qui se fait le plus souvent dans le bureau situé au chef-lieu de canton, est de simplifier le tri-acheminement en diminuant le nombre de bureaux distributeurs. Les délais de transport sont également réduits. En 1960, 86 CDM sont en service, et près de 3000 en 1973. Ce n'est pas une évolution mais une révolution.

LES «COFFRES-RELAIS»
Vers 1955
Photographie
Musée de la Poste, Paris

La fourgonnette d'un facteur-distributeur qui part en tournée peut emporter une partie des objets à distribuer par une tournée piéton très chargée. Ce facteur dépose au passage ces objets, dans un «coffre-relais» situé sur le trajet du facteur-piéton. Avant cette organisation, ce dernier devait revenir haut-le-pied chercher au bureau le surplus de correspondances qu'il n'avait pas pu prendre au départ.

FACTEUR RURAL RELEVANT UNE BOÎTE
Vers 1955
Photographie
Musée de la Poste, Paris

Les facteurs de ville

FACTEUR DE VILLE À BICYCLETTE
Vers 1955
Photographie
Musée de la Poste, Paris

Dans les très grandes villes où la population est fortement concentrée, les facteurs sont spécialisés. Certains distribuent seulement les lettres, d'autres les journaux et les imprimés de grands formats, d'autres enfin assurent la remise des objets chargés et recommandés (« les objets spéciaux ») ainsi que le paiement des mandats et le recouvrement des valeurs. Cette spécialisation présente l'avantage d'augmenter le rendement de ces facteurs qui n'ont plus qu'un seul type d'opération à exécuter. Les usagers y gagnent également, car les horaires des distributions peuvent ainsi être adaptés aux besoins de la clientèle (journaux tôt le matin, objets spéciaux après l'ouverture des bureaux, etc.). L'Administration cependant prend des risques accrus, les facteurs financiers, qui emportent de fortes sommes, risquent agressions et vols.

KÉPI DE FACTEUR-CHEF
Vers 1955
Drap et moleskine
Musée de la Poste, Paris

POUSSETTE POUR LA LIVRAISON DES PAQUETS
Vers 1955
Bois, métal caoutchouc
Musée postal d'Auvergne Saint-Flour

Autre spécialisation pour les facteurs de ville : la distribution des encombrants. Dans les années cinquante, la poussette à main reste encore en service, mais dans les grandes villes des essais de motorisation ont lieu.

ARRIÈRE D'UNE HY CITROËN
Vers 1959
Photographie
Musée de la Poste, Paris

Les fourgonnettes tôlées Citroën HY commencent à être utilisées dans les très grandes villes, pour la livraison des paquets. Ces véhicules de conception originale présentent les avantages d'une bonne capacité 7 m³, 1 600 kg de charge utile et d'un accès facile, grâce à une porte latérale à glissière et un plancher surbaissé à 35 cm du sol. Les fêtes de Noël et de fin d'année obligent la Poste à mettre en place des moyens importants pour faire face à l'afflux massif de paquets. On se rend compte, en considérant l'arrière de cette fourgonnette HY Citroën, que l'utilisation de ce type de véhicule est la bienvenue au moment de ce que les postiers appellent la « période ».

CALENDRIER POSTAL
1958
Carton et chromolithographie
Musée de la Poste, Paris

Inséparable aussi de la « période », le calendrier annuel que chaque facteur remet à sa clientèle.

LES COURSES DE FACTEURS
1955
Photographie
Collection particulière

Chaque année, dans diverses régions de France, sont organisées des courses de facteurs. Deux concurrents, le dossard encore en place, viennent chercher leur récompense au bureau du journal organisateur.

Les bureaux

ENTRÉE D'UNE AGENCE POSTALE
Vers 1955
Photographie
Musée de la Poste, Paris

Une agence postale est un établissement secondaire tenu par une personne étrangère à l'Administration. Elle effectue une gamme d'opérations plus restreinte que celle des recettes de plein exercice. Les gérants d'agence assurent aussi l'expédition et la distribution des correspondances, secondés parfois par un facteur titulaire ou auxiliaire. Vers 1955, il existe 3000 agences de ce type.

PLAQUE D'AGENCE POSTALE
Vers 1955
Tôle émaillée
Musée de la Poste, Paris

GUICHETS DU BUREAU DE POSTE DE DINAN
1957
Photographie
Musée de la Poste, Paris

L'administrateur des PTT, Georges Gallimard, décrit ainsi les guichets d'un grand bureau : « Les uns sont parfois décorés de fresques, sur le panneau d'affichage les indispensables communiqués administratifs voisinent avec des affiches multicolores, non dénuées de sens artistique... sur les écritoires, le moderne stylo à bille remplace l'antique porte-plume désespérément inutilisable et les encriers remplis d'une boue séculaire. Les attributions propres aux divers guichets sont signalées par des blocs lumineux ou des bandes de lettres métalliques. »

PANNEAUX INDICATEURS DE GUICHETS
Vers 1955
Fer forgé
Musée de la Poste des Pays de Loire, Nantes

Dans le style épuré de l'époque, les panneaux indicateurs des guichets sont fixés sur des piliers en fer forgé. Sur chaque position de travail sont indiqués son numéro d'ordre et les fonctions qu'elle assume.

PLAQUE INDIQUANT L'ENTRÉE DES GUICHETS
Vers 1955
Bronze
Collection des Amis de l'histoire des PTT d'Alsace

ARRIÈRE DES GUICHETS D'UN BUREAU DE POSTE
Vers 1960
Photographie
Collection des Amis de l'histoire des PTT d'Alsace

D'après Georges Gallimard : « Sur les tables partiellement dissimulées aux yeux des clients, les agents travaillent au milieu d'un arsenal de registres, fichiers, classeurs, tampons, « griffes », timbres à date. Quelques-uns disposent même d'une machine comptable dont l'utilisation abrège singulièrement la durée de certaines opérations (émission de mandats, par exemple). D'autres enfin, munis de balance, sont entourés de corbeilles roulantes dans lesquelles s'entassent les paquets... »

LES PTT VOUS CONSEILLENT
1954. L. Cacciutolo
Affiche
Musée de la Poste, Paris

SAC POUR
SOUS-CAISSE
Vers 1955
Jute
Musée de la Poste
Paris

Les employés des guichets apportent avec eux, en début de vacation, leurs sous-caisses, c'est-à-dire l'argent et les timbres qui vont leur permettre de travailler. L'ensemble est contenu dans un portefeuille de carton toilé qui est enfermé, le travail terminé, dans un sac plombé avec un collier au nom de l'agent. Ces sacs sont rangés pendant les inter-vacations dans le coffre-fort du bureau. En principe les sacs destinés à cet usage sont en toile verte. En cette période d'après guerre, on a approprié un sac destiné au transport des lettres à cet usage, en y ajoutant la mention « sous-caisse ».

MEUBLE DISTRIBUTEUR
D'IMPRIMÉS
Vers 1955
Bois
Musée de la Poste des Pays de Loire, Nantes

Ce meuble distributeur de fabrication artisanale comportait huit cases où étaient rangées les imprimés suivants : télégrammes, demandes de mandats ordinaires, mandats-cartes, mandats-chèques, mandats-contributions, mandats-cartes pour l'Union française et les secteurs postaux, retrait et dépôt de CNE, dépôt de recommandés. De plus, sur le panneau à l'arrière, un modèle de formules remplies servait de guide aux usagers auxquels il était recommandé d'utiliser ces imprimés, sans les gaspiller.

PINCES À SCELLER
Vers 1955
Tôle d'acier
Collection des Amis de l'histoire des PTT d'Alsace

Pour sceller les sacs de sous-caisse et les dépêches de départ, les pinces, dont on voit ici trois modèles différents, sont indispensables. Elles font l'objet d'une surveillance spéciale pour éviter un emploi abusif ou délictueux.

DISTRIBUTEUR DE TIMBRES-POSTE
Vers 1955
Fonte d'aluminium
Collection des Amis de l'histoire des PTT d'Alsace

Le premier automate postal mis en grande série à la disposition des usagers est le distributeur de timbres-poste, placé sur la façade des bureaux ou dans des lieux appropriés. Ces distributeurs utilisent des timbres-poste en roulettes qui font le bonheur des philatélistes, car ils nécessitent une fabrication spéciale. Les usagers sont moins convaincus, car ces automates sont sensibles aux variations atmosphériques et, lorsqu'ils se remplissent de condensation, les timbres collent entre eux et ne sortent que difficilement de l'appareil.

CHAISE
Vers 1955
Musée de la Poste Paris

UNIFORME DE RECEVEUR-DISTRIBUTEUR
1952
Drap et boutons métalliques
Musée de la Poste, Paris

L'uniforme des receveurs-distributeurs est semblable à celui des facteurs : nouvelle veste et képi rigide. Cependant le P gothique est remplacé par un PTT doré sur le képi. Ce même sigle apparaît surmonté d'un galon doré sur les extrémités du col de la veste.

LE DÉPART DANS UN BUREAU MOYEN
1954
Photographie
Collection des Amis de l'histoire des PTT d'Alsace

Les levées sont faites, le facteur passe les lettres dans la machine à timbrer (de petite dimension), l'employée trie le courrier de départ, et les liasses prendront place dans les sacs pliés sous la table.

INTÉRIEUR D'UN PETIT BUREAU
Vers 1955
Photographie
Musée de la Poste, Paris

Les bureaux sont répartis en neuf classes, suivant l'importance de leur trafic : hors série, classe exceptionnelle, hors classe, et de la première à la sixième classe. Cette dernière classe correspond à des petits bureaux où le receveur est surtout un agent d'exécution. Le mobilier en est spartiate : une chaise en bois, un peu surélevée pour la fonction de guichet, et un tabouret dont le dessus est percé d'un motif décoratif où se trouve le sigle PTT, qui est utilisé dans la cabine téléphonique.

TABOURET
Vers 1955
Musée de la Poste Paris

UNE RECETTE DISTRIBUTION
Vers 1955
Photographie
Musée de la Poste, Paris

Les facteurs-receveurs ont vu leur titre inversé, et prendre la forme de receveur-distributeur après la Libération. Comme on peut l'imaginer, ils se sentent de plus en plus receveurs et de moins en moins distributeurs. L'Administration s'efforce donc de transformer leur établissement en recette de sixième classe. Néanmoins en 1955, il existe encore, plus de 4000 recettes-distributions.

367

La Poste et les Trente Glorieuses

KÉPI DE RECEVEUR-DISTRIBUTEUR
1952
Drap et boutons métalliques
Musée de la Poste, Paris

GUICHET MOBILE
1959
Collection des Amis de l'histoire des PTT d'Alsace
Comme la Poste a de plus en plus de mal à éviter les queues dans les bureaux de grandes villes, et qu'il n'est pas encore question de construire de nouveaux batiments, l'idée émerge d'équiper des véhicules en guichets mobiles, susceptibles de se rendre à des endroits statégiques, selon des horaires connus. Le premier essai est réalisé à Paris. Il s'intitule la « poste à l'usine » et consiste à envoyer dix fourgonnettes Citroën type HY dans les usines de la banlieue. La Poste va ainsi au-devant de sa clientèle ouvrière. Ces fourgonnettes sont carrossées par la maison Currus.

GUICHET MOBILE
1959
Collection des Amis de l'histoire des PTT d'Alsace
La clientèle est accueillie à l'arrière du véhicule sous un auvent, équipé de panneaux latéraux en similicuir. Une notice précise : « Les panneaux protègent des intempéries les usagers stationnant devant les guichets. On remarque, en outre, que le pare-choc d'origine, sur lequel les usagers risquaient de se blesser, a été supprimé et remplacé par un profilé. »

GUICHET DE LA FOURGONNETTE
1959
Photographie
Collection des Amis de l'histoire des PTT d'Alsace
Le guichet est équipé d'une balance pèse-lettre, d'une balance pèse-paquet… et d'une boîte aux lettres «faisant office de coffre-fort.»

Le courrier

TIMBRE À DATE PREMIER JOUR
1951
Émission Verlaine
Couronne en laiton
Diamètre : 3 cm
Musée de la Poste, Paris

Cette couronne vissée sur un manche en bois sert à oblitérer les timbres-poste lors de la mise en vente anticipée des nouvelles émissions commémoratives.

EMPREINTE MACHINE KRAG
2ᵉ GÉNÉRATION
25 septembre 1952
Lettre de Perpignan pour Perpignan
Collection particulière

L'oblitération en continu présente des périodes égales à 64 mm, ce qui explique la double impression sur chaque lettre du timbre à date. L'utilisation de ce système permet d'obtenir une machine robuste et d'entretien plus simple que celles qui en sont dépourvues. Toutefois, le fait de rendre illisibles certaines indications portées sur les lettres comme les en-tête des enveloppes commerciales entraîne l'abandon de ce système par l'Administration. On peut remarquer que l'empreinte de la deuxième génération de Krag compte un bloc dateur sur une seule ligne, au lieu des quatre habituelles.

EMPREINTE DE MACHINE
À AFFRANCHIR SÉCAP TYPE N
13 mai 1971
Lettre de Banyuls-sur-Mer
Collection particulière

En 1953, l'Administration agrée une troisième société, la Société d'études et de construction d'appareils de précision, déjà apparue sur le marché des machines à oblitérer depuis 1950. La Sécap présente alors sa première machine à affranchir rotative universelle, autrement dénommée type N. Elle est agréée par une convention en date du 19 février 1953.

ENVELOPPE PREMIER JOUR
1951. Ajaccio
Émission du timbre-poste Napoléon Iᵉʳ
Musée de la Poste, Paris

En mars 1951, l'administration crée un nouveau type de timbre à date « Premier Jour » à l'occasion de la mise en vente anticipée des timbres-poste commémoratifs du programme philatélique. Des éditeurs privés commercialisent ce type d'enveloppe. Ce sont des souvenirs philatéliques. La Poste commercialise également depuis décembre 1973 un document 21 × 29,7 cm sur papier d'Arches, appelé document philatélique officiel, avec le timbre, l'oblitération premier jour, le poinçon du timbre, un texte et une gravure originale.

EMPREINTE MACHINE À OBLITÉRER
RBV
10 décembre 1953
Lettre de Paris pour Paris
Collection particulière

Le modèle à manivelle présente un rendement pratique horaire de l'ordre de 10 000 lettres tandis que les deux types électriques, petit et grand modèles, oblitèrent respectivement 20 000 et 30 000 lettres à l'heure. Le bloc dateur, à l'origine sur quatre lignes, se présente sur trois lignes après diverses transformations survenues en 1949.

ENVELOPPE EUROPA
19 septembre 1959
Enveloppe « Premier Jour d'émission »
Collection particulière

Le premier timbre ayant fait l'objet d'une mise en vente anticipée régulière est la carte postale à 20 centimes Rouget de Lisle disponible à Lons-le-Saunier et à Paris RP (recette principale) le 27 juin 1936. Il faut attendre le 10 juin 1950 (timbre Péguy) pour que cette exception devienne une règle à peu près constante. À partir de 1951 (timbre Fontainebleau) est instituée une oblitération spéciale « Premier Jour » standard pour la plupart des timbres et grand format illustré pour les émissions Europa et Croix-Rouge.

La poste aux armées

KÉPI
Vers 1960
Drap et moleskine
Musée de la Poste, Paris

La poste aux armées qui, après l'armistice de 1945, a continué son activité au service des troupes d'occupation en Allemagne et en Autriche, participe également aux opérations de la guerre d'Algérie. À partir de 1958, elle se met à la disposition des missions utilitaires techniques françaises à l'étranger, ou de certains commandements français d'outre-mer. Elle est présente également, selon les besoins exprimés par les autorités de Défense, dans certains territoires du Pacifique. On peut remarquer sur le képi, l'insigne du corps de la poste aux armées, «deux huchets de maître de poste croisés».

BÉRET DE LA POSTE AUX ARMÉES
Vers 1960
Tissu et insigne métallique
Musée de la Poste, Paris

Depuis 1953, la structure administrative de la poste aux armées a été réorganisée sur le modèle de la poste civile. L'administrateur des PTT, Jean David, nous décrit cette organisation : «Placé auprès du commandement, le directeur central de la poste aux armées dirige et coordonne le fonctionnement général du service. Une direction particulière est prévue en principe, dans chaque théâtre d'opérations, et pour chaque armée. Les bureaux centraux militaires (BCM) placés sous l'autorité du directeur central, groupent et trient le courrier destiné aux armées. En sens inverse, les bureaux frontières placés sous surveillance directe du directeur du théâtre des opérations, centralisent et trient le courrier originaire des armées et le dirigent sur les bureaux civils compétents, etc. À l'intérieur de chaque armée, des bureaux postaux militaires assurent la distribution et l'expédition de la correspondance des corps de troupe qui leur sont rattachés.» À cet échelon interviennent les vaguemestres.

CALOT DE VAGUEMESTRE
Vers 1960
Musée de la Poste Paris

PROPAGANDE DE LA POSTE AUX ARMÉES
1948
Indochine
Lettre de la poste aux armées théâtre des opérations extérieures (TOE) pour Tourane
Musée de la Poste, Paris

Durant la guerre d'Indochine, des griffes de propagande sont utilisées par le bureau postal militaire 405A à Saïgon en 1948-1949. Les messages sont destinés à rappeler aux correspondants le secret militaire. Cinq griffes sont connues : « Papiers secrets... papiers sacrés », « Bouches cousues... espions déçus », « Mais tais-toi donc ! », « Bavardage... Espionnage... Sabotage », « Secret bien gardé... succès assuré ».

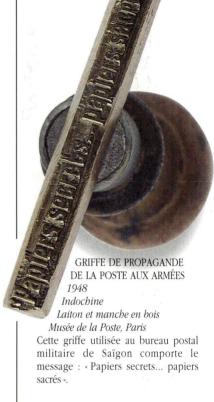

GRIFFE DE PROPAGANDE DE LA POSTE AUX ARMÉES
1948
Indochine
Laiton et manche en bois
Musée de la Poste, Paris

Cette griffe utilisée au bureau postal militaire de Saïgon comporte le message : « Papiers secrets... papiers sacrés ».

Les moyens de transports

TRAÎNEAU
Vers 1950
Bois et métal
Musée postal d'Auvergne, Saint-Flour
Dans les régions qui connaissent de longues périodes enneigées, l'utilisation du traîneau tiré par un cheval reste indispensable pour le transport des dépêches, en hiver. Ce facteur du Cantal utilisait encore ce moyen de transport dans les années 1950.

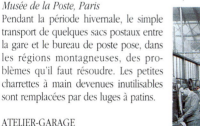

LUGE
Vers 1950
Bois et métal
Musée de la Poste, Paris
Pendant la période hivernale, le simple transport de quelques sacs postaux entre la gare et le bureau de poste pose, dans les régions montagneuses, des problèmes qu'il faut résoudre. Les petites charrettes à main devenues inutilisables sont remplacées par des luges à patins.

ATELIER-GARAGE
1950
Musée de la Poste, Paris
À partir de 1950, l'importance et la diversité du parc automobile de la Poste rendent nécessaire l'implantation d'ateliers de réparation et d'entretien sur l'ensemble du territoire. En 1965, les PTT disposent en région parisienne d'un atelier central et de 35 ateliers secondaires, et en province de 17 ateliers régionaux et de 130 ateliers secondaires. Le service des ateliers est alors assuré par 140 agents de maîtrise et 1800 agents d'encadrement et d'exécution. En parallèle, les voitures postales sont garées dans 3310 garages.

FOURGONNETTES AUTOMOBILES POSTALES
Vers 1957
Photographie
Musée de la Poste, Paris
Rangées dans le garage Pasteur à Paris, ces fourgonnettes Renault Juvaquatre de 300 kg de charge utile servent au relevage des boîtes aux lettres et à la distribution du courrier. Elles arrivent à la fin de leur utilisation et vont bientôt être remplacées par des voitures plus modernes.

FOURGONS AUTOMOBILES POSTAUX
Vers 1957
Photographie
Musée de la Poste, Paris
Autre partie du garage Pasteur à Paris, qui abrite les fourgons Renault de 1,5 tonnes de charge utile. Au 31 décembre 1956, ce type de véhicule représente 24 % du parc postal, avec environ 550 voitures en service. On peut se poser la question de savoir pourquoi la Poste a acquis ce nombre important de fourgons, alors qu'auparavant elle s'adressait, pour le transport de ces dépêches dans la région parisienne, à des entreprises privées? C'est tout simplement qu'après la Libération, les marchés avec ces entreprises étant arrivés à expiration, la Poste décide de remplacer par ses propres véhicules ceux des sociétés exploitantes. Le choix de cette nouvelle gestion est de plus motivée par le souci d'améliorer la sécurité et la régularité de ces transports, tout en cherchant à en abaisser le prix de revient, avec un matériel spécialement conçu.

La poste des années 1960 et la mécanisation du tri

COMPTEUR ENREGISTREUR RBM
Vers 1955
Fonte et mécanisme d'horlogerie
Collection des Amis de l'histoire des PTT d'Alsace

L'Administration entend surveiller la manière dont ses véhicules sont conduits. C'est pourquoi elle fait installer à bord de chacun d'eux un «compteur enregistreur» RBM que d'aucuns baptisent «mouchard». Ce compteur comporte, à l'extérieur, un cadran où la vitesse du véhicule apparaît, et un autre donnant le nombre de kilomètres parcourus. Un moteur d'horlogerie entraîne à l'intérieur du boîtier un disque journalier en papier rouge paraffiné sur lequel une aiguille trace les repères ou les courbes suivantes : les distances parcourues, les heures de départ et d'arrivée, les temps de marche et les temps d'arrêt, les vitesses instantanées. En cas d'accident, les indications de ce disque, en particulier pour déterminer la vitesse au moment du choc, constituent de précieux renseignements. Elle permet évidemment de surveiller l'activité du personnel, lors des vacations hors du bureau.

HÉLICOPTÈRE
Vers 1955
Photographie
Musée de la Poste, Paris

Le courrier transporté par bateau n'atteint pas toujours facilement l'île de Sein. Aussi des essais sont-ils faits par voie aérienne, avec l'utilisation d'un hélicoptère. Le facteur échange avec le pilote les documents accompagnant les dépêches.

MARQUE DES POSTES ET TÉLÉCOMMUNICATIONS
1960
Impression sur papier
Collection des Amis de l'histoire des PTT d'Alsace

Par note du 6 décembre 1960, le personnel de la Poste est informé que : «L'Administration possède maintenant, comme les autres grandes entreprises qui ont de nombreux points de vente ou d'échanges avec le public, sa propre marque. Cette marque [...] a été choisie parmi de nombreux projets présentés par des graphistes connus. Elle souligne l'unité de l'Administration, symbolise le rôle de messager qui lui incombe et suggère son souci constant de rapidité dans le transport de l'information. Il importe de donner à la marque des Postes et Télécommunications toute la diffusion désirable, de manière que, le plus tôt possible, le public sache l'identifier.» Par malheur, depuis un certain temps, un autre dessin reprenant le sigle PTT est utilisé. Il est apparu sur certaines en-têtes d'imprimés, et même sur les revers de l'uniforme des facteurs, où il s'est substitué au P gothique. On va donc assister à une bataille entre les deux «marques» dont l'oiseau-flèche sortira vainqueur, mais après une période transitoire.

FUSÉE POSTALE
1960
Collection particulière

Une fusée postale est étudiée dès 1960 par le Centre national d'études des télécommunications (CNET) implanté à Issy-les-Moulineaux, avec la collaboration des usines de construction d'avions Latécoère. L'engin doit servir pour le transport rapide du courrier sur de longues distances afin de relier des continents, et sur de plus courtes distances pour permettre d'atteindre des îles côtières, voire des villages de haute montagne. Le vendredi 2 mars 1962, un essai sur maquette est réalisé sur le terrain de Fonsorbes, près de Toulouse. La maquette est fixée sur le fuselage de l'avion porteur qui la largue à 500 mètres d'altitude à la vitesse de 9 m/sec. Après 48 secondes, la maquette atterrit sans dommage. Cette expérience fait alors dire au ministre des Postes et Télécommunications Michel Maurice-Bokanowski : «À partir du moment où, sur le plan technique, nous sommes sûrs de notre affaire, je pense que la première fusée pourra voler et atterrir normalement par ses propres moyens dans le courant de l'année prochaine». Ce projet sera finalement abandonné.

Les facteurs ruraux

SACOCHE POUR LA DISTRIBUTION
Vers 1965
Cuir
Musée de la Poste, Paris

NOUVEL UNIFORME DES PRÉPOSÉS
1er novembre 1961
Photographie
Musée de la Poste, Paris

L'uniforme de 1952 avait été rapidement modifié, le P gothique des revers de veste ayant été remplacé par les trois lettres PTT dans un rond. Vers 1955, ce dernier sigle qui apparaît sur les imprimés, les affiches... semble s'imposer comme «marque». En 1957, les facteurs deviennent préposés tout en gardant le même uniforme. Après l'apparition de l'oiseau-flèche en 1960, la décision est prise de renouveler cet uniforme. En novembre 1961, c'est chose faite. Cette nouvelle tenue en drap bleu, est composée d'une veste à quatre boutons et d'un pantalon sans passepoil. La casquette est ornée de l'oiseau-flèche brodé en blanc. Si l'on regarde d'un peu plus près, on s'aperçoit que sur les revers et sur les boutons, au lieu de l'oiseau-flèche que l'on s'attendrait à voir, apparaît le bon vieux PTT dans un cercle. La Poste n'a pas une «marque», mais deux, et cette situation va durer jusqu'en 1965.

CASQUETTE DU NOUVEL UNIFORME
1962
Drap et moleskine
Musée de la Poste, Paris

FEMME PRÉPOSÉE
1964
Photographie
Collection particulière

«La femme possède-t-elle les qualités intellectuelles et physiques que réclame la bonne exécution des diverses opérations du service public?» C'est en ces termes un peu indélicats que l'Union postale internationale qui regroupe 21 États, s'interroge, en 1874, sur l'opportunité d'employer des femmes dans l'administration des Postes. Ballottée dans les statuts et le labyrinthe des catégories qui la prennent difficilement en compte, la «dame d'administration» s'impose avec difficulté. La féminisation des services administratifs est en effet longtemps assimilée à «l'invasion des grisettes». Pourtant, les femmes font avancer leurs revendications et deviennent même, notamment au sein des mutuelles postales, d'ardentes militantes «prophylactiques». La carrière de préposée n'est pas encore ouverte officiellement aux femmes. Ces dernières sont alors de simples auxiliaires qui peuvent – lorsque leur période de remplacement est terminée – faire aussi le ménage du bureau, ou assurer la distribution télégraphique.

SACOCHE EN TOILE POUR LA DISTRIBUTION
Vers 1965
Toile et cuir
Musée de la Poste, Paris

En tournée, le préposé rural se sert en général de deux sacoches, une en cuir pour ses lettres et une en toile pour les objets encombrants. Celle-ci porte l'inscription «Postes» et l'oiseau-flèche.

UNIFORME À L'OISEAU-FLÈCHE
1965
Drap et boutons métalliques
Musée de la Poste, Paris

Le nouvel uniforme est enfin en concordance avec la «marque». L'oiseau-flèche a pris sa place sur le revers de la poche de poitrine et sur les boutons.

VESTE ET BÉRET DE PRÉPOSÉ-CHEF
1965
Drap et boutons métalliques
Musée de la Poste, Paris

L'oiseau-flèche sur le béret (attribué sur option) et les boutons sont dorés.

RENAULT R 4
Vers 1965
Musée de la Poste, Paris

La R 4 que l'Administration adopte en 1962, concurremment avec la 2 CV, est fabriquée par la Régie Renault. Elle pèse à vide 590 kg et admet une charge utile de 290 kg, non compris le chauffeur. Sa consommation moyenne aux 100 kilomètres est de 6,5 litres. En 1965, un millier de R 4 sont en service. Tous types confondus, ce sont près de 18 000 tournées qui sont équipées de fourgonnettes en 1971.

PRÉPOSÉ EN BARQUE
Vers 1965
Photographie
Musée de la Poste, Paris

CIDEX RURAL
1968
Photographie
Collection des Amis de l'histoire des PTT d'Alsace

Afin d'optimiser les résultats obtenus avec la motorisation de la distribution rurale, il était important d'éviter les allées et venues des préposés pour joindre les fermes éloignées de la route, les écarts, etc., ces trajets représentant le sixième de leur parcours. D'où l'idée d'une nouvelle organisation, le Cidex (Courrier individuel à distribution exceptionnelle). Il s'agit dans ce cas pour le préposé de déposer le courrier dans des batteries de boîtes individuelles disposées le long de sa route habituelle et peu éloignées du domicile des usagers ainsi desservis. Cette première tournée a lieu le matin entre 8 h 30 et 10 h 30. Un voyant installé sur chaque boîte aux lettres permet aux usagers de demander au préposé de passer à leur domicile, si nécessaire. Ce dernier effectue une second tournée à partir de 10 h 30 pour la distribution des objets encombrants ou remis contre signature. Au cours de cette tournée, il relève la boîte ayant reçu le courrier de départ, incorporée dans chaque «batterie».

VÉLOMOTEUR MOTOMORINI
Vers 1969
Collection des Amis de l'histoire des PTT d'Alsace

Ce vélomoteur, à moteur 2 temps, 125 cm³, pèse 116 kg à vide. Il est en livrée jaune, cette couleur ayant été adoptée en 1960 par l'Administration pour ses véhicules postaux et ses boîtes aux lettres. À côté des 2 CV, l'Administration dote certaines tournées rurales de ce moyen de locomotion. 827 sont déjà en service en 1956. On en compte 3 272 en 1970.

Les facteurs de ville

LA SURCHARGE DE LA «PÉRIODE»
Vers 1965
Affiche
Musée de la Poste, Paris

TRIPORTEUR POUR LA LIVRAISON DES PAQUETS
Vers 1969
Photographie
Collection des Amis de l'histoire des PTT d'Alsace

Ce triporteur de marque Vespa prend – au moins dans les grandes villes – la place des poussettes à main pour la livraison des paquets. Ce véhicule est pratiquement aussi performant qu'une R 4, avec une charge utile de 300 kg (R 4, 290 kg), et un volume utile de 1,4 m³ (R 4, 1,9 m³). Les vitesses et les performances sur route ne sont évidemment pas comparables.

R 4 ET LA DISTRIBUTION DES PAQUETS
Vers 1965
Photographie
Collection des Amis de l'histoire des PTT d'Alsace

Le panneau latéral supporte une affiche «Noël, postez vos colis avant le 15 décembre». En décembre 1969, ces panneaux qui servaient uniquement à informer la clientèle, vont céder la place à d'autres, d'une surface double, utilisés pour une publicité commerciale. On relève dans un article d'époque : «L'administration des PTT, vaste entreprise nationale, étant en contact fréquent avec un nombreux public, [...] les bureaux de poste et son parc automobile constituent d'excellents supports pour des messages publicitaires.» Dans un premier temps, le choix s'est porté sur les véhicules, «ceux-ci constituent en effet le premier parc automobile de France [...] (32 000 voitures) et par le kilométrage parcouru (475 millions de kilomètres en 1965)».

RELEVAGE D'UNE BOÎTE
1965
Photographie
Musée de la Poste, Paris

Cette photographie, prise à Rocamadour, permet d'assister au relevage d'une boîte (type Foulon 1930-1931) par un receveur-distributeur. Il est facilement reconnaissable par le galon doré qui surmonte l'oiseau-flèche sur ses revers. Il porte les deux sacoches classiques : une en cuir, l'autre en toile. À la chaînette qui retient la clé de la boîte aux lettres est suspendu le petit tampon qui sert à encrer l'empreinte-contrôle à appliquer sur le «part» journalier.

BOÎTE MOBILE AUX NOUVELLES COULEURS
Vers 1965
Tôle
Musée de la Poste, Paris

Cette boîte mobile du modèle Foulon datant des années trente, a été repeinte aux couleurs nouvelles : fond jaune, lettres et baguettes bleu foncé.

Les bureaux

**BOÎTE AUX LETTRES
MODÈLE DEJOIE N° 3**
1962
Musée de la Poste, Paris
Ces boîtes ne possèdent plus d'indicateur d'heure de levée à mise à jour mécanique. Une plaquette métallique sur le devant, indique la totalité des horaires. Ce sont les premières boîtes à être peintes d'origine en jaune, avec lettres et baguettes bleues. En 1970 seulement apparaît au fronton l'oiseau-flèche.

CAR POSTAL CITROËN
1962
Photographie
Musée de la Poste, Paris
Carrossé par Surinez, ce car monté sur un châssis Citroën est destiné à raccourcir les parcours haut-le-pied des facteurs d'une grande ville, entre le bureau d'attache et le début de leur distribution. Les couleurs de ce car, vert clair pour la partie supérieure de la caisse et vert foncé pour le bas, fait de ce véhicule l'un des derniers témoins des livrées postales de couleur verte.

RELEVAGE D'UNE BOÎTE
Vers 1970
Photographie
Collection des Amis de l'histoire des PTT d'Alsace

Toujours fabriquées par Dejoie, ces nouvelles boîtes comportent également deux compartiments, ce qui entraîne les usagers à procéder à un tri élémentaire, en général lettres pour le département et autres lettres. L'empreinte de contrôle est apposé automatiquement sur le « part » à la fermeture de la boîte. Un tableau indicateur des levées est placé au-dessus de l'oiseau-flèche. Le préposé chargé du relevage dispose d'un sac en toile à double compartiment pour maintenir la séparation des lettres déjà effectuée dans la boîte. Il suspend ce sac aux crochets prévus, et fait basculer la façade vers l'avant. Les lettres tombent sans se mélanger.

**ENSEIGNE LUMINEUSE
POUR BUREAU DE POSTE**
Vers 1965
Matière plastique
Musée de la Poste, Paris
Intégrant la « marque », cette enseigne ronde fait son apparition sur la façade des bureaux de poste. À cause de sa forme et de sa couleur, certains l'appellent l'« aspirine ».

EMPLOYÉE DE GUICHET
1960
Affiche
Musée de la Poste, Paris
Une employée souriante et un nouveau produit : le carnet de 8 timbres à 0,25 F. L'auteur de l'affiche n'a pas oublié le pèse-lettre à aiguille inséparable du guichet des affranchissements.

376

BALANCE PÈSE-LETTRE
Vers 1965
Métal et verre
Musée de la Poste, Paris

Cette balance Testut ne doit être employée qu'à partir de 10 grammes. Elle est directement graduée jusqu'à 100 grammes. Avec des poids complémentaires sur le plateau de gauche, elle peut peser jusqu'à 2 kg. Cette balance relègue au rayon des accessoires le pèse-lettre à double plateau, sauf pour les lettres par avion.

MACHINE À CALCULER OLYMPIA
1960-1970
Musée d'Histoire des PTT d'Alsace Riquewihr

MACHINE À IMPRIMER LES ADRESSES
Vers 1965
Fonte
Collection des Amis de l'histoire des PTT d'Alsace

Le service des réexpéditions oblige les préposés à « caviarder » la destination initiale et à y substituer à la main la nouvelle adresse. Certains grands bureaux, pour améliorer la présentation de cette modification, utilisent une machine qui imprime à partir de plaques en relief, des étiquettes portant cette nouvelle adresse.

COLLIER DE SACS POUR CEDEX
1966
Impression sur papier
Collection des Amis de l'histoire des PTT d'Alsace

D'une façon générale, l'Administration postale demande aux entreprises de retirer leur courrier dans les bureaux, où une boîte postale leur est réservée. Néanmoins, ce service s'avère payant et surtout oblige les entreprises à retirer leur courrier pendant les seules heures d'ouverture des bureaux. Ces « inconvénients » amènent la Poste à mettre en place en 1966 un nouveau système : le « Courrier d'entreprise à distribution exceptionnelle ». Le Cedex consiste en une « boîte d'entreprise » numérotée dans laquelle l'entreprise peut prendre possession du courrier qui lui est destiné 24 heures sur 24. En outre, ce service est gratuit. Le premier bureau Cedex est mis en service le 1er octobre 1966 dans le centre de tri postal de Paris-Brune, dans le 14e arrondissement. Il permet à la Poste de centraliser en ce lieu unique le courrier des entreprises des 8e, 15e, 18e arrondissements de la capitale et de la banlieue sud. Ce service est réservé aux

seuls gros usagers, établissements industriels, commerciaux, administratifs, etc., qui acceptent en échange leur affiliation au Cedex. Ceux qui ne le désirent pas peuvent conserver pour leur part leur boîte postale. Par la suite, d'autres établissements Cedex sont créés à Paris (Paris-La Défense, Paris-Opéra, Paris-Magenta) et dans certaines grandes villes (Angers, Nantes). Avec la création de l'actuel code postal en 1972, les boîtes postales des usagers aux activités industrielles et commerciales ou administratives sont incluses dans une organisation cedex au sein du bureau distributeur. Pour ce faire, il leur est réservé des séries de codes postaux (à la suite du « code ménage » qui se termine généralement par zéro) dits spécifiques du cedex. Un tel code peut regrouper plusieurs entreprises individualisées par leur boîte aux lettres, ou être attribué à un organisme de fort trafic (code particulier). Le service est payant. Le cedex bénéficie d'une séparation de la masse de courrier tout au long de son traitement (tri manuel ou automatique, confection de sacs spécifiques, chantier pour la distribution). D'où la création d'étiquettes, de liasses et de colliers de sacs particuliers. Le cedex privilégie l'entreprise et allège la distribution à domicile assez onéreuse.

TRANSPORT DE DÉPÊCHES PAR ENTREPRISE AUTOMOBILE
1970
Collection particulière

Les transports automobiles autonomes – ou privés – présentent de grands avantages, car le tracé de leurs parcours et leurs horaires de marche sont établis par l'Administration en fonction des seuls besoins de l'acheminement du courrier. Un marché est conclu avec l'entrepreneur qui fournit le personnel de conduite, le matériel et s'engage à respecter les dispositions d'un cahier des charges type. Ce mode de transport s'appelle « Transport de dépêches par entre-

prise automobile » (TDEA). Les entrepreneurs de transports se chargent de la livraison et de la collecte des dépêches. Ils assurent les liaisons entre les gares et les bureaux des villes, entre les villes sur les courtes distances ainsi qu'entre les différents bureaux situés sur les circuits départementaux. À partir de 1974, ces liaisons remplacent les transports ferroviaires sur les grandes distances et permettent ainsi à la Poste d'améliorer la qualité des services, la sécurité des envois et de réduire les coûts.

BUREAU TEMPORAIRE MOBILE
1964
Musée de la Poste, Paris

En 1934, les PTT aménagent un autobus en bureau temporaire doté de téléphones. Il est dirigé sur les lieux de manifestations (congrès, concours, foire, expositions, etc.) soit pour renforcer provisoirement les services existants, soit pour y suppléer. La revue des Postes et des Télécommunications de décembre 1964 annonce l'utilisation de nouveaux bureaux temporaires mobiles le 12 de ce mois à Dricourt dans les Ardennes. Ce type de bureau est à la disposition des administrations publiques, des départements, des communes, des associations, etc., qui en échange acquittent tous les frais inhérents à ce service (personnel, agents des PTT, matériel, fabrication des timbres à date, etc.). Il est installé dans une remorque équipée de trois guichets et de deux cabines téléphoniques. « Le facteur du Tour de France » est un bureau temporaire mobile très spécifique. Les PTT mettent à la disposition des organisateurs de la Grande Boucle un facteur-conducteur et un fourgon aménagé en guichet. Cet agent est chargé de distribuer à chaque ville-étape le courrier pour la caravane parvenu au bureau de poste principal de cette ville, et d'expédier celui qu'il reçoit de l'ensemble des participants.

BUREAU MOBILE RURAL
Vers 1968
Photographie
Musée de la Poste, Paris

La création de bureaux mobiles en zone rurale répond à un problème humain. Le trafic, dans certaines régions, ne justifiant plus une présence postale permanente,

la mise en place d'un circuit desservi par un guichet mobile permet de maintenir un contact direct avec la clientèle, à moindre prix. Cette mesure peut être complétée par la transformation d'établissements secondaires (receveurs-distributeurs) en guichets annexes, aux heures d'ouverture limitées.

GUICHET ANNEXE MOBILE URBAIN
Vers 1973
Collection des Amis de l'histoire des PTT d'Alsace

À partir des années cinquante, le phénomène d'urbanisation se traduit par l'édification de grands ensembles d'habitation, l'extension des villes vers leur périphérie, la création de villes entièrement nouvelles, le dépeuplement rural, la mobilité des hommes et des entreprises. Afin de s'adapter à ces nouvelles exigences et dans l'attente de l'installation dans ces lieux de bureaux de poste, les PTT instaurent le « guichet annexe mobile ». Plusieurs formules de « Poste mobile » sont mises en œuvre entre 1959 et 1965 selon la nature de la desserte à effectuer. Elles consistent en des véhicules Citroën de 1 500 kg de charge utile

dans lesquels une ou deux positions de guichet ont été aménagées. Le guichet annexe mobile fonctionne comme un guichet de la recette de plein exercice à laquelle il est rattaché. Il suit un itinéraire journalier, avec des horaires de passage précis, et permet aux usagers d'effectuer la plupart des opérations courantes postales et financières. Pour répondre aux besoins de toutes les populations, il se rend dans les HLM, les marchés puis la plage et les campings pendant les mois de juillet et d'août, enfin la campagne. Ces guichets peuvent prendre deux formes, celui d'un guichet proprement dit ou celui d'un guichet combiné avec la distribution.

BUREAU MUET
1960
Maquette
Musée de la Poste, Paris

Pour pallier le manque de surface des salles d'accueil des bureaux, l'idée se fait jour dans les années 1960 de créer des stations automatiques PTT appelées bureaux muets. Dans un édicule en matière plastique, sous deux auvents se faisant face, prennent place : boîte aux lettres, distributeur de timbres-poste, poste téléphonique à prépaiement, etc. Ces bureaux placés sur les trottoirs des grandes villes ou des stations touristiques ne donnèrent que des résultats médiocres, les appareils automatiques étant sujets à dérangements. Le vandalisme fit le reste. L'expérience fut donc assez vite abandonnée.

TÉLÉIMPRIMEUR SAGEM SP5
1965
Collection des Amis de l'histoire des PTT d'Alsace

Les téléimprimeurs depuis 1949 remplacent les appareils télégraphique tels que le Hughes ou le Baudot, qui avaient eux-mêmes détrôné le Morse. L'Administration s'était adressée à la société Sagem pour la fabrication du modèle qu'elle souhaitait généraliser. En 1965, cette société fournit 10000 appareils aux PTT. Les grands bureaux de poste sont équipés de téléimprimeurs pour transmettre ou recevoir les télégrammes qu'ils doivent expédier ou qui leur sont destinés.

MOBYLETTE POUR LA DISTRIBUTION TÉLÉGRAPHIQUE
Vers 1965
Collection des Amis de l'histoire des PTT d'Alsace

Les petits télégraphistes troquent leur bicyclette contre des cyclomoteurs de marque Motobécane, type AV 88, moteur 2 temps. Ils sont équipés de clignotants indicateurs de direction, d'un rétroviseur, d'une pompe de gonflage, d'un garde-boue enveloppant à l'avant, d'un porte-bagage à l'arrière

BRASSARD DU SERVICE TÉLÉGRAPHIQUE
Vers 1960
Drap
Musée de la Poste, Paris

Dans les bureaux ruraux, la distribution du télégraphe est assurée par des porteurs, rétribués de gré à gré selon l'importance du travail qu'ils effectuent. Ils portent alors un brassard qui officialise en quelque sorte leur mission. Le faible trafic constaté dans ces bureaux ne permet évidemment pas de faire appel à un personnel permanent.

TABLEAU DE GÉRANTE DE CABINE
Vers 1960
Collection des Amis de l'histoire des PTT d'Alsace

Dans les bureaux importants s'alignent des batteries de cabines téléphoniques. Les cabines sont équipées pour la plupart de postes muraux simples. Il faut donc qu'une employée, dite «gérante» intervienne pour demander la communication, surveiller sa durée et encaisser son montant. La position de gérante dans les bureaux importants est doté d'un tableau lui permettant d'appeler l'abonné demandé, de l'assigner à une cabine et d'évaluer la durée de la communication grâce à un compteur.

APPAREIL TÉLÉPHONIQUE MURAL
U 43
Vers 1960
Collection des Amis de l'histoire des PTT d'Alsace

La Poste et les Trente Glorieuses

Le courrier

CARTE POSTALE DU PÈRE NOËL
1962
Collection particulière
Les premières lettres adressées au Père Noël datent du XIXᵉ siècle. Elles sont alors le fait d'enfants issus de familles aisées américaines et allemandes. Ce phénomène n'apparaît en France qu'au sortir de la Seconde Guerre mondiale. On dénombre alors 2 à 3000 lettres adressées chaque année au Père Noël. Elles sont conservées trois mois avant d'être détruites. À l'initiative de deux cadres supérieurs de l'Administration centrale, le ministre des PTT, Michel Maurice-Bokanowski, donne son accord en 1962 pour offrir une réponse « personnalisée » aux enfants qui ont indiqué leur adresse.

CARTE POSTALE DU PÈRE NOËL
1962
Collection particulière
Pour la réalisation de la première carte-réponse, la rédaction du texte est confiée à la sœur du ministre, le médecin-pédiatre Françoise Dolto, et le dessin à Chag, l'auteur de la bande dessinée *Monsieur Préposé* dans la publication *Postes et Télécommunications*. Le secrétariat du Père Noël est assuré pendant le mois de décembre par le dépôt central des rebuts. La première année, près de 2000 cartes-réponses sont ainsi adressées aux enfants.

CARTE POSTALE DU PÈRE NOËL
1979
Collection particulière
Chaque année, le texte de la carte-réponse est modifié et le dessin changé. L'opération ne tarde pas à se faire connaître et les lettres adressées au Père Noël sont d'année en année plus nombreuses. En 1967, on dénombre ainsi 44 700 cartes-réponses. Pour autant, la direction centrale de la Poste décide de supprimer l'opération en 1968, la trouvant trop coûteuse. Cette interdiction soulève une vague d'indignation et de protestation venue du monde entier. Elle oblige la Poste à reprendre sa sympathique tradition dès 1969.

TIMBRE À DATE TEMPORAIRE
1965. Strasbourg
Campagne de l'accueil et de l'amabilité
Couronne de timbre à date
en plastique
Musée de la Poste, Paris
Le timbre à date spécial (petit ou grand format) comporte un texte ou une illustration qui se rapporte à une manifestation (congrès, foire exposition, manifestation sportive, etc). Il est utilisé dans les bureaux de poste temporaires dont les attributions sont généralement limitées à la vente de timbres-poste et à l'oblitération du courrier.

TIMBRE À DATE UNIFORME
1967
Lettre de Montendre, circuit postal n° 14 pour Paris
Collection particulière
En novembre 1966, l'Administration uniformise tous les timbres à date. Le cercle est continu pour tous les timbres à date et est identique à celui déjà existant pour les recettes. L'adjonction du numéro du département devant le nom de la ville s'effectue en 1965 avec la codification postale.

CACHET À DATE OBLITÉRANT DE 1965
14 octobre 1967. Lettre d'Elne
Collection particulière

La dernière modification importante des empreintes postales date de 1965. Le chiffre départemental, abandonné depuis 1875, refait son apparition. Il figure sur la couronne, devant le nom du bureau, mais le nom du département continue à être indiqué. Ce changement est effectué en vue d'habituer les usagers au nouveau code postal qui sera appliqué en 1972.

CENTRE DES RECHERCHES DU COURRIER
XXe siècle
Libourne

Après avoir été logé pendant près de 250 ans dans les locaux de l'hôtel des postes de Paris, le « service des Rebuts » rebaptisé « Centre des recherches du courrier » est transféré à Libourne le 20 mars 1967. Cet établissement, dont la compétence est nationale, réceptionne chaque jour entre 25 000 à 30 000 objets. Après recherches, 50 % des envois peuvent être retournés au destinataire, ou à défaut à l'expéditeur, et cela gratuitement dans des enveloppes spécifiques. Le reste est classé et conservé de trois mois à un an selon la nature de l'envoi. Le centre des recherches du courrier de Libourne traite chaque année plus de 8 millions d'objets postaux. Il est à noter que 98 % des correspondances non distribuées ne sont pas du fait de la Poste.

AÉROGRAMME
1969
32 × 15 cm
1 F avion Concorde
Exemplaire de référence
Imprimé par Chaix-Desfossés
Néogravure, Saint-Ouen
Musée de la Poste, Paris

L'administration postale française crée l'aérogramme selon les règles de l'Union postale universelle. Cette correspondance avion est constituée par une feuille de papier convenablement pliée et collée dont les dimensions, sous cette forme, sont celles des cartes postales. Le recto de la feuille ainsi pliée est réservée à l'adresse et porte obligatoirement la mention imprimée « Aérogramme ». Aucun objet ne peut être inséré dans cette formule. Les premiers aérogrammes sont mis en vente à partir du 23 mai 1969. Pour un prix unique, l'aérogramme est valable quelle que soit sa destination dans le monde entier.

EMPREINTE DE MACHINE À AFFRANCHIR HAVAS TYPE K
31 mai 1967
Lettre de Perpignan pour Marmande
Collection particulière

En 1940, Havas offre aux utilisateurs la première machine à affranchir universelle entièrement française, le type K. Cette machine, fabriquée en temps de guerre, se révèle à l'usage de qualité médiocre.

MACHINE À AFFRANCHIR NOVA
1970
Collection des Amis de l'histoire des PTT d'Alsace

Cette machine construite par la société Secap, spécialisée dans la construction de petites machines postales (machines à oblitérer, en particulier), est le modèle le plus simple offert à sa clientèle. Elle est entraînée à la main et permet l'impression des figurines accompagnées de flammes publicitaires. Elle peut affranchir directement les lettres normales, mais peut aussi imprimer l'affranchissement sur des bandes gommées, à reporter sur les objets encombrants.

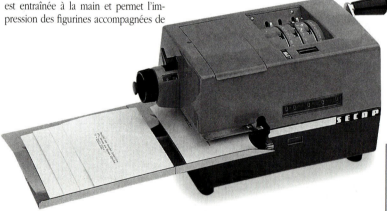

LE MUSÉE POSTAL – MAISON DE LA POSTE ET DE LA PHILATÉLIE
1973. Jean Pheulpin
Maquette du timbre-poste
Encre et lavis
Musée de la Poste, Paris

Le musée postal de la rue Saint-Romain est trop petit et non adapté. Le problème se pose de son agrandissement ou de son transfert. L'administration des Postes décide en 1966 d'acquérir des terrains au 34, boulevard de Vaugirard, et de construire un immeuble spécialement affecté au musée postal. Les travaux de construction du nouvel immeuble dureront d'octobre 1970 à décembre 1973. Le nouveau musée est inauguré le 18 décembre 1973 par Hubert Germain (né en 1920), ministre des PTT. A cette occasion, un timbre commémoratif à 0,50 F est émis le 19 décembre 1973. Le musée postal est appelé Maison de la Poste et de la philatélie. Ce timbre émis hors programme est dessiné et gravé en taille douce par Jean Pheulpin (1907-1991). Il représente la façade du musée conçue par les architectes Chatelin et Juvin. Imprimé à 6 900 000 exemplaires, il est utilisé pour l'affranchissement de la lettre jusqu'à 20 grammes dans le régime intérieur (tarif du 4 janvier 1971). Le timbre sera retiré de la vente des bureaux de poste le 6 juin 1975.

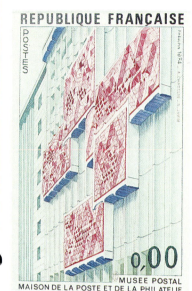

ENVELOPPE VÉNUS DE BRASSEMPOUY
6 mars 1976
Enveloppe «Premier Jour d'émission»
Collection particulière

À partir de 1966, tous les timbres reçoivent un timbre à date grand format illustré. Lors de chaque émission de timbre, l'industrie privée imprime des enveloppes «Premier Jour» illustrées. Depuis quelques années, la Poste émet elle aussi des notices et enveloppes premier jour illustrées. Les enveloppes premier jour, appelées communément «FDC» (first day cover), sont à ranger dans la catégorie des «souvenirs philatéliques» que l'on collectionne pour le plaisir et non en vue d'un placement.

La poste financière

Les mandats

MANDAT-RADIODIFFUSION
1947
Musée de la Poste, Paris
Afin de simplifier la perception des redevances des détenteurs de poste récepteur radiophonique, le directeur général de la radiodiffusion nationale sollicite le concours des services postaux. Le décret du 27 février 1940 entérine la création du mandat-radiodiffusion. La formule choisie est proche du mandat-carte afin de faciliter son traitement par les méthodes mécanographiques. L'émission des mandats se fait à partir de tous les bureaux de poste, le droit de commission est fixé uniformément à 1 franc par titre. Les mandats-radiodiffusion sont distribués en nombre au chef de région téléphonique destinataire, sans remise de numéraire. Après détachement des coupons et indication du compte courant postal, le tout est adressé au bureau de chèques, lequel effectue un virement au compte du comptable. Cette manière de procéder simplifie le maniement des espèces et accélère les virements.

MANDAT DE L'UNION FRANÇAISE
1952
Musée de la Poste, Paris

mules sont nécessaires pour répondre au problème des valeurs différentes du franc métropolitain et du franc CFA ou CFP D'allure générale comparable aux mandats manuels, le mandat de l'Union française comporte un talon chiffré pouvant totaliser la somme de 50 000 francs. Dans l'encadrement un emplacement est réservé pour l'inscription « Union française ». Au-dessous du cadre pour l'apposition de la griffe du bureau d'origine, on trouve une ligne avec « Mandat de la somme de » (en monnaie du pays de destination) et une ligne supplémentaire avec la mention « Somme versée » (monnaie du pays d'origine).

PUBLICITÉ
Vers 1950
Musée de la Poste, Paris
Afin d'éviter les spoliations et réclamations du public, l'administration des PTT conseille aux usagers de ne pas envoyer d'argent dans les lettres ordinaires et d'utiliser les mandats-poste.

MANDAT-CARTE DE VERSEMENT DE COTISATIONS D'ALLOCATIONS FAMILIALES
1947
Musée de la Poste, Paris

En 1952 sont créées des formules spéciales pour les mandats à destination de l'Union française pour les échanges entre la métropole et les colonies ou entre les colonies elles-mêmes. Ces for-

La Poste et les Trente Glorieuses

Les comptes de chèques postaux

MACHINE COMPTABLE POUR ENREGISTRER LES CHÈQUES
Après 1945
Musée de la Poste des Pays de Loire Nantes

Au sein de la section des comptes courants, des groupes de travail sont formés. Chaque groupe de travail tient un certain nombre de comptes, variable avec le degré d'activité de ces comptes. Le nombre des opérations et le nombre de comptes affectés par ces opérations sont les éléments primordiaux d'appréciation de la charge supportée par un groupe de travail. Le groupe de travail est doté de deux machines comptables. Une machine mixte à écrire et à additionner, qui sert essentiellement à l'enregistrement des opérations au crédit ou au débit des comptes. Et une machine duplex, qui comporte deux compteurs sans clavier à écrire, utilisée pour des travaux de contrôle.

BON À TIRER DU MANDAT COLBERT
1957
Musée de la Poste, Paris

La forme générale des mandats subit peu de modifications, avec le même dessin du fond de sûreté, de 1891 à 1957. Le nouveau modèle émis, au type Colbert dont l'effigie est imprimée sur un titre de forme carré, comporte un fond de sûreté, imprimé en vert clair, qui est constitué par la répétition indéfinie d'un motif géométrique. Il s'agit pour l'administration postale d'éviter la falsification du nouveau titre. Car le trafic du service des mandats qui n'a cesse d'augmenter, 268 millions de titres émis et 87,5 milliards de francs pour les montants (en 1960), doit toujours faire face aux faussaires. À cet égard, il est notifié aux agents l'intérêt que revêt un examen minutieux du verso et du recto de chaque titre. Tous les lavages ou altérations du papier, même masqués par les indications manuscrites, apparaissent très nettement au verso, dans l'emplacement laissé en blanc sous la rubrique « Pièces d'identité produites ».

MACHINE NATIONAL 41
Vers 1950
Musée de la Poste des Pays de Loire Nantes

À la fin des années 1950, l'administration des PTT décide d'équiper les bureaux de poste avec de nouvelles machines. Ainsi, les machines à « authentiquer », de marque Sécap, permettent d'apposer l'empreinte du timbre à date, les griffes du bureau et du département d'émission, de débiter un récépissé et de numéroter les mandats. L'équipement de 1000 bureaux émettant plus de 20 000 mandats par an est prévu. En 1954, la décision est prise de doter le mandat-carte d'un talon détachable afin de permettre l'utilisation de la machine enregistreuse National 41. 250 bureaux dont le trafic est au moins égal à 90 000 mandats-cartes par an sont équipés. Par l'accélération des opérations qu'elle procure, la mécanisation de l'émission des mandats constitue un facteur de productivité non négligeable. Elle permet de faire face à l'augmentation de trafic qui croît de façon exponentielle jusqu'à la mise en service de l'électronique en 1968.

CARNET DE CHÈQUES POSTAUX
1950
Musée de la Poste, Paris

MACHINE À TIMBRER ET À NUMÉROTER LES CHÈQUES POSTAUX
Seconde moitié du XXᵉ siècle
Musée de la Poste des Pays de Loire Nantes

Le courrier reçu dans les centres de chèques postaux se compose essentiellement de mandats-cartes de versement, émis par les bureaux de poste, et des enveloppes contenant des chèques de paiement et des chèques de virement tirés par les titulaires de comptes. Les chèques sont timbrés à la date du jour et numérotés mécaniquement. Les chèques de virement "internes" reçoivent une empreinte noire, les "externes" une empreinte rouge.

SERVICE DE L'OUVERTURE DES COMPTES
Vers 1960
Photographie
Musée de la Poste, Paris

Après avoir vérifié la régularité du dossier qu'elle reçoit, la section de l'ouverture immatricule ce dossier, estampe deux clichés « d'adressographe » et établit toute une série de documents pour ses besoins propres. Ensuite, elle notifie la naissance du compte à la section des comptes courants, au titulaire et au bureau de poste qui a reçu la demande.

CARNET DE CHÈQUES POSTAUX BLEU
1962
Musée de la Poste, Paris

Cette nouvelle formule de chèque postal est mise en service à partir du mois d'août 1962. De couleur bleue, cette formule peut, selon sa rédaction, être transformée soit en chèque de paiement soit en chèque de virement.

SALLE DES COMPTES COURANTS
1959
Photographie
Musée de la Poste, Paris
La section des comptes courants assure la tenue des comptes. Elle vérifie la régularité des titres, mandats et chèques, inscrit leur montant au crédit ou au débit des comptes, et elle notifie aux titulaires l'exécution des opérations par l'envoi d'un relevé de compte journalier accompagné d'une pièce justificative par inscription. La section des comptes courants est constituée de cellules autonomes juxtaposées.

NOTICE À L'USAGE DES TITULAIRES DE COMPTES-CHÈQUES POSTAUX
1953
Musée de la Poste, Paris

EXTRAIT DE COMPTE-CHÈQUE POSTAL DU CENTRE DE BORDEAUX
1962
Musée de la Poste, Paris
L'extrait de compte n° 500 porte comme seules indications le numéro du compte, l'avoir disponible et la date de la dernière opération. Il est composé de deux feuilles superposées dont la première est carbonée. Quand une opération est enregistrée, le deuxième feuillet est adressé, le soir même, au titulaire du compte à titre de notification. Une nouvelle formule d'extrait de compte, revêtue de l'indication du nouvel avoir, est classée dans les documents du groupe de travail.

CAMPAGNE PUBLICITAIRE
1972
Musée de la Poste, Paris
À partir de la seconde moitié des années soixante, les services financiers postaux doivent faire face à de nouvelles conditions économiques et sociales. Par ailleurs, les établissements financiers de toutes sortes réalisent un effort soutenu d'ouverture de guichets, qui sont multipliés par trois entre 1965 et 1974. Les chèques postaux qui concentrent, en 1970, plus de 7,5 millions de comptes doivent, pour stabiliser leur part de marché, mettre en avant leur commodité par le biais de la publicité. De fait, si la clientèle est fidèle aux chèques postaux, c'est en raison des nombreux avantages que ceux-ci procurent : relevé de compte après chaque opération, bonne tenue des comptes et fiabilité reconnue, utilisation du chèque comme formule de virement, gratuité d'affranchissement pour la correspondance et possibilité de paiements internationaux.

La Caisse nationale d'épargne

LIVRET DES SUCCURSALES NAVALES
Vers 1950
Musée de la Poste, Paris

Le décret du 22 novembre 1886 institue les succursales navales de la Caisse nationale d'épargne. Les succursales navales sont présentes dans chacun des dépôts des équipages de la flotte et à bord de chacun des bâtiments de l'État. Elles sont gérées par le conseil d'administration ou par le commandant chargé de l'administration. Les opérations d'une succursale navale s'effectuent le jour et le lendemain du paiement de la solde à l'équipage et aux jours et heures fixés par le commandant du dépôt ou du bâtiment, à raison d'un jour au moins par semaine. Les opérations faites dans une succursale navale sont inscrites sur des livrets d'une série spéciale, intitulée « Série marine ».

SUCCURSALES MILITAIRES
1954
Livret national série « Troupe »
Musée de la Poste, Paris

SALLE DES COMPTES COURANTS TENUS À L'AIDE DE MACHINES COMPTABLES
Seconde moitié du XXe siècle
Photographie
Musée de la Poste, Paris

Jusqu'en 1937, tous les comptes courants sont tenus à la main sur des registres comptant chacun 500 comptes. C'est à cette époque qu'apparaissent sur le marché des machines comptables susceptibles d'être utilisées pour la tenue des comptes courants. Des essais sont entrepris dans les services qui fonctionnent rue Saint-Romain, siège de la Caisse nationale d'épargne. Mais ces machines ne permettent pas de traiter mécaniquement l'ensemble du trafic du service. Il faut attendre l'après-guerre, et les améliorations techniques apportées aux machines comptables, pour que la mécanisation se substitue totalement au travail manuel. L'apparition de matériels électroniques, qui enregistrent directement sur des mémoires constituées par des cylindres ou des bandes magnétiques, révolutionne de nouveau le service de la Caisse nationale d'épargne. Après avoir tenu manuellement pendant trois quarts de siècle les comptes de plusieurs millions de titulaires de livrets, la Caisse nationale d'épargne est nantie, à compter de 1962, d'une installation capable de supporter la croissance de son trafic et d'améliorer la qualité des services offerts aux usagers.

LIVRET NATIONAL
ÉPARGNE-CONSTRUCTION
1954
Musée de la Poste, Paris

En vertu de la loi du 15 avril 1953, les épargnants qui désirent affecter ultérieurement des fonds soit à la construction soit à la remise en état d'habitations existantes peuvent se faire remettre un livret spécial intitulé « livret épargne-construction », distinct du livret d'épargne ordinaire qu'ils peuvent déjà détenir. L'intérêt servi aux déposants est de 1 % mais le capital versé est garanti, c'est-à-dire que les sommes versées, et retirées en vue de la construction, sont majorées éventuellement d'une bonification dont le taux est égal à celui de la hausse du coût de la construction intervenue entre la date des versements et celle des remboursements.

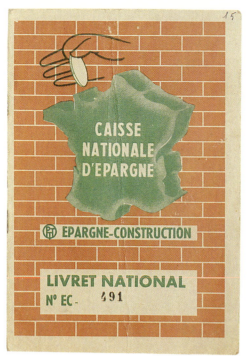

LIVRET ÉPARGNE-CRÉDIT
1959
Comité pour l'histoire de La Poste, Paris

La majorité des fonds de la Caisse nationale d'épargne est destinée au financement des équipements collectifs et au développement du logement social en France. Dans ce secteur du logement, l'administration des Postes participe éga-lement à l'effort consenti, en développant, à partir de 1959, le système de l'épargne-crédit. L'objet du régime d'épargne-crédit est d'accorder des avantages aux personnes physiques qui désirent entreprendre la construction d'un logement d'habitation avec le bénéfice des primes à la construction prévues à l'article 257 du Code de l'urbanisme et de l'habitation et qui auront préalablement effectué une épargne. Un prêt au taux exceptionnel de 2 % leur est alors consenti. Le prêt est accordé en principe au titulaire du livret. Mais le titulaire peut également céder tout ou partie de ses droits à prêt à son conjoint, à ses ascendants ou descendants.

CAMPAGNE PUBLICITAIRE
1962. Villemot
Affiche
Musée de la Poste, Paris

Jusqu'en 1956, la Caisse nationale d'épargne se refuse à faire œuvre de publicité à caractère commercial, estimant qu'une excellente qualité de service est en définitive la meilleure des publicités pour un organisme de crédit. Deux raisons font que la Caisse nationale d'épargne change de stratégie. La première est liée au fait que bon nombre de personnes ignorent toujours les nombreuses facilités mises à la disposition des déposants par la Caisse nationale d'épargne. La deuxième est concomitante de l'extension des guichets bancaires sur lesquels se développe une stratégie commerciale plus agressive de la part des banques.

LIVRET DE LA CAISSE NATIONALE
D'ÉPARGNE
Vers 1960
Musée de la Poste, Paris

LIVRET DES SUCCURSALES NAVALES
Vers 1960
Musée de la Poste, Paris

LIVRET D'ÉPARGNE-LOGEMENT
Vers 1970
Comité pour l'histoire de La Poste, Paris

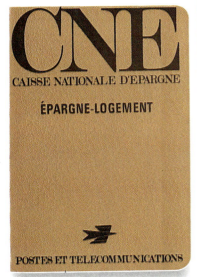

L'objet de l'épargne-logement est d'accorder certains avantages aux personnes qui ont préalablement effectué une épargne et qui désirent affecter cette épargne au financement d'un logement destiné à servir d'habitation principale pour eux-mêmes, leurs ascendants ou descendants. Ces épargnants peuvent bénéficier d'un prêt d'épargne-logement au taux de 2 % l'an dont la durée peut atteindre 10 ans et le montant 100 000 francs, d'une prime d'épargne égale aux intérêts acquis et d'une exonération de l'impôt sur les intérêts et prime d'épargne qui leur sont versés. L'épargne-logement est appelée à remplacer l'épargne-crédit tout en sauvegardant les droits acquis des titulaires de ces comptes. Le livret épargne-logement, en 1965, puis le Plan épargne-logement, en 1969, apportent des facilités supplémentaires aux candidats à la propriété.

LIVRET B
Vers 1980
Musée de la Poste, Paris

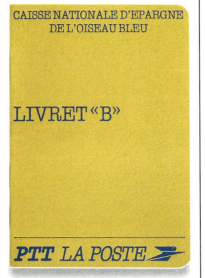

Le décret du 24 décembre 1965 autorise, à partir du 1er janvier 1966, l'ouverture de livrets supplémentaires. Ces livrets sont appelés « livret B », en 1967, pour les distinguer des premiers livrets devenus « livret A ». Le livret B permet d'excéder le plafond du livret traditionnel, au même taux, mais sans exonération fiscale. En effet, les intérêts et éventuellement les primes des livrets B ne sont pas exonérés de l'impôt sur le revenu des personnes physiques. À l'origine ils sont soit soumis à une imposition forfaitaire et anonyme de 25 % prélevée à la diligence de la caisse soit assujettis à l'impôt dans les conditions de droit commun sur la demande expresse des déposants. Produit banalisé, le livret B est soumis à la concurrence des autres institutions bancaires.

LIVRET-PORTEFEUILLE
1967
Musée de la Poste, Paris

Les services financiers de la Poste créent en 1967 leur première sicav, au moment où ce nouvel instrument d'investissement boursier est encore limité dans sa diffusion. La sicav « Le livret-portefeuille » est une société d'investissement à capital variable régie par les décrets du 28 décembre 1957 et du 20 septembre 1963. Elle a pour objet d'assurer la gestion d'un portefeuille de valeurs mobilières. Son capital, fixé initialement à 160 millions de francs, est constitué principalement par un apport de titres effectué par la Caisse des dépôts et consignations, comprenant des actions et des obligations en parts sensiblement égales. À partir de ce capital initial, la société émet de nouvelles actions correspondant aux souscriptions qu'elle reçoit. Toute personne physique ou morale, qu'elle soit ou non titulaire d'un livret de la Caisse nationale d'épargne, peut être actionnaire de la sicav « Le livret-portefeuille » à compter du 11 avril 1967, date du démarrage du nouveau service. Le lancement du livret-portefeuille s'accompagne d'un effort d'information auprès du public. En 1974 et 1978, deux autres sicav apparaissent, et le premier fonds commun de placement est créé en 1978.

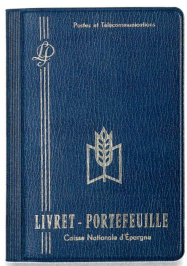

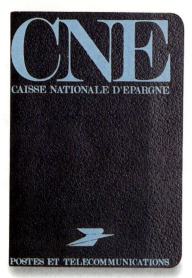

LIVRET DE LA CAISSE NATIONALE D'ÉPARGNE
1970
Musée de la Poste, Paris
La part de marché de la Caisse nationale d'épargne pour les livrets A et B représente au cours des années soixante-dix près de 20 % (12,8 millions de livrets en 1970 et 22 millions en 1990). Devant la croissance exponentielle du nombre d'opérations, la Caisse nationale d'épargne prend une série de mesures. Mesures qui concernent la simplification du service des virements directs ou d'office, le prélèvement automatique de relevés de consommation d'eau sur des livrets de la Caisse, la participation de celle-ci au nouveau régime de paiement de l'impôt sur le revenu par prélèvements mensuels automatiques et, enfin, l'ajout de huit pages au nouveau livret d'épargne afin de diminuer le nombre des dépôts de livrets de la Caisse nationale d'épargne pour remplacement. Toutes ces mesures tendent à réduire les opérations tant dans les bureaux de poste, que dans les centres de traitement de la Caisse nationale d'épargne.

DÉPLIANT PUBLICITAIRE
Vers 1970
Musée de la Poste, Paris
À partir de 1970, et pour faire face à la concurrence bancaire, le service des chèques postaux et la Caisse nationale d'épargne accroissent les facilités aux titulaires de comptes en créant de nouveaux services répondant à leurs besoins ou en améliorant ceux qui leur sont déjà offerts. Pour cela, les PTT utilisent de plus en plus la voie publicitaire (affiches et dépliants). Ainsi, pour montrer la véritable complémentarité qui s'exerce entre les Chèques postaux et la Caisse nationale d'épargne, un dépliant est produit à cet effet. Les deux services qui ont leurs caractères propres, l'un reçoit les économies et les fait fructifier, l'autre facilite les encaissements et les paiements, sont liés étroitement et permettent une circulation rapide et commode de l'argent entre le compte-chèque et le livret.

AFFICHE
POUR LE PLACEMENT
DES BONS PTT
1954
Musée de la Poste, Paris
L'administration des PTT fait régulièrement appel à l'épargne publique pour financer ses travaux d'investissements. Un concours d'affiches est d'abord lancé parmi le personnel. L'affiche du muguet de 1954 est une réalisation d'un agent des PTT. Les emprunts des PTT sont amortissables, qu'il s'agisse, comme en 1929, 1941 et 1943, de

l'émission d'obligations amortissables en 30 ans ou, depuis 1953, de bons amortissables en 15 années. La souscription est en général bien accueillie dans le public. En 1956, près de 22 milliards sont recueillis en 6 jours. Les bureaux de poste servent d'intermédiaire dans les opérations d'achat et de vente en Bourse des bons et des obligations des PTT.

La poste maritime

ALFRED DECAUX DANS LA FRENCH POST-OFFICE DU *QUEEN-MARY*
1954
Photographie
Musée de la Poste et des Techniques de communication de Basse-Normandie, Caen

Après la Seconde Guerre mondiale, la vocation commerciale transatlantique atteint son apogée : c'est l'époque des « Queens », telles que la *Queen Mary* et la *Queen Elisabeth*. Le service postal et télégraphique à bord est alors une organisation minimale assurée par le personnel du navire. Alfred Decaux crée en 1954 un guichet postal sur les deux « Queens » qui, pour se rendre à Southampton ou à New York, font escale à Cherbourg. Lorsque le paquebot est en rade, un guichet postal est installé par les soins du bureau de poste du port pour que les passagers puissent effectuer les opérations postales, télégraphiques et téléphoniques. Deux sociétés privées américaines de télégraphe se partageaient alors le trafic à destination de l'Amérique. Elles recueillaient les télégrammes sur le bateau et les déposaient au bureau de poste français pour être transmis sur ses propres réseaux. Téléfrance, filiale des PTT, décide de récupérer une partie de ce trafic, par l'entremise de son agent Decaux, désormais représentant du French Post Office.

AFFICHE PUBLICITAIRE
Vers 1970
Musée de la Poste, Paris

La Caisse nationale de prévoyance (CNP) naît le 18 juillet 1959 de la fusion de la Caisse nationale d'assurance en cas d'accident et de la Caisse nationale de retraites pour la vieillesse (CNRV). Les opérations de la Caisse nationale de prévoyance sont effectuées par l'intermédiaire des comptables des PTT. L'association avec le réseau postal, dont on trouve les racines anciennes dans les Caisses créées au siècle dernier et notamment la CNRV, se développe fortement dès la fin des années soixante, et accompagne l'enrichissement de la gamme des produits de la Poste en direction du secteur de la « banque-assurance ».

PAQUEBOT *FRANCE*
1962
Timbre

Sur le paquebot *France*, le chargement et le déchargement des sacs postaux est effectué par les dockers sous la surveillance d'un agent de la poste, d'un officier du bord et d'un représentant de la compagnie. Un « part » (bordereau récapitulatif des dépêches) décrit en nombre et selon les destinations les sacs embarqués ou débarqués. Ainsi au Havre, dans les années 1960, époque des grands paquebots de ligne, le service maritime postal comprend une vingtaine d'agents chargés du pointage des dépêches, de leur escorte à la gare, du tri des sacs par escale dans les allèges et de la surveillance dans les hangars du port et sur les quais du courrier en attente d'embarquement. Ces opérations s'effectuent par tous les temps, quelle que soit l'heure, en fonction des escales des navires. Ce service maritime de la poste du Havre a traité jusqu'à 700 000 sacs en 1964, date à laquelle est apparue la conteneurisation : les groupages sont alors effectués à Paris. Quatre ans plus tard, le *France* et d'autres *liners* sont désarmés. La poste utilise de plus en plus l'avion pour les lettres et le courrier urgent et les conteneurs de sacs postaux pour les transports qui s'effectuent désormais sur les cargos.

Les bureaux-gares, centres de tri et services ambulants

BOUTONS D'UNIFORME
XXᵉ siècle
Musée de la Poste, Paris

ANCIEN BUREAU-GARE D'AUSTERLITZ
1960
Paris-Austerlitz

Avec la multiplication du courrier, transporté à 90% par chemin de fer et l'encombrement des ambulants, il est nécessaire d'implanter des bureaux de tri dans les gares. À partir de 1890, un réseau commence à se constituer autour de Paris. En 1900, Alexandre Millerand entreprend un programme d'extension au plan national. Le rôle des bureaux-gares s'accentue à partir de 1919. Ils reçoivent successivement à trier les échantillons, les imprimés, les paquets-poste, la presse de périodicité supérieure à la semaine, en 1958, et les plis non urgents, en 1969. À partir de 1960, l'intérêt des ambulants s'amenuise sur les petites et moyennes distances au fur et à mesure que la vitesse des trains s'accroît avec l'électrification du réseau. Le tri détaillé d'un département sur un trajet inférieur à 400 km s'avère inutile. Les bureaux-gares récupèrent alors tout le trafic des ambulants. En 1972, 50 établissements sont dénombrés en province et 6 à Paris. Avec la mise en place d'une politique des acheminements axée sur l'automatisation du tri du courrier, le transport routier et aérien, excepté le TGV postal sur le Sud-Est, les bureaux-gares sont reconvertis, comme celui de Paris-Gare d'Austerlitz, en centres de traitement du courrier. Dans les départements, cette mutation s'accompagne de la construction de nouveaux bâtiments fonctionnels et accessibles aux transports routiers.

COMPAGNIE GÉNÉRALE
TRANSATLANTIQUE ALGÉRIE-TUNISIE
XXᵉ siècle
Affiche
Musée de la Poste, Paris

En 1964, le France effectue le voyage en 5 jours et transporte 4 à 5000 sacs postaux. La Compagnie générale transatlantique pour l'océan Atlantique et la Compagnie des messageries maritimes pour la Méditerrannée et l'Extrême-Orient sont les deux principales compagnies subventionnées au titre du service postal. Elles seront d'ailleurs fusionnées après la disparition des paquebots de ligne pour affronter la concurrence du fret et devenir la Compagnie générale maritime.

CASIERS DE TRI
Deuxième moitié du XXᵉ siècle
Fer
Paris-Austerlitz

En 1914, des casiers verticaux en fer sont mis en service dans la plupart des bureaux. Les cases sont percées de trous pour permettre un meilleur repérage du courrier. Ce matériel est alors fabriqué par les prisonniers de droit commun de Melun.

L'enliassage des lettres avant leur mise en sac est un travail fastidieux. De plus, réalisé manuellement, il ne permet d'enliasser qu'une quantité réduite de lettres, celle que la main peut contenir. Cette machine américaine, fabriquée à Chicago par la Pakage Tying Machines, permet de ficeler même les lettres de grande dimension grâce à un levier rotatif qui entoure la liasse avec un lien noué. Le moteur qui actionne ce levier est commandé par la pédale que l'on voit entre les deux pieds avant de l'appareil.

MACHINE À TRIER SÉRIE HD
1962
Photographie
Musée de la Poste, Paris

L'administration postale française entreprend dès 1947 avec la société Brandt l'étude de la mécanisation du tri des lettres. Mais le fonctionnement des machines à trier, incapables de lire l'écriture manuscrite, ne peut se concevoir qu'avec l'utilisation d'un code spécifique composé de chiffres et/ou de lettres, qui représente le bureau distributeur. En frappant ce code ou en l'imprimant sur le pli, l'opérateur déclenche alors un processus, l'indexation, qui le transporte dans sa case de destination. Une première machine à trier mécanique à 154 directions est testée à Bordeaux RP fin 1953. Les premières machines de tri électromécaniques ou semi-automatiques sont mises en service pour la première fois à Paris, rue du Louvre, le 7 juillet 1958. Ces trieuses desservies par six opérateurs sur des postes attenants utilisent un code conventionnel ou arbitraire connu du seul agent « indexeur ». Les lettres se présentent une à une sur un écran devant l'agent qui lit leurs destinations et frappe sur un clavier le code à deux lettres attribué à chaque bureau. Le 17 septembre 1962, un prototype de trieuse de la série HD est mis à l'essai au centre de tri postal de Paris Gare d'Austerlitz. Entièrement automatique, il permet de répartir en 1 heure 20 000 lettres sur 48 directions. Au préalable, les lettres reçoivent une empreinte codée, à savoir une combinaison de 10 traits d'encre phosphorescente jaune, qui matérialise le code spécifique des deux lettres du bureau distributeur. Ces marques sont ensuite prospectées par une tête de lecture à rayons ultraviolets et enregistrés par une mémoire à billes, qui permet de diriger la lettre sur la case de destination.

MACHINE À ENLIASSER BUNN
Vers 1970
Fonte et tôle
Collection des Amis de l'histoire des PTT d'Alsace

AFFICHE PUBLICITAIRE DU CODE DÉPARTEMENTAL
1965
Musée de la Poste, Paris

En 1964, les PTT décident de lancer un code mixte composé de deux éléments, le numéro du département et les trois premières lettres du bureau distributeur, destiné à faciliter le tri automatique. Le 26 octobre 1965 une campagne de publicité et d'information est lancée pour sensibiliser le public à l'emploi du numéro du département. Comme tous les pays qui ont adopté un code postal, la France choisit un emblème : une fleur (la pensée) et un slogan : « Pensez-y ».

MACHINE À TRIER HD 9
1964
Photographie
Musée de la Poste, Paris

Le 24 avril 1964, après 17 années de recherches et d'essais, les PTT décident d'utiliser un code postal pour trier des lettres avec des machines. Ce code fait appel à un code alphanumérique ou mixte. Il comprend une partie externe, le numéro du département, et une partie interne, qui en règle générale se résume aux trois premières lettres du bureau distributeur (REI pour la ville de Reims). Ce code implique de demander à l'expéditeur de porter sur les plis les deux chiffres du département. Son indexation se matérialise sur les enveloppes au recto, en bas et à droite, par 20 traits horizontaux jaune fluorescent. Cette expérience s'avère toutefois décevante car elle ne peut être généralisée à l'ensemble de la France à cause de nombreuses exceptions qui la rendent complexe. Par exemple, la règle ne s'applique pas à certains noms, notamment ceux commençant par Saint, Cha ou encore Bou.

PUPITRE DE COMMANDE
Machine à trier HD 9
1964
Photographie
Musée de la Poste, Paris

En 1964, le courrier indexé est confié à un nouveau type de trieuse installé au centre de tri d'Arcueil, le modèle HD 9. Il est identifié par une tête de lecture et réparti sur 50 ou 100 directions selon le programme affiché à la cadence respective de 25 000 à 50 000 lettres par heure.

PUBLICITÉ POUR LE CODAGE DES ADRESSES
1972
Carte postale
Collection particulière

Après l'échec du code de 1964, la Poste cherche à appliquer la solution envisagée dès 1965 qui consiste à étendre le code externe du département en y ajoutant trois autres chiffres qui identifient le bureau distributeur ou les usagers importants regroupés dans le cadre du Cedex. Ce choix est aussi motivé par la mise au point de lecteurs optiques-indexeurs d'adresses qui décryptent les caractères dactylographiés ou imprimés. Cette nouvelle indexation, parfois nommée à tort « code à barre » se résume en 20 bâtonnets verticaux orangés ou rosés placés verticalement avec des espaces différents au recto en bas et à droite de l'enveloppe de la lettre.

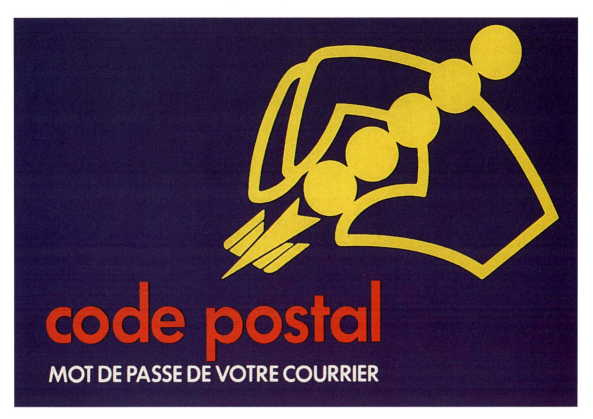

CARTE D'INFORMATION
SUR LE CODE POSTAL
1972
Collection particulière

CODE POSTAL
1972
Collection particulière
Le ministre des PTT Robert Galley divulgue le nouveau code postal le 26 octobre 1971 et l'officialise le 23 mai de l'année suivante au cours d'une conférence de presse. Le ministre donne les raisons (fort trafic, maintien de la qualité du service) qui ont motivé l'automatisation du tri avec l'emploi d'un code propre à la poste. Ce code exige toutefois l'adhésion de tous. L'année 1972 est proclammée « Année du code postal ». Une campagne d'information est lancée à travers la France via la presse écrite, la radio et la télévision. Un slogan est choisi : « le code postal, le mot de passe de votre courrier ». Une brochure *Code postal* est adressée à chaque usager. Par ailleurs, deux timbres-poste et des flammes d'oblitération rappellent à tous l'importance du nouveau code.

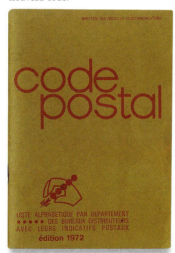

MACHINE À TRIER HMO
À ORLÉANS-LA-SOURCE
1973
Collection particulière
Le code postal et la normalisation du format des lettres permettent d'automatiser le tri et, de ce fait, de mieux maîtriser un trafic en constante progression, d'augmenter la productivité et d'améliorer les conditions de travail des postiers. En 1972, le recours à l'électronique et à l'informatique est désormais systématisé. Il apparaît ainsi sur le marché un nouveau prototype de trieuse, le modèle HMO, composé de deux modules de 32 cases et de 2 tasseurs. Le premier modèle HMO modulaire de 160 cases et avec 8 tasseurs est mis en exploitation au centre de chèques d'Orléans-la-Source le 30 janvier 1973. Son rendement est de l'ordre de 25 000 lettres par heure. Par la suite, les trieuses HM bénéficient d'améliorations notables, qui permettent de trier jusqu'à 35 000 lettres par heure.

La Poste et les Trente Glorieuses

WAGON « 26 MÈTRES »
1973
Collection particulière

À partir de 1973, sont construits des wagons de 26 mètres, qui présentent le grand intérêt de pouvoir circuler à 160 km/h. Ils s'avèrent mieux aménagés et plus spacieux que les précédents. Ces modèles autorisent ainsi un stockage de sacs bien plus important. Les « 26 mètres » sont dotés d'équipements mobiliers et sanitaires confortables. On note aussi la préoccupation de l'Administration de pourvoir à l'installation de l'éclairage par fluorescence, de l'isolation thermique, de la ventilation et de l'insonorisation qui améliorent les conditions de travail. Conséquence des défaillances des compagnies de chemin de fer en terme de services, la Poste découvre dans l'automobile et l'avion des moyens précieux pour accélérer l'acheminement du courrier. Cette évolution s'accentue dès 1945, en raison des dégâts occasionnés par la Seconde Guerre mondiale sur le réseau ferré. En outre, l'électrification des lignes et l'augmentation de la vitesse des trains amènent les ambulants à ne plus intervenir dans un rayon de 400 km autour de Paris et dans les relations régionales de voisinage. Ainsi, toutes les lignes ne sont pas rétablies au sortir de la Seconde guerre mondiale. En 1975, on dénombre 73 ambulants avec 3 252 agents. Ils entament par la suite leur déclin jusqu'à leur suppression totale en décembre 1995.

PLAQUE DE DÉSIGNATION
XXe siècle
Collection particulière

Le bureau ambulant prend le nom des localités de départ et d'arrivée du parcours sur lequel il travaille : Béziers à Millau. Toutefois le trajet effectif de ses brigades peut être différent pour des raisons de longueur du parcours ou d'exploitation. Ainsi les ambulants de la ligne de Toulouse : Paris à Toulouse 1e et 2e, Paris à Cerbère, Paris à Barcelone, Paris à Rodez, avaient leur point terminus finalement fixé à Brive. Leurs brigades « descendaient » dans cette ville et non à Toulouse. Lorsqu'un bureau fonctionne dans les limites d'un même parcours à des heures différentes, on désigne ses services par des adverbes distributifs : « primo » (1e), « secundo » (2e), « Tertio » (3e), qui correspondent à leur ordre de marche dans la journée. Cependant, à de rares exceptions près, on identifie les « primo » comme partant en début de matinée, les « secundo » en soirée. Les intermédiaires prennent les noms de « rapides » ou de « spécial », les tardifs de « tertio » : Paris à Bordeaux 1e, Paris à Bordeaux rapide, Paris à Bordeaux 2e, Paris à Bordeaux 3e. Chaque service comprend au moins deux brigades. Le nombre de celles-ci est fonction du trajet qui définit le temps de travail. Elles sont individualisées par une lettre de l'alphabet : A, B, C, D, E… Leur travail est cyclique, c'est-à-dire fait de jours ou de nuits de labeur, suivis de repos. Un « voyage » se divise en deux vacations par brigade : la descente (l'aller), et la remonte (le retour).

SACOCHE ADMINISTRATIVE
XXᵉ siècle
Musée de la Poste, Paris
Cette sacoche administrative en cuir, dite de liaison, sert à la communication de documents relatifs au personnel, aux réclamations, aux procès-verbaux entre la direction de la ligne et le dirigeant de la brigade.

ANNUAIRE DES SERVICES AMBULANTS
1954
Collection particulière
Cet annuaire présente la liste du personnel, les services de chaque ligne, le calendrier des brigades, un memento réglementaire sur la poste et les accidents de chemin de fer.

INDICATEUR DE TRI
1965
Collection particulière
L'indicateur de tri est l'outil indispensable au travail de l'ambulant. Il indique, par département, les directions à donner au courrier en fonction des heures de levées des boîtes aux lettres.

COLLIERS DE SAC DE BRIGADE
XXᵉ siècle
Musée de la Poste, Paris
Le petit matériel nécessaire au fonctionnement de la brigade (timbre à date, griffes, pinces à sceller, etc.) est placé dans le sac de brigade, signalé par des étiquettes en bois. En parallèle, chaque agent possède un sac personnel étiqueté à son nom dans lequel il met ses affaires personnelles, comme les étiquettes de tri, les crochets pour les sacs, ses vêtements de travail, etc.

CROCHETS
XXᵉ siècle
Musée de la Poste, Paris
Les sacs en préparation, dès les modèles « 14 mètres », sont disposés devant la tablette de tri. Leur fixation est assurée au moyen de crochets en fer, puis en aluminium mobiles. Ces derniers épousent la forme du bourrelet en caoutchouc qui parcourt le rebord de la tablette. La partie supérieure des crochets présente une sorte d'ergot dans lequel on passe l'anneau en fer des sacs.

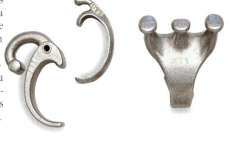

La Poste et les Trente Glorieuses

SAC D'AMBULANT
xxe siècle
Musée de la Poste, Paris

Les sacs à dépêches ordinaires servent à l'insertion de la correspondance échangée entre les bureaux. Il en existe de différentes tailles, reconnaissables selon un numéro. À l'origine, en 1845, ces sacs se présentent en cuir, avant d'être fabriqués en toile blanche en 1852, puis en toile de chanvre, en toile de jute et enfin en Nylon. Ce sac en toile de jute sert à l'envoi des objets « chargés », à savoir les valeurs et métaux précieux, et « recommandés de première catégorie » (lettres).

TIMBRE À DATE
xxe siècle
Plastique
Collection particulière

TROUSSE À PHARMACIE
xxe siècle
Musée de la Poste, Paris

Les postiers ambulants sont soumis plus que les voyageurs aux aléas du voyage en chemin de fer. En effet, ils travaillent debout et doivent essayer de se maintenir dans un équilibre précaire. Ainsi, un choc contre les casiers et une chute s'avèrent fréquents. La pharmacie permet d'intervenir pour les soins de première urgence. Elle appartient au matériel de secours avec les brancards et accessoires, plus récemment avec les extincteurs et la liaison phonique avec le conducteur de la locomotive.

CADENAS
xxe siècle
Musée régional des PTT d'Aquitaine, Saint Macaire

Ces cadenas servent à fermer les sacs de valeur à bord des bureaux ambulants ferroviaires lors de leur transfert entre ambulants ou avec les bureaux sédentaires. Chaque bureau possède la clef. La sécurité des dépêches sera ensuite assurée par un cachet de cire.

CAISSE DE BRIGADE
1975
Collection particulière

Pour assurer une meilleure protection aux documents d'exploitation, les brigades sont dotées à partir de 1975 de caisses en aluminium sécurisées par un cadenas. La plaquette en bois est remplacée par l'inscription sur la caisse du nom de l'ambulant ou de celui du chef de convoi lorsqu'il s'agit d'un train postal.

INTÉRIEUR D'UNE ALLÈGE TYPE 1926
1955
Musée de la Poste, Paris

Appelée « poste entrepôt », l'allège est une voiture complémentaire du bureau ambulant. Elle sert à transporter les dépêches directes en transit et à entreposer le courrier travaillé par l'ambulant. Ainsi, elle est du même type de construction que le wagon-poste à la différence près que son aménagement intérieur consiste en un vaste et simple fourgon. Elle communique avec le bureau ambulant grâce à l'installation de soufflets d'intercirculation. Ce modèle d'allège de 1926 entièrement métallique présente une longueur de caisse de 17 mètres.

TRACTEUR DE GARE
1960
Collection particulière

Le tracteur de gare est utilisé pour remorquer des convois de chariots (au maximum 6), d'une charge inférieure à 4 tonnes. En 1965, l'Administration possède 400 tracteurs de gare de différents types.

TRACTEUR DE GARE
XXe siècle
Musée d'Histoire des PTT d'Alsace
Riquewihr

À partir des années soixante la tendance est à la motorisation des véhicules de transbordement pour accroître la rapidité du transport des sacs sur les quais de plus en plus longs en raison de l'allongement des rames SNCF en corrélation à l'électrification. La Poste utilise des tracteurs de gare à moteur électrique ou thermique.

La Poste et les Trente Glorieuses

CHARIOT TRICYCLE DE GARE
1960
Musée d'Histoire des PTT d'Alsace, Riquewihr

Le transbordement des dépêches est assuré par des trains, composés de cinq chariots tricycles remorqués par un tracteur électrique à accumulateurs ou thermique. La roue avant du chariot est pivotante, ce qui facilite le maniement du véhicule.

BROUETTE DE GARE
1960
Musée d'Histoire des PTT d'Alsace, Riquewihr

Progressivement la Poste privilégie la brouette de gare constituée de tubes métalliques plus résistants que les anciennes brouettes en bois.

POUF-POUF
1975
Musée d'Histoire des PTT d'Alsace, Riquewihr

Ce pousseur à moteur thermique est destiné à manœuvrer les wagons pour les amener à quai, à l'intérieur d'un centre de tri.

TRAIN-POSTE
XXᵉ siècle
Collection particulière

Pour faire face à l'afflux croissant de courrier, la Poste décide l'utilisation de trains uniquement composés de voitures postales, de bureaux ambulants, d'allèges et de fourgons, mis à la disposition du chef de l'Administration sur chaque réseau par les compagnies. Le premier train de ce type mis en service circule en 1854 sur la ligne Paris-Le Havre. Le cahier des charges type des compagnies de 1857 parle alors de « train spécial régulier », appelé « train journalier de la Poste ». Le terme « train-poste » ne sera adopté par la SNCF qu'en 1943. Dans la pratique, les compagnies puis la SNCF ne consacrent que très rarement des trains particuliers à la Poste. Les convois reçoivent ainsi bien souvent, en plus des wagons postaux, des voitures de voyageurs et des fourgons de marchandises ou de messageries. En conséquence, les horaires, les arrêts et les conditions de confort respectent à priori « plus les besoins des voyageurs et des marchandises que les impératifs de la Poste ». Pour remédier à cette situation qui perdure, la Poste signe une convention en 1975 avec la SNCF, qui consacre le principe de l'autonomie des trains postaux. La SNCF met en service pour satisfaire les besoins exclusifs de la Poste des « trains-poste autonomes », qui circulent la nuit.

AMBULANT ROUTIER
1957-1961
Collection particulière

Le 14 janvier 1950, la Direction Générale de la Poste et la Direction des Bâtiments et des Transports conviennent d'un programme d'ambulants routiers, auquel doit répondre un nouveau véhicule à mettre à l'étude. Le choix s'arrête sur le car Renault RA 231 aménagé en atelier de tri. Un premier essai est effectué sur le circuit Paris-Laon-Paris, suivie d'une première mise en exploitation en 1953 sur Paris-Orléans. Les premiers résultats s'avèrent encourageants. Un ambulant routier est mis en service le 1er octobre 1956 sur le circuit "Bordeaux-Mont-de-Marsan". Il doit toutefois être supprimé dans la nuit du 20 au 21 novembre, par suite de l'intervention franco-anglaise à Suez, et à ses conséquences sur l'approvisionnement en pétrole du pays. Malgré tout, la Poste estime que l'expérience mérite effectivement d'être poursuivie car il est possible de trier du courrier dans un autocar en marche. Le premier ambulant routier de France circule le 2 mai 1957 entre Narbonne et Montpellier-Fréjorgues pour la desserte des Pyrénées-Orientales. Jusqu'en 1961, douze autres ambulants sont mis en service. Le projet de porter leur nombre entre 20 et 25 n'aboutit pas, en raison de l'accroissement de la vitesse des voitures et du développement du tri automatique du courrier qui rendent caduque le tri sur route. Les ambulants routiers sont peu à peu supprimés à partir de 1968.

INTÉRIEUR D'AMBULANT ROUTIER
XXe siècle
Musée d'Histoire des PTT d'Alsace
Riquewihr

Les ambulants routiers consistent en des autocars Renault, dont la vitesse maximale atteint 50 à 60 km/h. À partir de 1959, apparaît un ensemble Renault-Titan. Ces modèles du commerce ont subi quelques transformations de carrosserie et reçu des aménagements intérieurs. Ainsi, derrière la cabine du conducteur, isolée par une cloison à porte coulissante, sont disposées deux tables. Le côté gauche dans le sens de la marche est occupé par un couloir étroit. Sous les fenêtres est suspendue une batterie de sacs. Le côté droit est divisé en cinq compartiments exigus garnis de casiers métalliques. Les sacs sont réceptionnés à l'avant et livrés à l'arrière où se trouve une plate-forme d'entreposage. La livrée de ces véhicules adopte les couleurs bleu et jaune, agrémenté d'une « hirondelle » postale placée sur le côté, le nouvel emblème des PTT. Chaque brigade comprend un chef de brigade pour diriger le service et seul responsable des objets de valeurs et recommandés, entre 3 et 5 trieurs et un manutentionnaire chargé de la réception, de l'ouverture et de la livraison des sacs. À cette liste s'ajoute le conducteur, qui avertit l'équipe par un klaxon à l'approche des virages et autres dangers.

AUTOCAR AMBULANT
XXe siècle
Musée d'Histoire des PTT d'Alsace
Riquewihr

RAME AUTOMOTRICE POSTALE
1979
Musée de la Poste, Paris

Comme aux Pays-Bas et en Belgique, l'administration postale adopte la « rame automotrice postale ». Elle consiste en une micheline rouge et jaune, composée d'une motrice et d'une remorque. Elle est conçue pour recevoir des chariots porte-conteneurs et des chariots porte-sacs et peut embarquer 13,2 tonnes de courrier. Trois RAP sont mises en service en 1979 sur les lignes « Paris-Caen », « Paris-Rouen » et « Paris-Lille ». La RAP permet de mettre en œuvre la conteneurisation, corollaire de l'automatisation du tri, et de faciliter la manutention ainsi que le transport du courrier. Elle circule dans des plages horaires négociées par la Poste pour assurer des liaisons à moyenne distance à une vitesse maximum de 140 km/h. On distingue ces michelines par le logotype de la Poste inscrit sur le côté de la rame.

L'architecture postale

HÔTEL DES POSTES DE NANTES
1945. Architecte : Michel Roux-Spitz
Place de la Bretagne
Nantes, Loire-Atlantique

Architecte renommé et membre du cadre des architectes des PTT depuis 1928, Michel Roux-Spitz (1888-1957) est désigné par l'administration pour réaliser après guerre, l'hôtel des postes de Nantes. Son travail s'inscrit dans une perspective globale, puisqu'à partir de 1945 il dirige également la reconstruction de la ville de Nantes, en partie détruite. Rédacteur en chef de la revue *Architecture française* de 1943 à 1950, il rejoint cette année-là la direction générale des Postes à Paris.

Cancale ou de Vitré, l'édifice borde une place et non pas l'angle de deux rues. Cette situation permet d'une certaine manière d'accroître la monumentalité de la façade. Une tour-clocher flanque le corps de bâtiment qui ne devient en fait tour qu'au troisième niveau. Premier et deuxième niveau, signalés par deux œils-de-bœuf, font corps avec l'œuvre tandis que le troisième s'élève parallèlement au toit du corps principal et se trouve caractérisé par trois meurtrières. La pierre utilisée, le granit, et la toiture avec brisis constituent d'autres traits régionalistes ou traditionnels.

HÔTEL DES POSTES DE BREST
1952. Architecte : Pierre-Jack Laloy
Place du Général-Leclerc
Brest, Finistère

À Vitré, à Cancale et à Saint-Malo, Pierre-Jack Laloy s'était adapté aux contraintes locales, il en est de même pour la poste de Brest. La poste de Brest se plie ainsi aux contraintes d'alignement des façades et aux exigences d'une expression moderniste de l'armature en béton. Toutefois quelques citations régionalistes perdurent, comme l'habillage appareillé de granit, traité en bossage, dans un bâtiment dont l'esprit d'ensemble tend vers un certain néo-classicime marqué par la régularité et la symétrie des corps.

BUREAU DE POSTE DE SAINT-MALO
1948-1950. Architecte :
Pierre-Jack Laloy
4, Place des Frères-Lamenay
Saint-Malo, Ille-et-Vilaine

Pierre-Jack Laloy reste fidèle après la Seconde Guerre mondiale à sa théorie régionaliste et moderniste. La poste de Saint-Malo reprend ainsi le travail qu'il avait commencé à élaborer durant l'entre-deux-guerres. À la différence de

BUREAU DE POSTE DE CAMBRAI
1953
Réaménagement : Lys
Rue de la Poste
Cambrai, Nord

Durant la longue période de reconstruction qui suit la Seconde Guerre mondiale, les bureaux de poste perdent de leur caractère monumental, mais l'extension des différents services nécessite la réalisation d'édifices vastes et bien agencés. Ici, régularité et symétrie singularisent la poste de Cambrai. La porte, dont la largeur ne dépasse pas celle des baies environnantes, est soulignée par une large volée de marches.

BUREAU DE POSTE 124
1953
Architectes : Joseph Bukiet et André Gutton
Boulevard Bonne-Nouvelle
10ᵉ arrondissement, Paris

L'architecture du bureau de poste de Paris-Bonne Nouvelle est issue d'une collaboration étroite entre deux architectes des postes, Joseph Bukiet (1896-1984) et André Gutton. Sorte de gigantesque rotonde, la façade du bâtiment est rythmée par des piles colossales et couronnée en attique d'un étage établi en retrait. L'intérieur de l'édifice est décoré d'une fresque d'Aujame, intitulée *Le Temps, l'Espace et Paris*, qui a été dissimulée lors de récentes transformations.

BUREAU DE POSTE DE DUGNY
1953. Architecte : Cabet
Place Gabriel-Péri
Dugny, Seine-Saint-Denis

Le bureau de poste de Dugny, ville fortement endommagée lors des bombardements de la Seconde Guerre mondiale, est un bâtiment de structure moderne, symbolique de la reconstruction de la commune au début des années cinquante.

GRILLES
1953. Architectes : Joseph Bukiet et A. Gutton
Boulevard Bonne-Nouvelle
10ᵉ arrondissement, Paris

CENTRE DE TRI POSTAL
DE LA GARE MONTPARNASSE
*1964. Architecte : Louis Arretche
Gare Montparnasse
14e arrondissement, Paris*
La construction du centre de tri postal de la gare Montparnasse est contemporaine de la reconstruction de la gare ferroviaire commencée en 1961. Le centre occupe d'ailleurs une des ailes de 250 mètres qui bordent les quais aujourd'hui recouverts par une dalle.

HÔTEL DES POSTES
DE PIERREFITTE-SUR-SEINE
*Vers 1955. Architecte : Jacques Brandon
Angle des boulevards Pasteur et Mermoz
Pierrefitte-sur-Seine, Seine-Saint-Denis*
L'emplacement du bâtiment des postes à un carrefour a permis de lui donner une implantation large et symétrique. La façade, très sobre, correspond à l'architecture des années cinquante, principalement axée sur la fonctionnalité.

CENTRE DES CHÈQUES POSTAUX
DE STRASBOURG
*1961. Architecte : Léon Azéma
Strasbourg, Bas-Rhin*
Vingt ans après avoir réalisé l'hôtel des postes de Vichy, Léon Azéma (1888-1978) reste fidèle pour le centre des chèques postaux de Strasbourg à un élément architectural qu'il avait déjà employé et modernisé dans ce premier édifice : la rotonde. Plaquée contre un corps de bâtiment concave, elle diffère néanmoins par un aspect, par rapport à son antécédent : son emplacement, à l'angle de deux rues. Alors qu'à Vichy sa configuration était imprégnée de références toutes berninesques, à Strasbourg, Azéma réinterprète la tradition de l'architecture postale de la fin du XIXe siècle. L'Administration à cette époque avait à cœur de placer les édifices postaux à l'angle de rues et de marquer cette situation clef par un élément sémaphorique : la rotonde. Azéma dépouille ce corps de bâtiment de ses références classicisantes afin d'obtenir une façade presque vierge de signes rythmiques dans l'esprit de l'architecture moderne, tout en conservant toutefois un élément : la corniche en encorbellement qui permet de terminer la façade.

Les timbres-poste

Par habitude, les timbres-poste sont associés à l'idée de collection. Seuls les timbres d'usage courant reviennent au courrier. Pour les philatélistes, le regard se porte sur la beauté du timbre. Les timbres sont alors l'objet d'une manipulation extrêmement soigneuse, d'une attention particulière pour leur état de conservation, les marques d'oblitération, etc. Ainsi s'est établie une tradition d'interprétation des timbres qui est éloignée de leur message premier.

Le terme « timbre » signifie ce qui résonne, ce qui frappe comme le tambour : son message-image. Cette fonction des timbres connaît de beaux jours entre la date de leur création en France en 1849 et la fin de la grande époque du courrier, les années soixante. Les timbres s'inscrivent alors dans l'échange des lettres et des envois postaux, sortes d'ambassadeurs, ils s'associent aux nouvelles et datent les lettres, une fois celles-ci rangées dans les tiroirs. En amont, la valeur des timbres provient de ce qu'ils sont des papiers fiduciaires, comme la monnaie. De plus, le message qu'ils véhiculent est une propagande nationale émise par l'État. La Nation entière est à même de se reconnaître dans cette imagerie, comme elle se reconnaît dans son hymne ou son drapeau. Timbres d'usage courrier, timbres collectionnés, les timbres sont des témoins-images, un abrégé d'un siècle d'histoire de France.

La singularité de ce patrimoine ressort lorsqu'on compare cette production avec celle des autres pays. Les timbres sont des produits spécifiquement nationaux : chaque nation met en valeur son identité pour son propre public autant que pour faire impression aux voisins. Car, dès lors qu'une nation comme la France émet annuellement, depuis l'entre-deux-guerres, une vingtaine, puis une quarantaine d'images nouvelles, images de marque nationales, elle ne cesse d'enrichir l'expression de ses thèmes préférés et leur évolution, ses traits culturels, ses marques identitaires. Après plus de soixante ans, on dispose de quelque 2 500 images qu'il faut classer chronologiquement et thématiquement. Le classement thématique des timbres français permet de définir deux ensembles : une société et son domaine, ensembles dans lesquels dominent d'une part la ligne « célébrités », d'autre part la ligne « territoire ». Les figures prévalent dans une première période (célébrités, figures allégoriques féminines, France combattante, travailleurs, social, etc.), tandis que dans la deuxième période sont mis en valeur les biens (sites et monuments, mémoriaux, art, nature, techniques, etc.)

Les figures allégoriques de la Nation

ALLÉGORIE DE LA RÉPUBLIQUE DITE « CÉRÈS »
1849. Graveur : J.-J. Barre
Typographie

La fabrication de ce timbre, décidée par l'Assemblée nationale le 24 août 1848, est placée sous la responsabilité d'Anatole Hulot. L'impression du « 20 centimes », tarif de la lettre de 7 grammes dans le service intérieur, commence le 4 décembre sur une presse à bras. La couleur noire choisie permet l'impression de jour comme de nuit. Le 19 janvier 1849, ce premier timbre-poste est mis en vente dans tous les bureaux de poste. Imprimé à près de 42 millions d'exemplaires, dont 30 millions vendus, il cesse d'être fabriqué le 22 février 1849. Il n'y aura pas de réimpression, les stocks étant suffisants jusqu'à l'augmentation du port de la lettre simple de 25 centimes à partir de juin 1850. Lors du siège de Paris en septembre 1870, les timbres imprimés par la Monnaie ne peuvent être livrés ; le Gouvernement national, installé à Bordeaux, prend la décision de faire imprimer dans cette ville des timbres « conformes à ceux de Paris » ; on utilise le procédé lithographique d'après un dessin de Léopold Yon. Ces timbres sont connus sous le nom d'« émission de Bordeaux ».

PRÉSIDENCE
1852. Dessinateur et graveur : J.-J. Barre
Typographie

L'élection à la présidence de la République de Louis Napoléon Bonaparte, suivie du coup d'État du 2 décembre 1851, provoque la promulgation d'une loi et d'un décret ministériel prescrivant le remplacement de l'effigie de Cérès par le profil de Louis Napoléon Bonaparte. En 1853, la légende « Répub. Franc. » est à son tour remplacée par celle d'« Empire franc. » ; en 1862, les timbres sont dentelés pour être séparés plus facilement. Dix ans plus tard, l'effigie de Napoléon III est modifiée pour être mise en conformité avec celle qui orne les pièces de monnaie, où l'empereur apparaît la tête ceinte de lauriers.

LE COMMERCE ET LA PAIX S'UNISSANT ET RÉGNANT SUR LE MONDE, DIT TYPE « SAGE »
1876. Dessinateur : J.-A. Sage
Graveur : L.-E. Mouchon
Typographie

Choisi par le ministre des Finances de la IIIe République, Léon Say, le type Paix et Commerce remplace le type Cérès. Imprimé par la Banque de France, il règne sur le courrier pendant un quart de siècle, avec 5 émissions totalisant 43 vignettes de valeurs et couleurs différentes, pour un total de plusieurs milliards d'unités. Sur le poinçon original, la signature du dessinateur : « J.-A. Sage, inv. » se présente avec le n de « inv. » sous le « u » de République, or à la trempe, ce poinçon se brise et le graveur doit regraver la partie fautée. Le nouveau poinçon, aligne le n de « inv. » sous le b de République ; les philatélistes distinguent ces deux types en : type 1 « N sous B » et type 2 « N sous U ».

LA LIBERTÉ TENANT LA BALANCE DE L'ÉGALITÉ, DITE TYPE « BLANC »
1900. Dessinateur : J. Blanc
Graveur : E. Thomas
Typographie

LA RÉPUBLIQUE ASSISE TENANT LA MAIN DE LA JUSTICE ET LA TABLE DES DROITS DE L'HOMME, DITE « DROITS DE L'HOMME » OU TYPE « MOUCHON »
1900. Dessinateur et graveur : L.-E. Mouchon
Typographie

LES TIMBRES D'USAGE COURANT

Les timbres d'usage courant sont les plus diffusés (par milliards), les plus répétitifs et les plus décisifs quant au message. Leur choix revient au chef de l'État, tandis que celui des autres timbres relève du ministre. Sauf les timbres complémentaires des blasons, entre 1943 et 1970, il s'agit toujours de portraits, et presque continûment de la figure de la République, exceptés les représentations de Napoléon, de Pétain et de la figure allégorique de la Poste. Ces timbres sont des pièces de monnaie en papier : format, taille, monochrome, même gravure en plusieurs valeurs ou couleurs, pérennité. Leur durée de vie est commandée par les changements de tarifs, de régimes politiques et, sous la Ve République, de présidents.

En 1849, le timbre-poste naît sous la IIe République, précédé par le modèle britannique à l'effigie de la reine. Figure allégorique dans une pose à l'antique, sans bonnet phrygien, la République a les traits de la déesse romaine des moissons et de l'agriculture, Cérès, qui porte la couronne de blé, une grappe et un rameau d'olivier. L'Angleterre insistait sur le caractère urbain de la Poste, par ses relais de ville à ville ; la France, issue de la Révolution, est fière d'un service postal étendu de façon égalitaire à tous les points du territoire et accentue la force de représentation rurale du pays.

Entre 1852 et 1870 alors que le timbre-poste vient de naître et que son usage est encore très faible et non obligatoire, au point d'être encouragé en 1854 par une « prime à l'affranchissement », le nouveau président de la République, Louis Napoléon, fait graver son effigie à la place de la femme-symbole de la République. Aux lendemains du désastre de la guerre de 1870, dans les débuts difficiles de la IIIe République, l'administration des Postes réutilise à Paris les anciennes planches d'impression de Cérès (timbres non dentelés), tandis qu'à Bordeaux une nouvelle gravure en est faite dite l'« émission de Bordeaux ». De 1938 à 1941, le type Cérès est de nouveau utilisé, et, entre 1945 et 1949, un autre dessin en est fourni par Mazelin.

En 1875, dans un contexte de crise politique mais de croissance du commerce et de l'industrie, alors que va s'ouvrir le « marché commun du timbre » (Union postale universelle, 1876) la France veut une nouvelle image de timbre « moins marquée politiquement ». Le dessin de J.-A. Sage intitulé *Le Commerce et la Paix s'unissant et régnant sur le monde* est une image de la domination du monde, de l'expansion de l'empire colonial français et de la prospérité. Mercure, dieu du Commerce, est le messager ailé, symbole de la Poste.

Dans les années 1890, la France veut retrouver dans le timbre une image de la République. Après des concours infructueux, trois propositions de dessin sont retenues : les deux meilleures, les types

LA RÉPUBLIQUE ASSISE, GARDIENNE DE LA PAIX, DITE TYPE « MERSON »
1900. Dessinateur : L.-O. Merson
Graveur : Thévenin
Typographie 2 couleurs

À l'aube du XXe siècle, le type « Sage » est remplacé par trois sujets, conçus dans l'esprit de la Belle Époque : le type « Blanc » affecté aux petites valeurs, de 1 à 5 centimes ; le type « Mouchon » utilisé pour les valeurs moyennes de 10 à 30 centimes, comprend le tarif de la carte postale, de la lettre simple et recommandée pour l'intérieur ainsi que celui de la lettre simple pour l'étranger. Ce timbre déclenche une campagne de dénigrement sans précédent : après avoir été retouché en 1902, il est définitivement abandonné dès 1903. Le type « Merson » illustre les timbres de fortes valeurs faciales, de 40 centimes à 5 francs. Sa technique d'impression délicate, en deux couleurs, nécessite deux passages sous presse.

LA RÉPUBLIQUE EN MARCHE, SEMEUSE D'IDÉES, DITE « SEMEUSE »
À fond ligné, dite Semeuse lignée
1903. Dessinateur : L.-O. Roty
Graveur : L.-E. Mouchon
Typographie

LA RÉPUBLIQUE EN MARCHE, SEMEUSE D'IDÉES, DITE « SEMEUSE »
À fond plein, dite Semeuse camée
1906. Dessinateur : L.-O. Roty
Graveur : L.-E. Mouchon
Typographie

Cette allégorie figure sur les pièces de monnaie en argent depuis 1897. La première gravure de ce timbre présente un fond ligné « pour donner à la vignette l'aspect de la taille douce ». Imprimés à plat, puis sur rotative les deux types coexistent de nombreuses années : la Semeuse lignée jusqu'au début des années trente, la Semeuse camée jusqu'à la veille de la Seconde Guerre mondiale, tandis que des dizaines de Semeuses, servent en Algérie, en Andorre, en Syrie, au Liban, en Serbie, en Lituanie, au hasard des mandats confiés à la France par la Société des Nations après la Grande Guerre. Avec l'avènement de la Ve République et l'apparition du nouveau franc, la Semeuse lignée, gravée par Jules Piel en version bicolore, réapparaît de 1960 à 1965.

RÉPUBLIQUE TENDANT UN RAMEAU D'OLIVIER, SYMBOLISANT LA PAIX, DITE TYPE « PAIX DE LAURENS »
1932. Dessinateur : P.-A. Laurens
Graveur : A. Delzers
Typographie

COLOMBE DE LA PAIX
1934. Dessinateur et graveur : Daragnès
Typographie

L'avènement outre-Rhin d'un parti national-socialiste incite l'administration des Postes à choisir les symboles de la paix pour illustrer ses timbres. En 1932, le type « Paix de Laurens » est adopté pour le timbre d'usage courant. Après l'avènement de « l'État français », le stock restant sera surchargé de nouvelles valeurs. En 1934, une unique Colombe de la Paix apparaît marquée à 1,50 F, tarif de la lettre simple pour l'étranger. En 1936, un autre timbre au même tarif célèbre le Rassemblement international pour la Paix.

MERCURE
1938. Dessinateur et graveur :
C. Hourriez
Typographie

IRIS
1939. Dessinateur et graveur :
C. Hourriez
Typographie

Trois divinités mythologiques Mercure, Iris et Cérès se partagent les petites, moyennes et fortes valeurs de nouvelles séries de timbres d'usage courant. Mercure et Iris perdurent pendant les années d'occupation et jusqu'à la Libération. Pour permettre de différencier facilement le courrier et contrôler les liaisons postales entre les deux zones, les autorités allemandes exigent que le timbre Iris de 1 franc fasse l'objet de deux tirages distincts : vert pour la zone libre et rouge pour la zone occupée. En 1944, l'Atelier du Timbre procède à l'impression d'un timbre de 1,50 F (tarif intérieur) qui reprend l'effigie de l'Iris de 1938. L'émission a lieu le 5 septembre.

MARÉCHAL PÉTAIN, TYPE « BERSIER »
1941. Dessinateur : Bersier
Graveur : J. Piel
Typographie

La proclamation de l'État français entraîne l'émission de timbres à l'effigie du maréchal Pétain. Trois timbres de petites valeurs dessinés et gravés par Jean Vital Prost font apparaître le maréchal tête nue et de profil gauche, mais ils sont vite retirés. D'autres présentent le maréchal coiffé d'un képi. Le troisième type, réservé aux valeurs intermédiaires, qui le représente, tête nue, dans un médaillon lauré, est le plus utilisé pendant l'Occupation, parce qu'il correspond à partir de 1942 au tarif de la lettre pour l'intérieur. Sur tous ces timbres, la légende « République française » fait place à « Postes françaises », la République étant en effet, pendant cette période, mise entre parenthèses.

MARIANNE « D'ALGER »
1944. Dessinateur :
L. Fernez
Reports :
C. Hervé
Lithographie

MARIANNE « DE GANDON »
1945. Dessinateur et graveur :
P. Gandon
Taille-douce

La libération progressive du territoire provoque la réorganisation des institutions : la Poste et le timbre sont les acteurs de ces événements. La Corse, premier département libéré utilise tout d'abord les timbres d'Algérie. Le Comité français de libération nationale confie au peintre algérois Louis Fernez le soin de dessiner une Marianne coiffée d'un bonnet phrygien. Celle-ci est associée, pour certaines valeurs de la série, à un coq gaulois frappé d'une croix de Lorraine. Pour les zones libérées par les armées anglo-américaines, l'« Allied Military Government of Occupied Territories » a l'intention de mettre en service des timbres d'« occupation ». En 1942, le général de Gaulle fait préparer à Londres des timbres à l'effigie de Marianne, dessinés par Edmond Dulac. Le Gouvernement provisoire veut instaurer une série « définitive » de timbres-poste d'usage courant, et met en compétition plusieurs graveurs. Le général de Gaulle choisit la maquette présentée par Pierre Gandon : c'est un portrait inspiré de Mme Gandon, coiffée d'un bonnet phrygien. Les multiples changements de tarif provoquent l'émission de nombreuses valeurs et la modification de la couleur des timbres. Plus de 40 milliards de Marianne de Gandon contribuent pendant plus de dix ans à rendre l'espoir aux Français et à les préparer à entrer dans l'ère des Trente Glorieuses !

Merson et Blanc, affectées aux valeurs fortes et faibles, vont faire long usage, tandis que l'image des tarifs moyens ou type Mouchon, figurant une femme assise tenant la « Table des droits de l'homme », sera vite supplantée. Le type Blanc s'intitule *La Liberté tenant la balance de l'Égalité*, Fraternité personnifiée par deux angelots qui s'embrassent. Cette composition baroque, mêle le laïque au religieux. Enfin le type Merson, *La République assise, gardienne de la Paix*, est le premier timbre d'usage courant au format oblongue (double) et en deux couleurs ; pose confortable, timbre de prestige, il revient aux valeurs fortes, à la vitrine internationale.

En 1903, la figure de la Semeuse résulte des essais et repentirs des années précédentes. Son message allie habilement le politique et l'économique, et son succès sera sans égal. Il durera quarante ans. Le sujet est intitulé : *La République en marche, semeuse d'idées et soleil levant*. L'image exprime la France paysanne, mais la poste pense la France intellectuelle, la République prosélyte d'idées civilisatrices universelles. Derrière ce double langage du timbre, une dichotomie de la société : la France femme, terre et peuple, et la France des grands hommes (intellectuels). Les versions successives : dessin ligné avec soleil levant, fond plein sans soleil, sol, chiffre maigre, chiffre gras, etc., ne changent rien au message. La même Semeuse marquera l'avènement des nouveaux francs en 1960.

Entre 1923 et 1930, pour plusieurs causes, le cours d'émissions de timbres connaît des remous. Contexte économique d'abord : les changements répétés de tarifs entraînent une prolifération d'émissions. De plus – impératif de bienfaisance, de solidarité, d'hygiène –, les premiers timbres à surtaxes lancés pendant la Grande Guerre sont repris et diversifiés (dont les timbres « Caisse d'amortissement »). C'est aussi la fière époque de l'Aéropostale, donc des premiers timbres « Poste aérienne ». Enfin, les autres pays diversifient leur production par des « timbres occasionnels ». Ceci crée emmêlements et confusions autour du « timbre de base », le timbre d'usage courant. C'est ainsi que la figure de Pasteur, destinée d'abord à la représentation extérieure (tarif étranger), est dépassée par son succès et sert à l'usage intérieur courant durant huit ans, de 1923 à 1931. De même pour la figure de Berthelot, de 1927 à 1932. Enfin, plus vite effacées, les figures de Jeanne d'Arc de 1929 et de la « femme fachi » de 1930, remplacent momentanément la Semeuse ou la Colombe (1934). Ces événements perturbent la représentation du timbre d'usage courant, mais appellent sa diversification et son renouvellement. Le résultat de ces « écarts » est le recentrement du timbre de base, avec cependant une forte instabilité de sa figure jusqu'à la fin des années 1940. C'est aussi dans ce contexte que naît l'habitude d'utiliser pour les courriers tous les timbres à disposition.

MARIANNE « DE MÜLLER »
1955. Dessinateur : L. Müller
Graveur : J. Piel
Typographie

MOISSONNEUSE
1957. Dessinateur : Louis Müller
Graveur : J. Piel
Typographie

L'« effigie de la République avec le soleil levant » est appelée Marianne bien qu'elle ne porte pas de bonnet phrygien. Elle succède à la Marianne de Gandon mais son usage est limité aux tarifs de la lettre pour l'intérieur, de la carte postale ordinaire, de la carte postale de moins de cinq  mots et au tarif spécial destiné aux factures. Elle achève sa carrière en 1960 avec deux « entiers » (ou « prêts à poster »). Une Moissonneuse est chiffrée aux tarifs de l'imprimé pour l'intérieur (6 francs puis 10 francs) et de la carte postale (12 francs) ; elle est également utilisée pour deux timbres destinés aux envois en nombre dits timbres préoblitérés.

« MARIANNE À LA NEF »
1959-1960.
Dessinateur : A. Regagnon
Graveur : J. Piel
Typographie
2 couleurs

Symbole de « la République conduisant l'État » cette Marianne consiste en un  timbre de transition. Sa valeur de 25 F correspond au tarif de la lettre pour l'intérieur. En décembre 1959, un stock de ce timbre est surchargé « Fréjus + 5F ». La surtaxe est destinée aux victimes de la rupture du barrage de Malpasset, au-dessus de Fréjus. En 1960, ce timbre est imprimé avec une nouvelle valeur exprimée en nouveaux francs : 0,25 c et dans des couleurs différentes du précédent.

MARIANNE « DE DECARIS »
1960.
Dessinateur : Albert Decaris
Graveur : J. Piel
Typographie
2 couleurs

À nouvelle République, nouvelle Marianne. Celle-ci, pas plus que celle de Müller à qui elle succède, ne porte de bonnet phrygien. Chiffrée à 25 c, elle correspond au tarif de la lettre pour l'intérieur. Au moment de la proclamation de l'indépendance de l'Algérie, en 1962, les stocks existant dans ce pays sont surchargés « E. A. » pour l'État algérien. À partir de 1961, elle est surchargée en franc CFA pour servir dans le département de la Réunion, comme la plupart des timbres de cette époque. Une augmentation des tarifs postaux survenue en 1965 la rend sans usage : elle est alors retirée de la vente.

MARIANNE « DE COCTEAU »
1961. Dessinateur : J. Cocteau
Graveur : A. Decaris
Taille-douce
2 couleurs

C'est le premier timbre d'usage courant imprimé en taille douce et c'est aussi le premier timbre de petit format imprimé sur les presses « taille douce, 6 couleurs » (TD 6) de l'Atelier du Timbre.

MARIANNE « DE CHEFFER »
1967. Dessinateur : H. Cheffer
Graveur : C. Durrens
Taille-douce ou typographie

Cette Marianne qui, comme les précédentes, est dépourvue de bonnet phrygien, est présentée par Henry Cheffer, mais l'Administration lui préfère celle de Louis Müller. Elle commence sa carrière dix ans après la mort de son créateur. Le 13 janvier 1969, elle inaugure

le courrier à deux vitesses avec un timbre de 0,40 de couleur rouge, pour la lettre simple pour l'intérieur (LSI), et un autre à 0,30 de couleur verte, pour les plis non urgents (PNU). Les timbres de cette série sont généralement imprimés en taille douce, toutefois le 0,30 vert présente la particularité d'avoir également été imprimé en typographie. En 1970, l'Atelier du Timbre, devenu « Imprimerie des timbres-poste et valeurs financières » (ITVF) est transféré à Périgueux : une Marianne de Cheffer avec vignette commémorative attenante est émise à cette occasion.

MARIANNE « DE BÉQUET »
1971. Dessinateur : P. Béquet
Graveur : J. Miermont
Typographie
Le cahier des charges précise que la valeur doit être particulièrement apparente, c'est pourquoi la silhouette de la Marianne semble accessoire sur ce timbre. Destiné presque exclusivement à l'affranchissement de la lettre simple pour l'intérieur (LSI), ou courrier normal et aux plis non urgents (PNU) ou courrier lent, il arbore  les couleurs de ce régime à deux vitesses : le rouge successivement à 0,50, 0,80 et 1,00 F ; le vert à 0,60 puis 0,80, ces deux valeurs étant imprimées tant en taille douce qu'en typographie ; la Marianne de Béquet est le dernier timbre d'usage courant imprimé selon ce procédé. La série comprend également un 0,45 bleu émis en 1971.

« SABINE »
1977
Dessinateur et graveur :
P. Gandon
d'après David
Taille-douce

« LIBERTÉ »
1982. Dessinateur et graveur :
P. Gandon, d'après Delacroix
Taille-douce
En 1977, l'administration des Postes veut donner un nouveau visage à la France ; le secrétaire d'État aux Postes et Télécommunications, M. Norbert Segard, propose au président de la République, M. Valéry Giscard d'Estaing, plusieurs projets, dont deux émanent de Pierre Gandon : il s'agit d'une Marianne coiffée d'un bonnet phrygien, à l'allure farouche et déterminée, extraite du célèbre tableau d'Eugène Delacroix, visible au musée du Louvre, *La Liberté guidant le peuple, 28 juillet 1830* et d'une Sabine extraite du tableau de Jacques-Louis David, *L'enlèvement des Sabines*. Le président de la République choisit ce dernier sujet qui illustre toute une série de timbres d'usage courant représentant les principales valeurs d'affranchissement ainsi que de nombreuses valeurs d'appoint, allant de 1 centime à 10 francs. Pour obéir aux directives de l'Union postale universelle à laquelle la France adhère depuis sa fondation en 1875 et qui stipulent que les États ont obligation de faire figurer sur leurs timbres le nom du pays, à l'exclusion de toute référence à leur régime politique, tous ces timbres portent la légende « France » au lieu de la mention « République française ». À

l'avènement de François Mitterrand à la présidence de la République en 1981, M. Louis Mexandeau, alors ministre des Postes, fait remplacer le mot « France » par la légende « République française » sur les timbres en service. Il propose un nouveau sujet de timbres d'usage courant, choisit la Liberté écartée quelques années plus tôt par son prédécesseur. Certains ont insinué que ce choix a été guidé par le fait que la Liberté est tournée vers la gauche alors que la Sabine a le visage dirigé vers la droite… ce qui est exact par rapport à celui qui les examine, mais qui est totalement faux par rapport aux figurines elles-mêmes : en effet, par rapport à elle-même, c'est la Liberté qui est tournée vers sa droite et la Sabine vers sa gauche !

MARIANNE DU BICENTENAIRE DITE « MARIANNE DE BRIAT »
1989. Dessinateur : Briat
Graveur : C. Jumelet
Taille-douce

Parmi les cérémonies qui marquent la célébration du bicentenaire de la Révolution française, une exposition philatélique internationale, baptisée « PhilexFrance 89 », se tient à Paris et donne lieu à la présentation au public de diverses maquettes de projets de timbres-poste d'usage courant soumises à « référendum ». Le public est déçu lors de l'émission du timbre, dans les tout derniers jours de 1989 : le sujet choisi, imposé à son créateur par le président de la République, François Mitterrand, ne correspond à aucun des projets qui lui ont été présentés et n'a pas figuré au concours de l'exposition « PhilexFrance 89 ». Imprimée en une seule couleur, la « Marianne » présentée de face – peut-être pour éviter toute polémique – apparaît sur fond de drapeau « tricolore ». Cependant, le public ne l'aime pas ; et elle est surnommée la « Marianne triste », la « Marianne aux yeux crevés », la « Marianne de la morosité ». Son air maussade n'inspire pas le redressement économique auquel les Français aspirent. Son remplacement est actuellement programmé. Comme de coutume, le choix du nouveau sujet appartient au président de la République.

Les autres figures allégoriques féminines

En privilégiant le portrait, les timbres de France donnent une riche représentation de la société française. Pour l'imagerie du timbre, la France est d'abord une société. Ceci, jusqu'à l'avènement, dans les années 1960, d'un monde de consommation dominé par l'objet et l'avènement de l'art moderne de moins en moins soucieux de la figure, du portrait figuratif. Ainsi, les visages qui marquent le plus les années 1914-1945 (guerres incluses) sont des figures allégoriques féminines ; non plus la pose à l'antique de Cérès, mais l'allure de la Semeuse, celle de la Marseillaise, de la femme à la charrue, de la veuve, de l'infirmière, de la statue de la Liberté, de la maternité, etc. Une cohorte d'hommes commence à entrer dans le panthéon et les femmes n'accéderont à cet honneur des « timbres de célébrités » (en portraits réels) qu'à partir de 1945, en toute petite minorité. Ce sont jusque-là pourtant elles qui donnent le visage vivant et battant de la France, confortant en cela le symbole de la République, la figure de base.

LA VICTOIRE DE SAMOTHRACE
1937
Dessinateur et graveur : A. Delzers
Taille-douce

LE SOURIRE DE REIMS
1930. Dessinateur : L. Rigal
Graveur : A. Delzers
Taille-douce

« L'Ange du sourire », détail d'une sculpture du portail de la cathédrale de Reims, illustre un timbre à surtaxe émis au profit de la Caisse d'amortissement (de la dette publique), créée par le gouvernement Poincaré pour soutenir le franc. En vente pendant un mois, il n'est vendu qu'à 250 000 exemplaires sur un tirage (limité) de 580 000.

LIBÉRATION
1945. Dessinateur : R. Louis
Graveur : M. Cortot
Taille-douce

PAX
1936. Dessinateur et graveur : A. Delzers
Taille-douce

Un rassemblement international pour la Paix se tient à Paris est l'occasion de l'émission d'un timbre représentant « les peuples saluant le symbole de la paix ».

LA MARSEILLAISE
1936. Graveur : J. Piel, d'après Rude
Taille-douce

IRIS, MESSAGÈRE DES DIEUX
1946
Dessinateur et graveur : P. Gandon
Taille-douce
Le *Chant du départ*, haut-relief de Rude qui décore l'arc de triomphe de l'Étoile, a été représenté en 1917, 1922 et 1927 dans des séries de

timbres à surtaxe émis au profit des orphelins de la guerre. Le même sujet, baptisé à tort « La Marseillaise » se retrouve sur un timbre de 1936 associé à une autre vignette représentant la statue de Rouget de Lisle, à Lons-le-Saunier. La *Victoire de Samothrace* illustre en 1937 deux timbres émis au profit des musées nationaux. La commémoration de la libération du territoire français fait l'objet d'un timbre dont le sujet est « une allégorie de la France sur un cheval ailé, entourée de résistants en armes » et, dans le cadre d'une série de quatre timbres destinés à la poste aérienne et consacrée à des sujets mythologiques, une Iris messagère guide dans le ciel un avion bimoteur Lockheed « Hudson ».

FAMILLE DU PRISONNIER
1943. Dessinateur : R. H. Munsch
Graveur : J. Piel
Taille-douce

La mobilisation oblige l'épouse à prendre la place de l'absent pour subvenir aux besoins de la famille ou pour maintenir en activité l'entreprise ou l'exploitation agricole. De nombreuses femmes se livrent aux rudes travaux des champs jusque-là réservés aux hommes. La « femme au labour » fait partie d'une série pour les œuvres de guerre. Plus tard, le mobilisé détenu en Allemagne dans l'un des nombreux camps, la famille du prisonnier s'unit pour poursuivre l'exploitation en attendant son retour.

LA MANSARDE
1935. Dessinateur : R. Grégoire
Graveur : Bouchery
Taille-douce

LIBÉRATION ALSACE-LORRAINE
1945. Dessinateur : P. Lemagny
Graveur : R. Serres
Taille-douce

FEMME AU LABOUR
1940. Dessinateur : A. Spitz
Graveur : A. Delzers
Taille-douce

AIDE AUX RÉFUGIÉS
1936-1937 Dessinateur et graveur : Ouvré
Taille-douce

POUR NOS BLESSÉS
1940. Dessinateur : A. Spitz
Graveur : A. Delzers
Taille-douce

Sur un timbre à surtaxe émis en 1935 « pour les chômeurs intellectuels », un intellectuel au chômage est réconforté par la République qui se présente sous l'apparence d'une Marianne coiffée d'un bonnet phrygien. En 1936 et 1937, deux timbres à surtaxe sont émis pour les œuvres de Nausen de secours aux réfugiés politiques. Il s'agit essentiellement pour le premier de ces timbres de réfugiés sarrois chassés par le nazisme puis ce secours est peu à peu étendu à tous les réfugiés politiques fuyant l'Allemagne et l'Europe centrale ; la coïncidence avec la guerre d'Espagne fait que « l'homme de la rue » attribue la surtaxe à une aide en faveur des réfugiés espagnols qui arrivent en masse sur le sol français. Le sujet choisi pour illustrer ces timbres est symboliquement la statue de la Liberté à New York, ville qui accueille les nombreux immigrants venant d'Europe. La Société de prophylaxie sanitaire et morale bénéficie également de l'émission de deux timbres à surtaxe, l'un en 1936, le second en 1939 ; le sujet est « la France (il s'agit une fois encore de la représentation d'une Marianne) protégeant un enfant de ses bras ». Les hostilités vont débuter et l'on prévoit que les hôpitaux militaires s'empliront de nombreux blessés. Les postes émettent des timbres à surtaxe au profit de la Croix-Rouge française.

EXPOSITION INTERNATIONALE
*1937. Dessinateur et graveur :
J. Piel
Taille-douce*

Pendant l'entre-deux-guerres, Paris est le siège d'expositions prestigieuses : les Arts déco en 1925, l'Exposition coloniale en 1931, l'Exposition universelle en 1937. Fière de son empire colonial, la France annonce l'exposition internationale par une série de timbres dont l'un, chiffré à 50 centimes, tarif de la lettre simple pour l'intérieur est utilisé comme timbre d'usage courant pendant une année à partir de novembre 1930. Il représente le profil d'une femme indigène de type « fachi ». Un autre timbre, de grand format et imprimé en héliographie (fait exceptionnel à cette époque), sera émis au tarif de la lettre pour l'étranger (1,50 F) en 1931 pour coïncider avec l'inauguration de l'Exposition : dessiné par J. de La Nezière, il représente les « races » (sic) des différentes colonies françaises. Placée sous le signe des « Arts et Techniques », l'Exposition de 1937 est annoncée par une série de timbres représentant, pour les petites valeurs « le Génie » (de la Bastille), et, pour les fortes valeurs, « une main tirant un rideau dévoilant un globe et un ciel étoilé ». Le timbre commémoratif, mis en vente quelques semaines avant l'inauguration de l'exposition représente « un buste de la France tenant une Minerve ».

FEMME FACHI
*1930.
Dessinateur :
L. Rigal
Graveur : A. Mignon
Typographie*

LES PROVINCES FRANÇAISES
*1931. Dessinateur et graveur :
A. Mignon
Taille-douce*

COIFFES RÉGIONALES
*1943. Dessinateur : A. Decaris
Graveur : Feltesse
Taille-douce*

CENTENAIRE DU RATTACHEMENT DU COMTÉ DE NICE
*1960. Dessinateur : C. Serveau
Graveur : J. Combet
Taille-douce 3 couleurs*

Parmi les timbres spéciaux émis au profit de la Caisse d'amortissement le sujet illustrant l'année 1931. Quatre têtes de femmes symbolisant quatre provinces françaises sont figurées : l'Arlésienne, la Boulonnaise, l'Alsacienne, la Bretonne. Après quelques timbres isolés parus en 1938 et 1939 montrant les coiffes de la Champenoise et de la Languedocienne, en 1945 une série de six timbres à surtaxe au profit du Secours national est consacrée aux coiffes de la Picardie, de la Bretagne, de l'Île-de-France, de la Bourgogne, de l'Auvergne et de la Provence. La libération de l'Alsace et de la Lorraine donne l'occasion de présenter les costumes de ces deux provinces. Le centenaire du rattachement de la Savoie et du comté de Nice en 1960 est célébré par deux timbres.

CONSTITUTION DES ÉTATS-UNIS
*1937. Dessinateur : Barlangue
Graveur : Delzers
Taille-douce*

EUROPA
*1956. Dessinateur :
D. Gonzague
Graveur : J. Piel
Typographie*

La France républicaine célèbre le 150e anniversaire de l'adoption de la Constitution fédérale américaine par l'émission d'un timbre représentant les républiques des États-Unis et de la France se serrant la main devant les drapeaux de ces États. En 1956, les six États constitutifs de ce qui est devenu depuis le traité de Maastricht l'Union européenne décident d'émettre un ou plusieurs timbres représentant un sujet unique : c'est le symbole de la constitution de l'Europe unie – Europa – et le drapeau du mouvement fédéraliste européen ; la France émet deux timbres : l'un, imprimé en typographie et chiffré à 15 francs, tarif de la lettre simple pour l'intérieur, le second, imprimé en taille douce et chiffré à 30 francs, tarif de la lettre pour l'étranger.

Les timbres préoblitérés et timbres-taxes

FEUILLES D'ARBRES
*1994-1996. Dessinateur : C. Bridoux
Offset*

L'oblitération des timbres des « envois en nombre » constitue un exercice fastidieux auquel certains pallient, dès le second Empire, en apposant un cachet à l'avance sur les timbres en feuille avant de les remettre aux entreprises. En 1893, on tente une expérience qui consiste à oblitérer à l'avance ou « préoblitérer » les timbres par l'apposition d'un texte imprimé et, à partir de 1920, par la surcharge sur les timbres de la mention sur trois lignes « Postes Paris 1920 » ou « Postes France 1921 » pour aboutir en 1922 à la généralisation du système par l'apposition dans l'angle inférieur du timbre de la mention « Affranchts Postes », arborant la forme d'un cachet postal. Ces timbres sont vendus par quantité aux firmes pratiquant l'envoi en nombre d'imprimés ou de catalogues. À partir des années soixante, au lieu de surcharger les timbres « ordinaires », on attribue aux « pré-oblitérés » des types particuliers : tour à tour les signes du zodiaque, les champignons, les monuments, les saisons, les cartes à jouer, les mois de l'année, les éléments, les instruments de musique ou les feuilles d'arbres. Les valeurs spéciales imprimées sur ces timbres : 1,46 F, 1,89 F, 1,93 F, 2,39 F, 2,74 F, etc. correspondent aux tarifs particuliers accordés par la Poste aux entreprises selon le poids et le nombre des envois effectués…

MONNAIE GAULOISE
*1964-1976
Dessinateur :
C. Durrens
Graveur :
A. Frères
Typographie
2 couleurs*

ZODIAQUE
*1977-1978. Dessinateur et graveur :
G. Bétemps
Taille-douce*

ZODIAQUE
*1977-1978. Dessinateur et graveur :
G. Bétemps
Taille-douce*

INSTRUMENT DE MUSIQUE
*1989-1993
Dessinateur :
C. Bridoux
Offset*

CHAMPIGNONS
*1979
Dessinateur
et graveur :
P. Gandon
Taille-douce*

CHAMPIGNONS
*1979
Dessinateur
et graveur :
P. Gandon
Taille-douce*

MONUMENTS
*1979-1982.
Dessinateur
et graveur :
C. Durrens
Taille-douce*

MONUMENTS
*1979-1982.
Dessinateur et
graveur :
C. Durrens
Taille-douce*

SAISONS
*1983
Dessinateur :
d'après J. Picart
le Doux
Graveur :
P. Béquet
Taille-douce*

SAISONS
*1983
Dessinateur :
d'après J. Picart
le Doux
Graveur :
P. Béquet
Taille-douce*

CARTES À JOUER
*1984. D'après J.
Picart le Doux
Graveur :
Rajewicz
Taille-douce*

CARTES À JOUER
*1984. D'après J.
Picart le Doux
Graveur :
Rajewicz
Taille-douce*

MOIS DE L'ANNÉE
*1986-1988
Dessinateur : J.
Picart le Doux
Graveur :
Rajewicz
Taille-douce*

MOIS DE L'ANNÉE
*1986-1988
Dessinateur : J.
Picart le Doux
Graveur :
Rajewicz
Taille-douce*

INSECTES
*1982-1983
Dessinateur : Y. Schach-Duc
Graveur : C. Haley ou M. Monvoisin
Taille-douce*

En 1859, lorsque l'apposition du timbre-poste sur la correspondance est rendue obligatoire, les postes décident de taxer le courrier qui en était dépourvu et procèdent à l'émission de timbres spéciaux, portant la légende « chiffre taxe ». Un certain nombre de timbres de valeurs et de couleurs différentes sont ainsi mis en vente. En 1943, le gouvernement prône l'agriculture et les postes choisissent d'illustrer les timbres de cette catégorie par des gerbes de blé entrelacés ; quelques années plus tard, la légende « chiffre taxe » est remplacée par « timbre taxe ». En 1964, après l'avènement du nouveau franc, la Ve République fait figurer des fleurs sauvages sur les timbres-taxe. En 1982, celles-ci sont supplantées par des coléoptères. Les timbres-taxe sont définitivement retirés le 18 novembre 1988.

FLEURS
*1964-1971
Dessinateur :
J. Combet
Graveur : J. Miermont
Typographie
3 couleurs*

FLEURS
*1964-1971
Dessinateur :
J. Combet
Graveur : J. Miermont
Typographie
3 couleurs*

GERBES
*1943-60. Dessinateur :
P. Gandon
Graveur : H. Cortot
Typographie*

La France combattante

Contexte de la Grande Guerre et de ses lendemains, effet d'entraînement des monuments aux morts, marque de l'armée, lorsque la production des timbres-poste de France commence à se diversifier (1914, 1924, 1929...), on mesure l'importance d'une propagande de la Défense nationale, de la France combattante. Elle se maintient jusqu'à la fin des années 1940, en se combinant, dans les années 1930. À la différence de

DÉBARQUEMENT FRANÇAIS
EN PROVENCE
*1969. Dessinateur et graveur :
P. Gandon
Taille-douce 3 couleurs*

1938 : la guerre menace et la France mobilise. La France exalte les valeurs patriotiques : sur le timbre émis cette année-là « à la gloire de l'infanterie française », le fantassin veille au fond de sa tranchée. En 1940, la défaite entraîne des millions de militaires en Allemagne dans les camps de prisonniers. En 1942, l'État français crée la « légion tricolore » destinée à lutter contre le bolchevisme, sur le front de l'Est, aux côtés des Allemands : deux timbres identiques, l'un bleu, l'autre rouge, encadrent une vignette blanche sans valeur postale imprimée à sec. Le quarantième anniversaire de la bataille de Ver-

LÉGION TRICOLORE
*1942. Dessinateur : Éric
Graveur : P. Gandon
Taille-douce*

dun en 1916 offre l'occasion d'évoquer le souvenir des « poilus » dans leurs tranchées. En 1969, on célèbre le 25e anniversaire de la Libération ; plusieurs timbres rappellent les épisodes décisifs qui préparent ou marquent cette libération : bataille du Garigliano, parachutistes et combattants des forces françaises de l'intérieur, combats du Mont-Mouchet, débarquement de Provence, escadrille Normandie-Niemen, libération de Paris et de Strasbourg…

À LA GLOIRE DE L'INFANTERIE
1938
Dessinateur et graveur :
J. Piel
Taille-douce

POUR NOS PRISONNIERS DE GUERRE
1941.
Dessinateur et graveur : Degorce
Taille-douce

MARÉCHAL FOCH
1940. Dessinateur et graveur : Ouvré
Taille-douce

MARÉCHAL JUIN
1970. Dessinateur et graveur :
P. Gandon
Taille-douce

Les maréchaux de France, héros de la « Grande Guerre » sont célébrés dans une série « pour les œuvres de guerre » en 1940 : le maréchal Joffre, le maréchal Foch, le maréchal Galliéni. Le seul maréchal de France encore en vie est le maréchal Philippe Pétain, célébré par le timbre en janvier 1941. Après la Seconde Guerre mondiale, ce sont les maréchaux français qui se sont illustrés au cours de ce conflit qui sont honorés. Le général Philippe Leclerc de Hautecloque – qui ne devient maréchal de France qu'à titre posthume – pour célébrer sa mort accidentelle survenue en 1947 et est à nouveau « timbrifié » en 1953, 1954, 1969 (par deux timbres cette dernière année) et 1987. Le maréchal de Lattre de Tassigny célébré pour la première fois en 1952, puis à nouveau en 1954, 1970 et 1989. Le maréchal Alphonse Juin en 1970.

l'Allemagne, de l'Italie et de l'Espagne, la France du XXe siècle n'a connu que des victoires, sauf la débâcle de 1940, que le régime de Vichy s'est employé à atténuer (par la réédition du timbre de la Marseillaise et du Défilé de la Victoire en juillet 1940). Ni la guerre d'Indochine ni celle d'Algérie n'apparaissent. Par différence avec la RFA et l'Italie de l'après-guerre, par rapprochement avec l'Italie des années 20-40, l'Allemagne des années 30-40 et l'Espagne de Franco, le timbre français est manifestement l'espace de représentation privilégié de l'armée, l'espace d'honneur de ses grandes figures, le cérémonial de ses victoires et du mémorial. Dans la deuxième période, il n'y a plus d'images que celles du souvenir des guerres victorieuses d'hier, le souvenir des victimes, l'honneur des héros, des divers corps d'armée, etc.

MARÉCHAL DE LATTRE DE TASSIGNY
1952. Dessinateur : R. Serres
Graveur : A. Decaris
Taille-douce

GÉNÉRAL LECLERC
1947. Dessinateur et graveur : R. Serres
Taille-douce

Les héros de la Résistance et de la déportation

Une quarantaine de timbres exaltent la mémoire de la Résistance et de la déportation. Jean Moulin, premier président du Conseil national de la Résistance, torturé et assassiné par les Allemands ; Pierre Brossolette, journaliste résistant, qui saute par une fenêtre pour éviter de parler sous la torture ; Simone Michel-Lévy, rédactrice aux PTT, qui est arrêtée et déportée, non en sa qualité de juive mais pour son appartenance à la Résistance ; Mère Élisabeth (née Élise Rivet), religieuse catholique, résistante et déportée, morte en chambre à gaz à Ravensbrück ; ainsi que plus de trente autres résistants, représentatifs des milliers de Français qui, pendant toute la période d'Occupation, ont renseigné, combattu, saboté pour préparer la reconquête du territoire.

Pour célébrer le 20ᵉ anniversaire de la Libération, on choisit en 1964 d'illustrer un timbre du Monument aux étudiants résistants morts pour la France, œuvre du sculpteur Wattain, au jardin du Luxembourg à Paris et, pour commémorer le retour des déportés, un timbre nous montre l'un d'eux en « pyjama » rayé, libéré des chaînes et des barbelés, défilant sous l'Arc de Triomphe.

JEAN MOULIN
1957
*Dessinateur et graveur :
R. Cottet
Taille-douce*

MÈRE ÉLISABETH
1961
*Dessinateur :
A. Spitz
Graveur :
J. Pheulpin
Taille-douce
3 couleurs
Musée*

PIERRE BROSSOLETTE
1957
*Dessinateur :
A. Spitz,
Graveur :
H. Cheffer
Taille-douce
2 couleurs*

20ᵉ ANNIVERSAIRE DE LA LIBÉRATION : « RÉSISTANCE ».
1964. *Dessinateur et graveur :
J. Combet
Taille-douce*

SIMONE MICHEL-LÉVY
1958
*Dessinateur et graveur :
A. Decaris
Taille-douce
2 couleurs*

40ᵉ ANNIVERSAIRE DE LA BATAILLE DE VERDUN
1956. *Dessinateur et graveur :
A. Decaris
Taille-douce*

RETOUR DES DÉPORTÉS
1965. *Dessinateur et graveur : J. Combet
Taille-douce*

Les célébrités

PILÂTRE DE ROZIER
*1936. Dessinateur : C. Kieffer
Graveur : J. Piel
Taille-douce*

CLÉMENT ADER
*1938. Dessinateur et graveur : A. Ouvré
Taille-douce*

SAINT-EXUPÉRY
*1948. Dessinateur et graveur :
P. Gandon
Taille-douce*

PASTEUR
*1923
Dessinateur
et graveur :
Prud'homme
Typographie*

L'idée d'illustrer les timbres d'usage courant par l'effigie de personnages illustres « qui ont fait la France » naît après la Première Guerre mondiale : la première célébrité en l'honneur est Louis Pasteur. Les trois premiers timbres émis en 1923 sont suivis de ttois autres séries jusqu'en 1926 totalisant 12 vignettes, sans compter les cartes postales avec timbre pré-imprimé, les timbres pré-oblitérés, les timbres surchargés soit pour la poste aérienne, avec surtaxe au profit de la Caisse d'Amortissement, ou pour commémorer à la réunion à Paris du Bureau International du Travail, soit encore pour épuiser les stocks, soit enfin pour servir dans les bureaux français à l'étranger. De 1927 à 1933, les effigies de Ronsard, Marcelin Berthelot, Jeanne d'Arc, Aristide Briand, Paul Doumer et Victor Hugo semblent compléter cette série qui, desservie par la typographie, n'eut pas de descendance.

MERMOZ
*1937
Dessinateur
et graveur :
G. Barlangue
Taille-douce*

MARCEL PROUST
*1966. Dessinateur et graveur :
J. Pheulpin
Taille-douce 3 couleurs*

Dix ans après la première émission de timbres-poste honorant les célébrités françaises, celles-ci se retrouvent de manière hétéroclite, rassemblant religieux et historiens, rois et médecins, poètes et explorateurs, faisant se cotoyer des personnages du XIIe siècle avec d'autres du XIXe ou du XXe siècle. Jusqu'en 1958, tous ces timbres ont un format vertical ; en 1959, Ils adoptent le format horizontal, permettant de leur associer, au second plan, des œuvres ou des sites où ils s'illustrèrent ; à partir de 1960, ils seront imprimés en taille douce 2 ou 3 couleurs.

Les timbres des « célébrités », figures d'hommes ou de femmes honorés à titre posthume, apparaissent en 1924. Cette thématique vient après celle de la France combattante. Elle prévaut par le nombre, mais non par l'importance du tirage, où la thématique du territoire l'emporter nettement. On serait porté à dire que la propagande de l'État mise sur les figures, tandis que les Français s'en détournent et rêvent leur beau pays de France – sachant tout de même que, prix du succès, les figures sont souvent pénalisées par une surtaxe au profit d'œuvres diverses, tandis que les paysages sont « gratuits », ils ne servent qu'à l'affranchissement. Les célébrités françaises sont frappées d'une règle nationale leur refusant d'être émises plus d'une fois (sauf exceptions : Pasteur, Hugo, Leclerc, de Lattre, etc.). aussi, les grandes figures correspondant fortement à des modèles et à des causes nationales sont passées en premier et ont disparu à jamais. Le panthéon s'est ensuite rempli de figures de moindre importance, pour aboutir à un mélange de figures connues récemment disparues, et d'« illustres inconnus ». La ligne des célébrités devient ainsi atone, elle n'embraye presque plus sur la société. On notera par différence la façon dont la RFA et la RDA savaient confronter leur références par le langage du timbre, en émettant plusieurs fois de suite leurs figures éloquentes. Le rythme de production varie avec les régimes et les présidents : il atteint son maximum à la fin de la IVe République, il se modère nettement à l'arrivée du général de Gaulle et celle de François Mitterrand dans les deux cas en basculant du format vertical au format horizontal. La traduction-image des célébrités est toujours le portrait : figure, buste, et parfois personnage en pied. Le format horizontal permet de situer le personnage dans son cadre, ses objets, son domaine.

AUGUSTE RODIN
1937. Dessinateur et graveur :
H. Cheffer
Taille-douce.

MARYSE BASTIÉ
1955. Dessinateur et graveur :
P. Gandon
Taille-douce 2 couleurs

Dès que les frères Montgolfier ont réussi à faire s'élever un ballon de papier gonflé à l'air chaud, les vocations d'aérostiers sont légion. Un des pionniers de la conquête de l'air est Pilâtre de Rozier. Il faut attendre plus

d'un siècle pour que Clément Ader fasse voler le premier engin « plus lourd que l'air ». Les « années folles » connaissent l'épopée des « défricheurs du ciel » : les lignes « Latécoère » partent à la conquête du ciel du Maroc, de l'Atlantique sud, de l'Amérique latine et des Andes. Jean Mermoz disparaît en vol en 1936 âgé seulement de 35 ans... Antoine de Saint-Exupéry fait aussi partie de cette race de pionniers de l'aviation et disparaît en vol en 1944 au cours d'une mission de guerre au-dessus de la Méditérranée. Les femmes ne se laissent pas exclure de cette compétition : pilote d'essai, acrobate aérienne, Maryse Bastié est l'une des plus représentatives de ces aventurières du ciel.

JEAN JAURÈS
1936. Dessinateur : R. Grégoire
Graveur : J. Piel
Taille-douce

ANATOLE FRANCE
1937. Dessinateur et graveur : A. Delzers
Taille-douce

HECTOR BERLIOZ
1936. Dessinateur et graveur : A. Ouvré
Taille-douce

À partir de 1934, les timbres consacrés aux célébrités sont gravés en taille douce, quelques uns en petits format puis en format double imprimés soit horizontalement, soit verticalement : le tribun Jean Jaurès, le compositeur Hector Berlioz, l'écrivain Anatole France, le sculpteur Auguste Rodin.

EMMANUEL CHABRIER
1942. Graveur : A. Ouvré,
d'après Fantin-Latour
Taille-douce

Pendant la période d'occupation, quelques personnalités font isolément l'objet de l'émission d'un timbre ; certains d'entre eux (10) imprimés en grand format, d'autres (6), en petit format par mesure d'économie ; trois de ces timbres ont été consacrés à des compositeurs français de la seconde moitié du XIXe siècle : Chabrier, Massenet, Gounod.

CHARLES GOUNOD
1944
Dessinateur :
M. Ciry
Graveur :
P. Dufresne
Taille-douce

SARAH
BERNHARDT
*1945
Dessinateur :
P. Gandon
Graveurs :
P. Gandon et
C. Mazelin
Taille-douce*

RENÉ DESCARTES
*1937. Dessinateur et graveur :
H. Cheffer
Taille-douce*

RENÉ DESCARTES
*1937. Dessinateur et graveur :
H. Cheffer
Taille-douce*

En 1937, pour célébrer le 3e centenaire du *Discours de la Méthode*, un timbre est émis le 24 mai avec un portrait de René Descartes dessiné et gravé par Henry Cheffer d'après une gravure de Gérard Édelinck tirée (et inversée) du tableau de Frans Hals qui se trouve au musée du Louvre ; au second plan apparaît le frontispice de l'ouvrage du philosophe avec le titre erroné de *Discours sur la Méthode*! L'erreur aussitôt relevée, une nouvelle version du timbre avec titre rectifié sera émise le 10 juin.

LE CHEVALIER
BAYARD,
CÉLÉBRITÉ
DU XVIe SIÈCLE
*1943
Dessinateur
et graveur :
R. Serres
Taille-douce*

À partir de 1943, la France décida de consacrer chaque année une série de 6 timbres (en 1948) à des portraits de ces célébrités classées par époque. Ces vignettes étaient alors imprimées en format vertical, le même cadre entourant chacun des portraits de la même série.

MOLIÈRE, CÉLÉBRITÉ DU
XVIIe SIÈCLE
*1944. Dessinateur : M. Ciry
Graveur : C. Mazelin
Taille-douce*

JEANNE
D'ARC,
CÉLÉBRITÉ
DU XVe
SIÈCLE
*1946
Dessinateur
et graveur :
A. Decaris
Taille-douce*

BARBÈS, ACTEUR DE LA RÉVOLUTION
DE 1848
*1948
Dessinateur
et graveur :
R. Serres
Taille-douce*

ROBESPIERRE, CÉLÉBRITÉ
DE LA RÉVOLUTION DE 1789
*1950. Dessinateur et graveur :
C. Mazelin
Taille-douce 2 couleurs*

VOLTAIRE, CÉLÉBRITÉ
DU XVIIIe SIÈCLE
*1949. Graveur :
C. Mazelin,
d'après Quentin
de La Tour
Taille-douce*

MADAME RÉCAMIER
*1950
Dessinateur :
P. Lemaguy,
d'après
Gérard
Graveur :
C. Mazelin
Taille-douce*

La première femme « identifiée » qui apparaît sur un timbre-poste en 1943 est Guigone de Salins, associée à Nicolas Rolin fondateurs de l'Hôtel-Dieu de Beaune ; il faut attendre deux ans pour que Sarah Bernhardt, avec la femme, fasse son entrée solennelle dans le panthéon postal. Avec Marie de Rabutin-Chantal, marquise de Sévigné et « Juliette » Récamier, elle est régulièrement présente depuis les année cinquante.

ARTHUR RIMBAUD, POÈTE SYMBOLISTE
*1951. Dessinateur : P. Lemagny,
d'après Fantin-Latour
Graveur : G. Balangue
Taille-douce*

SAINTE-CLAIRE DEVILLE, INVENTEUR
*1955. Dessinateur et graveur :
A. Decaris
Taille-douce 2 couleurs*

JEAN HENRI FABRE, CHERCHEUR
*1956. Dessinateur : M. Fabre
Graveur : R. Cani
Taille-douce 2 couleurs*

CHARLES DE FOUCAULD
*1959. Dessinateur et graveur :
C. Mazelin
Taille-douce 3 couleurs*

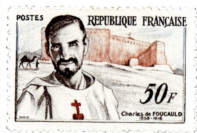

CHARLEMAGNE
*1966. Dessinateur et graveur :
A. Decaris
Taille-douce, 3 couleurs*

JEAN-JACQUES ROUSSEAU, CÉLÉBRITÉ ÉTRANGÈRE
*1956. Dessinateur : M. Ciry
Graveur : R. Cottet
Taille-douce*

PHILIPPE PINEL, MÉDECIN
*1957. Dessinateur : A. Spitz
Graveur : R. Cottet
Taille-douce*

SAINT VINCENT DE PAUL
*1959
Dessinateur et graveur :
C. Mazelin
Taille-douce
3 couleurs*

GÉRARD PHILIPE, COMÉDIEN
*1961. Dessinateur et graveur :
A. Decaris
Taille-douce
2 couleurs*
Parallèlement, on commença de composer, à partir de 1951, des séries à thèmes réunissant les uns des poètes « maudits », d'autres des inventeurs, des savants et des chercheurs,  des médecins, des comédiens, d'autres encore des personnalités étrangères ayant participé à la vie française. Au cours de cette même époque, on honora également quelques philanthropes tels le Père de Foucauld ou Monsieur Vincent.

SAINT LOUIS
*1967
Dessinateur
et graveur :
A. Decaris
Taille-douce
2 couleurs*

COLETTE
*1973
Dessinateur :
J. Gauthier
Graveur :
J. Pheulpin
Taille-douce
3 couleurs*

SACRE DE NAPOLÉON
*1973. Dessinateur et graveur :
A. Decaris
Taille-douce 2 couleurs*

De 1966 à 1973, 24 timbres-poste émis trois par trois, de grand format, composent une fresque historique dans l'esprit de l'*Histoire de France* de Jules Michelet. Au total, seize personnages parmi lesquels Clovis, Jeanne d'Arc, Richelieu ou Bonaparte, et huit événements constitutifs de la Nation française, tels la bataille de Fontenoy, la prise de la Bastille ou le sacre de Napoléon dernier évènement de la série.

MADAME DE SÉVIGNÉ
*1996. Dessinateur : L. Briat
Héliogravure*
La dernière série « pêle-mêle » paraît en 1984 ; 1985 marque l'avènement – pour une décennie – de séries thématiques, des écrivains tout d'abord, des physi-

ciens, chimistes et ingénieurs en 1986, des médecins et biologistes l'année suivante, des grands navigateurs en 1988, des personnages de la Révolution – célébrations du bi-centenaire oblige-, des grands noms de la chanson suivis de poètes, de compositeurs des XIXe et XXe siècles, d'écrivains du XXe siècle et pour terminer, en 1994, des vedettes de la scène et de l'écran. Aujourd'hui, la mode est plutôt aux personnages imaginaires...

ROMAIN ROLLAND, ÉCRIVAIN
*1985. Dessinateur et graveur : J. Jubert
Taille-douce 2 couleurs*

PIERRE DE MARIVAUX
*1963. Dessinateur et graveur :
A. Decaris
Taille-douce 2 couleurs*

JEAN D'ALEMBERT
*1959. Graveur : C. Mazelin
Taille-douce*

HENRI IV
1969. Dessinateur et graveur :
A. Decaris
Taille-douce 3 couleurs

LA FAYETTE, PERSONNAGE
DE LA RÉVOLUTION
1989. Dessinateur et graveur : P. Forget
Taille-douce 4 couleurs

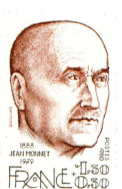

JEAN MONNET
1980
Dessinateur
et graveur :
R. Quillivic
Taille-douce
2 couleurs
Parmi la quarantaine de célébrités honorées par le timbre-poste pendant les septennats de MM. Georges Pompidou et V. Giscard d'Estaing, figurent deux grands européens, Robert Schuman et Jean Monnet. D'autres personnalités sont « timbrifiées » pour la première fois tandis que Voltaire et Rousseau, Frédéric Mistral, Claude Bernard, Hector Berlioz et Louis Pasteur, déjà bénéficiaires dans le passé de timbres à leurs effigies, illustrent à nouveau des vignettes postales.

L'ABBÉ BREUIL
1977. Dessinateur et graveur :
R. Quillivic
Taille-douce 2 couleurs

CÉSAR FRANCK, COMPOSITEUR
1992.
Dessinateur : Dessirier
Héliogravure

JACQUES PRÉVERT, POÈTE
DU XXᵉ SIÈCLE
1991. Dessinateur : M. Durand-Megret
d'après Picasso
Graveur : P. Albuisson
Taille-douce 3 couleurs

ANDRÉ MALRAUX
1979. Dessinateur et graveur :
C. Halley
Taille-douce 2 couleurs

PAUL VALÉRY
1954. Dessinateur et graveur :
J. Pheulpin
Taille-douce

LA PÉROUSE, NAVIGATEUR
1988. Dessinateur :
D. Geoffroy-Dechaume
Graveur : P. Béquet
Taille-douce 3 couleurs

ÉDITH PIAF,
GRAND NOM
DE LA
CHANSON
FRANÇAISE
1990
Dessinateur :
R. Moretti
Héliogravure

MAURICE
RAVEL
1956
Dessinateur :
M. Ciry
Graveur :
R. Cottet
Taille-douce

Société : du social au culturel

POUR LA CROIX-ROUGE :
L'AMOUR MENAÇANT
1950
Graveur :
J. Poil,
d'après
E. Falconnet
Taille-douce

LA FÊTE
1976
Dessinateur
et graveur :
G. Bétemps
Taille-douce
3 couleurs

LA COMMUNICATION VUE PAR LES
AUTEURS DE BANDES DESSINÉES
1988. Dessinateur : Forest
Héliogravure

AIDEZ LES
TUBERCULEUX
1945. Dessinateur :
G. Barlangue,
Graveur : M. Cortot
Typogravure

LA TÉLÉVISION
1955. Dessinateur et graveur :
A. Decaris
Taille-douce 2 couleurs

Autant la sensibilité face au social caractérise les timbres de France dès leurs premières diversifications (durant l'entre-deux-guerres et le régime de Vichy : Croix-Rouge, Orphelins de guerre, chômeurs, réfugiés...), et autant cette forme caritative se traduit dans la surtaxe des timbres de célébrités, autant cette sensibilité n'a pas été très développée (par différence avec la Belgique, les Pays-Bas, l'Espagne... sachant qu'en France les campagnes antituberculeuses n'ont jamais été portées par le timbre-poste, sauf en 1945). Ce regard sur la société va en diminuant dans la deuxième période, sauf la répétition rituelle du timbre de la Croix-Rouge, dont l'image n'est pas la misère, mais une œuvre d'art (enfance, maternité, etc...). Dans le même sens, un basculement progressif s'opère du social vers la culture : théâtre, fêtes, folklore, télévision, cinéma, et tout récemment, la communication, des organisations confessionnelles (soit une brèche ouverte dans la laïcité, exceptés le catholicisme et l'islam). En ce sens on note la mise à l'honneur des Grandes Écoles. On remarque encore que les timbres de France ne servent pas spécialement à l'éducation civique. Le devoir politique est quasi absent.

POUR LE BIEN DES AVEUGLES
1989. Dessinateur : O. Baillais
Héliogravure

FIGARO, DE BEAUMARCHAIS
1953. Dessinateur : A. Spitz
Graveur : H. Cheffer
Taille-douce 2 couleurs

ÉCONOMIES D'ÉNERGIE
1978. Dessinateur et graveur : J. Jubert
Taille-douce

BOIRE OU CONDUIRE...
1981. Dessinateur : P. Fix-Masseau
Graveur : C. Jumelet
Taille-douce

La Poste participe aux campagnes d'intérêt public, en reprenant parfois, pour accentuer la synergie, les slogans ou les thèmes développés par la communication publicitaire.

JOURNÉE NATIONALE DE PRÉVENTION DES TOXICOMANIES
1994. Dessinateur : V. Verlickovic
Héliogravure

Pour la première fois, en 1945, les Postes apportent leur concours à la diffusion du « timbre anti tuberculeux », confiné jusque là dans un rôle de vignette de bienfaisance sans usage postal. Ce timbre, au tarif de la lettre est nanti d'une surtaxe au profit de la lutte contre la tuberculose mais son succès est tellement mitigé que les stocks restant doivent être surchargés 3 F (tarif postal seul) l'année suivante, avec annulation de la surtaxe. Outre les timbres à surtaxes (séries des « célébrités » en particulier) dont le montant est désormais versé à la Croix-Rouge française, les Postes émettent chaque année, depuis 1949, un ou plusieurs timbres au profit spécifique de la Croix-Rouge et dont les sujets sont souvent consacrés à des œuvres d'art. Les Postes émettent également des timbres sans surtaxe destinés à promouvoir une grande cause : en 1959, il s'agit de la Poliomyélite, en 1989 des aveugles – et pour la première fois un timbre français porte une inscription en braille.

LES GÉANTS DU NORD
1980. Dessinateur et graveur : J. Delpech
Taille-douce 3 couleurs

ÉCOLE NORMALE SUPÉRIEURE
1994
Dessinateur : E. Luquet d'après G. Lecuyot
Graveur : P. Forget
Taille-douce

PLAISIR D'ÉCRIRE
1993. Dessinateur : E. Davodeau
Héliogravure

En 1988, la Poste fait appel à douze auteurs de bandes dessinées, lauréats du Grand Prix du festival d'Angoulême pour créer une « bande-carnet » de timbres au tarif de la lettre (2 F 20) sur le thème de la « communication ». Pallos, Reiser, Marijac, Fred, Moebius, Gillon, Brétécher, Forest, Mézières, Tardi, Lob

et Bilal doivent réaliser une image de bande dessinée sur un rectangle de 27 × 33 mm. L'intérêt que le public manifeste à l'égard de ces timbres créés dans un style populaire, incite la Poste à récidiver : douze timbres à 2 F 50 sont commandés à douze autres dessinateurs. Une bande-carnet est composée sur le thème de « plaisir-d'écrire ». Mais la vente est différée lorsque la Poste procède à l'émission des vignettes, le tarif de la lettre est passé à 2 F 80 : le stock de timbres à 2 F 50 et on imprime la nouvelle valeur. Le service courrier de la Poste réutilise depuis le graphisme de certains d'entre-eux, repris en format réduit sur des enveloppes « prêtes-à-poster » et vendues par lots dans les bureaux.

TRICENTENAIRE DE LA RÉVOCATION DE L'ÉDIT DE NANTES
1985
Dessinateur et graveur :
A. Decaris
Taille-douce 3 couleurs

ÉCOLE DES LANGUES ORIENTALES
1995. Dessinateur : R. Jubert
Héliogravure

Au fil des ans et à l'occasion de leur cinquantenaire, centenaire ou bicentenaire, la France magnifie ses « grandes écoles » : l'École Militaire de Saint-Cyr, de l'Air, Navale, l'École centrale des arts et manufactures, nationale supérieure des Arts et Métiers, des Mines, HEC, Polytechnique ou ENA, l'École Normale Supérieure (ENS), l'école de Langues Orientales ou « Langues O ».

CINQUANTENAIRE DE LA CINÉMATHÈQUE FRANÇAISE
1986. Dessinateur :
D. Geoffroy-Dechaume
Héliogravure
Le théâtre français est exalté en 1953

par quatre personnages : Gargantua, Célimène, Figaro et Hernani. En 1976, la Poste célèbre la Fête et en 1980 les Géants du Nord, personnages d'osier « protecteurs » des cités, que l'on présente sur les places publiques ou que l'on promène en cortèges bruyants les jours de kermesse. En 1955, La télévision commence à peine à se répandre dans les foyers français que les Postes, apportent leurs concours à son développement. Le cinquantenaire de la Cinémathèque est l'occasion, en 1986, de l'émission d'un feuillet en noir et blanc réutilisant des scènes de dix films français célèbres allant de Max Linder à *l'Enfant sauvage* de Truffaut, en passant par *La Femme du boulanger* de Pagnol, les *Belles de nuit* de René Clair.

LA GRANDE SYNAGOGUE DE LA RUE DE LA VICTOIRE
1988
Dessinateur : R. Moretti
Offset

LA GRANDE LOGE FÉMININE DE FRANCE
1995. Dessinateur : H. Sainson
Graveur : A. Lavergne
Taille-douce

En raison du nombre particulièrement important de français se réclamant de tradition catholique, les grandes figures du catholicisme, ses saints, ses cathédrales ou ses monastères ont fait l'objet de nombreuses célébrations postales. La religion réformée doit attendre 1964 pour que le 4e centenaire de la mort de Calvin offre l'occasion de l'inclure dans la série des célébrités. En 1983 Martin Luther figure sur un timbre à l'occasion du 5e anniversaire de sa naissance. En 1969 la promulgation de l'Édit de Nantes par « le bon Roy Henry » est évoquée et en 1985 on commémore sa révocation. La religion israélite attendra beaucoup plus longtemps. L'année de la célébration du centenaire de la Syna-

gogue de la rue de la victoire à Paris, en 1988, donne à Raymond Moretti l'occasion de dessiner un timbre où une colombe formée de caractères hébraïques se supperpose à une composition architecturale évoquant ce monument. Bien qu'on ne puisse considérer comme religion les différentes obédiences maçonniques, elles figurent ici en raison de leur caractère philosophique. La plupart ont été célébrées par le timbre : le Grand Orient de France pour son bicentenaire en 1973, la Grande Loge de France pour le centenaire de la séparation, en 1894, le Droit humain et la Grande Loge féminine de France, pour le cinquantenaire de sa fondation sous le nom d'« Union Maçonnique féminine ».

Sports : compétitions et loisirs

Dans la première période des timbres de France, les images de sports de compétition s'allient à celles des sports de loisir, de détente, de santé (une époque sensible à l'hygiène). Le thème est peu fourni, mais on constate le succès des tirages des séries en 1953 et 1956. Dans la deuxième période, les timbres du sport deviennent de plus en plus nombreux ; ils n'affirment plus que la compétition. La France est soucieuse d'être une grande nation sportive sans toutefois mettre à l'honneur du timbre ses vainqueurs : un monde de célébrités anonymes.

JEUX OLYMPIQUES DE PARIS :
ATHLÈTE PRÊTANT SERMENT
1924. Graveur : G. Parison
Typographie 2 couleurs

COUPE DU MONDE DE FOOTBALL
1938. Dessinateur : J. Bridges
Graveur : Degorce
Taille-douce

TOUR DE FRANCE CYCLISTE :
1903-1953
1953. Dessinateur et graveur :
A. Decaris
Taille-douce 3 couleurs

POUR LES VAINQUEURS DES JEUX OLYMPIQUES D'HELSINKI
1953. Dessinateur : A. Jacquemin
Graveur : R. Serres
Taille-douce 2 couleurs

Xe JEUX OLYMPIQUES D'HIVER DE GRENOBLE
1968. Dessinateur et graveur :
J. Combet
Taille-douce 3 couleurs

CINQUANTENAIRE DU STADE ROLLAND-GARROS
1978. Dessinateur : J. Lovera
Graveur : P. Béquet
Taille-douce 3 couleurs

CHAMPIONNAT DU MONDE DE LUTTE
1987
Dessinateur et graveur : J. Gauthier
Taille-douce 3 couleurs

« ALBERTVILLE 92 » –
JEUX OLYMPIQUES D'HIVER
1992. Dessinateur : C. Bridoux
Graveur : P. Béquet
Taille-douce

Les jeux olympiques de 1924 se déroulent à Paris et offrent l'occasion d'émettre la première série de timbres à images consacrée au sport. La légende « 8e olympiade » figurant sur ces timbres est toutefois erronée : l'olympiade est en fait la période de quatre ans séparant deux jeux olympiques. Dans l'entre-deux-guerres, seuls le ski (1937) et le football (1938) sont magnifiés par le timbre. En 1953, la IVe République célèbre le tour de France cycliste et les disciplines ayant rapporté à la France des médailles d'or aux jeux olympiques d'Helsinki. En 1956, une série de quatre timbres est consacrée au basket-

ball et au rugby. Après l'avènement de la Vᵉ République l'escrime, le golf, le hockey sur glace, le judo, la lutte, la patinage, le ski nautique, le sport automobile, le tennis, le tennis de table, la voile vont à leur tour illustrer des timbres.

PTT, SPORTS ET LOISIRS
1937. Dessinateur et graveur : J. Piel
Taille-douce

ALPINISME
1956
Dessinateur :
R. Serres
Graveur :
P. Gandon
Taille-douce
3 couleurs

LE MONT DORE
1961
Dessinateur et graveur :
J. Combet
Taille-douce
2 couleurs

JEUX TRADITIONNELS
1958
Dessinateur et graveur : R. Serres
Taille-douce 2 couleurs

AIX-LES-BAINS
1965
Dessinateur et graveur :
J. Combet
Taille-douce
2 couleurs

C'est avec une série « sports et loisirs » à surtaxe au profit des PTT que la Poste ouvre ce chapitre ; en 1958, une série consacrée aux « jeux traditionnels » célèbre les jeux de boules, le tir à l'arc, les joutes nautiques, la lutte bretonne. De nombreux timbres à caractère touristique vont ensuite popularisé les sports d'hiver et les stations thermales, les plages et les stations balnéaires.

Nature

FLORALIES PARISIENNES
1959. Dessinateur et graveur :
P. Gandon
Taille-douce 3 couleurs

OISEAUX : GUÊPIERS
1960. Dessinateur et graveur :
P. Gandon
Taille-douce multicolore

ABEILLE « APIS MELLIFICE »
1979. Dessinateur et graveur :
R. Quillivric
Taille-douce 3 couleurs

La ligne thématique de la nature est amorcée tardivement, en 1960. Ce sont de belles images qui supplantent les images rurales et agricoles d'hier. Elles sont à destination d'une société urbanisée. Ni Semeuse, ni Moissonneuse, les gestes de la terre ont disparu, et, excepté la forêt, ils n'entrent même pas dans les séries récentes de métiers traditionnels, à la façon de Millet ou de Van Gogh, il y a un siècle.

FLEURS DE MONTAGNE : ASTER
*1983
Dessinateur :
N. Robert
Graveur :
C. Durrens
Taille-douce multicolore*

MINÉRAUX
*1986
Dessinateur et graveur : P. Forget
Taille-douce
3 couleurs*

L'OURS DES PYRÉNÉES
*1991
Dessinateur :
H. Sainson
Graveur :
R. Durrens
Taille-douce*

MILLIONIÈME HECTARE REBOISÉ
*1965. Dessinateur et graveur :
A. Decaris
Taille-douce 3 couleurs*

CHARTE EUROPÉENNE DE L'EAU
*1969. Dessinateur et graveur :
J. Combet
Taille-douce, 3 couleurs*
Un timbre pour le reboisement émis en 1965 au tarif de la lettre simple pour l'intérieur, tiré à près de 12 millions et demi d'exemplaires et un autre célébrant la charte européenne de l'eau émis en 1969 et tiré à près de 8 millions et demi d'exemplaires participent aux campagnes de protection de l'environnement.

PARC NATUREL DE LA VANOISE
*1996. Dessinateur : G. Coda
Héliogravure*
Après avoir célébré la nature de manière ponctuelle, la Poste y a consacré chaque année un ou plusieurs timbres : oiseaux, rares espèces animales protégées, arbres et forêts, insectes, minéraux, poissons, parcs naturels.

Le territoire

Avec la thématique des célébrités, celle des timbres du territoire est la plus importante. Elle démarre en 1929 et reste à faible régime jusqu'à la Libération. Ces timbres connaissent alors un franc succès, avec un régime d'émission plus fourni, de beaux motifs et dessins, et des tirages importants (par dizaines, par centaines de millions). Si on devait faire un bilan, on pourrait dire que la grande époque des timbres a été celle du succès de ces timbres du territoire, entre 1945 et les années 1960 ; d'autant que cette époque est couverte par les jolis blasons de provinces et de villes en usage courant. « Jour de fête », « Douce France »... tout porte à chanter le pays et en faire rêver. L'engouement a été préparé par la grande vogue des cartes-postales au début du siècle. Lorsque celle-ci s'atténue, les « timbres-petites-cartes-postales » prennent le relai. En 1929, à la demande des Offices de tourisme, et en apportant la qualité de la gravure en taille douce, les séries « sites et monuments » embrayent d'emblée sur un terrain sensible et apportent une alternative aux timbres territoriaux sévères, axés sur la Défense nationale. De plus le succès des lendemains de la Libération tient à la règle de non-répétition appliquée aux lieux comme aux célébrités. Les sites et monuments de « première division » sont passés en tête, ceux qui étaient les plus connus et ont fait cette « grande période ». Ensuite sont venus les sites de « seconde division » ; et enfin, dans les dernières années, la multitude

ARC DE TRIOMPHE
*1931. Dessinateur : F. Bivel
Graveur : A. Delzers
Taille-douce*

CARCASSONNE
*1938. Dessinateur : R. Chapelain-Midy
Graveur : J. Piel
Taille-douce*

CATHÉDRALE DE REIMS
*1930
Dessinateur :
A. Vererque
Graveur :
A. Dezarrois
(types 1 et 2)
ou A. Delzers
(type 3)
Taille-douce*

CAEN, VILLE MARTYRE
*1945. Dessinateur et graveur : J. Piel
Taille-douce*

CATHÉDRALE DE STRASBOURG
*1939
Dessinateur :
A. Spitz
Graveur :
A. Delzers
Taille-douce*

Le lion de Belfort est le premier monument français illustrant un timbre-poste. En 1930-1931, des monuments célèbres figurent sur des timbres de fortes valeurs faciales : parmi ceux-ci, l'arc de triomphe de l'Étoile et la cathédrale de Reims, gravement sinistrée pendant la Grande Guerre. Le remplacement de cette première série de « sites et monuments » offre à la Cité de Carcassonne de figurer sur un timbre.

LE HAVRE, VILLE RECONSTRUITE
*1958
Dessinateur et graveur : J. Combet
Taille-douce 2 couleurs*
Parmi les nombreuses villes sinistrée en 1940, sous les bombardements qui précèdent le débarquement ou pendant les combats de la Libération, la Poste a choisi symboliquement quatre d'entre-elles : Dunkerque, Rouen, Caen ou Saint-Malo. L'achèvement de la reconstruction est célébré en 1958 avec Le Havre, Maubeuge, Saint-Dié et Sète.

des petites localités, inconnues et insignifiantes pour la majorité des français. Autre raison de ce succès : tant que les timbres sont à destination du courrier, ils voyagent sur le territoire et sont des ambassadeurs de lieux à lieux. Lorsqu'on compare la production française des timbres du territoire à celles d'Allemagne, d'Italie, d'Espagne, de Belgique, il apparaît que ces autres pays ont un débit irrégulier et des changements successifs dans leurs choix de motifs et leurs factures graphiques, tandis que la France se distingue par un débit régulier, avec indéfiniment le même cocktail d'églises, de châteaux, de ponts, de marines, de paysages, etc. On peut y voir la cause de la stabilité des régimes, et d'une tradition continue liée aux contraintes de la gravure.

MONT-SAINT-MICHEL
1930. Dessinateur : F. Bivel
Graveur : Mignon
Taille-douce

CHÂTEAU DE VERSAILLES
1938. Dessinateur et graveur : Degorce
Taille-douce

Les deux monuments les plus visités en France sont : le Mont-Saint-Michel, émis en 1930 dans le cadre de la première série de « sites et monuments » et le château de Versailles qui a fait l'objet d'un timbre à surtaxe, émis huit ans plus tard pour promouvoir les « saisons nationales d'Art français » et qui montre la cour d'honneur et les grilles du palais.

HÔTEL-DIEU DE BEAUNE
1942. Dessinateur et graveur : Feltesse
Taille-douce

CATHÉDRALE DE BEAUVAIS
1944
Dessinateur et graveur :
C. Mazelin
Taille-douce

CATHÉDRALE SAINT-JULIEN, LE MANS
1947. Dessinateur et graveur :
A. Decaris
Taille-douce

L'hospice de Beaune célèbre son 5ᵉ centenaire en 1943. Les postes choisissent ce sujet pour illustrer un timbre à 5 F émis en 1941. En 1942, l'Hôtel-Dieu est utilisée à nouveau pour un timbre à 15 F. Le monogramme « R. F. » est supprimé et remplacé par la mention « Postes françaises ». À partir de 1943, la légende « France » apparaît sur les timbres à image. Les cathédrales d'Angoulême, de Chartres, d'Amiens, de Beauvais et d'Albi sont émises en 1944. Une deuxième série est éditée en 1947 ; montre Saint-Sernin à Toulouse, Saint-Front à Périgueux, Saint-Julien au Mans, Notre-Dame du Port à Clermont-Ferrand et Notre-Dame de Paris, vue par le chevet. Le monogramme RF a réapparu sur nos timbres.

LA POINTE DU RAZ
1946. Dessinateur et graveur :
H. Cheffer
Taille-douce

QUIMPER
1954
Dessinateur et graveur :
H. Cheffer
Taille-douce
2 couleurs

ABBAYE DE SAINT-WANDRILLE
1949. Dessinateur et graveur :
H. Cheffer
Taille-douce

SAINT-RÉMY, LES ANTIQUES
1957. Dessinateur : A. Spitz
Graveur : R. Serres
Taille-douce 2 couleurs

Tirages records pour des timbres d'usage courant :
– 185,3 millions d'exemplaires pour la Pointe du Raz
– 133,3 millions d'exemplaires pour l'abbaye de Saint-Wandrille
– 194,7 millions d'exemplaires pour Quimper
– 384,8 millions d'exemplaires pour le Pont Valentré à Cahors
– 190,6 millions d'exemplaires pour Saint-Rémy de Provence, dont la durée de vie est, pour chacun d'eux de plus ou moins deux ans.

LE PONT VALENTRÉ À CAHORS
1955. Dessinateur et graveur :
C. Mazelin
Taille-douce 2 couleurs

PALAIS DE JUSTICE DE ROUEN
1975. Dessinateur et graveur :
J. Gauthier
Taille-douce 2 couleurs

CHÂTEAU FORT DE BONAGUIL
1976. Dessinateur et graveur :
C. Durrens
Taille-douce 3 couleurs

USSEL
1976
Dessinateur
et graveur :
J. Combet
Taille-douce
3 couleurs

GORGES DU VERDON
1978. Dessinateur et graveur :
M.-N. Goffin
Taille-douce 3 couleurs

MOULIN DE
STEENVOORDE
1979
Dessinateur :
P. Spas
Graveur :
E. Lacaque
Taille-douce
3 couleurs

NANTES
1979. Dessinateur et graveur : P. Forget
Taille-douce 3 couleurs

AURAY
1979
Dessinateur
et graveur :
C. Haley
Taille-douce
3 couleurs

LILLE : L'ANNÉE DU BEFFROI
1982. Dessinateur et graveur :
M.-N. Goffin
Taille-douce 2 couleurs

Parmi les quelques 700 timbres illustrant des sites et monuments de France, abbaye ou monastères, cathédrales ou chapelles, châteaux ou palais et quantité d'autres monuments, une sélection de quelques dizaines d'entre eux montre la variété des sujets, les styles graphiques développés, les formats différents utilisés. Jusqu'aux toutes récentes productions, la gravure en taille-douce a été privilégiée pour les timbres entrant dans cette catégorie.

CORDES
1980
Dessinateur
et graveur :
C. Durrens
Taille-douce
3 couleurs

433

Les timbres-poste

LES CÔTES DE MEUSE
1987. Dessinateur et graveur : J. Jubert
Taille-douce 3 couleurs

PRIMATIALE SAINT-JEAN, LYON
1981
Dessinateur et graveur :
P. Béquet
Taille-douce 2 couleurs

VIENNE
1985. Dessinateur et graveur :
M.-N. Coffin
Taille-douce 3 couleurs

CHARLEVILLE-MÉZIÈRES
1983. Dessinateur et graveur :
J. Gauthier
Taille-douce 2 couleurs

LENS
1987. Dessinateur et graveur :
M.-N. Coffin
Taille-douce 2 couleurs

La ville de Lens a été représentée par le timbre. En 1970 (43ᵉ congrès), on privilégie les puits de mine et les outils de mineur encadrant le blason de la ville. En 1987 les mines ne sont plus en activité. Une église et un stade rappellent que le football-club de Lens se distingue dans le championat de France de football.

LENS
1970. Dessinateur et graveur :
J. Combet
Taille-douce

LORIENT
1992. Dessinateur et graveur :
J. Gauthier
Taille-douce

VILLEFRANCHE-SUR-SAÔNE
1990. Dessinateur et graveur :
P. Albuisson
Taille-douce 3 couleurs

RÉGION PICARDIE
1975. Dessinateur : J. M. Lallemand
Graveur : J. Pheulpin
Taille-douce 3 couleurs

À partir de 1975, la Poste invite les région économiques à proposer des sujets destinés à illustrer des timbres qui leur sont consacrés. La rose de Picardie s'oppose aux murs de briques et aux fumées d'usines qui représentent le Nord-Pas-de-Calais.

CHINON
1993
Dessinateur et graveur : J. Gauthier
Taille-douce

Jusqu'en 1983, les timbres « sites et monuments » sont imprimés dans un format 37 × 22 mm. Pour la première fois cette année là, un timbre « panoramique » est émis en format double 76 × 22 mm. Il représente la place Ducale à Charleville-Mézières dont le format met en valeur les proportions de l'ensemble architectural. Depuis, ce format a été utilisé pour servir d'autres sites tels une bastide en Dordogne, les côtes de Meuse, le château de Vaux-le-Vicomte, la Brenne, Chinon ou les Champs-Élysées à Paris.

BRETAGNE
1995
Dessinateur et graveur : J. Jubert
Taille-douce

AUVERGNE
1995
Dessinateur et graveur : J. Jubert
Taille-douce

Philatélistes et usagers se plaignent de ne pas trouver auprès de la Poste de choix suffisant en matière de timbres d'usage courant : hors du guichet réservé aux timbres de collection, pas d'alternative au TVP (timbre à validité permanente) à l'effigie de la Marianne dite « triste » et aucun timbre « à image » pour affranchir les plis non urgents. La Poste décide de mettre en vente, en 1995, des timbres « semi-permanents » de couleur verte à 2 F 80 représentant des paysages évocatifs de l'Auvergne, de la Bretagne, de la Camargue et des Vosges. L'augmentation des tarifs postaux survenue en 1996 a passer la lettre à 3 F et le pli non-urgent à 2 F 70 et l'expérience n'est pas renouvelée.

BARRAGE DE GÉNISSIAT
1948
Dessinateur et graveur : G. Barlangue
Taille-douce

La guerre terminée, la France veut montrer qu'elle a entrepris la reconstruction de son économie. L'inauguration du barage hydro-électrique de Génissiat dans l'Ain en 1948, lui sert de prétexte. La IVe République récidivera en 1956 avec une série de « grandes réalisations » et, en 1959, la Ve République poursuit cette stratégie par le Palais du C.N.I.T. à Paris-La-Défense et le centre atomique de Marcoule, elle rappelle sa présence dans « l'Algérie française ». C'est le barrage de Faoum el Gherza et les installations pétrolières d'Hassi-Messaoud qu'elle montre fièrement. Ce sont ensuite les grands ponts suspendus : Tancarville, Bordeaux, les aéroports d'Orly, de Roissy, de Bâle-Mulhouse, et d'autres ouvrages d'art.

PALAIS DU C.N.I.T.
1959. *Dessinateur et graveur : J. Combet*
Taille-douce 2 couleurs

GRAND PONT DE BORDEAUX
1967. *Dessinateur et graveur : J. Combet*
Taille-douce 2 couleurs

HASSI-MESSAOUD-SAHARA
1959. *Dessinateur : J. Combet*
Graveur : C. Durrens
Taille-douce 3 couleurs

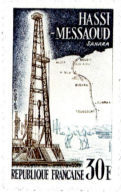

PONT DE NORMANDIE
1995
Dessinateur : J.-P. Veret-Lemarinier
Graveur : P. Albuisson
Taille-douce

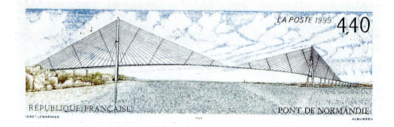

AVION POSTAL SURVOLANT PARIS
1936. Dessinateur et graveur : A. Ouvré
Taille-douce

Initialement émis pour des transports spéciaux de courrier par avion, puis pour des tarifs spécifiques de poste aérienne, les timbres portant cette mention sont le plus souvent illustrés par des sujets aériens. Avion survolant Marseille ou survolant Paris pour une série de timbres correspondant aux tarifs du courrier aérien intérieur, pour l'Europe, pour l'Afrique du nord, l'Afrique Équatoriale ou Occidentale française, l'Indochine, le Levant. Après la Seconde Guerre mondiale, les timbres dits « de poste aérienne » sont affectés aux fortes valeurs et utilisés pour tous les usages postaux. On commence par représenter des sujets mythologiques puis des vues stylisées des principales villes de France dont on a dit qu'Albert Decaris avait dessiné et gravé ces villes « comme si elles eussent été bombardées et que leur reconstruction avait commencé par leurs principaux monuments » ! À partir de 1954, les timbres de poste aérienne représentent presque exclusivement des prototypes contemporains ou anciens.

CENTENAIRE DE L'ALGÉRIE (FRANÇAISE)
1930. Dessinateur : Brouty
Graveur : C. Hourriez
Typographie 2 couleurs

Fleuron de l'Empire français, l'Algérie est conquise en 1830. Un siècle plus tard, les Postes célèbrent cet événement en mettant en service en métropole un timbre au tarif de la lettre simple pour l'intérieur, du même type que celui utilisé en Algérie, en remplaçant la légende « Postes Algérie » par « centenaire Algérie ». Pendant la guerre d'indépendance, paysages et monuments algériens sont incorporés à la « série générale ». En 1960, les gorges de Kerrata, sur la route de Bougie à Sétif, connaissent un tirage de 63,5 millions d'exemplaires et la grande mosquée de Tlemcen, 87 millions. Les départements français d'outre-mer sont plusieurs fois présentés dans les séries générales : la Martinique (tirage : 75 millions), la Guadeloupe (tirage : 64 millions), la Réunion (tirage : 87 millions).

GORGES DE LA KERRATA (ALGÉRIE)
1960
Dessinateur :
A. Spitz
Graveur :
R. Camé
Taille-douce 2 couleurs

GUADELOUPE : RIVIÈRE SENS
1957. Dessinateur et graveur : R. Serres
Taile-douce 2 couleurs

ÉGLISE DE CILAOS, MASSIF DU GRAND BENARD-RÉUNION
1960. Dessinateur et graveur :
C. Hertenberger
Taille-douce 3 couleurs

Armoiries

BLASON DE SAINTONGE
1954
Dessinateur : R. Louis
Graveur : J. Piel
Typographie
2 couleurs

C'est en 1941 et 1942 que les « postes françaises » émettent deux séries de timbres à surtaxe représentant, gravées et imprimées en taille douce, les armoiries de 24 des plus importantes villes de France. En 1943 et 1944, deux séries de quatre timbres chacune, marqués aux fortes valeurs (de 5 à 20 F) sont consacrées à des blasons des anciennes provinces. Imprimés en typographie 3 couleurs, la réalisation de ces timbres constitue pour l'Atelier du Timbre une véritable prouesse technique en raison des repérages délicats que réclame leur impression. Après la Libération, on émet des timbres gravés en taille douce représentant les armoiries de Metz et Strasbourg qui n'ont pas été incluses dans les séries de 1941-1942 du fait qu'à cette époque l'Alsace et la Lorraine ont été annexées par l'Allemagne, puis, on complète la série des blasons de provinces (dont l'Alsace et la Lorraine) consacrée cette fois aux petites valeurs (de 10 à 60 centimes). Cette série-fleuve se poursuit jusqu'en 1955, après quoi les blasons de villes forment le relais de ceux des provinces et sont consacrés progressivement aux valeurs intermédiaires, y compris le tarif de la lettre. En 1966, deux blasons (Auch et Mont-de-Marsan) sont imprimés en typographie dans un format légèrement agrandi et un ultime blason – celui de Saint-Lô – est imprimé en héliogravure.

Paris

Paris est abondamment célébré par le timbre, près de 350 émissions le concernent. Cela tient sans doute au centralisme français de la Capitale qui s'impose dans une imagerie nationale privilégiant les administrations et les activités de luxe ou de métiers d'art. C'est la richesse en monuments, en œuvres d'art et en célébrités que les timbres affichent en illustrant Paris. Mais le tout est comme galvanisé par l'espace d'honneur qu'offre Paris, lieu par excellence de la célébration de la Victoire et lieu d'affirmation de la Défense. Si on ajoute à cela la pesanteur de représentation rurale de la France postale, et la règle de non-répétition des mêmes lieux par les timbres, Paris excepté, on peut comprendre que l'imagerie du timbre ait renforcé l'opposition entre « Paris et le désert français ». De même qu'on l'entend dans l'hymne national, la France des timbres se résumerait ainsi : la Nation, c'est la victoire, et le pays, la terre. Un panorama chronologique-thématique de ces timbres de Paris fait apparaître des époques successives : la Défense Nationale dans l'entre-deux-guerres ; le prestige et la grande manière aux lendemains de la Libération ; la modernité et les mémoriaux sous le Général de Gaulle ; le patrimoine et la culture à partir de V. Giscard d'Estaing. Au total on remarque la faveur des monuments, combinée à celle des Institutions d'État, des hauts-lieux de la Science et des Écoles – ce qui se traduit par des espaces privilégiés, d'autres dans l'ombre. Quelques absents : Montmartre-Sacré-Cœur, Saint-Eustache, les Halles, la place des Vosges, les Hôtels du Marais, le clocher de Saint-Germain-des-Prés, la Sainte

CONFÉRENCE DE L'UNION INTERPARLEMENTAIRE
1971. Dessinateur et graveur :
A. Decaris
Taille-douce 2 couleurs

Le siège des grandes Institutions de l'État sert de sujet aux timbres. Le palais du Luxembourg figure sur un timbre de la série de sites et monuments d'usage courant de 1946. Ce sujet est repris en 1948 pour deux autres timbres destinés à l'affranchissement des cartes postales pour l'étranger. Le palais de l'Élysée figure dans la série d'usage courant en 1957 et en 1959. La 59e conférence de l'Union interparlementaire est, en 1971, l'occasion de représenter le Palais Bourbon, siège de l'Assemblée nationale.

PALAIS DU LUXEMBOURG
1946. Dessinateur et graveur : A. Decaris
Taille-douce

CINQUAN-
TENAIRE
DE LA TOUR
EIFFEL
1939
Dessinateur
et graveur :
H. Cheffer
Taille-douce

Outre les monuments de la capitale montrés pour eux-même, chaque réunion ou conférence internationale se tenant à Paris constitue autant de prétexte à la représentation de ses monuments. La célébration du 20e anniversaire du 11 novembre en 1938, montre l'arc de triomphe de l'Étoile servant de décor au défilé de la victoire. Le cinquantenaire de la tour Eiffel est l'occasion de l'émission d'un timbre à surtaxe. Ce sujet est repris pour affranchir une carte postale « prête-à-poster » émise en 1989 pour le centenaire de la « dame de fer ». Le chevet de Notre-Dame-de-Paris illustre la série des cathédrales de 1947. Le 12e congrès de l'Union Postale Universelle qui se réunit à Paris en 1947 est célébré par une série de quatre timbres montrant la colonnade du Louvre, la Conciergerie, l'Île de la Cité et la Place de la Concorde et par un timbre de poste aérienne de 500 F de grand format représentant une mouette survolant Paris. L'assemblée générale des Nations Unies de 1948 à Paris est l'occasion de montrer le monument sous deux angles différents. Une réunion de l'O.N.U. trois ans plus tard est prétexte à l'émission de timbres montrant le Palais de Chaillot, associé à la tour Eiffel. À l'occasion du Congrès International des Télégraphes et Téléphones est émis un timbre de poste aérienne de grand format présentant le Petit Palais et le pont Alexandre III. En 1958, l'Unesco illustre deux timbres.

NOTRE-DAME
DE PARIS
1947
Dessinateur
et graveur :
J. Piel
Taille-douce

PALAIS DE L'UNESCO
1958. Dessinateur et graveur :
C. Hertenberger
Taille-douce 2 couleurs

INSTITUT DE FRANCE
1954
Dessinateur et graveur :
P. Gandon
Taille-douce 2 couleurs

Entre 1952 et 1955, les postes consacrent une série de timbres aux productions de luxe et des monuments de Paris leurs sont associés. Pour célébrer l'édition et la reliure, Pierre Gandon propose d'utiliser en décor la tour de Saint-Germain-des-Prés. Mais le ministre des Postes lui préfère le dôme de l'Institut de France plus digne, puisqu'il abrite les membres des cinq académies – dont la célébrissime Académie française – membres bien sages et pensionnés par la République.

HÔPITAL DE LA SALPÊTRIÈRE
1960. Dessinateur : C. Mazelin
Graveur : C. Durrens
Taille-douce 2 couleurs

Les monuments de Paris sont, soit représentés pour eux-mêmes, soit utilisés en décor pour accompagner un personnage célèbre ou illustrer une scène qui s'y est déroulée. C'est le cas avec l'Hôpital de la Salpêtrière qui accompagne J. M. Charcot ou l'Opéra de Paris associé à la Libération. Certains monuments sont célébrés par le timbre à l'occasion de leur anniversaire (le Pont Neuf), de leur inauguration (Mémorial des Déportés, Musée d'Orsay, Institut du Monde arabe) ou de leur rénovation (le Grand Louvre). En 1978, le thème des timbres émis par les pays membres de la Communauté Européenne des Postes et Télécommunications (CEPT) étant l'eau, la France représente la fontaine des Innocents. Dans le cadre du bicentenaire de la Révolution, la Poste met l'accent sur les « Grands Travaux » (la Grande Arche, la Pyramide du Louvre, l'Opéra Bastille) associés aux monuments traditionnels de la capitale (la tour Eiffel et Notre-Dame) pour constituer un panorama de cinq timbres imprimés. Ces mêmes monuments font l'objet de cartes postales en 1989 et d'enveloppes pré-timbrées en 1996.

LE PONT NEUF
1978. Dessinateur : R. Irolla
Graveur : J. Combet
Taille-douce 2 couleurs

LA FONTAINE DES INNOCENTS
1978
Dessinateur et graveur :
M. Monvoisin
Taille-douce 3 couleurs

INSTITUT DU MONDE ARABE
1990
Dessinateur et graveur :
C. Andreotto
Taille-douce 2 couleurs

Chapelle, etc. Cette discrétion des églises fait ressortir le clocher par excellence : Notre-Dame, l'édifice le plus souvent dessiné après l'Arc de Triomphe. On peut y voir un parti-pris laïque en contradiction avec l'abondant rendu philatélique des églises dans les autres localités françaises. Il s'agit surtout de l'imaginaire français de la ville idéale : l'agglomérat unifié autour d'une seule église – là où le timbre allemand présente ses villes aux « cent clochers ».

PANORAMA DE PARIS
1989. Dessinateur et graveur :
J. Jubert
Taille-douce

PANORAMA DE PARIS
1989. Dessinateur et graveur :
J. Jubert
Taille-douce

PANORAMA DE PARIS
1989
Dessinateur et graveur :
J. Jubert
Taille-douce

Art

RETABLE D'ISSENHEIM-COLMAR
*1985. Dessinateur : E. Lacaque,
d'après M. Grünewald
Héliogravure*

ARTS DÉCORATIFS :
FONTE DE GUIMARD
*1994
Héliogravure*

En 1982, l'exposition « Philexfrance » se tient à Paris. La manifestation débute en 1981 par l'émission d'une paire de timbres : « France » et « Paris » dessinés par Trémois. En 1987, le centenaire de la naissance de Blaise Cendrars est célébré par un timbre représentant le poète-écrivain d'après une œuvre de Modigliani. Pour le bicentenaire de la mort de Mozart, P. Favier dessine une allégorie. Parmi les timbres qui commémorent le bicentenaire de la Révolution, l'un reprend des études de David pour *le Serment du Jeu de Paume*. *L'Hommage au Cinéma*, œuvre de César, est reproduite sur un timbre de 1984. Un vitrail de l'église Saint-Jacques à Reims, œuvre de da Silva, est le sujet d'un timbre pour la Croix-Rouge émis en 1986. À Paris, la manifestation populaire *carnaval Venise à Paris* de 1986 fait l'objet de l'émission d'un timbre créé par P. Favier. En 1994, la Poste célèbre les Arts décoratifs : Gallé, Majorelle, Delpeyrat, Hector Guimard sont à l'honneur.

CHAPITEAU DE L'ÉGLISE
SAINT-AUSTREMOINE D'ISSOIRE
*1973. Graveur : C. Halley
Taille-douce*

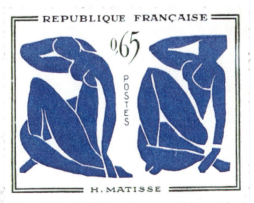

LES *NUS BLEUS* D'HENRI
MATISSE
*1961. Graveur : P. Gandon
Taille-douce 3 couleurs*
L'avènement d'André Malraux au ministère de la Culture offre à l'Art une entrée triomphale : des œuvres de Braque, Matisse, Cézanne et La Fresnaye sont imprimées dans leurs couleurs naturelles sur presse taille douce - 6 couleurs et ouvrent les portes d'un musée imaginaire.

LES ARTISTES DES TIMBRES

La création de nouvelles images nécessite, à partir des années 1930, que le Service du Timbre fasse travailler plusieurs artistes. Cela engendre un réseau limité, en interdépendance étroite avec le Service du Timbre, et dont le trait le plus remarquable est la stabilité. Cinq « permanents », une dizaine de nouveaux recrutés sous le régime de Vichy (dont Gandon et Decaris), aucun renouvellement à la Libération. Une « génération de transition » arrive au milieu des années 1950. Au milieu des années 1970 se lance progressivement une créativité plus ouverte, par l'appel à des artistes permanents deux fois plus nombreux qu'auparavant et l'appel à des artistes occasionnels, dont des artistes célèbres.

L'ART DANS LE TIMBRE

La ligne thématique de l'art est celle qui marque le plus les timbres dans sa deuxième période. Un renouvellement s'opère, dans les années 1970, par l'intervention d'artistes talentueux du timbre. Quant à la reproduction d'œuvres d'art par le timbre, outre les beaux ouvrages d'architecture et de sculpture, outre les timbres de la Croix-Rouge utilisant une figurine peinte ou sculptée, l'entrée de cette thématique est inaugurée par Malraux en 1961. La série des « timbres d'art » est la réduction en miniature d'œuvres d'art célèbres. Dans les dernières années, des timbres servent de véhicule pour l'art et les artistes de renom : l'artiste exécute un timbre, une signature sert de publicité à un événement. Ces timbres novateurs, par leur taille, leurs couleurs, leur facture, marquent la production récente.

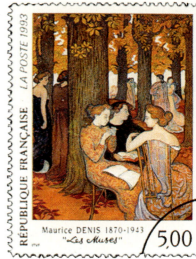

LES MUSES, DE MAURICE DENIS
1993
Héliogravure

COMPOSITION,
DE SERGE POLIAKOFF
1988
Héliogravure

LE *PONT DE MANTES*,
DE CAMILLE COROT
1977. Graveur : P. Gandon
Taille-douce

NATURE MORTE,
DE MAURICE VLAMINCK
1976. Graveur : P. Béquet
Taille-douce

VOLTA FACCIA
DE FRANÇOIS ROUAN
1991. Graveur : P. Béquet
Taille-douce
Depuis 1961, tous les arts, toutes les époques, tous les styles, toutes les écoles se côtoient à raison de quatre à six timbres par an. Si la taille douce 3 ou 6 couleurs est le procédé d'impression exclusif des timbres de la série artistique pendant les premières années, elle se voit concurrencée, à partir de 1974, par l'héliogravure qui facilite la reproduction d'oeuvres d'art contemporain.

L'ÉPHÈBE D'AGDE
1982
Dessinateur et graveur : C. Slania
Taille-douce

AURORA-SET, DE JEAN DEWASNE
1983
Héliogravure

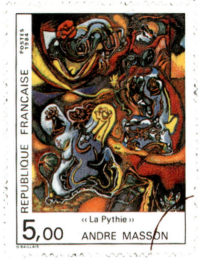

LA PYTHIE, D'ANDRÉ MASSON
1984
Héliogravure

BICENTENAIRE
DE LA RÉVOLUTION
FRANÇAISE
*1989. Dessinateur :
J. M. Folon
Héliogravure*

BICENTENAIRE DE LA NAISSANCE
DE MOZART
*1991. Dessinateur : P. Favier
Héliogravure*

PHILEXFRANCE 82 :
LA FRANCE
*1981
Dessinateur : P.-Y. Trémois
Héliogravure*

BICENTENAIRE
DE LA RÉVOLUTION :
*LE SERMENT
DU JEU DE PAUME*
*1989. D'après David
Héliogravure*

CARNAVAL « VENISE À PARIS »
*1986. Dessinateur : P. Favier
Héliogravure*

441   *Les timbres-poste*

Économie et techniques

Les timbres de France traduisent la réalité économique du pays. Ils sont une mise en images de l'hymne et du drapeau, un moyen de propagande qui rejoint la sensibilité nationale. Ils fonctionnent pour conforter le sentiment de richesse et de puissance d'une nation, flatter le pouvoir, rappeler le bien-fondé du régime, inciter à être une société en progrès, appeler à l'union, et s'il le faut à la discipline, l'effort, le combat. L'éloquence des timbres résonne dans les époques de redressement, de renaissance, tandis que leur éclat est faible en temps de pouvoir affaibli. Dans une première période (années 1930-1960), la mise en images est « en prise » avec la condition présente de la société, et tournée vers un avenir meilleur dont elle abonde de preuves, de sa représentation du progrès, de la modernité, enfin, discrète sur ce qu'elle réprouve comme l'ombre, l'archaïsme du passé, l'anachronisme. Dans les années 1970-1990, la mise en images témoigne des changements de la société. L'apport de nouvelles preuves des avancées du progrès dans leurs formes les plus poussées, (conquêtes spatiales, avions, TGV, etc.), alors que dans le même temps l'expression de la modernité commune s'est renouvelée. Enfin, renversement de tendances, rééquilibrage difficile, contre-excès de l'excès : une société qui renoue fortement avec ses références de la tradition, du passé, cela jusque dans ses multiples commémorations des formes pionnières du progrès.

LA FRANCE AU TRAVAIL
OU « LE TRAVAIL »
*1928. Dessinateur : P. Turin
Graveur : A. Mignon
Taille-douce*
La loi de Finances du 26 mars 1927 autorise les Postes à émettre chaque

année pendant cinq ans un timbre-poste spécial à surtaxe destinée à la Caisse d'Amortissement. Le premier, « le Travail » est imprimé en taille douce. A. Mignon grave le poinçon mais l'Atelier du Timbre n'est pas équipé pour la typographie et l'Institut de Gravure, est chargé de la réalisation. Par l'intermédiaire d'une molette spéciale, on transfère la gravure du poinçon 50 fois sur une planche composée pour imprimer les feuilles. Deux millions de figurines sont livrées et mises en vente entre le 15 et le 31 mai 1928. Seulement 163 700 exemplaires vont être vendus, le montant de la surtaxe de 8,50 F étant dissuasif par rapport à la valeur d'affranchissement d'1,50 F.

MINEURS
*1938. Dessinateur et graveur :
H. Cheffer
Taille-douce*

CONSEIL
ÉCONOMIQUE
ET SOCIAL
*1977. Dessinateur et graveur :
A. Decaris
Taille-douce 3 couleurs*

CINQUANTENAIRE DE L'INSTITUT
GÉOGRAPHIQUE NATIONAL
*1990
Héliogravure*

LES MÉTIERS : LE MÉTALLURGISTE
*1949. Dessinateur et graveur : P. Gandon
Taille-douce*
Dans le cadre de la série générale de 1938, un timbre est dédié aux mineurs. Ce timbre, au tarif de la lettre recommandée pour l'intérieur (2,50 F) est en stock excédentaire après l'augmentation des tarifs en décembre 1939. Le stock restant est surchargé d'1 franc un an plus tard. Après l'effondrement du pays, les postes émettent au mois de décembre 1940 une série de timbres à surtaxe au profit du Secours national. Ils représentent des scènes rurales. En 1949, une nouvelle série consacrée aux métiers met en scène un agriculteur labourant, un pêcheur tirant son filet, un mineur actionnant son marteau pneumatique et un métallurgiste soudant, symbole de l'industrie renaissante.

MÉTIERS D'ART :
LA GANTERIE
1955
*Dessinateur
et graveur :
P. Gandon
Taille-douce
2 couleurs*

MÉTIERS D'ART :
LA GRAVURE
1984
*Dessinateur
et graveur :
A. Decaris
Taille-douce
3 couleurs*

CONGRÈS
INTERNATIONAL
DES CÉRÉALES
ET DU PAIN
1992
*Dessinateur :
O. Baillais
Offset*

MÉTIER
DE LA FORÊT
1995
*Dessinateur
et graveur :
P. Lubin
Taille-douce*

Les métiers d'art sont l'objet d'une promotion par le timbre entre 1952 et 1955. Ils réapparaissent à la fin des années 1970, avec la broderie, la gravure, la lutherie, la reliure, la ferronnerie, l'art du bijou et la coutellerie. En 1995, un timbre est consacré au métier de la forêt et représente un bûcheron des Ardennes.

GASTRONOMIE
FRANÇAISE
1980
*Dessinateur
et graveur :
C. Guillaume
Taille-douce*

VÉLOCIPÈDE
*1983. Dessinateur et graveur :
J. Delpech
Taille-douce 3 couleurs*

INDUSTRIE TEXTILE
*1951. Dessinateur et graveur :
A. Decaris
Taille-douce*

En avril 1951 se tient à Lille une exposition Textile internationale ; un timbre en l'honneur de l'industrie textile est émis à cette occasion : il figure deux mains présentant une navette de métier à tisser.

SURRÉGÉNÉRATEUR *PHÉNIX*
*1974. Dessinateur et graveur :
J. Gauthier
Taille-douce 3 couleurs*

Le surrégénérateur *Phénix* implanté à Bagnols-sur-Cèze, dans le Gard, est illustré par un symbole atomique dégageant de l'énergie. Le timbre a été prévu pour un tarif devenu obsolète au moment de son émission.

MALLE-POSTE *BRISKA*
*1986. Dessinateur et graveur :
C. Durrens
Taille-douce*

Le vélocipède, ancêtre de la bicyclette, a été inventé en 1860 par Pierre et Ernest Michaux : un timbre le rappelle, émis en « premier jour » à Bar-le-Duc. La Journée du timbre qui a lieu tous les ans participe davantage à l'histoire de la Poste qu'à celle du timbre. De 1986 à 1989, les timbres émis à cette occasion ont représenté des véhicules postaux en usage au XIXe siècle : malle-poste *Briska*, berline, voiture montée, diligence Paris-Lyon, dont les modèles ont été préservés. L'Automobile-Club de France a cent ans en 1995 : un timbre le rappelle. Il représente le monument de l'architecte Gabriel qui en abrite le siège, place de la Concorde à Paris, associé à une voiturette de 1895 et au profil aérodynamique d'une automobile contemporaine.

ÉLECTRIFICATION
VALENCIENNES-THIONVILLE
1955. Dessinateur et graveur :
A. Decaris
Taille-douce 2 couleurs

Les chemins de fer sont célébrés en 1937, lors du congrès international de Paris qui coïncide avec leur nationalisation et la création de la SNCF. La vitesse est une préoccupation essentielle des grandes compagnies telles que le PLM, les chemins de fer du Nord, le Paris-Orléans. Si cette dernière adopte l'électricité pour son axe Paris-frontière espagnole, les autres en sont encore à la traction vapeur et constituent des locomotives carénées pour les rendre aérodynamiques. Les années 1950 marquent le développement de l'électrification de la SNCF. Les années 1970 voient la recherche et l'expérimentation en matière de « très grande vitesse ». Dans leur version initiale, les TGV devaient être constitués par des « turbotrains », trains à turbine à gaz. Le premier choc pétrolier condamne ce système au profit de l'électricité. Prévu dans les années 1930, le métro régional va relier entre elles les banlieues opposées de Paris en traversant la capitale par des souterrains. Le « métro régional » devient par la suite « réseau express régional » ou RER.

RATP : MÉTRO RÉGIONAL
1975. Dessinateur et graveur :
G. Bétemps
Taille-douce 2 couleurs

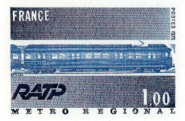

PAQUEBOT *NORMANDIE*
1935-1936. Dessinateur et graveur :
A. Decaris
Taille-douce

Fleuron de la Compagnie Générale Transatlantique par la liaison Le Havre-New York, le *Normandie* effectue sa traversée inaugurale le 29 mai 1935. Un timbre à 1,50 F, tarif de la lettre pour l'étranger est émis en cette circonstance. En 1936 le *Normandie* obtient le « Ruban Bleu » ; un timbre identique au précédent, d'une nuance différente, est alors émis. Pendant plusieurs années, la Poste célèbre le souvenir des grands voiliers. Le *Côte d'Émeraude* est précédé en 1955 de la frégate *la Capricieuse*. En 1971, le cap-hornier *Antoinette* est suivi du cinq mâts *France II* et de la frégate la *Melpomène*. En 1989-1990 la Poste arme un voilier à son nom et participe à la course

autour du monde avec un équipage de postiers. Un timbre est émis à cette occasion. En 1993, elle récidive en participant à la « Whitbread » et décide de mettre un timbre spécial en vente pendant la durée de la compétition.

LOUIS BLÉRIOT – TRAVERSÉE
DE LA MANCHE
1934. Dessinateur et graveur :
A. Ouvré
Taille-douce

En 1934, les postes émettent un timbre au tarif de la lettre par poste aérienne pour l'Europe, soit 2,25 F, timbre qui représente la traversée de la Manche par Louis Blériot en 1909. En 1936, la 100e traversée de l'Atlantique Sud fait l'objet de l'émission de deux timbres l'un montrant un avion survolant un voilier ancien au milieu de l'océan, le second, un avion au-dessus du globe terrestre. À partir de 1954, les timbres dits de poste aérienne montrent des prototypes d'appareils contemporains, tels le chasseur militaire *Mystère IV*, l'hélicoptère *Alouette*, le « Concorde » à l'occasion de son premier vol et l'Airbus A 300 B. Après avoir présenté des appareils anciens ou modernes associés aux pion-

niers de la poste aérienne, les timbres de forte valeur (15 F à 50 F) sont consacrés aux appareils de transport anciens : bimoteur Farman, hydravion CAMS 53, trimoteurs Wibault 253, etc.

« CONCORDE » 1er VOL
1969. Dessinateur et graveur :
C. Durrens
Taille-douce 2 couleurs

Le salon international de l'aviation se tient pour la première fois à Paris en 1909. Un timbre est émis pour commémorer le 70e anniversaire du salon devenu « Salon international de l'Aéronautique et de l'Espace » au Bourget. En 1979, la France y présente la fusée *Ariane* associée au *Concorde* et à une représentation de l'ancienne aérogare. La maîtrise des télécommunications est indissociable de la maîtrise de l'espace : la France veut montrer qu'elle y tient une place non négligeable en lançant et en exploitant ses propres satellites, tel *Télécom 1*, lancé en 1984.

SATELLITE « TÉLÉCOM 1 »
1984
Héliogravure

International

CINQUANTENAIRE DES RELATIONS
DIPLOMATIQUES FRANCE-URSS
*1975. Dessinateur : R. Dessirier
Graveur : C. Durrens
Taille-douce*

RELATIONS CULTURELLES
FRANCE-SUÈDE
*1994. Dessinateur : R. Dessirier
Graveur : C. Jumelet
Taille-douce*

Il est difficile d'apprécier la portée internationale des timbres-poste d'un pays comme la France, leur communication à l'extérieur, leur « effet-vitrine » : dans quelle mesure les images ont-elles été pensées et élaborées comme message pour l'étranger, message d'ouverture, d'universalité ? Comment ont-elles été perçues ? Combien de timbres (via le courrier, via la pratique philatélique) ont été « ambassadeurs » au-delà de nos frontières ? La ligne thématique « internationale » regroupe les timbres marquant une cause ou un événement international (accord, ONU, UNESCO, Europe…). Ils sont peu nombreux, ils n'insistent pas sur l'Europe (par différence avec les Pays-Bas, l'Espagne…).

Poste et philatélie

LE TRI POSTAL
*1991. Dessinateur : P. Cambolin
Héliogravure*

La Poste consacre des timbres à son histoire, aux événements qui contribuent à la promouvoir, aux hommes qui l'ont animée. Après les « sports et loisirs PTT », on célèbre, en 1939, le ministère des PTT. Les grandes expositions philatéliques donnent lieu à l'émission de timbres spéciaux, souvent imprimés en blocs. « Arphila », en 1975, mêle l'art et la philatélie. Pour renouveler sa clientèle, la Poste sensibilise les jeunes à la philatélie, et assure la promotion des manifestations organisées dans cet objectif, telles « Juva Rouen » en 1976.

MACHINE
À OBLITÉRER
DAGUIN
*1985
Dessinateur
et graveur :
G. Bétemps
Taille-douce*
Eugène Daguin conçoit en 1885 une machine à oblitérer, beaucoup plus facile à manipuler que le cachet à date. Puis, le volume du courrier traité n'ayant plus rien à voir avec celui des premiers temps du timbre-poste, la Poste recourt au tri automatique. Parmi les « métiers de la Poste » qui servent de thème aux timbres de la Journée du timbre entre 1990 et 1992, une place est réservée aux centres de tri postaux.

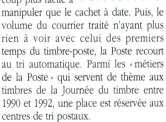

MINISTÈRE DES PTT
*1939. Dessinateur : J. Schultz
Graveur : J. Piel
Taille-douce*

Les timbres qui concernent la Poste et la pratique philatélique forment un cours à part, en marge du cours principal concernant la Nation : une maison dans la Maison. Leur débit est régulier, la forme patrimoniale plus marquée, la règle de non-répétition des lieux ne compte pas, l'enrichissement de la présentation en forme de blocs et feuillets montre clairement une destination du timbre pour la seule collection.

La Poste contemporaine

La Poste mène, à partir des années quatre-vingt, une politique de modernisation soutenue. Elle s'adapte aux besoins de plus en plus divers et spécialisés de ses clients, notamment les entreprises. Le 1er janvier 1991, La Poste change de statut : d'administration, elle devient entreprise publique. Comme toute entreprise, elle doit équilibrer ses comptes, et ce sans subventions de l'État. La Poste est également chargée de missions de service public : elle doit assurer l'égalité des services pour tous et assumer son rôle dans l'aménagement du territoire.

Son statut l'autorise cependant à développer des savoir-faire spécialisés, notamment par le biais de filiales. Ces filiales acquièrent des compétences spécifiques sur des marchés en expansion et auprès de segments de clientèles propres. Leurs actions sont coordonnées par un holding financier, Sofipost, créé en décembre 1986.

La Poste s'organise autour de trois principales activités : le courrier, les colis et les services financiers. La Poste évolue en pleine concurrence pour ses services financiers et son activité colis. La branche courrier bénéficie quant à elle d'un monopole sur toute la correspondance de moins de 1 kg. Elle est cependant en concurrence directe pour 40 % des volumes traités, et en concurrence indirecte avec les autres moyens de communication : la télécopie, le téléphone, les réseaux informatiques... Cette activité évolue en outre dans le cadre de la construction de l'Europe postale communautaire.

SIÈGE DE LA POSTE, 1993

L'organisation

La Poste s'organise autour de trois principales activités : le courrier, qui réalise un chiffre d'affaire de 55 milliards de francs, la branche colis, avec un chiffre d'affaire de 5 milliards de francs et les services financiers pour un chiffre d'affaire de 20 milliards de francs.

Le réseau, qui est constitué de 17 000 points de contact, distribue tous les produits et services de La Poste émanant de ses trois activités. On y réalise 21 % du chiffre d'affaire courrier, 20 % du chiffre d'affaire colis et 87 % du chiffre d'affaire des services financiers. Aujourd'hui, ce réseau constitue la quatrième branche opérationnelle de La Poste.

La Poste a su aussi développer des filiales dans chacune de ses trois activités.

Les filiales

L' AÉROPOSTALE

Créée en mars 1991, cette filiale à parité égale des groupes La Poste et Air France a pour mission d'améliorer la qualité de service de La Poste en optimisant les coûts du transport aérien de fret. Elle permet aussi aux compagnies aériennes partenaires de recourir pour le transport des passagers à des avions dont les coûts d'utilisation sont réduits. Dans la pratique, l'Aéropostale assure, grâce à sa flotte de 19 boeing 737 dont 17 convertibles, une activité de transport de passagers le jour et de transport de fret la nuit. À Roissy, chaque année, plus d'un million de passagers et près de 105 000 tonnes de courrier sont ainsi transportés.

La Poste contemporaine

LOGO

« L'oiseau bleu », « la flèche » ou la « fusée » revient à l'affichiste Guy Georget. Le sigle, créé en 1960, symbolise le rôle de messager de l'admistration des Postes et Télécommunications. Le symbole illustre la rapidité du transport de l'information et signifie « l'unité de l'administration dans la multiplicité de ses activités ». En 1978, la représentation de l'oiseau est réduite de 5 à 3 parties. Mais, si l'image est installée, la marque elle n'existe pas encore. Le terme la « poste » est encore un nom commun désignant un service ou un lieu. Une norme est définie en 1984 à partir de trois critères : un logo type qui associe systématiquement la marque « La Poste » à l'emblème de l'oiseau, une typographie et un code de couleurs reposant sur le jaune et le bleu. La marque « La Poste » devient officielle en 1985. En 1995, les lettres du nom « La Poste » sont simplifiées pour gagner en lisibilité et l'emblème est rééquilibré dans un cartouche jaune aux dimensions invariables.

SOMEPOST

Créée en novembre 1961 sous forme de GIE, Somepost rejoint le groupe Sofipost en 1987. Cette société d'ingénierie et de services est spécialisée dans les secteurs de l'informatique et de la logistique. En outre, elle développe ses activités aussi bien en France qu'à l'étranger.

Le réseau

Grâce à un réseau de 17 000 points de contact répartis sur l'ensemble du territoire, La Poste joue, à l'échelle nationale, un rôle essentiel en contribuant à l'aménagement du territoire et à la cohésion économique et sociale de notre pays. La densité du réseau postal est le fruit d'une histoire rurale du pays, et n'est pas liée à des objectifs de rentabilité. Quelques chiffres suffisent à le démontrer. 60 % des bureaux et agences sont implantées en zones rurales, où ne vit que 26 % de la population. 45 % des communes rurales sont pourvues d'un point de contact postal, alors que seulement 41 % d'entre elles disposent d'une boulangerie ! Dans 6 600 communes sur un nombre total de 36 000, La Poste assure seule les services financiers de base comme le retrait d'argent liquide. La Poste est aussi présente dans les banlieues et les quartiers sensibles. Toutefois, la mission de La Poste ne peut se résumer à cette seule présence. Elle se veut aussi un partenaire actif de la vie économique rurale, en passant des accords de partenariat avec les commerçants locaux ou en prenant en compte les besoins des maires pour favoriser le développement local des communes.

INTÉRIEUR D'UN BUREAU DE POSTE
La Poste accueille chaque jour dans ses points de vente 3 millions de clients. Pour résoudre les problèmes d'accueil et d'attente au guichet des grands bureaux à trafic dense, elle procède depuis quelques années à une réorganisation complète de ses bureaux, en adoptant un aménagement intérieur spécifique. Un premier espace, équipé d'automates, sert aux opérations rapides et simples, un deuxième est équipé de guichets polyvalents (courrier/services financiers) permettant les opérations courantes. Enfin, un troisième espace est réservé au conseil personnalisé pour les autres opérations.

AUTOMATES
La Poste dispose de plus de 9 000 distributeurs de timbres et automates d'affranchissement.

UN BUREAU (VUE EXTÉRIEURE)
La Poste, soucieuse de sa mission de service public, s'est engagée dans son contrat de plan (1995-1997), à ne fermer aucun de ses 17 000 points de vente.

Une entreprise de main-d'œuvre

Quels que soient les progrès technologiques futurs, La Poste avec ses 310 000 employés demeure et demeurera toujours une entreprise de main-d'œuvre. Après la réforme de son statut en 1991, elle a adapté le statut de ses personnels en 1993, sans pour autant sortir du cadre de la fonction publique. Ses fonctionnaires ont été reclassifiés dans une logique de métier et de compétences professionnelles.

UNIVERSITÉ D'ORLÉANS
L'université de La Poste d'Orléans est une véritable université d'entreprise. Elle joue un rôle majeur dans le système national d'évaluation, d'orientation et de formation des postiers.

Le personnel de la Poste

310 000 personnes dont :
- 80 000 facteurs ;
- 67 000 agents de guichet ;
- 39 000 agents travaillant dans les centres de tri courrier et messagerie ;
- 35 000 agents travaillant dans les services généraux ;
- 26 000 agents travaillant dans les centres financiers ;
- 23 000 chefs d'équipe ;
- 19 500 cadres ;
- 7 500 conseillers financiers ;
- 6 500 cadres supérieurs ;
- 3 500 conseillers et chargés d'affaire courrier.

Le courrier

Avec un chiffre d'affaires de 55 milliards de francs, le marché du courrier représente l'activité première de La Poste. La majorité de ce marché, 86 %, émane des entreprises, c'est-à-dire de 2,4 millions de professionnels (établissements de moins de 10 salariés), de 350 000 entreprises (établissements de 10 salariés et plus) et de 3 600 grands comptes. Les particuliers, même s'ils ne représentent que 14 % des expéditions du courrier, n'en sont pas moins les destinataires de 63 % des envois. La Poste, à travers ses 72 000 tournées de facteurs quotidiennes, dessert 3 millions d'entreprises et 24,6 millions de ménages. Elle collecte, traite, achemine et distribue annuellement environ 11,5 milliards de lettres, 10 milliards de messages publicitaires et 2 milliards de journaux, soit trois fois plus d'objets qu'il y a trente ans. Elle doit donc s'adapter à un marché en pleine progression, mais aussi de plus en plus ouvert à la concurrence. En effet, des produits de substitution liés aux télécommunications tels que le fax, le courrier électronique, la télématique, l'échange de données informatisé, les autoroutes de l'informations, etc. ne cessent de se développer. Pour affronter en bonne position les défis de cette concurrence, La Poste doit diversifier ses savoir-faire et s'adapter aux besoins des entreprises. Elle a pour ce faire décidé la création de filiales spécialisées comme Dynapost, Datapost et Médiapost.

Datapost est créée en décembre 1994 en vue d'offrir aux entreprises la possibilité de remettre leur courrier à La Poste directement depuis leur système informatique. Le lancement de ce nouveau service s'explique par le fait que 85 % des correspondances créées par les entreprises sont générées par ordinateurs. Datapost se signale aussi en couvrant la totalité du cycle de vie des documents, depuis leur création informatique jusqu'à leur production et leur acheminement.

Dynapost a ouvert ses portes en février 1993 afin de libérer les entreprises de la gestion quotidienne de leur courrier. Cette filiale de La Poste intervient ainsi au sein même des entreprises, en aval et en amont des prestations postales. Avec 380 employés, elle bénéficie de moyens propres, à savoir 90 véhicules, un centre et une antenne d'exploitation, ainsi que dix-huit unités logistiques.

La Poste contemporaine

Fondée en août 1987, Médiapost est une filiale à 90 % de Sofipost et à 10 % de la GMF. Cette société assure la diffusion ciblée de publicité en boîte aux lettres. Par ailleurs, elle commercialise aussi des outils de normalisation des adresses postales et effectue pour le compte de La Poste une activité de régie commerciale et publicitaire.

L'ENVELOPPE PRÉTIMBRÉE

Pour faciliter la vie de tous et relancer le trafic « courrier » des particuliers, La Poste a mis sur le marché en 1995 deux nouveaux produits dans sa gamme prêt-à-poster : le « Poste-livre » qui permet d'offrir des livres par correspondance et les enveloppes illustrées prétimbrées.

LE VÉLO

En vue de renouveler son parc de véhicule deux roues, La Poste a sélectionné trois modèles : le « Peugeot LPT 26 ligne classique », le « Peugeot LPT 20 ligne novatrice » et le « cycloposte Valdenaire ligne novatrice ». Construits pour les seuls besoins des facteurs et avec leur étroite collaboration, ces vélos sont amenés à remplacer tous ceux qui ont dépassé les cinq ans de services. À terme, cela représente près de 27 000 unités. Dotés de nouveaux équipements comme les sacoches semi-rigides en toile imperméabilisée, ces vélos arborent les couleurs de La Poste.

TGV POSTAL

La création par la SNCF d'une nouvelle ligne Paris-Lyon, décidée en 1976, permet de réduire de 90 km la distance ferroviaire entre les deux villes et de mettre en service un nouveau matériel pouvant circuler à 250 km/h, le Train à grande vitesse. Le 24 septembre 1982, Louis Mexandeau, ministre des PTT, signe à Belfort un contrat pour l'achat de deux rames de TGV et d'une demi-rame en réserve d'exploitation avec les sociétés Alsthom-Atlantique et Francorail. Doté de huit voitures et deux motrices, le TGV postal entre en service le 1er octobre 1984. Chaque rame peut transporter quelque 60 à 65 tonnes de courrier divers conteneurisé. Depuis le 7 novembre 1995, une troisième rame circule sur le réseau sud-est.

CENTRE DE TRI D'UNE GARE PARISIENNE

L'automatisation du tri exige des bâtiments adaptés. La première solution envisagée par La Poste consiste à transformer les bureaux-gares existants. Seulement, cette transformation s'avérerait trop coûteuse. En outre, les camions postaux ne pourraient facilement se rendre dans de tels endroits. Les bureaux-gares sont donc abandonnés pour de nouvelles constructions fonctionnelles facilement accessibles, à la périphérie des agglomérations ou dans des secteurs commerciaux et industriels. Aujourd'hui la Poste compte environ un centre de tri par département. Certains sont spécialisés dans le traitement des colis. Tous sont équipés en machines performantes.

LE TRAITEMENT DU COURRIER

Il existe aujourd'hui plus de 110 centres de traitement du courrier dans toute la France. Dans ces centres, on procède tout d'abord à l'indexation des lettres : l'adresse est transformée en une suite de bâtonnets rouges. Grâce à ce codage, les machines de tris répartissent ensuite automatiquement les lettres en fonction de leur destination, au rythme de 35 000 lettres par heure.

La lecture optique a aujourd'hui une importance considérable dans ce processus de traitement du courrier. Elle permet le traitement informatisé et la reconnaissance par rayon laser des codes postaux et des adresses.

On pourra citer deux machines qui assurent ce rôle d'indexeur et de trieur : ELIT, signifiant Équipement de Lecture d'Indexation et de Tri, et la TOP, soit Trieuse d'Objets Plats.

NOUVEAU COSTUME

En 1988, La Poste lance un concours « le nouveau look des facteurs ». 13 stylistes-créateurs y participent et présentent leur modèle. Le prix officiel du jury et de la presse est attribué à Fanchon Le Fouler. Le nouveau costume du facteur est adapté à leurs fonctions (tournées à pied, en bicyclette ou en voiture) mais aussi aux conditions climatiques régionales.

La machine Élit trie en moyenne 30 000 objets par heure.

Les colis

Avec un chiffre d'affaires de 5,3 milliards et 350 millions de paquets transportés par an, la branche colis de La Poste détient 23 % des parts de marché de la messagerie (le transport des colis jusqu'à 300 kg). Ce marché en forte expansion subit les assauts d'une concurrence forte et acharnée. Pour faire face à cette situation difficile, La Poste a décidé le 1er septembre 1995 de créer une direction spécifique de la branche colis, jusqu'alors inclue dans son activité « courrier ». Aujourd'hui, pour optimiser les délais et la qualité des services, La Poste met en place une nouvelle organisation du traitement des colis. Elle se décompose en trois flux spécifiques : le flux universel, le flux « entreprises à entreprises » et le flux VPC. Chacun de ces flux bénéficiera à terme de moyens propres. D'autre part, La Poste s'attache à structurer son offre pour mieux répondre à une clientèle exigeante. Elle intervient ainsi aujourd'hui majoritairement sur le marché des paquets inférieurs à 30 kg, et se repose pour le marché de l'express et de la messagerie lourde sur ses filiales Chronopost et TAT Express. La Poste propose aujourd'hui une gamme complète de services, grâce au lancement de nouveaux produits (Coliéco, colissimo, etc.) et d'une gamme de « prêt-à-poster » (Diligo, Chronopass, SkyPak).

PLATE-FORME DE TRI BORDEAUX-BÈGLES

La Poste a dû se transformer et adapter son mode de traitement des paquets. Elle a ainsi décidé la création de nouvelles plates-formes de tri, modernes et mieux adaptées à ses besoins propres.

CHRONOPOST

Depuis 1985, Chronopost se charge du transport et de la livraison express de plis et colis inférieurs à 30 kg. Elle offre aujourd'hui une gamme complète de produits, comme les emballages prêts-à-expédier Chronopass et Skypak, pour mieux répondre aux besoins diversifiés de sa clientèle. Cette société possède de nombreux moyens propres, à savoir 33 agences d'exploitation nationale, 6 agences internationales, 7 boutiques et plus de 600 véhicules.

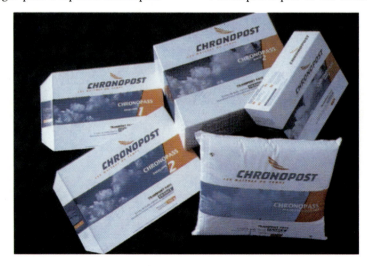

TAT EXPRESS

Créée en avril 1976, Tat Express est positionnée dans le transport de fret express industriel dans le monde entier. Avec un effectif de 1125 personnes, cette société bénéficie d'un réseau national composé de 9 directions régionales et de 50 agences, ainsi que 5 filiales internationales en Allemagne, Suisse, Belgique, Espagne et Italie. Elle possède en outre un parc de 1 000 véhicules.

Les services financiers

Avec un chiffre d'affaire de 20 milliards de francs en 1995 pour ses services financiers, La Poste est le premier établissement financier en nombre de points de contact, le deuxième en nombre de clients (25 millions) et le troisième en montant d'encours gérés (907 milliards en 1995). La Poste, c'est aussi une présence pour tous et partout. Elle assure sur tout le territoire une « citoyenneté financière » aux plus démunis. Elle est à cet égard un puissant acteur de cohésion sociale et de lutte contre l'exclusion. Si La Poste est un établissement populaire, elle ne s'adresse par pour autant qu'à une clientèle défavorisée. Le revenu moyen de ses clients est d'ailleurs plutôt plus élevé que celui des clients des banques traditionnelles.

La Poste commercialise toute une gamme de produits financiers pour répondre aux exigences des clients. Cette gamme répond à trois besoins distincts : l'argent au quotidien (CCP, livret A, etc.), l'épargne-placement (sicav, PEP, assurance vie, etc.) et l'épargne-logement (La Poste accorde un prêt immobilier toutes les deux minutes). Mieux répondre aux besoins spécifiques de ses clients, c'est aussi mieux les conseiller. La Poste s'est ainsi attachée à mettre à leur disposition près de 5 000 conseillers financiers et près de 11 000 receveurs-vendeurs. Et dans la mesure où elle était confrontée à une demande dans le domaine de l'expertise et du conseil en patrimoine, elle s'est aussi dotée en 1995 d'une force de vente spécialisée composée de 400 conseillers en patrimoine.

SOGEPOSTE

Partenaire de La Poste et de la Caisse des dépôts et consignations, Sogepost assure la gestion de portefeuilles depuis 1988. Plus précisément, cette filiale de La Poste effectue la gestion financière, administrative et comptable des Sicav de La Poste, et en délégation, de Ségur Gestion, la gestion des fonds communs de placement.

AUTOMATE

La Poste a mis en place plus de 1 800 distributeurs automatiques de billets de banque accessibles à tous les porteurs de cartes bancaires.

Le musée de la Poste

Paris

C'est en 1872, au-delà du Rhin, que les premiers musées postaux voient le jour, à Berlin et à Saint-Pétersbourg. Ces musées offrent à la délectation du visiteur des collections techniques, essentiellement des appareils télégraphiques. Ils doivent, dans un contexte de compétition économique internationale, traduire la puissance des autocraties, flatter l'orgueil scientifique et former une conscience nationale. En France, le musée postal est d'essence philatélique. L'idée de sa création s'est formée dans le sillage des expositions de timbres-poste. La presse philatélique s'est fait l'écho de projets qui resteront lettre morte jusqu'au jour où la réunion de bonnes volontés aboutit à la décision prise par Georges Mandel, en 1936, de fonder un musée postal à Paris. Les difficultés du moment et la déclaration de guerre vont ajourner le projet jusqu'à la loi de finances de 1942 créant l'établissement public.

Le premier conservateur du musée postal est Eugène Vaillé, ancien bibliothécaire du ministère des PTT, docteur en droit, érudit et doué d'une force de travail prodigieuse. Autour du noyau philatélique, Eugène Vaillé devait construire un musée

d'histoire. Se passionnant pour la connaissance du passé de l'institution, il écrit une *Histoire générale des postes françaises des origines à 1789*, œuvre monumentale parue de 1947 à 1955 et qui fera date dans l'historiographie postale française. Depuis, le musée de la Poste n'a cessé d'étoffer ses collections. L'enrichissement du patrimoine s'est accompagné d'une active politique de valorisation des collections : expositions temporaires historiques, philatéliques et artistiques, notamment autour du thème de l'envoi et de la correspondance, *in situ*, mais aussi à l'extérieur. Outre les pièces qu'il présente dans ses quinze salles, le musée possède un centre de documentation et des réserves importantes où sont conservés les fonds.

LES DOCUMENTS GRAPHIQUES ET LES TABLEAUX

Environ 17 000 cartes postales françaises et étrangères, essentiellement à thème postal, sont conservées au musée : facteurs, bureaux de poste (un millier), moyens de transport, mises en scène de personnages en train de téléphoner ou de glisser une lettre à la boîte, etc. À noter, quatre albums de cartes postales ayant appartenu à Paul Eluard et contenant 2 500 pièces. Le nombre des affiches s'élève à 4 000, celui des cartes et plans (essentiellement des cartes des routes de poste et plans de véhicules hippomobiles et ferroviaires du XIXe siècle) à près de 700. Sous la catégorie « estampes » sont rangés quelque 5 000 gravures, lithographies, aquarelles, tableaux.

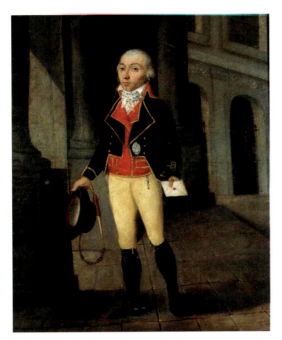

LES CALENDRIERS

Le musée de la Poste possède plus de 6 000 calendriers du facteur, de 1854 à nos jours. Ils constituent une riche source d'information pour les renseignements postaux qu'ils contiennent et les images de la société française du temps passé qu'ils nous renvoient.

LA BIBLIOTHÈQUE

L'embryon de la bibliothèque a été constitué, à la création du musée, par les livres en double dont disposait la bibliothèque centrale du ministère des PTT, avenue de Ségur. Le fonds se compose aujourd'hui d'environ 12 000 ouvrages et de 700 titres de périodiques actuels et passés. On y trouvera un grand nombre de livres sur la philatélie (études savantes, catalogues, ouvrages de vulgarisation, périodiques français remontant aux premières années de la philatélie, en 1864, et une belle collection de périodiques étrangers), un fonds ancien sur l'histoire de la poste (guides routiers, livres de poste, manuels d'exploitation, annuaires des postes, à ne pas confondre avec les annuaires des abonnés au téléphone) La bibliothèque possède également les périodiques de la presse interne, du bulletin d'information, de documentation et de statistique (1933) à l'actuel magazine *Forum* en passant par la *Revue des PTT de France*, *Références* et *Messages*.

LES ARCHIVES

Riche de 1 500 cartons d'archives, le fonds du musée est une précieuse mine de renseignements pour les historiens qui s'intéressent au passé de l'administration des Postes, de François Ier à nos jours. Les cartons ont été constitués facticement par thème (poste aux chevaux, messageries, service rural, postes internationales, services financiers, grèves des postes, lois et décrets sur la poste, etc.)

Les musées de la Poste

LA PHOTOTHÈQUE

La photothèque est constituée d'environ 150 000 clichés sur l'histoire de la poste et sur la poste contemporaine dont 20 000 sur les bureaux de poste. La vidéothèque est riche de 500 films d'entreprise des années 1970 à nos jours. Maquettes, documents métalliques, boîtes aux lettres, uniformes, jouets d'inspiration postale, matériel d'exploitation, instruments d'écriture, mobilier de bureau constituent une collection d'objets d'environ 8 000 pièces.

L'ART CONTEMPORAIN

Le musée possède également un fonds d'art contemporain. De nombreux artistes se sont inspirés du thème de la poste pour créer des œuvres (art postal) ou ont utilisé les services postaux pour exprimer leur art (*mail art* de l'anglais *mail* qui signifie courrier). Ainsi des enveloppes décorées, tamponnées au moyen de cachets privés, ou encore des objets aux formes les plus curieuses ont pu voyager par la poste. Parmi les 4 000 œuvres d'art postal que compte le musée de la Poste, signalons la compression de chèques postaux de César et La Poste centrale d'Antonio Saura.

LA PHILATÉLIE

Les archives de fabrication du timbre-poste français se composent de 700 000 pièces. Le musée conserve toutes les archives du processus de fabrication des timbres-poste depuis 1849 : dossiers d'émission, maquettes et projets (7 000 pièces), essais de couleurs, épreuves d'artiste, bons à tirer, feuilles modèles, timbres non émis, etc. Depuis 1985, l'imprimerie des timbres-poste de Périgueux verse systématiquement au musée lors de chaque émission de timbre : un bon à tremper, un essai de couleur, un bon à tirer, une feuille modèle dentelée, une feuille modèle non dentelée, une épreuve d'artiste, une épreuve de luxe, des feuilles de vente, des timbres à l'unité, des notices « premier jour », des documents philatéliques officiels, le poinçon original du timbre-poste, le poinçon de l'illustration du document philatélique officiel. Pour certaines productions, on trouve des carnets, des roulettes en bobines et en feuilles, des feuilles pour carnets et également les nouveaux produits vendus par La Poste. Le musée conserve également les outils de fabrication des timbres-poste de France (4 200 pièces) : poinçons originaux en bronze (en relief, un poinçon par couleur) pour la typographie, poinçons originaux en acier (en creux) pour la taille-douce, poinçons en buis, plaques de galvanoplastie. Le musée détient également les poinçons des illustrations du document philatélique officiel (800 pièces).

Le musée conserve également les archives du timbre-poste des anciennes colonies françaises et des pays d'expression française avant leur indépendance : maquettes, bons à tirer, épreuves d'artiste, épreuves de couleur, poinçons (100 000 pièces, dont 10 000 poinçons).

Le musée conserve environ 4 000 pièces : griffes de service, timbres à date de bureaux de poste, des bureaux ambulants, couronnes de timbres à date des bureaux temporaires et « premier jour ».

L'entier postal est un imprimé émis par l'administration des Postes ayant une valeur fiduciaire et directement utilisable par l'usager. Le musée conserve environ 18 000 entiers : cartes postales, aérogrammes, lettres annonces, cartes-lettres, bandes pour journaux, enveloppes. Le musée de la Poste détient des entiers postaux de tous les pays du monde et également des archives de fabrication des entiers postaux français : justificatifs de tirage, essais.

Le musée conserve environ 30 000 marques postales et oblitérations. On appelle « marques postales » les inscriptions manuscrites ou apposées à l'aide d'un timbre humide sur des plis de l'époque antérieure au timbre-poste. L'oblitération d'un timbre-poste est l'annulation d'un timbre-poste au moyen d'une empreinte de timbre à date, d'une flamme, etc., de manière à le rendre inutilisable pour un affranchissement ultérieur. Toutes ces pièces sont classées par départements, par pays ou par spécialités : marques de franchise, ballons montés, boules de moulins, marques d'armées, pneumatiques, poste aérienne, etc. Le musée renferme également les souvenirs philatéliques, enveloppes, cartes « premier jour ». Depuis 1984, deux spécimens d'empreintes des flammes d'oblitérations permanentes ou temporaires sont adressés systématiquement au musée par les directions départementales de La Poste.

Le congrès de l'Union postale universelle (UPU) de Paris a décidé, en 1878, l'échange de trois timbres-poste entre les administrations postales par l'intermédiaire de son bureau international, à Berne. Lors de chaque émission de timbre-poste des pays membres de l'UPU (y compris la France), le musée reçoit pour sa collection deux timbres du Bureau international de Berne. Le troisième est conservé à l'imprimerie des timbres-poste à Périgueux. Mais les collections sont très incomplètes selon les pays et particulièrement pour les émissions antérieures à 1900 ainsi que pour les zones touchées par des conflits. La collection du musée représente 600 000 timbres classés par pays.

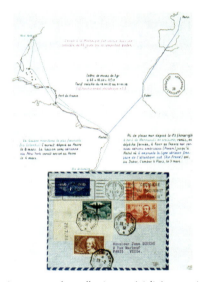

Le musée conserve les collections spécialisées acquises par donations, dations, legs ou achats (128 000 pièces). Il a bénéficié de deux dations en paiement de droits. La dation Zoummeroff, reçue en 1988, comprend 34 albums sur l'Algérie du XVIIIe siècle à l'Indépendance, 7 albums sur la Tunisie, 2 volumes sur la Guadeloupe et 5 albums d'essais et d'épreuves de timbres de France, soit 16 500 pièces. Puis une seconde dation en paiement de droits de succession du Dr Joany, en 1990, a permis d'enrichir le musée de 4 collections d'études, soit 3 000 pièces : l'émission des timbres au type Sage (1876-1880), les plis bateaux-avions (1925-1941), les timbres pour colis postaux de Paris pour Paris et les premières émissions de timbres français en taille-douce. Le musée possède d'autres collections : Mercier (étude des oblitérations sur timbres détachés), Morel d'Arleux (timbres préoblitérés de 1893), Rochette (marques postales de la petite poste de Paris), Mouchotte, Chamboissier (lettres de la Première Guerre mondiale), Lhuillier (lettres de la Seconde Guerre mondiale) et Boussac (lettres de la Commune de Paris et lettres de prisonniers de 1848).

L'histoire des PTT d'Alsace
Riquewihr

L'association des Amis de l'histoire des PTT d'Alsace est créée en 1963, sous le régime du droit local d'Alsace-Lorraine, par un groupe d'agents des PTT, passionnés d'histoire et désirant faire revivre le passé de leur administration. Elle compte plus de six cents membres et de très nombreux correspondants, tant en France qu'à l'étranger.

La première tâche qu'ils se fixent statutairement est l'étude historique des Postes et Télécommunications, en particulier en Alsace, dans les provinces de l'Est et dans l'espace rhénan. Des thèmes connexes, comme les transports, les routes ou la calligraphie sont également abordés.

Le centre de documentation, installé à Strasbourg, collecte informations, articles et études et permet la consultation aux adhérents, scolaires, universitaires, philatélistes, journalistes ou chercheurs indépendants.

Son fonds est actuellement constitué d'une photothèque de 15 300 clichés, d'une bibliothèque spécialisée comptant 4 016 titres d'ouvrages et de périodiques. De nombreux documents audiovisuels complètent cette collection.

L'ensemble sert aux expositions organisées à la fois dans ces musées d'Histoire des PTT d'Alsace et de la Diligence et lors de manifestations temporaires, aux présentations de la tour-musée du Télégraphe-Chappe et aux publications de l'association.

Les statuts prévoient en deuxième lieu le rassemblement d'objets et de documents originaux témoins des hommes, de l'activité, des techniques et du patrimoine des Postes et Télécommunications.

5 176 objets sont inventoriés, d'une grande diversité d'origine, de forme ou d'utilisation passée : jouets, uniformes, appareils téléphoniques ou télégraphiques, matériel de bureau et de guichet, instruments de mesure, maquettes, peintures et objets d'art ou encore véhicules hippomobiles ou automobiles. Ces derniers sont à retenir tout particulièrement. Par la rareté des véhicules utilitaires anciens, ils forment un ensemble unique en France. Par ailleurs, 6 231 documents originaux sont répertoriés, eux-mêmes d'une grande disparité : cartes postales, documents administratifs, dessins, gravures, cartes géographiques, affiches, lettres, calendriers, schémas techniques, dessins d'architectes, etc. Ce patrimoine, dont l'inventaire dispose, est consultable au siège à Strasbourg, mais est stocké dans différents dépôts de la région. Bien entendu, ces collections sont statutairement inaliénables et une clause de dévolution prévoit les conditions de liquidation en cas de disparition de l'association.

Il est installé depuis 1971 dans le château des princes de Wurtemberg-Montbéliard, au cœur de la célèbre cité alsacienne. Le bâtiment, construit de 1539 à 1540 par le prince Georges sur les fondations d'un château antérieur, a été laissé à l'abandon au XVII‍ᵉ siècle, puis vendu comme bien de « princes étrangers » à la Révolution. À la fin du XIXᵉ siècle, la ville de Riquewihr, qui l'avait racheté, le divise en écoles qui y resteront jusqu'en 1970.

Au rez-de-chaussée, trois salles sont réservées aux expositions temporaires annuelles de pièces provenant aussi bien des collections de l'association que des collections extérieures, privées ou publiques.

Au premier étage, la présentation adoptée permet un cheminement chronologique à travers l'histoire des services postaux, télégraphiques ou téléphoniques.

Le musée d'Histoire des PTT d'Alsace accueille une moyenne annuelle de plus de 24 000 visiteurs.

Le musée de la diligence, ouvert le 9 avril 1993, est situé dans le bâtiment des anciennes écuries seigneuriales, encore appelées Marstall, entièrement rénové et réaménagé à cet usage.

La série exposée est constituée d'une berline de transport public dite turgotine de 1775, de malles-poste type 1793 et 1805, de la diligence dite à trois compartiments des années 1830. Cette série est complétée d'un véhicule de distribution et de ramassage des paquets de la Reichpost allemande des années 1900 ainsi que d'un landau ayant appartenu au maître de poste d'Entzheim.

Cette présentation est complétée par des objets et des documents se rapportant à la poste aux chevaux et d'un centre d'intérêt consacré aux métiers de la voiture : charron, forgeron, bourrelier-sellier. Par ailleurs, des films vidéo mettent en scène ces véhicules et retracent leur construction.

Les voitures à chevaux ont pour la plupart été reconstituées par des artisans locaux, au moyen de techniques traditionnelles, et sont exposées au musée de la Diligence de Riquewihr.

Ce musée accueille annuellement 16 000 visiteurs depuis 1993.

Les musées de la Poste

Le musée de la Poste Caen

Voilà dix ans que le musée de la Poste et des Techniques de communication de Basse-Normandie a ouvert ses portes à Caen ; l'initiative en revient à M. Mexandeau, alors ministre des P & T. Après les travaux de rénovation, les collections ont pu être installées au 52 de la rue Saint-Pierre, dans une maison du début du XVIᵉ siècle que les bombardements de la dernière guerre mondiale ont épargnée.

L'objectif est de conserver et de présenter le patrimoine de la Poste et des Télécommunications. En outre, l'accent est mis sur la « déclinaison » locale de l'histoire de ces institutions.

Le musée est installé dans un édifice du XVIᵉ siècle. La façade aux pans de bois entièrement sculptés représente des personnages mythologiques, des animaux, des motifs symboliques rappelant les recherches alchimiques ou la quête du Graal ; cette façade est classée par les Monuments historiques.

À l'intérieur, l'accueil prend en charge le courrier, car le musée dispose d'une oblitération spéciale. Là sont installés une cabine téléphonique du début du siècle, avec ses annuaires, un coffre-fort de bureau du début du XIXᵉ siècle, une machine à trier et à indexer le courrier en état de fonctionnement. L'accueil est aussi le lieu des expositions temporaires : l'histoire de la télécopie, l'épopée des télécommunications de l'espace, les bureaux de poste, la philatélie, l'art postal sont autant de thèmes, parmi bien d'autres, qui ont fait l'objet de présentations.

Répartie sur trois niveaux, l'organisation du musée, divisée en cinq salles se veut chronologique.

Après avoir abordé le service postal de l'Antiquité romaine, la poste aux moines et sa rotula, la poste de l'Université, en particulier celle de Caen bien sûr, le musée se consacre à la poste aux chevaux : cartes de distances, livres de poste, nombreuses gravures, tableaux, costumes de maître de poste, de postillon, sacoches... ainsi que divers objets relatifs à la correspondance, depuis l'écritoire de voyage jusqu'au mouilleur de timbre. Puis l'accent de l'histoire postale est mis sur les découvertes, les innovations qui se sont succédé depuis la Révolution : lettres dont le destinataire devait acquitter la taxe, en sous puis en décimes ; les premiers timbres, représentant Cérès, la déesse romaine des moissons ; les différents types de correspondance :

cartes postales, aérogrammes ; les multiples cachets. Nombre de boîtes aux lettres, des machines à oblitérer, différents costumes de facteur avec leur poussette, leur vélo, leur plaque, ainsi qu'une très importante collection d'almanachs contribuent à parfaire cette évocation. Enfin sont décrits les moyens exceptionnels mis en place pour pallier les difficultés qui ont pu survenir, notamment lors de la guerre de 1870-1871 : ballons montés, pigeons, mise au point à cette occasion de la microphotographie, la « bouteille à la mer » à l'aide de boules de zinc remplies de messages que le courant de la Seine devait entraîner.

Puis sont exposés les outils, instruments, matériaux utiles à la fabrication d'un timbre en taille-douce. Nombre d'esquisses et de travaux préparatoires, effectués par des graveurs normands, permettent de reconstituer toutes les étapes nécessaires à la réalisation d'un timbre-poste, dont une collection est présentée.

Les dernières salles sont consacrées aux télécommunications. L'histoire du télégraphe est exposée à travers différents appareils, Bréguet, Morse, ainsi qu'une maquette du télégraphe optique de Claude Chappe. Enfin sont déclinés de multiples appareils téléphoniques, pneumatiques, câbles sous-marins, ainsi qu'un standard en état de fonctionnement.

Les musées de la Poste

Le musée postal d'Auvergne
Saint-Flour

Le musée privé de la Poste d'Auvergne, à Saint-Flour, est créé par René Ajalbert en 1983. Il est installé dans un ancien monastère des Jacobins restauré par la commune et offre 700 m² d'exposition, répartis en sept salles, où sont concentrées la grande et la petite histoire de la poste. Son fondateur y fait revivre avec force cette grande aventure de 1690 à nos jours. On découvre un facteur, grandeur nature, en zinc, distributeur de cartes postales, héritage de l'Exposition universelle de 1900. Sont également présentés les premières marques postales de tous les bureaux de poste du Cantal, avec leurs timbres et leurs cachets datant de 1849, une importante collection de téléphones, les télégraphes et les appareils militaires ainsi qu'un circuit pneumatique, provenant de la poste d'Aurillac, en état de marche.
Un bureau de poste, du début du XXe siècle, issu d'Ytrac dans le Cantal, a été reconstitué entièrement, avec le guichet, une machine à oblitérer, un personnage en costume d'époque, etc. La poste aux chevaux est représentée avec ses selles, ses bottes de postillons, des tableaux, des gravures, des grelots et de la faïence humoristique. D'autres objets complètent cette exposition : un ballon du siège de Paris de 1870, une collection de jouets, de boîtes à timbres et des pèse-lettres. Un regard est porté sur les ambulants et les moyens de transport postal : trains, charrette à chien, traîneau postal tiré par les chevaux, utilisé par le facteur pendant les mois d'hiver jusqu'au lendemain de la Seconde Guerre mondiale, constituent également les points forts de cette collection. Une salle est consacrée à Eiffel et à Boyer, constructeurs du viaduc de Gabarit.
Chaque année un thème est choisi pour la saison, ce qui permet de présenter cette importante collection privée qui chaque jour s'enrichit un peu plus.

Le musée de la Poste

Amboise

Cette riche collection, évoquant la poste aux chevaux et les voyages, a été rassemblée par Pierre Paul. En collectionneur averti, il installe dans un ancien relais de poste, situé au « Haut-Chantier » à Limeray (sur la rive droite de la Loire, route de Blois), un ensemble d'objets et de documents sur la poste aux chevaux et les équipages. Puis en 1970, il fait don de toute sa collection à la ville d'Amboise qui l'expose dans une demeure acquise quelques temps auparavant. Cette belle demeure a été construite au XVIe siècle par l'architecte Fra Giovanni Gioconddo, qui lui a donné son nom, hôtel de Joyeuse. Le jardin exécuté par Pacello di Mercogliano évoque ceux de l'Italie.

Depuis la donation de Pierre Paul, qui a légué une collection initiale consacrée à la poste aux chevaux et aux équipages, le musée n'a cessé de s'enrichir grâce à des achats, des dépôts d'autres musées et de nombreux dons, en particulier ceux de philatélistes éminents : Hubert Cappart et Pierre Liberas. En 1976, la donation de Claude Rey, ancien directeur de la Compagnie générale transatlantique, permet d'ouvrir deux salles supplémentaires illustrant l'essor des Messageries maritimes, les premières traversées régulières entre la France et l'Amérique et la vie à bord des paquebots.

Cette collection ne cesse de croître et d'évoquer, au travers des voyages, toute l'évolution postale.

La poste aux chevaux occupe une place essentielle au sein du musée et de ses collections. À travers des documents aussi variés que des brevets de maîtres de poste, des guides, des cartes et des peintures, on découvre l'organisation du transport du courrier mais aussi la manière dont on voyageait.

La figure emblématique du maître de poste, propriétaire du relais, est évoquée par des brevets (charge qu'il achetait pour l'exploitation de la station), par des peintures et des uniformes. Autre personnage pittoresque, le postillon qui conduit les voyageurs d'un relais à l'autre.

Le rez-de-chaussée du musée évoque de manière pittoresque la manière dont on voyageait autrefois.

Le premier étage est consacré à la poste aux lettres grâce aux nombreux plis portant des marques originales allant du XVIIe au XIXe siècle, ainsi qu'à toute l'histoire de l'acheminement du courrier et au personnage du facteur. Différentes expériences furent testées au cours des siècles pour accélérer la transmission des messages. Le musée possède l'exceptionnel manuscrit de Claude Chappe, inventeur du télégraphe optique utilisé de 1793 à 1855, qui, par ce nouveau moyen de communication, a tenté d'accélérer la transmission des messages. Transports urbains, équipages, poste aérienne, poste aux armées sont les thèmes qui complètent cette collection ancienne. Enfin, la poste maritime est évoquée par des souvenirs des grands paquebots comme le France.

Des collections variées qui permettent au visiteur de découvrir tout le charme pittoresque des voyages d'antan. Outre la poursuite de la mise en valeur des œuvres, le musée souhaite également continuer les actions qu'il mène vers le public de jeunes par la mise en place d'animations spécifiques. La reproduction de jeux anciens, comme le jeu du tramway ou d'autres jeux créés par l'équipe du musée permet aux enfants de revivre l'évolution de la poste à travers les siècles.

Les musées de la Poste

Le musée de la Poste
Nantes

Le musée de la Poste des Pays de Loire, inauguré le 9 novembre 1982, est situé au 10, boulevard Auguste Pageot, dans le bâtiment de la délégation Ouest de la Poste. Le fonds de la collection provient principalement des objets et documents accumulés, avec beaucoup de patience et de passion, par Armand Ève, inspecteur central aux PTT. Le musée de la Poste de Paris a accepté, pour le compléter, de déposer à Nantes des objets et des documents lui appartenant.

Dans un souci de développement, depuis sa création, le musée a eu à cœur d'exploiter ses fonds et a fait appel aux cinq directions départementales et plus spécialement aux bureaux de postes pour « récupérer » le matériel réformé et le conserver en état de fonctionnement. C'est ainsi que deux banques de bureau, de Couffé et de Guérande, une cabine téléphonique en chêne, des enseignes, des balances et de nombreux objets utilisés par les postiers y ont trouvé leur place et sont devenus, avec le temps, des pièces rares. Pour conserver au musée son caractère local, une vitrine est consacrée plus spécialement à Nantes.

Quelques costumes, casquettes, et boîtes de facteur sont présentés et « Jules », facteur du second Empire, accueille les visiteurs.

La dimension du musée ne permet pas l'exposition intégrale de ses collections. Les réserves abritent un certain nombre de machines (machine à authentiquer les mandats, machines comptables servant à l'enregistrement des opérations, dotées de claviers dactylographiques, etc.) Ces derniers matériels ont été utilisés dans les centres de chèques jusqu'en 1968, date de la mise en service de l'électronique.

Depuis 1984, une bibliothèque renfermant de nombreux ouvrages a été mise à la disposition des personnes s'intéressant à l'histoire de la Poste. Une documentation importante offerte par la famille Chappe de Brûlon (Sarthe) peut être consultée, les originaux étant cependant conservés au musée de la Poste de Paris. La ligne du télégraphe Paris-Lyon, ouverte en 1805, y est représentée dans une fresque aquarellée de 15 mètres de long. Les trente-neuf tours qui servaient de relais entre les deux villes y sont décrites.

Enfin, la création d'une Association des amis du musée de la Poste, qui a pour but de promouvoir et d'augmenter le patrimoine du musée, a permis l'acquisition de documents, de livres de poste, d'« étrennes nantaises », livrets qui fournissent des indications précises sur toutes les activités de la ville entre 1779 et 1888 ; la dernière acquisition est une malle-poste en cuir du début du XIXe siècle, utilisée dans le service des postes.

Un diaporama d'une douzaine de minutes précède la visite, permettant une meilleure compréhension de l'histoire postale, depuis son origine.

Le musée de la Poste
Amélie-les-Bains-Palalda

Le 17 mars 1984, lors de la Journée nationale du timbre est ouverte l'exposition *Un siècle de Postes dans les Pyrénées-Orientales*, sous l'autorité de René Abelanet, à cette époque directeur départemental de la Poste.

Le succès de cette manifestation est à l'origine d'une réflexion sur la conception du musée de la Poste en Roussillon.

Les volontés communes de Georges Périssé, président de l'Association amicale philatélique roussillonnaise, et de Jacqueline Alduy, conseiller général, maire d'Amélie-les-Bains, conduisent la municipalité à prendre en charge l'investissement nécessaire à la création d'un musée postal sur le site médiéval de Palalda. La direction des études, des recherches et des démarches est alors attribuée à René Abelanet.

Vingt-sept mois sont nécessaires à la formation de ce musée, grâce au soutien de Michel Choplain, devenu directeur départemental de la Poste, et à l'action muséographique d'Henri Dubois. En fait, la création de ce musée s'explique par l'efficacité historique des systèmes de communication au sein de la région nord-catalane.

Jusqu'au IVe siècle, le Roussillon, terre de passage, connaît le cursus publicus, le long de la via Domitia, voie romaine reliant l'Espagne à l'Italie, dont il nous reste une borne vestige de cette première activité postale, découverte à Saint-Hippolyte.

Entre le IXe et le XVe siècle, comté menacé par les incursions barbares, le Roussillon s'est protégé par un réseau de tours à signaux parfaitement au point à l'époque, comme un système télégraphique. Parallèlement se sont créées, entre les bourgs et Perpignan, des postes municipales dont il nous reste un témoin : la très rare sculpture d'une croix gothique en pierre trouvée à Ille-sur-Têt, datée de 1450, représentant un messager encapuchonné, chaussé de poulaines, avec sa lance, son sac à dos, sa bourse, sa canne. Cet objet est d'ailleurs devenu le logo du musée.

Enfin, la décision historique d'instauration du tarif postal unique sur l'ensemble du territoire et de sa simplification par la création du timbre-poste français revient à Étienne Arago, enfant du pays, né à Estagel. La présentation de cet événement considérable justifie à lui seul l'existence de ce musée régional.

Ces quelques caractéristiques puisées dans l'histoire de la province s'articulent fort bien dans ce musée didactique, traité dans l'ordre chronologique quand cela est possible sans nuire à la compréhension de l'ensemble.

Une cinquantaine de panneaux, cartes, tableaux, vitrines, mobiliers et mannequins présente de façon agréable un résumé de l'activité de communication, puis postale, télégraphique, téléphonique et financière régionale. L'immense majorité des pièces représentées est authentique et un bon nombre originaire du département.

Ainsi l'équipe de création entièrement bénévole a souhaité que chaque visiteur sente le fil conducteur de la communication qui relie nos lointains ancêtres à nous-mêmes à travers tous les régimes, guerres et bouleversements en tous genres.

Les musées de la Poste

Le musée régional des PTT
Saint-Macaire

L'Association pour l'histoire des PTT en Aquitaine (association régie par les dispositions de la loi de 1901) a créé et géré, depuis 1974, le musée régional des PTT d'Aquitaine, qui est situé à Saint-Macaire, en Gironde. Saint-Macaire est une cité médiévale riche en histoire, souvenirs et éléments architecturaux d'époque. Le musée est installé au cœur de l'ancienne cité, place du Mercadiou, place entourée d'arcades comme le sont les bastides de Guyenne. L'immeuble date du milieu du XVIe siècle. La très belle façade style Renaissance est classée monument historique ainsi que l'escalier en pierre à vis desservant les trois étages. Une des grandes cheminées, ornée de peintures représentant les poètes de la Pléiade (peintures de la fin du XVIe siècle), est également classée. La vocation de l'association est de préserver le patrimoine selon trois idées-forces : historique, professionnelle, régionale.

Outre une salle d'expositions temporaires, les collections, pièces et documents sont présentées dans les huit salles que comporte le musée. Dans la salle d'accueil sont exposés diverses vues et dessins anciens du vieux Saint-Macaire ainsi qu'une « presse à bras » datant de 1850, ayant servi à l'imprimerie des timbres-poste pour l'édition des premiers timbres français.

Les deux salles suivantes retracent l'histoire des transports des messages depuis l'Antiquité jusqu'à nos jours : supports de l'écriture, poste aux moines, pèlerins de Saint-Jacques-de-Compostelle, divers messagers, poste aux chevaux, poste par ballon du siège de Paris, en 1870-1871, par pigeons, par bateau, par avion, par chemin de fer y sont évoqués. Dans le musée est également aménagée la reconstitution grandeur nature d'une salle d'auberge du XVIe siècle (la tradition orale rappelle que l'immeuble a été un relais-auberge). L'établissement s'est également penché sur les multiples aspects de la poste : les hommes qui ont fait la poste et les armées, l'art de l'écriture, etc.

Le musée de Saint-Macaire n'a pas oublié la philatélie à travers une rétrospective de la fabrication du timbre-poste. Sa dernière salle est réservée aux télécommunications dont le musée présente pièces et documents. La Poste a la chance d'avoir une histoire. Le musée participe à la préservation de sa mémoire et la replace chaque fois que possible dans un contexte régional.

Les musées de la Poste

BIBLIOGRAPHIE

- ABELANET (René), *Histoire de la Poste et des Communications en Roussillon,* Perpignan, Samporo, 1989.
- ABELANET (René) et DUBOIS (Henri), *Histoire postale et marcophile des Pyrénées Orientales,* Perpignan, Samporo, 1991.
- AGULTHON (Maurice), *Marianne au combat, l'imagerie et la symbolique républicaine de 1789 à 1880,* Flammarion, 1979.
- ALEXANDRE (Jean-Paul), *Dictionnaire historique des timbres et griffes standards de l'administration française des Postes, 1792-1914,* Paris, Éditions Brun et fils, 1996.
- ARBONNET (M.), « Les Articles d'argent », *Bulletin d'informations, de documentation et de statistique,* Paris, Imprimerie nationale, mars 1939.
- BELLOC (Alexis), *Les Postes françaises,* Paris, 1886.
- BERGIER (Joseph), « Le Courrier de la grande pêche, Terre-Neuve, Groënland et Islande », *Les feuilles marcophiles,* 1992.
- CASTERAS de (R.), *Essai sur les bureaux ambulants des postes françaises,* Paris, 1913.
- CAVAILLES (Henri), *La Route française, son histoire, sa fonction,* Paris, Armand Colin, 1946.
- CHARBON (Paul), *Quelle belle invention que la Poste,* Paris, Gallimard, 1991.
- CHARBON (Paul), *Sur les routes de France,* Strasbourg, Éditions Jean-Pierre Gyss, 1988.
- CHARBON (Paul) et NOUGARET (Pierre), *Le Facteur et ses métamorphoses,* Strasbourg, Éditions Jean-Pierre Gyss, 1984.
- CHEVALIER (Jean), *Catalogue des cachets à date types 11 à 15,* Paris, 1995.
- COCATRE (A.), « Les Mandats et bons de poste depuis leur création à nos jours », *Le Monde des Philatélistes,* étude n° 25, Paris.
- *L'Art du tampon,* catalogue d'exposition, Paris, Éditions Musée de la Poste, 1995.
- « L'Aviation postale », tome I, *Icare, revue de l'Aviation française,* n° 124, 1988.
- « L'Aventure de l'aviation postale, 1919-1939, Imaginaire et Réalité », numéro spécial des *Cahiers d'Histoire des PTT,* 1983.
- *La Dépêche,* Bulletin de la société des amis du musée de la Poste de Caen.
- *Bulletins officiels de l'Administration des PTT, 1910-1929.*
- *Catalogue des empreintes de machines à affranchir,* ACEMA, tome I, 1996.
- *Encyclopédie des PTT,* Paris, Éditions Rombaldi, 2 tomes, 1957.
- *Encyclopédie des timbres-poste de France, 1849-1853,* Paris, Académie de philatélie, 1968.
- *L'Œil et l'Oreille de la Résistance,* Toulouse, Éditions Eres, 1986.
- *Relais,* Revue des amis du musée de la Poste, Paris.
- *Revue de l'Association des collectionneurs d'empreintes de machines à affranchir (EMA),* Fontenay-le-Comte.
- *La Valeur de l'erreur en philatélie,* catalogue d'exposition, Paris, Éditions Musée de la Poste, 1993.
- CUMIN (Louis), *Les Postiers,* Paris, Éditions universitaires, 1984.
- DANEL (Raymond), *Les Lignes Latécoère,* Toulouse, Éditions Privat, 1986.
- DEMANGEON (Pierre), *La Poste en Basse-Normandie,* Condé-sur-Noireau, Éditions Charles Corlet, 1995.
- DREYFUSS (G.), *Catalogue des oblitérations mécaniques de France,* Amiens, Éditions Yvert et Tellier, 1994.
- DUBOIS (Henri), *Histoire postale du département des Pyrénées orientales, avec ses marques et oblitérations,* Perpignan, APR, 1982.
- DURAN (Jean) et PLAGNES (Rémy), *L'Époque héroïque des bureaux de poste ambulants, des origines à 1914,* Anduze, CEIO, 1983.
- FERRIER (Maurice), *La Poste aux Armées,* Paris, Éditions Sun, 1975.
- FRISCHMANN (Georges), *Histoire de la Fédération CGT des PTT,* Paris, Éditions sociales, 1967.
- GIBAUD (Bernard), *De la mutualité à la sécurité sociale, conflits et divergences,* Paris, Les Éditions ouvrières, 1986.
- HENRISEY (Christian), *Postiers en grève 1906-1909,* Hoche, Éditions COS PTT du Gers, 1995.
- HEURÉ (Gilles), *Histoire de la Mutuelle générale des PTT, 1879-1940,* Paris, Éditions Française Mutualité, 2 tomes, 1991.
- HUET (David), *Histoire de la Poste à La Réunion,* La Réunion, 1996.
- LECLERC (Bénédicte) et COULAUD (Hervé), *Un Siècle d'architecture postale en France, architectes et architectures de 1889 à 1985,* thèse dactylographiée, 2 volumes, 1989.
- LECOUTURIER (Yves), *Les Télécommunications en Basse-Normandie,* Condé-sur-Noireau, Éditions Charles Corlet, 1993.
- JALABERT (Pierre) et PLAGNES (Rémy), *Trésors des Postes et Télégraphes,* Paris, Éditions PTT Cartophilie, 1991.
- MARCHAND (Patrick), *L'Histoire de la Poste ; et le service devint public,* textes et documents pour la classe, CNDP, février 1995.
- NOUGARET (Pierre), *Bibliographie critique de l'histoire postale française,* Montpellier, 2 tomes, 1970.
- OGER (Benoit), *Les CCP, l'État et les Français 1900-1925,* Paris VIII, mémoire de maîtrise sous la direction de M. Margairaz, 1993.
- OGER (Benoit), *L'Épargne publique au tournant des XIXe et XXe siècles. Analyse à travers la Caisse nationale d'épargne,* Paris VIII, mémoire de D.E.A. sous la direction de M. Margairaz, 1994.
- OGER (Benoit), *Le Mandat-poste, 176 ans d'existence,* travaux du Comité pour l'histoire de la Poste, 1996.
- PAULIAN (L.), *La Poste aux lettres,* Paris, Hachette, 1887.
- POUGET (R.), *La Fabrication des timbres-poste français,* Paris, Imprimerie nationale, 1954.
- PROUST (Pierre-Stéphane), *La Poste illustrée par les cartes postales,* Paris, Union marcophile, 1993.
- ROLLAND (Robert), *Les Grandes dates de l'histoire des Postes et Télécommunications,* Paris, ouvrage dactylographié, 1965.
- ROUQUET (François), *L'Épuration dans l'administration française,* Paris, CNRS Éditions, 1993.
- RUFFIN (Raymond), *Résistance PTT,* Paris, Presses de la Cité, 1983.
- STORCH (Jean), FRANCON (Robert), BRUN (Jean-François), *Marianne, catalogue fédéral, 1984/1985,* Paris, Fédération des sociétés philatéliques françaises, 1984.
- VAILLE (Eugène), *Histoire des Postes,* Paris, 2 tomes, 1946-1947.
- ZACONE (P.), *La Poste anecdotique et pittoresque,* Paris, 1867.

REMERCIEMENTS

Nous remercions pour leurs conseils, leur collaboration ou leur accueil l'ensemble des personnes qui ont permis la réalisaton de ce livre, et tout particulièrement :

André Darrigrand,
Président de La Poste

Claude Bourmaud,
Directeur général de La Poste

Jacques Jordan,
Directeur de la Communication de La Poste

Jacques Lenormand,
Directeur des Clientèles financières de La Poste

Jean-Pierre Guéno,
Directeur-Adjoint de la Communication de La Poste

Marie-Claude Le Floc'h-Vellay,
Directeur du musée de la Poste de Paris

Maryse Aurore,
Responsable de la Communication interne, Direction des clientèles financières de La Poste

Anne Castro-Castellan,
Responsable du service gestion, Direction de la Communication de La Poste

Janine Césaire,
Direction départementale de La Poste, La Réunion

Marie-Christine Coquelet,
Responsable de la Communication interne de La Poste

Marcelle Conan,
Communication de La Poste d'Outre-Mer

La Direction nationale de l'Immobilier de La Poste

Pierre Faure,
Responsable du service postal, Saint-Pierre-et-Miquelon

Nicole Herrgott-Daril,
Direction départementale de La Poste, Guadeloupe

François Héry,
Directeur de l'Imprimerie des Timbres-Poste et des Valeurs Fiduciaires, Périgueux

Jean Jouannin,
Directeur du Développement et de la Production de La Poste d'Outre-Mer

Sylvie Leroy,
Journaliste

Georges Mathieu,
Directeur de La Poste d'Outre-Mer

Jacqueline Pied,
Direction départementale de La Poste, Martinique

Muriel Le Roux,
Secrétaire scientifique du Comité pour l'histoire de La Poste

Benoit Oger,
Chargé de recherche au Comité pour l'histoire de La Poste

Patrick Marchand,
Chargé de la médiathèque du musée de la Poste de Paris

Pascal Rabier,
Chargé de la Conservation des collections philatéliques du musée de la Poste de Paris

Pascal Roman,
Chargé de la Conservation des collections historiques du musée de la Poste de Paris

Moïsette Auger, Jenry Camus, Laure Fabre-Rousseau, Didier Filoche, Luc Guillard, Patrick Moreau, Chantal Reynaud des services des collections du musée de la Poste de Paris

René et Patrick Ajalbert,
Musée postal d'Auvergne

Gaëlle Le Gal,
Musée de la Poste et des Techniques de communication de Basse-Normandie

Paul Charbon,
Président de l'Association des Amis de l'histoire des PTT d'Alsace

Harry Franz,
Directeur des services de l'Association des Amis de l'histoire des PTT d'Alsace

Jean-François Florès, Sandrine Peeters, Bernard Rohmer, Jean-Marc Saas, Anny Schaeffer, Association des Amis de l'histoire des PTT d'Alsace

Régine Le Gal, Pierre Saby,
Société des Amis du musée de la Poste des Pays de Loire

Marie-Héllène Le Gal-Bruckert,
Directrice de l'Animation, de la Culture et du Tourisme de la ville d'Amboise

Monsieur Jean Faou,
Président de l'Association pour l'histoire des PTT en Aquitaine

René Abelanet,
Président fondateur du musée de la Poste en Roussillon

Jean Cassou, Henri Dubois, musée de la Poste en Roussillon

Ajecta, musée vivant du Chemin de fer, Longueville

Régine Boscato,
Responsable de la photothèque et de la documentation de la MGPTT

Le magazine *Forum*

Marie-Laure Griffaton,
Conservateur du musée des Chemins de fer français, Mulhouse

Flora Laruelle,
Archiviste de l'École nationale supérieure des PTT

René Malgoire,
Président de l'Institut de recherche d'études et de prospectives postales

Marianne de Meyenbourg,
Musée de l'Île-de-France, Sceaux

Jean-Claude Mingot, Yolande Levasseur,
Foyer de Cachan

Pierre Nougaret

Raymond Poulain,
Président de l'association des philatélistes bibliophiles

Les auteurs

p. 12, *Des messagers à la poste aux chevaux*, Paul Charbon
p. 13, p. 14, p. 15, p. 16, p. 17, p. 18, p. 19, p. 20, p. 21, p. 22, p. 23, p. 24, p. 25, p. 26, p. 27, p. 28, Paul Charbon
p. 29, *Relais de la poste aux chevaux*, fin du XVIe siècle, Paul Charbon
p. 29, *Correspondance commerciale*, 1579, Pascal Rabier
p. 30, *Naissance de la poste aux lettres*, Paul Charbon
p. 31, p. 32, p. 33, p. 34, p. 35, p. 36, p. 37, p. 38, p. 39, Paul Charbon
p. 40, *Lettre de Mme de Sévigné*, 21 octobre 1667, Paul Charbon
p. 40, *Mention manuscrite de la taxe de port*, 1618, Pascal Rabier
p. 40, *Fermeture de lettre*, 1650, Pascal Rabier
p. 40, *Premières marques officielles*, XVIIe siècle, René Abelanet
p. 41, *Mention de départ*, fin du XVIIe siècle, René Abelanet
p. 41, *Mention manuscrite du bureau de poste de départ*, 1688, Pascal Rabier
p. 41, *Nouveaux tarifs postaux*, 11 avril 1676, Paul Charbon
p. 42, p. 43, Paul Charbon
p. 44, *Les postes sous le régime des fermes*, Patrick Marchand
p. 45, *Tarif du port des lettres*, 8 décembre 1703, Patrick Marchand
p. 45, *Origine des postes sous les anciens*, 1708, Patrick Marchand
p. 45, *Origine des postes chez les modernes*, 1708, Patrick Marchand
p. 45, *Pli en port payé*, début du XVIIIe siècle, René Abelanet
p. 46, Patrick Marchand
p. 47, *Carte des routes de poste*, 1728, Patrick Marchand
p. 47, *Charette dite brouette*, XVIIIe siècle, Patrick Marchand
p. 47, *Arrêt du conseil d'État du roi*, 30 mai 1730, Patrick Marchand
p. 47, *Marque d'origine*, 1730, René Abelanet
p. 48, Patrick Marchand
p. 49, *Timbre d'origine*, 1745, Pascal Rabier
p. 49, *Poste royale*, XIXe siècle, Patrick Marchand
p. 49, *Registre de compte de la ferme des postes*, 1745, Patrick Marchand
p. 49, *Lettre circulaire*, 31 mai 1738, Patrick Marchand
p. 50, *Dictionnaire des postes*, 1754, Patrick Marchand
p. 50, *Timbre d'origine en port payé*, 1756, Pascal Rabier
p. 50, *Instruction pour les contrôleurs des postes*, 1757, Patrick Marchand
p. 50, *Cartouche*, 1758, Patrick Marchand
p. 51, *Marque d'origine*, 1763, René Abelanet
p. 51, *Soumission pour un transport de dépêches*, 11 mars 1768, Patrick Marchand
p. 51, *Pierre François Billard*, XVIIIe siècle, Patrick Marchand
p. 52, Patrick Marchand
p. 53, *Lettre à la chevalière d'Éon*, 1783, Pascal Rabier
p. 53, *Un bureau de poste sous Louis XV*, 1889, Patrick Marchand
p. 53, *Suppression des paquebots vers l'Amérique*, 1788, Patrick Marchand
p. 54, p. 55, p. 56, p. 57, p. 58, p. 59, p. 60, p. 61, p. 62, Patrick Marchand
p. 63, Michel Meslaine
p. 64, *Brevet de maîtresse de poste*, 1827, Michel Meslaine
p. 64, *Écurie*, XVIIIe siècle, Henri Gibassier
p. 64, *Maître de poste devant les locomotives*, XIXe siècle, Michel Meslaine
p. 65, p. 66, Marcel Ludwiczak
p. 67, *La Poste royale*, fin du XVIIIe siècle, Michel Paret
p. 67, *Relais de la Chaleur*, 1742, Henri Gibassier
p. 67, *La forge*, XVIIIe siècle, Henri Gibassier
p. 68, Henri Gibassier
p. 69, Jacqueline Roecker
p. 70, *Enseigne*, 1800, Jacqueline Roecker
p. 70, *Pochoir d'Ignace Nicolas Walter, maître de poste à Frisenheim*, 1781, Patrick Marchand
p. 70, *Sac d'Ignace Nicolas Walter, maître de poste à Frisenheim*, 1781, Patrick Marchand
p. 70, *Cadran solaire du relais de Triel*, vers 1720, Patrick Marchand
p. 70, *Relais de poste de Benfeld*, Jacqueline Roecker
p. 71, *Enseigne du relais de poste des Bézards*, XVIIIe siècle, Jacques Warschnitter
p. 71, *Lettre de création du relais de Montlandon*, 22 novembre 1776, Jean Sénéchal
p. 71, *Arbre généalogique*, XXe siècle, Jean Sénéchal
p. 72, p. 73, Jean Sénéchal
p. 74, *Maison des Sept-Têtes*, vers 1720, Jean-Luc Dauphin
p. 74, *Neptune et Cérès*, vers 1720, Jean-Luc Dauphin
p. 74, *Relais de Montlandon dans le village*, début du XXe siècle, Jean Sénéchal
p. 75, *Mercure et Pluton*, vers 1720, Jean-Luc Dauphin
p. 75, *Balcon*, vers 1720, Jean-Luc Dauphin

p. 75, *Registre d'ordre*, 1838, Jeanne Leroy
p. 75, *Traité pour la conduite des diligences*, 24 mars 1832, Jeanne Leroy
p. 76, p. 77, Jeanne Leroy
p. 78, *Salle des postillons*, XVIIIe-XIXe siècle, Jeanne Leroy
p. 78, *Relais de poste*, 1775, Michel Haering
p. 78, *Pierre tombale*, 1836, Michel Haering
p. 78, *Relais de poste*, 1737, Michel Haering
p. 79, *Relais de poste*, 1737, Michel Haering
p. 79, *Porte*, 1737, Michel Haering
p. 79, *Relais de poste*, début du XVIIIe siècle, Xavier Basty
p. 80, *Vue de la cour*, début du XVIIIe siècle, Xavier Basty
p. 80, *Anciennes écuries*, début du XVIIIe siècle, Xavier Basty
p. 80, *Relais de poste aux chevaux*, XVIIe-XVIIIe siècle, Alain de Mézerac
p. 81, *Auges*, début du XVIIIe siècle, Xavier Basty
p. 81, *Cour intérieure*, XVIIIe-XVIIIe siècle, Alain de Mézerac
p. 81, *Porte d'écurie*, XVIIIe siècle, Alain de Mézerac
p. 81, *Aile de l'auberge*, XVIIIe siècle, Alain de Mézerac
p. 82, *Pigeonnier*, XVIIIe siècle, Alain de Mézerac
p. 82, *Tour de guet*, XVIIIe siècle, Alain de Mézerac
p. 82, *Relais de poste aux chevaux*, Albert Lorentz
p. 82, *Dessus-de-porte*, XVIIIe siècle, Albert Lorentz
p. 83, *Pierre tombale*, 1741, Albert Lorentz
p. 83, *Bas-relief*, 1868, Albert Lorentz
p. 83, *Relais de poste*, 1716, Sylvette Jauffret
p. 83, *Façade*, 1716, Sylvette Jauffret
p. 84, *Cour intérieure*, XVIIIe siècle, Sylvette Jauffret
p. 84, *Fontaine de Pont-Royal*, 1817, Sylvette Jauffret
p. 85, *Fontaine*, 1716, Sylvette Jauffret
p. 85, *Enseigne du relais de poste de Marckolsheim*, Michel Haering
p. 85, *Enseigne du relais de poste d'Issenheim*, Patrick Marchand
p. 85, *Clé de voûte du portail du relais de Colmar*, 1778, Michel Haering
p. 86, *Hôtel des postes de Rennes*, 1887-1930, Éric Pagliano
p. 86, *Hôtel des postes d'Abbeville*, 1785, Isabelle Vazquez-Rayssac
p. 86, *Entrée principale*, 1785, Isabelle Vazquez-Rayssac
p. 87, *Bureau de poste de Locronan*, XIXe siècle, Éric Pagliano
p. 87, *Bureau de poste de Mortemart*, 1888, Éric Pagliano
p. 87, *Bureau de poste de Gien*, 1905, Isabelle Vazquez-Rayssac
p. 87, *Hôtel des postes de Bordeaux*, 1739, Éric Pagliano
p. 88, *Bureau de poste de Montconcour*, Éric Pagliano
p. 88, *Enseigne*, Éric Pagliano
p. 88, *Hôtel des postes de Chennebrun*, 1661, Isabelle Vazquez-Rayssac
p. 88, *Porte d'entrée*, 1661, Isabelle Vazquez-Rayssac
p. 88, *Enseigne*, Isabelle Vazquez-Rayssac
p. 89, Isabelle Vazquez-Rayssac
p. 90, *Bureau de poste de Laval-de-Cère*, XVIIIe siècle, Isabelle Vazquez-Rayssac
p. 90, *Bureau de poste de Méru*, XIXe siècle, Isabelle Vazquez-Rayssac
p. 90, *Bureau de poste de Marnes-la-Coquette*, XIXe siècle, Éric Pagliano
p. 90, *Bureau de poste de Beaulieu-sur-Dordogne*, 1887, Isabelle Vazquez-Rayssac
p. 90, *Bureau de poste de Peyrieu*, 1814, Isabelle Vazquez-Rayssac
p. 91, *Bureau de poste de Rablay-sur-Layon*, XVe siècle, Isabelle Vazquez-Rayssac
p. 91, *Bureau de poste de Saint-Bertrand-de-Comminges*, XVe-XVIe siècle, Isabelle Vazquez-Rayssac
p. 91, *Bureau de poste de Noyal-Muzillac*, XVIe siècle, Isabelle Vazquez-Rayssac
p. 91, *Bureau de poste de Sainte-Fortunade*, XIVe siècle, Éric Pagliano
p. 92, *De la ferme générale des Postes à la création du ministère des Postes et des Télégraphes*, Patrick Marchand
p. 93, p. 94, p. 95, p. 96, p. 97, p. 98, p. 99, p. 100, p. 101, p. 102, p. 103, p. 104, p. 105, p. 106, p. 107, p. 108, p. 109, p. 110, p. 111, p. 112, p. 113, p. 114, p. 115, p. 116, p. 117, p. 118, p. 119, p. 120, p. 121, p. 122, p. 123, p. 124, p. 125, p. 126, p. 127, Patrick Marchand
p. 128, *Timbre d'origine en port dû*, 1790, Pascal Rabier
p. 128, *Numéro d'ordre du département*, fin du XVIIIe siècle, René Abelanet
p. 128, *Loi relative aux courriers de la poste aux lettres*, 12 septembre 1791, Patrick Marchand
p. 128, *Loi concernant le secret et l'inviolabilité des lettres*, 20 juillet 1791, Patrick Marchand

p. 129, Patrick Marchand
p. 130, *Tableau du tarif des postes*, 1792, Patrick Marchand
p. 130, *Loi relative aux contreseings*, 3 septembre 1792, Patrick Marchand
p. 130, *Cachet de cire de fermeture d'une lettre*, 1795, Pascal Rabier
p. 130, *Noms des villes révolutionnaires*, 1799, Pascal Rabier
p. 131, *Nom révolutionnaire*, 1807, Pascal Rabier
p. 131, *Timbre d'origine avec numéro de département*, 1800, Pascal Rabier
p. 131, *Prestation de serment*, 9 février 1800, Patrick Marchand
p. 132, *Lettre à Bonaparte*, 1801, Pascal Rabier
p. 132, *Lettre de soldat*, 1806, Pascal Rabier
p. 132, *Timbre d'origine avec numéro de département conquis*, 1811, Pascal Rabier
p. 132, *Lettre de soldat dite « cantinière »*, 1812, Patrick Marchand
p. 132, *Lettre de soldat*, 14 frimaire an XIV, Pascal Rabier
p. 133, p. 134, p. 135, p. 136, Patrick Marchand
p. 137, *Pli déboursé*, 1820, René Abelanet
p. 137, *Généralisation de la datation du courrier*, 1825, Patrick Marchand
p. 138, René Abelanet
p. 139, *Lettre recommandée*, 1829, Pascal Rabier
p. 139, *Circulaire relative aux lettres recommandées*, 1829, Patrick Marchand
p. 139, *Timbre à date de recette*, 1831, Pascal Rabier
p. 140, *Timbre ou griffe de taxe uniforme à 2 décimes*, 1831, Pascal Rabier
p. 140, *Timbre ou griffe de taxe uniforme à 5 décimes*, 1831, Pascal Rabier
p. 140, *Timbre de taxe uniforme à 8 décimes*, 1833, Pascal Rabier
p. 140, *Timbre à date circulaire de 1830*, 1836, René Abelanet
p. 140, *Lettre taxée à tort à 2 décimes*, 1836, Pascal Rabier
p. 141, *Timbre à date de 1830*, 1836, René Abelanet
p. 141, *Timbre à date de 1836*, 1843, René Abelanet
p. 141, *Timbre à date de 1838*, 1848, René Abelanet
p. 141, *Timbre de bureau de distribution de 1830*, 1839, René Abelanet
p. 141, *Premier timbre-poste*, 1840, Pascal Rabier
p. 142, Pascal Rabier
p. 143, *Avis au public*, 1848, Pascal Rabier
p. 143, *Antoine Conte*, 1848, Pascal Rabier
p. 143, *Maquette du premier timbre-poste français*, 1848, Pascal Rabier
p. 143, *Projet du premier timbre-poste français*, 1848, Pascal Rabier
p. 144, Pascal Rabier
p. 145, *Lettre de ponton*, 1848, Patrick Marchand
p. 145, *Lettre de ponton*, 1848, Patrick Marchand
p. 145, *Timbre oblitérant losange grillé*, 1849, Pascal Rabier
p. 145, *Circulaire de retrait du timbre-poste 1 F République*, 1849, Pascal Rabier
p. 146, *Oblitération de fortune*, 1849, Pascal Rabier
p. 146, *Enveloppe formule Marion*, 1849, Pascal Rabier
p. 146, *Premier jour du timbre-poste République (Cérès)*, 1849, Pascal Rabier
p. 146, *Timbre de taxe territoriale de 2 décimes*, 1849, Pascal Rabier
p. 146, *Jacques-Jean Barre*, 1835, Patrick Marchand
p. 146, *Anatole-Auguste Hulot*, XIXe siècle, Patrick Marchand
p. 147, *Jules Auguste Sage*, vers 1880, Patrick Marchand
p. 147, *Émission présidence Louis Napoléon Bonaparte*, 1852, Pascal Rabier
p. 147, *Timbre oblitérant à numéro d'ordre*, 1854, Pascal Rabier
p. 147, *Timbre de taxe en croix*, 1857, Pascal Rabier
p. 147, *Affichette annonçant la taxation des lettres non affranchies*, 1859, Pascal Rabier
p. 148, *Édouard Vandal*, XIXe siècle, Patrick Marchand
p. 148, *Le cabinet noir*, vers 1870, Patrick Marchand
p. 148, *Essai privé de denteleur des timbres-poste*, 1861, Pascal Rabier
p. 148, *Émission Empire lauré*, 1861, Pascal Rabier
p. 149, Pascal Rabier
p. 150, *Timbre oblitérant à numéro d'ordre*, 1866, Pascal Rabier
p. 150, *Timbre mobile pour journal*, 1869, Pascal Rabier
p. 150, *Pèse-lettre*, 1870, Patrick Marchand
p. 150, *Timbre de bureau rural*, 1870, René Abelanet
p. 150, *Carte postale précurseur*, 1873, Pascal Rabier
p. 151, *Carte postale officielle française*, 1873, Serge Zeyons
p. 151, *Relevé des timbres à date*, 1874, Pascal Rabier

p. 151, *Timbre à date des bureaux de recette de 1875*, 1875, René Abelanet
p. 151, *Timbre à date avec numéro d'ordre de levée*, 1876, René Abelanet
p. 152, Pascal Rabier
p. 153, *Heinrich von Stephan*, Patrick Marchand
p. 153, *Le pneumatique*, XIXe siècle, Patrick Marchand
p. 154, p. 155, p. 156, p. 157, p. 158, p. 159, p. 160, p. 161, p. 162, Patrick Marchand
p. 163, *Lettre d'origine rurale*, 1845, Pascal Rabier
p. 163, *Partition musicale « Le Château à Toto »*, 1867, Patrick Marchand
p. 163, *Matrice de plaque de facteur rural*, second Empire, Patrick Marchand
p. 163, *Timbre portatif origine rurale*, fin XIXe siècle, Pascal Rabier
p. 164, *Règlement pour les articles d'argent*, 1817, Benoit Oger
p. 164, *Reconnaissance de somme déposée à découvert...*, 1795, Benoit Oger
p. 165, *Mandat des directeurs des postes*, 1852, Benoit Oger
p. 165, *Mandat de poste*, 1879, Benoit Oger
p. 165, *Ouverture du service télégraphique au public*, 1872, Benoit Oger
p. 166, *Claude Chappe*, XIXe siècle, Patrick Marchand
p. 166, *Carte des stations télégraphiques*, 1887, Patrick Marchand
p. 166, *Lunette de télégraphie aérienne*, début du XIXe siècle, Patrick Marchand
p. 167, *Télégraphe aérien de Chappe*, 1799-1800, Patrick Marchand
p. 167, *Postes télégraphiques*, début du XIXe siècle, Patrick Marchand
p. 167, *Plan de la ligne télégraphique de Paris à Lille*, XVIIIe siècle, Patrick Marchand
p. 167, *Registre de transmissions de la ligne du Nord*, 1794-1795, Patrick Marchand
p. 167, *Bouton de l'habit d'ingénieur-télégraphe*, 1793, Patrick Marchand
p. 168, *François Donat Blumstein*, XIXe siècle, Patrick Marchand
p. 168, *Formation du train des messageries en gare de Paris-Orléans*, 1845, Jean Duran
p. 168, *Cahier des charges, ligne de Paris à Rouen*, 1845, Jean Duran
p. 169, p. 170, p. 171, Jean Duran
p. 172, *Lettre perforée pour désinfection*, 16 octobre 1851, Pierre Demangeon
p. 172, *Lettre purifiée*, 1836, Pascal Rabier
p. 172, *Adjudication de charbon de terre*, 1839, Pierre Demangeon
p. 172, *Fourgon de la correspondance des Indes orientales*, 1844, Patrick Marchand
p. 173, *Fourgon de la correspondance des Indes orientales*, 1988, Pierre Demangeon
p. 173, *Malle-poste maritime*, 1851, Pierre Demangeon
p. 173, *Messageries impériales, bureau des paquebots-postes*, XIXe siècle, Pierre Demangeon
p. 173, *Messageries impériales bureau des paquebots-postes*, XIXe siècle, Pierre Demangeon
p. 173, *Lettre acheminée par paquebot des messageries impériales*, 1865, Pascal Rabier
p. 173, *Bouton d'uniforme « paquebots-postes »*, XIXe siècle, Patrick Marchand
p. 173, *Bouton d'uniforme « services maritimes des messageries impériales »*, second Empire, Pierre Demangeon
p. 174, *Création des boules de Moulins*, 1870, Patrick Marchand
p. 174, *Portrait de Delort*, XIXe siècle, Patrick Marchand
p. 174, *Boule de Moulins*, 1870, Patrick Marchand
p. 174, *Boule de Moulins*, 1870, Patrick Marchand
p. 174, *Correspondance par « Boule de Moulins »*, 1871, Pascal Rabier
p. 174, *Correspondance par « Boule de Moulins »*, 1871, Pascal Rabier
p. 175, Patrick Marchand
p. 176, *Dépêche des pigeons-voyageurs*, 1871, Patrick Marchand
p. 176, *Dépêche par pigeon ou pigeongramme*, 1870, Pascal Rabier
p. 176, *Avis au public*, 1870, Patrick Marchand
p. 176, *Formule par ballon monté*, 1870-1871, Bertrand Sinais
p. 176, *Gabillot de ballon-poste*, 1870, Patrick Marchand
p. 177, Pascal Rabier
p. 178, Patrick Marchand
p. 179, *Ballon le Jean-Bart*, 1870, Patrick Marchand
p. 179, *Carte d'invitation*, 1870, Patrick Marchand
p. 179, *Correspondance par ballon monté*, 1870, Pascal Rabier
p. 179, *Naufrage du ballon Le Jacquard*, XIXe siècle, Patrick Marchand

p. 179, *Les frères Tissandier*, XIXe siècle, Patrick Marchand
p. 180, *Jeton commémoratif du ballon le Lavoisier*, 1871, Patrick Marchand
p. 180, *Carte de visite de Camille d'Artois*, 1870, Patrick Marchand
p. 180, *Carte d'identité d'aérostier*, 1870, Patrick Marchand
p. 180, *Correspondance par ballon monté*, 1871, Patrick Marchand
p. 180, *Gonflage des ballons*, 1870, Patrick Marchand
p. 181, *Juliette Dodu*, 1870, Patrick Marchand
p. 181, *République (Cérès) émission provisoire de Bordeaux*, 1870, Pascal Rabier
p. 181, *Affranchissement de fortune*, 1871, Pascal Rabier
p. 181, *République (Cérès) émission dite du siège de Paris*, 1873, Pascal Rabier
p. 182, *De la poste aux PTT, 1878-1918*, Paul Charbon
p. 183, p. 184, p. 185, p. 186, p. 187, Paul Charbon
p. 188, p. 189, Bénédicte Leclerc
p. 190, p. 191, p. 192, Paul Charbon
p. 193, *Machine à oblitérer Daguin*, 1883-1884, René Abelanet
p. 193, *Oblitération par machine Daguin*, 1890, René Abelanet
p. 193, *Empreinte de machine Daguin*, 23 janvier 1901, René Abelanet
p. 193, *Carte-télégramme*, 1883, Pascal Rabier
p. 193, *Timbre à date avec nom du département*, 1887, Pascal Rabier
p. 194, *Intérieur d'un entier postal annonces*, 1887, Bertrand Sinais
p. 194, *Extérieur d'un entier postal annonces*, 1887, Bertrand Sinais
p. 194, *Entier postal commémoratif*, 6 octobre 1896, Bertrand Sinais
p. 194, *Carte-lettre avec réponse payée*, 1894, Pascal Rabier
p. 194, *Machine à oblitérer Bickerdike*, 1898-1899, René Abelanet
p. 195, p. 196, Paul Charbon
p. 197, *Appareil type Pathepost*, 1906, Patrick Ajalbert
p. 197, *Machine à nettoyer les timbres à date*, vers 1900, Paul Charbon
p. 197, *Distributeur de timbres et de cartes-lettres*, 1900, Paul Charbon
p. 197, *Facteur distributeur de cartes postales*, 1900, Patrick Ajalbert
p. 198, *Appareil type phonopostal*, 1909, Patrick Ajalbert
p. 198, *« La sonorine »*, début du XXe siècle, Patrick Ajalbert
p. 198, *Carte Tour Eiffel*, 1889, Serge Zeyons
p. 198, *Déshabillé*, 1900, Serge Zeyons
p. 199, Serge Zeyons
p. 200, p. 201, Paul Charbon
p. 202, *Facteur à bicyclette*, vers 1910, Jean Duran
p. 202, *Hirondelle*, 1901, Paul Charbon
p. 202, *Facteur rural avec des échasses*, vers 1905, Paul Charbon
p. 202, *Voiture postale légère tirée par un chien*, vers 1900, Paul Charbon
p. 203, p. 204, p. 205, p. 206, p. 207, p. 208, p. 209, p. 210, p. 211, p. 212, p. 213, Paul Charbon
p. 214, *Guichets du bureau de Grenoble*, 1890, Paul Charbon
p. 214, *Bureau de direction*, vers 1880, Harry Franz
p. 214, *Horloge à double cadran*, 1898, Harry Franz
p. 214, *Plaque défense de fumer et de cracher*, vers 1910, Paul Charbon
p. 215, p. 216, p. 217, Paul Charbon
p. 218, *Oblitération mécanique*, vers 1901, Pascal Rabier
p. 218, *Empreinte de la machine Flier*, 16 novembre 1921, René Abelanet
p. 218, *Machine à oblitérer Flier*, 1904, René Abelanet
p. 219, *Empreinte de la machine Krag, première génération*, 1906-1926, René Abelanet
p. 219, *Empreinte machine Garcia*, 1913-1914, René Abelanet
p. 219, *Enveloppe décorée*, 1901, Pascal Rabier
p. 219, *Tirage sur bristol pour l'exposition de 1900*, 1900, Pascal Rabier
p. 220, Paul Charbon
p. 221, *Le facteur-receveur de Davayé*, vers 1910, Paul Charbon
p. 221, *Diplôme de société d'entraide des P et T de la Nièvre*, vers 1890, Paul Charbon
p. 221, *Insigne du soutien fraternel des PTT*, XXe siècle, Gilles Heuré
p. 222, *Bulletin union et fraternité*, 1904, Gilles Heuré
p. 222, *Un jour de grève des facteurs parisiens*, 1899, Paul Charbon
p. 222, *Soldat faisant la tournée d'un facteur gréviste*, 11 avril 1906, Paul Charbon
p. 223, Paul Charbon
p. 224, p. 225, Isabelle Vazquez-Rayssac

p. 226, p. 227, p. 228, Paul Charbon
p. 229, *Première grève générale des P et T*, mars 1909, Paul Charbon
p. 229, *Grève des postes*, 1909, Pascal Rabier
p. 229, *Bureau de poste*, 1909, Paul Charbon
p. 229, *La France en léthargie*, 1909, Paul Charbon
p. 230, p. 231, Paul Charbon
p. 232, *Carnet de timbres-poste*, 1906, Pascal Rabier
p. 232, *Carnet de timbres-poste*, 1906, Pascal Rabier
p. 232, *Cachet à date oblitérant de 1904*, 1912, René abelanet
p. 232, *Timbre à date avec l'heure*, 1916, Pascal Rabier
p. 232, *Machine à écrire Mignon*, 1910-1920, Paul Charbon
p. 233, p. 234, p. 235, p. 236, p. 237, p. 238, p. 239, Benoit Oger
p. 240, p. 241, Pierre Demangeon
p. 242, p. 243, p. 244, p. 245, p. 246, p. 247, Jean Duran
p. 248, *Accident de Melun : tri des lettres sur la voie*, 8 octobre 1913, Jean Duran
p. 248, *Timbre à date d'ambulant*, 18 novembre 1884, René Abelanet
p. 248, *Timbre à date*, 22 février 1903, René Abelanet
p. 249, *Grande poste de Lille*, 1871 et 1884-1888, Isabelle Vazquez-Rayssac
p. 249, *Hôtel des postes d'Amiens*, 1883, Isabelle Vazquez-Rayssac
p. 249, *Fenêtres géminées*, XXe siècle, Isabelle Vazquez-Rayssac
p. 249, *Porte à volutes stylisées*, XXe siècle, Isabelle Vazquez-Rayssac
p. 249, *Hôtel des postes de Colmar*, 1893, Harry Franz
p. 250, Harry Franz
p. 251, *Hôtel des postes de Marseille*, 1897, Isabelle Vazquez-Rayssac
p. 251, *Tourelle d'angle*, 1897, Isabelle Vazquez-Rayssac
p. 251, *Hôtel des postes de Strasbourg*, 1899, Harry Franz
p. 251, *Entrée*, 1899, Harry Franz
p. 251, *Bureau de poste de Haguenau*, 1902, Harry Franz
p. 252, *Hôtel des postes de Metz*, 1903, Éric Pagliano
p. 252, *Façade*, 1903, Éric Pagliano
p. 252, *Hall*, 1903, Éric Pagliano
p. 252, *Bureau de poste de Tuchan*, 1905-1906, Isabelle Vazquez-Rayssac
p. 252, *Bureau de poste de Tulle*, 1903, Isabelle Vazquez-Rayssac
p. 253, *Hôtel des postes de Fécamp*, début du XXe siècle, Isabelle Vazquez-Rayssac
p. 253, *Hôtel des postes de Rochefort*, 1905, Éric Pagliano
p. 253, *Hôtel des postes de Dijon*, 1910-1932, Isabelle Vazquez-Rayssac
p. 253, *Mosaïque*, 1910-1932, Isabelle Vazquez-Rayssac
p. 253, *Hôtel des postes de Saint-Brieuc*, 1908-1911, Éric Pagliano
p. 254, *Hôtel des postes de Limoges*, 1908-1912, Éric Pagliano
p. 254, *Bureau de poste de Bouxwiller*, 1908-1909, Harry Franz
p. 254, *Hôtel des postes de Rueil-Malmaison*, 1909-1910, Isabelle Vazquez-Rayssac
p. 254, *Hôtel des postes d'Auxerre*, 1909, Isabelle Vazquez-Rayssac
p. 254, *Bureau de poste de Thionville*, 1909, Isabelle Vazquez-Rayssac
p. 255, Isabelle Vazquez-Rayssac
p. 256, *Hôtel des postes de Saint-Germain-en-Laye*, 1913, Isabelle Vazquez-Rayssac
p. 256, *Hôtel des postes de Bourges*, 1913-1926, Éric Pagliano
p. 256, *Hôtel des postes de Mâcon*, 1915, Isabelle Vazquez-Rayssac
p. 256, *Entrée*, 1915, Isabelle Vazquez-Rayssac
p. 256, *Boîte aux lettres*, 1915, Paul Charbon
p. 257, Paul Charbon
p. 258, *Bureau de secteur rural pendant la guerre*, 1914, Paul Charbon
p. 258, *Transport du courrier dans la zone des armées*, 1914, Paul Charbon
p. 258, *Timbre Croix-Rouge provisoire*, 1914, Pascal Rabier
p. 258, *Timbre Croix-Rouge*, 1914, Pascal Rabier
p. 258, *Cylindre pour le transport des messages*, vers 1916, Paul Charbon
p. 259, *Poilu lisant une lettre*, vers 1914, Paul Charbon
p. 259, *L'attente de la lettre du poilu*, vers 1915, Paul Charbon
p. 259, *Carte fantaisie*, vers 1916, Paul Charbon
p. 259, *Carte postale de franchise militaire officielle*, 1918, Bertrand Sinais
p. 259, *Carte-lettre de franchise militaire*, 1914-1918, Bertrand Sinais
p. 260, p. 261, Paul Charbon
p. 262, *Conséquences sociales de la guerre*, 1915, Paul Charbon
p. 262, *Compte-rendu réunion de la fondation de l'association du foyer de Cachan*, 2 septembre 1915, Thomas Lardeur
p. 263, Thomas Lardeur

p. 264, p. 265, p. 266, p. 267, p. 268, Pierre Larue
p. 269, *Aviation postale intérieure, commémoration*, 1979, Pierre Larue
p. 269, *Carnet de vol de Saint-Exupéry*, 1927, Pierre Larue
p. 269, *Griffe commémorative*, 1935, Pascal Rabier
p. 269, *Embarquement du courrier sur un Caudron-Simoun*, 1935, Pierre Larue
p. 269, *Enveloppe « Air Bleu »*, 1936, Bertrand Sinais
p. 269, *Goëland*, 1939, Pierre Larue
p. 270, *Courrier par avion accidenté*, 1938, Pascal Rabier
p. 270, *Enveloppe de réexpédition*, 1938, Pascal Rabier
p. 270, *Courrier transporté pendant la drôle de guerre*, septembre 1939-juin 1940, Pierre Larue
p. 270, *Naissance d'Air France*, 1933, Pierre Larue
p. 271, Pierre Larue
p. 272, *La poste d'outre-mer*, Georges Mathieu
p. 272, *Casque*, vers 1950, Thomas Lardeur
p. 272, *Bureau de poste*, vers 1930, Thomas Lardeur
p. 272, *Bureau de poste*, vers 1960, Thomas Lardeur
p. 272, *Bureau principal*, début du XXe siècle, Thomas Lardeur
p. 273, *Le mont Pelé, la Martinique*, 1947, Pascal Rabier
p. 273, *Belain d'Esnambuc, Martinique*, 1935, Pascal Rabier
p. 273, *Bureau de poste*, vers 1940, Thomas Lardeur
p. 273, *Porteuse d'ananas guadeloupéenne*, 1947, Thomas Lardeur
p. 274, *La grande soufrière, Guadeloupe*, 1905, Pascal Rabier
p. 274, *Guadeloupéenne*, 1947, Pascal Rabier
p. 274, *Postier à moto*, 1990, Thomas Lardeur
p. 274, *Bureau de poste*, vers 1990, Thomas Lardeur
p. 274, *Bureau de poste*, vers 1990, Thomas Lardeur
p. 275, Thomas Lardeur
p. 276, *Bureau de poste*, milieu du XXe siècle, Georges Mathieu
p. 276, *Bureau de poste*, XXe siècle, Georges Mathieu
p. 276, *Bureau de poste*, vers 1960, Georges Mathieu
p. 276, *Aérodrome*, deuxième moitié du XXe siècle, Georges Mathieu
p. 276, *Pirogue postale*, 1996, Georges Mathieu
p. 276, *Recette principale*, deuxième moitié du XXe siècle, Georges Mathieu
p. 276, *Amérindien tirant à l'arc, Guyane française*, 1929, Pascal Rabier
p. 277, *Les rives de l'Oyapock (Inini), Guyane française*, 1946, Pascal Rabier
p. 277, *Courrier dit « interlope »*, XIXe siècle, Thomas Lardeur
p. 277, *Le vapeur postal Saint-Pierre*, fin du XIXe siècle, Thomas Lardeur
p. 277, *Lettre par la Société des œuvres de mer*, fin du XIXe siècle, Thomas Lardeur
p. 278, *Distribution du courrier par l'aumônier Barnabé*, 1901, Pierre Demangeon
p. 278, *L'aviso Ville-d'Ys*, 1935, Pierre Demangeon
p. 278, *Lettre*, 1925, Pierre Demangeon
p. 278, *Bureau de poste*, 1896, Thomas Lardeur
p. 279, *Tri du courrier*, 1896, Thomas Lardeur
p. 279, *Lettres radiomaritimes*, XXe siècle, Thomas Lardeur
p. 279, *Bureau de poste*, vers 1920, Thomas Lardeur
p. 279, *Port de Saint-Pierre, Saint-Pierre-et-Miquelon*, 1938, Pascal Rabier
p. 279, *Morues, Saint-Pierre-et-Miquelon*, 1957, Pascal Rabier
p. 280, *Des années folles à la fin de la Seconde Guerre mondiale, 1918-1945*, Paul Charbon
p. 281, p. 282, p. 283, p. 284, Paul Charbon
p. 285, Jean Duran
p. 286, p. 287, p. 288, p. 289, p. 290, p. 291, Paul Charbon
p. 292, *Nouvelle boîte Foulon petit modèle*, 1930, Paul Charbon
p. 292, *Sanatorium*, Gilles Heuré
p. 292, *Siège de l'Amicale*, 1928, Gilles Heuré
p. 292, *Banquet de l'Amicale à l'Hôtel de Ville de Paris*, 1937, Gilles Heuré
p. 293, *Timbre en sachet*, vers 1920, Bertrand Sinais
p. 293, *Timbre-monnaie semeuse verte à 5 centimes*, vers 1920, Bertrand Sinais
p. 293, *Timbre-monnaie*, 1920, Bertrand Sinais
p. 293, *Timbre-monnaie*, vers 1920, Bertrand Sinais
p. 294, Bertrand Sinais
p. 295, *Carnet de timbres-poste, 1922-1937*, Bertrand Sinais
p. 295, *Faux timbre-poste*, 1923, Pascal Rabier
p. 295, *Carte postale commémorative*, 1924, Pascal Rabier
p. 295, *Empreinte machine Daguin*, 3 août 1940, René Abelanet
p. 296, *Oblitération par machine Daguin avec flamme publicitaire*, 1924, Pascal Rabier
p. 296, *Machine à oblitérer Krag 2e génération, 1921-1959*, René Abelanet
p. 296, *Machine à oblitérer Savava, 1926-1931*, René Abelanet

p. 296, *Machine à oblitérer RBV*, 1932, René abelanet
p. 297, René abelanet
p. 298, *Empreinte de machine à affranchir type C*, 1930, René Abelanet
p. 298, *Exposition internationale des timbres-poste*, 1925, Pascal Rabier
p. 298, *Timbre de poste aérienne*, 1928, Pascal Rabier
p. 298, *Cachet de recette auxiliaire*, 1934, René Abelanet
p. 299, Pascal Rabier
p. 300, p. 301, p. 302, p. 303, p. 304, p. 305, p. 306, p. 307, Paul Charbon
p. 308, *Phaéton*, vers 1920, Paul Charbon
p. 308, *Transport des dépêches par voitures automobiles*, vers 1920, Paul Charbon
p. 308, *Transport des dépêches en régie automobile*, 1936, Jean Duran
p. 309, p. 310, p. 311, p. 312, Paul Charbon
p. 313, p. 314, p. 315, Benoit Oger
p. 316, p. 317, Paul Charbon
p. 318, *Le paquebot Californie, 1927-1934*, Pierre Demangeon
p. 318, *Wagon « 20 mètres »*, 1926, Jean Duran
p. 318, *Intérieur d'un wagon « 20 mètres »*, 1926, Jean Duran
p. 319, Jean Duran
p. 320, *Veste de courrier-convoyeur*, vers 1930, Paul Charbon
p. 320, *Casquette de courrier-convoyeur*, vers 1930, Paul Charbon
p. 320, *Boîte mobile de gare*, vers 1930, Paul Charbon
p. 320, *Affichette de courrier-convoyeur*, vers 1930, Paul Charbon
p. 320, *Chariot de gare*, début du XXe siècle, Jean Duran
p. 321, *Bureau de poste du Boulevard Jourdan*, vers 1920, Éric Pagliano
p. 321, *Grand poste du Havre*, 1920-1926, Isabelle Vazquez-Rayssac
p. 321, *Hôtel des postes de Reims*, 1922-1927, Isabelle Vazquez-Rayssac
p. 321, *Vue intérieure*, 1922-1927, Isabelle Vazquez-Rayssac
p. 322, p. 323, Eric Pagliano
p. 324, *Entrée principale*, 1930-1939, Éric Pagliano
p. 324, *Bureau de poste de Morlaix*, 1930, Éric Pagliano
p. 324, *Bureau de poste de Vitré*, 1932, Éric Pagliano
p. 324, *Hôtel des postes du Perreux-sur-Marne*, 1933, Isabelle Vazquez-Rayssac
p. 325, Isabelle Vazquez-Rayssac
p. 326, *Bureau de poste 20*, 1930, Éric Pagliano
p. 326, *Panneaux vernissés*, XXe siècle, Éric Pagliano
p. 326, *Bureau de poste d'Autun*, XXe siècle, Isabelle Vazquez-Rayssac
p. 326, *Bureau de poste de Toulouse*, 1932, Isabelle Vazquez-Rayssac
p. 326, *Bureau de poste 45*, 1932, Éric Pagliano
p. 327, *Direction régionale des postes de Rouen*, 1934, Alain Gasperini
p. 327, *Bureau de poste 15, 1933-1935*, Éric Pagliano
p. 327, *Bureau de poste de Cancale, 1933-1935*, Éric Pagliano
p. 328, *Bureau de poste du Mont-Saint-Michel*, 1935, Éric Pagliano
p. 328, *Hôtel des postes de Puteaux*, 1935, Isabelle Vazquez-Rayssac
p. 328, *Hôtel des postes de Rambouillet*, 1935, Isabelle Vazquez-Rayssac
p. 328, *Bureau de poste de Chalon-sur-Saône*, 1897 et 1935, Isabelle Vazquez-Rayssac
p. 328, *Porte*, 1897 et 1935, Isabelle Vazquez-Rayssac
p. 329, *Bureau de poste 21*, 1935 et 1995, Éric Pagliano
p. 329, *Enseigne avec signature*, 1935, Éric Pagliano
p. 329, *Enseigne des boîtes aux lettres*, 1935, Éric Pagliano
p. 329, *Entrée*, 1935, Éric Pagliano
p. 329, *Bureau de poste de Gannat*, 1936-1938, Isabelle Vazquez-Rayssac
p. 330, *Bureau de poste de Royat*, première moitié du XXe siècle, Isabelle Vazquez-Rayssac
p. 330, *Façade principale de Dinan*, 1936, Éric Pagliano
p. 330, *Façade d'angle*, 1936, Éric Pagliano
p. 330, *Salle des boîtes postales*, 1936, Éric Pagliano
p. 330, *Hôtel des postes de Tananarive*, 1937, Patrick Marchand
p. 331, Isabelle Vazquez-Rayssac
p. 332, Isabelle Vazquez-Rayssac
p. 333, *Hôtel des postes de Tourcoing*, 1938, Isabelle Vazquez-Rayssac
p. 333, *Centre de tri postal, 1938-1951*, Éric Pagliano
p. 333, *Hôtel des postes de Toulouse*, 1939, Isabelle Vazquez-Rayssac
p. 333, *Hôtel des postes de Nogent-le-Rotrou*, 1940, Éric Pagliano
p. 334, *Enseigne*, 1940, Éric Pagliano
p. 334, *Hôtel des postes de Vichy*, 1940, Éric Pagliano
p. 334, *Bureau de poste de Gisors*, 1942, Isabelle Vazquez-Rayssac

p. 334, *Central Paris-Bourse, 1942-1949*, Éric Pagliano
p. 335, *La bonne nouvelle*, 1939, Paul Charbon
p. 335, *La vie des guichets*, 1939, Paul Charbon
p. 335, *Le jour de l'an*, 1940, Paul Charbon
p. 335, *Panneau feldpost*, milieu du XXe siècle, Yves Lecouturier
p. 336, *Affiche Warnung*, septembre 1940, Yves Lecouturier
p. 336, *Carte postale Iris interzones*, 1940, Paul Charbon
p. 336, *Carte postale familiale interzones*, 1941, Pascal Rabier
p. 336, *Carte postale familiale interzones*, 1941, Pascal Rabier
p. 337, p. 338, p. 339, p. 340, p. 341, Yves Lecouturier
p. 342-351, Pascal Rabier
p. 352, *La Poste et les Trente Glorieuses, 1945-1970*, Paul Charbon
p. 353, p. 354, Paul Charbon
p. 355, *Bicyclette de facteur rural*, vers 1950, Paul Charbon
p. 355, *Départ en tournée des facteurs d'un bureau urbain*, 1952, Paul Charbon
p. 355, *Fourgon automobile*, 1950, Jean Duran
p. 355, *Facteurs attendant un transport urbain*, 1949, Paul Charbon
p. 356, Paul Charbon
p. 357, *Le facteur et le crayon à bille*, vers 1950, Paul Charbon
p. 357, *Jack Senet*, XXe siècle, Gilles Heuré
p. 357, *Mutualiste des PTT*, avril 1946, Gilles Heuré
p. 357, *Assemblée générale de juillet 1945, salle Wagram à Paris*, 12 juillet 1945, Gilles Heuré
p. 358, *Bal mutualiste*, 1947, Gilles Heuré
p. 358, *Départ de colonie de vacances*, juillet 1947, Gilles Heuré
p. 358, *Intérieur d'un bureau de poste*, vers 1950, Paul Charbon
p. 358, *Balance de guichet*, vers 1950, Paul Charbon
p. 358, *Serpettes*, vers 1950, Paul Charbon
p. 358, *Chantier d'ouverture dans un bureau de poste*, vers 1950, Paul Charbon
p. 359, *Tri de départ dans un bureau de poste*, vers 1950, Jean Duran
p. 359, *Bureau à Noël*, 1948, Paul Charbon
p. 359, *Pour un musée postal : le cachet de cire*, 1946, Pascal Rabier
p. 360, *Carte maximum*, 1949, Pascal Rabier
p. 360, *Empreinte de machine à affranchir Satas SC*, René Abelanet
p. 360, *Machine à oblitérer Sécap*, 1950, René Abelanet
p. 360, *Flamme oblitérante machine Sécap*, 18 février 1976, René Abelanet
p. 361, *Flamme annonce machine Sécap*, 18 mars 1983, René Abelanet
p. 361, *L'ordre du mérite postal*, 1953, Paul Charbon
p. 361, *Diplôme de l'ordre du mérite postal*, 1953, Paul Charbon
p. 362, p. 363, p. 364, p. 365, p. 366, p. 367, p. 368, Paul Charbon
p. 369, *Timbre à date premier jour*, 1951, Pascal Rabier
p. 369, *Enveloppe premier jour*, 1951, Pascal Rabier
p. 369, *Empreinte machine Krag, 2e génération*, 25 septembre 1952, René Abelanet
p. 369, *Empreinte de machine à oblitérer RBV*, 10 décembre 1953, René Abelanet
p. 369, *Empreinte de machine à affranchir Sécap type N*, 13 mai 1971, René Abelanet
p. 369, *Enveloppe Europa*, 19 septembre 1959, Bertrand Sinais
p. 370, *Képi*, vers 1960, Paul Charbon
p. 370, *Béret de la poste aux armées*, vers 1960, Paul Charbon
p. 370, *Calot de vaguemestre*, vers 1960, Paul Charbon
p. 370, *Propagande de la poste aux armées*, 1948, Pascal Rabier
p. 370, *Griffe de propagande de la poste aux armées*, 1948, Pascal Rabier
p. 371, *Traîneau*, vers 1950, Paul Charbon
p. 371, *Luge*, vers 1950, Paul Charbon
p. 371, *Atelier-garage*, 1951, Paul Charbon
p. 371, *Fourgonnettes automobiles postales*, vers 1957, Paul Charbon
p. 371, *Fourgons automobiles postaux*, vers 1957, Paul Charbon
p. 372, *Compteur enregistreur RBM*, vers 1955, Paul Charbon
p. 372, *Hélicoptère*, vers 1955, Paul Charbon
p. 372, *Marque de postes et télécommunications*, 1960, Paul Charbon
p. 372, *Fusée postale*, 1960, Jean Duran
p. 373, Paul Charbon
p. 374, *Veste et béret de préposé-chef*, 1965, Paul Charbon
p. 374, *Vélomoteur Motorini*, vers 1969, Paul Charbon
p. 374, *Renault R 4*, vers 1970, Paul Charbon
p. 374, *Cidex rural*, 1968, Jean Duran
p. 374, *Préposé en barque*, vers 1971, Paul Charbon
p. 375, p. 376, Paul Charbon
p. 377, *Balance pèse-lettre*, vers 1965, Paul Charbon
p. 377, *Machine à calculer Olympia*, 1960-1970, Benoit Oger
p. 377, *Machine à imprimer les adresses*, 1965, Paul Charbon

p. 377, *Collier de sacs pour cedex*, 1966, Jean Duran
p. 377, *Transport de dépêches par entreprise automobile*, 1970, Jean Duran
p. 378, *Bureau temporaire mobile*, 1964, Paul Charbon
p. 378, *Bureau mobile rural*, vers 1968, Jean Duran
p. 378, *Guichet annexe mobile urbain*, vers 1973, Jean Duran
p. 379, Paul Charbon
p. 380, *Carte postale du Père Noël*, 1962, Jean Duran
p. 380, *Carte postale du Père Noël*, 1962, Jean Duran
p. 380, *Carte postale du Père Noël*, 1979, Jean Duran
p. 380, *Timbre à date temporaire*, 1965, Pascal Rabier
p. 380, *Timbre à date uniforme*, 1967, René Abelanet
p. 381, *Cachet à date oblitérant de 1965*, 1967, René Abelanet
p. 381, *Centre de recherches du courrier*, XXe siècle, Jean Duran et Jean-Luc Trassaert
p. 381, *Aérogramme*, 1969, Pascal Rabier
p. 382, *Empreinte de machine à affranchir Havas type K*, 1967, René Abelanet
p. 382, *Machine à affranchir Nova*, 1970, Paul Charbon
p. 382, *Le musée postal, maison de la poste et de la philatélie*, 1973, Pascal Rabier
p. 382, *Enveloppe vénus de Brassempouy*, 6 mars 1976, Bertrand Sinais

p. 383, p. 384, p. 385, p. 386, p. 387, p. 388, p. 389, p. 390, Benoit Oger
p. 391, *Affiche publicitaire*, vers 1970, Benoit Oger
p. 391, *Alfred Decaux dans la french post-office du Queen-Mary*, 1954, Pierre Demangeon
p. 391, *Paquebot Norway*, 1996, Pierre Demangeon
p. 392, *Bouton d'uniforme*, XXe siècle, Pierre Demangeon
p. 392, *Compagnie générale transatlantique Algérie-Tunisie*, XXe siècle, Pierre Demangeon
p. 392, *Ancien bureau-gare d'Austerlitz*, 1960, Pierre Demangeon
p. 392, *Casiers de tri*, deuxième moitié du XXe siècle, Jean Duran
p. 393, *Machine à trier série HD*, 1962, Jean Duran
p. 393, *Machine à enliasser Bunn*, vers 1970, Paul Charbon
p. 393, *Affiche publicitaire du code départemental*, 1965, Jean Duran
p. 394, p. 395, p. 396, p. 397, p. 398, p. 399, p. 400, Jean Duran
p. 401, *Intérieur de routier ambulant*, XXe siècle, Jean Duran
p. 401, *Autocar ambulant*, XXe siècle, Paul Charbon
p. 401, *Rame automotrice postale*, 1979, Jean Duran
p. 402, *Hôtel des postes de Nantes*, 1945, Isabelle Vazquez-Rayssac
p. 402, *Bureau de poste de Saint-Malo*, 1948-1950, Éric Pagliano

p. 402, *Hôtel des postes de Brest*, 1952, Éric Pagliano
p. 403, *Bureau de poste de Cambrai*, 1953, Isabelle Vazquez-Rayssac
p. 403, *Bureau de poste de Dugny*, 1953, Isabelle Vazquez-Rayssac
p. 403, *Bureau de poste 124*, 1953, Éric Pagliano
p. 403, *Grilles*, 1953, Éric Pagliano
p. 404, Éric Pagliano
p. 406-445, *Les timbres-poste*, Michel Coste et Claude Gay
p. 446-461, *La Poste contemporaine*, Thomas Lardeur
p. 462-465, *Le musée de la Poste*, Paris, Patrick Marchand et Pascal Rabier
p. 466-467, *L'histoire des PTT d'Alsace*, Riquewihr, Harry Franz
p. 468-469, *Le musée de la Poste*, Caen,
p. 470, *Le musée postal d'Auvergne*, Saint-flour,
p. 471, *Le musée de la Poste*, Amboise,
p. 472, *Le musée de la Poste*, Nantes, Régine Le Gal et Pierre Saby
p. 473, *Le musée de la Poste, Amélie-les-Bains-Palalda*, René Abelanet
p. 474, *Le musée régional des PTT, Saint-Macaire*, Jean Faou

Crédit photographique :
Association des Amis de l'histoire des PTT d'Alsace, Xavier Basty, Joseph Bergier, Philippe Blanc, Alain Blondel, Philippe Demail, Direction nationale de l'Immobilier de La Poste, Jean Duran, Sylvette et Jacques-Alfred Jauffret, J.-P. Joffre, Pierre Larue, A. de Logivière, Bruno Marty, Musée de la Poste de Paris, Pierre Nougaret, Michel Paret, La Photothèque de La Poste, La Régie Renault, Jean Sénéchal, La Société des Œuvres de mer, André Tudéla, Xavier Vallais, Jean Vigne

Photogravure : AD Graphique, GCS, Image Photogravure, Label Image, Quorum

Impression : Campin

© Flohic Éditions
28, avenue Jean-Jaurès
94220 Charenton-le-Pont

Achevé d'imprimer
Décembre 1996
Dépôt légal